集人文社科之思　刊专业学术之声

集 刊 名: 人权研究
主　　编: 齐延平
执行主编: 郑智航

〖Vol.23〗 JOURNAL OF HUMAN RIGHTS

编辑委员会

主　　任: 徐显明
委　　员: （以姓氏笔画为序）
　　　　　白桂梅　齐延平
　　　　　李步云　李　林
　　　　　张晓玲　常　健
　　　　　韩大元

编辑部

主　　任: 田　立
编　　辑: 王明敏　王　统　马龙飞　冯俊伟
　　　　　何晓斌　张　华　崔靖梓

第二十三卷

集刊序列号: PIJ-2018-269
中国集刊网: www.jikan.com.cn
集刊投约稿平台: www.iedol.cn

人权研究

主　编／齐延平

执行主编／郑智航

JOURNAL OF
HUMAN RIGHTS
Volume 23

第 二十三 卷

社会科学文献出版社
SOCIAL SCIENCES ACADEMIC PRESS (CHINA)

《人权研究》集刊序

"人权"，乃是人因其为人即应享有的权利，它无疑是人类文明史中一个最能唤起内心激情与理想的词汇。人权，在今天已不再是一种抽象的意识形态，而是已成为一门需要熟虑慎思的学问。在呼吁人权的激情稍稍冷却的时候，挑战我们的智慧与理性的时代已经来临。

近代以来国人对人权理想的追求，总难摆脱经济发展、民族复兴的夙愿，曾经的救亡图存激起的民族主义情绪，始终是我们面对"西方"人权观念时挥之不去的顾虑。在个人与社群、公民与国家、自由与秩序、普适价值与特殊国情之间，我们一直在做艰难的抉择。也正因此，为人权理想奔走呼号的人士固然可敬，那些秉持真诚的保留态度的人们也值得尊重。

人权不但张扬个人的自尊、自主、自强，也代表着一种不同于两千年中国法制传统的"现代"政治制度，它所依托的话语体系，既需要融合我们自己对理想社会的追求，也对我们既有的生活方式构成了严峻挑战。当意识到必须以一种近乎全新的政治法律制度迎接人权时代的来临之时，我们必须审慎思考自己脱胎换骨、破旧立新的方式。当经历"三千年未有之大变局"之后，一个古老的中国无疑遇到了新的问题。在这种格局下，人权的支持者和怀疑者都需要交代内心的理由：人权对中国意味着什么？对于渴望民族复兴的中国来说，人权对公共权力的规训是否意味着削弱我们行动的能力？对于一个缺乏个人主义传统的国家来说，人权对个人价值的强调是否意味着鼓励放纵？对于一个较少理性主义的国家来说，人权是否意味着将割裂我们为之眷恋的传统之根？对于这一源自"西方"的观念，我们又如何既尊重其普适价值又能不罔顾国情？诸如此类的问题，人权主义者必须做出回答，批评者亦必须做出回应。

人权既是美好的理想，又是政府行动的底线标准。

人权因其美好而成为我们为之奋斗的目标，毕竟，一个大国政道和治道的双重转换，确实需要时间来承载思想和制度上的蜕变。但是，对公共权力的民意约束、对表达自由的保护、对信仰自由的尊重、对基本生存底线的维持、对人的个性发展的保障，都昭示了政治文明走向以人权为核心的追求"时不我待"。我们必须承认，人权不是今人栽树、后人乘凉的美好愿景，而应当成为政府的底线政治伦理。政府的人权伦理不能等待渐进的实现，而是政府之为政府的要件。人权标准是一个"理想"并不等于也不应成为故步自封、拒绝制度转型的理由。

人权规范政府，但并不削弱权威。

近代民族国家的兴起和资本主义的扩张，将个人从传统的群体生活中抛出，个人直面国家，成为现代政治的基本特征。个人主义价值观的兴起，在文化意义上凸现了个性的价值，在制度设计上为保护个人提供了防护性装置。民主化消除了君主专制和寡头政治的专横，但又带来了"多数派暴政"的危险，而巨型资本渐趋显现的对个人权利的社会性侵害，也经由政府释放着它的威胁。因此，人权观念的主流精神，始终在于防范公共权力。

但是，政府固然没有能力为非，行善却也无能为力。缺乏公正而有力政府的社会，同样是滋生专制和暴政的温床。我们不会把尊重秩序与爱好专制混为一谈，也不会将笃信自由与蔑视法律视为一事。为公共权力设定人权标准，将强化而不是削弱权威，因为只有立基于民主选举、表达自由、尊重个性之上的公共权力才会获得正当性。与此同时，权威不等于暴力，它不是说一不二和独断专行。只有一个受到民意约束的政府，才能对维护公民的权利和自由保持高度的敏感。在一系列由于公共治理危机引发的严峻公共事件不断叩问我们良心的时候，我们相信，只有健全保障权利的政治安排，才能不致使政府因为无法获知民众的多元诉求而闭目塞听。我们需要牢记，一个基于民意和保障权利的政府才是有力量的。

人权张扬个性，但并不鼓励放纵。

人权旨在通过强化个人力量来对抗国家，它既张扬个性的价值，也坚信由制度所构造的个人创新精神乃是社会文明进步的根本动力。它让我们重新思考保障公共利益依赖于牺牲个人权益的传统途径的合法性和有效性是否仍然可行。在人权主义者看来，集体首先是个人的联合，公共利益也并非在各个场合都先于个人利益，它并不具有超越于个人之上的独立价值。为了所谓公益而把牺牲个人当作无可置疑的一般原则，将最终使公共利益无所依归。人权尊重个人自由，也倡导个体责任与自由结伴而行，它旨在改善个人努力的方向，排除在公共安排方面的投机，唤起普遍的慎重和勤奋，阻止社会的原子化和个人的骄奢放纵。自由与责任的结合，使每个人真正成为自我事务的"主权者"。当专断与暴政试图损害人的心灵的时候，人权思想具有阻止心灵堕落的功能。一个尊重个人价值的社会，才能滋养自立自强、尊重他人、关爱社群的精神氛围。一个尊重个人价值的社会，才能真正增进公共利益、获致国家的富强和民族的复兴。

人权尊重理性，但并不拒绝传统。

面临现代社会个人与国家的二元对立，我们期望通过培育权利和自由观念增强个人的力量。人权尊重理性，它将"摆脱一统的思想、习惯的束缚、家庭的清规、阶级的观点，甚至在一定程度上摆脱民族的偏见；只把传统视为一种习得的知识，把现存的事实视为创新和改进的有用学习材料"（托克维尔语）。理性主义尊重个体选择，但它并不是"弱者的武器"，甚至不能假"保护少数"之名行欺侮多数之实。"强者"和"多数"的权利同样属于人权的范畴。张扬理性乃是所有人的天赋权利，故人权理念不鼓励人群对立、均分财富和政治清算。我们主张人权与传统的融合，意味着我们要把界定"传统"含义的权利当作个人选择的领地留给公民自己、把增进公民德行的期望寄托于自由精神的熏陶而不是当权者的教化。我们相信，人权所张扬的理性价值，在审视和反思一切陈规陋习的同时，又能真诚地保留家庭、社群、民族的优良传统。

人权尊重普适价值，但并不排斥特殊国情。

人权的普适价值，系指不同的民族和文化类型在人权观念上的基本共识，它旨在唤醒超越国家疆界的同胞情谊，抛却民族主义的偏私见解。"普适价值"的称谓的确源于"西方"，但"西方"已不再是一个地理概念而是政治范畴。人权不是"西方"的专属之物，而是为全人类共享的价值。我们拒绝个别国家挥舞的人权大棒，仅仅是确信那些出于狭隘民族国家利益的人权诉求构成了对人类共同价值的威胁。二战以后，随着对威胁人类和平和尊严的反思日益深切和国际交往的日益紧密，人权概念从东方和西方两个角度得到阐释，它厘定了共同的底线标准，也容忍各国的特殊实践。没有哪个国家可以标榜自己为人权的标准版本。但是我们相信，承认人权的特殊性只是为了拓展各族人民推进人权保障的思想潜力，任何国家以其特殊性来否定人权价值都是缺乏远见的。特殊性的主张不能成为遮羞布，人权在消除不人道、不公正实践方面的规范意义，应被置于首要地位。正像宪政民主有其改造现实、修正传统的功能和追求一样，人权标准与现实之间的紧张关系必须通过优化制度安排、改造陈规陋习来解决。

当下纷繁复杂的人权理论，寄托着人们的期望，也挑战着人们的理智；既是我们研究的起点，也是我们审视的对象。人权是一门需要理性建构的学科。唯怀有追求自由的执着热情，又秉持慎思明辨的冷静见解，才能使之萌茁发展。《人权研究》集刊就是为之搭建的一个发展平台。

是为序。

徐显明

2008 年 12 月 10 日

目　录

目　录

CONTENTS

CONTENTS

CONTENTS

CONTENTS

Human Rights Protection in Criminal Proceedings

Summary of Meeting

『疫情中的权利保障』笔谈

"疫情中的权利保障" 笔谈导语

2020年初突发的新型冠状病毒肺炎疫情引起法学界广泛关注。在突发公共卫生事件这一特殊场景中，权利主体、对象、内容以及权利保护场景、保护原则、保护机制等，均与以往大为不同。这些新的变化值得探讨、分析和思考。为了梳理与总结疫情中的权利保障经验，《人权研究》编辑部组织了"疫情中的权利保障"这一专题笔谈。本专题笔谈共10篇文章，探讨了疫情中的公众知情权、文化权利、特殊群体权利保障等问题，并对疫情中的政府责任、国家人权话语功能、全球人权治理、个人信息的利用限制、权力行使的比例原则等问题进行了综合分析，以期对相关理论和实践有所助益。

突发重大疫情下四类弱势群体人权的特殊保护[*]

常　健^{**}

摘　要： 突发重大疫情及其防控会产生四类弱势群体，分别是因自身身体状况而受到疫情更严重威胁的群体，因所处特殊情境而更容易遭受疫情侵袭的群体，因缺乏疫情防控措施适应条件和能力而生活困难的群体，以及因疫情防控措施而失去经济来源的群体。这些弱势群体的人权一方面需要获得平等的尊重和保障，另一方面需要予以必要的特殊保护。

关键词： 弱势群体；疫情防控；人权保护

重大疫情涉及千家万户的生命和健康，这要求政府必须依法采取应急乃至紧急措施，预防和控制疫情的蔓延，救治感染者，降低疫情带来的危害和损失。值得注意的是，疫情对不同人群所造成的威胁是有差异的，不同人群抵御疫情侵袭的能力也有差异，那些受到疫情更严重威胁和那些更缺乏抵抗疫情能力的人就会成为疫情下特殊的弱势群体，需要予以特殊的保护。与此同时，当政府采取一系列疫情防控和患者救治的应急措施时，不同人群对应急状态或紧急状态的适应条件和适应能力是有差别的，那些缺乏适应条件和适应能力的人就会成为疫情防控中新的弱势群体。这些弱

---

* 本文系国家社科规划项目"基层政治稳定与风险管控研究"（项目编号：19BZZ048）、中央高校基本科研业务专项资金资助项目"联合国人权理事会普遍定期审议机制研究"（项目编号：63192701）、中央高校基本科研业务费专项资金项目"发展中国家人权发展道路研究"（项目编号：63182074）、中央高校基本科研业务费专项资金项目"构建人类命运共同体理念与全球人权治理研究"（项目编号：18JJD810002）的研究成果。
** 常健，南开大学人权研究中心（国家人权教育与培训基地）主任，南开大学周恩来政府管理学院教授，哲学博士。

势群体的基本人权需要得到平等的保障，他们的特殊需求应该得到特殊的满足。因此，如何对疫情之下和疫情防控中出现的各类弱势群体予以平等的人权保障和必要的特殊保护，涉及人权的公平享有和平等实现，值得深入加以研究。

一　突发重大疫情下的四类弱势群体

在人权领域中所说的弱势群体，一般是指在特定社会体制下处于弱势地位的人群，由于特殊的历史原因和自身的生理或社会原因，其人权特别容易受到侵犯，因此其权利不仅需要平等保障，还需要相应的特殊保护。这样的弱势群体通常包括妇女、儿童、老年人、残疾人、少数民族或少数族裔等。

然而，在发生重大疫情时，面对疫情和政府为防控疫情所采取的各种应急措施，会形成各种相对弱势的群体。在这次新型冠状病毒肺炎（以下简称"新冠肺炎"）疫情发生后，这些弱势群体的基本人权保障需求被凸显出来。我们可以从两个维度对这些弱势群体进行分类：第一个维度是疫情和疫情防控措施对人的影响；第二个维度是主体所具有的能力和所处的情境对人产生的影响。由这两个维度可以将突发重大疫情下所产生的相对弱势群体分为四种类型（见表1）。

表1　突发重大疫情下的四类弱势群体

疫情和防控环境　　　主体状况	突发重大疫情对人的影响	疫情防控措施对人的影响
主体缺乏相应能力	因自身身体状况而受到疫情更严重威胁的群体	因缺乏疫情防控措施适应条件和能力而生活困难的群体
主体处于不利情境	因所处特殊情境而更容易遭受疫情侵袭的群体	因疫情防控措施而失去经济来源的群体

第一类弱势群体是在突发重大疫情时因自身身体状况而受到疫情更严重威胁的人群，如疫情感染者、更易感染疫情的老年人和患有相关基础疾病的人，以及缺乏自我防护能力的残疾人、未成年人、孕妇、精神障碍者等。根据国家卫生健康委员会公布的数据，截至2020年2月29日24时，

新冠肺炎累计确诊病例已达 79824 例①。根据《中国－世界卫生组织新型冠状病毒肺炎（COVID－19）联合考察报告》，截至 2020 年 2 月 20 日，在报告的 55924 例实验室确诊病例中，年龄中位数为 51 岁，重症和死亡高危人群为年龄 60 岁以上，以及患有高血压、糖尿病、心血管疾病、慢性呼吸道疾病和癌症等基础性疾病患者。病死率随年龄增长而增加，80 岁以上者病死率最高（21.9%）。有并发症的患者病死率显著增高（合并心血管疾病患者为 13.2%，糖尿病为 9.2%，高血压为 8.4%，慢性呼吸道疾病为 8.0%，癌症为 7.6%）。② 根据国家卫生健康委员会发布的数据，截至 2020 年 2 月 18 日，已有 323 名严重精神障碍患者被确诊患新冠肺炎，有 43 名为疑似患新冠肺炎，范围涉及全国 17 个省份。③

第二类弱势群体是在突发重大疫情时因所处特殊情境而更容易遭受疫情侵袭的人群，包括与感染者发生各类密切接触的人员，如疫情救治一线的医护人员、感染者家属、快递员、商店店员等，还有处于特殊管制状态的监狱服刑人员、精神病院的住院患者，以及处于集中生活状态的孤儿院、养老院、残疾人福利院的住院人员等。根据《中国－世界卫生组织新型冠状病毒肺炎（COVID－19）联合考察报告》，在中国，新冠肺炎的人际传播主要在家庭中发生。密切接触者的感染率在武汉为 1% ~ 5%，在四川为 0.9%，在深圳为 2.8%，在广东为 4.8%。截至 2020 年 2 月 20 日，全国 476 家医院报告了 2055 起医务人员感染新冠肺炎实验室确诊病例。在湖北、山东、浙江发生了监狱新冠肺炎传播。④ 据《中国新闻周刊》报

① 国家卫生健康委员会：《截至 2 月 29 日 24 时新型冠状病毒肺炎疫情最新情况》，国家卫健委网站，http://www.nhc.gov.cn/xcs/yqfkdt/202003/9d462194284840ad96ce75eb8e4c8039.shtml，最后访问日期：2020 年 3 月 1 日。

② 《中国－世界卫生组织新型冠状病毒肺炎（COVID－19）联合考察报告》，国家卫健委官方网站，http://www.nhc.gov.cn/jkj/s3578/202002/87fd92510d094e4b9bad597608f5cc2c.shtml，最后访问日期：2020 年 3 月 13 日。

③ 国家卫生健康委员会：《关于加强新冠肺炎疫情期间严重精神障碍患者治疗管理工作的通知》，国家卫健委网站，http://www.nhc.gov.cn/xcs/zhengcwj/202002/f315a6bb2955474c8ca0b33b0c356a32.shtml，最后访问日期：2020 年 2 月 18 日。

④ 《中国－世界卫生组织新型冠状病毒肺炎（COVID－19）联合考察报告》，国家卫健委官方网站，http://www.nhc.gov.cn/jkj/s3578/202002/87fd92510d094e4b9bad597608f5cc2c.shtml，最后访问日期：2020 年 3 月 13 日。

道，武汉市精神卫生中心出现院内感染，有大约 50 名患者和 30 名医务人员确诊感染了新冠肺炎。[①] 据财新网报道，武汉部分福利院、康养中心已经出现老人与医护人员交叉感染新冠肺炎的现象。[②]

第三类弱势群体是因缺乏疫情防控措施适应条件和能力而生活困难的人群。在此次抗击新冠肺炎的过程中，为了控制传染源、阻断传播、预防扩散，武汉关闭了市场，并从 2020 年 1 月 23 日起实行严格限制交通的措施。全国实施延长春节假期、交通管制、控制运能的措施，减少人员流动，取消人群聚集性活动。由于限制人员活动范围和非必需的商业流通，疫情暴发地区的居民和无法返回原居住地的人员的基本生活需求满足都受到了极大的限制，特别是那些滞留在疫情暴发地区无法返回原住地的人员，以及独居的老年人和缺乏人员照料的残疾人，会面临更大的生活困难。此外，患有其他疾病需要就医的患者也会由于医院集中力量和资源抢救疫情感染者而难以及时就医。

第四类弱势群体是因政府采取的疫情防控措施而失去经济来源的人群。在疫情防控期间，由于企业停产、商店停业、项目停工，出现了很多失业人员，或在停工期间没有收入的人员，以及靠拾荒维持生存的人员。一些家庭会因为疫情而陷入贫困。

由于这四类群体在突发重大疫情下的弱势地位，所以他们一方面需要平等的人权保障，另一方面需要必要的特殊保护。其中有些群体可能同时属于这四类弱势群体中的至少两类，例如患有其他需要医治的疾病的疫情感染者、滞留在武汉无工可打又无家可回的农民工、独居老人、残疾人、精神障碍者等，他们成为突发重大疫情下的"双重弱势群体"，需要予以更多的特殊保护。

[①] 李想俣：《武汉精神卫生中心院内感染，约 80 名医患确诊新冠肺炎》，人民网，http://society. people. com. cn/n1/2020/0209/c1008 – 31577664. html，最后访问日期：2020 年 2 月 8 日。

[②] 曹文姣：《武汉养老院现多例疑似新冠感染》，财新网，http://china. caixin. com/2020 – 02 – 20/101517853. html，最后访问日期：2020 年 2 月 20 日。

二 在疫情防控中对弱势群体权利的平等保障

在疫情防控过程中，对上述四类弱势群体应当予以平等的权利保障，不能加以歧视或不合理的区别对待。

第一，应当特别防止对疫情暴发地区居民的歧视。为了防止疫情蔓延，政府会采取一系列措施限制疫情暴发地区人员的流动，疫情暴发地区居民会因此付出沉重的代价，因为这意味着无法通过外出来躲避疫情，而且自身的生活需求满足会受到极大限制。这是为所有其他地区人民作出的牺牲。在这种情况下，要特别防止对疫情暴发地区居民不加区分地污名化，把该地区名称用来命名病毒，把该地区居民等同于疫情的感染者，甚至对该地区居民加以丑化。这些做法都是对疫情暴发地区居民不受歧视权利的侵犯。

第二，在医疗服务、公共卫生服务和基本生活服务的分配上，需要一视同仁，防止对老、幼、病、残人员的忽视，以及对滞留疫情暴发地区的外地人的歧视。在疫情暴发时，医疗、公共卫生和基本生活用品都会在巨大的需求面前出现严重的短缺。针对这种短缺，政府会采取应急资源的分配措施，使医疗、公共卫生服务和基本生活用品供给能够更合理地满足居民的需求。在对应急资源进行分配时，要特别防止对弱势群体的忽视，用公平的标准平等保障每个社会成员的权利。一方面，要防止对老、幼、病、残等缺乏发声能力的人员的忽视；另一方面，要防止对滞留疫情暴发地区的外地人员的歧视。

三 在疫情防控中弱势群体所需要的特殊保护

弱势群体由于其所处的弱势地位，缺乏与其他群体平等行使基本人权的条件和能力，因此，需要根据各类弱势群体的特殊需求对其予以必要的特殊保护。在疫情防控过程中，各类弱势群体需要不同的特殊保护（见表2）。

表 2　对各类弱势群体的特殊保护

弱势群体类别	涉及的主要群体	所需的特殊保护
因自身身体状况而受到疫情更严重威胁的群体	疫情感染者、相关基础疾病患者、老年人、残疾人、未成年人、孕妇、精神障碍者	作为重点救治、预防和帮助对象
因所处特殊情境而更容易遭受疫情侵袭的群体	医护人员、感染者家属、快递员、商店店员、监狱服刑人员，精神病院、孤儿院、养老院、残疾人福利院的住院人员	给予相应的帮助
因缺乏疫情防控措施适应条件和能力而生活困难的群体	疫情暴发地区的居民和无法返回原居住地的人员、独居的老年人和缺乏人员照料的残疾人、患有其他疾病需要就医的患者	作出相应的特殊安排
因疫情防控措施而失去经济来源的群体	失业人员、在停工期间没有收入的人员、靠拾荒维持生存的人员、贫困家庭	给予适当的生活补贴和基本生活保障

　　首先，对于那些因自身身体状况而受到疫情更严重威胁的弱势群体，应当将其作为重点救治、预防和帮助对象。对重症感染者应当予以重点救治；对老年人和患有相关基础疾病的患者，应当将其作为重点预防和救治对象；对于残疾人，应当根据他们残疾的状况提供相应的帮助，如对聋哑人提供有关疫情防控的手语服务，对身体残疾者提供无障碍服务，对视力残障者提供盲文服务。

　　其次，对于因所处特殊情境而更容易遭受疫情侵袭的弱势群体，应当给予相应的帮助。对于救治一线的医护人员，应当为他们提供充分的防护装备；对于与感染者密切接触者，应当提供专门的设施进行隔离观察；对于在疫情期间仍然从事防疫物资和基本生活品物流供应的人员，应当予以特别关心，为他们提供更安全的防护条件。对于在孤儿院、养老院、精神病院的住院人员，应当保障他们获得所需的护理和卫生防疫服务；对于监狱服刑人员，应当保障他们获得必要的卫生防疫服务。

　　再次，对于缺乏疫情防控措施适应条件和能力而生活困难的弱势群体，应当作出相应的特殊安排。对于被封城的疫情暴发区域居民，应当提供基本生活保障；对于滞留在疫情暴发区域的外地人，应当提供基本住宿和必需的食物。对于缺乏护理照料的老年人、未成年人、孕妇、精神障碍者，应当提供特殊的照料服务。对于患有其他疾病需要就医的患者，需要统筹安排医疗人员和医疗资源以保证他们能够得到及时和必要的医治。

最后，对于因疫情防控措施而失去经济来源的弱势群体，应当给予适当的生活补贴和基本生活保障。特别是对失业人员、失去经济来源的人员、陷入贫困的家庭，政府应当给予紧急救济，使他们能够维持基本生活。

针对新冠肺炎疫情下弱势群体的各种问题，政府及时发布了一系列文件，要求对各类弱势群体予以必要的保护。中央应对新型冠状病毒感染肺炎疫情工作领导小组发布了《关于全面落实进一步保护关心爱护医务人员若干措施的通知》。国务院应对新型冠状病毒感染肺炎疫情联防联控机制发布了《关于进一步做好民政服务机构疫情防控工作的通知》，要求"各地对于受疫情影响在家隔离的孤寡老人、因家人被隔离收治而无人照料的老年人和未成年人，以及社会散居孤儿、留守儿童、留守老年人等特殊群体，要组织开展走访探视，及时提供帮助"。① 民政部先后印发了《关于做好新型冠状病毒感染肺炎疫情防控期间有关社会救助工作的通知》《养老机构新型冠状病毒感染的肺炎疫情防控指南（第二版）》《关于做好因新冠肺炎疫情影响造成监护缺失的儿童救助保护工作的通知》《生活无着的流浪乞讨人员救助管理机构新冠肺炎疫情防控工作指南》《新冠肺炎疫情高风险地区及被感染养老机构防控指南》《关于进一步做好民政服务机构疫情防控工作的通知》，要求"进一步做好养老机构、儿童福利机构、未成年人救助保护机构、精神卫生福利机构、流浪乞讨人员救助管理机构和殡葬服务机构等民政服务机构新冠肺炎疫情防控和服务保障工作"。② 国家卫生健康委员会也针对弱势群体保护发布了一系列文件，如《关于全力做好一线医务人员及其家属保障工作的通知》《关于加强新型冠状病毒肺炎疫情防控期间孕产妇疾病救治与安全助产工作的通知》《关于贯彻落实改善一线医务人员工作条件切实关心医务人员身心健康若干措施的通

---

① 国务院应对新型冠状病毒感染肺炎疫情联防联控机制：《关于进一步做好民政服务机构疫情防控工作的通知》，中央政府门户网站，http://www.gov.cn/zhengce/content/2020 - 02/28/content_ 5484533. htm，最后访问日期：2020 年 2 月 28 日。

② 民政部：《关于进一步做好民政服务机构疫情防控工作的通知》，民政部网站，http:// www.mca.gov.cn/article/xw/mzyw/202002/20200200025124. shtml，最后访问日期：2020 年 2 月 28 日。

知》《关于加强疫情期间医疗服务管理 满足群众基本就医需求的通知》
《新型冠状病毒肺炎疫情防控期间养老机构老年人就医指南》《关于加强
新冠肺炎疫情期间严重精神障碍患者治疗管理工作的通知》《关于做好新
冠肺炎疫情防控一线医务人员老年亲属关爱服务工作的通知》《基层医疗
卫生机构在新冠肺炎疫情防控期间为老年人 慢性病患者提供医疗卫生服
务指南（试行）》等。这体现了政府对突发重大疫情下各类弱势群体权利
的尊重和保护。

紧急状态下宪法权利保障
与限制的模式论

范进学*

摘　要：由于紧急状态是人类面对公共灾难时所采取的非常状态，是依据宪法和法律所规定的适用于平常时期的国家权力体制所不能有效地加以消除的紧急危险事态，因而在非常状态下的人权保障不同于常态下的人权保障。世界各国宪法几乎均采取了基本权利限制保障模式或称之为相对保障模式。所谓权利限制保障模式或相对保障模式，是指针对基本权利限制，宪法不仅设定了法定适用条件如适用的情形必须是紧急状态，而且确立了限制或克减权利应遵循的基本原则如宪法或法律保留原则、比例原则，同时还预设了权利限制或不受限制的范围界限。在公共紧急状态下，各国宪法对基本权利与自由的保障和限制模式虽有所不同，但依然秉持两大基本原则：一是法治原则，二是保障人的最低限度的人权原则。

关键词：紧急状态；宪法权利；限制保障模式

宪法上的基本权利与自由的保障性规定均为社会秩序处于正常状态而设计，然而人类有时候不得不面对突如其来的自然的或人为的灾难、动乱、战争等各种风险与挑战，公共风险一旦不幸来临，就可能使人类处于一种非常时期或紧急状态之下，这种紧急状态被欧洲人权法院解释为"一种特别的、迫在眉睫的危机或危险局势，影响全体公民，并对整个社会的正常生活构成威胁"的状态。① 在紧急状态下，当作为担负公共管理职责

---

* 范进学，上海交通大学特聘教授，博士生导师，法学博士。
① 高家伟：《外国政府的应急机制》，《法制日报》2003 年 5 月 8 日。

的国家或政府，单单依靠行使正常时期才应当行使的公共权力或采取的行政措施难以维持或者恢复正常的社会公共秩序时，国家为了保障人民的生命健康、财产与安全，保障人民长远的根本利益与公共利益，就会依照宪法和法律的规定宣布全国或部分地区进入紧急状态，并授予国家机关一种不同于正常时期的紧急权力，这种权力是一种具有高度集中性、灵活性、高效率的自由裁量权，它在一定程度上可以突破正常状态下宪法和法律所设定的界限。譬如我国《突发事件应对法》第 50 条就明文规定：社会安全事件发生后，人民政府应当立即组织有关部门并由公安机关针对事件的性质和特点，依照有关法律、行政法规和国家其他有关规定，采取强制隔离、控制、封锁、设置临时警戒线等一项或多项应急处置措施。因此，紧急权力的行使势必构成对公民个人权利与自由的某些内容与数量上的限制或克减（derogation）。因而，在紧急状态下，如何保障宪法上的公民基本权利与自由就成为各国宪法和法律所要解决的重大现实问题。

由于紧急状态是人类面对公共灾难时所采取的非常状态，是依据宪法和法律所规定的适用于平常时期的国家权力体制所不能有效地加以消除的紧急危险事态，因而在非常状态下的人权保障就不同于常态下的人权保障，因此，除了《几内亚宪法》采取基本权利绝对保障模式外，几乎其他世界各国宪法[1]均采取了基本权利限制保障模式或称之为相对保障模式。

绝对保障模式是指在任何情形（包括紧急状态）下，宪法上的权利与自由都免于克减或侵犯，譬如《几内亚宪法》第 5 条明文规定，"任何紧急或特殊的情况下都不能成为侵犯人权的合法理由"。这种权利绝对保障模式仅为极少数国家所采用，世界其他国家采取的是权利限制保障模式。

所谓权利限制保障模式或相对保障模式，是指针对基本权利限制，宪法不仅设定了法定适用条件如适用的情形必须是紧急状态，而且确立了限制或克减权利应遵循的基本原则如宪法或法律保留原则、比例原则；同时还预设了权利限制或不受限制的范围界限，有的国家宪法从积极保护的层

---

[1]　本文所引用的宪法，均源自孙谦、韩大元主编《世界各国宪法》（亚洲、非洲、欧洲、美洲大洋洲四卷），中国检察出版社，2012。

面设定了权利绝对保障而不受限制的范围，而有的国家宪法则从消极层面划定了可以限制的权利清单，也有的国家宪法同时规定了绝对保障与相对保障的两种情形。

首先，从合法性或法治原则的角度来看，各国采取的是宪法保留或法律保留原则。采取宪法保留原则的国家较少，如墨西哥与特立尼达和多巴哥宪法采取了宪法保留原则，即除宪法所规定的限制外，任何法律不得限制或克减人权。《墨西哥宪法》第 1 条规定：除本宪法规定的情况和条件外，人权的行使不得受限制并中止。《特立尼达和多巴哥宪法》第 5 条第 1 款规定：除本章和第 54 条明文规定外，任何法律不得废除、剥夺或侵犯或允许废除、剥夺或侵犯上文提到的任何权利和自由。绝大多数国家宪法采取的是法律保留原则，即依照宪法规定，公民基本权利与自由的限制必须由法律予以实施。有些国家对作出限制宪法权利与自由的法律设定了形式与实质要件。形式要件是指法律须具有一般概括性、平等适用性、无溯及力；实质要件指法律的本质与意义是保障基本权利与自由本身，不得缩减宪法规定的权利与自由的范围。譬如《斯洛伐克宪法》第 13 条规定：对于基本权利与自由的法律制约必须平等适用于所有符合预设条件的案件；必须关注其本质与意义。《匈牙利宪法》第 2 章第 1 条第 3 款规定：只有在为了行使其他基本权利或维护宪法价值而又绝对必要时方可限制基本权利，且要与所达到的目的合乎比例，并须尊重该基本权利的本质内容。《葡萄牙宪法》第 18 条第 2 款规定：限制权利、自由及其保障的法律，必须具有一般概括性，且不得具有溯及力，也不得缩小宪法规定的有关权利、自由及其保障的主要内容的范围与界限。《斯洛文尼亚宪法》第 16 条规定：限于所采取的法律措施具有平等性。

其次，各国宪法规定了限制基本权利与自由所必须遵循的比例原则，即目的与限制之间具有合理关联性即适当性原则以及最低程度的限制的必要原则。所谓适当性原则，是指为了达到目的，采取的措施是适当的；所谓必要原则，是要求在几种可能达到限制基本权利目的的措施中选择最小侵害的措施。比例原则是当今国家权力行使的基本指导原则，其作用就在于规制公权力行使的手段与方式，使国家机关妥善、审慎行使权力，除了权力行使的目的正当外，还要选择对公民个人权利造成的损害或限制最小的措施。考察各国宪法文本中的比例原则规定，可发现，对于比例原则的要素在采纳上不尽一致，有的关于法律保留的限制只对目的正当的比例原则作出了规定，如《白俄罗斯宪法》《葡萄牙宪法》《斯里兰卡宪法》；① 也有的在目的正当之外，加上了适当比例原则，如《阿尔巴尼亚宪法》《罗马尼亚宪法》《瑞士联邦宪法》《土耳其宪法》等。② 1982 年《加拿大宪法》则就一般性比例原则作了规定："加拿大权利与自由宪章保障其列出的权利与自由，仅受由法律规定的能被证明在自由民主社会中有正当理由的合理限制。"在各国宪法文本中，对限制宪法权利的比例原则作出较全面规定的应当是 1997 年生效的《南非共和国宪法》，可以说，它对于比例原则的规定堪称集各国宪法比例原则规定之大成，该宪法第 36 条规定："权利法案中的权利只能依据普遍适用的法律进行限制，并且对权利的这种限制在一个以人的尊严、平等和自由为基础的自由、民主、开放的社会里被认为是合理的和公平的。对权利的这种限制究竟是否合理、公平，应当充分考虑所有相关的因素，包括：（1）权利的性质；（2）限制目的的重

---

① 《白俄罗斯宪法》第 23 条规定："只有在法律规定的情况下，并为了捍卫国家安全，维护社会秩序，维护道德，保证居民健康，维护他人的权利和自由时，才能限制个人的权利和自由。"《葡萄牙宪法》第 18 条规定："只有在宪法有明确规定的情况下，法律才能对权利、自由及其保障进行限制，此种限制应基于保护其他受宪法保护的权益所必需。"《斯里兰卡宪法》第 15 条第 7 款规定，为了维护国家安全、公共秩序、公共卫生、社会道德，或为寻求权利和自由应有的认知和尊重，或为满足一个民主社会整体福利的正当需求，权利与自由受到法律的限制。

② 《阿尔巴尼亚宪法》第 17 条规定："对本宪法所规定的权利和自由的限制，只能因公共利益或为保护他人的权利而由法律予以规定，限制应当与规定的情形成比例。"《罗马尼亚宪法》第 53 条也就目的正当以及采取的措施与相应事件之间成比例作出了规定："对行使特定权利自由的限制：（1）特定的权利和自由的行使只能在必要时由法律加以限制，这些必要的情形包括：为维护国家安全、公共秩序、公共健康或道德、公民的权利和自由；调查刑事案件；预防自然灾害、事故和极端严重的灾难后果。（2）在民主社会中，上述限制仅在必要时方可加以适用。所采取的措施与相应事件之情形成比例，且应以无差别的方式加以适用，亦不得对受限制之权利和自由构成侵害。"《瑞士联邦宪法》第 36 条规定："对基本权利的限制必须出于维护公共利益或他人基本权利为目的；对基本权利的限制必须与其目的成比例。"《土耳其宪法》第 13 条规定："基本权利和自由仅得由法律加以限制，此种限制必须符合宪法相关条款规定的理由，且不得侵害其本质，不得与宪法的文义和精神相冲突，不得违反宪法规定的民主社会制度和政教分离的共和国原则，且必须符合比例原则。"

要性；（3）限制的性质和程度；（4）限制的手段和目的之间的关系；（5）是否存在采取较少的限制达到目的的可能性。"该规定包含着比例原则中的目的正当、限制措施的必要性、目的与限制之间具有的关联性以及以较少的限制达到目的的平衡等四种标准，从而构成了当代宪法理论关于比例原则的实质内容。我国《突发事件应对法》第11条明文规定了比例原则，即"有关人民政府及其部门采取的应对突发事件的措施，应当与突发事件可能造成的社会危害的性质、程度和范围相适应；有多种措施可供选择的，应当选择有利于最大程度地保护公民、法人和其他组织权益的措施"。

最后，列举受限制与不受限制的权利和自由清单。第一种是仅列举受限制的权利清单，如尼泊尔、安道尔、立陶宛、塞浦路斯、西班牙、巴拿马、巴西、孟加拉国、斯里兰卡、土耳其、斯洛伐克、亚美尼亚、冈比亚等国宪法皆采取了该模式，这些受限制的权利与自由大致包括人身自由、言论表达自由、住所权、和平集会与示威自由、自由迁徙、私生活权或隐私权、罢工权、财产权等；其中，有的国家宪法则将宗教信仰、思想自由纳入受限制的范围，如安道尔、塞浦路斯、孟加拉国、斯洛伐克等国宪法；巴西宪法则把贸易商业职业自由、斯里兰卡宪法把平等权、亚美尼亚宪法把建议权和选举权与全民公决权以及国籍权、土耳其和斯洛伐克宪法将禁止强迫劳动的权利一并纳入受限制的范围。第二种是采取列举不受限制的权利与自由的清单模式，如葡萄牙、厄立特里亚、莫桑比克、纳米比亚、南非、冈比亚、斯洛文尼亚、吉尔吉斯斯坦、马尔代夫、黑山、克罗地亚、马其顿、南苏丹、匈牙利等国家宪法都采取了该模式。上述不受限制的基本权利和自由主要包括：生命权、人身完整权、个人身份权、民事能力和公民资格、法的非溯及力、被告人的辩护权、信仰和宗教自由、法律平等、人格尊严、禁止奴隶制度和强迫劳动、免于歧视的判断和自由及公正的审判、不受酷刑以及不受残酷、不人道或有辱人格的对待或惩罚。其中，纳米比亚宪法把言论表达自由与结社自由，南非宪法把自由与个人安全，吉尔吉斯斯坦宪法把请求特赦或减轻刑罚的权利、案件重审权利、要求国家赔偿的权利、获得司法保护的权利、获得受教育权、自由返境权，黑山宪法把婚姻缔结自由，匈牙利宪法把无罪推定，冈比亚宪法把言论自由和表达自由，俄罗斯联邦宪法把私生活权、个人信息权、自由经济活动权、住宅权，分别纳入不受限制的范围而予以绝对保障。第三种是同时列举了上述两种权利清单，包括肯尼亚、斯威士兰、乌干达等国家宪法采取该模式。

　　总体而言，人类面临公共疫情与灾难，不仅需要积极应对，而且这种应对将不可避免会克减公民的某些权利与自由。在公共紧急状态下，各国宪法对基本权利与自由的保障与限制模式虽有所不同，但依然秉持两大基本原则：一是法治原则；二是保障人的最低限度的人权原则，不得随意克减公民的权利和自由。这完全合乎《世界人权宣言》[①] 与《公民权利和政治权利国际公约》[②] 之规定，即尽可能地选择有利于最大程度地保护人的权利和自由的措施，且不得克减或限制公民享有的生存权、人格尊严权、法律面前人人平等权等最低限度的基本人权。

[①] 《世界人权宣言》第29条第2款规定："人人在行使他的权利和自由时，只受法律所确定的限制，确定此种限制的唯一目的在于保证对旁人的权利和自由给予应有的承认和尊重，并在一个民主的社会中适应道德、公共秩序和普遍福利的正当需要。"

[②] 1966年12月16日联合国大会通过的《公民权利和政治权利国际公约》第4条也明确规定：各国在社会紧急状态下，需要采取措施克减公民权利时，遵循比例原则，不得包含纯粹基于种族、肤色、性别、语言、宗教或社会出身的理由的歧视；不得克减或限制公民享有的生存权、人格尊严权、法律面前人人平等权等最低限度的基本人权。

中医传承与文化权利*

杨建军**

摘　要：近代以来中国的医疗体系是以西医为主导建立的，西医主导的医疗体系伴随着医疗的市场化、垄断化，弊病日益凸显。中医是民族文化的重要组成内容，保障和促进中医的发展，也是为了更好地保障非物质文化遗产和民族文化权利，推进人类文化的多样性发展。修改、完善甚至重塑法律制度，建立适合中医传承发展内在规律的法律体系，是一项紧迫的时代任务。

关键词：中医；文化传承；文化权利

在论及权利的时候，人们讨论的多为个体权利。当然，法律上设定的权利也多为个体权利。如宪法第 33 条至第 50 条为公民设定的选举权和被选举权，言论、出版、集会、结社、游行、示威权，住宅免遭搜查或者非法侵入权利，等等，指向的均为公民个人。毫无疑问，保障公民权利是宪法和法律的基本使命。但是，当法律将公民个体作为权利保障的主要主体的时候，人们就很容易忽视一些集体性权利，最为典型的就是作为文化权利的中医。

近代以来，随着西方科学技术的引入，西医也被全面引进。西医引进后，与西医崛起形成此消彼长态势的是中医近一个世纪以来在中国不断衰

　　* 本文为国家社科基金重大研究专项项目"中华优秀传统文化传承发展的立法对策研究"（项目编号：18VHJ009）的阶段性成果。
　　** 杨建军，西北政法大学教授、博士生导师。

落：中医药诊疗体系逐步被西医诊疗体系替代、中医药诊疗体系不断衰落、中医传承人数量大幅下降、医疗法律体系主要是基于西医诊疗体系而建构。以西医为主的医疗模式导致许多实际问题。而 2020 年发生的新冠肺炎疫情中中医的强势表现则提示我们，中国人需要珍视自己的文化遗产和文化权利。

首先，中医文化是民族文化的重要组成部分，传承中医是为了更好地传承文化遗产，保障民族的文化权利。（1）中医是中华传统文化的组成部分，也是中华民族获得自我文化认同、筑牢民族共同体的重要文化基因。保护本民族传统文化，是任何一个国家都应当完成的使命，这也是保障本民族文化权利的重要措施。关于文化权利，《经济、社会及文化权利国际公约》第 15 条列举的内容包括"参加文化生活；享受科学进步及其应用所产生的利益；对其本人的任何科学、文学或艺术作品所产生的精神上和物质上的利益，享受被保护之利"。不过需要注意的是，文化权利不仅仅是一项个体权利，它还应是一项集体权利——"特别是与保护文化遗产、具体人民的文化认同和文化发展相关的那些权利，被视为是'民族的权利'""一个民族对其拥有的艺术、历史和文化财富的权利"。① 而中医文化，就属于我们"民族的权利"和"文化财富"。（2）中医属于人类珍贵的非物质文化遗产。《保护非物质文化遗产公约》规定的非物质文化遗产既包括"社会实践"的知识，也包括"有关自然界和宇宙的知识和实践"，它是"被各社区、群体，有时是个人，视为其文化遗产组成部分的各种社会实践、观念表述、表现形式、知识、技能以及相关的工具、实物、手工艺品和文化场所……"中医就是中华民族最具有代表性的非物质文化遗产之一。2006 年，中医生命与疾病认知方法、中医诊法、中药炮制技术、藏医药等，就被国务院列入了第一批国家级非物质文化遗产名录。对于非物质文化遗产，任何国家都有保护的义务。《保护世界文化和自然遗产公约》第 4 条明确规定，保证本国领土内的文化和自然遗产的

---

① 〔挪〕艾德等：《经济、社会和文化的权利》，黄列译，中国社会科学出版社，2003，第97 页。

"确定、保护、保存、展出和遗传""主要是国家的责任"。

　　其次，保护和传承中医文化，也是为了保护世界文化的多样性。（1）《保护和促进文化表现形式多样性公约》（中国于 2005 年加入）提出，本公约的目标之一是"保护和促进文化表现形式的多样性"；"保护与促进文化表现形式多样性的前提是承认所有文化，包括少数民族和原住民的文化在内，具有同等尊严，并应受到同等尊重"。文化不仅是一个民族获得认同的基础，还可以对寻求全球伦理起到支撑作用。如生物多样性一样，文化多样性同样可以为人类带来福祉。① 就医疗体系而言，任何单一的医疗体系，不仅无助于促进文化的多样性，也无法承载维护民众健康和人类福祉的重大使命。（2）中医药文化是中华文明最为重要的组成部分，传承中医药文化，不仅是中国人的文化权利，更是世界文明发展的必要选择。中医药不仅内含了"天人合一、整体观念、仁、和、精、诚、辨证论治、道法自然、以人为本"等中国人特有的哲学思想和独特的民族思维方式，而且包含了"治未病、扶正祛邪、调和阴阳"等诊疗理念和技术，是"悠久历史传统和独特理论及技术方法的医药学体系"。② 数千年来，中医在中华民族的繁衍生息中，发挥了巨大而独特的作用。在哲学上，中医崇尚"身心一元""治未病""简、便、廉、验"；"中医药学养生功法（八段锦、五禽戏）、膳食调理及按摩、推拿、艾灸等常用保健方法，简单易行，价格低廉，绿色环保，容易被民众接受"；传统中医倡导的"医乃仁术"，"要求医生既需要拥有治病愈人的知识，更需要具备济世救人的人文精神"。③ 这在医疗市场化、西医体系弊病不断显现的背景下，更弥足珍贵。从诊疗技术上来看，"具体到新冠肺炎的防治，中药起效的原因绝对不仅仅是抑制病毒，还可能在阻断病毒感染、调节免疫反应、截断炎症风

---

① 联合国教科文组织（UNESCO）、世界文化遗产委员会（WCCD）：《文化多样性与人类全面发展——世界文化与发展委员会报告》，广东人民出版社，2006，第 16 页。

② 王旭东：《中医文化价值的基本概念及研究目标》，《医学与哲学》2013 年第 4A 期。

③ 齐卓操、张洪雷：《"健康中国"视域下中医的价值》，《中医杂志》2019 年第 13 期。

暴、促进机体修复等多个环节发挥重要作用"。① "大量的临床数据和观察显示，中药在早期预防，防止轻症到重症危重症转变和治愈后恢复期都有很明显的效果，而且中药和西药相结合的治疗方式已经大大降低了重症率和致死率。专家也屡次强调，在治疗新冠肺炎没有有效疫苗和特效药的时候，中药不失为一种很好的方式，为抗击疫情提供了另一种思路。"② 可见，中医所具有的独特医学价值，更值得我们对其加以特别保护。

最后，完善法律体系，促进中医发展。（1）近代以来的中医发展，多次遭受危机，面临一系列问题：中医药迅速衰落，许多绝技已经失传，人才快速凋敝，后继乏人。从法律角度来看，导致这一现状的核心问题在于，现行医疗体系的制度设计主要是按照西医诊疗规范展开的。在诊疗流程上，西医是以科室不断细分为基础的，将诊疗科目不断细化，划分出如眼科、耳科、口腔科、脑科、泌尿科、内科、外科等；要求医院和医师都必须具有执业证，持证上岗；西医的疗效主要依靠医学检验，疗效通过医学仪器的检验而获得证明；在人才培养上，西医主要通过学院教育，辅以临床实习等方式来培养。中医根植于易经哲学思想，将人作为一个整体来看待，它秉持"天人合一"的整体观念，在考察人体的"生理、病理、病因、诊断、治疗时，把天文、地理、人际社会、时间、空间作为宇宙间不可分割的一部分来考察"；③ 中医主要依靠诊脉来进行诊断，其疗效主要依靠中医大夫的诊脉经验和患者的自我感觉来判断；传统上中医并无行医资质要求，至少在很长一段时期内，中医行医并无统一的执业资质要求；在人才培养上，中医主要是学徒制的模式，手把手地进行口传心授。应当承认，中西医各具特色、各具优势。（2）传承中医文化，保障民众的文化权利，需要修改和完善法律制度。中医不仅是一种技艺，而且是中华

---

① 龚春辉、姚瑶、陈理、李秀婷：《中医药参与治疗新冠肺炎有效率达89%》，南方网，http://economy. southcn. com/e/2020－02/20/content_ 190376393. htm，最后访问日期：2020年3月20日。

② 《这些中医药方剂治疗新冠肺炎有效，"三药三方"书写中药抗疫方案》，海外网，https://www.360kuai. com/pc/9ae5016c673b99f4a? cota＝3&kuai_ so＝1&sign＝360_ e39369d1&refer_ scene＝so_54，最后访问日期：2020年3月20日。

③ 刘明、杜杰：《易学原理决定着中医的特点》，《山西中医》1990年第8期。

民族文化的组成部分。对国家来说，传承中医，既是为了履行国际公约规定的文化传承义务，也是为了更好地保障民族的文化权利。作为文化的一部分，中医药的发展离不开法律的保障。2016 年 12 月全国人大常委会通过的《中华人民共和国中医药法》将"包括汉族和少数民族医药在内的我国各民族医药"都纳入了法律保护的范围。该法律明确指出：中医药"是反映中华民族对生命、健康和疾病的认识，具有悠久历史传统和独特理论及技术方法的医药学体系"；"国家支持中医药科学研究和技术开发，鼓励中医药科学技术创新，推广应用中医药科学技术成果，保护中医药知识产权，提高中医药科学技术水平"；"国家支持中医药对外交流与合作，促进中医药的国际传播和应用"。针对中药的发展，现行法律规定"国家建立道地中药材评价体系，支持道地中药材品种选育，扶持道地中药材生产基地建设，加强道地中药材生产基地生态环境保护，鼓励采取地理标志产品保护等措施保护道地中药材"。针对中医人才培养，现行法律提出"中医药教育应当遵循中医药人才成长规律，以中医药内容为主，体现中医药文化特色，注重中医药经典理论和中医药临床实践、现代教育方式和传统教育方式相结合"。虽然有了法律支撑，但现行制度并不能完全适应中医发展的内在要求。如从医疗纠纷解决的角度来看，西医通过提前风险告知、患者或家属签字确认而获得免责。但是，中医的诊疗不可能用该种方法来预防和解决纠纷，因为传统中医不存在提前的风险告知和签字免责流程。再如，司法实践中很多非法行医罪的判处，实际上也将中医传统上的师徒传承的人才培养模式斩断。这些以西医诊疗流程为基础的法律制度的存在，已经极大地制约了中医的发展。（3）虽然有了法律的支撑，但是人们对于中医药的发展认识仍有待提高。实践中，对中医最为常见的一种批评意见就是"中医"不是科学，所以应当被否弃。中医是不是科学，可以再行讨论。问题在于，即便中医不符合西方的"科学"标准，是不是就意味着应当被否弃？答案显然是否定的。其一，科学主要关注的是自然世界，主要采用主客二分的研究方法。医学问题虽然也应当采用主客二分方法来研究，但是，人毕竟不同于物，不完全等同于纯客观的自然物体。其二，中医是一种文化，一种思维方式，是中华民族先祖们在漫长的历史生活当中形成的对人与自然关系的一种认知，代表着中国人传统的宇宙观、自然观。中医中还包含着中国人对付疾病的传统经验。中华民族存续了数千年，只是到了近代才与西医结缘，而在此前的几千年里，都是依靠中医的护佑才延续下来。在此过程中，形成了丰富的对抗疾病的民族经验，这些经验目前虽然还无法完全用所谓的科学来验证，但是，它经历了民族数千年的实践试错和验证。中医还是一种诊疗的技艺，正骨、膏药制作、针灸、刮痧等，均是为人类作出贡献的重要技艺。其三，2020年的新冠肺炎疫情发生后，西医的短板迅速暴露出来，中医的优势快速显现。在这一背景下，重新认知和思考中医的地位、作用，并尽快改进中医传承的法律制度体系，不仅有助于非物质文化（中医诊疗技艺）的传承，而且有助于对文化精神（天人合一、和、阴阳等哲学思想）的传承，更有助于更好地保护民族文化权利。从维护人类文化多样性的角度来看，维护甚至重塑中医药的发展体系，不仅为人类在未来面对各种可能的不测时保留了一种医学解决方案，更是为人类的传承多了一种思维方式和选择模式。从这个角度来看，中医文化传承不仅仅是为了中华文化传承，更是为了保护中国人的文化权利，促进人类文明的多样化发展。

作为一种集体权利，中医的发展既需要依靠国家的法律推动，也需要依靠国家政策的调整。鉴于中医面临严峻的人才断层、技艺流失、经验失传等严酷的现实，保护中医文化，就不仅仅是国家的事情，更是全体国民的事情，保护中医文化也是为了维护整个民族的文化权利。

脆弱性视角下的特殊群体权利保障

——以老年人在公共卫生危机中的处境为例

张万洪　刘　远*

摘　要：以身份为依托的权利保障进路难以调和不同主体间的权利冲突，面对公共卫生危机下复杂的社会环境更难以发挥作用。通过以脆弱性为着眼点的权利保障进路反思身份模式的弊端，实现权利分析普遍性和具体性的协调，对我国人权保障实践具有一定的借鉴意义。运用脆弱性理论审视老年人群体在公共卫生危机中的处境，可以为特殊群体权利保障提供新的研究视点和分析框架。

关键词：脆弱性；公共卫生危机；权利保障

一　引言

在日常生活中，权利主体的衰老、慢性疾病、易受意外伤害等因素，给权利保障带来种种挑战。新型冠状病毒肺炎疫情再次揭露了这样的事实：在地震、山火、传染性疾病等自然灾害面前，所有社会成员，无论其性别、种族、社会地位、财产状况如何，都无一例外地面临权利保障方面的某些困境。一定区域内的所有人，都不可避免地受到人员隔离和交通管制措施的影响而面临经济上的损失，也都可能因病毒的人群普遍易感性而使健康受损，乃至失去生命。在自然界的伟力面前，人类是脆弱的。

＊　张万洪，武汉大学法学院教授，武汉大学人权研究院执行院长，博士生导师；刘远，武汉大学法学院博士研究生。

近年来，美国埃默里大学法学院人类脆弱性研究中心主任学者玛萨·艾伯森·法曼（Martha Albertson Fineman）教授提出的脆弱性理论，在欧美学界产生较大影响。该理论从普遍存在的权利损害风险着眼，以强化抵御风险能力的社会化路径为主要思路，探讨西方社会中妇女、儿童、老年人和性少数者等弱势群体权利的平等保障问题，引发了广泛的学术反响。笔者认为，脆弱性理论对我们思考当前中国各弱势群体的权利保障问题亦有借鉴意义。用脆弱性理论的基本概念和分析思路，来观察老年人群体在新型冠状病毒肺炎疫情等公共卫生危机中的脆弱性，有助于我们提出权利保障的可行思路，建立以资源分配为中心的适应力支持体系。

二　基于身份的权利保障模式及其困境

自由主义传统下的人权理论时常为这样的迷思所困惑，即国家（政府）是否有权利、有义务主动分配社会公共资源，以支持部分权利主体追求权利实现的努力？自由主义传统下的人权理论认为，作为权利主体的个人是独立、抽象的"自由主体"。其拥有天赋的自由权利、才能和平等地位，能够通过个人奋斗实现其所应享有的各项权利和人生价值。基于此种逻辑，个体自治、契约自由的原则得到强调，权利主体对自身处境改善和权利实现负有最主要的责任，国家对权利实现过程的介入和干预被认为可能造成社会不平等现象而受到严格限制。"无论贫富还是贵贱，个人都应对其如何安身立命自我负责。"① 国家对权利实现的唯一责任，就在于清除历史和现实中存在并持续存在的损害社会成员平等地位、自由权利和天赋才能的现象——基于特定个体或群体特征的歧视，以此保障社会成员享有平等的地位和机会。

依据上述理论，在很长一段时间的权利实践中，国家只能对现实中存在的不合理的歧视现象进行规制，而其采取积极措施保障部分弱势主体权

① Martha Albertson Fineman, *The Autonomy Myth: A Theory of Dependency*, New York: New Press, 2004, pp. 25 - 26.

利的能力受到极大限制。同时，反歧视斗争以"身份"为基轴展开，虽然能够引导具有相似境遇和共同追求的个体团结起来争取自己的平等权利，但也部分导致了不同身份团体间的对抗和身份认同危机。

法曼教授将为此所采取的一系列举措总结为基于"身份"（Identity）的权利保障模式。法律基于性别、种族、性取向和宗教等个体和群体特征赋予社会成员以身份，以身份为基础设置权利、义务和救济方案，消除身份歧视，保障平等权利。因此，某个社会成员所能享有的权利保障取决于两项因素：他/她是否能被归属于一定的身份，以及此种身份受到法律何种程度的保护。

法曼教授认为，此种基于身份的权利保障进路至少面临三个方面的问题。首先，身份模式的逻辑基础是假定各社会成员拥有同等的地位、能力和可能性，其权利保障举措的唯一目的在于消除这种天赋的平等所可能遭受的后天的、外来的障碍，即歧视现象。此种逻辑忽视了主体现实存在的自身能力和周边环境的差异，并严格限制了国家采取措施弥补此种差异的行动能力。处于不利处境的个体和群体在教育、就业和经济方面的困境得不到系统化、体制化的支持，其应有的权利，即使在歧视得到遏制的情况下也难以得到平等实现。当今社会的成员从来不是在同一起跑线上开始比赛，而此种狭隘的权利保障进路面对"过去几十年间美国日益增长的财富、地位和权力的不平等现象"，[①] 亦束手无策。其次，以身份为基础的权利保障进路既能使具有相似处境的人们团结在身份的旗帜下，也将不可避免地导致围绕身份的利益团体的形成。为了争夺有限的社会资源，各个利益团体难免产生矛盾和冲突，而"身份"未能得到法律承认的群体也会因此感到不满和怨恨。如，美国《就业中禁止年龄歧视法》《长者工作自由法》等法律通过消除就业领域的年龄歧视现象和社会保障制度的特殊安排使老年人群体能够在享有养老金保障的同时平等地参与工作竞争，从而在部分岗位的争夺中占据一定优势，故而导致因经济形势变化而难以就业

---

① Martha Albertson Fineman，"The Vulnerable Subject and the Responsive State"，*Emory Law Journal*，Vol. 60，No. 2，2010，p. 251.

的年轻一代的不满，认为这些老年人"不仅过度消耗了当代人的资源，而且还透支了后代人的福祉"。① 贫穷的学生也会对高等学府招生中家境优渥的社会少数群体所能享有的优待政策感到怨恨。这种冲突导致了那些同样努力打造更加公平社会的人之间的裂痕，为社会团结带来威胁。最后，身份模式下的权利的主张者若期望获得来自国家的平等保护，则必须向政府和公众论证对应的身份需要被保护。这种论证一方面在于身份所具有的弱势特征，即主体需要证明自己具有生理、心理方面的缺陷而需要社会的同情和支持，从而导致身份与固有的负面形象相联系；另一方面则建立在身份主体遭受歧视和不公正待遇的历史和事实基础上。而这种论证很容易受到各种各样的个体经验的冲击：鉴于社会环境的复杂本质，身份范围内的个体不可能全部都面临同样的权利困境和来自外界的歧视性对待，既存在被斥为"无用"而遭到抛弃的老年人，也存在因为丰富的人生经历和经验而受到尊敬的老年人。简言之，无论身份的概念和标准设置有多么精巧，固定的身份类型依然难以完美契合复杂多变的社会现实。"身份划分既存在包含过广的问题，也存在涵盖不足的问题。"② 身份与现实的脱节，不仅对权利保障的实际效用产生不利影响，更可能损害权利平等保护的正当性。

综上，建立在权利主体抽象的、自主而平等的主体假定上的形式平等原则及其指导下的基于"身份"的权利保障进路，已经逐渐无法适应社会弱势群体追求其应有权利之平等实现的需要。

三 以脆弱性为基点的权利保障新进路

在反思个人自治与身份模式弊端基础上，法曼教授审视现代社会中人类的现实处境，重构权利保障的思维逻辑，提出人权保障之脆弱性理论。脆弱性理论实现了视角的转化，指出权利主体天然具有各种缺陷，在高风

---

① See Marth Albertson Fineman, "'Elderly' as Vulnerable: Rethinking the Nature of Individual and Societal Responsibility," *Elder Law Journal*, Vol. 20, No. 1, 2012, pp. 71 – 112.

② Martha Albertson Fineman, "The Vulnerable Subject: Anchoring Equality in the Human Condition," *Yale Journal of Law and Feminism*, Vol. 20, No. 1, 2008, pp. 1 – 24.

险的现代社会中面临不可避免的脆弱性，能够部分回答权利保障实践中的困惑，为权利研究开辟出新的道路。从某种意义上来说，脆弱性理论对研究进路的底层逻辑进行了反转，认为社会中的每个人都是不完美的，是"脆弱的"（vulnerable）。作为现实存在的人无时无刻不面临来自自身或外界潜在的、持续性的风险威胁和实际损害。脆弱性（vulnerability）就是此种"日常存在的损害、受伤和不幸的可能性"的反映，揭示了当代社会中每个人对于风险和灾难的敏感，并进一步阐释了我们在何种程度上彼此依赖。①

正如乌尔里希·贝克指出，现代社会已经逐步成为以风险为轴心的社会，"财富分配的逻辑被风险分配的逻辑所代替"。② 无处不在的风险使每个人处于持续的易受损的状态。无论是微不可见的病毒，还是声势浩大的自然灾害，都可能对个体的生理和心理健康造成巨大的损害，并使其饱受由此带来的进一步的经济和制度性损害的折磨。更为显著的是，每个人都无法摆脱衰老进程带来的影响，其对人体及其机能造成的"伤害"无时无刻不在持续发生和继续积累。脆弱性是普遍的，是每个人都具有的人类本质；但脆弱性也是具体的，由于个体自身能力以及能够占有或支配的资源的数量和质量的差异，个体受到脆弱性影响的程度将存在很大差异。如在传染性疾病引发的公共卫生危机中，老人往往更容易因病毒感染引发不可逆转的健康危机。③ 由于在社会网络中所处位置等条件的不同，个体遭受脆弱性影响的表现形式也不相同。同样的公共卫生危机中，除了共同面临的健康风险外，医护人员往往因防疫工作产生的巨大压力而面临心理健康危机，个体工商业者会因营业禁令导致经济方面的巨大损失，非感染者也可能因医疗资源被挤占而遭遇诊疗受阻带来的健康损害，即使是居家隔离的普通民众也不可避免地因物资供应链的中断而面临生活水准的下降。

脆弱性虽然不可避免，但并不是无可反抗，人类同样拥有抵御风险并

---

① Martha Albertson Fineman, "The Vulnerable Subject: Anchoring Equality in the Human Condition," *Yale Journal of Law and Feminism*, Vol. 20, No. 1, 2008, p. 9.

② 〔德〕乌尔里希·贝克：《风险社会》，何博闻译，译林出版社，1992，第20～22页。

③ 《新型冠状病毒感染的肺炎诊疗方案（试行第五版）》指出，老年人和有慢性基础疾病者预后较差。参见国家卫生健康委办公厅《新型冠状病毒感染的肺炎诊疗方案（试行第五版）》，国卫办医函〔2020〕103号，第3页。

从损害中恢复的适应力（resilience）。[1] 人们可以通过隔离、消毒和其他防疫举措降低受到病毒感染的概率，饱受疾病折磨的个体有机会凭借身体的免疫和修复机能恢复健康。更重要的是，普遍的脆弱性使人类社会以最大的共识团结起来，形成相互支持的社会网络，来发展和强化社会成员抵御和化解各种风险的适应力。家庭成员互相支持，共同抵御成长和衰老带来的各种威胁。覆盖社会各阶层的社会保障网络也是通过社会支持抵御脆弱性，这种由国家建立的给予个体支持的制度被认为"构成在减少、改善和补偿脆弱性方面发挥重要作用的体制"。[2] 随着规模更大、覆盖面更广和设计更加精巧的支持体系的建立，人类将能从更加广泛的层面调动社会资源以增强和发展社会成员的适应力，帮助其抵御和化解脆弱性的威胁。

伴随着主体形象的转化，脆弱性理论将审查的重心由原本的权利主体转移到社会机制。脆弱性理论观照下的"脆弱性主体"概念不再必然与主体所具有的负性特征相关联，而是指在社会中每一个人都依赖社会支持来发展适应力的大环境中，由于其脆弱性的特殊表现而对社会支持产生独特的要求。社会应以制度性安排充分满足权利主体发展适应力的资源需求，使其足以在脆弱性威胁下拥有适足的生活水准并得以不断实现自身发展。同时，社会应在充分考虑个体自身条件和所处环境之差异的前提下，以公平和非歧视的形式分配社会资源，使每个人在发展适应力方面的需求能够平等地得到满足。此类问题在我们构建以脆弱性为基点的权利保障进路时必须予以重点考量。

四　以资源分配为中心的适应力支持体系

脆弱性理论往往被用来解释和分析欧美社会中女性、性少数者、老年人等群体的权利现状及平等保障路径。事实上，脆弱性理论对于中国的特

---

[1] "Cumulatively these assets provide individuals with ‘resilience’ in the face of vulnerability." Martha Albertson Fineman, "The Vulnerable Subject: Anchoring Equality in the Human Condition," *Yale Journal of Law and Feminism*, Vol. 20, No. 1, 2008, p. 13.

[2] Martha Albertson Fineman, "The Vulnerable Subject: Anchoring Equality in the Human Condition," *Yale Journal of Law and Feminism*, Vol. 20, No. 1, 2008, p. 13.

定社会群体权利的平等保障问题，也有着重要借鉴意义。无论是地震灾难还是新冠肺炎疫情，历次公共危机都鲜明地反映出社会成员的脆弱性本质及其对来自国家、社会和他人的支持的依赖。在 2020 年新冠肺炎疫情影响下，社会环境日趋紧张，大多数社会成员的日常生活乃至基本权利都受到不同程度的负面影响，对来自社会的支持产生权利诉求，但不同地位、环境下的社会成员的权利诉求必然存在较大差异。多家老年福利院等养老机构暴发集体感染的疫情，就是一个例子。一方面，疫区居民普遍面临脆弱性威胁而处于"弱势地位"的情况下，如何处理传统弱势群体类别与其他权利主体的关系；另一方面，疫区居民、受隔离观察者等个体产生了有别于传统人权主体类别的特殊权利需求，[①] 其是否应该被划分为新的弱势群体类别并以此为基础确定其政策及法律地位。这些新的现象和问题值得引起对传统弱势群体类别划分及权利保障进路的思考。

脆弱性理论能够为我们的思考提供一定的帮助。脆弱性理论的核心观点在于，特定权利主体陷入弱势地位的根本原因并非在于其先天或后天的特征而使其相较于其他社会成员更加"脆弱"，而在于其适应力未能在社会机制的支持下得到充分发展。脆弱性理论的研究重心不在于弱势群体与其他社会成员的比较，而在于其脆弱性的特殊表现以及相对应的适应力发展要求是否得到充分满足，或者说社会对于主体适应力的支持是否能使其达到抵御脆弱性风险的水准。一般而言，社会的支持主要在于提供充分的机会和资源，而这种资源，具体而言包括物质资源、能力资源[②]、社会资源和存在性资源等四个方面。[③]

---

① 如居住于被隔离的农村地区的居民，因严格的交通管制和营业禁令而无法从零售途径获取日用品和工业产品，且网络销售和配送途径无法覆盖所有乡镇，所以其日用品需求难以得到满足，只能通过邻里互助或违反隔离措施的方法获取必需品。

② 在法曼教授的著作中，此类资源被称作"人力资源"（human resources），考虑到此概念的实际指向及中文用语习惯，笔者在此将其改为"能力资源"，其实质内涵并未改变。

③ 法曼教授在其论文 "The Vulnerable Subject: Anchoring Equality in the Human Condition" 中以 Peadar Kirby 关于脆弱性和社会暴力的研究为基础，指出社会制度可以从物质资源、能力资源和社会资源三个角度来分析，并提及环境资源亦可纳入分析框架。之后，法曼教授在其论文 "The Vulnerable Subject and the Responsive State" 中又提出存在性资源的概念，认为这种关乎个体存在意义和价值生产的资源对于弥补人的脆弱性本质有着相当大的重要性。

1. 物质资源。所谓物质资源包括食物、住房、饮水、交通工具等"决定我们目前生活质量的物品或事物"。[①] 现代社会中，市场是供应和分配此类物质资源最重要的社会机制，而社会保障、慈善事业等机制也能为权利主体提供直接或间接的物质帮助。

2. 能力资源。所谓能力资源是指用以增强权利主体自身能力[②]的机制及所需的社会资源。能力资源使人类得以不断发展，更有效地参与各类社会机制，从而增强个人在面对脆弱性时的适应力。教育、医疗和就业是能力资源的最主要形式。教育与培训为权利主体的能力建设提供必要的知识、经验和训练。而就业一方面是主体能力建设的结果，另一方面也为主体提供进一步发展其能力的机会和资源。而医疗资源则是保障主体能力的生理基础——身心健康的重要途径。

3. 社会资源。社会资源是指权利主体从所处的社会关系网络中获得的支持和帮助。当权利主体无法独立应对脆弱性带来的挑战时，一方面可以通过能力资源强化其适应力，另一方面也可以依靠社会资源来提升其适应力。一般而言，社会资源的来源包括家庭、社区、社会团体乃至政治共同体，如许多老年人就依赖于家庭成员、社区工作者乃至养老机构的照护服务来弥补其行动能力的不足。

4. 存在性资源。存在性资源是一套意义或价值生产机制，用于帮助权利主体寻找和理解其生活的意义与价值，以及维持良好的心理状态。在脆弱性的影响下，权利主体往往面临能力、财产、社会地位等方面的损失，从而陷入消极情绪状态。而消极的情绪状态又会反过来影响主体的行为决策和身心健康，导致进一步的损失，从而形成恶性循环。存在性资源以宗教、艺术或来自他人的心理疏导等形式，为权利主体提供维持健康心理状态的途径。

---

① Martha Albertson Fineman, "The Vulnerable Subject and the Responsive State", *Emory Law Journal*, Vol. 60, No. 2, 2010, p. 270.

② 脆弱性理论中的"能力"概念受到阿玛蒂亚·森提出的可行能力理论以及由玛萨·努斯鲍姆继续发展而形成的能力方法及"以能力为方法的社会公正理论"的很大影响。限于篇幅，两位学者关于能力的理论不在此赘述。

五　结语

当个案中的权利主体因脆弱性而自身受损或陷入不利的社会境遇时，需要强化适应力以走出困境，而适应力发展所需的资源一方面来自主体自身的资源禀赋和努力结果，另一方面则有赖于官方或非官方的社会支持网络。从脆弱性视角考察特定群体权利保障状况，即以一定的社会场域为背景，探讨遭受脆弱性影响的主体的相关资源需求是否得到各类社会机制的充分支持。从脆弱性视角探讨老年人群体在公共卫生危机中脆弱性的特殊表现及社会支持困境，可以获得各种社会支持途径下权利保障的新思路。

突发事件中公众知情权的法律保护

王岩云[*]

摘　要： 突发事件下公众知情权的保护需求尤为强烈和迫切，并且要求相关的信息必须真实、快捷、全面。加强突发事件中公众知情权的保护，不仅是公众有效应对突发事件带来的恐惧和保护自身健康权、生命权在内的各项权利的基本前提，而且是政府有效应对突发事件引发的公共危机、提升应急防控治理能力和政府公信力的必要措施，还是修复突发事件所引发的公共危机治理中社会信任的重要途径。加强突发事件中公众知情权的法律保护，应从完善突发事件防控信息传播机制、健全公共舆情引导机制和推进构建多元化的公共信息渠道等方面着力。

关键词： 突发事件；公众知情权；公共信息

2020 年春节，新冠肺炎疫情来势汹汹。面对事关生命健康安全的重大突发公共事件，公众获取深度信息、了解事实真相、关心维护自身权益的需求非常迫切。事实上，不论是 2003 年的 SARS 病毒、2008 年的汶川地震，还是这次的新冠病毒，每当突发事件来袭时，都会引起一定的社会震荡。此种情形下，公众对实事求是、公开透明、迅速及时的信息的需求尤为强烈和迫切，常态信息已无法满足公众在突发事件中保护自身生命安全的需要。因此，如何正确认识和有效保障公众的知情权，就成为突发事件处置中必须正视的一个重要课题。

---

*　王岩云，山东政法学院讲师，法学博士。

一 突发事件中公众知情权的基本要义

突发事件中的公众知情权，是公众知情权在突发事件来临时和处置中这一特定时段、特定情景下的具体呈现，其权利主体、义务主体、对象范围，既符合公众知情权的一般原理，又有其独特的体现。

作为一项基本人权，知情权受到国际社会的普遍关注，并被载入重要的国际人权文件和许多国家的宪法之中。人民主权理论奠定了知情权的宪法基础，[①] 中国现行宪法确立了人民主权原则，隐含了知情权的权利推定。公众知情权属于公法上的知情权，它是"知""行"合一的权利，具有复合性目的和功能，即兼具公共目的和个体目的，它不仅是个体了解"与自己利益有关"的公共机构权力运行信息的权利，也是一项公民用以参与公共生活、监督公共权力行使的权利。[②]

公众知情权是公众（包括个人和/或团体）知悉并取得有关公共职能机构所掌握的公共性信息的权利。公众知情权的权利主体是社会公众。这里的公众，既包括群体意义上的公众，也包括个体意义上的公众，绝不应以属于群体权利的名义而置个体权利于不顾。也就是说，每个人都有知情权，作为群体一员的个体当然应享有相应的权利内容。公众知情权的义务主体是掌握公共信息的机构，具体而言包括国家机关以及行使（或代行）公共权力的事业单位、非营利组织、社会团体等。公众知情权的权利客体是"情"，即公共性的信息，包括与自己有直接关联和潜在关联的公共信息。

作为公众知情权客体的"情"有着"质"的要求——真实、快捷、全面。所谓真实，是指公众需要看到真相，即真实、准确的情况和信息。公众知情权的基本要义是真相，这就要求义务主体不能隐瞒，不能报喜不报忧。虚假的信息，非但没有任何助益，还会误导公众。就像中央指导组副组长陈一新所说，"疫情数据不准确，误导决策贻误战机，危害极大。

---

① 颜海娜：《论公民知情权的宪法确认》，《国家行政学院学报》2003 年第 5 期。

② 王锡锌：《滥用知情权的逻辑及展开》，《法学研究》2017 年第 6 期。

疫情不明不准，要害死人"。所谓快捷，是指公众可以及时、便捷地获取动态化更新的信息。后知后觉的信息，非但达不到知情的要求，还会造成不可逆转的后果。所谓全面，是指公众知情权对于信息的要求是全方位和多方面的。知情权的客体不仅包括公共政策信息和法律政策执行的信息，也包括公共事件中有关公平正义执行的信息，公众不仅有权了解事件本身的信息（发生的时间、地点、主体、风险与可能的次生风险和发展势态等），还有权了解有效应对事件的自我保护类信息。就新冠肺炎疫情而言，单单公布某地确诊病例和疑似病例的人数显然是不够的，尽可能详细的确诊病例的感染路径和患者确诊前的行动轨迹（发病前的居住地、行踪轨迹、曾经停留地点等）同样应当属于公众知情权的范畴。只有了解了这些信息，公众才便于加强自我防护，也有助于密切接触者自我观察、及时就医。

二　公众知情权在突发事件处置中的重要意义

加强突发事件中公众知情权的保护，不仅是公众人权保护的需要，而且对于突发事件的防控和治理具有极其重要的意义。

其一，保障公众知情权是公众有效应对突发事件带来的恐惧和保护自身健康权、生命权在内的各项权利的基本前提。社会公众既是突发事件引发的公共性危机的受体，也是防御公共性危机的主体。鉴于事件的不可预期性及其风险的不确定性，突发事件不仅会影响到社会整体的正常运行体系，而且会威胁到公众个体的生命健康和财产安全。知情是做好防卫或防护工作的基础，公众知情权的实现对于生命健康权等其他权益的保障起着基础性作用。当新冠肺炎疫情袭来，相对于病毒，更让公众恐怖的是未知。满足公众知情的"刚需"，是化解恐慌的基本途径和有效举措。及时让社会公众了解事件的真实情况，既可以有效避免出现恐慌局面，也是引导公众积极防御危机的前提条件。公众只有知晓了必要的信息，了解清楚发病时的症状，才能学会自我隔离、开展科学防护和提高警惕，从而也将最大限度地降低被感染的可能性。如果不了解基本的事件原委和科学处置信息，公众很难预知危机的存在并基于趋利避害原则而作出合理分析和理性应对。新冠肺炎疫情中许多感染病例发生在早期阶段，在很大程度上就是因为对于新冠肺炎"人传人"的事实并不了解，防护意识不足，只做简单防护甚至不做任何防护。

其二，保障公众知情权是政府有效应对突发事件引发的公共危机、提升应急防控治理能力和政府公信力的必要措施。"阳光是最好的消毒剂。"公共突发事件发生后，有关部门权威信息的发布，不仅是满足公众知情权的保障，更重要的是其本身就是应对危机的有效手段。面对各类突发事件，相关公共部门只有切实将信息发布工作做到及时、准确、权威，才能真正获得社会公众的理解与支持。尤其是突发事件发生地的政府相关部门，在积极作出应急反应的同时，必须坚决维护公众的知情权。公众知情权得不到保障，恐惧、怨气等都可能对政府公信力形成某种负面影响，甚至严重削弱政府公信力。公众知情权对于突发事件治理具有防与治的双重功效，对于业已发生的突发事件，对公众知情权的保障有助于提升治理能力，并可在一定程度上防止突发事件可能带来的信任危机。国务院办公厅《关于进一步加强政府信息公开回应社会关切提升政府公信力的意见》（国办发〔2013〕100号）明确将做好政府信息公开工作作为保障公众知情权、提升政府公信力的重要举措。在新冠肺炎疫情防控阻击战中，国务院和各级地方政府多次举办新闻发布会，主动公开信息，极大地满足了公众知情权，不但没有给公众带来恐惧，反而会使公众提高认知和警惕，从而最终为抗击疫情的胜利奠定扎实的群众基础。一些省份如浙江省在抗疫关键时刻每天举行一场发布会，及时向社会公开疫情状况及各项政策，不仅满足了公众的知情权，而且消除了不必要的恐慌，这是值得重视的经验。

其三，保障公众知情权是修复突发事件所引发的公共危机治理中社会信任的重要途径。突发事件的发生往往会对整个社会秩序造成极大的冲击，其潜在风险的不确定性往往大大超乎事件本身，这种不确定性严重影响着政府部门、监督机构和社会公众的行为决策。事件相关信息的不对称，势必造成焦虑、恐慌、误解和猜测，从而导致短期内社会信任明显降低。当新冠病毒突如其来，不仅漂流在外的湖北人、武汉人被视为潜在的"病毒传播者"而遭到拒斥，湖北之外其他地方的同事、邻里也都互存戒心、彼此防备，更有甚者，医务人员被视为可能携带病毒的"高危群体"而成为"不受欢迎"的人。媒体报道的某省小区业主拒绝医护人员进入小区一事引起了普遍关注。不得不说，在疫情严重的形势下，医护人员的的确确属于"高危群体"。他们用自己的专业知识和技能为社会作出了贡献，是值得钦佩的人，但是无可争议的是，他们冒着生命和健康危险奋战在抗击疫情的第一线，也是易感染的人群。从报道看，数千名医务人员感染病毒，远远高于普通民众的感染率。对于烈性的传染病，小区业主基于自保，拒绝这些人进入小区，并不是要拒绝医护人员，而是拒绝感染病毒的潜在风险。其实换位思考一下，有这样的担忧是很正常的。如果有足够的信息能够证明这些医护人员不是病毒携带者或者潜在的携带者，这些业主也就不会产生恐慌。满足公众知情权，通过详尽可靠的信息披露，可以纾解社会公众的困惑和培育基本的社会信任，从而有助于构建起一个共度危机的命运共同体。

三　加强突发事件中公众知情权保护的法治路径

加强突发事件中的公众知情权保护可以从明确信息公开义务、强化大众传媒权责、拓宽信息渠道等方面推进。

其一，应优化突发事件的信息发布制度，完善突发事件防控信息传播机制，进一步明确相关主体的信息公开义务，让公众随时感知到官方的权威声音、立场及看法。白岩松在针对抗击疫情的电视节目中有一句深刻的话："在没有特效药的情况下，信息公开就是最好的疫苗。在最后的胜利没有到来时，真实的数字和真实的情况是最有力的推动力。"中国现行立法在《突发事件应对法》中规定了政府信息公开的内容，《突发公共卫生事件应急条例》规定了"国家建立突发事件的信息发布制度"，明确了"信息发布应当及时、准确、全面"，并且规定了"隐瞒、缓报、谎报或者授意他人隐瞒、缓报、谎报"依法追究相应的法律责任。这些都表明了国家维护公民知情权的立场和态度。然而，我国一些地方和部门在抗击疫情中面对公众的关切不回应、不发声，其信息公开水平和危机处置能力显然没能经受住考验。笔者认为，在既有法律制度基础上，应该进一步明确信息公开的义务主体，全面推进对信息公开的监管，实行严格的责任追究机制，尤其是加大行政和刑事处罚力度，确保信息公开制度的落实。不仅对于谎报、瞒报突发事件真实情况和拒绝履行信息报告职责的要追责，对于不认真履行职责而导致延误报告，以及不正确履行信息通报职责致使本可避免的损失未能避免的，也要追责。此外，还应当注意提升信息公开的针对性、实时性和扩大覆盖面。除了初报还须有续报，重要事项还要有调查和处理结果的报告；除了按照规定上报，还应及时向毗邻和可能波及的地方相关部门通报有关情况。新加坡卫生部在应对新冠肺炎疫情期间，除了对日常数据的动态更新和对每一个新增病例详情通报之外，还提供了每日病例和先前病例的传播链条分析，是非常好的做法。

其二，健全公共舆情引导机制，从法律上强化大众传媒的公共属性，提升其求真求实、客观公正、先知先声和服务大众的意识，构建畅通的信息传播渠道。求真求实、客观公正，就是大众传媒必须传递真实信息，恪守媒介伦理，做"社会公正的捍卫者"和"社会进步的推动者"，尽力避免出现失实报道。这就要求媒体发布新闻时要广泛收集不同意见，听取长期从事专业工作、"了解相关学科研究进展"、"掌握流行病学数据，具有国际视野，无偏见和商业利益"的专家意见。[①] 先知先声，是指大众传媒应当发挥"社会环境的监测者"和"时代的瞭望者"的作用，及早通报突发事件相关信息，"第一时间"保障公众知情权，而不是做"事后诸葛亮"。服务大众，是指大众传媒作为社会公器，必须对公众负责，做"公众呼声的放大器"，提供与社会公众切身利益紧密相关的各类有价值的信息，同时鼓励其开发多样性的便民应用信息。比如新冠肺炎疫情期间，《南都周刊》通过整合多途径获取的信息，在其 App 上形成的"疫情地图"，不仅有疫情实时动态，而且提供全国病例轨迹查询，由此可以便捷地查到，哪个路口、哪家超市、哪家饭店、哪家宾馆甚至哪个摊位出现过

---

① 此为中国疾病预防控制中心首席流行病学专家曾光的观点。参见李颖、项铮《专家呼吁：尊重公众对公共卫生事件知情权》，《科技日报》2011 年 3 月 17 日，第 12 版。

确诊病人。"公众知情权的实现，不管义务主体是社会还是国家机关，最终都需要借助媒体的力量，大众媒介是实现公众知情权最主要的渠道。"①因此，要从法律上给大众传媒赋予权利和明确责任，使其有权有责能担当。

其三，拓宽信息渠道，发挥网络和自媒体在保护公众知情权中的积极作用，从立法上推进构建多元化的公共信息渠道。网络不仅是普通大众传递信息最为有效的一个手段，更是更快纠错的最佳信息获得途径之一。只有保持多元化的信息渠道，才能实现兼听则明。如果公众缺乏查证和询问可疑信息的必要机制，社会公众对公共权力的信任将不完整，即便最终未造成信任危机，也会出现怀疑的社会氛围。科学的质疑、理性的精神，是现代公民的基本素养。不应当要求或者期望社会公众一定要盲目地信任某一社会主体或者某一种观点或结论，公众自己会作出理性的判断。"社会公众决定相信或不相信某种观点，主要基础在于自己可以追踪一些特定的资讯和特定的保证，去找到特殊的消息来源，而这些消息来源是可以透过查证，来确定其真实性和可靠性。"②

---

① 罗永雄：《从三鹿事件看公共危机中知情权的媒体保障》，《东南传媒》2009 年第 4 期。
② 李后龙、葛文：《怀疑、信赖与民事案件材料公开》，《法律适用》2013 年第 1 期。

突发公共危机事件中权利救济的
政府责任*

王淑荣　华　昉**

摘　要： 在突发公共危机事件中，公民的权利可能会陷入"非常态化"的法律"真空"状态而被侵害，而且被侵害的权利更多地关涉到了人权范畴，而人权的义务主体由普通权利与义务主体的互为指向的对等关系转变成了单向义务对象主体——政府，因为人权是人对社会、对国家的正当要求，也是所有社会公权力合法性的来源与正当行使的限度。所以政府就必须对因危机事件可能被侵犯的公民权利承担起救济的责任，规避履行责任的风险，履行对事件的即时预判责任、渐近性权利救济责任，并要依法进行权利救济。

关键词： 突发公共危机事件；公民权利；政府责任；权利救济

发生突发公共危机事件，公民的权利不可避免地会受到不同程度的损害，国家（政府）应该作出及时反应，以合正义性、合理性的行政决策和法律规则对公民权利进行救济，对公民权利救济属于政府的"应担"责任范畴。本文拟要讨论以下几个相关问题：突发公共危机事件状态下，公民权利处境如何？政府履行责任的法理依据是什么？政府履行责任存在哪几种风险？权利救济的政府责任有哪些？

---

* 本文系国家社科基金重点项目"社会主义核心价值观引领司法公正研究"（项目编号：19AKS022）和吉林大学2019年廉政建设专项课题"习近平新时代党的政治建设重要论述研究"（项目编号：2019LZY001）的研究成果。

** 王淑荣，吉林大学马克思主义学院教授，博士生导师；华昉，吉林大学马克思主义学院2017届博士研究生。

一 突发公共危机事件中公民的权利状态

突发公共危机事件自身的特点，决定了公民权利在不可预知的情境中可能受到未知客体的侵害，所以预判突发公共危机事件中公民的权利状态，是找到权利救济方案的关键，是保障公民权利的前提。

（一）公民权利的法律保护"非常态"

法律是保护每个公民正当合法权利的，但在公共危机事件突发条件下，公民的权利就会遭遇特殊状况，因为突发危机事件在时间上表现为"发生突然"，在内容上表现为"公共危机"，在范围上表现为"面积广泛"。这表明，一定范围内的群体被带入"非常态"的情境，所以，政府及公民行为自然容易打破"常态化"的法律规范，而一旦打破"常态化"的法律规范，从公民的角度看，就意味着权利会受到"非常态化"的冲击和影响，当生命和健康处于紧急时刻，"常态化"的法律在形式上就"失效"了，这就表明，在突发危机事件发生时，公民相关的权利就可能处在法律的"真空"状态。因为突发不可预知，所以就没有成文的针对某一特定危机事件的法律进行规范，因此，在这种情况下，公民权利就可能无法得到"常态化"法律的保护。

（二）公民权利正常行使受限

突发公共危机事件中，公民的很多权利不能自由行使。比如生命健康权，通常当公民的生命健康权利需要救助时，政府的医疗部门必须提供相应的帮助，但在突发公共危机事件中，这种救助义务就会受限，如武汉突发新冠肺炎疫情，需要急救的患者人数突增，即便是医院全员进入救治状态，有些新冠肺炎患者也不能得到及时救治，而普通患者群体，在这种情况下肯定得不到正常就医的机会；另如自由权，通常情况下，只要是公民在法律允许范围内的行为或行动都不应该受到限制，但在突发公共卫生事件中，如新冠肺炎来临时，感染者或密切接触者就必须自觉进行隔离，隐瞒或者逆行会被强行隔离，限制其"自由"。因为他们的"不自由"换来的是其他人的生命健康，他们的"自由"就是对其他人生命健康的危害。所以公民权利行使受限也是为了对其他公民的权利进行保护。

（三）公民权利可能受到侵害

突发公共危机事件中，无法得到"常态化"法律保护的直接结果，就是公民生命权[①]、人身自由与安全权[②]、私生活权、工作权、享受适当生活水准权[③]等权利的行使不能自主，更有可能是公民的生命健康等权利受到侵害，公民行为自由受到消极的限制，公民的生活水准受到极大的影响。而这些权利一定要得到保护，因为它们都是基于人性本质的需求，是对社会、对国家的正当要求，这种权利一般均归类于"人权"范畴。

二　突发公共危机事件中政府履行责任的法理依据

为什么突发公共危机事件中，政府要单向性地定位为义务主体的角色，承担起公民权利救济的责任？这种责任的产生依据是什么？分析结论是政府的责任因权利而生，具体理由如下。

（一）权利的本质属性赋予了政府责任的合法性

从法理层面看，通常情况下，公民的权利是法律赋予并受法律保护的，主体权利的实现源于义务主体义务的履行，且权利和义务是对等的、互逆的。就普通权利与义务关系看，权利与义务是等值的且具有互补性，权利主体与义务主体一般都是同一的，也是互逆的双向指向。人权与其他权利不同，人权的权利主体是公民，义务主体则是社会公权力的拥有者和践行者，其实体就是国家（政府），可以说掌握社会权力的政府才有资格成为责任的主体。"人权是人对社会、对国家的正当要求，人权是所有社

---

① 《公民权利和政治权利国际公约》第 6 条，源于《世界人权宣言》第 3 条。
② 《公民权利和政治权利国际公约》第 9 条，源于《世界人权宣言》第 3 条。
③ 《经济、社会及文化权利国际公约》第 11 条，源于《世界人权宣言》第 25 条。

会公权力合法性的来源与正当行使的限度。"① 这说明人权本质上赋予了政府行使权利救济责任的合法性。

从事实层面看，突发公共危机事件可能侵害的权利以人权为重，所以政府承担的人权义务就是绝对义务，即只以权利主体的权利实现为目标，并不以权利主体是否履行义务为前提。首先，政府在事件发生后没有任何理由豁免其应当承担的权利救济义务，更不得以任何理由侵犯公民的权利；其次，政府必须积极作为使公民权利受到侵害的程度最小化，并排除各种因素对权利的妨碍和侵害，保护公民的合法权益。所以政府在突发公共危机事件中，必须承担起即时性救助和渐进性救济责任，这是被侵害的权利的正当需求，这也是政府承担权利救济责任的合法理由。

（二）权利的保护需求成就了政府责任的正当性

突发公共危机事件中，公民生命权需要保护。法律保护任何人的生命不受任何剥夺，即使在紧急状态下亦不得对该权利加以克减。生命权的内容包括"狭义上的生命存在的不被任意剥夺及广义上的生命维系对最低限度的食物、教育和医疗卫生等相关条件的物质要求"，② 所以政府在突发公共危机事件中，一方面要采取即时性措施防止任何可能危害公民生命健康的行为和事件发生，另一方面还应该采取尽可能完善的积极的保护措施，改善和提高公民的基本生存条件，有效保护公民的生命健康。公民人身自由与安全需要保护。政府承担的是保护公民人身自由与安全不受任何因素的干预和侵犯的责任，但在特殊时期，为了保护更重要的权利，政府可以有限地限制公民人身自由，但对人身自由的限制必须符合合法性原则和禁止任意性原则，即限制人身自由不能是非正义的、不可预见的、不合理的、不确定的。公民享受的适当生活水准权需要保障。"国家作为社会权利的代理者，承担尽其资源能力尊重和确保个人最低生存权的义务，国

---

① 张文显主编《马克思主义法理学——理论、方法和前沿》，高等教育出版社，2003，第306页。

② 张文显主编《马克思主义法理学——理论、方法和前沿》，高等教育出版社，2003，第316页。

家义务，即（既）包括行为义务也包括结果义务……一方面，国家负有渐进性义务为个人提供能够享受适当生活水准权的环境。另一方面，国家负有即时性义务确保个人特别是弱者的最低生活水准权。"① 政府责任正是因为权利的保护需求而具有履行的正当性。

（三）权利的权重分配决定了政府责任的合理性

突发公共危机事件中，政府责任的行使要依据公民各权利之间的权重分配进行"不平等"对待，即政府进行权利救济要依据公民各项权利的位阶，体现出各自在权利体系中的权重，所以救助顺位应该是权重较低的权利让位于权重较高的权利。比如，在新冠肺炎疫情中，"人身自由权"就应该让位于"生命权"，在所有的公民权利当中，生命权是第一位的，因为生命是至高无上的权利。因此，法律要把保护公民的生命作为首要的目标，而把"人身自由权"放在次要的位置。在"居家隔离"的规定中，公民的人身自由权利受到了限制，其合理性就在于，人身自由权的权重在新冠肺炎疫情突发危机事件中的权重是低于生命权的。所以，"牺牲"人身自由权以保护生命权，就具有合理性。同样，工作权也要让位于生命权，在新冠肺炎疫情期间，国家限制个人出行自由导致其不能正常工作，禁止企业开工，这无疑给国家、企业和个体造成了经济损失，但在一定程度上放弃工作权来保护公民的生命权，也是合理的。再比如，在新冠肺炎疫情中，当事人（可能是患者）应该如实公开自己的行程和身体状况。在这种情况下，"私生活权"就应该让位于"生命权"。当事人如果隐瞒自己的行程和接触史，就是对他人生命（可能被传染而导致死亡）的威胁。因此，当事人不能以保护自己的"隐私权"为由而破坏他人的生命权。在这种情况下，公开自己的住址、行程和接触史就不应被视为侵犯"隐私权"。

那么，如果权重分配是合理的，放弃某些权重较低的公民权利就不应该被看作对公民权利的破坏。在两者不可兼得的情况下，权重较低的公民

---

① 张文显主编《马克思主义法学——理论、方法和前沿》，高等教育出版社，2003，第325页。

权利应该让位于权重较高的公民权利，这是合法的。

三 政府履行责任要承担可能侵权的"三种风险"

因为突发公共危机事件具有"突发性，即突如其来，不易预测；公共性，即在公共卫生领域；危害性，即对公众健康已经或者可能造成严重损害"[①] 三大特征，所以政府在履行救济责任，采取保护公民权利的对策或制定规范时，势必存在"侵害"公民权利的风险。

（一）"即时预判"的不准确性

政府在对危机事件作出预判的时候，可能因为预判不足而导致制定规范不完善而侵害公民权利。公共危机事件突发后，政府应立即采取应对行为，进行及时的权利救济，以消除危机事件带来的灾难，保护公民的生命健康和财产等权益免受侵害。但是，在危机事件应对中，需要对危机事件"可能"带来的危机扩大或扩散作出"预判"，才能制定详细的行为规范。这些规范既包括政府的行为规范，也包括危机事件中可能受害的当事人群体的行为规范。然而，因事件突发，政府的预判行为并不是完善和精准的，因此在制定规范的时候如果不是建立在精准预判上，就可能会导致预判不到位而损害公民的权利。但也应该进一步确认哪些是应该能够准确预判而没有准确预判的，哪些是允许不能准确预判的。对于应该准确预判而没有准确预判从而导致对公民权保护不当的，政府应该承担责任；而对于允许不能准确预判而导致对公民权造成损害的，则政府不承担责任或承担不完全责任。而在这种情况下，受害当事人则不应当对政府无法精准预判进而无法制定保护公民权利的行为进行权利对抗，而是应当接受事件的结果。

（二）"过度应对"的不适度性

政府在制定防止危机事件扩大或保护公民生命财产安全的规范时，可

---

① 付子堂：《非典危机与突发公共卫生事件应急法律制度》，《西南政法大学学报》2003 年第 4 期。

能因为"过度规范"而导致对公民权利的侵害。在公共危机事件处理中，政府是基于事件"可能"带来对公民权利的损害而制定行为规范的。但是，从量的意义上看，其只是"可能"带来的损害，而这种"可能性"有多大则是无法估量的。比如，在新冠肺炎疫情期间，政府如何判断某一区域疫情是否会扩散、在多大程度上扩散、扩散的速度会怎样？这些"可能性"的预判无法做到精准。因此，在制定应对危机事件处理规范的时候，就可能制定出所谓的"过度应对"的规范。这种"过度应对"是建立在对"可能性"的上限预判基础上的，如果给当事人带来损害结果，则应该不属于"过度应对"。而真正的"过度应对"是指，在能够精准预判"可能性"的基础上，却超过了预判的"可能性"而制定的行为规范。比如，在新冠肺炎疫情期间，当无法判断某一居民小区是否能够因人员流动而发生传染的时候，"封闭管理"就不应该被看作"应对过度"，因为在传染的"可能性"无法预判的时候，政府采取上限的目的是尽最大可能地保护公民生命健康不受损害，因而这一行为规范即使限制了当事人的人身自由，或者暂时剥夺了其工作权利，或者导致其正常的生活水准下降，也不能被看作政府未履行义务，而可能是履行责任受限。当然，如果能够精准预判却超出预判的可能性而制定行为规范，就属于"应对过度"的行为，则由此带来的对公民权利的损害，政府是要承担责任的。

（三）应急措施的"一刀切"

政府在制定防止危机事件扩大或保护公民生命财产安全规范的时候，可能因为"一刀切"而导致对公民权利的侵害。政府在应对公共危机事件时制定的行为规范（法律的、政策的），不能完全考虑当事人群体的特殊性而采取"一刀切"的方式，由此给当事人带来权利的侵害，是否应该被视为对公民权利的侵害？通常行为规范约束的客体具有普遍性（法律规范的绝对普遍性、社会规范的相对普遍性），如果针对每一个个体都制定一套行为规范，只适用于某一个特定个体或特定事件，就不具有普遍性的规范属性。但是突发公共危机事件中，规范的"普遍性"所适用的层次和范围必须是相对的，而且适用范围越是广泛，则"一刀切"就越容易被特殊性所破坏。比如，在新冠肺炎疫情期间，"封城"这一规范就无法在全国普遍实行。严格来说，如果想彻底避免疫情传播和切断传染源，应该在全国普遍实行封城。但是，这种"一刀切"就会侵犯公民权利。因此，该项规范就不能被作为"一刀切"的普遍规范执行。但是，在较小范围内的"一刀切"所带来的对公民权利的限制，则不应该被看作对公民权利的侵害。比如，在同一个城市里，普遍实行居民小区"封闭管理"，这一层面的"一刀切"对公民权利的限制就不应该被视为对公民权利的侵害。因为，在有限的应急状态下，无法对各个不同的居民小区作以特殊性的区分，因而"一刀切"是允许的。

四　突发公共危机事件中权利救济的政府责任

政府在对突发公共危机事件的"预判"基础上，理性评估政府在应对事件中的责任范畴，制定具有行政或法律效力的公民行为规范，正确履行责任，对公民权利进行救济，既是为了保护公民的合法权益，更是为了消除公共危机事件带来的不良后果和社会影响。

（一）　政府的"即时预判责任"

"即时预判责任"即在突发事件来临时，面对危机情势，要对事件性质及可能的后果进行即时预判，使预判结果精准度最大化，进而使公民权利受侵害程度最小化。"缺乏认真，责任之说总是一句干巴巴的保证；对于新的任务缺乏敏感，责任永远是跛于后的；一方面没有一种高级的判断能力，另一方面没有形成新的责任承担者，责任永远只是一个虔诚的愿望。"① 首先，在事件发生后，特别是公共卫生事件，政府要有危机意识。要对事件性质、发生的根源、发展趋势和可能出现的后果进行预判，要预测最消极的结果，作出最积极的反应。其次，组织专家团队进行实地调研

---

① 〔德〕奥特费利德·赫费：《作为现代化之代价的道德——应用伦理学前沿问题研究》，邓安生、朱更生译，上海译文出版社，2005，第258页。

和专业评估。事件发生后，要召集权威专家进行专业化研判，以经验理性进行判断，以现实定在进行量化指标评估，预知事件可能带来的危害，给出专业可行的方案，组织专业团队进行权利救济。即时预判是政府在突发公共危机事件中履行对公民权利救济责任的前提基础。

（二）政府的"渐进救济责任"

政府在即时性义务履行过程中可能会预判不足，导致措施应对过度或"一刀切"式的管理，进而可能会侵害到公民的人权，但随着事件的发展，政府在客观理性的判断基础上，要尽量排除即时性义务履行过程中可能出现的风险，尽可能地履行积极义务，如根据专家团队制定正确的方案、组织专业人员进行集中救助、制定应急条例等，在"非常态化"状态下，最大限度地使公民的生命健康权得以保障，使公民的基本生存条件和最低生活水准得以满足，保证政府的政治承诺和政策目标的顺利实现。所以"渐进救济责任"是政府在突发公共危机事件中履行对公民权利救济责任的根本。

（三）政府的"依法治理责任"

在突发公共事件发生后，为保障社会稳定和社会环境的有序性，政府在不违背社会正义和道义的基础上，作出合理合法的决策，并坚决贯彻执行，在特殊情况下，行政决策可以"行政命令"方式执行，对不服从者可实行"行政强制"措施，甚至进行"行政制裁"，保证非常时期依规治理，提高国家治理能力。

"我国社会主义法治凝聚着我们党治国理政的理论成果和实践经验，是制度之治最基本最稳定最可靠的保障。"[①] 为有效防止突发危机事件的影响恶性发展，使公民权利免遭更大风险，政府在依规治理的同时，必须以法治思维、法治方式、法治手段进行社会治理，在突发事件发生后，首

---

① 习近平：《全面提高依法防控依法治理能力　为疫情防控提供有力法治保障》，《人民日报》2020年2月6日，第1版。

先要依据已有法律进行有效防控、全面依法治理。其次，对违法者要以最严厉的手段进行制裁，严重者可以刑律论处，保障特殊时期公民的权利和社会秩序的稳定。"要完善疫情防控相关立法，加强配套制度建设，完善处罚程序，强化公共安全保障，构建系统完备、科学规范、运行有效的疫情防控法律体系。"①

---

① 习近平：《全面提高依法防控依法治理能力　为疫情防控提供有力法治保障》，《人民日报》2020 年 2 月 6 日，第 1 版。

行政紧急权力行使中比例原则的
适用位阶分析*

张妍妍**

摘　要： 行政紧急权力的行使状况表征着一国法治现代化程度的高低，对公民权益影响深重。基于紧急状态的突发性、不可预期性、复杂性等异于正常状态的特征，行政紧急权力要实现在有效治理危机的过程中尽量减少对公民权益不当侵害的法治目标和权力设定宗旨，比例原则的引入与适用不可或缺。然而，比例原则传统的"三位阶论"并不能解决长期以来行政实践中存在的自由裁量权过大、对公民权益的损害程度难以控制等诸多弊端。因此，应对比例原则三项子原则的适用位阶进行优化，并对该原则的内容进行必要的完善。

关键词： 紧急状态；行政紧急权力；比例原则；适用位阶；行政执法

对于任何国家和政府来说，突发性紧急事件应对都是对其国家治理能力和社会管理能力的一个重大考验。2003 年"非典"事件发生后，十几年来，我国行政紧急权力行使的规范化、法治化程度得到很大提升。尤其是 2004 年"紧急状态"入宪，非常状态下国家安全和社会秩序有了根本保障，极大推动了国家各项紧急应对权力行使的法治现代化进程。当下，面对新冠肺炎疫情的暴发，在以习近平同志为核心的党中央领导下，各级政府及时有效地控制了疫情的继续蔓延，社会层面呈现出齐心协力共同应

* 本文为山东省社会科学基金项目"国家治理现代化背景下党依法执政能力建设的制度创新研究"（项目编号：18CKSJ03）、山东大学基本科研业务费专项资金资助项目（项目编号：2016GN016）的研究成果。

** 张妍妍，山东大学马克思主义学院副教授、硕士生导师，法学博士。

对危机的可贵局面。然而，为了在这场没有硝烟的战争中取得彻底性胜利，也为了在未来不可预期的危机事件中政府能够应对得更全面、更高效、更有力，我们不能忽视、漠视、无视任何一个违反法治精神和原则的权力不作为、权力滥用以及其他超越法律边界的行为。鉴于行政机关在紧急状态治理中的关键地位，如何规范行政紧急权力的行使，这个问题至关重要。而比例原则作为行政法领域的"帝王条款"，如何在紧急状态下发挥其规范效力，有待于学界加以深入探讨。

一　比例原则内涵的初步简述

即使是高度推崇权利至上的德沃金也赞同，权利在紧急状态下会做出让步。[①] 但此处的让步是为了实现人民更长远的利益。如果说"非典"事件之后法学界探讨的热点是，为了更好地保护人民的根本利益，将比例原则嵌入行政紧急权力的审查工作是否具备法理基石[②]、应否对权力加以限制以及如何进行规范[③]等问题，那么今天我们的研究重点则在于，社会主义法治现代化背景下如何持续精进比例原则，使其进一步提升行政紧急权力的规范化、法治化、程序化，从而实现紧急状态下行政紧急权力亦能有力保障公民应有权益的立法宗旨。而随着国家法治改革的深入和人民法治意识的提升，要在权力与权利之间、权利与权利之间进行利益衡量将更为复杂，需要更加细致深入地进行研究。

在此之前，让我们先来回顾一下比例原则的内涵。学界通说认为，比例原则由以下三项子原则支撑。

第一，妥当性原则。该原则考察行政权力行使的目的与手段之间的关系，要求行政机关以目的为导向，将达致行政目的的诸多手段纳入选择范

---

① See Ronald Dworkin, *Taking Rights Seriously*, Harvard University Press, 1977, pp. 191 – 192.
② 如姜昕《比例原则的理论基础探析——以宪政哲学与公法精神为视角》，《河北法学》2008 年第 7 期。
③ 如韦伟强《比例原则——政府应急管理特权的规制》，《社会科学家》2006 年第 6 期。

围。基于目的的正当性考量，也有学者将该原则称为合目的原则①或正当性原则。②

第二，必要性原则。该原则是指在所有能够达到消除紧急状态目的的措施中，政府必须采取对公民权益损害最小的方式和举措，又称最小侵害原则。由此可见，该原则的适用前提是不违反或削弱国家实施紧急状态的目的。有学者进一步强调，最小侵害策略抉择位次的优先性，即在多种选择方案中，政府机关应该首先选择那些对人民权利侵犯最轻的方法。③

第三，均衡性原则。该原则在肯定行政措施之于目的的必要性前提下，从公民权利保护的角度再次为公权力的行使设定了限制性条件和负担，又称狭义的比例原则。④ 与上述两项子原则的内涵得到学界广泛认可不同，关于均衡性原则的公权力限制程度方面，学界实则见仁见智。如有观点认为，"虽然一种措施是达到目的所必要的，但是，不可以使公民的负担过重"。⑤ 又有学者提出，"国家紧急权力的行使虽然是维护国家生存所必要的，但是也不应当对人民的基本权利限制过多，这两者之间必须有一定的适度性"。⑥ 还有学者将该原则称作相称性原则，用以"权衡目的、手段之间的法益是否相称"，要求在行政目的所追求的法益与公民因此所遭受或可能遭受的损失之间进行衡量。⑦ 细究之，"不应使公民负担过重""不应限制人民的基本权利""目的与手段之间的法益要相称"三者内容差异显著，有偏向主观经验式的表述方式，亦有相对客观画出不受公权力侵害之权利保护圈的尝试。

---

① 如郭春明、郭兴之《紧急状态下人权保障的比较研究——国内法和国际人权法的视角》，《比较法研究》2004 年第 2 期。
② 如曾哲、雷雨薇《比例原则的法律适用评析与重塑》，《湖南社会科学》2018 年第 2 期。
③ 如郭春明、郭兴之《紧急状态下人权保障的比较研究——国内法和国际人权法的视角》，《比较法研究》2004 年第 2 期。
④ 如范剑虹《欧盟与德国的比例原则——内涵、渊源、适用与在中国的借鉴》，《浙江大学学报》（人文社会科学版）2000 年第 5 期。
⑤ 陈雄：《紧急状态下的自由与秩序》，《社会科学家》2004 年第 4 期。
⑥ 郭春明、郭兴之：《紧急状态下人权保障的比较研究——国内法和国际人权法的视角》，《比较法研究》2004 年第 2 期。
⑦ 曾哲、雷雨薇《比例原则的法律适用评析与重塑》，《湖南社会科学》2018 年第 2 期。

二 行政紧急状态下比例原则适用位阶问题的再审视

由上可见，比例原则三项子原则的共同之处在于它们均采纳了目的—手段的限制维度，但内容各有侧重，协力制约和规范着公权力的运行。法律程序本身具有普遍化适用的优势，且具有地域和领域的双重普遍性。[①]科学的法律程序对于实现法治的整体价值和长远目标举足轻重。长久以来学界对比例原则采取"三位阶论"，即按照妥当性原则—必要性原则—均衡性原则这三项子原则的表述顺序确定适用位阶。只有满足了第一位阶的审查原则，才能开启后续第二、第三位阶的审查。但是，传统的"三位阶论"能够满足法治现代化背景下行政举措的监督与审查需求吗？尤其是，能够有力规范非常状态下行政紧急权力的行使吗？

首先，让我们审视一下妥当性原则的适用位阶问题。学界普遍赞同将妥当性原则作为政府自我审查和司法审查的初步内容。但紧急状态下，为了有效治理危机、迅速恢复正常的社会秩序或避免更大的公益损失，政府可采取的措施和手段不可谓不多样，自由裁量权力范围不可为不广。若仅以行政目的与手段之间是否存在一定的关系来判断行政措施的正当性，妥当性原则的适用则存在功能泛化的危险。由此，近年来出现了质疑该原则独立存在的声音。在适用方面，有学者在论证第三项原则时提出，相称性原则"不受预设目的的限制，如果手段所侵犯的法益或使相对人负担的损失超过行政目的所追求的法益，则相称性原则可以直接否定具体行政行为的正当性"。[②]此观点高度强调比例原则对于保障相对人合法权益的本意值得赞同，但直接排除了妥当性原则的第一位阶审查，这种做法是否妥当？妥当性原则该何去何从？如果要保留该原则适用的第一位阶，还需要考虑或优化行政紧急权力行使的哪些因素？这些问题都需要我们进行更多的细致审视和多元思考。

其次，必要性原则和均衡性原则的适用位阶问题。之所以将余下两个

---

① 陈景辉：《比例原则的普遍化与基本权利的性质》，《中国法学》2017 年第 5 期。
② 曾哲、雷雨薇：《比例原则的法律适用评析与重塑》，《湖南社会科学》2018 年第 2 期。

子原则放在一起论证，是因为围绕二者的先后适用位阶问题，大体存在两种不同的观点。通说认为，必要性原则应在妥当性原则的基础上予以适用。[①] 按照这种观点，行政权力一经断定符合第一步，即妥当性原则之后，继而开启必要性原则审查工作。但有学者提出优化建议，对比例原则三项子原则的适用位阶进行了重新安排，如把相称性原则分为两步：初步相称性分析阶段和二次相称性分析阶段。前者"分析各手段所导致的权益侵害是否超越所欲追求的目的，从而在保障手段适当性的同时确保多项手段间横向比对的可能性"，作为第二阶层适用；后者"加入行政成本、社会因素等多重要素后循环审查"，作为第四阶层适用，而将必要性原则置于第三阶层。[②]

比例原则的核心在于禁止恣意。但是，依照通识观点或学者建议，都没有办法有效避免长期以来行政执法实践中具体行为举措结果的不确定性，无力纠正行政紧急权力背后潜藏的对公民权益造成不当损害的极大危险。如按照通识观点，一项行政紧急权力通过合法性审查后，再对手段可能导致的公民权益损害进行利益衡量，由此确定对公民权益损害最小的方式。政府在进行了大量工作之后，已经确定了入选决策，却往往因为最后一步，即该决策使公民负担过重或侵害了公民基本权利而受到否定。就紧急状态来说，这种结果不仅拖延了行政效率，而高效恰恰是行政紧急权力的主要优势所在；更重要的是，在行政治理实践中，"负担过重""侵害公民基本权利""目的与手段之间的法益不相称"等审查内容都全部倚赖各级政府的主观经验式判断。这也在一定程度上解释了实践中经常发生行政行为侵犯公民私益的原因。

那么，第二种改良的观点又如何呢？将相称性原则拆分为两个部分，分别作为第二、第四位阶适用，这种做法亦不科学。首先，所谓的初步相称性分析独立出来的主旨在于对各手段所导致的权益侵害进行衡量，并顺理成章地对各手段进行横向比对，由此得出对公民权益损害最小的手段。

---

① 如陈雄《紧急状态下的自由与秩序》，《社会科学家》2004 年第 4 期。
② 曾哲、雷雨薇：《比例原则的法律适用评析与重塑》，《湖南社会科学》2018 年第 2 期。

而这项工作恰恰是必要性原则审查的必经前提，而非相称性原则的审查内容。否则，如何甄选出对公民权益损害最小的手段呢？其次，如同上段对通识观点所剖析的那样，此类观点依然无法避免同类弊端的产生，即某项手段通过了必要性原则审查，经确定为对公民权益损害最小的手段之后，再对该手段进行均衡性原则审查，这种审查步骤极易产生诸多弊端。因为政府部门在经历之前的考察步骤，确定好最小侵害措施之后，就放松了公权力行使的谨慎思想，不愿再投入更多的时间和精力对该手段的收益与危害进行精细考量。而政府不再继续对手段的收益与危害进行精细考量的原因更在于，将行政成本、社会因素等多重要素纳入最后一步审查，实则将前面两项审查原则的结果置于高度或然的状态：政府若认为该手段对公民负担不重或未侵害公民基本权利或比例适度，即可推行；反之，即可推翻。这实则为政府自由裁量权的行使放开了一个很大的口子。应急治理实践中，紧急状态程度类似的不同地方政府却采取了差异较大的行政举措，就很能说明问题所在。即使是行政紧急权力，亦应受法律监督和群众监督。应急治理的不统一、无序化状态带来的另一个弊端是公民没有办法预期政府可能采取的应急举措，更谈不上有效监督行政紧急权力的运行。当然，这两种审查方法也为后期潜在的司法审查带来了审判难度，相当于由各级法院偏主观经验式的审查来判断政府的主观性认知是否正当。

三 行政紧急状态下比例原则的适用位阶优化

首先，妥当性原则"所阐释的目的正当性是整个比例原则的基石"，[①] 它作为行政紧急权力审查工作第一位阶的地位不应受到任何动摇。实际上，即使是上述质疑观点提到的相称性原则的审查，也必然包含对"行政目的所追求的法益"的考量。除非一眼视之即可轻易判断某项具体行政行为明显超出限度，违反了基本的法治原则与精神，如构成对公民生命权、

---

① 翟翌：《比例原则的中国宪法规范基础新论——以宪法第 33 条为中心》，《新疆社会科学》2012 年第 5 期。

人格尊严等基本权利的极大侵害，才不必对行政行为所欲追求的目的进行考量。除此之外，明确行政紧急举措的目的正当性依然是行政紧急权力运行必不可缺的第一步。行政紧急权力的运行必须且只有符合妥当性原则，才能开启后续的自我审查步骤。

就行政紧急权力来说，将妥当性原则作为审查第一位阶，是否意味着该原则只适用一次，后续阶段的审查不再需要审查该原则内容？答案是否定的。传统的行政自我审查或司法审查实践采取静态的视角对三原则逐一进行审查，在正常情况下基于法治局面和社会秩序的相对稳定性也许是适用的，但在紧急情况下就要另当别论了。一方面，通过对三项子原则的内涵审视，我们会发现，目的因素是所有子原则都必须予以考量的核心因素，保护公民权利、比例适度等其他重要考量因素实则围绕目的因素展开了多维度检视路径。作为贯穿于三项子原则的合目的性，实则关系到行政行为自始至终的正当性，当然需要多次考察。另一方面，行政紧急权力的设立初衷在于为紧急状态治理之需而对权力行使的程序和内容予以扩张。正常状态下一项具体行政行为的稳步推进对于促进法治事业的进展大有裨益，但紧急状态下，任何试图一劳永逸的举措都可能对相对人或公众造成永久性伤害，行政机关须较平常更为谨慎地行使手中的公权力，这也体现了权力与义务、责任相一致的法治精神。因此，根据紧急状态的发展态势，从动态角度时时审查行政举措是否能够推动其预设目的的实现，应该成为紧急状态治理法治现代化的一项基本要求。建立动态的妥当性原则审查工作机制和制度体系，慎重检视每一项行政行为在紧急状态发展全过程中是否契合该行政紧急举措初始设定的目的，应该成为应急状态行政治理机制的完善方向。

其次，我们应如何安排比例原则其他两项子原则的适用位阶？从行政权力的运行全过程来看，理想的或曰应然的行政行为审查步骤如下。第一步，对行政紧急权力进行合目的性原则判断，行政机关在目的导向下通常面临数种行为策略的抉择，只要这些行政措施所追求的目的具有正当性，就均可被行政机关列入选择范围。第二步，对纳入选择范围的每一种行政治理方式和行为策略进行利益衡量，主要从两大方面开展评估：一是此项举措对相对人或者公众的权益所可能带来的损害，二是该举措所需承担的行政成本，以及应该予以考虑的社会成本、公众接受能力等重要内容。在这个阶段，需要针对紧急状态的具体类型、级别、时间、地点、严重程度等因素，建立健全相应的核心因素考察量表以供政府科学评估。第三步，对各手段衡量之后的结果进行横向比对，确定对公民权益损害最小的方式和举措，在应急治理实践中推广使用。如果上述权力运行程序是正当的、合理的，那么在必要性原则与均衡性原则的适用位阶上应该是将均衡性原则置于必要性原则之前，即比例原则三项子原则的适用位阶是：妥当性原则—均衡性原则—必要性原则。

对比例原则的适用位阶进行如此优化的益处如下。其一，将均衡性原则置于必要性原则之前，有利于行政权力在推行应急治理手段之前精准衡量重要因素，有效扭转政府在确定了最小侵害手段之后，因不符合均衡性原则而重新寻找策略、再进行评估的反复无序工作状态，从而全面把控治理局面。这要求政府在确定某一行政举措或手段之前就要对各手段是否均符合行政权力所追求的合法性及合理性目的，以及每一手段可能带来的收益与其可能导致的损害或必须承担的成本进行全面衡量。在此基础上，谨慎确定对公民权益损害最小的举措或手段。其二，行政机关将紧急权力的自我审查机制由主观经验式转变为客观指标式，有利于精准选择对公民权益损害最小的举措，推动全国范围内行政紧急权力行使的同一性，也有利于后期司法审查的准确度和高效率。行政机关作为承担举证责任一方，只要证明其行为符合合法性和合理性原则的一般性要件，并提供紧急状态下各手段间利益衡量、为避免公民权益受到不当侵害所采取的必要利益衡量和手段比对等客观材料，即可认定其行政紧急权力的行使符合比例原则。

最后，基于非常状态的特殊性，行政紧急权力适用比例原则是否应具有区别于正常状态的特点呢？答案是肯定的。如紧急状态下，上述审查流程不应只作为一个单独的循环，而要视紧急状态的具体程度随时对行政举措进行变更，但依然要遵循上述审查步骤。因此，紧急状态下比例原则的适用并不主张"从一而终"，而应"反复思量"。再如，基于公民权益易受行政紧急权力侵害，且难以及时得到有效救济等原因，在对各行政应急措施进行利益衡量的过程中，建议将每一项举措可能导致公民权益受损害的情况单列，而不是纳入行政执法成本的整体计算中，以落实宪法保障人民权益的基本原则。当然，面对紧急状态下暴发的不可预期性、突发性、复杂性等危机，为了保证行政紧急权力有效适应治理时间紧、任务重等治理需求，建议将必要性原则的审查标准予以适度降低，从绝对最小侵害降低至相对最小侵害。当然，这并不意味着行政机关可随意降低审查标准、扩大自由裁量权的行使，而要综合考虑紧急状态的时间、地点、危机程度等因素。

突发重大疫情中国家人权话语的功能

殷浩哲*

摘　要：权利保障，既要做好，也要说好。充分、恰当地表达国家在面对疫情时的人权立场，需要对国家人权话语所具有的选择框架、分享意义、阐明价值功能有清晰的认识，以对内凝聚社会共识和国家认同，对外提升国家形象和国际话语权，推动构建人类命运共同体。

关键词：突发重大疫情；国家人权话语；人权

抗击疫情过程中的人权保障是一个系统工程，除了需要解决"谁的权利需要保障""什么权利需要保障""为什么需要保障""如何保障"等权利保护的实践问题外，还需要解决权利保护的表达问题。准确、妥当地表达面对疫情时国家在人权保障方面的举措和成效，国家人权话语是一条重要渠道。国家人权话语是一国人权立场和主张的官方、权威表达。抗击疫情的国家人权话语，不仅包括国家领导人的谈话、中央政府及外交部发言人的表态和应答，也包括官媒首发报道评论、驻外使领馆及国家代表团发言声明等中涉及人权的内容。疫情对国家人权话语是考验，也是重要的"表现窗口"，提示我们有必要厘清和重新认识国家人权话语在重大突发疫情中的功能。

本文认为，国家人权话语在重大突发疫情中的功能至少有以下三个相互联系的层面：选择框架、分享意义、阐明价值。对本国举措、权利保障、他国捐赠、疫情蔓延、限制措施等问题以国家人权话语进行务实坦诚

---

* 殷浩哲，中国人权研究会秘书处干部，南开大学周恩来政府管理学院博士后研究人员，法学博士。

的表达，实现框架选择、意义分享、价值阐明，从而增强传播效果，助力国家在国际上赢得更多的理解和支持。

一 功能之一：选择框架

框架（frame）概念发端于心理学，经戈夫曼（Goffman）等引入社会学，又经恩特曼（Enterman）等引入新闻传播学。戈夫曼将框架定义为一种认知和诠释的基模（schema），影响乃至决定一个人看见什么、忽视什么，进而关涉理解、记忆和评价。[①] 按照李普曼的说法，"多数情况下，我们并非先理解后定义，而是先定义后理解……倾向于按照文化业已在自己脑海中设定好的刻板印象去理解这些事物"。[②] 框架"涉及选择和凸显"，[③] 是"生产权力"的实践，其权力的来源在于，在读者没有感觉到其存在的情况下，它已经事先确定了讨论的措辞。[④] 因此，运用不同的框架，就会构建不同的认知图景和解释方式，带给人不同的引导和想象，产生不同框架效应。一个框架即一套意义逻辑，锚定了人们的认知方式和内容。

框架的建构，以使用具有特定含义的词语为基本标志，由于被长期使用，这些词语具有"符号"的意义和功能，可以激活受众头脑中的共同记忆和集体意识。在一套框架体系中，元框架决定了框架运行的底层语言，具有基础性地位，可谓"框架的框架"。在元框架之下，还有次级框架、三级框架等。作为一种元框架的"人权"，隐含着特定的思维方式和内容指向，并具有价值转换功能。在"人权"元框架之下，有"自由""秩序""集体"等次级框架。在类似的行为上使用迥异的次级框架，分别激

---

① 胡百精、安若辰：《认知落差、媒体叙事与冬奥会的全球想象》，《上海体育学院学报》2020年第1期。

② 〔美〕沃尔特·李普曼：《公众舆论》，常江、肖寒译，北京大学出版社，2018，第67页。

③ R. M. Enterman, "Framing: Toward Clarification of a Fractured Paradigm", *Journal of Communication*, 1993, 43（4）.

④ 吴瑛：《议程与框架：西方舆论中的我国外交话语》，《欧洲研究》2008年第6期。

活了其所属的元框架，进而引导受众的认知走向不同的方向。

国家人权话语在重大突发疫情中建构人权框架可包括以下三个路径：一是将内容嵌入已形成的既有框架，触发"刻板印象"；二是建立新的次级框架，或赋予既有框架新的要素，更新解读路线，弥合"视域剩余"；三是消解于己不利的框架，展开"框架竞争"。如果回避建构人权框架，不仅给表达者聚焦主题、受众准确定位带来困难，而且将议程设置以及生产次级框架的主动权拱手相让，从而可能在"框架竞争"中处于不利地位。

二　功能之二：分享意义

在现实世界中，利益是缔结共同体的基础性条件，所有共同体在根本上都是利益共同体，利益认同最为直接而切近。[①] 现实主义、自由主义、建构主义这些不同的国际关系理论也都将利益置于最高位置：现实主义以权力界定利益，国家之间是利益竞争；自由主义以经济界定利益，国家之间的利益可以协同；建构主义以观念界定利益，国家之间依据敌友关系判断利益。

但在危机语境下，仅有利益互惠是不够的，还要通过国家人权话语进行意义分享，以召唤普遍人性和公共信念，"在共同体精神和公共之善层面达成共识"，[②] 实现从利害制衡到信念涵化。意义分享是意义交换（主体间性对话）的先声，也是主体间性的开启。因此，突发重大疫情中的国家人权话语，既应论及"共同利益"，也应包含"共同意义"。实践中，我国的国家人权话语也涵盖了"各国应当团结合作，共克时艰，这符合各国的共同利益"和"构建人类命运共同体"两个维度，增强了意义建构与表达。

三　功能之三：阐明价值

休谟（David Hume）最早提出事实与价值"二分法"。他认为，"是"

---

① 胡百精：《说服与认同》，中国传媒大学出版社，2014，第37页。
② 胡百精：《危机传播管理》，中国人民大学出版社，2014，第85页。

（is）不必然指向"应当"（ought），即从事实知识不能直接推导价值知识。① 事实与价值"二分法"在康德等哲学家的不断补充完善后，成为"现代道德哲学和政治哲学的根本前提"。②

长期以来，"事实与价值二分"是新闻传播的基本理念，但在话语表达和传播领域，这一认识论命题值得讨论。从表达者的角度，事实与价值是否真的"井水不犯河水"，能够作截然分开的表述？从传播者的角度，能否做到不"添油加醋"，摒弃个体倾向？从接收者的角度，能否清晰切割事实与价值，在信息接收全部结束后才开始自我加工？实际上，无论是表达者、传播者、接收者，都存在"理解的历史性"，③ 构成对理解的限定和制约。因而，事实与价值牢牢"缠结"在一起，价值判断固然可在形式上与事实陈述相区分，但事实陈述也蕴含了价值判断。

同时，虽然价值渗透于事实陈述，但因同一事实可以产生完全不同的解读，故而表达者应于事实之外阐明价值，否则会形成空白和断裂，将解释权完全交由传播者。这里对价值的阐明，既可以是对共识的重申，也可以是通过对价值的重新排序，重构既有价值体系。在重大突发疫情的国家人权话语中，事实与价值更是缺一不可：既要在事实层面答疑解惑，讲清背景，阐明举措，提供"故事的标准版本"，也要在价值层面展现出对人权的重视、对生命的悲悯、对弱势群体的关爱以及科学、理性的抗疫态度。更为重要的是，通过对抗疫举措的描述，凸显价值排序的国家态度，展示并捍卫始终坚持的价值体系。

四 小结

重大突发疫情中国家人权话语功能问题，在宏观层面涉及国家形象和危机管理，中观层面涉及话语构建和传播机制，微观层面涉及个案阐释和

---

① 〔英〕休谟：《人性论》（下册），关文运译，商务印书馆，1980，第 509~510 页。
② 〔美〕希拉利德·普特南：《事实与价值二分法的崩溃》，应奇译，东方出版社，2006，第 197 页。
③ 〔德〕汉斯·格奥尔格·伽达默尔：《真理与方法》，洪汉鼎译，商务印书馆，2010，第 175 页。

修辞发明，并体现着对议程设置、受众效果的重视。将对国家人权话语所具有的"选择框架、分享意义、阐明价值"功能运用于实践，或可更好地表达我国的抗疫举措和成就，增进国际理解和认同。

人权视角下政府个人信息的利用及限制

——以政府应对突发事件为切入点[*]

李　鑫　崔大阳[**]

摘　要：从人权视角来看，个人信息的公共属性正逐步让位于私人属性，并体现出基本权利的特征。政府是利用个人信息最大的主体，而其利用个人信息的行为缺乏法律的明确授权，在应对突发事件时，现有法律的概括授权并不能有效保护公民的个人信息。现有以知情同意为核心的个人信息保护体系难以扩展至公域，政府利用个人信息的行为几乎不受监督和约束，而个人信息一旦受到侵犯则会影响其他基本权利的实现。因此，有必要明确个人信息相关权利的基本权利地位，构建起以保障基本权利为目标的个人信息保护体系，规范政府利用个人信息的方式和范围，贯彻个人信息保障的人权理念。

关键词：人权；个人信息；基本权利；政府；突发事件

一　问题的提出

从党的十八大到党的十九届四中全会的历次重要会议都不断强调，我国政府治理模式的发展方向是向服务型政府转变，推进治理体系和治理能力的现代化。2020 年初暴发的新冠肺炎疫情无疑是对我国治理体系和治

---

　*　本文系教育部人文社科专项任务项目"社会主义核心价值观融入法治建设的方法论研究"（项目编号：18JD710062）、山东社科规划项目"司法语境中的法律原则适用问题研究"（项目编号：13DFXZ02）的阶段性成果。

　**　李鑫，青岛科技大学法学院副教授、硕士生导师，弱势群体司法与社会保护研究基地研究员；崔大阳，青岛科技大学法学院硕士研究生。

理能力的一次大考，在这场"战疫"中，经过国家和人民的努力，疫情蔓延的势头已经被成功地遏制，但中国和中国人民付出的代价是巨大的，经济发展失速、人民生活失衡。回顾此次疫情，初期所遭遇的混乱和无序恰恰是政府治理模式改革以及治理体系和治理能力现代化的宝贵经验。

在疫情防控的过程中，为了掌握居民的既往出行史，许多地区要求本辖区居民主动上报相关信息，甚至采取入户排查、车牌登记等方式，同时，铁路公司、移动通信运营商也利用自身的数据库和技术优势，将用户的出行时间、始发地、终到地以及手机信令数据分享给相关部门。[①] 基于此，政府机关以及其授权的组织，例如居委会、村委会，掌握了大量涉武汉、涉湖北人员的个人信息，其中就包括姓名、联系方式、家庭住址等敏感个人信息。收集这些个人信息本是出于疫情防控的需要，但部分地区在收集、汇总、提报的过程中发生了大范围的信息泄露事件，导致个人信息特别是个人敏感信息在信息主体居住范围内大范围传播，使其隐私权、名誉权甚至生命健康权遭受侵害。[②] 这暴露出目前在个人信息保护上的一个漏洞，过往的讨论多是集中在私域，[③] 特别是商事领域之中，当视角转换到公域时，国家不再超然于个人信息保护体系之外，而是成为最大的，也是最有力的信息收集主体，那么过去讨论的结果还能否沿用呢？基于此，本文从人权视角出发，首先探讨个人信息的基本属性，随后根据现行法律分析政府在正常情况下和应急事件中利用个人信息的合法性基础，并对可能涉及的人权问题进行探讨，最后提出政府利用个人信息的规制路径。

---

① 唐俊：《铁路统计封城前离开武汉乘客信息，提供给防疫部门》，新浪网，http://news. sina. com. cn/c/2020 – 01 – 30/doc – iimxxste7681382. shtml，最后访问日期：2020 年 3 月 19 日。

② 林铭豪、冯洁：《湖北人海量个人信息疯传，非常时期隐私就不受保护了吗?》，新浪网，https://news. sina. cn/gn/2020 – 01 – 26/detail – iihnzhha4803751. d. html，最后访问日期：2020 年 3 月 21 日；《泄露涉疫情人员个人信息　广州海珠警方依法处罚》，广州市公安局官网，http://gaj. gz. gov. cn/gaxw/gzdt/content/post_5654839. html，最后访问日期：2020 年 3 月 20 日。

③ 陆青：《个人信息保护中"同意"规则的规范构造》，《武汉大学学报》（哲学社会科学版）2019 年第 5 期。

二 个人信息的公共属性转变

近年来，随着大数据等新兴技术的发展，关于个人信息保护的问题也越发吸引学界关注。无论是将其视为人格权加以保护[1]，还是理解为财产权，[2] 抑或是公民基本权利的一种，[3] 都体现出了个人信息对于信息主体的重要性，也认可信息主体既是个人信息的源泉，也应当对其拥有最强的控制力。而对于个人信息的定义可能是争议最小的，即以电子或其他方式记录，单独或与其他信息结合能够识别特定自然人的信息，也即具有"可识别性"的信息。从定义来看，个人信息并非现代社会的产物，更非互联网时代的新事物。毫无疑问，长期以来，政府都是个人信息的最大收集和使用主体，个人信息具有公共属性。

首先，个人信息是政府有效治理的前提。行政管理面对的最大群体就是社会公众，想要对如此庞大的群体进行系统、高效的管理，就首先要掌握管理对象的相关个人信息，户籍制度就是最为典型的例子。一方面，政府试图全面掌握所管理群体的个人信息，以便行使公共管理职能；另一方面，政府也不断探索既有信息的利用方式，以提高公共管理效能。[4]

其次，个人信息的产生是出于管理，特别是行政管理的需要。根据目前的国内外法律和学界通说，个人信息的内容无非包括姓名、出生日期、身份证号码、护照号码、联络方式、婚姻状况、教育经历、职业、犯罪记录等长期以来并未受到特别关注的基本信息，以及由于技术进步产生的新的个人特殊信息，主要是包括指纹、虹膜在内的可识别生物信息。通过个人信息的概念内涵可以看出，个人基本信息尽管对于个体来说存在与隐私权相关的合理关切，但其本质上是为了行政管理而生的，例如通过身份证号码对不同个体加以区分，通过犯罪记录对未来的行为风险加以评判。即

---

① 参见王利明《论个人信息权在人格权法中的地位》，《苏州大学学报》2012 年第 6 期。

② 参见刘德良《个人信息的财产权保护》，《法学研究》2007 年第 3 期。

③ 参见孙平《系统构筑个人信息保护立法的基本权利模式》，《法学》2016 年第 4 期。

④ 参见张新宝《从隐私到个人信息：利益再衡量的理论与制度安排》，《中国法学》2015 年第 3 期。

使是可识别生物信息，最初也是为了方便管理而研发的。① 由此可以得出，虽然个人信息的确包含特定的人格、财产等法益，但其公共属性是与生俱来的，这也是为何长久以来政府利用个人信息并未受到过分的苛责，尽管其行为可能远远超出了行政管理的需要（比如"棱镜"事件）。

最后，个人信息在突发事件中具有巨大的公共价值。从个人旅行史到日常出行轨迹，从疫情溯源到密切接触人群追踪，此次疫情中借助大数据，通过对人们的行为分析，政府能够对疫情变化及时、高效作出反应，其在支撑疫情态势研判、疫情防控部署上发挥了重要作用，甚至已经用于预防海外输入。② 在大数据的处理中，依靠的就是通过个人申报、联防联控机制和信息共享的方式获取到个人信息，由此可见，在突发事件中，个人信息对于消减公共风险、预防潜在公共危机具有重大的价值。

由此可见，大数据时代各类新兴技术的出现并没有改变个人信息的公共属性，反而由于新技术的加持，个人信息在行政管理中的作用更加凸显，以至于有学者提出将个人信息作为公共产品对待，以公共利益作为个人信息收集和利用的基础，摒弃个人信息权等私法规制的路径。③ 但笔者持不同意见，正如上文所述，个人信息的公共属性自古有之，为何偏偏此时以公共产品视之，更值得注意的是，个人信息并不是在由个人价值向公共价值转变，反而是个人价值越发凸显。我们经常强调，人们在互联网市场上所获取的便利是通过个人信息的让与换取的，这种让与是便利的前提条件，没有精准的用户画像，需求与供给的高度匹配也就无从谈起，所以可以认为，个人信息拥有了比以往更多的个人价值属性，是人们在互联网经济中市场交换的重要筹码。因此将个人信息作为公共产品实际上是在剥夺人们参与市场的机会，并不会使个体获得更多的收益，反而会由于筹码

---

① 参见张凯伦、王倩《"刷脸"的风险，你知道多少？》，《检察日报》2019 年 4 月 17 日，第 5 版。

② 柳青：《国家移民管理局：运用大数据预排查来自疫情重点国家有关人员》，封面新闻网，https://baijiahao.baidu.com/s？id = 1659955070429445242&wfr = spider&for = pc，最后访问日期：2020 年 3 月 15 日。

③ 参见吴伟光《大数据技术下个人数据信息私权保护论批判》，《政治与法律》2016 年第 7 期。

的缺失而丧失与大平台的议价能力。这也是为何无论以人格权还是财产权界定，我们都认可个体对个人信息的控制权，从而实现个人信息的自主价值和使用价值。① 个人信息尽管还具有传统意义的公共属性，然而其私人属性正不断发展并超越公共属性。

三　政府对个人信息的利用

正是个人信息的私人属性越发凸显，而以往对个人信息保护的重视程度并不够，保护手段也逐渐失效，才使得个人信息保护成为信息时代的重要命题之一。随着个人信息与大数据、人工智能等新兴技术的结合，原本个人信息保护中在个体与政府之间已经形成的相对平衡被打破，虚拟世界与现实世界的高度融合产生"公权力—社会权力—私权利的三元结构"，② 人们在智慧社会的生活方式发生转变，信息技术不仅成为个体发展的工具，也影响着人权的内涵。但是在立法实践中不难发现，政府利用个人信息并未有足够的法律依据作为支撑，而个人信息又逐渐显现出基本权利的特征，使得政府利用个人信息的行为充满了法律风险。

（一）政府利用个人信息的合法性基础

随着《民法总则》的颁布，在我国个人信息逐渐形成了民、刑、行政并行的保护体系，但通过对内容的梳理不难发现，仍旧有大量的法律空白亟待填补，其中之一就是规范的个人信息收集主体过于狭隘。尽管《民法总则》对个人信息保护一言以蔽之，但其规定"任何组织和个人"的收集行为都应依法取得却是第一次在正面表述中将国家机关包含在内，而相对更为详尽的《网络安全法》仅将个人信息收集主体限制为"网络运营者""网络产品、服务的提供者"，更不必说《全国人民代表大会常务委员会关于加强网络信息保护的决定》《消费者权益保护法》中的

---

① 参见谢远扬《信息论视角下个人信息的价值——兼对隐私权保护模式的检讨》，《清华法学》2015 年第 3 期。

② 马长山：《智慧社会背景下的"第四代人权"及其保障》，《中国法学》2019 年第 5 期。

"网络服务提供者和其他企业事业单位"和"经营者"表述。可以看出，目前与个人信息相关的法律主要站在行政监管的立场审视问题，而没有考虑自我约束。当然，《刑法修正案（七）》和《刑法修正案（九）》中的犯罪主体的确包含了国家机关，但第二百五十三条之一规定的侵犯公民个人信息罪针对的是出售、非法提供以及窃取和其他非法获取的方式，政府合法获取的方式并不属于《刑法》的规制范围。总之，虽然政府在日常行政管理中收集了大量个人信息，但并没有具体的法律对其进行规范。当然，《宪法》和《中华人民共和国地方各级人民代表大会和地方各级人民政府组织法》分别对国务院和县以上地方各级政府进行了概括授权，但这种授权方式过于笼统，应当由其他法律进行细化，才能符合有限政府的要求。

相比之下，疫情期间政府及其部门收集公民特定个人信息的行为反而有足够的法律依据。根据《中华人民共和国传染病防治法》第十八条规定的各级疾病预防控制机构的职责，第三十三条要求疾病预防控制机构"应当主动收集、分析、调查、核实传染病疫情信息"，以及《突发公共卫生事件应急条例》第十条、第十一条和第四十条，疾病预防控制机构、卫生行政主管部门和其他有关部门、医疗卫生机构具有疫情相关信息的收集、分析、通报权限，省级以上人民政府还可以在突发事件应急预案中授权上述机构以外的部门、组织和个人收集、分析、通报疫情信息。但是在应对突发事件的过程中，收集、处理个人信息的主体并不限于上述部门，一方面疾控、卫生等部门并不具备大量个人信息的处理能力，另一方面，应对疫情本身已经使他们捉襟见肘，没有精力高效地利用个人信息。

（二）政府利用个人信息的人权问题探析

第一，个人信息具备基本权利的特征。所谓人权，即"人之为人"的权利，要探讨政府利用个人信息涉及的人权问题，首先要对公民的个人信息相关权利进行宪法性的定位。笔者认为，个人信息相关权利已经显现出基本权利的特征，是传统人权体系中的自由平等权利、经济社会文化权利和生存发展权利的延伸。①

首先，现代社会突破了物理空间和生物体本身的限制，进入数字人时代，个人信息是数字人的存在基础。传统人权着眼于满足人的现实需要，因而集中于自由、平等、生存、发展等方面，而随着互联网的出现，特别是随着大数据和人工智能逐渐主导世界，人们不再仅是物理世界的存在主体，更是在虚拟空间中创造出的虚拟主体。人们正在转变为生活在现实和虚拟双重空间中的数字人。值得注意的是，虚拟主体并非物理主体在虚拟空间的映射，尽管物理空间中的习惯、客观条件等影响着虚拟主体的具体表现形式，但人们在虚拟空间中具有超过在物理空间中所拥有的自由度，其所创造的虚拟主体同样超越了物理主体本身，也就是虚拟主体也是一个"人"，或者说是更大的一个"人"，即数字人。对于物理世界的人来说，其存在的基础是生物体，所有的基本权利都是为这个生物体服务的，而在虚拟世界中，组成数字人的是大量的电子数据，这些数据的内容即每个数字人的个人信息，可以说，个人信息就是数字人存在的基础，物理世界的个人信息也正迅速地以电子化方式表现，"网上的个人信息全方位覆盖了你从摇篮到坟墓的全部私人生活，慢慢地积累所有数据，直至在计算机数据库中形成一个'人'"。②

其次，个人信息相关权利是信息革命带来的技术性颠覆，符合人权的发展逻辑。根据卡雷尔·瓦萨克的人权理论，从公民政治权利到经济、社会、文化权利再到民族自决权和生存发展权，"每一代人权背后都是一场革命"，信息革命同样带来了"人类一次解放和制度转型……以技术革命的方式来颠覆传统工商业时代的生产生活关系"，③ 因此引发了重大制度变革，呈现出人权的崭新形态。

最后，个人信息侵犯会波及其他基本权利。在许多情况下，个人信息是政府行使公权力的基本依据，因此，个人信息也成为个体行使和享有基

---

① 参见马长山《智慧社会背景下的"第四代人权"及其保障》，《中国法学》2019 年第 5 期。

② 〔英〕约翰·帕克：《全民监控：大数据时代的安全与隐私困境》，关立深译，金城出版社，2015，第 14 页。

③ 马长山：《智慧社会背景下的"第四代人权"及其保障》，《中国法学》2019 年第 5 期。

本权利的前提，如果个人信息受到侵犯，势必会影响到其他基本权利，即个人信息具有"波及效应"。① 例如，中华人民共和国公民资格的取得本应是事实行为，符合血统主义和出生地主义的要求即取得中国国籍，享有我国宪法规定的公民基本权利，户籍登记仅是行政管理的方式之一。但事实上，我国公民资格以户籍登记为准，如果没有进行户籍登记，就无法取得居民身份证。尽管这种登记个人信息的权利并不在宪法规定的基本权利之中，但其重要程度绝不亚于现有的各项基本权利，由于个人信息相关权利的定位并不明确，当个人信息遭受侵犯时，公民往往难以寻求救济，大范围出现的由于违反计划生育政策而被禁止户籍登记的情况就是典型例子。当个人信息登记无法进行时，所谓的政治权利与自由、监督权以及社会经济权利等基本权利也变成了无源之水、无本之木，所产生的负面效应甚至超过了单一基本权利被侵犯的情况。

第二，现有体系无法起到人权保障的作用。如上文所述，政府利用个人信息并无充分的合法性基础，而依照目前建构的个人信息保护体系，无法对政府利用个人信息形成制约，不能起到人权保障的实际作用。

首先，信息主体的知情同意名存实亡。现有的个人信息保护体系中，之所以以"同意"为核心，就在于其决定性的法律地位。之所以要为个人信息利用套上"同意"的镣铐，在于私人自治存在的局限性。有学者将这种局限性总结为三点：一是强势主体利用自身优势地位，设计阻止用户对个人信息利用产生正确的认知；二是用户一方面面临大量的信息轰炸，有用的信息被刻意隐藏在无效和混乱的信息之中，用户承受的信息过载使其难以筛选出有效的信息，另一方面，由于信息不对称，有效信息大多不由用户掌控，用户面临有效信息不足的局面；三是用户对个人信息利用所固有的认知局限和行为偏差，其很难真正理解个人信息利用可能带来的利益与风险之间的比例关系，而且由于算法黑箱的存在，即使是算法主体也很难准确地预料个人信息被利用后的最终决策，更不必说知之甚少的用户

---

① 参见孙平《系统构筑个人信息保护立法的基本权利模式》，《法学》2016 年第 4 期。

了。① 我国现行个人信息保护体系也遵循了这一逻辑。《民法总则》第一百一十一条规定，自然人的个人信息受法律保护。任何组织和个人需要获取他人个人信息的，应当依法取得并确保信息安全，不得非法收集、使用、加工、传输他人个人信息，不得非法买卖、提供或者公开他人个人信息。目前来看，所谓依法取得所依据的法律主要是《网络安全法》以及其他法规、规章，这些规范均把"同意"作为收集的前提，但适用的情形也仅限于网络产品、服务的提供，如果情境从私域转换到公域，"同意"就变成了无根之木、无源之水。如上文所述，我国的法律中仅在紧急情况下明确授权部分主体收集、分析个人信息的权力，但并未规范一般情形，似乎是站在了特别法优于一般法的立场上，否定了一般情形中政府利用个人信息的权力，但这显然不符合社会治理的基本逻辑。在社会治理中，政府掌握某些个人信息是必要且必需的，而如果将私域中以"知情同意"为核心的个人信息保护体系类推适用到公域，既难以满足国家的实际需求，也不符合个人信息的公共属性，那么"同意"作为个人信息利用的前提也就不存在了。而且个人信息实际上也是某些非基本权利的基础，例如房屋建造的所有权属于原始取得，自建造行为成就之日起产生，但事实上，只要房屋未进行不动产登记，即使具有设计、规划等行政许可，仍旧无法实现所有权的全部权能，也就是说所有权发生了减损，此时尽管没有法律强制所有权人进行不动产登记，但在事实上，登记成为所有权的一个前提条件，所有权人不得不将个人信息提供给政府以换取法律的保护，所以"同意"制度名存实亡。

其次，政府与其他掌握个人信息的主体（以下简称"信息业者"）之间的信息分享缺乏监督。相较于政府的天然优势地位，人们针对信息业者的个人信息利用行为可谓口诛笔伐。但在突发公共卫生事件中，信息业者所掌握的个人信息的公共价值甚至超过了政府掌握的，例如铁路公司掌握的旅客信息、移动通信运营商的手机信令信息。从目前的情况看，政府与信息业者的配合正日益娴熟，从效果上看，信息业者提供的信息在疾病预

---

① 参见郑佳宁《知情同意原则在信息采集中的适用与规则构建》，《东方法学》2020 年第 2 期。

防、疫情溯源和密切接触者追踪方面发挥了巨大的作用。尽管信息业者通常早已在隐私协议中声明，为公共卫生、重大公共利益等需要可以不经用户同意利用用户的相关个人信息，其向政府共享信息的行为可能不必承担法律责任，但由于法律在政府利用个人信息上的不明确，具体的分享、使用个人信息方式以及嗣后的个人信息处置尚不清晰，个人信息主体也难以掌握其中的个人信息流转和使用。而政府与信息业者之间的数据流转是互通的，这就意味着政府掌握的部分个人信息也可能进入信息业者手中，这也会出现同样的问题。这体现出了一个现象，即个人信息保护体系是以用户的知情同意为基础，但一旦这种同意因为各种各样的理由被悬置时，似乎用户的利益也同样被悬置了，用户不仅无法对个人信息的流转和使用进行监督，甚至连知情权都难以保障。

最后，政府部门间的信息流动不受监管。目前行政中多是关注部门间的"数据孤岛"、"数据烟筒"和"数据篱笆"的问题，① 包括各地纷纷组建的大数据局，都是为了促进信息在部门间的流动。但值得注意的是，由于不同部门的职能存在根本上的区别，每一部门都应遵循信息最小化原则，而不是将政府作为一个整体来看待。这就意味着，必须在政府内部的信息流动中人为地设立一道过滤网，明确每一个部门所能接触的个人信息范围，在信息流动时尽量将不需要的信息脱敏，避免过度获取，降低信息泄露的风险。但目前的个人信息保护体系并不能起到这种"过滤"的作用，一旦政府以公共利益为由获取了个人信息，这些信息最终会流进哪些部门完全由政府内部规范决定，并不需要信息主体的授权，更不受信息主体的监督。也就是说，个人信息的保障完全依靠政府的自觉，保障能力也与政府对个人信息保护的认知直接相关，即使政府内部的流动规则已经不能满足个人信息保护的实际需要，信息主体也无从知晓，更无法采取积极有效的措施进行防范和补救。可以认为，政府内部的信息流动目前正处于不受外界监管的处境。

---

① 《国务院：加强信用监管　打破部门垄断和信息"孤岛"》，《经济参考报》2019 年 6 月 13 日，第 1 版。

四　人权视角下政府利用个人信息的规制路径

（一）政府利用个人信息的规制路径选择

显然，我国目前的个人信息保护体系无法对政府收集个人信息形成有效规制，也无法应对个人信息侵害所导致的连锁反应。从世界各国的个人信息保护立法来看，大多数国家都是以保障基本权利为目标构建个人信息保护体系，有学者总结出四个共同特点：第一，通过宪法确立个人信息相关权利的基本权利地位；第二，根据基本权利保障的需要，制定单独的个人信息保护法；第三，设立专门的个人信息监管机构，构建行政为主、民刑为辅的责任体系；第四，将个人信息保护理念贯穿于个人信息保障的特殊领域。[①] 其中最为严格也是最为著名的就是欧盟《通用数据保护条例》。当然，尽管这些国家都把个人信息相关权利作为基本权利加以保障，其具体的实施方式还是存在差别的，但毫无疑问，行政部门都不能超脱于个人信息保护法之外，政府利用个人信息的行为同样受到限制。而在少数国家中，仍然采用非基本权利的立法方式保障个人信息，其个人信息保护体系仅针对非公共部门，而不对政府构成有效约束，这多是由本国国情导致。[②]

相比之下，我国究竟该采用何种立法模式也应依照我国国情，特别是政府在公共事务中利用个人信息的现状决定。首先，如上文所述，尽管个人信息具有天然的公共属性，但如今的私人属性也越发凸显，在重要性上甚至已经超越公共属性，这就意味着个人信息更该属于个人信息主体而非政府；其次，我国目前在公共领域利用个人信息的行为不够规范，尚存有诸多漏洞和不足，而我国的行政体制庞杂，行政工作人员素质参差不齐，短时间内想要在体制内建立有效的个人信息保护体系很难，因此有必要通过外部力量规范政府利用个人信息的行为；再次，如今恰逢我国从管理型

---

① 参见孙平《系统构筑个人信息保护立法的基本权利模式》，《法学》2016 年第 4 期。

② See Graham Greenleaf, *Asian Data Privacy Laws: Trade & Human Rights Perspectives*, Oxford University Press, 2014, Part Ⅱ, pp. 10, 11, 15.

政府向服务型政府转型的关键时期，简政放权是实现转型的必要手段，有限政府是转型的必然结果，那么限制政府利用个人信息也就成为转型的题中之义；最后，随着近年来公众对个人信息问题频发表现出的担忧和学界对该问题讨论的深入，我国已经具备基本权利模式的社会基础和学理基础，而可能阻碍立法的"部门利益"已经不能阻挡前进的步伐。

（二）政府利用个人信息的具体规制方式

首先，应当加快个人信息保护法的出台，把个人信息相关权利作为基本权利加以保障。早在 2005 年，为了贯彻中共中央和国务院有关电子政务法制建设、国家信息化发展战略关于信息化法制建设的要求，根据国新办的部署，周汉华教授就已经起草了《个人信息保护法（专家建议稿）》，该建议稿深受欧盟相关立法的影响，采用了基本权利模式对个人信息加以保障，[①] 而最新的《个人信息保护法（专家建议稿）》[②] 也是采取了这一模式，将政务部门作为规制的对象之一。由此可见，我国在个人信息保护的立法探索中一直保持基本权利保护模式。

其次，建立常态与突发事件中的不同规范方式。从此次疫情来看，未来出台的《个人信息保护法》应当针对常态和应急状态建立两套基于不同原则的个人信息规范。在常态下，应当采用具体授权的方式，根据政府不同部门的职能实际需要，分别授权，严守信息最小化原则；而在突发事件中，应当采用负面清单的方式，设定政府行为的底线，底线可以根据突发事件的响应程度逐渐降低，同时设定严格的法定程序，以程序监督保障个人信息。

再次，凸显技术性立法倾向，适应信息技术的新变化。在其他法律

[①] 参见周汉华《中华人民共和国个人信息保护法（专家建议稿）及立法研究报告》，法律出版社，2009，第 51 页。

[②] 参见张新宝、葛鑫《个人信息保护法（专家建议稿）》，北大法宝网，https://www.pku-law.com/protocol/c95f813352a8cff7ce7c587fd0438727bdfb.html？keyword＝％E4％B8％AA％E4％BA％BA％E4％BF％A1％E6％81％AF％E4％BF％9D％E6％8A％A4％E6％B3％95％28％E4％B8％93％E5％AE％B6％E5％BB％BA％E8％AE％AE％E7％A8％BF％29，最后访问日期：2020 年 3 月 20 日。

中，法律条文和内容要么限于字面含义，易于理解，要么由行政机关、司法机关作为条文到实践的媒介，而《个人信息保护法》可能面临双重权力生态，一方面社会权力的逐利本性使得自我约束难以实现，另一方面公权力的行为惯性导致其短时间内难以改变，并且难以对庞大的个人信息利用施加有效监管，个人信息保护的实现还是更多地依靠信息主体。如果法律在条文上仍旧模糊笼统，而不是以技术性条文的方式展现，信息主体无论是在对侵权识别还是取证举证上都面临知识鸿沟，个人信息保护的立法初衷可能难以实现。

最后，在政府利用个人信息的各环节贯彻个人信息的人权理念。《个人信息保护法》是个人信息保护的基本法，但绝不是个人信息保护的唯一依据。我国应当坚持统一与分散相结合的立法模式，在《个人信息保护法》的基础上，依照比例原则细化政府利用个人信息的具体方式和适用范围。要在公共部门树立起个人信息保护的人权理念，无论是个人信息的收集还是利用，都要有法律的明确授权。同时，捋顺个人信息相关权利与其他基本权利的关系，特别是注意政府利用个人信息与政府信息公开之间可能存在的矛盾，① 不能以保护个人信息为由阻碍前进态势良好的政府信息公开制度。

---

① 参见肖登辉、张文杰《个人信息权利保护的现实困境与破解之道——以若干司法案例为切入点》，《情报理论与实践》2017 年第 2 期。

人权基本理论

司法裁判视域中的优生选择权：
性质、主体及救济*

张建文 高完成**

摘 要：作为基本人权的生育自由，不仅彰显个人自治的宪法价值，而且具备私法层面的救济效力。司法裁判领域新兴权利诉求的优生选择权在性质上宜界定为一项人格利益，医疗机构在产前检查中负有诊断及告知义务，我国现行法上存在请求权基础规范。优生选择权的主体是指孕妇及其配偶，不包括缺陷婴儿在内。认定医疗机构的责任比例，应考量其对损害结果的过错参与度和可预见性。优生选择权受到侵害后的损害赔偿责任范围包括精神损害赔偿和财产损害赔偿，财产损害赔偿范围应包括合理预见的具有极大发生可能性的预期损失，主要是指缺陷婴儿的后续医疗费、特殊护理费和特殊教育费。

关键词：生育权；优生选择权；新兴权利；产前诊断义务

一 问题的提出：司法裁判中优生选择权
纠纷案件争议焦点

生育是人类不息繁衍之本、社会永续发展之源，更是个人、家庭、社会和国家所关注的大事。① 近年来，随着我国产前医学诊断技术的发展以

---

* 本文系 2019 年共青团中央"青少年发展研究"课题"未成年人网络空间权益保护机制研究"（项目编号：19ZD048）的阶段性成果。

** 张建文，西南政法大学民商法学院教授、博士生导师，西南政法大学人权研究院研究人员；高完成，郑州大学法学院讲师。

① 湛中乐：《生育自由与人权保障》，中国法制出版社，2013，第 1 页。

及优生保健观念的普及，司法实践中涌现出大量的以优生选择权受到侵害为由的医疗侵权责任纠纷案件。[1] 这类新兴权利诉求纠纷的基本案情主要表现为：孕妇在医疗机构进行产前检查以期预先了解胎儿的发育健康状况，由于医疗机构的过失未能准确诊断出胎儿存在的严重缺陷或者未能履行充分的告知义务，夫妻双方丧失对胎儿健康状况的知情权以及优生选择的机会，而误信胎儿发育健康导致最终"非期待"出生具有严重缺陷的婴儿，夫妻双方以优生选择权受到侵害为由向医疗机构主张相应的损害赔偿责任。优生选择权不仅作为当事人在诉讼中所主张的一种权利诉求，而且也为人民法院在裁判文书中直接作为规范术语予以使用。然而，我国司法实践涌现出的优生选择权纠纷案件的争议焦点较多，裁判标准也不统一，甚至出现相同案情但是裁判结果迥异的司法现象。

我国学界关于优生选择权纠纷案件的探讨主要集中在基于"错误出生"（Wrongful Birth）之诉、"错误生命"（Wrongful Life）之诉[2]所引发医疗侵权责任的构成要件方面，而较少直接针对作为新兴权利诉求的优生选择权本身的法律问题展开研究，更是缺乏从基本人权的角度对生育自由的宪法价值进行探析。[3] 优生选择权是否应为一项受侵权责任法所保护的权利？其正当性基础何在？权利性质该如何界定？权利主体归属于谁？该项权利受到侵害后的损害赔偿范围如何确定？这些都是在当前理论与实务中

---

① 关于司法实践中出现的"优生选择权"民事纠纷案件，各地法院的名称表述并不统一，有"优生选择权""健康生育选择权""优生优育选择权""生育选择权"等。在本文中，如无特别说明，上述名称可以互用。

② 需要说明的是，本文所探讨的优生选择权民事诉讼纠纷在国外广泛被称作"错误出生"（Wrongful Birth）之诉、"错误生命"（Wrongful Life）之诉。其中，"错误生命"（Wrongful Life）之诉主要是指医疗机构存在产前诊断失误导致孕妇非自愿生出具有先天性缺陷的婴儿，婴儿直接作为原告向医疗机构主张侵权损害赔偿责任的诉讼类型。本文认为，"错误出生"（Wrongful Birth）、"错误生命"（Wrongful Life）实质上都属于优生选择权纠纷类型，因此本文所探讨的优生选择权之诉包含这两种诉讼类型。

③ 请参阅相关主题文献，笔者在此仅列举代表性文献：张学军《错误的生命之诉的法律适用》，《法学研究》2005年第4期；金福海、邵冰雪《错误出生损害赔偿问题探讨》，《法学论坛》2006年第6期；丁春燕《"错误出生案件"之损害赔偿责任》，《中外法学》2007年第6期；张红《错误出生的损害赔偿责任》，《法学家》2011年第6期；杨立新、王丽莎《错误出生的损害赔偿责任及适当限制》，《北方法学》2011年第2期；满洪杰《不当生命之诉与人格利益保护》，《法学》2017年第2期。

亟须解决的问题。本文立足于我国司法实践中优生选择权纠纷的典型案例，笔者在北大法宝案例库中，以"优生选择权""生育选择权""优生优育选择权""健康生育选择权"为关键词进行检索，共选取 2001~2017 年相关典型案例 50 例作为研究样本。本文将在剖析司法判例的基础上，结合我国《民法总则》关于民事权利保护的最新立法规范，对上述疑难问题展开深入探究，以期能够对优生选择权纠纷案件的正确处理和相关理论的研究有所助益。

二 权利性质界定：优生选择权是否 应为一项民事权利

（一）司法裁判的分歧

在司法实践中，优生选择权纠纷案件是由夫妻双方以其健康生育的选择机会受到侵害作为请求权基础，向存在医疗过失未能准确诊断出胎儿存在严重缺陷或者未能履行充分告知义务的医疗机构主张损害赔偿责任。由于优生选择权并非我国《民法总则》"民事权利"章以及《侵权责任法》第二条第二款所明确列举的具体民事权利类型，那么当事人主张的该项权利诉求究竟能否成为侵权责任法所保护的民事权利以及如何界定该项新兴权利诉求的性质，这无疑将是法院在审理优生选择权纠纷案件时首先需要予以认定的问题。根据笔者对所搜集的相关典型案例进行的梳理可知，法院在司法裁判中对优生选择权的权利性质界定存在分歧。

1. 民事权利否定说

有法院对优生选择权具有民事权利的性质持否定态度，裁判观点主要是从生育权系属宪法上的基本权利或者优生选择权不符合民事权利支配性或绝对性的特征展开说理。

在"杨某等与彭州市妇幼保健院医疗纠纷案"中，法院认为，优生优育权是公民生育权衍生出来的一项基本权利，该项权利毕竟有别于其他人身权利。根据《母婴保健法》的规定，经产前检查及诊断，当胎儿存在严重缺陷等情况时，医生应提出终止妊娠的意见，此时夫妻双方有权决定是否终止妊娠。因此优生优育权并非绝对权,权利的行使是受到一定限制的,故原告主张的优生优育权不属于侵权行为法所保护的民事权利。^① 也有法院以优生选择权不具备民事权利的支配性或者绝对性特征而否认其民事法律保护效力。在"丁某等与某生育服务站医疗纠纷案"中,法院认为,原告主张其权利被侵害,认为被告侵害了原告对生殖健康的知情选择权。根据《母婴保健法》第十七条^②、第十八条^③的规定,知情选择权具有相对性,不如生命权、健康权、名誉权、荣誉权等具有绝对性,在受到侵害后只能向具有医疗保健服务合同关系的相对方即医疗机构主张,因而该项权利不具有普遍对抗的效力。^④ 在笔者所搜集到的典型案例中,即使是对优生选择权为民事权利持否定立场的司法裁判,也从医疗服务合同的角度认定医疗机构构成违约,以对当事人所期待的母婴健康权益进行救济。^⑤

2. 民事权利肯定说

在司法实践中,多数法院的裁判观点倾向于认为优生选择权应为一项受侵权责任法所保护的民事权利,并按照侵权责任的救济思路作出判决,但对优生选择权系属民事权利性质的具体说理和论证则显得并不充分。

在"张某某、刘某某与淮安市中医院医疗损害责任纠纷案"中,法院认为,优生选择权纠纷属医疗伦理损害责任赔偿范围,与一般的医疗损害赔偿范围有明显区别,原因是医疗伦理损害责任的损害事实主要不是人身损害事实,而是知情选择权等民事权利的损害事实。^⑥ 在该案中,法院直接将夫妻双方享有的生育知情选择权认定为民事权利,但对此缺少必要的说理论证。在"李某等诉长沙市妇幼保健院医疗损害赔偿纠纷再审案"的

---

① 参见四川省彭州市人民法院(2006)彭州民初字第 505 号民事判决书。
② 《母婴保健法》第十七条规定:"经产前检查,医师发现或者怀疑胎儿异常的,应当对孕妇进行产前诊断。"
③ 《母婴保健法》第十八条规定:"经产前诊断,有下列情形之一的,医师应当向夫妻双方说明情况,并提出终止妊娠的医学意见:(一)胎儿患严重遗传性疾病的;(二)胎儿有严重缺陷的;(三)因患严重疾病,继续妊娠可能危及孕妇生命安全或者严重危害孕妇健康的。"
④ 参见湖南省韶山市人民法院(2011)韶民一初字第 87 号民事判决书。
⑤ 参见湖南省湘潭市中级人民法院(2012)潭中民一终字第 139 号民事判决书。
⑥ 参见江苏省淮安市清江浦区人民法院(2017)苏 0812 民初 10648 号民事判决书。

认定中，最高人民法院作为再审法院认为，医疗机构的过错造成李某无法了解胎儿存在的先天性缺陷，进而丧失据此选择终止妊娠的机会。根据我国《人口与计划生育法》《母婴保健法》的相关规定，李某享有生育选择权，包括依法终止妊娠避免缺陷胎儿出生的决定权，生育选择权应属于侵权责任法所保护的民事权利。[①] 值得注意的是，这是一例经由最高人民法院再审审理的优生选择权纠纷案件，该案的判决将可能成为司法裁判中的代表性观点。

尽管多数法院的裁判观点肯定了优生选择权为一项民事权利，但是对于其在民事权利体系中的定位仍缺乏清晰界定。有法院认为，受损的优生选择权并非实体的物质权利，无法具体计算或衡量受损权利的价值和数额，而医疗机构的过错医疗行为给受损权利主体造成的是情感和精神上的伤害，只能通过精神损害抚慰金的方式对受损权利主体进行利益填补和精神抚慰，故从受损权利的实质和后果看，优生选择权具有人身权的特征和性质。[②] 也有法院认为，优生选择权系一种人身权，应属于其他人格权的范畴。[③]

综上所述，通过对我国司法裁判相关典型案件进行梳理分析得知，司法实践主流观点认为优生选择权应为一项受侵权责任法保护的民事权利，当医疗机构存在产前诊断过失未能检查出胎儿存在严重缺陷或者未能履行充分的告知义务，致使夫妻双方误信胎儿发育健康并最终"非期待"出生具有严重缺陷的婴儿时，医疗机构构成对夫妻双方优生选择权的侵害，应对此承担相应的侵权损害赔偿责任。现行司法裁判主流观点肯定优生选择权的私权属性与可救济性殊值赞同，但不得不承认的是，该裁判结论对于优生选择权系属民事权利及其在民事权利体系中性质的认定过于简略，缺乏充分的说理和论证。优生选择权究竟应为一项民事权利抑或民事利益，还有待进一步的明晰。笔者将在下文对优生选择权作为民事权益的正当性法理基础及其在民事权益体系中的准确定位展开详细阐述。

---

① 参见最高人民法院（2016）最高法民再 263 号民事判决书。
② 参见云南省昆明市中级人民法院（2007）昆民三终字第 854 号民事判决书。
③ 参见湖南省株洲市石峰区人民法院（2009）株石法民一初字第 261 号民事判决书。

(二) 优生选择权作为一项民事权益的正当性法律基础

1. 生育权的基本人权位阶与私法保护层面

尽管生育权在我国《宪法》文本中并未有直接的规范依据，但是按照当前学界的观点，生育权作为自然人享有的一项基本人权已经成为全社会的理论共识和法治准则。① 一些重要的国际性法律文件明确将生育权纳入基本人权的保护范畴。1968 年联合国在德黑兰举办第一届国际人权会议通过的《德黑兰人权宣言》第十六条就明确规定 "夫妻享有自主决定生育子女数量和生育间隔的基本人权，以及获得相关教育与信息方面的权利"。1979 年联合国大会颁布的《消除对妇女一切形式歧视公约》以及1994 年国际人口与发展大会通过的《国际人口与发展大会行动纲领》都对生育权的基本人权位阶进行了确认。生育权作为一项基本人权还体现在各国的宪法实践中，并被赋予自然权利的属性。笔者认为，生育权在我国宪法上应当属于 "未列举的基本人权"，不能因宪法条文缺乏直接规范而轻视对生育权作为基本人权位阶的认可。事实上，一个国家的宪法往往只是列举了那些在历史上遭受国家权力严重侵害的基本人权，并不意味着已经揭示了所有的基本人权。② 我国作为国际人权保障公约的重要缔约国，早已通过发布《中华人民共和国人口与发展报告》的形式宣布对生育权的基本人权观念予以肯认。2004 年，《中华人民共和国宪法修正案》第三十三条增加规定 "国家尊重和保障人权"，这标志着我国正式从宪法层面确立了人权保障的一般条款。生育权作为一项重要的人权，当然属于我国宪法上的基本权利。

生育权的核心内容主要表现为生育自由，是指对于生育事项享有自主决定的权利，但是生育自由并非绝对的，而是体现为在法律限制范围内的生育自由。由于我国特殊的人口背景，计划生育成为一项基本国策，也是

---

① 余军：《生育自由的保障与规制——美国与德国宪法对中国的启示》，《武汉大学学报》（哲学社会科学版）2016 年第 5 期。

② 〔日〕芦部信喜：《宪法》（第三版），高桥和之增订，林来梵等译，北京大学出版社，2006，第 103 页。

公民应当遵守的一项法定义务。生育自由归属于个人自治的范畴，不仅彰显了权利主体人身自由、人格尊严的宪法价值，而且还具有私权利化的性质。我国《宪法》第三十八条的人格尊严条款，兼具基础性的宪法价值原理和个别性的宪法人格权双重规范意义。① 《民法总则》第一百零九条对自然人的人身自由、人格尊严保护的宣示，标志着宪法上人格权与民法上人格权的接轨，从而实现了人身自由、人格尊严从基本权利向私权利的转化。② 因此，生育自由作为人格意义上的自主权，也具有私法属性。当权利主体的生育自由遭受其他民事主体的侵害时，其能够获得侵权责任法上的保护。

2. 优生选择权的人格利益性质

判断司法实践中出现的一项新兴权利诉求能否获得法律保护，从宏观上主要是基于该项权利诉求是否符合现行法律政策上的正当性考量。只有当一项权利诉求符合现行法律政策上的价值选择时，才表明该项权利诉求的存在具备正当性基础。优生选择权不单纯属于夫妻双方自主生育意愿的尊重与保护问题，还关系到对缺陷胎儿这一潜在生命体存在与否的抉择问题，更涉及有关宗教、伦理、道德等不同价值层面的争论难题。易言之，是否赋予此种优生选择权，是一场关乎全民人口素质提高的重大社会公共政策与残障胎儿生命维护之间的博弈。③

考察一部法律的立法目的，通常有助于正确认识该部法律在面对各种不同层次的复杂争论问题时所进行的理性价值选择。面对"保护夫妻优生选择权"与"尊重缺陷胎儿生命利益"这一对相互冲突的利害关系，最能反映国家法律政策层面价值选择的立法规范应属《母婴保健法》和《人口与计划生育法》。其中，《母婴保健法》第一条宣示立法目的，即"保障母亲和婴儿健康，提高出生人口素质"。《人口与计划生育法》第一条宣示立法目的，即"为了实现人口与经济、社会、资源、环境的协调发

---

① 林来梵：《人的尊严与人格尊严——兼论中国宪法第 38 条的解释方案》，《浙江社会科学》2008 年第 3 期。

② 参见杨立新《人身自由与人格尊严：从公权利到私权利的转变》，《现代法学》2018 年第 3 期。

③ 张红：《错误出生的损害赔偿责任》，《法学家》2011 年第 6 期。

展，推行计划生育，维护公民的合法权益，促进家庭幸福、民族繁荣与社会进步"，同时该法第三十条明确规定："国家建立婚前保健、孕产期保健制度，防止或者减少出生缺陷，提高出生婴儿健康水平。"通过分析立法目的可知，《母婴保健法》和《人口与计划生育法》在综合考量各种不同层面问题后得出的法律政策选择，正是基于促进生育质量和提高人口素质，以实现家庭幸福、民族繁荣与社会进步的内在价值取向，充分尊重夫妻双方的优生选择权益。在此意义上，赋予优生选择权应是贯彻落实国家促进生育质量和提高人口素质的法律政策价值目标的一项法权构造。尽管优生选择权承载了实现"公共利益"的价值，但在微观层面，该项权利诉求更多体现的是其具有"私人利益"属性。就权利本身而言，正是赋予夫妻双方在对产前诊断中获悉胎儿健康状况的基础上，保障其自主选择是否继续妊娠的决定权益。因此，在我国现行法的价值秩序上，优生选择权诉求具有民事权益的正当性基础。

优生选择权在民事权益体系中应当如何定位，将直接影响该项权利获得救济的请求权基础规范。笔者认为，优生选择权本质上为一种自主决定权、人格意义上的自由权益，[①] 其在民事权益体系的位阶中应属于一项人格利益，具有获得独立保护的可行性。

一方面，从优生选择权的权利内容来看，夫妻双方进行产前医学检查，就是期望能够借助现代产前医学诊断技术，预先了解胎儿的发育健康状况、是否存在严重缺陷或者严重遗传性疾病的情形，从而综合考虑个人情况、家庭生活以及经济负担等因素作出是否选择终止妊娠的决定。尽管优生选择权兼具实现公共利益的价值，但这只是该项权利本身之外折射出的社会功能，并不影响优生选择权具有自主决定的人格性质。赋予夫妻双方享有优生选择权，正是建构以生育自由为基本价值立场的生育制度规范体系的重要内容。[②]

另一方面，优生选择权也有相对应的医疗机构所负担的法定义务。根

① 丁春燕：《"错误出生案件"之损害赔偿责任研究》，《中外法学》2007年第6期。
② 余军：《生育自由的保障与规制——美国与德国宪法对中国的启示》，《武汉大学学报》（哲学社会科学版）2016年第5期。

据《母婴保健法》第十七条、第十八条的规定，医师经过产前检查发现或者怀疑胎儿异常的，应当对孕妇进行产前诊断，如果诊断出胎儿有严重缺陷的，医师应当向夫妻双方说明情况，并提出终止妊娠的医学意见。法律正是为保障夫妻双方优生选择权的充分行使，规定了医疗机构负有的产前诊断及告知义务。在医患关系中，由于就医者对具有专业知识和医疗水平的医疗机构抱有相当高的期望和信赖，医疗机构的诊断意见往往会直接左右夫妻的生育决策。① 因此医疗机构应及时、准确告知检查情况以及介绍风险、预防等知识，以便夫妻双方能够及时对是否继续妊娠进行选择和决定。夫妻双方只有在明确知晓胎儿发育健康状况的前提下，方能依自主意志作出是继续妊娠还是终止妊娠的判断。如果医疗机构存在产前诊断过失未能检查出胎儿存在严重缺陷或者未尽到充分的告知义务，导致夫妻双方未能知晓胎儿存在严重缺陷状况，并使其丧失是否继续妊娠的选择机会，最终导致"非期待"出生具有严重缺陷的婴儿，则医疗机构显然违反了所负有的法定义务，侵害了夫妻双方人格意义上的自主选择权益。

因此，优生选择权系一项人格利益，乃是因应社会发展扩大人格权的保护范围。② 赋予夫妻双方享有优生选择的人格利益，是充分尊重其自主意志的体现。

3. 优生选择权在我国现行法上的请求权基础规范

我国坚持权利法定主义，对于那些尚未在民事法律中予以明确规定的权利诉求，通常只能诉诸一般民事利益的保护。由于我国《民法总则》"民事权利"章以及《侵权责任法》第二条第二款所列举的民事权益并不包括优生选择权，那么优生选择权究竟能否成为一项独立的民事利益抑或仅是一项受法律保护的一般民事利益？这将取决于在我国现有法律体系中是否存在优生选择权保护的请求权规范基础。

有学者认为，优生选择权是作为基本权利的生育权所派生出的一项权利，根据基本权利不具有第三人效力并不能在民事裁判中直接适用，因此

---

① 参见房绍坤、王洪平《医师违反产前诊断义务的赔偿责任》，《华东政法大学学报》2006年第6期。

② 王泽鉴：《损害赔偿》，北京大学出版社，2017，第157页。

民法领域内所谓的优生选择权只能归属于一般人格权。① 笔者认为，优生选择权在我国现行法律体系中具有请求权基础规范，并不存在权利依据的缺失，因此不宜归入一般人格权，应为一项获得独立保护的人格利益。

我国《民法总则》"民事权利"章开启了权利保护的法典时代，不仅对民事主体享有的各项民事权利类型进行了详细列举，还对民事权利的范围进行了兜底性规定，从而维护民事权利的体系性和完整性。② 《民法总则》第一百二十六条规定"民事主体享有法律规定的其他民事权利和利益"，第一百二十八条规定"法律对未成年人、老年人、残疾人、妇女、消费者等的民事权利保护有特别规定的，依照其规定"。这两个条文以转介条款的形式将其他法律中关于民事权利和利益保护的规定纳入民法典，从而使得民事权利的保护范围不再局限于民法典所列举的具体民事权利类型，这将有助于保持民事权利体系的开放性与发展性。因此，结合《民法总则》第一百二十六条、第一百二十八条，《人口与计划生育法》第十七条③，《母婴保健法》第十七条、第十八条、第十九条，《母婴保健法实施办法》第四条，以及《妇女权益保障法》第五十一条第一款④、第五十六条⑤的相关规定可知，优生选择权可归属于"法律规定的其他民事利益"，应为一项独立的人格利益，应受到侵权责任法的保护。

三 权利主体归属：孕妇配偶、缺陷婴儿是否享有优生选择权

司法实践中优生选择权纠纷案件的适格原告究竟是仅指怀孕妇女，还

---

① 参见朱晓喆、徐刚《民法上生育权的表象与本质——对我国司法实务案例的解构研究》，《法学研究》2010年第5期。
② 陈甦主编《民法总则评注》（下册），法律出版社，2017，第877页。
③ 《人口与计划生育法》第十七条："公民有生育的权利，也有依法实行计划生育的义务，夫妻双方在实行计划生育中负有共同的责任。"
④ 《妇女权益保障法》第五十一条第一款："妇女有按照国家有关规定生育子女的权利，也有不生育的自由。"
⑤ 《妇女权益保障法》第五十六条："违反本法规定，侵害妇女的合法权益，其他法律、法规规定行政处罚的，从其规定；造成财产损失或者其他损害的，依法承担民事责任。"

是应当包含孕妇配偶、缺陷婴儿在内，从而可以单独或者共同成为适格原告，各地法院裁判观点并不统一。究竟何方主体能够作为该类纠纷案件的适格原告，这与案件的具体请求权基础有很大关联。如果纠纷案件的请求权基础为医疗服务合同，那么应由与医疗机构签订医疗服务合同的相对方即孕妇作为适格原告；如果纠纷案件的请求权基础为医疗侵权损害赔偿责任，那么应由优生选择权受到侵害的权利主体作为适格原告。由此引发的一个争议焦点就是优生选择权的权利主体该如何确定，即除了孕妇作为权利主体自不待言之外，孕妇配偶与缺陷婴儿究竟是否能够成为优生选择权的权利主体？

（一）孕妇配偶是否享有优生选择权

在优生选择权纠纷案件的司法裁判中，通常是由孕妇和其配偶共同作为原告提起民事诉讼，以优生选择权受到侵害为由共同主张医疗机构承担侵权损害赔偿责任。多数法院支持孕妇的配偶亦享有优生选择权，认可孕妇配偶与孕妇作为共同原告参与诉讼。

如在"陆某、王某某与平顶山现代妇产医院医疗损害责任纠纷案"中，法院认为，妇产医院对陆某（孕妇）进行产前检查时未尽到相应注意义务，这与陆某产下缺陷儿有一定的因果关系，侵犯了陆某、王某某（配偶）夫妻的优生选择权，并使陆某、王某某遭受相应的经济损失和精神损害，妇产医院应承担赔偿责任。[①] 在"沭阳县青伊湖农场职工医院与李某等医疗损害责任纠纷案"中，法院认为，因青伊湖农场职工医院及沭阳县妇幼保健院存在超范围行医的过错，导致李某（孕妇）、胡某某（配偶）基于对涉案筛查结果的信赖而选择继续妊娠，侵害了李某、胡某某的知情权、选择权，导致胡某（婴儿）的缺陷出生，应就此承担相应的赔偿责任。[②]

但是，另有法院认为优生选择权的权利主体归属于孕妇个人，仅支持孕妇作为案件的适格原告。在"李某等诉长沙市妇幼保健院医疗损害赔偿

---

① 参见河南省平顶山市湛河区人民法院（2017）豫 0411 民初 3815 号民事判决书。
② 参见江苏省沭阳县人民法院（2016）苏 1322 民初 11890 号民事判决书。

纠纷案"中，法院认为，长沙市妇幼保健院的医疗过错行为侵害的是作为生育主体的李某（孕妇）对母婴保健的知情选择权，给李某造成情感压力和精神痛苦，长沙市妇幼保健院对此应通过支付精神损害抚慰金的方式对李某进行利益填补和精神抚慰。① 还有法院一方面仅认定孕妇作为优生选择权的权利主体，但另一方面又支持孕妇配偶作为适格原告。如在"湖北省妇幼保健院与吴某某等医疗损害赔偿责任纠纷案"中，法院认为，湖北省妇幼保健院在对吴某某（孕妇）的医疗行为中，对其孕期检查项目及意义告知不足，存在一定的医疗过错，该过错与吴某某所怀胎儿的疾病无因果关系，但侵犯了其知情权，妨碍了其优生优育的选择权，赔偿吴某某、陈某某（配偶）损失 101375.78 元。②

尽管司法实践中多数法院认可夫妻双方共同作为优生选择权纠纷案件的适格原告并判决支持其相应的损害赔偿请求，但对于优生选择权的权利主体究竟是否包括孕妇配偶却含混不清，这就不免令人疑惑。如果孕妇配偶并不具备优生选择权的权利主体资格，那么法院支持孕妇配偶作为案件适格原告的裁判逻辑就存在问题。笔者认为，孕妇配偶究竟是否能作为优生选择权的主体，还需要根据优生选择权的权利性质及其具体法律依据进行判定。

第一，优生选择权是一项人格利益，依其性质原则上应由夫妻双方共同享有。人格利益存在于主体自身，与主体有不可分离的关系。③ 生育需要男女双方共同结合实现，作为家庭共同成员的孕妇配偶也对胎儿的发育健康状况有着血缘上的直接利害关系，并承担缺陷胎儿出生后的抚养费用。在产前诊断中如果胎儿存在严重遗传性疾病或者严重缺陷，孕妇配偶亦应享有知情权以及是否继续生育的选择权，但是作出是否终止妊娠的最终决定的主体还应当是孕妇本人。由于生育行为的特殊性，这就决定了妇女在生育活动中尤其是在怀胎、分娩、哺乳等阶段比男性承担着更多身体上的痛苦及行为上的负担。因此，认为夫妻双方均享有优生选择权与承认

---

① 参见湖南省长沙市雨花区人民法院（2008）雨民初字第 126 号民事判决书。
② 参见湖北省武汉市洪山区人民法院（2015）鄂洪山民三初字第 00722 号民事判决书。
③ 梁慧星：《民法总论》，法律出版社，2017，第 92 页。

男女双方在权利内部行使上的差异并不矛盾。[①]

第二，优生选择权的相关法律依据也蕴含了将权利主体归夫妻双方享有的规范意旨。根据前述《人口与计划生育法》第十七条、《母婴保健法》第十八条以及《母婴保健法实施办法》第四条的相关规定，这些条文为夫妻双方均享有优生选择权提供了立法依据支持。此外，医疗机构的产前诊断与告知义务的相对人包括孕妇配偶，这正是为了保障夫妻双方优生选择权能够充分行使。尽管《妇女权益保障法》第五十一条第一款强调规定了"妇女有按照国家有关规定生育子女的权利，也有不生育的自由"，但这应当理解为是对妇女权益保护的专门立法，即使强调规定妇女的生育自由，也不能以此来否定孕妇配偶作为优生选择权的权利主体地位。[②]

第三，从案件的裁判结果上来看，承认孕妇配偶的优生选择权主体资格有助于保障其法定抚养义务的实现。多数法院支持孕妇配偶具有诉讼主体资格并有权主张缺陷婴儿出生后相较于健康婴儿所必需的额外抚养费用，可能正是考虑到孕妇配偶将来所承担的对缺陷婴儿的抚养义务。由于夫妻双方共同承担对子女的法定抚养义务，仅支持孕妇主张的抚养费赔偿请求，而否定孕妇配偶主张的抚养费赔偿请求，这种对承担相同抚养义务的夫妻双方实行"差别待遇"的做法并不合理。因此，承认孕妇配偶的优生选择权主体资格和诉讼主体资格将有利于保障实现其对缺陷婴儿的法定抚养义务，将更有利于缺陷婴儿的成长。

综上可知，孕妇配偶应属于优生选择权的权利主体，也应当作为优生选择权纠纷案件的适格原告。当前司法个案中存在的一些认识误区应在以后的案件裁判中予以纠正。

（二）缺陷婴儿是否享有优生选择权

在司法实践中，关于缺陷婴儿是否为优生选择权的权利主体、是否作为适格原告主张损害赔偿，各地法院裁判立场也并不一致。

---

① 参见马强《论生育权——以侵害生育权的民法保护为中心》，《政治与法律》2013 年第 6 期。

② 信春鹰主编《中华人民共和国妇女权益保障法释义》，法律出版社，2005，第 128 页。

有法院认可出生后的缺陷婴儿作为优生选择权的权利主体并支持其诉讼主体资格，如在"李某某、石某某与嘉鱼县康泰医院有限公司医疗损害责任纠纷案"中，法院认为，嘉鱼康泰医院的医疗过错行为侵犯了李某某（孕妇）、石某某（婴儿）的母婴保健的知情权及终止妊娠的优生选择权，对原告（孕妇和婴儿）的人身和精神造成了损害，造成其经济损失和精神痛苦，嘉鱼康泰医院对此应承担相应的民事赔偿责任。① 但有法院作出否认婴儿为优生选择权的权利主体却支持其赔偿请求的裁判。在"王某与包头市第八医院医疗损害责任纠纷案"中，法院认为，由于被告医疗机构在胎儿的彩超检查过程中，未尽到相关义务存在过错，严重侵害了原告父母的知情权和优生选择权，并造成抚养及护理上的极大压力，鉴于原告（婴儿）出生后具有民事权利，其请求出院后的依赖护理费符合相关法律规定，应予支持。②

但是，多数法院否认婴儿作为优生选择权的权利主体资格，并裁定驳回以婴儿作为原告方的起诉。如在"陈某诉盐城市第一人民医院医疗损害责任纠纷案"中，法院认为，公民的民事权利始于出生，终于死亡。在盐城一院、盐城三院对陈某（婴儿）母亲郑某某进行产前检查时，陈某尚为胎儿，无民事权利能力，亦不可能决定自己是否出生，显然优生选择权、知情权只能由陈某父母行使。现小孩已出生，陈某家长再以小孩名义起诉，要求陈某对自己的生存权利作出选择，显然有悖常理，故本案陈某主体不适格。③

笔者认为，缺陷婴儿不存在享有优生选择权的正当性基础，也不应当作为优生选择权纠纷案件中的诉讼主体资格，主要理由如下：

第一，如果赋予缺陷婴儿优生选择权，将有损生命权的价值与意义。

---

① 参见湖北省嘉鱼县人民法院（2014）鄂嘉鱼民初字第 00352 号民事判决书。
② 参见内蒙古自治区包头市东河区人民法院（2015）包东民初字第 419 号民事判决书。
③ 参见江苏省盐城市亭湖区人民法院（2017）苏 0902 民初 689 号民事裁定书。类似案件：湖南省常德市武陵区人民法院（2015）武民初字第 23 号民事判决书；广东省高级人民法院（2017）粤民申 6085 号民事裁定书；湖南省长沙市雨花区人民法院（2008）雨民初字第 126 号民事判决书。

生命权是法律保护的最高利益，[1] 是人格的第一价值，具有神圣不可侵犯的性质。个体生命应受到同等尊重，残疾婴儿作为一个独立的鲜活生命主体，具有也应当具有一个健康生命主体所应当享有的所有权利，不应因身体的残缺而贬低其生命的价值和意义。婴儿不能因为残疾而要求他人放弃自己的生命，不能要求他人决定自己生命的存在形式或者条件，更不能主张其在法律上享有上述权利或者利益。有学者认为，支持缺陷婴儿具备诉讼主体资格向医疗机构主张损害赔偿是维持缺陷婴儿有尊严之人格生存的利益。[2] 笔者认为，夫妻双方以优生选择权受到侵害为由向医疗机构主张损害赔偿责任，正是基于填补缺陷婴儿相较于正常婴儿额外支出的抚养费用，以便能够维持缺陷婴儿有尊严的生存，因此没有必要专门赋予婴儿自身与出生有关的人格利益，这与生命权的价值意义不符。

第二，如果赋予缺陷婴儿优生选择权或者其他有尊严生存之人格利益，将可能与夫妻双方的优生选择权发生权利冲突，甚至架空夫妻双方的优生选择权。赋予夫妻双方优生选择权，即要尊重夫妻双方在产前诊断中知悉胎儿健康状况后自主决定是否继续妊娠的选择机会。假如经过产前检查和诊断，胎儿存在严重缺陷或者严重遗传性疾病，夫妻双方有可能会选择终止妊娠，但是也有可能基于自身状况、家庭生活以及经济负担等因素选择继续妊娠并生下胎儿。如果承认婴儿享有优生选择权或者有尊严生存之人格利益，那么这将可能与夫妻双方的优生选择权发生冲突，将可能直接或者间接促使夫妻双方别无选择而终止妊娠以防止缺陷婴儿的出生，这无疑使夫妻双方的优生选择权变得有名无实。

第三，如果赋予缺陷婴儿优生选择权或者诉讼主体资格，将不符合现行法律规定。我国《民法总则》第十六条加强了对胎儿利益的保护规定，"涉及遗产继承、接受赠与等胎儿利益保护的，胎儿视为具有民事权利能力"。该条文通过法律拟制在特殊情形下承认胎儿的民事权利能力，如果胎儿遭受损害将可以其具有民事权利能力主张损害赔偿权。[3] 然而，问题

---

① 程啸：《侵权责任法》，法律出版社，2015，第128页。

② 满洪杰：《不当生命之诉与人格利益保护》，《法学》2017年第2期。

③ 张新宝：《〈中华人民共和国民法总则〉释义》，中国人民大学出版社，2017，第34页。

的关键在于优生选择权纠纷案件中胎儿并未受到医疗机构过失导致的任何损害，出生婴儿的自身缺陷系先天性形成，与医疗机构的诊断过失与未履行告知义务不存在侵权责任法上的因果关系，明显不符合侵权责任法所规定的责任构成要件。

综上所述，优生选择权的权利主体资格应归属于夫妻双方，而不包括缺陷婴儿在内。当前司法个案对优生选择权纠纷中的权利主体、诉讼主体资格认定方面存在混乱甚至错误的思路，有待在今后的司法裁判中予以检讨与完善。

四　权利如何救济：优生选择权受到侵害后的责任赔偿范围

优生选择权所引发的民事诉讼可分为医疗服务合同之诉与医疗侵权之诉，鉴于后者在司法实践中占据绝大多数，因此本文所探讨的优生选择权受到侵害后的责任赔偿范围仅针对医疗侵权诉讼展开。由优生选择权引发的医疗侵权损害赔偿责任不同于普通的医疗事故责任。胎儿的缺陷不是医疗机构的积极介入行为导致的，而是先天存在的，即使医疗机构尽到了合理的诊断与告知义务，也无法改变胎儿先天缺陷这一事实。另外，损害并不是指缺陷婴儿"缺陷"这一事实，[1] 而是指因医疗机构过错导致婴儿"非期待"出生而给夫妻双方造成的精神损害以及抚养缺陷婴儿额外支出的财产损失。因此，在优生选择权纠纷案件的裁判中，应当明晰损害赔偿的认定规则，以合理确定医疗机构损害赔偿责任的具体范围。

（一）损害赔偿的认定规则

1. 过错参与度规则

在优生选择权引发的具体医疗侵权纠纷案件中，对于不利后果的发生，应当综合考量医疗机构与孕妇一方各自存在的过失，根据过错参与度

---

[1]　金福海、邵冰雪：《错误出生损害赔偿问题探讨》，《法学论坛》2006 年第 6 期。

规则合理确定医疗机构的责任比例。在优生选择权纠纷案件中，医疗机构并不存在积极介入的医疗行为导致孕妇的身体健康受到损害，而是由于其消极行为未能防止孕妇"非期待"出生结果的发生。医疗机构的过错在于未能检查诊断胎儿存在的严重缺陷或者未尽到充分的告知义务，最终侵害了夫妻双方健康生育的选择机会。尽管产前医学诊断技术不断进步，但是也不得不承认诊断技术存在一定的局限性。此外，生育决策和生育行为应是一种理性行为，[①] 是夫妻及整个家庭的重大事情，对胎儿发育健康状况的知情了解，夫妻双方及其家人的决策思维也在很大程度上起主导作用，应对此抱有必要的谨慎和理性，选择在最佳的产前检查时间段内进行检查。尤其是在了解了某项检查项目对于所检查结果存在一定的局限性时，应当及时积极选择适合的后续检查项目，以便准确知晓胎儿的发育健康状况。如果由于夫妻双方的疏忽未能选择恰当的检查时间和检查项目，不能及时、准确发现胎儿发育健康状况，医疗机构对此仅应承担轻微的赔偿责任。

2. 损害可预见性规则

可预见性规则是从公平原则中推导出来的一项操作规则，可作为适用于整个损害赔偿法的统一规则，[②] 因此对侵权责任法上损害责任范围的合理确定也具有适当限制的功能。[③] 通过考察医疗机构的检查过失给当事人造成的实际损害是否具有可预见性，有助于综合确定医疗机构的损害赔偿责任比例。在对缺陷婴儿后期治疗费用的损害认定方面，医疗机构只应针对在其所检查项目范围内应当检查出却由于过失未能检查出的那部分缺陷的后续治疗费用承担相应的赔偿责任，并不对胎儿出生后存在的其他缺陷承担额外的后续治疗费用。如医疗机构对孕妇进行超声产前检查项目，由于过失未能准确检查出胎儿存在左肾缺如的缺陷，夫妻双方误以为胎儿发育健康并选择继续妊娠，然而胎儿出生后不仅存在左肾缺

---

① 李建民：《生育理性和生育决策与我国低生育水平稳定机制的转变》，《人口研究》2004年第 6 期。

② 潘玮璘：《构建损害赔偿法中统一的可预见性规则》，《法学家》2017 年第 4 期。

③ 参见张继承、邓杰《论可预见性规则在侵权责任法中的适用》，《时代法学》2016 年第 4 期。

如的缺陷，而且患有先天性心脏病，对此将如何认定医疗机构的损害赔偿责任？而根据原卫生部印发的《超声产前诊断技术规范》可知，胎儿左肾缺如不属于超声产前诊断中存在的严重缺陷，不是医疗机构向夫妻双方告知说明终止妊娠医学建议的情形，因此即使夫妻双方知晓胎儿存在左肾缺如通常也不会选择终止妊娠，并且通过超声产前检查并不能诊断出胎儿是否存在先天性心脏病。在这种情况下，医疗机构对于夫妻双方因婴儿先天性心脏病的后期治疗费用所造成的损失，不具有可预见性，对此不承担赔偿责任。

（二）精神损害赔偿

孕妇之所以进行产前检查，往往是希望能够借助于产前医学诊断技术得以提前了解胎儿的发育健康状况，以实现优生选择的意愿，该种产前保健服务更多地体现为人身权益性。[①] 如果因医疗机构产前诊断过失或者未尽到充分的告知义务而侵犯了夫妻双方对胎儿健康状况知情及优生选择的机会，致使夫妻双方"非期待"出生缺陷婴儿，则违反了夫妻双方的生育意愿，对其造成感情的伤害、精神的痛苦和心灵的创伤。正如前文所述，优生选择权为夫妻双方共同所享有的一项民事权益，在位阶上属于人格利益，故应通过精神损害抚慰金的方式对其遭受的精神损害进行利益填补和精神抚慰。

司法实践中绝大多数法院支持夫妻双方的精神损害赔偿请求，但是对于具体赔偿数额因个案不同而表现出差异。笔者认为，对优生选择权纠纷案件中精神损害抚慰金数额的确定，应根据最高人民法院《关于确定民事侵权精神损害赔偿责任若干问题的解释》第十条的规范精神，综合考量医疗机构的过错程度、医疗机构过错行为所造成的实际后果、夫妻双方自身对胎儿健康状况检查是否尽到了必要的理性决定（如夫妻双方明知所从事的某检查项目存在医学技术上的局限性，却并未选择进一步的后续检查以便及时确诊和预防）以及受诉法院所在地平均生活水平等相关因素。

---

① 杨立新、王丽莎：《错误出生的损害赔偿责任及适当限制》，《北方法学》2011 年第 2 期。

（三）财产损害赔偿

在司法实践中，各地法院对优生选择权纠纷案件财产损害赔偿的裁判标准差异较大。争议焦点主要为：夫妻双方受到的财产损害是否确定、赔偿项目及计算标准如何统一。笔者将在下文针对财产损害赔偿责任的焦点问题进行探究。

1. 受到何种财产损害

侵权责任法上的财产损害是指受害人权利或者利益被侵害后所遭受的经济上的损失。[①] 在优生选择权纠纷案件中，医疗机构的产前诊断过失或者未尽到充分的告知义务，侵害了夫妻双方能够自主决定的优生选择权，导致"非期待"出生具有严重缺陷的婴儿，必将对其造成由此衍生出的各种财产上的不利益，即财产损害。夫妻双方优生选择权受到侵害后的财产损害应具有确定性，包括已经发生的财产损失以及可以合理预见的具有极大发生可能性的预期损失。

已经发生的财产损失主要是指缺陷婴儿出生后在住院期间所支出的因治疗严重缺陷等支出的相关费用。对于可以合理预见的具有极大发生可能性的预期损失，则要根据一般客观事实判定在将来的时间里因抚养缺陷婴儿极可能支出的额外必要费用。

2. 财产损害赔偿项目

（1）应予支持的财产损害赔偿项目

在以优生选择权为请求权基础的医疗侵权责任纠纷中，法院应当支持哪些财产损害赔偿项目，司法实践也存在争议。[②] 笔者认为，应当按照侵权责任法上损害填补的基本原则，依据前述所确定的财产损失判决医疗机

---

① 王利明：《侵权责任法》，中国人民大学出版社，2016，第84页。
② 以法院对缺陷婴儿的特殊护理费是否支持为例作说明。其中，支持特殊护理费的案件参见：河北省丰宁满族自治县人民法院（2015）丰民初字第2518号民事判决书；淮安市清江浦区人民法院（2017）苏0812民初10648号民事判决书；新疆维吾尔自治区乌鲁木齐市中级人民法院（2017）新01民终3694号民事判决书。不予支持特殊护理费的案件参见：上海市静安区人民法院（2016）沪0106民初943号民事判决书；重庆市渝北区人民法院（2017）渝0112民初5917号民事判决书；四川省成都市中级人民法院（2017）川01民终4105号民事判决书。

构承担相应的赔偿项目。其中，预期损失项目应主要包括后续治疗费、特殊护理费及特殊教育费。

第一，后续治疗费。缺陷婴儿出生后需进行必要的后续治疗，从而维持基本生命健康，夫妻双方对此需要花费相应的费用，这部分费用应属于能够合理预见的损失范围。但是后续治疗费的具体数额并不能预先精确确定，司法裁判不宜直接作出全部数额的认定，可以根据缺陷婴儿后续治疗的实际情况允许夫妻双方再向医疗机构主张损害赔偿数额。

第二，特殊护理费。特殊护理费系夫妻双方针对缺陷婴儿的护理所支出的必要费用。一般而言，日常生活中五岁以下健康的婴幼儿也需要护理，但是鉴于护理缺陷婴儿的特殊性，父母需要付出更多的时间、精力和经济费用，因此特殊护理费用应以赔偿因身体缺陷所增加的护理费用部分为宜。如果医疗机构或者鉴定机构有明确意见的，可以参照其意见确定特殊护理费用数额。缺陷婴儿定残后的护理，还应当根据其护理依赖程度并结合配制残疾辅助器具的情况确定护理级别，从而酌定相应数额的特殊护理费用。

第三，特殊教育费。由于缺陷婴儿存在身体障碍，生活和教育方面均会存在诸多不便，相较于健康儿童确实应支出额外的特殊教育费用，对于此部分费用应予支持。但是具体数额应根据缺陷婴儿的残疾状况，并结合现阶段特殊教育行业的费用情况，酌情予以确定。

（2）不予支持的财产损害赔偿项目

第一，一般抚养费不予赔偿。为维持缺陷婴儿衣食住行等一般日常生活需要所支出的抚养费用，不属于优生选择权受到侵害后的额外损失，不应纳入赔偿项目范围。父母对未成年子女负有法定的抚养义务，无论该子女身体是否健康，履行法定抚养义务所需的一般抚养花费是父母的必然支出，因此不属于损失范围。如果将一般抚养费纳入优生选择权受到侵害后的财产损失范围，将有可能导致医疗机构在产前保健服务中的过度检查或者防御性诊疗，甚至诱发职业道德风险。[1]

---

[1]　参见吕成龙《错误出生的法理寻踪与新解》，《清华法律评论》编委会编《清华法律评论》（第 8 卷第 1 辑），清华大学出版社，2015，第 120 页。

第二，残疾赔偿金不予赔偿。残疾赔偿金的性质是针对权利人收入损失的赔偿，意味着对有劳动能力的劳动者未来收入损失的赔偿。因缺陷婴儿的残疾是先天性残疾，其与基因遗传因素有关，并非医疗机构诊疗手段侵害其健康所致，与医疗机构的诊疗行为无关，不属于财产损害赔偿项目范围。

五 结语

随着权利概念对社会生活的渗透，民事主体的权利保护意识日益高涨，司法实践中涌现出大量的权利诉求，优生选择权即属于医疗机构产前检查过失导致孕妇"非期待"出生缺陷婴儿而引发的新兴权利保护诉求。优生选择权纠纷案件的裁判标准并不统一，甚至呈现案情相同但裁判结果迥异的司法现象。本文采用类案研究的方法，通过对优生选择权典型案件裁判规律的总结及相关理论的分析，对司法实践中存在的主要争议焦点予以回应。作为基本人权的生育自由，不仅彰显了个人自治的宪法价值，而且能够获得私法层面的保护。司法裁判中的优生选择权宜认定为"法律规定的其他民事利益"，属于独立的人格利益类型，应受到侵权责任法的保护。以《民法总则》第一百二十六条、第一百二十八条作为转介条款，并结合《人口与计划生育法》《妇女权益保障法》《母婴保健法》的相关规定，该项权利诉求在我国现行法上具备了请求权基础规范。优生选择权的主体是指孕妇及其配偶，缺陷婴儿不具备主体资格。由优生选择权引发的医疗侵权损害赔偿责任不同于普通的医疗事故责任，损害事实并不是指缺陷婴儿"缺陷"这一事实，而是指医疗机构违反产前诊断义务或告知义务导致缺陷婴儿"非期待"出生而给夫妻双方造成的精神损害以及抚养缺陷婴儿额外支出的财产损失。认定医疗机构的责任比例，需要考量其对损害结果的过错参与度和可预见性。财产损害赔偿的范围包括已经发生的损失以及能够合理预见的具有极大发生可能性的预期损失，预期损失主要是指后续医疗费、特殊护理费以及特殊教育费，而不应当包括一般抚养费、残疾赔偿金。

自然法传统中财产权的学理建构与逻辑证成[*]

——重思洛克的财产权理论

张 亮^{**}

摘 要：洛克的财产权理论与他的自然法思想有着密切的联系。在财产权的正当性论证过程中，洛克首先为其奠定了形而上学的基础，进而从世俗角度作了进一步分析。在洛克看来，财产权存在于自然权利的谱系中，自然法则成为衔接财产权神学基础与世俗正当意义的规范性纽带；同时，劳动应当作为衡量所获财产正当与否的重要标准，由此确立了财产权在形式层面的世俗正当性。而为了对资源进行最大化的开发与利用，洛克又引入一种默示的同意来实现货币形式的财产分配，进而使财产权成为一种被无限追逐乃至近乎绝对化的权利。可以认为，对于当代政治哲学思想的发展和社会进步而言，洛克的财产权理论所彰显的个体自由和权利平等的理念仍然具有重要的现实意义。

关键词：财产权；自然法；自然权利；劳动；货币

洛克的权利理论通常被视为其政治理论或者法哲学理论的核心内容，而在这一理论中最为重要的构成部分便是关于财产权方面的论证，这已经成为学界的共识。但是，对于洛克的财产权理论，学者们的研究仍然存在许多局限性：一方面，很少系统地阐释洛克的自然法思想与财产权之间的复杂关系；另一方面，容易将该理论看作一种证成有限政府合法性的理

---

* 本文系中国博士后科学基金第 63 批面上资助项目（项目编号：2018M632649）和青岛科技大学人文社科项目（项目编号：09XC07）的阶段性成果。

** 张亮，青岛科技大学法学院副教授，法学博士。

论，而忽视了洛克对财产权本身起源的分析。[①] 本文试图通过对洛克的财产权理论重新进行反思，在明确洛克个人宗教情结对其理论形态产生之影响的前提下，揭示自然法传统与财产权问题之间的密切关联性，纠正国内学界对于洛克权利学说过于简单化的理解，同时通过充分探讨洛克关于财产权基本内涵及其正当性的论证模式，说明其理论对现代政治法律学说的演变以及社会发展变迁具有的重要意义。

一　洛克和自然法传统

对于研究洛克的学者而言，往往会有多种研究进路可以选择，这也表明对洛克理论的解释既是开放的，又是复杂的。仅针对洛克的政治和哲学思想而言，就有多种理解路径，有时他会被视为社会契约理论家，有时被认为是自然权利理论家，有时又被视为自由主义倡导者。不过，有一点需要明确，即自然法传统始终深刻影响着洛克的思想，或者说，对自然法思想传统的继承和延续是洛克理论的重要特色。这对于我们从自然权利角度研究洛克的财产权理论是一个不可忽视的前提。劳埃德·L. 魏因勒卜（Lloyd L. Weinreb）对此进一步指出，"发端于 17、18 世纪的各种权利或自然权利理论，比以往任何阶段都注重与自然法传统保持紧密的联系"，而对洛克来说，"即使一些小观点，也会反复运用传统自然法的理论术语加以解释"。[②] 无疑，对于近代以前的自然法传统，至少可以追溯至斯多葛学派，而斯多葛学派的自然法思想后来朝世俗和宗教两个方向发展，其先是影响了罗马法，后又在中世纪被重新加以阐释蜕变为宗教自然法。就历史的连续性而言，洛克思想应当更多地吸收了宗教自然法的理论传统。这也是大多数研究洛克的学者都同意的观点。正如阿什克拉夫特（Richard Ashcraft）所强调的那样，神学命题对洛克的所有理论都具有重

---

① See A. John Simmons, *The Lockean Theory of Rights*, New Jersey: Princeton University Press, 1994, pp. 1 – 2.

② Lloyd L. Weinreb, "Natural Law and Rights", in Robert p. George ed., *Natural Law Theory: Contemporary Essays*, Oxford: Clarendon Press, 1992, p. 278.

要意义，这是一个难以被挑战与否定的论断。① 据此，在具体展开对洛克财产权理论的探讨之前，我们有必要从文本角度对洛克的这一重要思想倾向作先行分析。

首先，可以肯定的是，上帝的存在及其必要性之论说是洛克理论展开的基点，这也是他阐释自然法的基本前提。洛克曾明确地指出："我想没人会否认上帝的存在，除非此人既无法认清理性生活存在的必然性，也没有能力辨别事物的善良或邪恶。"② 自然法则被描述为"如同神法一样，通过自然之光被发现，并与人的自然理性相一致，继而能命令或约束人们采取某种行为"。③ 毫无疑问，洛克关于自然法的阐释无法摆脱基本的神学前提，在他之前的经院哲学家阿奎那（Thomas Aquinas）一度强调："我们赖以辨别善恶的自然理性之光、即自然法，不外乎是神的荣光在我们身上留下的痕迹。"④ 无疑，洛克与阿奎那对自然法的理解具有相同的神学色彩。按照阿什克拉夫特的观点，洛克理论的目的之一就是"证明上帝存在的绝对性和必要性"。⑤ 另一位剑桥学派的著名学者邓恩（John Dunn）则直接指出，洛克对人类社会的思考"表面是去基督教的，但是为得出结论所展开的推理过程却充满了神学的假设"。⑥ 由此不难看出，洛克的思想并没有摆脱中世纪以来宗教自然法传统带来的影响。

在保留了上帝观念的同时，洛克自然法理论中一个重要的范畴"理性"也是在继受传统自然法思想基础上得以建构和完善的。从古希腊时期开始的相当一段时期，理性一直被视为某种具有超越性的事物的存在及显示方式，存在于自我意识之上。直到中世纪，这一本体论意义的理性概念开始发生蜕变。这一蜕变是在对自然法理论再度诠释的过程中完成的，其

---

① See Richard Ashcraft, *Locke's Two Treatises of Government*, London: Allen & Unwin, 1987, p. 304.
② Mark Goldie 编《洛克政治论文集》，中国政法大学出版社，2003，第81页。
③ Mark Goldie 编《洛克政治论文集》，中国政法大学出版社，2003，第81页。
④ 〔意〕托马斯·阿奎那：《阿奎那政治著作选》，马清槐译，商务印书馆，1963，第107页。
⑤ Richard Ashcraft, "Faith and Knowledge in Locke's Philosophy", in John W. Yolton ed., *John Locke: Problems and Perspectives*, Cambridge University Press, 1969, p. 204.
⑥ John Dunn, *The Political Thought of John Locke: An Historical Account of the Argument of the "Two Treatises of Government"*, Cambridge University Press, 1969, p. 99.

主要贡献者是阿奎那。根据阿奎那的观点，理性是一种精神能力而不是一种物质能力。人和上帝一样具有理性，不过人的理性不如上帝的理性完满。为了解作为一切法的源泉的上帝之永恒法，人的理性在神启之下得以认识作为永恒法表现形式的自然法，并据此创设了人法。"支配权和统治权是以人法为根据的，……作为天赐之法的神法却并不废除以自然理性为基础的人法。"① 可见，阿奎那在一定范围内解除了神法与人法的直接联系，由此也使作为媒介的理性不仅是一个本体论的范畴，还可以从客体角度将其视为人所具有的能力。洛克深受阿奎那自然法理论的启发，构建了理性与自然法的关联意义。在洛克那里，理性已经开始作为人的一种认识和领悟能力，他指出人类"是生而自由的，也是生而具有理性的"②；同时与阿奎那一样，洛克认为理性与自然法具有内在的一致性。但是，理性与由自然法所表达出的宗教信仰之间仍然存在不同之处，洛克也明确了二者在功能上的区别：前者在于发现由不同观念所演绎出的各种命题的确实性或者概然性，后者则是根据说教者的信用，对命题所给予的一种通过上帝的特殊传达方式而获得的"坚定的同意"。③ 可以认为，在宗教自然法逐渐消除自身的神秘性而趋向于理性化这一传统影响下，洛克完成了对自然法思想的理性主义重构，并使之成为一种关注世俗的理论。

应当指出的是，洛克对于中世纪自然法传统的继承，并不否定其对自然法理论的变革所作出的重大贡献，因此对于多数学者而言，洛克依然属于近代生成的古典自然法学流派而非宗教自然法理论阵营。事实上，洛克的财产权理论在一定程度上还依赖于神学基础的建构，但并不表明就削弱了这一理论的世俗意义，亦不能得出洛克的理论和当代问题无关的结论。对此，我们将会发现，无论是中世纪自然法思想遗留下来的神学遗产，还是被继受和改造的理性主义思想，都对洛克关于财产权的探讨和论证具有重要的理论意义。

---

① 〔意〕托马斯·阿奎那：《阿奎那政治著作选》，马清槐译，商务印书馆，1963，第132页。
② 〔英〕洛克：《政府论（下篇）》，叶启芳、瞿菊农译，商务印书馆，1964，第38页。
③ 参见〔英〕洛克《人类理解论（下册）》，关文运译，商务印书馆，1997，第688~689页。

二　自然权利的谱系与财产权性质之界定

（一）　自然状态的考察与自然权利谱系的生成

一般而言，除了孟德斯鸠之外，自然状态是近代大多数自然法学家在对自然权利存在与正当性展开论证时所预设的逻辑出发点，洛克关于财产权的解读和论证同样也引入了自然状态这一背景和范畴。可以认为，如何通过对自然状态的具体描述使之服务于财产权问题的探讨是洛克在财产权理论建构过程中首先需要解决的问题之一。

在洛克看来，自然状态并不是一个混乱而完全缺乏管理的状态，其表现出一些道德的和社会的特征。美国学者施特劳斯（Leo Strauss）将洛克笔下的自然状态形容为"好像是由上帝或者善良的精灵们所统治的黄金时代"，"这意味着，自然状态必定是一个社会状态"。① 事实上，洛克首先确信自然状态是人类历史上确实经历过的状态，他指出："所有的人自然地处于这种状态，在他们同意成为某种政治社会的成员以前，一直就是这样。"② 在洛克并未否定身处自然状态中人们具有社会性的同时，他尤其强调了自然状态下的人们具备了一定的伦理观念。事实上，从洛克的角度来看，"'自然状态'和'政治社会'概念不是一种相互否定、彼此取消的关系"。③ 洛克认为，自然状态中的人们能够自由地按照自己的意志来行动，但是人们并不处于道德上的放任状态。由此他进一步指出："自然状态有一种为人人所应遵守的自然法对它起着支配作用；而理性，也就是自然法，教导着有意遵从理性的全人类：人们既然都是平等和独立的，任何人就不得侵害他人的生命、健康、自由或财产。"④ 这里，洛克首先强调了自然法在自然状态中的核心作用和意义，并突出了理性的重要地位。

---

① 〔美〕列奥·施特劳斯：《自然权利与历史》，彭刚译，生活·读书·新知三联书店，2006，第 229 页。

② 〔英〕洛克：《政府论（下篇）》，叶启芳、瞿菊农译，商务印书馆，1964，第 12 页。

③ 聂敏里：《洛克"自然状态"概念的内在理论困难》，《哲学动态》2019 年第 4 期。

④ 〔英〕洛克：《政府论（下篇）》，叶启芳、瞿菊农译，商务印书馆，1964，第 6 页。

不过，洛克意义上的自然法和理性依然不可能脱离上帝独立存在，上帝的作用正在于"赋予人以一种指导他的行动的悟性，就让他在他所受约束的法律范围内享有一种意志的自由和正当地属于意志的自由范围内的行动的自由"。① 而且，自然法虽然具有理性法的特点，但是理性"只不过是'发现和探察'自然法源于上位者权力这一法律源泉。义务的有效约束，就其形式规定而言，取决于上位者的意志"。② 这一逻辑无疑表明，所有权利和义务的来源最终还是需要追溯到上帝。对于洛克所确立的神学逻辑框架在当时看来可以加大其理论的说服力度，也避免无限递归式论证带来的烦冗，由此更加明确了自然法的本质特征，即自然法首先是上帝意志的体现，在此基础上又具有符合理性的本质。而把自然法的合法性构建在神学基础之上后，洛克指出了在自然法约束力之下人们应当承担的义务，但是在苛以义务的同时，洛克实际已经将自然法的作用转向了对权利的保障。

正如洛克所言，自然状态中的人们"在自然法的范围内，按照他们认为合适的办法，决定他们的行动和处理他们的财产和人身"，③ 自然权利则可以视为人们"不受控制地享受自然法的一切权利和利益"，即"可以保有他的所有物——即他的生命、自由和财产——不受其他人的损害和侵犯"。④ 可以认为，在洛克那里，自然权利的绝对性与自然法施加的义务相比更加重要，后者是以前者为价值旨归的。"在洛克看来，自然状态和自然法观念的作用则是论证个人的权利乃是不可剥夺的。"⑤ 据此，一系列由自然法保障的个人所享有的自然权利得以生成。其中，首要的自然权利便是自我保存的权利，亦即生命权。洛克甚至激进地指出："一个人可以毁灭向他宣战或对他的生命怀有敌意的人。"⑥ 除了生命权，自由权也

---

① 〔英〕洛克：《政府论（下篇）》，叶启芳、瞿菊农译，商务印书馆，1964，第36页。
② 李猛：《自然社会：自然法与现代道德世界的形成》，生活·读书·新知三联书店，2015，第361~362页。
③ 〔英〕洛克：《政府论（下篇）》，叶启芳、瞿菊农译，商务印书馆，1964，第5页。
④ 〔英〕洛克：《政府论（下篇）》，叶启芳、瞿菊农译，商务印书馆，1964，第53页。
⑤ 〔德〕海因里希·罗门：《自然法的观念史和哲学》，姚中秋译，上海三联书店，2007，第81页。
⑥ 〔英〕洛克：《政府论（下篇）》，叶启芳、瞿菊农译，商务印书馆，1964，第12页。

是一项重要的自然权利。洛克将自然状态中的自由权性质描述为自然自由，即"不受人间任何上级权力的约束，不处在人们的意志或立法权之下，只以自然法作为他的准绳"。① 这里的自由权"只能是一种每个人支配自己人身和财产的自由，是一种自主自由，它并不当然包含着支配他人的自由"。② 这一权利主要保证了作为个体能够保护自己身体和财产的行动自由。而财产权作为一项自然权利，则是洛克自然权利谱系中最具特色也最为复杂的权利类型。可以认为，生命权、自由权和财产权形成了洛克自然权利的谱系结构。值得注意的是，洛克对于这三项权利的论证虽以生命权为基点，但是他将三项自然权利的共同特性阐释为"自我所有"的权利，即"每人对他自己的人身享有一种所有权，除他以外任何人都没有这种权利"，③ 实际上，这一"所有权"的概念虽然在内涵上需作广义和扩大理解，但是仍在无形中使这一概念范畴与财产权发生意义上的关联，这也表明洛克极其重视从理论上对论证财产权问题进行铺垫，由此也需要我们更为细致地对洛克的财产权理论展开分析。

（二）财产权的起源与性质之界定

财产权作为自然权利，无疑首先源自自然法及理性的要求，而正如上文所言，洛克意义上的自然法和理性来自神的启示，因此，财产权的存在与其他自然权利一样，首先表明了上帝对人的要求，或者体现为对上帝的服从义务。而在构建起这样一种人与上帝的关系后，洛克才从人的权利要求之角度说明财产权起源的过程与必要性。洛克对此论证道：

> 上帝既然已亲自把保存自己生命和存在的欲望（强烈的欲望），作为一种行动的原则，扎根于人的身上，……因而对于那些通过他的感觉或理性发现出来足以养生的东西，他就有权利使用，这样说来，

---

① 〔英〕洛克：《政府论（下篇）》，叶启芳、瞿菊农译，商务印书馆，1964，第16页。
② 徐会平：《洛克的财产学说及其政治意义》，《山东大学学报》（哲学社会科学版）2018年第2期。
③ 〔英〕洛克：《政府论（下篇）》，叶启芳、瞿菊农译，商务印书馆，1964，第18页。

人类对于万物的"财产权"是基于他所具有的可以利用那些为他生存所必须，或对他的生存有用处之物的权利。①

显而易见，从自然权利的角度来看，财产权生成的正当性源自人的自我保存即生命权。施特劳斯一针见血地指出："对财产的自然权利乃是自我保全的根本权利的一个推论；它不是由合约、由社会的某一行动衍生而来的。"② 这里，施特劳斯的分析提醒了我们，作为自然权利的财产权，必定是先于社会出现的，因而就不可能通过社会契约产生。值得注意的是，洛克在这里的论证不可避免地带有唯意志论的特点，这一点与霍布斯（Thomas Hobbes）关于主权者问题的论证方式相似。霍布斯在处理宗教和国家双重主权问题时，想方设法将其收摄到一元的国家政治主权上来，洛克从神学维度论证财产权之所以可能存在，也是基于对霍布斯理论的继承和发展。③ 所以不难看出，洛克专门就财产权最初起源问题所展开的分析进路是神学语境下以唯意志论取代契约论。

遵循这一思路，洛克指出，在上帝创造人类之后，世界万物就变成上帝给予人类的共有之物，"上帝在这个赐予中，是把世界给予全体的人类，而不是给予亚当个人"。④ 显然，人类最早处于物品共有的状态。虽然人类对共有之物均享有权利，却不是洛克意义上的财产权，因为"从共有的东西中取出任何一部分并使它脱离自然所安置的状态，才开始有财产权的"⑤，财产权的确立是需要"通过某种拨归私用的方式"⑥。这表明，洛克指称的财产权应当是私有财产权，而"原初的那种普遍的共同据有状态实际上就是普遍的无财产状态"，⑦ 这里亦可认为，人类共有物品的状态

---

① 〔英〕洛克：《政府论（上篇）》，叶启芳、瞿菊农译，商务印书馆，1964，第74页。
② 〔美〕列奥·施特劳斯：《自然权利与历史》，彭刚译，生活·读书·新知三联书店，2006，第240页。
③ 参见梁晓杰《洛克财产权利的宗教伦理维度》，《中国社会科学》2006年第3期。
④ 〔英〕洛克：《政府论（上篇）》，叶启芳、瞿菊农译，商务印书馆，1964，第24页。
⑤ 〔英〕洛克：《政府论（下篇）》，叶启芳、瞿菊农译，商务印书馆，1964，第20页。
⑥ 〔英〕洛克：《政府论（下篇）》，叶启芳、瞿菊农译，商务印书馆，1964，第18页。
⑦ 〔美〕列奥·施特劳斯：《自然权利与历史》，彭刚译，生活·读书·新知三联书店，2006，第487页。

只是财产权现象产生的条件之一。不过，我们也注意到，在洛克把财产权的性质界定为私有财产权之后，另一个理论难题随之出现。

与洛克同一时代的另一位自然法学家格劳秀斯（Grotius）曾指出："财产权必定要么是通过明确的协议，如对财产的分割而确立的；要么是通过默示的同意，如占有而确立的。"① 无疑，格劳秀斯主要从世俗角度对财产权的产生作了分析，他在肯定了财产权私权性质的同时，阐明了非常关键的一点，即要从共有状态中生成财产权就要使共有之物个别化，而个别化的途径是经过人们的同意，无论是通过明示的契约还是默示的同意。而洛克的主要论辩对手菲尔默（Robert Filmer）同样认为只有通过同意的方式才能取得财产权，而自然状态中通过此种方式获取财产权是不可能的。② 对于洛克而言，既然已肯定共有之物个别化才能形成财产权，他就需要像格劳秀斯一样寻求人们取得财产权的具体方式。正如前文所描述的那样，基于建构在人类同意基点上的财产权不是纯粹的自然权利，洛克就必须使财产权概念脱离人类同意这一设定，即财产权必须是先于以同意为基础的社会契约而产生，这显然关涉到他的政治理论的整体架构和逻辑证成。对此，洛克已经有了充分认识，他明确地提出了自己的理论任务，那就是设法证明以下命题：在人类最初由上帝所赐予的共有物中，如何不必经过全体世人缔结契约，就可以使人们将其中的某些部分变成自己的财产而取得财产权。③

三 财产权取得方式的正当性与绝对性论证

（一）劳动作为财产权取得方式的理论依据和价值证成

我们已经知道，洛克强调每个人对自己的人身享有"所有权"，而这

---

① 〔荷〕格劳秀斯：《战争与和平法》，何勤华等译，上海人民出版社，2005，第125~126页。

② 参见〔英〕彼得·拉斯莱特《洛克〈政府论〉导论》，冯克利译，生活·读书·新知三联书店，2007，第129页。

③ 参见〔英〕洛克《政府论（下篇）》，叶启芳、瞿菊农译，商务印书馆，1964，第17页。

一所有权实际上与财产权有着密切的联系。英国学者塔利（James Tully）指出："洛克所使用的'财产'这一概念，意指我们每个人所拥有的无论是内在于自身还是外在的各类东西。"① 那么，从权利客体的角度而言，洛克意义上的财产权内涵与所有权内涵是相近的，每个人对自己的人身同样拥有财产权。但是按照洛克所持的神学观点，只有上帝才拥有对人的一切权利，这似乎就使洛克的表述陷入一种自相矛盾的境地。事实上，我们需要注意"人"（man）与"人身"（person）存在区别。塔利对此也强调："洛克财产权理论的核心内容之一就是对人与人身的区分。"② 应当说，洛克对于"人"的阐释仅从抽象的角度促使人与上帝构建了单向的权利义务关系，而"人身"意指具体的人的身体构造与基本特征，是人作为存在能够自我支配的部分，"人身与人的属性相反，它属于自我意识支配的范畴"。③ 这样，上帝对人的拥有和人对自身的财产权就不是矛盾和对立的，人对自身的财产权恰是上帝对人的义务要求。显而易见，以上帝意志作为基础，才使个人私有财产的产生成为可能。据此，以普遍性的对上帝的义务来为个人的权利诉求确立正当性较之直接以个人利益为起点建构权利的正当性基础，更能从神学上消解针对个体化的权利或自由主义的歧见，从而为其关于财产权取得方式所展开的进一步论证及最终实现从全体共有物之中确立财产权的理论目标做好理论铺垫。

既然每个人对自身的财产权是正当的，那么"他的身体所从事的劳动和他的双手所进行的工作，我们可以说，是正当地属于他的。所以只要他使任何东西脱离自然所提供的和那个东西所处的状态，他就已经掺进他的劳动，在这上面参加他自己所有的某些东西，因而使它成为他的财产。既然是由他来使这件东西脱离自然所安排给它的一般状态，那么在这上面就

---

① James Tully, *A Discourse on Property*: *John Locke and His Adversaries*, Cambridge: Cambridge University Press, 1980, p. 112.

② James Tully, *A Discourse on Property*: *John Locke and His Adversaries*, Cambridge: Cambridge University Press, 1980, p. 105.

③ James Tully, *A Discourse on Property*: *John Locke and His Adversaries*, Cambridge: Cambridge University Press, 1980, p. 107.

由他的劳动加上了一些东西，从而排斥了其他人的共同权利"。① 这里，洛克的阐释表明了劳动是从共有物中分离出私有财产并由此取得财产权的唯一方式。对此，诺齐克（Robert Nozick）曾经反驳过洛克的观点。他举了一个例子，如果我们把一瓶番茄汁倒入大海，番茄汁的融入使大海的自然状态发生了变化，考虑到对大海添加了自己的劳动，难道就可以把大海占为己有？这显然是不可能的。② 应当说，这是对洛克理论的误解。必须明确的是，劳动自身的合法性首先来自上帝意志下人以自身为财产的义务要求，而且还需指出的是，在洛克看来，上帝对于私有财产从共有物中分离还有一个十分清晰的目的，那就是最大化增进个人生活的益处。诺齐克例子中的劳动无法为劳动者直接带来生活上的益处，因而缺乏财产权的确立基础。"洛克断言上帝欲使人类兴旺昌盛而不仅仅是维持生存，这样上帝就需要创造一个通过使人们从中获取最大利益且生活极其便利的世界，……而洛克在某种程度上认为私有财产权的确立是实现这一目的的最佳方式并坚持该主张。"③ 因此，"不能假设上帝的意图是要使世界永远归公共所有而不加以耕植。他是把世界给予勤劳和有理性的人们利用的（而劳动使人取得对它的权利）"。④ 而且，如果某物已经被他人划拨私用了，即使劳动者再向其投入劳动也不能形成财产权的主张，劳动取得财产权必须从共有物之中而不能施加于已成为他人私有财产的物品上，这亦符合财产权作为个人自然权利的排他性要求。

应当指出的是，对于洛克而言，劳动自身的正当性源泉不可能最终脱离神学范畴，不过劳动首先应当是一种人所拥有的技能，这一技能是人在实现自我保全的基础上为了更好地生活而作为确立财产权的手段。同时，劳动被洛克视为一种提高生活质量的改良活动。尽管洛克的表述

---

① 〔英〕洛克：《政府论（下篇）》，叶启芳、瞿菊农译，商务印书馆，1964，第 19 页。

② 参见〔美〕罗伯特·诺齐克《无政府、国家与乌托邦》，何怀宏等译，中国社会科学出版社，1991，第 179 页。

③ Matthew H. Kramer, *John Locke and the Origins of Private Property: Philosophical Explorations of Individualism, Community, and Equality*, Cambridge: Cambridge University Press, 1997, p. 118.

④ 〔英〕洛克：《政府论（下篇）》，叶启芳、瞿菊农译，商务印书馆，1964，第 22 页。

有时使人产生这样一种错觉，即"作为技能或精力抑或一种过程的劳动往往并不是指能够产生改良效果的劳动"，[1] 但是洛克用以下的例子表明了他的观点：

> 没有比美洲几个部落的情况更能作为明显的例证。……自然对他们也同对任何其他民族一样，充分地提供了丰富的物资——那就是能生产丰富的供衣食享用之需的东西的肥沃土地——但是由于不用劳动去进行改进，他们没有我们所享受的需用品的百分之一。[2]

由此可知，如果仅将劳动视为一种与物相结合就生成私有财产的手段，这是一种片面的认识，因为劳动不仅实现了对劳动资料的占有，还能够改造劳动资料。而明确了这一点，就可以进一步去分析和理解洛克关于劳动之价值的阐释与论证。

不可否认，劳动的价值首先在于确立了对私有物的财产权，但是像土地这样的劳动资料难道不存在价值吗？洛克给出的答案是"价值是以事物对人的生活的功用而定的"。[3] 这就表明，洛克只承认事物的使用价值。洛克的以下表述则更加明确了自己的态度："自然和土地只提供本身几乎没有价值的资料"，"将绝大部分价值加在土地上的是劳动，没有劳动就几乎分文不值"。[4] 无疑，原始的劳动资料在洛克看来对人类不具备有用性而几近无价值，劳动才是创造价值的源泉，洛克举例道：

> 面包、酒和布匹是日常所需而数量很多的东西。然而，假使劳动不供给我们这些更有用的物品，我们的面包、饮料和衣服只能是橡实、水和树叶或兽皮。……而生产这些资料的土地很难说占有价值的

---

① Matthew H. Kramer, *John Locke and the Origins of Private Property*: *Philosophical Explorations of Individualism, Community, and Equality*, Cambridge: Cambridge University Press, 1997, p. 147.
② 〔英〕洛克：《政府论（下篇）》，叶启芳、瞿菊农译，商务印书馆，1964，第 27 页。
③ 〔英〕洛克：《政府论（下篇）》，叶启芳、瞿菊农译，商务印书馆，1964，第 24 页。
④ 〔英〕洛克：《政府论（下篇）》，叶启芳、瞿菊农译，商务印书馆，1964，第 29 页。

任何部分，至多只能说占极小的部分；其价值是如此之小，以致我们甚至把完全听其自然而未经放牧、耕种或栽培的土地名副其实地叫做荒地，并且我们会发现它的好处几乎是等于零。①

洛克又指出："一英亩小麦的麦秆、麸皮和面包的价值高于一英亩同样肥沃而荒芜的土地所出产的产品的价值，这一切都是劳动的结果。……只要是这种粮食从播种到制成面包所必需的，都必须计算在劳动的账上，并承认它具有这样的效果。"② 显然，洛克的阐述在否定劳动资料的价值的同时，再次揭示了劳动具有的改良和创造之属性，并且正是基于这一属性劳动才能够创造价值。

洛克的这一劳动价值论表面上以劳动的工具性价值为旨归，实际上是将人的价值提升到了极高的地位。而从财产权的角度来看，洛克实际上是将作为主体的人通过劳动获取财产的能力置于作为客体的财产本身之上，鉴于这一点，人们就有可能由于获取财产行为之价值的正当性而忽略财产的有用属性，由此不受限制地占有自己可能并不需要的财产。基于这样的理论脉络，财产权的合理性不仅源于以上帝意志为基础的自然权利属性，而且通过引入具有工具理性意义的劳动这一方式，使人们可以正当地占有更多的财产。这里，洛克从形式主义的角度基本完成了人们拥有财产权的正当性论证，同时保证了人们平等取得财产权在机会上的可能性。但是，就现实来看，在人们不断占有财产的过程中，如不加以合理限制会不可避免地出现拥有财产多寡不均的现象，从结果论的角度而言无疑难以实现财产权的平等性要求。对此，在正视这一问题的基础上，洛克展开了对自己财产权理论更加详尽深入的论证。

（二）劳动取得财产的范围与财产权的绝对性论证

上文曾指出，洛克论证自然法的作用主要在于对自然权利的保障，由

---

① 〔英〕洛克：《政府论（下篇）》，叶启芳、瞿菊农译，商务印书馆，1964，第28页。
② 〔英〕洛克：《政府论（下篇）》，叶启芳、瞿菊农译，商务印书馆，1964，第29页。

此必然施加了每个人不得侵犯他人权利的义务，那么人们对于财产权的行使无疑也应当遵守这一义务，这也是理性的要求，洛克对此隐晦地承认了人们之间权利的界限。如此看来，劳动取得财产的范围首先应当保证不得侵犯他人财产。但是，关于财产权的界限亦即劳动取得财产的范围问题，洛克的论证重心并不限于人们之间可能产生的权利义务关系，作为一种自然权利的财产权，洛克首先强调了这一权利形成的特定场域即自然状态自身的特征对财产权限度的影响，并且在这一论证过程中继续对其主张的劳动价值论加以分析和完善。

鉴于自然状态是一个人类最早经历过的原始状态，洛克便坚信这一状态在很长一段时期内具有人口稀少、资源丰富的特点。[1] 由于劳动引入私有财产之后人的价值开始凌驾于物的价值之上，因而自然状态丰富的资源极易导致人们形成一种不考虑物的使用价值而将其不断占有的欲望。对此，洛克根据自然状态对于自然法的直接依赖性这一特点，就劳动取得财产的范围阐释了自然法所起到的限制作用，即财产的取得"以供我们享用为度"，"谁能在一件东西败坏之前尽量用它来供生活所需，谁就可以在那个限度内以他的劳动在这件东西上确定他的财产权；超过这个限度就不是他的份所应得，就归他人所有。上帝创造的东西不是供人们糟蹋或败坏的"。[2] 这一由自然法所确定的限制性原则通常被称为"腐坏原则"（principle of spoilage）。可以认为，腐坏原则首先在整体上强调对资源的保护，同时在保证人的生存的基础上从权利义务关系的角度界定了财产权之边界，因为，对于自然资源人们需要"注意在它们未败坏以前加以使用，否则他就取了多于他的应得部分，就是掠夺了别人"。[3] 不过，我们注意到，在资源匮乏的情形下，腐坏原则在防止资源浪费并对权利边界进行限定时的作用更大，按照美国学者扎克特（Michael p. Zuckert）的看法，由最初自我保全转化为限制资源败坏的自然法规则，"如果是资源丰富，规则的转变也就没有意义了。可是在稀缺的条件下，规则转变为败坏的限制则意

---

① 参见〔英〕洛克《政府论（下篇）》，叶启芳、瞿菊农译，商务印书馆，1964，第21页。

② 〔英〕洛克：《政府论（下篇）》，叶启芳、瞿菊农译，商务印书馆，1964，第21页。

③ 〔英〕洛克：《政府论（下篇）》，叶启芳、瞿菊农译，商务印书馆，1964，第31页。

义重大"。① 事实上，根据早期自然状态之特征，洛克在阐释财产权之界限时并不认为人们之间的权利会发生实质冲突，以人们取得土地为例，"这种开垦任何一块土地而把它据为己有的行为，也并不损及任何旁人的利益，因为还剩有足够的同样好的土地，比尚未取得土地的人所能利用的还要多"。② 显然，早期自然状态这一资源的充足性条件似乎又强化了人们对于私有财产占有的合法性而非施以限制，连洛克自己也进一步承认这一条件下对于土地占有的状态为"每人能利用多少就可以占有多少"。③ 洛克的表述无疑在继续弱化腐坏原则的限制作用，同时不禁使我们开始质疑洛克是否真正存有限制财产权的意图。

诚如我们已经知道的那样，腐坏原则的限制作用使劳动取得的财产以个人所需为限，这也符合财产权生成之首要目的在于实现人们的自我保存，而在资源充足的自然状态最初一段时期，腐坏原则的作用微乎其微，其中洛克关于财产权不受限制的表述也使我们怀疑他是否陷入了自相矛盾的境地。这里，我们需要对洛克文字中隐微表达的思想作深入解读。实际上，洛克并不重视早期自然状态下腐坏原则究竟能起多大作用这一问题，作为自然法规则，腐坏原则在早期自然状态中更多地基于一种平等的理念来要求人们加以遵守，亦即"公平分享的要求作为一种自然的限制条件，即使通过劳动获得了明确而无争议的财产也需要遵循于它"。④ 无疑，在早期自然状态中，腐坏原则对人之所需的强调及其限制要求主要体现为价值或理念上而非手段或技术上的意义，毕竟这一状态下人们在财产权问题上很少发生争执，理性指引人们通常不会空耗体力而占有超出自己可以享用的物品。事实上，洛克更加重视作为一种实现公平并且能够有效改进人类生存状态的具体手段。那么，劳动的引入不仅在于确立了一种私有财产权的取得方式，更是生成了一种公平和效率兼顾的取得财产之手段。所以

---

① 〔美〕迈克尔·扎科特：《自然权利与新共和主义》，王崇兴译，吉林出版集团有限责任公司，2008，第 355 页。

② 〔英〕洛克：《政府论（下篇）》，叶启芳、瞿菊农译，商务印书馆，1964，第 22 页。

③ 〔英〕洛克：《政府论（下篇）》，叶启芳、瞿菊农译，商务印书馆，1964，第 24 页。

④ A. John Simmons, *The Lockean Theory of Rights*, New Jersey: Princeton University Press, 1994, p. 291.

对于洛克而言，即使腐坏原则存在也不影响其以早期自然状态为背景来强化劳动存在的价值，进而来张扬人的主体地位。正如美国学者杜兹纳（Costas Douzinas）所评价的那样："当劳动为存在的万事万物赋予了价值，每一个自我或事物都具有了延展性，能够成为意识介入和投资的目标。人们通过自己的努力改造了物理世界的同时又改造了自己。"① 据此，按照洛克的观点，劳动取得财产范围的不断扩大与腐坏原则的限制要求在自然状态的早期并不存在明显对立的一面。

但是，随着私有财产拥有数量的不断增加和自然资源可开发范围的日趋减少，腐坏原则的限制要求与私有财产的增加之间的关系必然会不断紧张，当人们对私有财产的占有无法保持在腐坏原则所要求的适度规模之内时，就需要形成一种判断财产占有是否正当的新机制，不仅如此，这一机制还不能破坏腐坏原则的要求。那么，在洛克看来，货币的发明和使用正是形成了这样一种新机制，其为人们不断扩大财产数量并获取财产权这一行为赋予了正当性。同时，洛克举了物物交换的例子为货币产生的正当性做了铺垫。按照洛克的理解，任何人都可以用易腐烂的梅子换取能够长期保存的干果，或者用干果换取个人喜爱的金属，"这些结实耐久的东西，他喜欢积聚多少都可以"，"超过他的正当财产的范围与否，不在于他占有多少"，"只要没有东西在他手里一无用处地毁坏掉"。② 由此产生的货币就是"一种人们可以保存而不至于损坏的能耐久的东西，他们基于相互同意，用它来交换真正有用但易于败坏的生活必需品"。③ 可以看出，货币的经久耐用保证了对其占有不会破坏腐坏原则，其自身交换价值的存在体现了对主体的有用性，不过，货币的交换价值是基于人们的同意而非天然的存在，"同意"成为衡量货币产生正当性的另一重要条件。这里，洛克又以劳动这一技术手段作为对比，强调"不同程度的勤劳会给人们以不同数量的财产，同样地，货币的这一发明给了他们以继续积累和扩大他们的

---

① 〔美〕科斯塔斯·杜兹纳：《人权的终结》，郭春发译，江苏人民出版社，2002，第90页。
② 〔英〕洛克：《政府论（下篇）》，叶启芳、瞿菊农译，商务印书馆，1964，第31页。
③ 〔英〕洛克：《政府论（下篇）》，叶启芳、瞿菊农译，商务印书馆，1964，第31页。

财产的机会"。① 我们发现，时间变化始终作为洛克在推进其理论过程中易被忽视却又十分重要的分析线索而存在。那么，货币的出现和使用在激励人们不断通过劳动扩大自己财产范围的同时，也使自然状态从早期阶段逐渐进入中晚期阶段。

鉴于货币的出现和使用已经能够在符合腐坏原则的前提下使人们拥有财产的数量超出其直接可利用的范围，这就使劳动能力或勤劳程度不同的人占有的财产越来越不均等，但是这种财产占有不平等的状况却是人们事先同意的。洛克对此又特别强调了"同意"具有的重要作用，按照他的说法：

> 人们已经同意对于土地可以有不平均和不相等的占有。他们通过默许和自愿的同意找到一种方法，使一个人完全可以占有其产量超过他个人消费量的更多的土地，那个方法就是把剩余产品去交换可以窖藏而不致损害任何人的金银。②

如此一来，人们"不必通过社会契约，而这样地把物品分成不平等的私有财产"。③ 在这里，"这种同意是在社会界限之外达成的，它不采取契约的形式，它仅仅是通过将价值加于金或银之上而人们又心照不宣地同意使用货币的方式达成的"。④ 毋庸置疑，洛克进一步排除了社会契约的作用而使私有财产占有的不平等成为人们自然选择的结果，这不仅继续凸显了财产权的自然权利属性，还在其正当性基础之上开始形成对权利的绝对性要求，亦如洛克所表达的那样，"对于财产权容许占有多少也不能有任何怀疑"。⑤ 不过，美国学者西蒙斯（A. John Simmons）则对"同意"这种方式的正当性持否定态度，他认为："相比较而言，一种脆弱的、默示

---

① 〔英〕洛克：《政府论（下篇）》，叶启芳、瞿菊农译，商务印书馆，1964，第31页。

② 〔英〕洛克：《政府论（下篇）》，叶启芳、瞿菊农译，商务印书馆，1964，第32页。

③ 〔英〕洛克：《政府论（下篇）》，叶启芳、瞿菊农译，商务印书馆，1964，第32页。

④ 〔美〕列奥·施特劳斯、约瑟夫·克罗波西主编《政治哲学史》，李洪润等译，法律出版社，2009，第492页。

⑤ 〔英〕洛克：《政府论（下篇）》，叶启芳、瞿菊农译，商务印书馆，1964，第33页。

的同意较易实现，不过这样的同意却未必带来公平。"① 西蒙斯的看法无疑建立在"手段—后果"论的基础之上，表达了手段公正与结果公正未必具有一致性的观点。必须承认，从表面来看，洛克似乎认为人们既然同意货币的使用，就等同于接受了使用货币导致财产占有不平等的结果，实际上，这里并不能简单地适用西蒙斯所概括的"手段—后果"论。按照洛克的主张，同意作为货币使用的条件其实并不是获得更多财产的直接正当性来源。洛克赋予财产权绝对性的目的在于鼓励"勤劳有理性的人"通过劳动扩大财产的占有范围，只有劳动作为衡量财产权正当与否的尺度才真正符合上帝的意志。在这里，洛克的论证与其秉持的神学前提以及劳动价值说保持一致。换言之，通过货币的交换价值来代表劳动自身的价值，符合包含上帝意志的自然法的要求，使付出更多劳动的人们可以获得更多的财产，货币的积累不是财富的终点而是需要"具有财力的人使其物尽其用"，② 由此更加有效地增进他们生活的便利，倘若没有货币的出现和使用，无用的囤积会越来越多，劳动的价值就会大打折扣。而随着时间的推移，人们在不断积累个人财富的过程中也在提供更加丰富的生活必需品，这就使人类整体生活水平不断得到提高。

可以认为，洛克对于自然状态的设定及对自然法约束作用的强调基本保证了一定时期内实质意义上人们对财产权的平等享有，然而洛克在关注权利平等的同时还十分重视自然资源的充分利用和开发，因此通过主张不受限制的财产权来鼓励人们征服自然，最终还是不可避免地导致私有财产占有的不平等。而在洛克看来，这一不平等现象既然是基于人们的同意而作出的选择，而且符合上帝的意志与自然法的要求，应当不算过分违背权利平等的理念；同时，绝对性的财产权也至少存在这样的界限，即不应损害他人的利益或其他自然权利，因此其具有正当性。对于这样的界限的遵守，实际上洛克认为在自然状态下还可以通过自然法的执行权来加以保障。洛克指出，"为了约束所有的人不侵犯他人的权利、不互相伤害，使

---

① A. John Simmons, *The Lockean Theory of Rights*, New Jersey: Princeton University Press, 1994, p. 304.

② 王铁雄：《美国财产法的自然法基础》，辽宁大学出版社，2007，第 152 页。

大家都遵守旨在维护和平和保卫全人类的自然法，自然法便在那种状态下交给每一个人去执行，使每人都有权惩罚违反自然法的人"。① 无疑，自然法的执行权依然是以自然法为尺度的，需要"根据冷静的理性和良心的指示"。② 可以认为，自然法执行权的存在强化了作为自然权利的财产权与自然法义务之间的关系。但是，由于公共权威的缺乏与对私有财产的过度追求，自然法的尺度在多大程度上能够抑制人的偏私和贪婪，其实仍然存在较大的不确定性。洛克自己也不得不承认："有些人由于利害关系而存偏见，由于对自然法缺乏研究而茫然无知，不容易承认它是对他们有拘束力的法律，可以应用于他们各自的情况。"③ 如此而言，自然法的执行权并不能保证自然法义务的约束力得以充分实现，这必然就影响到自然法效力的实现。事实上，在自然状态的晚期阶段已经开始产生大量纠纷，仅以个人所拥有的用于惩罚他人之执行权已经无法有效地维护自身的财产权。所以正如塔利所言："货币采用之后人类对财富之欲望的膨胀所带来的生机勃勃的发展，导致了无休止的财产权争端，因而需要建立现代国家以规范和管理财产权关系。"④ 据此，伴随着为了调节和维护财产权的国家与政府的出现，人们也就脱离了自然状态而进入政治社会，而这样的论断也是与洛克关于财产权发展趋向及国家起源问题的描述相一致的。

四　结语

综上所述，在洛克的财产权理论彰显自然法传统及思想特色的前提下，财产权的自然权利属性及由此体现出来的正当性与绝对性无疑是其主要的论证内容，而这一理论也提供了判断政治权威合法与否的依据，对此，可以从下述几个方面对其理论脉络和要点再加以梳理与概括。

第一，在财产权的正当性论证基点上，洛克首先求助于神学理论，这

---

① 〔英〕洛克：《政府论（下篇）》，叶启芳、瞿菊农译，商务印书馆，1964，第 7 页。
② 〔英〕洛克：《政府论（下篇）》，叶启芳、瞿菊农译，商务印书馆，1964，第 7 页。
③ 〔英〕洛克：《政府论（下篇）》，叶启芳、瞿菊农译，商务印书馆，1964，第 77～78 页。
④ 〔加〕詹姆斯·塔利：《语境中的洛克》，梅雪芹等译，华东师范大学出版社，2005，第141 页。

也是中世纪自然法传统在洛克理论中的延续，尽管神学理论是形而上的，但是一种权利的正当性价值显然不能仅就人的主体性要求就得以确立，毕竟这一要求依然是以人的主观性为出发点，这就难以视其为最终的正当性依据。可以认为，神学为洛克的财产权理论最终奠定了正当性基础并避免其陷入循环论证之中。不过还需要指出的是，纯粹的神学理论只能从形式层面间接表明财产权起源的正当性，毕竟对于上帝的存在产生某种认同和服从，只是生成自然法的形式要件，而由此可以获得宣示并且与人的理性能够建立自然关联的自然法本身才是直接衔接财产权神学基础与世俗正当意义的规范性纽带。

第二，在构建了财产权理论的神学基础之后，洛克从学理上确立了财产权的自然权利属性，并通过形式层面对财产权具有的世俗正当性进行了论证。对于财产权自然权利属性的建构，洛克从规范角度阐发了自然法所具有的强制与引导作用，使财产权作为自然权利的普适性价值得以初步确立。基于洛克还需要从世俗角度证成财产权的正当性，于是他不仅将自然法的规范意义由神学层面引申至现实当中，还从自身的自然法学说中将"理性""自然状态"等重要范畴作为财产权正当性论证的理论工具，尤其是根据自然状态下资源匮乏的状态及人们具有的自我约束的理性能力和伦理特征，指出人们能够根据生存的需要并依照自然法的要求公平地获取财产，这就赋予了人们平等享有财产权的机会，财产权无疑在形式层面具有了正当性。不仅如此，洛克还创造性地引入自然法的执行权这一范畴并将其赋予个人，以保障包括财产权在内的自然权利不受侵犯，在这一点上洛克与他的自然法前辈们很不相同，其将格劳秀斯等人所强调的主体性自然权利与他人对其所负义务之间的社会关联转变成了个体权利与自然法义务之间的关系，显然，这一论证过程充分彰显了洛克对于个体自由和权利平等的追求。

第三，从世俗角度来看，财产权的形式平等并不一定能在结果或实质层面保证人们对该权利的平等享有，洛克在试图解决这一问题的同时，还在寻求如何对资源进行最大化的开发与利用，那么，洛克就不仅需要继续论证财产权的正当性，而且必须使财产权理论及相关制度架构能够服务于充分开发和利用资源的目的。为此，洛克又引入"劳动"这一公平和效率兼顾的取得财产之手段，但是这一手段依然无法在实质层面保证人们平等享有财产权，不过在洛克看来，人们在运用劳动获得财产的过程中已经达成一种默示的同意来认可由此产生的财产占有不均的现象，同时还实现了对财产的货币分配模式，因而已经突破了自然法的限制，财产权并未丧失其正当性。不仅如此，洛克认为，财产权应当成为一种被无限追逐乃至近乎绝对化的权利，只有这样，人类才能最大化地利用资源，潜在的财富才可以源源不断地被创造出来，人们整体的生活水平就会得到较大提升。虽然人们对私有财产的过度追求破坏了晚期自然状态的合理秩序，洛克却并未否定财产权的正当性，而是更为强调需要一种本身在尊重财产权基础之上才能视其为合法的政治权威来进一步调整和维护人们之间的财产权关系，从而在完成对财产权正当性和绝对性论证的基础上，为判断政治权威的合法与否提供了明确的标准。

通过对洛克财产权理论的进一步分析和概括，我们首先深刻地体会到洛克的理论所同时具备的中世纪晚期和近代早期的时代特征。除却其形而上学的基础，洛克的这一理论主要还是以个体价值为出发点，对财产权正当性和绝对性的强调凸显了财产权对于个体生存具有极端重要的意义，以至于洛克主张如何有效维护作为自然权利的财产权必须成为一切社会关系中区分政治权力合法行使与非法行使的试金石。一方面，从制度实践来看，洛克的财产权理论对当时西方尤其是美国的财产法律制度产生了深刻的影响，美国财产法中的许多理念正是建立在通过洛克发展出来并不断加以完善的财产权排他性理论基础之上；另一方面，这一张扬财产权正当性和绝对性的理论学说显然成为当时资本主义进行原始积累最有力的理论辩护工具，考虑到这一理论实际上是通过其在经济发展中的效率要求逐步得到接受和认可的，主张效率的财产竞争模式迎合了 17 世纪大量重商主义国家积极征服海外殖民地、强化国际贸易和积累国家财富的需要，如果从积极的角度来看，这也带来了以财产权和贸易制度变革为先导的社会体制的更迭，这些变化的结果无疑使社会整体的生产力得到不断提升。可以认为，洛克的理论在他所处的思想转折与社会变革时期获得了巨大的成功，其以财产权问题为核心的权利思想被广为接受和传播，无疑已被视为资产阶级思想启蒙运动以来最为经典的自由主义理论之一。

应当说，在经历了几个世纪之后，洛克的财产权理论难免由于时代变迁而被许多人认为失去了其应有的价值，但这一看法显然忽视了洛克的财产权理论对当代政治学说及哲学思想的重要影响。不可否认，19 世纪以来功利主义思想逐渐成为主流的政治哲学思想，其追求最大多数人的最大幸福的目标与洛克的权利理论大相径庭，而功利主义思想的大行其道无疑使洛克的理论在政治哲学领域遭到边缘化，"到 19 世纪末 20 世纪初，功利主义已经把大多数合法性与政治统治限度的规范性问题转化为如何从技术角度完善由政策选择带来的不同福利水平的问题"。① 不过，随着 20 世纪 70 年代约翰·罗尔斯（John Rawls）和罗伯特·诺齐克（Robert Nozick）对权利论和社会契约论的回归与复兴，洛克的财产权理论再次受到重视。按照罗尔斯与诺齐克的观点，功利主义主张通过侵犯少数个体的权利来维护多数人的利益是不符合社会正义的，而两人的观点也有区别。罗尔斯将公民权利建立在他的两个社会正义原则基础之上，诺齐克则以洛克的财产权理论为基点，将个人权利视为基本范畴来构建极具自由主义色彩的最小国家理论。毫无疑问，基于功利主义自身也未能完全解决社会正义与个体平等的问题，由此对洛克财产权理论的重新解读意味着对社会平等与正义的思考再次回到"原子式"的个体这一起点。那么，如何将个体所追求的利益转变成可以最大限度加以扩展的个体权利而不违反平等与正义的要求，洛克的理论对于这一问题的思考和解决仍然具有重要的参考价值。所以，洛克的财产权理论不应仅被视为一种古典主义的学说形态，而是依然具有现实意义并深富生命活力的思想。

① Paul Kelly, *Locke's Second Treatise of Government: A Reader's Guide*, London: Continuum International Publishing Group, 2007, p. 150.

如何对待外国人的宪法权利？

杨金晶*

摘　要： 讨论外国人的宪法权利首先应明确外国人的宪法内涵难以被"公民"和"人民"的概念吸收。外国人享有宪法权利的理论基础不仅在于国际人权保障已达成共识，还在于传统"内外有别"权利观的打破，但"人权条款"无法成为外国人宪法权利的解释渊源。外国人宪法权利保障的不确定性在于，宪法只是规定要保护外国人的"合法权利和利益"，却未言明保护外国人的哪些权利。尽管实践层面关于外国人权利保障的立法体系已初步成形，但仍存在权利克减的风险，仍有必要借鉴域外经验，将外国人纳入平等保护的范畴，并依据外国人的法律身份对其权利进行立法分类和审查分级。未来，除了与国家主权和社会制度紧密相关的权利，都应平等赋予外国人。

关键词： 外国人；宪法权利；平等保护；差别待遇；人权保障

一　引言

近代以来，随着国家主权观念的强化，国家往往将对于个人权利的保障与公民的身份认同挂钩。一方面，国家与公民身份的联结很大程度上取决于国籍的拥有，国籍成为个人与国家发生权利义务关系的前提条件。① 在此语境下，国家负有保护公民权利的责任毋庸置疑。但另一方面，世界

---

* 杨金晶，安徽大学法学院讲师，法学博士。
① 参见李建良《人民与国家"身分连结"的法制诠要与法理探索：兼论台湾人国籍的起承断续问题》，《台大法学论丛》2007 年第 4 期。

各国联系日益紧密，人员的跨国流动日益频繁，外国人同样可能与本国建立密切关联，这种关联往往体现为在本国的停留、居留乃至永久居留。对于这些入境的外国人，是否要保护他们的权利？如果需要，又该如何保护？这一问题不仅关乎国际人权保障的需要，同样也是我国扩大对外开放、吸引外国人才亟须面对的问题。①

探讨外国人的权利地位，首先应从宪法中寻找依据。因为宪法赋予外国人哪些权利关乎整个法律体系对待外国人的态度，也决定着我国涉外立法的方向和对外开放的程度。我国《宪法》第 32 条第 1 款规定："中华人民共和国保护在中国境内的外国人的合法权利和利益，在中国境内的外国人必须遵守中华人民共和国的法律。"但在过去的多年时间里，关于公民宪法权利的讨论几乎占据了宪法权利研究的全部，而关于外国人宪法权利的探讨寥寥可数。②

笔者丝毫不贬低研究公民宪法权利的意义，只是提醒大家在宪法权利的研究中仍有一块被遮蔽的角落——外国人的宪法权利。面对外国人宪法权利近乎空白的研究现状，本文的主要任务是在厘清外国人宪法内涵的基础上，分析外国人享有宪法权利的理据，梳理外国人实际享有的宪法权利，并结合域外经验探讨其保障方式。本文对外国人宪法权利的论述并不限于宪法条文的规范分析，也有部门法规的梳理和比较法的考察。最后要交代的是，为了保证论述集中，本文讨论的对象仅限于《宪法》第 32 条

---

① 参见吕艳滨《全球化背景下外国人的权利保障问题》，《法制日报》2004 年 6 月 17 日，第 1 版。

② 国内学者关于外国人宪法权利的讨论主要在宪法权利主体的介绍中简单涉及。参见韩大元主编《比较宪法学》，高等教育出版社，2003，第 176～177 页；张千帆《宪法学导论：原理与应用》，法律出版社，2004，第 465 页；胡锦光、韩大元《中国宪法》，法律出版社，2007，第 180～181 页；焦洪昌主编《宪法学》，北京大学出版社，2013，第 354～355 页；林来梵《宪法学讲义》，法律出版社，2015，第 291～292 页。笔者在中国知网（CNKI）检索的结果中，仅有 4 篇期刊论文涉及对外国人宪法权利的讨论，而且主要是对外国学说的评介，并没有就我国宪法上的外国人条款进行深入探讨。参见钟头朱《论外国人的宪法权利》，《辽宁教育行政学院学报》2009 年第 3 期；邹奕《论外国人宪法权利的保障：以美国的司法实践为中心》，韩大元主编《中国宪法年刊》（第 10 卷），法律出版社，2015，第 399～401 页；〔韩〕孙汉基《外国人基本权利研究》，韩大元主编《中国宪法年刊》（第 11 卷），法律出版社，2016，第 305～308 页；黎沛文《拘留审查制度下外国人基本权利保障问题探析》，《西部法学评论》2015 年第 2 期。

第 1 款中的普通外国人，第 32 条第 2 款中政治避难的外国人以及具有外交身份的外国人因为涉及不确定的政治因素和外交政策考量，不属于本文的讨论范畴。

二 外国人的宪法内涵

（一）外国人的法律含义

我国《宪法》没有明确外国人的含义，只在第 33 条第 1 款规定："凡具有中华人民共和国国籍的人都是中华人民共和国公民。"《国籍法》和《出境入境管理法》也规定国籍是区分我国公民与外国人的标准，而且《出境入境管理法》第 89 条明确规定："外国人，是指不具有中国国籍的人。"因此，法律意义上的外国人是指不具有我国国籍的所有人，也包括无国籍人。

但从学理层面来看，外国人有广义和狭义之分。狭义观点认为，外国人是指在一个国家境内不具有居住国国籍而具有其他国籍或无国籍的人。[1]广义观点认为，外国人除了包括自然人以外，还应包括外国法人（外国企业和组织）。[2]但鉴于《宪法》分别在第 18 条和第 32 条规定保护外国企业、经济组织和外国人的合法权利和利益，明确对外国企业、组织和外国人作了区分表述，而且《民事诉讼法》等法律对外国企业、组织和外国人也作了区分表述，因此，宪法中的外国人应限于自然人的范畴，不宜将外国法人囊括在内。

（二）外国人与"公民""人民"的区分

讨论外国人的宪法权利之前，还应厘清外国人与"公民"和"人民"的关系，因为三者之间若存在概念重合，将对权利的归属产生重要影响。

公民的本意是指享有参政权的人民，但在新中国的宪法中抛弃了传统

---

[1] 参见王铁崖主编《国际法》，法律出版社，1995，第 177 页。
[2] 参见李旺《国际私法》，法律出版社，2010，第 41 页。

的"国民"表述，取而代之以"公民"，使得公民的宪法内涵发生了巨大变化。① 如今的公民已成为新中国宪法中的一个重要概念，通常以国籍的归属作为识别标准。② 因此，公民是与外国人相对的一组概念，二者的区分不存争议。

外国人与"人民"的关系则稍显复杂。一般而言，"人民"主要是一个政治概念，是国家权力的所属者，通常用于集体意义的表述，表达的是敌我之间的界限问题，以凸显政治合法性的基础。③ 从这一角度来看，外国人与"人民"似乎并无关系。但如果考察"人民"的概念史，外国人也可能成为"人民"的一部分。

自20世纪30年代以来，中国共产党人就通过"统一战线"的方式来区分人民和敌人。尽管中华人民共和国成立后的宪法文本没有明确人民的含义，但制宪者们在一些重要场合对人民的解读，使得"人民"的含义和"统一战线"画上了等号。④ 从周恩来《关于〈共同纲领草案起草经过和纲领的特点〉的报告》到刘少奇《关于〈中华人民共和国宪法草案〉的报告》，再到"七八宪法"和"八二宪法"序言关于统一战线的表述来看，统一战线的构成不仅包括我国公民，还可能包括相当数量的外国人。如果这部分外国人属于人民的范畴，那么人民作为主权者的含义恐将受到严重挑战，而且关于外国人宪法权利的论述也要重新审视。

本文无意考察人民的具体内涵，只欲说明人民的范畴能否包括外国人。本文认为我国宪法中的人民不应包括外国人。第一，人民是带有主权性质的概念。从宪法角度而言，人民应是主权国家中被抽象化了的公民总和。对此，《宪法》第2条规定，国家的权力属于人民，人民通过人民代表大会行使国家权力。可见人民是支配国家主权的主体，而主权又具有与

---

① 参见王世杰、钱端升《比较宪法》，商务印书馆，1999，第151页。
② 参见馨元《公民概念在我国的发展》，《法学》2004年第6期。
③ 参见六剑生《人民·公民·国民》，《法律学习与研究》1989年第5期；许崇德《中华人民共和国宪法史》，福建人民出版社，2003，第209页。
④ 蔡定剑认为，"从实际情况来看人民的范围包括全体社会主义劳动者、社会主义事业建设者、拥护社会主义爱国者和拥护祖国统一爱国者，其范围要比公民的范围窄"。参见蔡定剑《宪法精解》，法律出版社，2006，第241页。

外国人对立的本质。倘若外国人也属人民的范畴，那就说明外国人也可支配国家主权，这明显是难以自洽的。第二，如果考察近代宪法史，人民的含义从未超出本国人的范畴。近代宪法文本以"人民"和"国民"表述为主，其用法、含义和当前宪法中的公民几乎等同。① 而就当前宪法中"人民"与"公民"的关系而言，人民是公民的集合，即使是一种抽象化的存在，也是局限于本国人（公民）的集合，外国人难以被人民的范畴吸收。第三，就宪法规范的表述而言，人民也难以包括外国人。例如，《宪法》第 2 条规定，人民行使国家权力的机关是全国和地方各级人民代表大会。人民代表大会由人大代表组成，人大代表必须由享有选举权的公民担任。实际上只有公民才能通过人民代表大会行使国家权力。此外，《宪法》第 29 条还规定我国的武装力量属于人民。国家武装力量的任务之一是抵抗外国侵略，如果将外国人理解为人民的范畴之一，那又是难以成立的。

如果将"人民"视同于"统一战线"，那么外国人就可能作为统一战线的一部分纳入人民的范畴中。但这样将使对"人民"含义的解读面临多重困境，无论在理论上还是在规范上均难以提供融贯的解释。所以，外国人的宪法含义难以被"人民"的概念吸收，将"人民"视为"统一战线"的观点也有待商榷，这也决定了外国人特殊的宪法地位。

三　外国人享有宪法权利的理据

（一）外国人宪法权利的理论基础

1. 人权与主权的博弈

尊重和保护外国人的权利是国际人权保障的重要指标。人权不考虑各国具体制度和现有的物质条件，仅以人性为依据，主张人所应该享有的权利。② 人权的普适性作为国际人权法的基石，其基本理念已在《世界人权

---

① 参见杨陈《论宪法中的人民概念》，《政法论坛》2013 年第 3 期。
② 参见郑贤君《基本权利原理》，法律出版社，2010，第 8 页。

宣言》《经济、社会及文化权利国际公约》《公民权利和政治权利国际公约》等国际人权文件中得以贯彻。而且联合国大会1985年通过的《非居住国公民个人人权宣言》明确排除将国籍作为人权保障的障碍，并将外国人的权利纳入人权保障的范畴。人权保障的国际化，不仅体现在立宪主义的精神理念中，也要求世界各国能将人权，包括外国人的权利保障在宪法中得以落实。①

尽管国际人权保障已达成国际共识，但国家主权理论依然是外国人权利保障绕不开的一道阻碍。主权在现代国家，对内而言，一般归属于人民，人民通过代议制民主的方式行使国家主权；对外而言，主权的存在有赖于国家间的独立关系，以此保证各国独立自治的权力。② 从主权的对外效果来看，一国完全享有独自管理本国主权范围内所有人的权力，其如何对待外国人自然也不受外部因素的拘束。现代国家的一切活动莫不在为其国民谋求利益，而且国家也在不断参与国际竞争，这就容易导致与他国及其国民的利益产生对立，使得对外国人的权利保护落空。③

对此，传统的公法理论认为主权是不可让渡的，且对国际人权的保护构成极大挑战，但从国家主权理论的发展来看，传统的主权并非不可限制。国家的国际行为，在道义上仍应受到国际公认规则的限制，在实践中也不能不受国际法的约束。④ 在国际交往中，国家有义务遵守其缔结的国际条约，而这往往需要国家主权作出一定让步。以 WTO 协定为例，协定强调的非歧视原则即要求各国政府保证国外企业个人和国内企业个人享有同等的市场竞争环境，实现外国人与本国人的经济权利平等，实则是国家经济主权的让步。⑤ 不少国家对外国人的权利限制也呈现松动的迹象，尤其是对工作权和财产权的限制日趋缓和，甚至有些国家在参政权领域允许

---

① 参见李明峻《〈公政盟约〉与外国人的居住迁徙自由》，《台湾国际法季刊》2014 年第 3 期。
② 参见李震山《人性尊严与人权保障》，台北：元照出版有限公司，2011，第 413 页。
③ 参见曾陈明汝《外国自然人之地位》，《台大法学论丛》1974 年第 2 期。
④ 参见张惠德、陆晶《国家主权的相对性：外国人管理的理论依据》，《中国人民公安大学学报》（社会科学版）2012 年第 6 期。
⑤ 参见杨向东《WTO 国民待遇原则的宪法功能探析》，《求索》2008 年第 6 期。

外国人适度参与地方自治事务。① 毋庸讳言，宪法保护外国人的应有权利，不仅有利于我国的对外交流，也符合国际人权保障的趋势。

2. "内外有别"权利观的打破

回溯过往的法律思想史，国家往往因公民的利益而存在；反过来，国家的主权也掌握在公民的手里。② 这种封闭的"国家—公民"关系，从一开始就将外国人排除在外。近代主权国家的确立使得权利保障的主体从人转化为公民，公民身份与国家保障的关联又导致权利保障的排外性：主权国家只对本国公民的权利负责，对于他国公民的权利没有任何义务。③ 传统的宪法观遂认为主权国家的宪法体现的是全体公民的意志，因而本国公民才是宪法权利的享有者。④ 这也直接影响了近代的立宪主义思潮，保护公民权利成为各国立宪的主要使命。其所建构的宪法权利体系也围绕"国家—公民"的这一封闭关系展开，宪法权利的主体限于"公民"，对外国人则不予考虑。这种权利体系排除了外国人的适用，但也忽视了现代国家中外国人广泛参与本国各项事务的现实，对外国人的权利地位缺乏回应。⑤

基于此，有必要对传统封闭的宪法权利观进行重新审视。德国学者耶利内克（Georg Jellinek）提出一种经典的权利区分理论，其根据公民在国家中所处的不同地位，分为被动、消极、积极和主动四种类型。被动地位派生出公民的义务，消极地位派生出公民的自由权，积极地位派生出公民的受益权，主动地位派生出公民的参政权。这种权利区分理论原则上适用于公民，但耶利内克也认为消极地位和积极地位的取得可以超越国籍的界限。⑥ 还有学者意识到在国际化的大背景下，如果还恪守宪法的文本规定，将人身权利、人格尊严等基本权利的主体限于"公民"，无疑是荒谬的解

---

① 参见陈春生《谈外国人的基本权利》，《月旦法学教室》2004 年第 16 期。
② 参见严存生主编《西方法律思想史》，法律出版社，2015，第 107～142 页。
③ 参见曲相霏《人·公民·世界公民：人权主体的流变与人权的制度保障》，《政法论坛》2008 年第 4 期。
④ 参见郑贤君《基本权利原理》，法律出版社，2010，第 163 页。
⑤ 参见林雍昇《外国人参政权的法理与实践》，《台湾国际法季刊》2014 年第 3 期。
⑥ 参见〔德〕格奥格·耶利内克《主观公法权利体系》，曾韬、赵天书译，中国政法大学出版社，2012，第 74～84、171 页。

释；应抽象出"基本权利主体"的概念，以此涵盖外国人，才可能进一步分析哪些权利是可以为外国人享有，并确立相关标准。[1]

与此同时，外国人能否享有宪法权利，还可从宪法权利的性质展开分析。宪法权利依其性质可分为普适性的权利和公民享有的权利。前者指代凡是自然人均能享有的权利，后者只限于本国公民享有。这种分类的原因除了与宪法权利的具体发展轨迹有关，还可从宪法权利的本质得到解释，即每一项宪法权利均有其保护的特定法益。这些法益有的是直接涉及自然人的属性，具有先验性和超国家性，如生命权、人身自由等权利，所有人均应享有此类法益保障；有的是间接涉及人的自然属性，主要是在国家政治、经济环境中形成的利益，往往需要一定的制度前提，如选举权、社会权等。由于后者权益的实现需要一定的制度前提，这也意味着国家与所属国民之间具有特定的关联性，因此只有具有国民身份的人才能主张。[2]

这一解释在部分国家的宪法中已经得到了确认。例如，《德国基本法》就将基本权利区分为人人享有的权利和德国公民享有的权利。人人享有的基本权利，包括身体权和生命权、宗教自由、言论自由和学术自由、通信自由和人身自由等，无论外国人或德国人均可享有。而德国公民享有的基本权利包括集会自由、结社自由、迁徙自由、职业自由和政治权利等。[3]美国宪法对外国人的权利虽没有特别规定，但其享有宪法权利的主体也有公民（citizen）与人民（people／person）之分，例如总统、副总统、参众两院议员等公职必须由美国公民担任，选举权也只能由美国公民享有。而宗教、言论、出版、集会自由、持有武器自由、人身自由等，这些权利外国人同样可以享有。[4]

虽然我国《宪法》没有仿照德、美区分外国人和公民享有的宪法权

---

[1] 参见张翔《基本权利的规范建构》，法律出版社，2017，第101~102页。

[2] 参见蔡宗珍《基本权主体》，《月旦法学杂志》1999年总第46期。

[3] 参见〔德〕康拉德·黑塞《联邦德国宪法纲要》，李辉译，商务印书馆，2007，第231~232页。

[4] Karen Nelson Moore, "Aliens and the Constitution," *New York University Law Review*, Vol. 88. 823, 2013, pp. 823–864.

利，但至少可以说明，外国人的宪法权利在以德、美为代表的法治发达国家已经得到确认和保护。至此，无论是宪法权利理论的阐释，还是宪法规范的确认，外国人成为宪法权利的主体都不存在障碍。

（二）外国人宪法权利的文本依据

1. 文本依据

《宪法》第32条第1款规定，我国保护在中国境内的外国人的合法权利和利益。该规定是外国人宪法权利的直接依据，但学界对此一直疏于探讨，笔者认为可从文本变迁、权利内容和保障模式三个层面进行解读。

第一，从宪法文本的变迁而言，现行《宪法》与新中国前三部《宪法》相比，有了较大变化。在内容上，现行《宪法》没有明确外国人享有哪些权利，只以"合法权利和利益"概括规定，而前三部《宪法》均只规定可以给予遭受迫害的外国人"以居留的权利"。从条文分布来看，现行《宪法》将外国人权利的规定置于"总纲"之中，而前三部《宪法》均将外国人的权利规定置于"公民的基本权利和义务"一章。由此可以推断，现行《宪法》是有意将外国人的权利规定与公民的权利规定区分开来。最后就赋权方式来看，现行《宪法》采用概括赋权的方式将外国人所能享有的"权利和利益"交由立法者决定，而前三部《宪法》给立法者预留的空间相对较小，仅限于外国人的"居留权"范畴。

第二，外国人享有哪些宪法权利，关键是对"合法权利和利益"的解读。因为"权利"和"利益"不易区分，一般均作为权利加以保护，因此，重点是解读"法"的内涵。主流观点认为，"合法权利和利益"中的"法"既包括国内法律，也包括世界公认的国际准则和国际惯例。[①] 笔者认为，外国人的权利保护固然离不开国际法的相关规定，但仍应从国内法的角度进行探讨。原因在于国际法能否有效实施完全仰赖主权国家的意愿，虽然主权国家具有遵守国际条约的义务，但就我国而言，国际条约与

---

① 参见全国人大常委会办公厅研究室政治组主编《中国宪法精释》，中国民主法制出版社，1996，第141页。

国内法的效力位阶仍存争议，如果二者发生冲突，并没有成熟的机制进行有效处理。① 而且更多学者主张国际条约在我国间接适用，如果直接依据国际法对外国人的权利进行保护，将对国内法的体系造成一定冲击。② 从我国当前的立法实践来看，涉及外国人的法律规范不仅有全国人大的立法，更多的是法规、规章，甚至还包括为数不少的司法解释和规范性文件。因此，宪法规定的"合法权利和利益"应是整个立法体系规定的"权利和利益"。

第三，我国宪法对于外国人权利的保障模式比较特别，既没有像德、美那样将宪法权利主体区分为本国人和任何人，也没有明确外国人享有哪些宪法权利，只是概括规定保护外国人的"合法权利和利益"。这种设置一方面表明，宪法认可外国人可以享有必要的法定权利，并没有回避保护外国人法定权利的义务。但另一方面，对外国人可以享有哪些宪法权利，并没有给出明确答案。总之，宪法虽然认可外国人享有宪法权利，却没有告诉我们外国人享有哪些宪法权利。

2. "人权条款"能否成为外国人宪法权利的依据？

除了《宪法》第 32 条第 1 款的规定，还有部分学者认为《宪法》第 33 条第 3 款"国家尊重和保障人权"也可作为外国人宪法权利的解释依据。③ 不可否认，2004 年入宪的"人权条款"为整个宪法权利保障注入了新的价值判断，但是否对外国人适用，并没有充分讨论。从概念上来说，人权是普适性的、超越国界的。从这点来看，"国家尊重和保障人权"似乎也应该尊重和保障外国人的人权。但能否就此断定"人权条款"可以作为外国人宪法权利的依据？这是一个非常重要的宪法解释问题。

第一，从体系解释的角度而言，"人权条款"位于"公民的基本权利和义务"一章，并且出现在规定公民身份和公民平等的条款中，与外国人并无直接关联。另外，1982 年《宪法》没有依循前三部《宪法》将外国

---

① 参见韩大元、林来梵、郑贤君《宪法学专题研究》，中国人民大学出版社，2004，第 222 ~ 227 页。

② 参见宋建立《国际条约国内适用的若干问题》，《人民司法》2015 年第 5 期。

③ 参见莫纪宏《"公民"概念在中国宪法文本中的发展》，《人权》2010 年第 4 期；曲相霏《我国宪法上的"人"与人权保障：基于八二宪法的文本分析》，《人权》2013 年第4 期。

人的权利规定放置在"公民的基本权利和义务"一章,改为放置在宪法"总纲"中,可以推断立宪者是有意对外国人权利和公民权利进行区分。因此,从体系解释的角度来看,"人权条款"的适用对象难以突破"公民"的界限,并不能作为赋予外国人宪法权利的依据。①

第二,如果说体系解释有刻意限缩"人权"内涵之嫌,那么从规范分析的角度来看,"人权条款"也不足以成为外国人宪法权利的依据。首先,人权和宪法权利并非等同,二者存在清晰的界限。尽管宪法权利可能源于人权,但是人权是一种道德权,而宪法权利属于实定法上的权利。在人权没有转化为宪法权利之前,是难以获得国家保障的。② 其次,在人权转化为宪法权利的过程中必然伴随对人权的限缩,即从普适的道德权利限缩为民族国家内部的权利。这将使得人权保护的实现需要以国别为限,民族国家所要面对的并非普适的人权保护,而是国家内部所要保护的宪法权利,"人权条款"保护的只是特定法律共同体的成员,即民族国家的公民。③ 最后,"人权条款"在我国宪法体系中还不具备保护宪法未列举权利的功能。"人权条款"不具有独立的规范属性,不能成为发现和提炼新权利的依据,除了为宪法权利的实现提供更广泛的价值基础以外,只能对未列举权利的保护提供一种解释规则或原则。④ 因此,尽管人权具有普适性,但写进宪法的"人权条款"并不具有普适性,更多是为公民而非外国人的宪法权利提供正当性来源。

第三,从"人权入宪"的背景和初衷来看,也没有保护外国人权利的意图。2004年《关于〈中华人民共和国宪法修正案(草案)〉的说明》指出,增加"人权条款"主要基于两点考虑:"一是,尊重和保障人权是我们党和国家的一贯方针,这次把它写入宪法,可以进一步为这一方针的贯彻执行提供宪法保障。二是,党的十五大、十六大都明确地提出了'尊

---

① 参见戴瑞君《外国人权利的法律保护:从国际法到中国法的考察》,《人权》2014年第5期。

② 参见韩大元《宪法文本中"人权条款"的规范分析》,《法学家》2004年第4期。

③ 参见张翔《论人权与基本权利的关系:以德国法和一般法学理论为背景》,《法学家》2010年第6期。

④ 参见许崇德主编《宪法》,中国人民大学出版社,2014,第138页。

重和保障人权'。"① 而党的十五大报告表述为"保证人民依法享有广泛的权利和自由，尊重和保障人权"；十六大报告表述为"保证人民……享有广泛的权利和自由，尊重和保障人权"。两次报告强调的权利主体均为"人民"，可见"尊重和保障"的人权应是"人民"的"人权"，与外国人并无关涉。而且，就"人权条款"为何安排在"公民的基本权利和义务"一章，时任全国人大常委会副委员长的王兆国在全国人大常委会会议上阐述道，这样的设置便于将人权与公民基本权利联系起来，进一步加强对公民基本权利的保护。② 由此更加说明，人权入宪是为了加强对公民权利的保护，并没有将"人权"的主体有意扩展至外国人。

综上，"人权条款"难以成为外国人宪法权利的依据，同时宪法保护外国人"合法权利和利益"的规定又抽象概括，这将导致外国人权利保障的不确定性仍然存在。宪法将保护外国人宪法权利的任务交由下位法落实，这一过程如果没有约束机制，极有可能导致外国人的宪法权利遭受减损，这也是外国人宪法权利保障与公民最大的不同所在。

四　外国人享有哪些宪法权利？

宪法虽然认可外国人享有宪法权利，但仍要视下位法的规定具体而定，本文即从下位法的梳理去描述外国人实际享有的宪法权利。鉴于涉外立法的庞杂，下文的梳理将分为两部分：外国人专门享有的权利和比照公民享有的权利。

（一）专门享有的权利

外国人作为特殊的法律主体，在某些领域拥有自己的专属权利。正常情况下，外国人从入境到离境享有的权利包括入境权、居留权和离境权。

---

① 参见《王兆国作关于〈中华人民共和国宪法修正案（草案）〉的说明》，中国人大网，http://www.npc.gov.cn/wxzl/gongbao/2004-04/19/content_5334619.htm，最后访问日期：2019年2月1日。

② 参见刘松山《人权入宪的背景、方案与文本解读》，《华东政法大学学报》2014年第5期。

第一，入境权。在国家主权的语境下，一国有权决定是否允许外国人入境。外国人入境需经必要的程序进行入境签证申请，入境从事的活动在签证时需向签证机关说明，国家也没有必须准许外国人入境的义务。《出境入境管理法》第21条和第25条对不予签证和禁止入境的情形作了具体规定，同时也规定"对不准入境的，出入境边防检查机关可以不说明理由"。尽管主权国家有权拒绝外国人入境，但在国际交流日益频繁的今天，如果没有理由地拒绝外国人入境，也会被认为是不友好的行为。

第二，居留权。外国人一旦合法入境，即取得在国内居留的权利。依《出境入境管理法》的规定，外国人入境之后一般停留不得超过180日，需要办理居留证件的，应当自入境之日起30日内，向拟居留地出入境管理机构申请办理外国人居留证件。欲申请永久居留的外国人，依照《外国人在中国永久居留审批管理办法》办理。但国家的某些政策也可能会对外国人的居留权构成影响。例如《中共中央、国务院关于深化体制机制改革加快实施创新驱动发展战略的若干意见》针对外国技术人才的引进，明确要求"规范和放宽技术型人才取得外国人永久居留证的条件"。

第三，离境权。一般而言，外国人的离境权不受限制。《公民权利和政治权利国际公约》第12条第2款即规定："人人有自由离开任何国家。"但在某些情况下，我国也对外国人的离境权进行了限制。例如《出境入境管理法》第28条规定，外国人涉及刑事案件、民事案件、拖欠劳动报酬等情形的，可以限制其出境。

（二）比照公民享有的权利

学界关于公民宪法权利的划分往往因人而异，但通常都包括平等权、人身自由与人格尊严、精神自由、社会经济权利、救济权和政治权利等权利类型。[①] 外国人在国内居留过程中，同样可以享有上述权利，只是享有的程度因权利性质不同而有所差别。

第一，人身自由与人格尊严。外国人的人身自由和人格尊严理论上与

_____

① 参见韩大元、林来梵、郑贤君《宪法学专题研究》，中国人民大学出版社，2004，第273页。

本国公民受同等保护，我国在相关立法中也没有对外国人进行特别区分。宪法上的人格尊严一般可理解为狭义的人格权，主要在民事法律中予以确认和保护。例如《民法总则》规定，自然人的人身自由和人格尊严受法律保护。另外，《治安管理处罚法》《出境入境管理法》等法律也对限制外国人人身自由的情形有所规定。涉嫌犯罪的外国人，同等适用《刑法》《刑事诉讼法》等刑事法律。

第二，精神自由。精神自由主要包括宗教信仰自由和文化活动自由。在华外国人的宗教活动规定较为严格。根据《国务院对确需保留的行政审批项目设定行政许可的决定》，在华外国人集体进行临时宗教活动地点和外国人携带用于宗教文化学术交流的宗教用品入境，均须经国家宗教局和省级人民政府宗教事务管理部门的审批。外国人的宗教活动依据《境内外国人宗教活动管理规定》及其实施细则处理。国内宗教院校聘用外籍专业人员，也要遵循《宗教院校聘用外籍专业人员办法》的规定。外国人的文化活动自由主要表现为文艺表演。依据《涉外文化艺术表演及展览管理规定》和《在华外国人参加演出活动管理办法》的规定，外国人在我国进行文艺演出需要履行相应的审批程序。

第三，社会经济权利。社会经济权利主要包括工作、教育、财产和社会保障权利。早在1996年，原劳动部就制定了《外国人在中国就业管理规定》，而且国务院在2016年已将"外国人在中国工作管理条例"纳入立法工作计划，旨在规范外国人的就业管理。但同时，我国对外国人的工作权也有限制。例如《就业服务与就业管理规定》就要求用人单位招用外国人的岗位必须是有特殊技能要求、国内暂无适当人选的岗位。此外，外国人某些执业资格也会受到限制，例如外国人不得参加国家司法考试，不得申请律师资格。

外国人的受教育权在我国得到较为充分的保护。《高等教育法》规定，符合国家规定的条件并办理有关手续后，外国人可以进入我国高等学校学习、研究、进行学术交流或者任教，其合法权益受国家保护。此外，《外国留学生管理办法》《高等学校接受外国留学生管理规定》对外国留学生来我国交流学习进行了规范。一些地方政府还支持开办外籍子女学校，促进中外合作办学。①

外国人的财产权原则上受我国民事法律平等保护，但是对外国人的某些财产权益也会进行限制。以购买房产为例，虽然在我国工作、学习的外国人可以购买符合实际需要的自用、自住商品房，但是《关于规范房地产市场外资准入和管理的意见》规定，只有在境内工作、学习时间超过一年的外国人才可以购买符合实际需要的自用、自住的商品房，并且不得购买非自用、非自住商品房，而且外国人不得以个人名义购买商铺、写字楼等非住宅性房屋。另外，国家对关键行业实行负面清单管理机制，严格限制外国人的资本进入。②

外国人的社会保障权可以得到同等保护。《社会保险法》规定，外国人在我国境内就业的，可以同我国公民一样参加社会保险。《在中国境内就业的外国人参加社会保险暂行办法》还对外国人参加社会保险的细节进行了明确。

第四，救济权。我国"三大诉讼法"和《国家赔偿法》均规定外国人可同等享有救济权利，只是适用方式稍有不同。外国人在我国提起民事、行政诉讼和国家赔偿时，可能会受到对等原则的限制。而外国人如果进入刑事司法程序，直接适用我国刑事法律的规定，则不用考虑对等原则。另外，《仲裁法》《行政复议法》《信访条例》等法律法规均对外国人的救济权予以了确认。

第五，政治权利。政治权利主要包括选举权、担任公职、表达自由以及监督权。从我国目前的立法实践来看，与公民身份密切相关的政治权利还不能及于外国人。《宪法》和《全国人民代表大会和地方各级人民代表大会选举法》排除了外国人享有选举权的可能。《公务员法》也排除了外国人担任公职的权利。

---

① 例如，《深圳市人民政府关于印发〈深圳市培育新兴消费热点工作方案〉的通知》（深府函〔2016〕29号）要求"支持在中国境内合法设立的外国机构、外资企业、国际组织的驻华机构和合法居留的外国人，依法开办外籍人员子女学校"。
② 参见《国家发展改革委、商务部关于印发〈市场准入负面清单（2018年版）〉的通知》，国家发展改革委员会网站，http://www.ndrc.gov.cn/zcfb/zcfbtz/201812/t20181228_924067.html，最后访问日期：2019年1月20日。

表达自由具体包括言论、出版、结社、集会、游行和示威自由。我国法律对外国人的言论、出版自由未有明确规定，只在相关法律中存有禁止性规定。例如民事法律规定行使言论自由不得侵犯别人的名誉权、隐私权等权利。《出版管理条例》也规定出版物不得含有反对宪法基本原则、危害国家统一等内容。关于结社自由，《工会法》规定，我国境内以工资收入为主要生活来源的体力劳动者和脑力劳动者均享有依法参加和组织工会的权利。上述言论、出版、结社自由的立法并没有区分外国人的特殊性，应与我国公民同等享有。另外，《集会游行示威法》规定外国人可在我国境内举行集会、游行、示威活动，但外国人未经主管机关批准不得参加中国公民举行的集会、游行、示威活动。

关于监督权，《宪法》规定公民是监督权的主体，然而实践中也可能赋予外国人一定的监督权。例如，《中共中央纪律检查委员会、中华人民共和国监察部关于保护检举、控告人的规定》便赋予外国人检举、控告的权利。

从上文梳理来看，我国对于外国人权利保障的立法体系已初步成形（见表1）。但不容忽视的是，现行立法对外国人的权利仍存在诸多限制，有些权利尽管可以赋予外国人，但须以行政审批为前提。另外，宪法给下位法预留了较大的立法空间，使得外国人权利遭受减损的可能性被无形放大，这也对外国人宪法权利的保障提出了疑问。

表1　外国人享有的宪法权利

权利类别		权利名称	保障程度	立法示例
专门享有的权利		入境权	签证许可	《出境入境管理法》
		离境权	部分限制	
		居留权	审批许可	《外国人在中国永久居留审批管理办法》
比照公民享有的权利	人格尊严人身自由	人格尊严	（原则）同等保护	《民法总则》
		人身自由		主要行政和刑事法律
	精神自由	宗教自由	审批许可	《境内外国人宗教活动管理规定》
		文化自由		《在华外国人参加演出活动管理办法》

续表

权利类别		权利名称	保障程度	立法示例
比照公民享有的权利	社会经济权利	工作权	部分限制	《外国人在中国就业管理规定》
		财产权		《关于规范房地产市场外资准入和管理的意见》
		社保权	（原则）同等保护	《在中国境内就业的外国人参加社会保险暂行办法》
		教育权		《外国留学生管理办法》
	救济权	诉讼权	（原则）同等保护	"三大诉讼法"
		国家赔偿		《国家赔偿法》
		其他		《仲裁法》《行政复议法》《信访条例》
	政治权利	选举权	完全禁止	《全国人民代表大会和地方各级人民代表大会选举法》
		担任公职		《公务员法》
		表达自由	审批许可	《集会游行示威法》
		监督权	部分享有	《中共中央纪律检查委员会、中华人民共和国监察部关于保护检举、控告人的规定》

五 外国人宪法权利的保障

保障外国人的宪法权利，除了在立法上予以落实外，应该保障哪些权利，保护到何种程度，也是需要回答的重要问题。从上文已可看出，外国人不能完整享有公民的宪法权利，实际享有的是差别待遇。学理探讨的关键是判断这些差别待遇是否合理以及合理的标准是什么。下文将在借鉴外国法的基础上，提出保障外国人宪法权利的思路。由于资料的局限，笔者将考察的对象限定在日本和美国，它们分别是不同法律传统的代表，而且也是当今世界最重要的移民目的国之一。

（一）域外经验：日本和美国

1. 日本做法

《日本国宪法》关于外国人的宪法权利并未设置专门条款，而且在宪法权利的规定中多以"国民"进行表述。尽管如此,日本的主流学说并未否定外国人的宪法权利主体地位。宫泽俊义早在《日本国宪法精解》一书中就认为宪法所规定的权利,除参政权在性质上仅为国民享有之外,其余权利规定原则上对外国人均应适用。①

日本承认外国人享有本国国民的部分宪法权利,至于外国人享有哪些宪法权利,学理上存在不同学说,主要分为"文言基准说"、"准用说"和"权利性质说"。"文言基准说"以宪法条文中的文辞表述为判断标准,若是"任何人"即可判断包括外国人,若是"国民"则只限于本国人。但这种观点只是大致的区分标准而已,有过于执着宪法条文之嫌。"准用说"认为宪法基于国际协调主义,可以将与人生存相关的基本权"准用"于外国人,但该观点也容易导致外国人与本国人性质差异的相对化。"权利性质说"认为外国人可以享有若干宪法权利,其具体享有的范围要视宪法权利的性质而定。如今"权利性质说"已成为日本学界通说,但如何识别外国人能够享有的宪法权利问题并未得到有效解决。②

在著名的麦克琳案件中,日本最高法院判示,基本人权的保障,除了依据权利的性质,以日本国民为适用对象外,还应解释为同样适用于在日本居住的外国人。③ 如今争议较大的是对外国人参政权、社会权和入境权的保障,长久以来日本对于这些权利并未给予充分保障,但近年来有松动的迹象。④

首先,就参政权而言,在地方自治体层级中,取得永久居留权的外国人可以享有选举权和被选举权。担任公职方面,对于像调查、咨询、教育等很少对国家政策产生直接影响的职务,有必要向定居在日本的外国人开放。对于非直接关系到统治的相关管理职务,如专业性、技术性、学术性

---

① 参见〔日〕宫泽俊义《日本国宪法精解》,〔日〕芦部信喜补订,董璠舆译,中国民主法制出版社,1990,第161页。

② 参见〔日〕阿部照哉、池田政章、初宿正典、户松秀典主编《宪法(下):基本人权篇》,周宗宪译,中国政法大学出版社,2006,第49页。

③ 参见〔日〕阿部照哉、池田政章、初宿正典、户松秀典主编《宪法(下):基本人权篇》,周宗宪译,中国政法大学出版社,2006,第50页。

④ 参见〔日〕芦部信喜《宪法》,〔日〕高桥和之补订,林来梵、林维慈、龙绚丽译,清华大学出版社,2018,第67~69页。

等公职给予外国人也不会违反国民主权原理。其次，就社会权而言，只要在国家财政允许的情况下，法律上将社会权保障的范围覆盖到外国人在宪法原理的解释上已不是难题。尤其是在日本定居的外国人，应视同日本国民看待，才合乎宪法精神。而且《经济、社会和文化权利国际公约》和《关于难民地位的公约》都要求平等保障外国人的社会权利。最后，就入境权而言，在国际法上，拒绝入境虽然属于该国主权的事宜，可由国家自由裁量，但绝不意味着国家可以恣意拒绝外国人入境，特别是经法定程序入境，或者在日本定居的外国人，其入境自由应受到保障。

由此可以看出，日本对于外国人的宪法权利保障不仅进行了细化分类，并且对不同性质的权利提供的保障程度也不同。同时，对外国人宪法权利的保障也会因外国人法律身份的不同而区别对待，例如参政权和社会权考量的重要标准是外国人是否取得永久或长期居留资格，对于短期入境的外国人一般不予考虑。

2. 美国实践

美国作为世界上最大的移民国家，在保护外国人宪法权利方面积累了丰富的经验。长久以来，美国主要通过平等审查的方式对外国人的宪法权利加以保护，并发展出一套较为完备的审查体系。尽管针对外国人的平等保护同样存在不同强度的审查标准，但在具体适用方面与本国公民存在较大差异，审查标准也更加灵活。美国对外国人宪法权利的保护可分为程序性权利和实体性权利，在程序性权利方面基本不存在差别待遇，对外国人的权利限制主要表现在社会权、参政权、工作权和财产权等实体性权利方面。①

第一，社会权。在 Graham v. Richardson 案中，亚利桑那州和宾夕法尼亚州都规定，只有美国公民或在美国居住达到一定年限的外国人才可享受政府福利。最高法院认为上述规定违反了宪法平等保护原则，外国人作为孤立的少数群体，限制其权利应当适用严格审查标准。② 但在 1982 年的

---

① 参见〔美〕盖伊·S. 古德温 - 吉尔《非国民的地位与权利》，〔美〕路易斯·亨金、阿尔伯特·J. 罗塔森尔主编《宪政与权力：美国宪法的域外影响》，郑戈、赵晓力、强世功译，生活·读书·新知三联书店，1996，第 201～206 页。

② 403 U. S. 365，371～375 (1971)．

Plyler v. Deo 案中，法院的审查强度由严格审查转为中度审查（heightened scrutiny）。该案涉及得克萨斯州的立法禁止向公立学校中的非法移民提供教育补贴，且授权学校可以拒绝非法移民入学。法院认为非法移民在该种情形下可以享有平等条款的保护，并判决州法违宪。[1] 另需注意的是，联邦基于管理移民的绝对权力可以给予外国人差别待遇而不受法院严格审查，国会可以通过立法正当限制外国人的权利。[2] 例如，国会 1996 年制定的《个人责任与工作机会协调法》规定，只有美国公民才能享有完整的社会福利，外国人要视其法律身份、社会情况等因素提供相应福利。[3]

第二，参政权。最高法院在 Sugarman v. Dougall 案中认为，纽约州只有公民才能担任竞争性文官的立法违反了宪法平等条款，应当适用严格审查标准。[4] 但在 1978 年的 Foley v. Connelie 案中，法院认为纽约州只能由公民担任警察的规定没有违反平等保护条款，理由是禁止外国人担任公职的每项立法都要经受严格审查并不合理，因为这将消除本国人与外国人的差别，从而丧失公民概念的历史价值。[5] 此外，该案还确立了一项例外，即当给予外国人的差别待遇涉及州的自治、民主程序等政治功能（political function）时，只需进行合理审查，否则要适用严格审查标准。[6] 在该案中，因为警察是州自治的重要组成部分，所以州可以将这一公职交由公民担任。这一例外在后来的 Cabell v. Chavez-Salido 案和 Bernal v. Fainter 案中也得到了贯彻。[7]

第三，工作权。最高法院在 In re Griffiths 案中认为，康涅狄格州规定只有公民能参加律师资格考试违反了平等保护条款，因为康州无法证明限

---

① 457 U. S. 202, 238 (1982).

② Fredrick I. Miller & Thomas H. Steele, "Alien and the Federal Government: A Newer Equal Protection," *University of California (Davis) Law Review*, Vol. 8. 1, 1975, pp. 2 – 3.

③ Stephen H. Legomsky & Cristina Rodríguez, *Immigration and Refugee Law and Policy*, New York: Foundation Press, 2009, pp. 1377 – 1379.

④ 413 U. S. 634, 651 – 652 (1973).

⑤ 435 U. S. 291, 292 – 295 (1978).

⑥ 参见管安露《美国对外国人为差别待遇之司法审查标准及基准之分析》，《法学新论》2012 年总第 37 期；邹奕《外国人在美国担任行政职务的宪法争议》，《比较法研究》2017 年第 1 期。

⑦ 454 U. S. 432, 436 – 441 (1982); 467 U. S. 216, 219 – 225 (1984).

制外国人参加律师资格考试能够确保律师高水平的职业水准，应适用严格审查标准。① 但在 1979 年的 Ambach v. Norwich 案中，最高法院认为纽约州禁止外国人担任公立学校教师的规定并不违宪，只需适用合理审查标准。原因在于公共教育的作用以及教师在履行这一职责时对于政府功能的实现具有深远影响，这实际贯彻了 Foley 案的政治功能原则。②

第四，财产权。财产权本属宪法保护的基本权利，各州对于外国人的财产权应予以平等保护，除非能通过严格审查。但是，联邦层面通常会以国家安全和公共利益为由，对外国人的财产权益进行正当限制。例如，《1996 年电信法》（Telecommunications Act of 1996）对授予和转让电台执照给外国人具有严格限制。在 Moving Phones Partnership L. p. v. FCC 案中，法院认为 Partnership 公司的合伙人中有外国人，联邦通信委员会拒绝颁发执照的行为没有违反平等保护条款，国家安全已为这一决定提供了合理基础，只需适用合理审查标准。③

总体来看，美国法院是根据宪法权利的类型、限制手段的不利影响进行综合考量，逐渐积累并发展出多元审查标准。④ 尽管美国是以法院为主导的保障模式，但仍是建立在权利分类的基础上，对不同权利施以不同强度的审查标准（见表 2）。在不少情形中，限制外国人权利的审查要比限制公民权利的审查宽松，实际践行的是"双重标准"。⑤ 此外，美国与日本类似的做法是，对外国人的权利保障不仅与权利的类型相关，还与外国人的法律身份挂钩。例如，在美永久居留外国人、合法居留外国人、非法入境人员和外国难民实际享有的权利存在较大差异。⑥

---

① 413 U. S. 717, 722 - 729 (1973).
② 441 U. S. 68, 75 (1979).
③ 998 F. 2d 1051 (D. C. Cir. 1993).
④ 参见黄昭元《宪法权利限制的司法审查标准：美国类型化多元标准模式的比较分析》，《台大法学论丛》2004 年第 3 期。
⑤ Note, "A Dual Standard for State Discrimination Against Aliens," *Harvard Law Review*, Vol. 92. 1523, 1979, pp. 1523 - 1537.
⑥ 参见管安露《美国对外国人为差别待遇之司法审查标准及基准之分析》，《法学新论》2012 年总第 37 期。

表 2　美国外国人宪法权利保障分类

权利类型		保障程度	审查强度	适用条件
程序性权利		（原则）同等保障	严格	（原则）无限制条件
实体性权利	社会权	同等保障（社会福利）	严格	州法限制
	参政权	倾向同等保障（教育）	中度	州法限制
	工作权	限制保障（社会福利）	合理	联邦限制
	财产权	同等保障（竞争文官）	严格	非政治性职务
	其他权利	限制保障（警察）	合理	涉及政治功能
		同等保障（律师考试）	严格	不涉及州的公共利益
		限制保障（公立教师）	合理	涉及政治功能实现
		同等保障	严格	州法限制
		限制保障（关键行业）	合理	联邦限制（国家安全）
		（原则）同等保障	严格	（原则）无限制条件

（二）我国的实践与展望

1. 纳入平等保护的范畴

保障外国人的宪法权利应先将外国人纳入宪法平等保护的范畴。国内学者多讨论公民之间的宪法平等，鲜有将外国人纳入宪法平等的讨论范畴。尽管我国宪法并未规定外国人可以适用平等原则，但从学理而言，宪法平等原则并未排斥外国人的适用。

首先，从平等原则的理论基础来看，其渊源于正义理念和人性尊严的普遍价值观念。在此理念下，无论是本国人还是外国人都可成为平等原则的适用对象。[①] 其次，从平等原则的内涵来看，其包括形式平等与实质平等两个方面。形式平等反对不合理的差别，而实质平等旨在承认合理的差别。承认外国人的平等保护并不表示要给予外国人相同的保护，而是允许合理差别，关键是处理好合理差别的限度。[②] 给予外国人合理的差别待遇，

---

① 参见邱基峻、邱铭堂《论行政法上之平等原则》，城仲模主编《行政法之一般法律原则（二）》，台北：三民书局，1997，第 111～114 页。

② 参见〔英〕弗里德里希·冯·哈耶克《自由秩序原理》，邓正来译，生活·读书·新知三联书店，1997，第 104 页。

不仅反映了权利保障的现实，也属于合宪的正当范畴，因为一国宪法赋予外国人怎样的宪法权利，往往需要进行区分处理。①

总之，宪法平等原则并不排斥外国人的适用。未来在宪法平等权的讨论中，应将外国人纳入宪法平等权的保障范畴，赋予外国人应有的平等保护。

2. 权利分类和审查分级

宪法对公民享有的权利类型具有明确规定，立法者必须确保公民在最低限度上可以享有这些权利。② 而外国人的权利保障则不然，就我国《宪法》而言，外国人宪法权利保障的最大不确定性在于宪法没有明确保护外国人的哪些权利、限制哪些权利，而是将其交由下位法进行规定。

在我国缺乏宪法审查制度的前提下，直接仿效日、美的保障模式显然不切实际，但是日、美两国保障外国人宪法权利的思路是值得借鉴的。两国都在承认外国人享有宪法权利的基础上，通过立法或判例对外国人的权利进行类型划分，并对不同类型的权利给予不同程度的保障。日、美两国普遍将与人身属性密切相关的人身自由、人格尊严等宪法权利与本国公民进行同等保护，而将与国家主权和社会制度密切相关的参政权、社会权等权利予以差别保护。这种做法不仅契合了宪法权利性质的理论划分，也是世界比较通行的做法。此外，不同法律身份的外国人能够享有的权利也应有所不同，永久居留、长期居留、短期停留的外国人在权利享有的程度上应该有所区分。

未来我国在保护外国人"合法权利和利益"时，首先应对外国人的权利进行类别划分。对于与个人人身属性密切关联的权利给予同等保护，但对非人身属性的权利也不能随意限制，要控制好差别待遇的程度。与此同时，在人权保障和法治主义已成为普遍价值的今天，与宪法权利保护相关的法律保留原则、比例原则等宪法原则对外国人也应同样适用。③ 总之，在涉及外国人权利限制的问题上应有明确的法律依据，只是在限制权利方

---

① 参见李震山《人性尊严与人权保障》，台北：元照出版有限公司，2011，第408页。
② 参见谢立斌《论基本权利的立法保障水平》，《比较法研究》2014年第4期。
③ 参见李建良《外国人权利保障的理念与实务》，《台湾本土法学杂志》2003年总第48期。

面可以比公民严格，而在是否违反相关宪法原则的审查上，审查标准可较公民宽松。

六　结语

在世界联系日益紧密的今天，外国人已成为我国法律体系中不可忽视的主体。不少学者虽已察觉到宪法描绘的"人"随着时代的变迁在发生变化。但遗憾的是，学者描述的"人"仍限于"公民"或"人民"，并未意识到外国人也属于宪法描绘的主体之一。①《宪法》规定要保护外国人的"合法权利和利益"，但这一不确定的表述并没有说明要保护外国人的哪些权利，以及如何保护。本文在廓清外国人宪法内涵的基础上，揭示了外国人享有宪法权利的理论基础和宪法依据，梳理了外国人实际享有的具体权利，并分析了保障外国人宪法权利的方式。尽管我国关于外国人权利保障的立法体系已初步成形，但仍有不少法规没有突破"公民"的界限，对外国人的权利多有限制。在"人权条款"无法成为外国人权利依据的前提下，应将外国人纳入宪法平等保护的范畴，控制好差别待遇的合理程度。未来的发展方向，应是除了与国家主权和社会制度密切相关的权利，都应平等赋予外国人。进一步而言，本文触及的更深层次命题是宪法权利观念应当从公民权向普遍人权的转变。② 总之，外国人不应成为宪法学研究的空白，学界关于外国人的研究应当未雨绸缪。

---

① 参见喻中《变迁与比较：宪法文本描绘的人》，《法商研究》2009 年第 5 期；谢立斌《宪法上人的形象变迁及其在部门法中的实现》，《华东政法大学学报》2012 年第 6 期；林彦《现行宪法中的"人"："宪法时刻"的留白》，《探索与争鸣》2017 年第 5 期。

② 参见张千帆《宪法学导论：原理与应用》，法律出版社，2004，第 465 页。

基本权利的社会宪法保护

王明敏[*]

摘　要： 以人工智能为代表的新兴社会体制的发展如火如荼，相较之下，基本权利却面临保护屏障越发脆弱的现实困境。更为棘手的是，政治国家的宪法"失灵"，以至无暇顾及基本权利保障越来越大的缺口。在社会系统论的视域下，社会变迁中的基本权利场域已经从政治宪法走向社会宪法，从民族国家走向全球化空间。基本权利效力的拘束对象亦不再局限于国家公权力。一方面，社会权力兴起，另一方面，其与国家公权力之间的界限日渐模糊，借助彼此力量而产生的混合权力等亦初现端倪。更进一步来看，权力已不再是基本权利风险的唯一来源，凡社会系统中具有扩张倾向的体制性力量均需为基本权利水平效力所涵盖。在理论与现实双重困境面前，社会系统论为政治宪法以及宪法教义学、基本权利教义学提供了不同的视角和研究进路。政治宪法经由一般化再具体化而衍化出社会宪法，在社会宪法中，基本权利通过间接水平效力，在不同社会系统、社会体制中均可建构相应的保护体系。

关键词： 社会系统论；社会宪法；基本权利；间接水平效力

一　引言

随着大数据、区块链、互联网、人工智能在社会诸领域的深入参与，第四次技术革命为人类迎来了人工智能时代，生产方式和生活方式的变革已然

---

[*]　王明敏，山东大学法学院博士研究生。

深入社会的方方面面。从区块链对金融体系的突破，到人工智能在多个领域替代人类，科技进步无疑是社会进步的巨大推动力量，也是人类力量的集中展示。而科技发展的另一面，却是人们对基本权利领域面临巨大威胁的隐忧。从技术垄断者、私人集体行动者、大型跨国公司对基本权利的侵害，到互联网、人工智能乃至代码直接对人的身心完整性构成威胁，这一局面的发展势头迅猛。从民族国家之内到跨国空间之中，个人面临的权利危机不停变化、叠加。民族国家的政治宪法和传统的基本权利理论在这样的冲击面前措手不及，曾为基本权利提供的保障已难以应对新的挑战，基本权利理论和实践都面临前所未有的困难。在社会情势变迁的背景下，在自由主义和功利主义基础之上所建构的基本权利原理，已难以应对社会现实中的诸多挑战，更为甚者，基本权利保护现状不容乐观。[①] 社会系统论则意图通过对现实困境和理论局限的观察，为理论回应现实提供新的思路。

二 问题的提出：新兴基本权利问题对政治宪法的挑战

在社会变迁的语境下，现代社会正在经历全球化时代、互联网时代和人工智能时代的高速发展与更迭。与此同时，侵害基本权利的现象亦呈现出新的特征，如侵害主体的多元化、基本权利侵害现象在互联网空间等新兴体制中呈现出新的特征、跨国空间中的基本权利保护体系的缺位等。本文以脸书（Facebook）相关案例作为切入点，观察基本权利领域的新问题，透视其背后的基本权利风险。脸书以互联网空间的社交平台起家，成为全球范围内首屈一指的互联网大鳄，更以其所掌握的互联网技术资源、数据资源等，向大数据领域、区块链领域和人工智能领域进军。在数起负面事件中，脸书均对用户基本权利造成了实质性侵害，而这些侵害甚至超越了民族国家的界限。

（一）以互联网为代表的新兴社会体制中的基本权利问题

互联网时代早已全面到来，互联网空间业已覆盖全球，脸书正是在这

---

① 参见李忠夏《基本权利的社会功能》，《法学家》2014 年第 5 期。

一时代潮流中脱颖而出的佼佼者。然而，伴随着互联网空间的发展与成熟，基本权利遭受侵害的问题频发，向政治宪法寻求庇护却困难重重。早在 2013 年，脸书联合多家通信企业建立的 Internet. org 开始为发展中国家提供网络连接服务。然而，Internet. org 却无法登入 Google 等脸书竞争网站。在 Internet. org 事件中，脸书的行为显然违背了互联网中立性原则。所谓互联网中立性原则[①]，其设立初衷是为了保证所有用户平等、自由地接入和使用网络，主要拘束对象是网络服务运营商（即基于大数据相关技术而设立）。基本权利在互联网空间首先表现为所有人平等、无差别地接入网络服务，亦即互联网空间中的平等权。互联网中立性正是为实现用户平等接入的权利而设立，通过对这一原则的践行，可以保障互联网用户的基本权利，而违背互联网中立性原则的行为无疑会对互联网空间的基本权利造成限制乃至构成侵害。更为甚者，随着技术发展而越发普遍的大数据的收集与分析，反而为网络服务运营商违背这一原则提供了便利。如上述案例中的网站架构建设中刻意排除竞争网站的接入，又如，根据个人信息收集与分析所得结果，对不同用户接入网络的要求有所不同，或将用户划分等级并提高部分用户接入网络服务的门槛，"向付费最多的用户授予最高等级优先权时（'接入排名'，access tiering）"，[②] 诸如此类现象层出不穷。除此之外，"算法黑箱""算法歧视"[③] 等问题亦成为互联网治理、社会治理等领域关注的焦点。与互联网空间平等接入权利相近，在算法架构过程中的歧视现象，亦对平等权造成侵害，而算法不透明则加剧了消除歧

---

①　参见余成峰《互联网宪法政治的生成、演化与挑战》，高鸿钧主编《中国比较法学：比较司法研究》，中国政法大学出版社，2017，第 143 页。"在互联网领域讨论中非常重要的原则，就是互联网中立性原则（net neutrality）。所谓中立性，就是指所有主体都应具有自由、平等的权利进入到互联网系统，互联网系统作为人工共同体财产（artificial community asset），应该保证所有主体都能自由和平等地涵括其中。在互联网诞生之初，这样一个中立性原则，是通过互联网自身的技术架构设计来实现的。互联网架构最初的设计，本身在技术上就保证了所有主体都可以自由平等地进入。"

②　余成峰：《互联网宪法政治的生成、演化与挑战》，高鸿钧主编《中国比较法学：比较司法研究》，中国政法大学出版社，2017，第 143 页。

③　参见徐琳《人工智能推算技术中的平等权问题之探讨》，《法学评论》2019 年第 3 期；崔靖梓《算法歧视挑战下平等权保护的危机与应对》，《法律科学（西北政法大学学报）》2019 年第 3 期。

视以重新实现平等权的困难。

然而，上述事件中，脸书违反互联网中立性的行为所针对的是其为发展中国家所提供的网络服务，并不涉及其在美国境内所提供的服务，这与美国对互联网中立性的重视及其"网络中立"法案密切相关。美国奥巴马政府期间生效的"网络中立"法案[①]，对促进互联网中立性的实现以保障互联网领域基本权利发挥了极为关键的作用。在"网络中立"法案中，美国对互联网企业适用了严格审查标准，要求网络服务商保证所有用户的平等接入权利。这一法案在国家法律层面上介入互联网治理，以保障公民基本权利。然而，自生效伊始，这一法案便在互联网领域引起了诸多非议。最终，这一法案在 2017 年被推翻，[②] 而推翻的理由是，该法案应当适用一般审查标准而非严格审查标准。简而言之，美国双重审查标准是对"限制基本权利"的限制，是通过衡量对基本权利的限制的重要性来决定适用标准。审查标准从严格到一般，对基本权利限制的条件放宽，审查严格程度降低，与此同时，对基本权利的保障力度也随之减小。从面临非议到最终废除，这一法案的曲折经历恰恰体现了以大型企业为首的互联网领域的发展与个人基本权利之间的张力。法案以严格审查标准对互联网架构中的不平等现象、歧视行为作出限制，是将基本权利重要性置于互联网发展之上。而法案面临的非议自然是来自以网络服务提供商为代表的相关利益方。在利益衡量与多番博弈之后，这一法案终究只是昙花一现。该法案的被推翻，无疑是以基本权利保障的弱化来为互联网领域乃至大数据等相关领域的发展让路，互联网及其相关企业则因规制减少而得以"扩张"，进而带来对基本权利边界的侵蚀与潜在的威胁。

（二）以个人信息权为代表的跨国空间的基本权利问题

2018 年数据泄露事件，或成为脸书成立以来的最大丑闻。尽管数据

---

① 参见《美国正式通过"网络中立"法案》，http://tech. 163. com/15/0227/18/AJFS28PT 000915BF. html，最后访问日期：2019 年 5 月 28 日。

② 参见《美国废除"网络中立"引争议》，http://world. people. com. cn/n1/2017/1229/c1002 -29734946. html，最后访问日期：2019 年 5 月 28 日。

泄露等数据安全问题，在互联网时代早已屡见不鲜，但这次事件之所以会引起全球的关注与讨论，一方面是由于其泄露数据数量之多、范围之广均较为罕见。另一方面，更重要的原因在于，泄露给数据分析公司的海量数据疑似被用于干扰美国大选。具体而言，通过对脸书用户相关数据的对比、整合等得出的分析结果，预测用户在选举中的政治倾向，并据此推送相关新闻，以期对用户的政治倾向产生影响，最终达致影响选举结果的政治意图。在这一事件中，在大数据、互联网的联手之下，互联网用户的数据无处可逃，以脸书为代表的跨国公司可以轻而易举地获取、利用、分析这些数据，甚至不为人知，这无疑是对用户个人信息权的极大侵害。

而这一事件背后更令人担忧之处在于，这种出于政治意图而非法利用个人数据的行为背后，是否有公权力的影响甚至直接参与。进一步来看，私人领域个人信息权的安全漏洞是否会为国家公权力所利用，或已经成为其在公共领域施加影响的助手。"一波未平而一波继起，现在新的问题又出现了，国家权力可以借助大数据、人工智能技术实现对每一个人的全方位、立体化、全天候彻底监控，而技术巨头又利用技术优势开始深刻染指公共权力。"① 在前述数据泄露事件中，尚无证据表明非法获取和分析个人数据的公司背后有公权力的"插手"。但如果这次事件将数据分析结果应用于干扰选举等政治活动并非个例，亦非先河，那么对于个人信息权而言的风险和威胁则需重新评估。"在市场和政府严格分离的地方，个人需要面对商业机构和国家两方面对个人数据的可能滥用。……商业机构是大数据的主要拥有者和实际掌控者。不过，一旦政府要求其配合社会治理、维护国家安全和促进公共利益等方面的工作，这些机构是难以拒绝的。"② 换言之，"技术巨头"等社会权力"插手"公共事务，将数据提供给公权力，以辅助公权力的手段参与公共事务的治理，将对个人数据的收集和使用正当化、合法化，而自身坐收渔人之利，成为公权力的得力助手。而一旦面临对个人数据的过度收集、滥用等争议，社会权力则以有选择地而非

---

① 齐延平：《论人工智能时代法律场景的变迁》，《法律科学》2018 年第 4 期。
② 郑戈：《在鼓励创新与保护人权之间——法律如何回应大数据技术革新的挑战》，《探索与争鸣》2016 年第 7 期。

全盘交出数据的理由，或以被动配合而非主动提供的理由等，撇清自己的嫌疑，从中脱身。更为甚者，一旦公权力与社会权力的这种合作变成蝇营狗苟之勾当，在公权力与社会权力叠加的"混合"利维坦面前，个人数据等公民的基本权利将无处遁身。这种公、私权力互惠互利之行为成为基本权利的最大威胁，这一利维坦的更为可怕之处便在于，其超越了一般意义上的社会体制，借助社会权力与公权力各自的优势与力量，其能力和威胁便会成倍放大。

对前述事件的影响及其潜在风险的评估，需在不同法律体系中进行。譬如，欧盟以 GDPR 为核心的数据权利保护体系较为成熟，互联网空间中的个人数据权利保护亦被纳入其中。尽管互联网本身不受空间限制，但作为互联网服务提供者的脸书却成为其法律规制的对象，需在 GDPR 的框架下，承担更多保护用户数据权利的责任和义务。然而，脸书在全球范围内的不同国家、不同地区均受到相应的法律规制，却仍旧在合法合规的框架之内提供网络服务，拓展其互联网空间的多种业务。在应对不同法律体系及其不同的规制手段时，脸书虽饱受质疑，承受巨大成本和压力，却仍然"游刃有余"，成为全球最大的社交网络。与之形成鲜明对照的是用户的数据权利处境尴尬。在全球尚无统一的数据权利保护体系和标准的背景下，在面对不同法律体系所提供的不同程度的权利保障之时，个人数据权利面临的风险在叠加，保护权利、应对风险的屏障却漏洞百出。总而言之，在技术等社会资源的加持下，脸书因全球化而获益匪浅，无国界的、全球化的互联网空间却不能为其"公民"的数据权利提供一般化的、无差别的保障。

（三）其他基本权利问题对政治宪法的挑战

2019 年 6 月 18 日，脸书发布 Libra 白皮书，旗下全球数字加密货币 Libra 官方网站正式上线。脸书联合全球金融机构、互联网企业等研发加密货币，其最终目标是在全球范围内为用户提供免服务费的、快速便捷的转账和支付服务，使该加密货币成为脸书平台乃至互联网空间的流通货币。Libra 项目自公开便受到了全球瞩目，其中最为紧张的则是美国金融监管机构。在多次公开质疑后，美国国会叫停 Libra 项目，并要求脸书接受国会质询。国会认为，该项目对于金融安全、数据安全等具有重大威胁，金融监管机构等尚未对其作出充分的风险评估，相应的监管措施、法律法规等均未做好具体的应对准备，因此，脸书不应直接推进该项目。脸书作为全球最大网络社交平台，在其号召之下，这一项目成为互联网、区块链与跨国金融机构的多领域的"强强联合"。就基本权利所面临的潜在风险而言，既有作为区块链典型应用的数字货币等金融风险所带来的财产权问题，亦有互联网空间内的数据安全风险背后的个人信息权问题——其中脸书近年来的数据泄露事件已酝酿成全球范围内的个人信息安全危机。然而，对于不同领域的基本权利风险的叠加，各国法律体系均始料未及，遑论对此作出有针对性的调整。

在诸多基本权利问题与风险的叠加之下，互联网时代、大数据时代、全球化时代的基本权利保护困境已清晰可见。而上述事件中，脸书对用户基本权利造成实质性侵害及其潜在威胁，却仅仅是基本权利在现代社会中所面临风险的冰山一角。这些现象和问题的涌现，业已引发了参与全球化进程与互联网空间的民族国家和跨国空间的担忧，然而，本应由政治宪法来建构的基本权利保护体系，却未能及时、有效地应对基本权利领域的新问题。因此，无论是基于社会变迁的视角，还是从基本权利保障的立场出发，基本权利的保护体系亟须作出全方位的反思。在此背景之下，以社会系统论为支撑，重新审视现实困境与理论难题，或对化解基本权利面临的重重障碍有所裨益。

三　社会变迁中社会宪法的兴起

（一）在基本权利保护中失灵的政治宪法

政治宪法中的基本权利条款是基本权利的首要保障，亦在基本权利保护体系中居核心地位，其重要性和关键性均无须赘述。在前述基本权利风险迭起的社会变迁之中，基本权利首先向政治宪法寻求保护，然而这一保护体系却在诸多风险和威胁面前漏洞百出。

究其原因，首先，政治宪法在封闭性与开放性的衡量中，难以真正回应社会现实——基本权利风险便是其中之一。纵观政治宪法的演进过程，经过卢梭、霍布斯等人的努力，在理论层面上，国家与市民社会的二元结构成为自由主义对社会现实的认识，并以此为基础来建构其理论体系中的宪法概念。一方面，宪法被限定为国家制度，另一方面，社会行动应免于宪法制约，由此，国家与社会的分离与对立得以实现。"自由主义宪法被明确地从狭义上限定为国家制度。社会行动应当免于国家干预，不受国家宪法规范制约。这种节制姿态，使国家与社会的分离在宪法层面成为现实。基本权利被视为私人的自由空间，私人借助保护性的权利抵御国家干预。市民社会中的行动无关社会制度，仅仅关乎私人自身；私人在私法之下安排自己的自由领域，与国家宪法无涉。"① 由此，国家与市民社会的二元结构从社会现实和理论层面均得以建构。然而，在社会变迁中的诸多场景和问题叠加的局面中，政治宪法因固守其自身的封闭性而面临来自内部与外部的双重压力。政治宪法为封闭性所囿，随社会变迁而产生的宪法变迁极为有限。而给政治宪法带来致命一击的，则是作为近代宪法产生背景的国家与市民社会的二元结构的解体。赖以生存和发展的社会现实基础在社会变迁中不复存在，随之而来的便是近代宪法在维系封闭性与回应社会之间的艰难前行，在二者的取舍之间，宪法经常陷入难以识别和回应社会变迁的泥淖，甚至加剧事实与规范、理论与实践之间的鸿沟。再回看上文的基本权利问题，传统宪法结构"对新型危害也缺乏有效的识别机制"，② 难以及时识别基本权利问题和风险的新特征，遑论为其提供行之有效的保障。

其次，就政治宪法中的基本权利及其效力而言，从发端于耶利内克主观权利理论以及在此基础上随社会变迁而发展出的基本权利双重性质理论，到基本权利直接水平效力与间接水平效力之争，基本权利原理相关研究均将基本权利效力来源限定为民族国家的政治宪法。的确，基本权利效

---

① 〔德〕贡塔·托依布纳：《宪法的碎片：全球社会宪治》，陆宇峰译，中央编译出版社，2016，第 18 页。

② 刘涛：《社会宪治：刑法合宪性控制的一种思路》，《法学家》2017 年第 5 期。

力在私主体之间的适用等，早已出现在司法实践之中并带来了对基本权利效力理论的更新。如，德国宪法法院经由吕特案等确认了基本权利间接水平效力以适用于私人间的基本权利冲突，并有以杜里系为首的学者作出精致的论证，美国国家行为理论亦在其境内发挥着基本权利保障的重要作用。然而，上文述及的基本权利问题，既不再是简单的私人间的基本权利冲突，亦突破了民族国家的边界，不再限于政治宪法的壁垒之内。换言之，社会变迁中的新兴基本权利问题，难以诉诸民族国家的政治宪法，更无法在悬而未决的基本权利水平效力中找到解决方案。更为甚者，前述跨国公司侵害基本权利的案例在无法诉诸国内法之时，亦未能在国际法中得到圆满解决，国际法与国内法的效力衔接问题甚至成为跨国空间的基本权利保护的障碍。

拉伦茨认为："当我们提到法在社会演进过程中的角色，法的发生、贯彻及其实效性的社会条件，法的'力量'及其'无力'等问题时，作为社会现象的法就会跃入我们的眼帘。"[①] 在前述基本权利面临的威胁与侵害问题中，政治宪法为基本权利提供的保障囿于其民族国家之内，即使是这种保障，即使有客观法性质支撑下的基本权利价值的确认，基本权利水平效力亦难以在理论中得到确切的证成，遑论在社会实践中得以实现。换言之，在社会情势的变迁之中，政治宪法中基本权利保障的实现程度便是宪法的实效性问题。在本文语境中，基本权利问题呈现新的特征，宪法实效性所倚赖的社会条件亦是社会变迁中的一环，此时，我们谈及的便是"作为社会现象"的宪法。因此，政治宪法的失灵应在社会变迁中被观察。

（二）弥合事实与规范之间鸿沟的部门宪法

对于宪法在现代社会中面临的窘境，宪法教义学并非无动于衷。其中尤为重要的理论成果便是部门宪法的提出。部门宪法是其基于法教义学立场所作出的有益尝试，或者说，是固守封闭性与规范性的宪法教义学向社会变迁和社会学研究方法的积极靠近。

---

① 〔德〕卡尔·拉伦茨：《法学方法论》，陈爱娥译，商务印书馆，2003，第72页。

就现有研究成果而言，部门宪法的相关研究与宪法功能、基本权利效力问题紧密相关，并且在理论与实践中均形成了较为成熟的研究范式和实践成果。部门宪法的提出，以德国魏玛宪法中有关经济和社会生活的相关条款为基础，源于国家宪法与社会宪法的划分。而部门宪法与基本权利客观价值秩序功能相辅相成，基本权利客观价值秩序功能与水平效力为部门宪法的发展作出铺垫，反之，经由部门宪法，以基本权利规范为核心，"宪法规范的影响因此合逻辑地辐射至各个社会功能领域"。① 具体而言，德国部门宪法主要有经济宪法、劳动宪法、文化宪法、教育宪法等。这些典型门类的形成，一方面植根于宪法规范（尤其是基本权利规范）中的相关规定，另一方面则"直接根源于社会功能领域的分野"。② 换言之，德国部门宪法的形成与具体部门的划分，同时以宪法规范与社会现实为基础。同样的观点亦在台湾学者苏永钦的著作中有所体现。苏永钦认为，部门宪法强调的是探索实存秩序中的基本规范。从实存的部门秩序中所展开的宪法释义，能够促成宪法的整个规范体系更准确地对应于其所规范的社会。并且，在坚持宪法教义学的规范与事实二分的前提下，承认并重视宪法规范的"社会性"。部门宪法的研究，可为宪法规范注入"社会性"，并以此调节规范及其对应的社会事实之间的距离。对于宪法核心的基本权利保障功能而言，"部门作为一个承担特定社会功能的次体系，一个实存的可供参照的秩序，可为释义学……厘清主观权利和其各种客观效力之间的关系时，提供一个较清楚的图像与方向"。③

部门宪法的研究业已进入我国宪法学视野中，关于部门法的宪法化、部门法与宪法的交互影响等的讨论，既与德国部门宪法的理论建构有所相关，又牢牢植根于我国的社会现实。譬如，在 2018 年宪法修正案将"生态文明"写入其中之后，环境宪法便成为宪法学与环境法学共同关注的学术热点，宪法学者从中看到了"环境宪法"建构的可能性与规范基础。与

---

① 赵宏：《部门宪法的构建方法与功能意义：德国经验与中国问题》，《交大法学》2017 年第 1 期。

② 赵宏：《部门宪法的构建方法与功能意义：德国经验与中国问题》，《交大法学》2017 年第 1 期。

③ 参见苏永钦主编《部门宪法》，台北：元照出版有限公司，2006，第 25 页。

此同时，环境权并未被写入"公民的基本权利和义务"一章，也引起了环境法学者对环境权规范建构的反思。又如，刑法宪法化的主要提倡者劳东燕教授则指出："我国宪法在司法上的不可适用性，导致其所架构的权力制约机制存在缺陷，无法切实履行保障基本权利与制约国家权力的使命。基于此，有必要让作为部门法的刑法承担一部分的宪法使命……充当个体基本权利保护的大宪章。"① 在更为一般化的层面上，赵宏教授对德国部门宪法理论的演进与发展作出梳理，在总结和提炼德国经验的基础之上，对我国部门宪法研究的社会现实基础、既有研究经验和未来研究方向等均提出了极具建设性的建议。如，在宪法教义学的研究框架之下，以宪法基本权利规范以及基本权利原理为核心，将基本权利作为部门宪法构建的基本框架，以基本权利双重性质、多重功能体系以及制度性保障理论等作为具体研究和建构的方法，进而完成体系化的研究。②

通过这些研究，可以窥见，德国部门宪法在理论建构中明确了社会功能领域分野这一现实基础，同时兼顾了宪法规范及宪法价值在这些领域的不同意涵。相较之下，我国宪法学和部门法学在部门宪法的理论证成和付诸实践两方面，除继受德国研究经验与现有理论成果之外，难以真正植根于我国社会现实，并且难以真正建构我国的部门宪法理论，因此，面临来自宪法学与部门法学、法教义学和法社会学、法学内部与法学外部的多重质疑。在实践领域，部门宪法的研究亦难以推进，故此，理论研究与回应实践各自为政，却都面临重重困难。

（三）功能分化社会中的社会宪法

在宪法教义学的研究中，部门宪法的提出和证成均基于对社会变迁的重视，以及对宪法顺应社会变迁而作出相应调整的反思。追根溯源，部门宪法在德国直接源起于"国家宪法"与"社会宪法"的划分。然而，社会系统论视域中的"社会宪法"概念与之全然不同，更不能为部门宪法的

---

① 劳东燕：《刑事政策刑化化的宪法意涵》，《中国法律评论》2019 年第 1 期。
② 赵宏：《部门宪法的构建方法与功能意义：德国经验与中国问题》，《交大法学》2017 年第 1 期。

研究所涵盖。

社会系统论对于部门宪法以及国家主义的社会宪法有独到的见解："在他们看来，德国宪法包含了经济宪法、文化宪法、传媒宪法、军事宪法和环境宪法的元素，关于基本权利和立法权限的规定尤其如此。他们由此认为，国家具体规定了这些社会子领域的基本结构。他们不仅将基本权利解释为对个人权利的授予，而且也解释为'组织'各种功能子系统的客观法原则。宪法学和宪法法院的任务，则在于将这些元素整合为一个贯融的体系，这个体系由国家所组织的各种社会子宪法构成。……（这种方案）显然高估了国家驾驭社会分化之演化动力的能力。披上宪法教义学外衣的国家主义社会宪治必将暴露出自我阻碍的倾向……"① 换言之，在社会系统论看来，部门宪法的兴起和研究的确是在社会变迁中产生的，亦与社会变迁有着一定的联系和回应。但实质上，部门宪法并未走出法律系统，仍是在法律系统内部运作。对于宪法教义学而言，部门宪法在宪法与部门法、公法与私法之间搭建了桥梁，回应了社会变迁，为宪法与部门法的关系提供了新的研究范式。尽管如此，部门宪法作为法教义学的自我描述，囿于其理论立场和研究范式，对于观察作为"实存秩序"的"部门"而言已经不敷使用。而在社会系统论看来，法律部门的划分及其之间的互动，只是法律系统的运作，尽管部门宪法自认为看到了社会变迁，并为之作出相应的宪法变迁以期增强其"社会性"，但这种努力和尝试终究与环境对法律系统的激扰以及法律系统对激扰的回应全然不同。而在社会宪法的证成中，只有能够真正看到这种激扰与回应，才能够看到社会变迁之中的宪法变迁。

如前所述，政治宪法失灵与社会宪法兴起，根本的社会现实基础在于社会变迁的新情势。社会系统论对于基本权利、宪法乃至法律系统的观察，以其对全社会的观察为前提和基础。关于现代社会，社会系统论所作出的论断是，现代社会的"现代性"并不在于民族国家林立的全球化，而

---

① 〔德〕贡塔·托依布纳：《宪法的碎片：全球社会宪治》，陆宇峰译，中央编译出版社，2016，第 29 ~ 30 页。

是在于既无顶端亦无中心的功能分化。现代社会是功能分化的、去中心化的，政治国家中心主义不复存在，取而代之的是政治系统、法律系统、经济系统等以其指向全社会系统的唯一功能而分化成为自创生的社会子系统，亦即功能系统。政治宪法曾是宪法的唯一形态，位于政治系统与法律系统的结构耦合处。对于法律系统而言，政治宪法维系了法律系统的封闭性与开放性的统一与平衡。对于政治系统而言，政治宪法则以构成性功能为政治系统提供外部奠基，以限制性功能抑制其内部发展冲动所带来的扩张倾向。然而，在前述社会变迁和宪法变迁的双重背景下，在政治宪法陷入困境时，托依布纳认为，应重新审视宪法的功能和定位，使之能够在全社会系统中为维系功能分化作出贡献。此时，在功能分化的现代社会中，宪法学与部门法学看到的是部门宪法，社会系统论看到的则是"社会宪法"。

　　社会系统论，尤其是托依布纳所言的社会宪法，并非直接搬运了上文所述的德国宪法教义学对国家宪法与社会宪法的二分，而是在系统论的话语体系中，重新建构宪法概念、政治宪法概念，进而衍生并建构出的社会宪法论、社会宪治主义。具体而言，在前述系统论的宪法概念基础之上，托依布纳在全社会系统中对宪法进行一般化，而非将政治宪法简单套用于其他社会系统之上。"传统宪法结构及其运作无法，也不应当直接介入社会子领域的内部决策。"① 因此，功能分化社会的宪法不再仅有政治宪法一种形态，而是一般化为社会宪法，在全社会系统中均有迹可循。此时，社会宪法是法律系统的宪法的反思性与其他功能系统、社会体制的反思性的结构耦合，具有面向全社会系统的社会功能，亦具有指向特定功能系统、社会体制的具体成效。对于全社会系统而言，社会宪法承担了维系功能分化的重任。对于功能系统、新兴社会体制而言，社会宪法则同时发挥构成性功能与限制性功能。在社会宪法及其社会功能得以证成之后，基本权利的场域亦从政治宪法走向了社会宪法。

　　至此，社会系统论以对全社会系统及其子系统的观察为依托，走出囿于宪法与部门法内部视角的部门宪法，在全社会系统中清楚地观察到"社

---

① 刘涛：《社会宪治：刑法合宪性控制的一种思路 》，《法学家》2017 年第 5 期。

会功能领域的分野”实则为功能系统的彻底分立而带来的功能分化社会，使社会宪法植根于社会变迁与宪法变迁的双重语境之中。如此一来，宪法便既是法律现象，亦是社会现象，是这两种社会现实的连接。由此，社会系统论对宪法的观察和描述均“跳出事实与规范二分的传统窠臼”。[①] 从法律的视角和社会的视角来共同审视宪法，才能够看到宪法的完整图景，亦即一般化的基本权利的场域。以此一般化场域为基础，“谈论政治性的全球宪法、全球经济宪法、教育和科学系统的全球宪法或者互联网的数字宪法，才是有意义的”。[②] 而这些具体化的社会宪法的证成，对于具体的基本权利问题的解决，才是有意义的，例如，跨国制药公司侵害基本权利的案例应诉诸经济宪法，互联网巨头泄露用户数据的行为以及侵害用户平等接入网络权利的行为，应寻求互联网空间的宪法的保护，等等。

四　社会宪法中的基本权利

（一）基本权利间接水平效力

在基本权利原理中，对于前述基本权利领域的问题，大多诉诸民族国家宪法中的基本权利水平效力，而跨国空间的相关问题则更为棘手。如前所述，社会系统论从一般化的视角入手，在社会宪法的视域中寻求解决方案。

政治宪法中基本权利效力的发展几经波折，我国宪法教义学对争议问题所做的研究和努力具有极为重要的意义，却仍难以为基本权利水平效力问题一锤定音。在基本权利体系的发展中，基本权利从主观权利发展到具有主观权利和客观价值秩序的双重性质，以此为基础，通过辐射至整个法体系的客观价值秩序功能，基本权利发展出水平效力——与对立于国家公权力的垂直效力相对应。发端于德国的基本权利双重性质原理，在关于水

---

① 李忠夏：《宪法学的系统论基础：是否以及如何可能》，《华东政法大学学报》2019 年第 3 期。

② 〔德〕贡塔·托依布纳：《宪法的碎片：全球社会宪治》，陆宇峰译，中央编译出版社，2016，第 125 页。

平效力的问题上，仍存在直接水平效力与间接水平效力的不同立场。在司法实践中，联邦德国法院和联邦宪法法院的判决分别支持这两种理论。尽管如此，"'直接第三人效力'不仅在基本权利教义学理论上有站不住脚的地方，也会导致令人忧虑的实践问题；'间接第三人效力'学说的主要问题则体现在教义学学理方面"。① 由此可见，基本权利效力在理论与实践中仍有极大研究空间和讨论价值。就我国而言，在司法实践和基本权利教义学研究中，极为关注水平效力问题。然而，我国从德国的宪法教义学与基本权利教义学中继受而来并加以本土改造和发展的水平效力理论，乃至于司法实践中的探索，始终伴随着诸多争议甚至质疑。

基本权利水平效力问题同样是部门宪法的核心和关键问题，建构部门宪法需要以基本权利规范为基础，而部门宪法则被寄希望于对基本权利水平效力问题的解决有所助益。然而，尽管被寄予厚望，部门宪法理论自身发展不足，既没有实现以基本权利作为框架的建构，亦不能为基本权利水平效力研究作出突破，而在宪法司法化、宪法私法化的质疑中，更不能为基本权利在经济宪法、环境宪法等部门宪法之中的效力破除障碍、肃清道路。而社会系统论主张，社会宪法是应对功能分化社会中宪法问题和基本权利问题的一剂良药。在社会宪法的视域中，基本权利间接水平效力，符合社会宪法的理论立场，亦能回应种种质疑，实现逻辑自洽。

一言以蔽之，社会系统论支持基本权利的间接水平效力。首先，前述社会变迁背景下的基本权利问题，均可为社会宪法中的基本权利水平效力所涵盖。在社会宪治的视域中，前述基本权利问题充分证实了基本权利应对立于除政治系统之外的其他社会子系统、社会体制或社会脉络，应防御由此而来的种种风险和威胁。而在基本权利原理中，基本权利具有对立于政治系统的垂直效力，那么，在这种意义上，除政治系统以外的其他基本权利风险来源，则需诉诸社会宪法中的基本权利水平效力。在此，一般化层面的水平效力，又应依不同社会体制而异，而非直接将基本权利垂直效

① 〔德〕克劳斯－威尔姆斯·卡纳里斯：《基本权利与私法》，曾韬、曹昱晨译，《比较法研究》2015 年第 1 期。

力套用于社会宪法之中，如此才能保证政治系统及其他社会子系统、社会体制或社会脉络的自治，并免于直接水平效力可能带来的政治系统以及政治宪法对其他社会脉络以及社会宪法的"殖民"。对于基本权利而言，"间接水平效力"是基本权利在不同社会脉络中具体内涵的需要，唯有依系统而异、依体制而异的基本权利，才能在相应的社会宪法中得到更为全面的实现和保障。

（二）基本权利效力拘束对象的解构

进而言之，在基本权利间接水平效力的社会现实基础和理论建构思路中，基本权利效力拘束对象都具有格外重要的意义。社会系统论对其作出了解构与重构，并将其置于基本权利间接水平效力的重构之中，从而建构起社会宪法对基本权利的保护。

从基本权利发展脉络来看，基本权利最初仅防御国家公权力，换言之，只有国家公权力是其效力的拘束对象。这背后有深刻的社会背景和理论基础的支撑。"基本权利诞生于从等级思维向国家和社会二分过渡的历史情境中。"[1] "古典自由主义政治哲学在市民社会—政治国家的二元框架中论证基本权利的来源和功能，基本权利被理解为是先于政治国家的自然权利的宪定化，是国家权力存在的目的。在古典自由主义政治哲学的理论视野中，公权力只有一种形式，即国家公权力。"[2] 从中可以窥见，基本权利是先于国家公权力的自然权利的宪定化，而国家公权力在宪法中则作为"权力"的主要形态被限定下来，此时，权力的唯一载体是国家公权力。基于公民与国家是力量悬殊的双方，国家公权力是对公民基本权利最严重的威胁，故而基本权利最基本的功能即防御权功能，其防御对象则为国家公权力。而来自国家公权力的这种威胁不仅危及公民、危及个人，更危及宪法的核心价值乃至整个社会的价值基础。这种社会变迁亦成为基本权利作为客观价值秩序的社会基础所在。然而，系统论宪法学认为，从证

---

① N. Luhmann, *Grundrechte als Institution*, Duncker & Humblot, Berlin, 1986.

② 参见李海平《基本权利对社会公权力主体的直接效力》，《政治与法律》2018 年第 10 期。

成理由来看，"以'客观价值秩序'作为证成横向效力的理由，不过是重申了宪法在法律体系中的最高地位，重申了宪法之于普通法律的反思性，这仅仅考虑了法律系统的一面"。①

随着客观价值秩序的发展，社会权力（或社会公权力）进入基本权利水平效力的视野之中，关于社会权力、社会公权力的讨论日渐兴起。这些研究认为，社会权力现象既与社会变迁中的现象与问题紧密相关，也与基本权利防御威胁和风险的功能紧密相连。"所谓社会公权力，是指具有明显的政治、经济、社会、文化、信息等资源优势的私主体事实上享有的对其他特定或者不特定多数的私主体的支配力。"② 国家公共领域和社会公共领域的二分，以及国家与市民社会的二分，是国家公权力－社会公权力－个人三元结构的社会基础。在此基础之上，社会公权力以社会组织为主要形式的私人集体行动者作为载体，成为社会公共领域中基本权利的最大威胁。

然而，社会权力在诸多领域中的形成和扩张，并非仅仅依赖其自身的发展。姑且不谈社会权力或社会公权力中的"权力"概念的发展脉络及其内涵，仅就当下对其的证成而言，实际上，其论证逻辑和依据大多与国家公权力的赋权密切相关。譬如，作为新兴公共领域的互联网空间，是最为典型的新兴社会权力所在之处。互联网及其行业中最具代表性的跨国企业，均是这一权力的具体表现形式。而这种权力既有技术加持，又有国家公权力赋权，呈现出技术权力与公权力的双重特征。具体而言，《中华人民共和国网络安全法》第一章第一条明确指出，该法以"保障网络安全，维护网络空间主权和国家安全、社会公共利益，保护公民、法人和其他组织的合法权益，促进经济社会信息化健康发展"为目标。第四章"网络信息安全"的具体规定，以维护网络信息安全为名，在赋予网络运营者保护用户信息的责任时，亦正当化其收集用户信息的权力。其中，第四十七条

---

① 陆宇峰：《系统论宪法学新思维的七个命题》，《中国法学》2019 年第 1 期。"'系统论宪法学'是一个简称，在本文的语境下，特指运用 20 世纪 80 年代以后趋于成熟的'自创生'社会系统理论阐释现代宪法现象的学说。"

② 李海平：《基本权利对社会公权力主体的直接效力》，《政治与法律》2018 年第 10 期。

规定，"网络运营者应当加强对其用户发布的信息的管理，发现法律、行政法规禁止发布或者传输的信息的，应当立即停止传输该信息，采取消除等处置措施，防止信息扩散，保存有关记录，并向有关主管部门报告"。该规定表面上明确网络运营者向有关主管部门报告用户发布或传输法律法规禁止的信息的责任，实际上赋予其监测乃至监管用户发布、使用、传输信息等行为的权力，增强其收集、使用乃至处理用户信息的权力。通过这种赋权行为，一方面，国家公权力将收集、使用以及处置个人信息和数据的触角伸入互联网空间，另一方面，赋权的同时亦加重网络运营者保护个人信息和维护网络信息安全的责任和义务，以网络运营者为中介，通过规制网络运营者来实现对互联网空间的法律监管。由此可见，所谓作为社会权力的互联网，同时扮演了技术权力与国家公权力在互联网空间的"代理"这两种角色，因此而成为互联网空间的公民基本权利的最大威胁。

至此，重新审视前述社会权力、社会公权力概念的兴起，以及社会（公）权力与国家公权力界限模糊乃至走向混合的现象，其反映出的实质问题是国家公权力赋权于社会私人集体行动者或技术主体，并由此达成其在社会公共领域的隐性扩张。换言之，究其根本，这些现象中的基本权利面临的威胁仍旧来自国家公权力。将社会权力作为基本权利水平效力拘束对象的证成思路，实质上是假"权力"之名，涵盖了社会中具有国家公权力部分特征的现象，并以之与国家公权力并列，进而从基本权利对国家公权力的直接垂直效力中演绎出基本权利对社会公权力的直接水平效力。在这种证成思路中，所谓基本权利对社会公权力主体的直接水平效力，实际上是围绕国家公权力及其特质展开，社会权力的社会性特质并未支撑其成为针对基本权利的实质性威胁，反而是因其社会性的特质以及其对社会资源的集中，"吸引"了国家公权力对其赋权，才使其成为社会公共领域的所谓的权力现象。然而，在社会系统论的视域中，国家公权力即政治权力，是政治系统的沟通媒介。国家公权力对于基本权利的威胁，乃是政治系统与其沟通媒介运作之时产生的扩张倾向所带来的后果。从其实质看，权力之所以具有对基本权利的威胁，正是由于政治系统封闭运作而产生的这种体制性力量。如此一来，所谓社会公权力，不能等同于政治系统的权力符码，更不可能有政治系统的体制性力量，那么这种国家公权力与社会公权力分别作为基本权利垂直效力与水平效力防御对象的证成思路则难以成立。

除此之外，对于社会系统论而言，源于自然法学的以个人权利让渡为基础的权力概念，与福柯微观权力论中的作为规训的权力概念，均已不敷使用，无法与其理论立场和观察视角相融。福柯主张，政治权力不应再局限于强制镇压的"惩罚"，而应当转向人道宽恕的"规训"。然而，这种转向所带来的实质性后果，实则是使权力转向更能令人接受的方式。深究其背后的意图，则是架构起渐进式的、网格化的权力谱系。而最直观的表现，便是权力以"毛细"的方式深入整个社会的细枝末节。但福柯对于权力概念的深入和发展，使其反而为权力所困，甚至使这种权力概念陷入空泛而毫无意义的质疑之中。对于社会系统论视野中的社会子系统的沟通媒介乃至扩张倾向对个人基本权利的威胁，仅仅被冠以"权力"之名，实则仅仅看到了权力作为政治系统沟通媒介的这一面，将权力概念简单搬运和套用，而未看到其他社会子系统、社会脉络中各自的运作逻辑和沟通媒介，这样的证成理由和思路既高估乃至"神化"了权力，更低估了社会子系统、社会脉络的自主性和异质化。

（三）基本权利效力拘束对象的重构

如前所述，以基本权利双重性质为基础建构的基本权利效力理论，在系统论看来，仅仅关注了法律系统内部的问题，而更为棘手的问题在于如何处理社会系统中，尤其在前述社会宪法之中的基本权利水平效力问题。正如陆宇峰教授所言，"……麻烦在于社会的一面：一旦承认基本权利的横向效力，就必须承认侵犯基本权利的力量既来源于政治系统，也来源于经济等功能系统；必须承认除了政治之外，其他社会领域也存在个人无力抗拒的体制性力量，它们根植于现代社会各功能系统的内在动力"。[①] 因此，社会系统论对基本权利效力的拘束对象必须予以重构。

---

① 陆宇峰：《系统论宪法学新思维的七个命题》，《中国法学》2019 年第 1 期。

在社会系统论重新建构对全社会及其各领域的认知背景下，在前述对于权力现象、权力概念作出解构的基础上，倒是作为沟通媒介的权力，能够进入社会系统论重构基本权利效力拘束对象的视野之中。归根结底，权力与权力持有者对基本权利的侵害，源于其背后政治系统的体制性力量。而社会系统论的理论立场不断强调法律的社会面向，而非局限于政治系统与法律系统的视域来处理基本权利问题。那么，如何对待全社会系统中、政治系统以外的可能侵害基本权利的主体及现象，如何在证成基本权利水平效力时妥当处理其"社会的一面"，便成为社会系统论反思基本权利效力时亟须厘清的问题。

社会系统论认为，在功能分化的进程中，政治不再是社会的中心或顶端，政治与法律因功能而彻底分离。社会系统及其子系统均是以沟通为基本要素的系统，不同系统有其各自的符码和沟通媒介，并以自创生的运作维系其封闭性。政治系统延续了"权力"作为其沟通媒介，并且，权力符码在运作中产生的扩张倾向和巨大力量是基本权利风险的最大来源。然而，这种根植于功能系统内部运作之中的扩张倾向，并非政治系统所独有，政治系统的权力符码仅仅是最早呈现出对个人基本权利的威胁。在前述基本权利问题中，侵害基本权利的现象或主体，并非来自政治系统。

托依布纳曾使用"匿名的魔阵"概念来分析上述现象并对其作出系统论的解读。这一概念指向的是侵犯基本权利的一方，亦即基本权利水平效力所需涵盖的拘束对象。而对于其具体意涵或定义，他曾作出不同的论述。"匿名魔阵这一隐喻的全部含义，就在于，危及身心完整性的沟通性行为之链的、真正旨在扩张的现象。"[①] "'匿名的魔阵'指的是各种匿名的、自主的、全球化的沟通过程……这一'自主的沟通过程'指的是制度、功能系统、网络等。"[②] 正如托依布纳所看到的那样，随着社会变迁而涌现出的威胁基本权利的力量超越了民族国家和政治宪法的限制，存在

---

① 〔德〕贡塔·托依布纳：《魔阵·异化·剥削——托依布纳法律社会学文集》，泮伟江、高鸿均等译，清华大学出版社，2012，第206页。
② 〔德〕贡塔·托依布纳：《宪法的碎片：全球社会宪治》，陆宇峰译，中央编译出版社，2016，第168~169页。

于全球社会之中。政治权力并非这种力量的唯一来源，功能系统、新兴社会体制等的扩张倾向均可视为危及基本权利的无法抗拒的力量。例如，经济系统对个人身心完整性的侵害，在马克思对阶级分化和劳动异化的分析中可见一斑。又如，借助互联网的发展，尤其是社交网络的兴起，大众传媒与个人信息权之间的张力越发突出。再如，大数据的普遍应用本身便对个人信息安全造成隐患。此外，区块链以数字货币起家，结合智能合约平台，构建出新的金融体系的雏形，而仅从金融风险的规避来对其作出监管，难以涵盖对其用户的信息权、财产权等的保障。而上文所述互联网空间的基本权利问题中，威胁基本权利的并不仅仅是脸书这一跨国公司，而是作为互联网空间的架构基础与治理规则的代码，乃至互联网空间本身。国家公权力之所以通过《中华人民共和国网络安全法》赋予网络运营者收集、处理、审查、保存用户信息的权力，正是基于互联网本身具有的技术力量和体制性力量。因此，尽管直接作出限制基本权利行为的是网络运营者，究其根本，其背后是国家公权力与互联网借助彼此的力量而对基本权利作出限制。一方面，经由公权力的赋权，互联网对用户个人信息权、通信自由、言论自由的限制被正当化了。另一方面，借助互联网的技术力量，互联网空间中公民的基本权利仍旧在公权力的可及范围之内。在政治系统与互联网系统的"强强联合"之下，基本权利所受到的限制变相增加，其保障体系却越发脆弱。然而，相关法律法规对互联网"限制基本权利"的限制仍旧缺位。譬如互联网中立性原则试图保护用户平等接入互联网的权利，亦即互联网空间的平等权，最终未能实现。

归根结底，在政治系统中，基本权利所抵御的则是来自其他社会系统沟通媒介的潜在风险。① 这些风险常常表现为"社会权力"的现象，因此，基本权利的防御对象常被误认为政治权力与社会权力。但是，如前所述，社会权力概念本就饱受质疑，而全社会系统中侵害基本权利的现象或主体，远远超出这一概念的涵盖范围。总而言之，基本权利始于防御政治

---

① See Gunther Teubner, "Horizontal Effects of Constitutional Rights in the Internet: A Legal Case on the Digital Constitution," *Italian L. J.* 3 (2017): 193, 206.

系统的权力符码，随着社会情势的变化，以及社会秩序与结构的演变，进而发展为针对社会系统中一切具有扩张倾向的沟通媒介，更进一步来看，还需防御其背后所有具有扩张倾向和侵害能力的体制性力量。

五　余论

在全社会中对基本权利水平效力作出观察和分析，是社会变迁的要求，也是基本权利自身发展的需要。综观基本权利功能体系和效力体系的发展脉络，"从防御权功能保障人民免于国家干预，到受益权功能要求国家帮助，再到客观价值秩序功能要求国家尽一切可能去实现基本权利，这种变迁所体现的逐步加强公民权利保障的趋势是共同的"。[①] 在这种趋势下，社会系统论视角对基本权利原理的解读乃至重构具有特殊的意义和价值。一方面，基本权利内部视角难以识别与回应社会变迁背景下的问题，难以满足社会变迁与宪法变迁中加强权利保障的需要；另一方面，社会系统论兼具外部与内部视角，清晰地看到社会变迁与宪法变迁的内在联系，并在此基础上审视基本权利水平效力，为基本权利研究提供新的观察视角和研究范式。

通过一般化来整体观察基本权利水平效力，并不能直接应对社会变迁中涌现出的社会不同领域的具有极强"个性"的基本权利问题，还需通过具体化来将之诉诸不同社会脉络的社会宪法与社会宪治。一般化是为了证明基本权利问题和宪法问题在全球场域和社会系统场域中普遍存在，实质趋同，均指向社会宪法（包含基本权利制度）的存在及其必要性的证成。这种一般化的思路及其结论具有极高的抽象性，以探究其问题背后的共性和实质为导向。再具体化则为处理理论与实践的衔接，是证成社会宪法和基本权利制度从理论到实践以及具体实践方案的可行性。并且，社会系统论具有尊重基本权利原理和基本权利教义学的理论自觉，尤其在对基本权

[①]　张翔：《基本权利的受益权功能与国家的给付义务——从基本权利分析框架的革新开始》，《中国法学》2006 年第 1 期。

利水平效力的拘束对象高度抽象化之后，必须通过具体化基本权利依不同社会系统、社会体制和社会宪法而异的拘束对象，具体化侵害基本权利的主体及行为类型，才能为基本权利教义学结合我国本土实践提供有益智识。

诉权合同的合法性及限制

赵志超[*]

摘　要： 诉权合同在司法实践中大量存在，然而当前学界对其合法性的认识并不统一。合法性肯定说以私法诉权说为理论依据，将诉权等同于私法上的实体权利，这与诉权属于公法权利的学界共识龃龉，在合法性论证路径上缺乏认同。合法性否定说从诉权的人权属性出发，一方面认为诉权不可放弃、不可处分，另一方面却认为任何人都可以自主决定是否提起诉讼，因而在观点坚持上无法做到前后一致。诉权属于程序上的主观权，具有自我决定与自我控制方面的积极性保护内容，且当事人对诉权的处分通常无碍于公益，故而应当承认诉权合同的合法性。肯认诉权合同的合法性也符合大陆法系国家或地区的比较法经验，与我国司法实务经验也能吻合。诉权合同存在合法性边界，由于诉权合同属于诉讼契约，因而针对诉讼契约合法性限制的公平性原则同样适用于诉权合同。当前实务部门在对诉权合同可撤销与无效的区分上存在误区，存在当事人意思表示瑕疵的诉权合同可撤销，而违反公平性原则的诉权合同无效。

关键词： 诉权合同；诉权处分；诉讼契约；合法性

实务中常见一种诉权合同，这种合同是指，"当事人合意约定在民事纠纷发生后，不得通过提起民事诉讼解决该民事争议的契约"。[①] 诉权合同在内容上体现了当事人对诉权的处分，在实务中有各种表述形式。[②] 但

---

　*　赵志超，山东大学法学院博士研究生。

　①　相庆梅：《不起诉契约：合法性、性质及成立要件》，《理论探索》2012 年第 4 期。

　②　诉权合同在我国司法实务中有多种称谓，其表述形式有"不起诉契约""不起诉协议""诉权合同""一次性补偿、不再追究""放弃诉权"等。笔者以上述关键词为内容在中国裁判文书网中进行检索，分别检索到 2、8、385、1126、4058 份裁判文书，检索日期为 2019 年 7 月 1 日，足见该问题在司法实务中的重要性。

迄今为止，理论上就诉权合同是否合法远未达成共识，存在截然不同的两种认识。一种观点认为，诉权的人权属性使得诉权具有绝对性，诉权不可放弃，放弃诉权的契约没有诉讼法上的效力。[①] 另一种观点认为，诉权合同是当事人进行诉权处分的表现形式，在不违反程序法的前提下，当事人有权依意思自治原则对诉权自由处分。[②] 可以说，学界对诉权处分缺乏共识，直接影响到了诉权合同在我国的合法性承认及其审查规则的建构，导致难以为司法实践提供理论指引。本文旨在回应学界在诉权能否处分上的分歧，[③] 澄清诉权合同的合法性疑问，以此推进诉权合同的相关规则研究，并期望能对我国诉权理论的深化有所裨益。

一　现代诉权理论的历史流变

诉权合同的性质属于诉讼契约，诉讼契约是指契约效果发生或者主要发生于诉讼法领域的契约类型。[④] 当事人达成诉权合同，目的在于阻止诉讼系属于法院，其欲形成的效果发生于诉讼法领域，将其评价为诉讼契约应无疑问。[⑤] "与私法契约仅是对自身私权利的处分不同，诉讼契约尚可能涉及对审判权的限制。"[⑥] 因此，在当事人处分权主义范围内，当事人就可以处分的事项成立的诉讼契约才具有合法性。[⑦] 但当前学界对诉权是否得由当事人处分具有不同的结论，而不同结论的导出源于各个结论所倚重的诉权理论存在差异。因此，对诉权概念的认识构成了诉权处分问题的

---

① 参见吴英姿《论诉权的人权属性——以历史演进为视角》，《中国社会科学》2015 年第 6 期。
② 参见巢志雄《民事诉权合同研究——兼论我国司法裁判经验对法学理论发展的影响》，《法学家》2017 年第 1 期。
③ 随着三大诉讼法理论的日益精深，诉权概念出现了横向扩张趋势。诉权的权利体系不仅包括了传统的民事诉权，刑事诉权和行政诉权概念也被相继提出。参见梁君瑜《诉权概念的历史溯源与现代扩张》，《西部法学评论》2018 年第 1 期。由于实务中诉权合同的内容只涉及对民事诉权的处分，学界在诉权能否处分上的分歧也以民事诉权为争议对象，因而本文的研究对象只限于民事诉权的处分问题。
④ 参见姜世明《诉讼行为论》，《月旦法学教室》2005 年第 28 期。
⑤ 参见姜世明《任意诉讼及部分程序争议问题》，台北：元照出版有限公司，2009，第 42 页。
⑥ 杨会新：《论诉讼契约的适用范围与效力》，《法商研究》2017 年第 4 期。
⑦ 参见姜世明《诉讼行为论》，《月旦法学教室》2005 年第 28 期。

逻辑起点，有必要考察诉权理论的历史流变。

现代意义上的诉权内涵经历了三个阶段的革新与拓展。第一个阶段的主要任务是重塑民事诉讼法与民法之间的关系，将诉权与实体请求权脱钩；第二个阶段的主要任务是民事诉讼法学内部的体系化；第三个阶段的主要任务是用人权和宪法权利赋予诉权新的内涵。① 在第一个阶段，诉权与实体请求权脱钩。诉权概念起源于罗马法中的 actio，② 但是直到 19 世纪上半叶才产生了最早的诉权学说——私法诉权说。私法诉权说的代表学者是萨维尼，其核心观点为诉权是实体法上的权利被侵害后转换的权利，是实体权利的变形。③ 为私法诉权说带来革新的是温特沙伊德，其主张私法权利是第一位的，通过诉讼程序实现私法权利的可能性是第二位的，诉讼程序的任务在于当实体权利受到侵害时，通过诉讼程序确认这个权利并使其实现。④ 温特沙伊德的请求权概念中具有程序特征，从而宣告了诉权相对于实体请求权的独立地位。⑤ 但由于温特沙伊德依然强调诉权是诉讼系属时从属于实体请求权的权利，⑥ 因而其诉权理论还是屹立于私法诉权说的阵营。

在第二个阶段，公法诉权说取代私法诉权说。19 世纪下半叶，随着法治国思想的勃兴，公法诉权说登上历史舞台。该说试图将个体针对国家

---

① 参见〔德〕康拉德·赫尔维格《诉权与诉的可能性——当代民事诉讼基本问题研究》，任重译，法律出版社，2018，第 14~18 页。

② actio 内涵经历了漫长历史时期的发展与变迁。在罗马法时代，actio 指向的是诉权思维，是以权利与诉讼合一、权利规范与程序规则合一、诉讼主张与实体规范合一为基本特征的法律思维模式。参见马丁《罗马法上的"诉"：构造、意义与演变》，《中外法学》2013 年第 3 期。在罗马被日耳曼覆灭后，罗马法也一度失去了往日的辉煌，直到欧陆共同法时期，基于对罗马法的继受，actio 重拾生机。这一时期 actio 囊括了诉讼请求、案件情况和法律规范这些要素，是一种混合了多种概念的制度。参见马丁《欧陆共同法时代的"诉"：意蕴的纷争与归一》，《法制与社会发展》2016 年第 4 期。

③ 参见张家慧《诉权意义的回复——诉讼法与实体法关系的理论基点》，《法学评论》2000年第 2 期。

④ 参见〔德〕卡尔·拉伦茨《德国民法通论》，王晓晔、邵建东、程建英、徐国建、谢怀栻译，法律出版社，2013，第 323 页。

⑤ 参见王洪亮《实体请求权与诉讼请求权之辨——从物权确认请求权谈起》，《法律科学》2009 年第 2 期。

⑥ 参见叶榅平《传统使命的现代转型：诉权保障理念、制度与程序》，法律出版社，2016，第 6 页。

的公权观念与诉权相结合，以此使诉权从私法权利中彻底独立出来。① 公法诉权说的核心观点认为诉权是当事人对国家的公法上的请求权，法院与当事人之间也是公法关系。在公法诉权说阵营下，相继出现了"抽象诉权说""法律保护请求权说""本案判决请求权说""司法行为请求权说"等学说。在诸多公法诉权说中，以赫尔维格为代表的"法律保护请求权说"影响最大，成为德国二战前诉权理论的通说。"法律保护请求权说"认为诉权必须具备实体和程序要件，实体要件是原告主张的私法权利关系，程序要件是指诉讼权利的保护要件，具体内容指向作为诉讼要件的权利保护的资格和利益。②

　　在第三个阶段，诉权理论呈现出诉权宪法化、人权化的趋势。在公法诉权说中，"司法行为请求权说"被认为是诉权宪法化的开端，该说认为诉权是任何人请求国家司法机关依实体法或程序法审理及裁判的权利。③基于对二战的反思和基本法的发展，以德国联邦最高法院的判例为契机，诉权具有了新的内涵。宪法诉权说认为，宪法保障民众接受裁判的权利。通过对各国宪法规范的解释，学者们为宪法诉权说找到了容身之处，例如，《日本宪法》第 32 条、《意大利宪法》第 24 条等都构成了宪法诉权说的实证法依据。④ 此外，诉权的人权属性也被逐渐肯认，诉权人权说认为"诉权是民事主体作为人当然享有的权利之一，是当事人维护自身独立人格和意志自由所必然拥有的权利"。⑤《公民权利和政治权利国际公约》第 14 条第 1 款，《欧洲公约》第 6 条第 1 款以及《世界人权宣言》第 8、10 条都肯定了诉权的人权属性。这一阶段的诉权宪法化、人权化以程序公正为核心内容，通过基本法的法治国家原则、公平程序原则和法定听审

---

① 参见〔日〕新堂幸司《新民事诉讼法》，林剑锋译，法律出版社，2008，第 176 页。

② 参见〔日〕新堂幸司《新民事诉讼法》，林剑锋译，法律出版社，2008，第 176 页。

③ 参见杨建华《民事诉讼法要论》，北京大学出版社，2013，第 196 页。

④ 在德国，《德国基本法》第 19 条第 4 款针对的对象是公民的基本权利，并不能由此导出对诉权的宪法保护。但经过解释，现如今也承认可以从法治国家原则（第 20、28 条）中引申出对私法争议的权利保障。参见〔德〕施瓦布、戈特瓦尔德《宪法与民事诉讼》，傅郁林主编《德国民事诉讼法学文萃》，赵秀举译，中国政法大学出版社，2005，第152 页。

⑤ 吴英姿：《论诉权的人权属性——以历史演进为视角》，《中国社会科学》2015 年第 6 期。

权原则①加以落实。

在纷繁复杂不断蝶变、演进的诉权理论中,各个学说都存在一定的缺陷,② 甚至因此催生了诉权否定说。从诉权理论的历史流变来看,尽管各个诉权学说之间存在相互攻击与批驳的情况,但伴随着诉权理论的深化发展,诉权概念也凝聚了相当的共识性要素。这些共识性要素包括以下几个方面:(1)诉权是一项公法权利;(2)诉权是一项程序权利;(3)诉权是一项第二性的救济权利;(4)诉权是一项贯穿诉讼过程始终的权利;(5)诉权具有人权属性。③

二 我国学界在诉权能否处分上的 不同进路及其理论选择

对于诉权合同的合法性,学界远未达成共识。早前学界否认诉权合同的合法性,否定理由主要集中在:首先,传统民事诉讼法认为公法不具可处分性,因此当事人就诉权所为处分无效;其次,基于"程序任意禁止"原则,诉讼程序的审理方法及其顺序、诉讼行为的方式与要件等均由法律规定,不许当事人任意变更。对此,肯定论者一一回应:首先,民事诉讼法中处分权主义为私法自治原则在公法领域的延伸,当事人就诉权所为处分是当事人行使其处分权的应有之义;其次,强调"程序任意禁止"原则是基于维护公共利益的考虑,程序非为特定当事人所利用,因而不许当事人合意就程序任意变更。然而民事诉讼程序设置基于多种目的考虑,并非所有条款均系为维护公共利益所设,因而当事人就不涉公益事项得合意变更之自不待言,诉权合同即属此类。④ 由此,诉权合同的合法性地位为学

---

① 其中法定听审权可以界定为知情权、陈述权和审酌权三项具体可操作的标准。参见〔德〕康拉德·赫尔维格《诉权与诉的可能性——当代民事诉讼基本问题研究》,任重译,法律出版社,2018,第19页。

② 对各学说缺陷的描述可参见叶榅平《传统使命的现代转型:诉权保障理念、制度与程序》,法律出版社,2016,第5~13页。

③ 参见梁君瑜《诉权概念的历史溯源与现代扩张》,《西部法学评论》2018年第1期。

④ 参见相庆梅《不起诉契约:合法性、性质及成立要件》,《理论探索》2012年第4期。

界渐渐接纳。①

　　然而近年来，对于诉权合同合法性的质疑又重新回归到学界视野中。持诉权人权说的学者认为："在一般民事权利情形，主体对自己的权利有处分权，这是私法上的基本原则之一。但是，凡涉及公民基本权利、公共利益和公法性质的法律关系，处分权是受到限制的。如同公民不能以契约的方式放弃生命权等基本权利一样，诉权也不能以当事人合意的方式放弃。"②诉权合同的订立构成了对当事人诉权的剥夺。③按照诉权人权说的观点，宪法规定的基本权利是实体性人权，权利主体享有直接、具体的物质利益或精神利益，而诉权是保障实体性人权实现的手段、方法或者途径，是一种程序性人权。④从基本权利与人权的关系来看，基本权利是实体人权、经验人权，因而在权利保护上基本权利与人权确存在共通之处。那么以诉权属于人权，进而类比生命权的不可放弃，以此否定诉权合同的合法性似不无道理。

　　但以上观点并不能获得学界的绝对认同，有学者在考察实务对诉权合同的裁判经验以及大陆法系的诉权理论基础上，认为对于诉权，应当将其定位为私法上的权利，⑤诉权属于主观权，可由当事人自由处分。这一观点无疑立足于私法诉权说之上。私法诉权说认为诉权是私法上权利的延展和变形，尽管诉权不同于实体请求权，但诉权仍属于私权。基于这一理论基础，诉权可以归入私法上的主观权利，正如当事人可以对债权、物权等权利内容加以处分一样，诉权合同对诉权的处分也自然具有合法性。但私法诉权说的缺陷是明显的：诉权的指向对象是国家，对诉权以私法权利定

---

① 支持诉权合同合法性地位的文献可参见张亚琼《论不起诉契约的效力及救济》，《云南大学学报》（法学版）2012 年第 2 期；张芸《论不起诉合意》，《甘肃政法学院学报》2004 年第 6 期。
② 吴英姿：《不起诉契约不具有诉讼法上效力——诉权契约原理》，《烟台大学学报》（哲学社会科学版）2015 年第 4 期。
③ 参见吴英姿《论诉权的人权属性——以历史演进为视角》，《中国社会科学》2015 年第 6 期。
④ 参见王晓《民事诉权保障论纲》，《法学论坛》2016 年第 6 期。
⑤ 参见巢志雄《民事诉权合同研究——兼论我国司法裁判经验对法学理论发展的影响》，《法学家》2017 年第 1 期。

位难以解释代表国家行使裁判权的法院与当事人之间的诉讼法律关系；消极确认诉讼中并不存在实体权利，也就无法对该情形下诉权的行使作出说明。私法诉权说是诉讼法与实体法尚未分离年代的产物，诉权只能视作实体权利的组成部分。随着公法理论的长足发展，特别是主观公法权利体系建立后，诉权开始被视作个人向国家主张的权利。私法诉权说已经不合时宜，公法诉权说取而代之。可以说，诉权是一项公法权利，已经取得了学界的共识。由于诉权不能被作为私法上的主观权利对待，所以以私法诉权说为基点进而以诉权归属于私法上的主观权利导出的诉权合同合法性结论也难以获得认同。那么，其对于诉权处分否定论的批驳也就不能说是成功的。

此外，在诉权处分上尚有折中说存在，该说认为："诉权属于公法权利，除法律有特别规定外，国家禁止当事人通过合意形式放弃或约束诉权的行使。需要指出，虽然诉权不能够按照当事人间的约定（合同）被剥夺，但当事人可以按照处分原则依法不行使或不完全行使诉权。"[1] 笔者认为，折中说的理论依据可以追溯至二元诉权说理论。对于诉权理论的继受，我国深受苏联二元诉权说的影响，认为诉权包括程序上的诉权与实体上的诉权。程序意义上的诉权是指，民事诉讼法确定的赋予当事人进行诉讼的权利；实体意义上的诉权是指，当事人通过人民法院向对方当事人提出实体请求的权利。[2] 二元诉权说对我国民事诉讼理论与实务产生了深远的影响，以此为据，程序意义上的诉权属于公法权利而不可放弃，但实体意义上的诉权属于私法权利，因而属于当事人的处分范围。[3] 从根本上说，折中说坚持的是诉权合同不具有合法性的观点。按照折中说的内容，拥有诉权的当事人可以自己决定是否提起诉讼至法院，但诉权合同不能发生诉讼法的效力。其法理诘难在于，如果当事人可以自由地决定是否提起诉讼，那么也没有必要从国家层面禁止诉权合同的合法性，折中说没有完成

---

[1]　陈刚：《民事实质诉讼法论》，《法学研究》2018 年第 6 期。

[2]　参见叶榅平《传统使命的现代转型：诉权保障理念、制度与程序》，法律出版社，2016，第 18 页。

[3]　参见吴英姿《诉讼契约及其边界》，张仁善主编《南京大学法律评论》2015 年春季卷，法律出版社，2015。

对诉权处分禁止的正当性证成。

三 诉权合同的合法性证成

（一）诉讼契约的合法性范围

"诉讼契约的适用范围问题，就是当事人得就哪些事项缔结诉讼契约的问题。"① 诉讼契约的适用范围划定了其合法性界限。理论上一般认为，当事人关于诉讼程序订立的协议，若其属于自由处分的事项且不违反公益，应承认诉讼契约的合法性。② 当事人的自由处分事项可以分为两种类型。第一种，民事诉讼法规定的处分事项属于当事人在程序上的处分权限，例如撤诉、撤回上诉等。在此情形，即使民事诉讼法未对此类事项是否可以通过当事人合意限制或排除予以明确规定，但只要个案中该合意无涉公益，就允许当事人自由处分。第二种，民事诉讼法规范虽未赋予当事人程序上的处分权限，但根据对规范的解释，当事人可以合意变更甚至不适用该规定，对于该规范的处分也构成当事人的处分事项，此类规范指向的是民事诉讼法中的任意性规范。③ 不过笔者认为，以上观点对于当事人处分事项的第二种分类似无必要。因为，第二种分类的当事人处分事项，在民事诉讼法中很难找到对应的规范情形。如果某一规范为民事诉讼法授权性质的任意性规范，当事人可以合意限制或排除，通常这一事项就构成了当事人在程序上的处分权限，也即与第一种分类下的当事人处分事项并无差别。笔者认为当事人的处分事项取决于该事项是否属于当事人程序上的权限，该权限可以由民事诉讼法明确加以规定，允许当事人处分；也可以通过对规范的解释，识别其是否为授权性的任意性规范，从而可交由当事人合意限制或排除。

当事人的处分事项除须满足当事人在程序上的权限外，还必须无碍于

---

① 杨会新：《论诉讼契约的适用范围与效力》，《法商研究》2017 年第 4 期。
② 参见沈冠伶《诉讼权保障与裁判外纷争处理》，北京大学出版社，2008，第 210 页。
③ 参见沈冠伶《诉讼权保障与裁判外纷争处理》，北京大学出版社，2008，第 212 页。

公益。有学者对涉公益而不允许订立诉讼契约的情形予以归纳，将其具体化为两类情形。第一种，对于涉及法院公平、适正审判的程序保障事项禁止订立诉讼契约。例如，法官的中立性与独立性、法定听审权的保障、公正程序等，该类事项涉及法院裁判的公信力，当事人不得合意变更。诉讼程序存在独立的价值，是消解诉讼当事人不满、建构裁判公信力的基础，对于基本的程序保障事项，当事人不得任意处分，否则会使诉讼与和解等非诉程序难以区分。第二种，涉及司法资源分配的事项禁止订立诉讼契约。诉讼契约是为凸显当事人的诉讼主体地位而设，追求当事人自主解决纠纷，兼得诉讼经济、提高诉讼效益、减少司法资源占用的实益。正如应当适用简易程序审理的简单案件禁止当事人协议变更为普通程序进行审理，其中的法理根据即在于，诉讼制度非为特定当事人所设，其他当事人也有利用诉讼制度的需求。如果特定案件占用的司法资源过多，必将影响其他案件中当事人适时审判请求权的实现，加重司法负担，所以对于诉讼契约内容占用过多司法资源的应当禁止。①

具体到诉权合同的合法性判断，除公益诉讼情形外，当事人的诉权行使一般无涉公益，在此要件上不须过多关注。因而诉权合同是否合法，要取决于当事人提起诉讼是否属于当事人在程序上的处分权限。

（二）作为主观权利的诉权允许个体自我决定与控制

诉权处分的争论表明，如果秉持不同的诉权理论，那么由此导出的诉权合同合法性结论也就各不相同。由于理论工具的选择不同，不同观点之间显得有些各说各话，缺乏同一概念统摄下的对话。为解决概念缺乏同一性问题，笔者认为借用主观权利概念可以实现诉权公法、私法视角的转换，进而在诉权能否处分问题上有所进展。

所谓主观权利是指个体享有的能实现自己或好或坏决定的权能，意味着个体能够按照自认为好的决定开展策略行动。法律秩序要做的是保护这些个体的权利地位，从而确保如何行使这些权利地位的自由完全留待个体

---

① 参见杨会新《论诉讼契约的适用范围与效力》，《法商研究》2017 年第 4 期。

来自我决定。① 从私法上来看，"权利是法律为了满足某人的需要而赋予他的一种'意思的力'或'法律的力'，是'一个确定的、对这个人来说合适的权力关系'"。② 在私法领域，私权利等于私法上的主观权利，③ 由于权利表现的是个人意志支配下的行为自由，那么对于私权的处分在一般情况下是可能的。但主观权利与私法权利并不一一对应。从主观权利的分类来看，其包括私法上的主观权利，例如，债权、物权等各种民法实体权利都属于私法上的主观权利；同时也包括公法上的主观权利，例如，基本权利从宪法角度来看都可以被界定为公法上的主观权利。④ 无论在公法还是在私法当中，主观权利的目的都在于保护私人的个体利益，⑤ 这就使得基本权利具有自我决定与自我控制的积极性保护内容。

　　诉权处分否定论的重要论据在于，人权与基本权利一样不可处分，并且以生命权不可放弃加以类推解释。但以上推论未必经得起推敲。传统观点认为生命、身体、健康等基础人格部分不具有积极的权能，只能消极地被尊重。然而随着社会观点的进步，人格权逐渐拓展出了积极性的内容。对人格的保护不仅体现在对作为人特征的静态保护，也体现在对个体人格自我决定、自我发展方面的动态保护。⑥ 典型例证是德国对《照管法》条文的修改以及对《德国民法典》的修订，承认了病人对自己的身体、健康和生命有一定的自我决定能力，并通过联邦最高法院对于照管人遵照病人意思终止治疗行为的不罚性判决对此加以肯定。⑦ 我国也在一定程度上承认个人对于基础人格的自我决定能力，在医疗活动中，如果患者面临某器官长出肿瘤、四肢部分发生坏死等必须切除或者截肢处理的情形，且患者

---

① 参见〔德〕赫尔穆特·科殷《论"主观权利"概念的历史》，纪海龙译，《清华法治论衡》2012 年第 1 期。

② 〔德〕卡尔·拉伦茨：《德国民法通论》，王晓晔、邵建东、程建英、徐国建、谢怀栻译，法律出版社，2013，第 276～277 页。

③ 参见〔德〕汉斯·布洛克斯、沃尔夫·迪特里希·瓦尔克《德国民法总论》，张艳译，中国人民大学出版社，2019，第 274 页。

④ 参见〔德〕哈特穆特·鲍尔《国家的主观公权利——针对主观公权利的探讨》，赵宏译，《财经法学》2018 年第 1 期。

⑤ 参见赵宏《保护规范理论的历史嬗变与司法适用》，《法学家》2019 年第 2 期。

⑥ 参见刘召成《人格权主观权利地位的确立与立法选择》，《法学》2013 年第 6 期。

⑦ 参见刘召成《人格权主观权利地位的确立与立法选择》，《法学》2013 年第 6 期。

签订了手术同意书，此时可以排除医疗行为的违法性。① 又如，器官捐献人签订了器官捐赠协议，捐赠协议的合法性也是受到承认的。可以说，随着社会发展和人格理念对人格权自我决定和控制方面的认同，人格权逐步确立了其主观权利地位。主观权利赋予了个人针对国家的请求权，国家必须依据个人的请求作为或者不作为。② 而既然是请求权，是否行使该请求权就表现为个体意志支配下的行为自由。由此可见，基本权利绝对不可处分、不可放弃的观点难以站得住脚，③ 以此类推诉权的不可处分，并不能让人信服。

从诉权人权说的观点出发，人权概念中的"权利"同样可以追溯到主观权利概念。④ 主观权利是属于个人的权利，其基础假设为：主观权利的持有人有能力审慎地自我决定，因此才将司法相关的行动及非行动的决定权归属于他。⑤ 这充分表明了诉权作为人权，公民对其具有自我决定与控制的自由。一方面，只要当事人向法院起诉满足起诉条件，当事人就有权要求法官对他的诉请作出裁判，法官此时就成为诉权行使的被动对象，⑥ 法官也不能以任何理由拒绝裁判；另一方面，由当事人自由决定是否或何时开启诉讼程序是当事人处分权主义的应有之义。⑦ 正如有学者所指出的，诉讼法赋予了当事人就起诉、上诉、诉之撤回、认诺等事项在程序上的处分权限，在以诉讼上之权限为诉讼契约之标的时，关于该诉讼权限是否行使实为当事人得自由决定之事项，与公益无涉。既然当事人可以就诉讼上之

---

① 此时患者同意作为"受害者同意"排除了医疗行为的违法性和过错。参见程啸《侵权责任法》，法律出版社，2015，第 129 页。
② 参见张翔《基本权利的规范建构》，法律出版社，2017，第 251～252 页。
③ 美国联邦法院以及联邦地方法院都曾就当事人放弃基本宪法权利问题作出肯定的表态。State of Arizona v. Charles Lee Jelks, 461 P. 2d 473105 Ariz. 175（1969）.
④ 参见〔德〕格奥尔格·罗曼《论人权》，李宏昀、周爱民译，上海人民出版社，2018，第 11 页。
⑤ 参见〔德〕格奥尔格·罗曼《论人权》，李宏昀、周爱民译，上海人民出版社，2018，第 11～12 页。
⑥ 参见〔法〕亨利·莫图尔斯基《主观权与诉权》，巢志雄译，《苏州大学学报》（法学版）2019 年第 1 期。
⑦ 参见邱联恭《程序选择权论》，台北：三民书局，2000，第 85 页。

权限缔结契约，那么也应当可以自由地主张或者不主张该契约的效力。①

即使是诉权人权说也承认，"诉权人权观表达的是'任何人都可以自主决定是否提起诉讼'的观念"，② 而诉权合同恰恰是对公民诉权自我决定和控制的践行与尊重，诉权处分的合法性理应被承认。以诉权人权说为根据对诉权处分的合法性加以否定，倒像是一种以己之矛攻己之盾的做法，并不可取。

四 比较法视野下诉权合同的合法性认同

对于当事人的诉权处分，大陆法系国家是普遍承认其合法性的，通常将是否存在诉权合同作为判断诉之合法的诉讼要件加以对待。

在德国，诉讼系属前的司法保障请求权保障了当事人向国家请求裁判的权利。司法保障请求权包含了法院不得拒绝裁判的义务，但对诉权的保障不是毫无限制的，当事人的司法请求权是否得到满足要受到诉讼要件的制约。德国主流观点认为，当事人约定排除某请求权的可诉性是合法的，原告所主张的请求权的可诉性属于诉讼要件之范畴。③ 如果当事人提起诉讼并不满足诉讼要件，那么对司法请求权予以保障根本无从谈起。一般认为，当行为人在纠纷发生后或在纠纷发生前预先以诉权合同对纠纷的可诉性予以排除时，当事人以这种方式处分的是实体请求权本身而不是通向权利保护的入口问题。④ 但当事人对于诉权的处分也需满足一定的条件，包括：(1)当事人对请求可诉性的排除必须针对特定的法律关系；(2)排除请求的可诉性必须建立在当事人平等的基础上；(3)不能概括性地放弃诉权。⑤

在法国，诉权合同的合法性也得到了理论与实务的承认。诉权合同合法

---

① 参见沈冠伶《诉讼权保障与裁判外纷争处理》，北京大学出版社，2008，第212～213页。
② 吴英姿：《论诉权的人权属性——以历史演进为视角》，《中国社会科学》2015年第6期。
③ 参见〔德〕汉斯－约阿希姆·穆泽拉克《德国民事诉讼法基础教程》，周翠译，中国政法大学出版社，2005，第76～77页。
④ 参见〔德〕施瓦布、戈特瓦尔德《宪法与民事诉讼》，傅郁林主编《德国民事诉讼法学文萃》，赵秀举译，中国政法大学出版社，2005，第154页。
⑤ 参见〔德〕罗森贝克、施瓦布、戈特瓦尔德《德国民事诉讼法》（下），李大雪译，中国法制出版社，2007，第652页。

通常需要满足以下四项标准：（1）诉权处分必须采用书面形式；（2）当事人处分的意志自由；（3）有处分诉权的明确意思表示；（4）只能针对已经发生或未来发生的具体争议。①

在日本，通说认为当事人就特定权利达成的不起诉合意是排除诉讼解决之事由，只要被告主张并证明不起诉合意，那么应当以无须通过诉讼程序解决为由驳回诉。② 因为"诉权是为了解决当事人间权利关系纠纷而设置的权利，那么禁止当事人双方放弃依本案判决解决纠纷的权利是没有理由的"。③ 虽然日本民事诉讼理论并没有将不起诉合意单独抽离出来作为诉讼要件对待，而是将其归于诉的利益中加以斟酌。但由于诉的利益同样属于诉的合法性要件，因此也可以将不起诉合意归类于诉讼要件中。只要该合意客观存在，那么即表明该诉不具有诉的利益，法院应当驳回诉。

我国台湾地区认为，公民诉讼权是相对于国家存在的权利，而诉权合同是在当事人之间达成的合意，其并不代表向国家概括性地放弃诉讼权，因而不涉及诉讼权的侵害问题。④ 在不危及公益情形下，当事人既可以就诉权予以完全舍弃，也可以对其进行限制或者排除，从而选择调解、仲裁等纠纷解决方法解决争议。⑤ 对于将诉权合同作抗辩事项理解，认为诉权合同与仲裁协议皆属抗辩事项，应当适用辩论主义。⑥

综上，当事人对于诉权的处分以及诉权合同的合法性是为大陆法系所广泛承认的。按照诉讼契约的分类，诉讼契约可以分为处分契约与负担契约两种类型。处分契约是指可以直接形成诉讼中的特定状态的诉讼契约，负担契约是指诉讼契约虽不能直接对诉讼状态予以直接形成，但是依诉讼契约之内容，当事人具有作为或者不作为义务的契约，典型如诉之撤回契约。⑦ 以诉之撤回契约为例，当事人达成撤诉合意的，原告因此而抛弃或

---

① 参见巢志雄《民事诉权合同研究——兼论我国司法裁判经验对法学理论发展的影响》，《法学家》2017年第1期。

② 参见〔日〕新堂幸司《新民事诉讼法》，林剑锋译，法律出版社，2008，第189页。

③ 〔日〕伊藤真：《民事诉讼法》，曹云吉译，北京大学出版社，2019，第121页。

④ 参见沈冠伶《不起诉契约》，《月旦法学教室》2002年第2期。

⑤ 参见姜世明《诉讼契约之研究》，《东吴法律学报》2007年第1期。

⑥ 参见邱联恭《争点整理方法论》，台北：三民书局，2001，第107～108页。

⑦ 参见姜世明《任意诉讼及部分程序争议问题》，台北：元照出版有限公司，2009，第11页。

丧失了诉权，但原告并不因诉之撤回契约的达成而直接产生撤诉的诉讼法效果。撤诉效果的达成可以通过两种途径产生，一是原告可以依诉之撤回契约的要求主动撤诉；二是原告违约并不撤诉，此时由被告提出诉之撤回契约达成的抗辩，如果抗辩成立，那么也会达到撤诉的效果。从比较法经验撷取来看，诉权合同同样可以归类于负担契约当中，在当事人达成诉权合同后，也只是产生负担效果。如果原告违约提起了诉讼，按照大陆法系的通行做法，要通过被告的妨诉抗辩来认可诉权合同的诉讼法效果。[①] 法院会基于被告的抗辩对原告所提之诉的合法性加以判断，因为存在诉权合同将会导致原告起诉不满足诉讼要件。如果诉权合同有效，那么法院将驳回当事人的诉，从而诉权合同的设定目的也得以达成。因此，大陆法系普遍认可诉权合同的合法性，这也与我国的司法实践经验相吻合。[②]

五 诉讼契约公平性原则对诉权合同合法性的限制

（一）诉讼契约公平性原则概述

如果当事人的处分事项属于其在程序上的权限且不违反公益，那么一般可认可诉讼契约的合法性，但"当事人就可自行处分事项达成合意的，如果合意本身违反公平原则，亦不应认可其合法性"。[③] 而对于公平性原则，大陆法系发展出了两项具体规则。[④]

1. 确定性规则

确定性规则由《德国民事诉讼法》第 40 条第 1 款、第 1029 条第 1

---

① 妨诉抗辩是指以程序事项为依据，主张诉不合法的抗辩。参见陈刚《论我国民事诉讼抗辩制度的体系化建设》，《中国法学》2014 年第 5 期。

② 参见巢志雄《民事诉权合同研究——兼论我国司法裁判经验对法学理论发展的影响》，《法学家》2017 年第 1 期。

③ 杨会新：《论诉讼契约的适用范围与效力》，《法商研究》2017 年第 4 期。

④ 对于诉讼契约的合法性界限，除公平性原则外，姜世明教授还提出了对诉讼契约合法性限制的多个考量要素，包括：（1）宪法基本原则的限制；（2）公民向国家请求救济的裁判请求权不可在纠纷发生以前概括性放弃；（3）诚实信用和公序良俗原则也可构成对诉讼契约的合法性限制；（4）诉讼契约必须合程序法的目的考量。参见姜世明《诉讼契约之研究》，《东吴法律学报》2007 年第 1 期。

款①关于管辖协议、仲裁协议的规定发展而来。以合意管辖情形为例，管辖协议可以对一个（可能还没有订立的）合同、一个往来账户关系等产生的所有纠纷订立协议，但是不能对当事人之间可能产生的所有法律纠纷进行约定。② 经过对此两款内容的拓展适用，德国理论将确定性规则一般化为诉讼契约的内在要求。③ 该规则表明，对于诉讼契约的内容，当事人唯有在以特定法律关系或由该特定法律关系所产生的争议为对象而进行约定时方才有效。"确定性规则旨在保障当事人对于处分对象的可预见性及估计性，确保其决定的自由。"④

虽然确定性规则适用于诉讼契约已被学界广泛认同，但确定性规则的具体内容尚有待进一步挖掘。依笔者之见，从诉讼契约的确定性规则内涵来看，实际上与民法上的事前弃权规则一脉相承。按照事前弃权的要求，如果处分行为之"客体特定与确定"的前提欠缺，那么处分行为无效。"客体特定"是指，作为处分行为客体的，必须是一项权利或一项权利之部分，而不得是一束权利（权利集合）；"客体确定"是指，至迟在处分行为生效之时，必须明确所处分的具体是哪项权利。⑤ 前者强调一项行为只能处分一项权利，后者要求处分标的必须确定。

2. 对格式合同中诉讼契约的特别规制

在私法上，格式条款是指当事人为重复使用而预先拟定，且未与对方当事人协商的条款。格式条款的"预先拟定"以及"未与对方协商"两种特性，充分显示了格式条款的缔约强制性，使得缔约一方处于"要么接受、要么拒绝"的被动地位，弱势一方当事人的合同自由将不复存在。⑥

---

① 《德国民事诉讼法》第 40 条第 1 款规定："关于管辖的合意，如非就一定的法律关系以及由此法律关系而生的诉讼作出的，不产生法律效力。"第 1029 条第 1 款规定："仲裁协议是当事人愿意将双方之间现已发生的或将来发生的属于合同的或非合同的一定的法律关系的全部或个别的争议提交仲裁庭裁判的协议。"

② 参见〔德〕罗森贝克、施瓦布、戈特瓦尔德《德国民事诉讼法》（下），李大雪译，中国法制出版社，2007，第 228 页。

③ 参见姜世明《诉讼契约之研究》，《东吴法律学报》2007 年第 1 期。

④ 杨会新：《论诉讼契约的适用范围与效力》，《法商研究》2017 年第 4 期。

⑤ 参见叶名怡《论事前弃权的效力》，《中外法学》2018 年第 2 期。

⑥ 参见朱广新《合同法总则研究》（上），中国人民大学出版社，2018，第 42、141 页。

既然当事人一方可以通过滥用优势地位来达成民事合同，那么当缔约双方力量悬殊、实质地位不平等时，也不能排除一方当事人滥用优势地位来达成诉讼契约的可能。因此，对于诉讼契约也需要对格式条款进行特别规制以达到实质公平。例如，我国《最高人民法院关于〈中华人民共和国民事诉讼法〉的解释》（下称《民诉法解释》）第 31 条①对经营者与消费者之间通过格式条款订立的管辖协议进行规制。对格式条款的特别规制，本质上是为了防止缔约优势方滥用优势地位，妨害缔约另一方的意思表示自由与真实。

需要特别说明的一点在于，违反诉讼契约公平性原则，将会导致诉讼契约不合法。理论上一般认为，违反公平性原则的诉讼契约无效。② 这是因为，当事人的合意是诉讼契约成立的基础，在诉讼契约不满足确定性规则的情形，由于合意的标的不确定，那么契约当然不能发生效力。在诉讼契约存在格式条款的情形，如果格式条款未能通过适当的方式提请缔约另一方注意，那么就不能认为格式条款内容已经取得了另一方的同意。既然合意不能达成，那么诉讼契约也当然不能发生诉讼法效力。

（二）诉讼契约意思表示瑕疵与违反公平性原则的区分

从私法上来看，合同法的意志理论认为，合同自由蕴含着只有当事人基于自主的意思表示双方达成一致，合同才具有约束力的推论。③ 合同法的意志理论是确保当事人意志自由、解释合同拘束力的根基。尽管我国通说认为合同的拘束力来源于法律的规定，④《合同法》第 8 条也对此明确予以规定，但是这种拘束力的正当性以当事人之间的合意达成为基础。这也就意味着，如果缔结合同的当事人在意思不自主或不自由的状态下达成了一致，那么由于该意思表示存在缺陷，则不能发生预期的法律效果。因此，意思表示瑕疵会影响民事合同的效力。然而在诉讼契约中，意思表示瑕疵是否有适用之余地呢？

---

① 本条内容：经营者适用格式条款与消费者订立管辖协议，未采取合理方式提请消费者注意，消费者主张管辖协议无效的，人民法院应予支持。
② 参见姜世明《诉讼契约之研究》，《东吴法律学报》2007 年第 1 期。
③ 参见朱广新《合同法总则研究》（上），中国人民大学出版社，2018，第 39～40 页。
④ 参见王利明主编《合同法研究》（第一卷），中国人民大学出版社，2011，第 534 页。

有学者指出，诉讼契约是对民法上合同概念之借用，二者对应的都是平等当事人之间达成合意的情形，但民事合同的法律效果原则上仅及于当事人之间（合同相对性原则），而诉讼契约及于的主体还包括人民法院。①通常认为，民事法律行为以意思表示为成立要件，而诉讼行为的成立在原则上采用表示主义，原则上排除民法规定的意思表示真实要件之适用。②这是因为按照程序安定性理论的要求，诉讼程序之间并不是互相独立、互不影响的。相反，诉讼程序中各个当事人的诉讼行为之间存在紧密的联系，前一诉讼行为的效力将对后一诉讼行为产生影响。如果允许当事人基于意思表示瑕疵而撤销或者撤回诉讼行为，那么势必危及诉讼程序的安定性。由于诉讼契约的缔结属于双方诉讼行为，因而在诉讼契约中不应当考虑意思表示瑕疵问题。但随着时间的推移，否定说的问题也逐渐暴露，虽然其有利于维护程序的安定，却有碍于公正审判的达成。毕竟诉讼行为与法律行为同为民事主体通过自身意思谋求自身利益的行为，二者之间的共通性是客观存在的，③那么法律行为的意思表示瑕疵对于诉讼行为同样具有借鉴意义。为此，不仅德、日司法实务对意思表示瑕疵适用于诉讼契约有缓和的趋势，我国台湾地区民事诉讼法理论也已经认同意思表示瑕疵在诉讼契约中的适用。④作为诉讼契约的一种，诉权合同同样是在当事人之间就诉权处分达成的合意。那么为了保证诉权合同是当事人意思表示真实与自由的结果，诉权合同就不得存在欺诈、胁迫、重大误解、显失公平等可撤销事由。否则，享有撤销权的当事人可以通过向人民法院提起撤销之诉的形式来撤销诉权合同的法律效果。⑤

---

① 参见陈刚《民事实质诉讼法论》，《法学研究》2018 年第 6 期。
② 参见陈刚《民事实质诉讼法论》，《法学研究》2018 年第 6 期。
③ 参见雷正来《诉讼行为的特质及意思瑕疵》，民事诉讼法研究基金会主编《民事诉讼法之研讨》（第 11 卷），台北：三民书局，2003，第 318～320 页。转引自杨会新《当事人诉讼行为论》，法律出版社，2018，第 267～268 页。
④ 参见杨会新《当事人诉讼行为论》，法律出版社，2018，第 251～259 页；姜世明《诉讼行为论》，《月旦法学教室》2005 年第 28 期。
⑤ 我国实务中，诉权合同中当事人意思表示瑕疵情形类推适用《合同法》规定进行救济。参见巢志雄《民事诉权合同研究——兼论我国司法裁判经验对法学理论发展的影响》，《法学家》2017 年第 1 期。

在诉权合同中，区分公平性原则与意思表示瑕疵导致合同可撤销规则的意义在于，如果诉权合同是当事人意思表示瑕疵的结果，那么当事人可以通过撤销权的行使申请法院撤销合同，且撤销权的行使必须受除斥期间经过的限制；如果诉权合同违反了诉讼契约的公平性原则，那么诉权合同无效，且当事人主张诉权合同无效不受除斥期间的限制。

（三）诉权合同合法性审查的实践误区及纠正

从我国司法实务来看，在诉权合同中法官对于诉讼契约公平性原则的运用并不成熟，在对诉权合同由当事人意思表示瑕疵导致合同可撤销与违反诉讼契约公平性原则导致合同无效的区分上存在误区。

案例1。在王某某与时某某海上人身损害赔偿纠纷案中，原告受雇于被告，在渔船上作业期间受伤，原告收到被告部分赔偿后与被告签订了诉权合同。后原告诉至法院请求被告赔偿后续治疗费用，并请求法院依重大误解或者显失公平调整诉权合同。法院认为：被告虽然举证王某某作出过"今收到伤残赔偿款人民币3万元，王某某知晓其伤残等费用可能获得更多的赔偿，但自愿放弃多余赔偿及赔偿项目，双方就伤残赔偿事宜已经一次性了结，互不反悔"的单方承诺，但该承诺系王某某在伤残鉴定结论作出之前所为，其不能预料自己伤残、伤情的后果以及鉴定结论结果，因此，该承诺不具有拘束力。①

案例2。在刘某某与崔某某提供劳务者受害责任案中，刘某某受雇于崔某某，在提供劳务过程中受伤。原告主张被告在原告伤残状况尚未确定情况下与原告签订了工伤赔偿协议书，其赔偿金只够赔偿原告部分医疗费用和生活费用，并未赔偿伤残赔偿金和后期二次手术治疗费等其他经济损失，因而协议存在重大误解和显失公平。但是法院最终驳回了原告的诉讼请求，理由为"原告在签订协议时对自身伤情可能构成伤残及需要二次手术治疗系明知，原告对诉争协议内的赔偿项目的含义、责任分配、赔偿金额系充分了解并知情，其在自愿情况下签订诉争协议，并不存在原告所称

---

① 参见青岛市海事法院（2014）青海法海事初字第65号判决书。

诉争协议存在显失公平、重大误解的情形"。①

案例 3。在杨某某诉孙某某生命权、健康权、身体权纠纷案中，原告杨某某与被告孙某某一同用餐，酒后发生争吵，被告殴打原告左眼致其受伤住院。待原告出院后与被告之子签订调解协议书，由被告之子一次性赔偿原告"医疗费用及各项费用"4 万元，原告自此放弃诉权，不再追究。后原告以产生后续治疗费用为由诉至法院，法院认为："原告并未在其主张知道该协议存在重大误解、显失公平事由之后一年内行使撤销权，该协议应为合法有效……现原告以产生后续费用为由要求被告赔偿损失，于法无据。"②

从诉讼契约的确定性规则出发审视，当事人放弃针对后续治疗费用提起诉讼的权利，是对基于特定原因事实③产生的纠纷的诉权放弃。然而，放弃该部分诉权是否满足确定性规则旨在维护当事人处分可预见性的目的呢？举例而言，在后发性后遗症情形中，受害人在病情好转后，经过一段时间又产生了后发性损害。既然受害人对后发性后遗症的发生及其损害程度都没有意识，④ 在此情形下当事人之间签订诉权合同的，自然也不应认为受害人对后续治疗费用诉权的放弃满足了可预计、可估算的条件。由于其不满足确定性规则的要求，诉权合同应当无效。案例 1、案例 2 中原告虽然不属于后发性后遗症情形，但原告均在伤残鉴定结论作出之前即与被告签订了诉权合同，因而与后发性后遗症情形具有相似性。受害人此时对于后续治疗费用并不能作出充分预计，因而诉权合同应当无效。不过，如果在经过了伤残鉴定，进而受害人可以对后续治疗费用作出合理预计情形下，或者有证据证明即使没有伤残鉴定，对于后续治疗费用原告也能作出合理预计的，则应当肯定诉权合同的合法性及其诉讼法效力。两个法院对

---

① 参见虎林市（2017）黑 0381 民初 1584 号判决书。
② 参见台州市路桥区法院（2016）浙 1004 民初 8447 号判决书。
③ 就人身损害中的后遗症、嗣后发生的康复费用提起的诉讼，应当以基于新发生的事实产生的诉权予以对待。其作为独立的诉讼请求，可以直接援引《民诉法解释》第 248 条、《最高人民法院关于审理人身损害赔偿案件适用法律若干问题的解释》第 19 条第 2 款等规定。参见袁琳《部分请求的类型化及合法性研究》，《当代法学》2017 年第 2 期。
④ 参见〔日〕高桥宏志《民事诉讼法——制度与理论的深层分析》，林剑锋译，法律出版社，2003，第 98 页。

诉权合同是否发生诉讼法效力作出了截然相反的认定，分歧的核心即在于是否运用确定性规则对诉权合同进行审查。

在由不满足确定性规则导致合同无效与当事人由意思表示瑕疵导致合同可撤销的区别上，案例 3 法院试图利用意思表示瑕疵规则对诉权合同的效力进行调整。但是由于当事人未在除斥期间内行使撤销权，因而法院认为诉权合同有效，后续治疗费用不得主张。假使利用诉讼契约公平性原则对诉权合同效力进行审查，即使认为原告在获得"医疗费用及各项费用"4 万元后放弃诉权的约定能够使得处分的客体特定——基于该事实产生的诉权，其对诉权的放弃在确定性规则的满足上也难言具备，须待进一步审查。原告对后续治疗费用的发生和数额缺乏预见可能性的，应当认定诉权合同无效。如果原告对于后续治疗费用的发生和数额可以预见，那么诉权合同合法有效。笔者认为，在被告提出诉权合同作为证据时，就已经初步完成了合同合法有效的举证，也即对原告提出了妨诉抗辩。原告此时可以就诉权合同因不满足确定性规则无效进行再抗辩，或者就诉权合同存在意思表示瑕疵可以撤销进行再抗辩，从而排除诉权合同的诉讼法效力。案例 3 法院并没有区分诉权合同由不满足确定性规则导致合同无效与当事人由意思表示瑕疵导致合同可撤销的差别，使得原告在摆脱诉权合同的束缚时受到除斥期间的限制，殊为遗憾。相较之下，案例 1 法院的裁判更能贴近诉讼契约的审查规则。

案例 1 中，原告尽管在庭审中主张了其对诉权合同的签订属于重大误解或显失公平，但法院在裁判理由的表述上并未对重大误解或显示公平进行判断，而是直接以原告订立诉权合同缺乏处分的可预见性来认定诉权合同无效。在笔者看来，案例 1 法院直接依职权认定诉权合同因不满足确定性规则而无效，不符合辩论主义的要求。按照辩论主义第一命题的要求，直接决定法律效果发生或消灭的事实必须在当事人的辩论中出现，没有在当事人的辩论中出现的事实不能作为法院裁判的依据。原告缺乏对后续治疗费用的预计这一事实，决定了诉权合同的效力，应当由当事人对此展开辩论，而不能由法院直接对此加以认定。鉴于实务中当事人对诉讼契约确定性规则知之甚少，而诉权合同又关系原告所提之诉的合法性，因而法院在此情形下可酌情释明。当原告在诉讼中表明自己无法预见后续治疗费用的产生，或者数额与预计相差甚巨时，释明其是否行使诉权合同违反公平性原则的抗辩权。按照《民诉法解释》第91条的规定，主张法律关系消灭的当事人应当对法律关系消灭的基本事实承担证明责任。因此，在原告主张诉权合同因违反确定性规则而无效时，应当由其对诉权合同订立时缺乏对后续治疗费用的预见可能性予以证明。

新兴权利研究

"推测信息"的权利属性及其法律规制[*]

丰　霏　陈天翔[**]

摘　要：大数据和算法时代的数据收集、分析和使用更加注重一种"推测"用法。这些经由算法推测出来的信息具有鲜明的人格和财产利益，挑战了现有个人信息和隐私权理论，有必要探索推测信息的权利问题，为法律提供规制策略。个人信息权说、隐私权说、知识产权说和复合型权利说是目前推测信息的四个可供选择的赋权思路，而在规制策略上，以欧盟GDPR为代表的法律体现了个人信息自决权说；美国各类分散的行业法律则主要体现了隐私权说。实际上它们都不能很好地应对推测信息的现实和理论问题，推测信息的权利保护策略仍有待进一步深入探索。

关键词：推测信息；个人信息权；隐私权；知识产权；法律规制

数据具有不可估量的价值，数据可以说话，"只要我们刑求数据，其自会招供一切"。[①] 如何让数据"开口"——这一方面来源于数据信息的自我呈现，另一方面则主要依靠对数据或信息的推演预测，即通过大数据和算法的数学机理作出数据分析，发掘数据间的相关关系，建立预测模型，从而推测出某种有价值的信息。"推测信息"就是这样一类经由数据分析技术在原数据或信息之上形成的新的预测性信息。可以说，大数据时代的核心理念并非全然着力于信息的精准性，而更在于信息的预测性。然

---

[*]　本文系国家社科基金一般项目"当代中国法律激励理论与实践研究"（项目编号：17BFX020）的阶段性成果。

[**]　丰霏，南京师范大学法学院副教授、中国法治现代化研究院研究员，法学博士；陈天翔，浙江大学光华法学院法学理论专业博士研究生。

[①]　R. H. Coase, *Essays on Economics and Economists*, Chicago：University of Chicago Press, 1995, p. 27.

而，法学界既有的有关个人信息和信息隐私的理论并未足够重视推测信息。尽管国内外很多学者在讨论算法、个人信息和信息隐私问题时，都有意或无意地提到了推测信息，但单独、深入探讨推测信息的并不多见。因此，围绕推测信息的权利属性和法律规制进行专门言说，实有必要。

一　推测信息的概念与现象

在现代信息科技发明以前，人们对于数据的理解较为单纯，用以收集数据的方法也较为单调，无法充分保证收集数据的质量，也无法轻易保存大容量的数据。但是步入数据时代，借助这些信息科技，数据收集和使用的方式发生了翻天覆地的变革；大数据、算法和人工智能都离不开对数据的收集和使用，任何数据都无时无刻不在被收集；甚至数据可以表征万物关系，成为现代社会的万物理论——似乎一切都可以数据化。这种数据化的科技理性打破了传统的数据收集和使用方式，并革新了人们对数据的认识与观念。正如西方学者所观察的，"现代社会人类活动产生了各种新的数据，大数据则使我们更加关注整个复杂环境的方方面面对人类行为产生的意想不到的影响，由此也改变了我们衡量和推断行为的方式"。①

（一）推测信息的概念阐释

就数据的来源和产生方式来看，我们可以将数据划分为"初始收集的数据/信息"（collected data/information）和"推测数据/信息"（inferred data/information）。前者包括元数据和信息，意指那些被直接收集、未经过任何加工的数据，其中包含的信息显见于数据本身或者仅仅经由单个（组）数据的简单分析即可获得的其内部所包含的准确信息；后者则是在多个具有潜在联系的原始数据的基础上利用大数据和算法的二次挖掘、分析和加工生产出来的数据/信息，这些数据/信息的真实性和可靠性有赖于

---

① Ian Foster, Rayid Ghani, Ron S. Jarmin, Frauke Kreuter and Julia Lane, *Big Data and Social Science: A Practical Guide to Methods and Tools*, Chapman and Hall/CRC, Taylor & Francis Group, 2017, pp. 3 – 4.

原始数据的数量和质量程度，也受到分析工具和方法的制约，因此是一类具有潜在真实可能性和人工预测性的数据/信息。关于这种数据分类的方法，也有不少学者提出过类似概念，例如有学者提出"数据衍生物"（data derivatives）和"已处理的数据"（processed data），前者指数据的一种特定抽象形式，其能将状态收集的数据与正在展开的未来明确地联系起来；① 后者指经过计算系统"精炼"（refined）的数据。② 再如 WEF（World Economic Forum）报告中提出的"观察数据"（observed data），即由大量的计算机器制造、构造、读取、测量而成的数据。③ 这些概念都在一定程度上与本文所称的推测信息具有相似性和相关性。

其实，人们对于数据概念的理解不会仅仅停留在原始数据本身。收集的数据本身固然重要，但数据价值更在于"使用"，④ 并且这种"使用"也并不限于我们通常理解上的"采用"，而常常是一种"二次使用"（secondary uses），⑤ 即一种推测用法。"信息的存在是一回事，但是如果信息是以一种很难为人们所发现的方式存在的，那么从这些信息中获得重要知识就完全是另一回事。"⑥ 收集信息的主要目的在于获取"与知识十分近似的有用的信息"，信息收集方需要做的最重要的工作就是尝试从这些原始信息中得出"推论"，根据这些推论我们可以采取相应的行

---

① Louise Amoore，"Data Derivatives on the Emergence of a Security Risk Calculus for Our Times"，*Theory Culture & Society*，Vol. 28. 6，2011，p. 2.

② See Mireille Hildebrandt，"Location Data，Purpose Binding and Contextual Integrity：What's the Message？"in Luciano Floridi ed.，*Protection of Information and the Right to Privacy—A New Equilibrium*？Springer，2014，p. 35.

③ Rethinking Personal Data，Trust and Context in User-Centred Data Ecosystems，http://www3. weforum. org/docs/WEF_ RethinkingPersonalData_ TrustandContext_ Report_ 2014. pdf，最后访问日期：2019 年 7 月 3 日。See also Mireille Hildebrandt，"Location Data，Purpose Binding and Contextual Integrity：What's the Message？"in Luciano Floridi ed.，*Protection of Information and the Right to Privacy—A New Equilibrium*？Springer，2014，p. 39.

④ 参见〔英〕维克托·迈尔·舍恩伯格、〔英〕肯尼斯·库克耶《大数据时代——生活、工作与思维的变革》，盛杨燕、周涛译，浙江人民出版社，2013，第 258 页。

⑤ See Amitai Etzioni，*Privacy in a Cyber Age*：*Policy and Practice*，New York：Palgrave Macmillan，2015，p. 1.

⑥ 〔英〕吉隆·奥哈拉、〔英〕奈杰尔·沙德博尔特：《咖啡机中的间谍：个人隐私的终结》，毕小青译，生活·读书·新知三联书店，2011，第 80 页。

动。① 在现实中，我们也常常发现，一些企业或组织即便不能直接收集到想要获取的个人数据，也能通过其他数据推测出来，并且推测准确率往往极高。② 所以，"推测信息"这一概念直接指涉了大数据时代中个人信息的运转实际，其意味着利用大数据和算法可以从显在的信息中推测出潜藏的信息；从间接的信息中推测出相对直接的信息；从不完全（整）的信息中推测出完全（整）的信息；从不敏感的信息中推测出敏感的信息；从不相关的信息中推测出相关的信息；从合法的信息中推测出不合法的信息；从公开的信息中推测出非公开的信息；等等。

在现实和我们既有的认识中，推测信息的过程常常和收集信息的方法界限不明，有时推测信息也被看成一种收集信息的手段。收集信息是用以推测，并通过推测来进一步收集信息。③ 如此一来，常常以隐私权保护为立论基础的关于数据是否敏感、是否公开和是否完整的二分法就丧失了实践意义。任何数据都可能是敏感的，因为它们都可能被推测出敏感信息。即便推测出的信息是不敏感的信息，但是这些信息是经由推测得出而非经过同意而收集的，这一过程也仍然是敏感的。所以，推测信息概念首先是基于信息的使用而提出的，而不是基于信息的主体而产生的。这也就是厘定其权利属性和规制策略的缘由所在。

（二）推测信息的基本原理

尽管哈耶克曾认为，"人之理性既不能预见未来，亦不可能经由审慎思考而型构出理性自身的未来"，④ 但是在大数据时代，人们借由大数据

---

① 参见〔英〕吉隆·奥哈拉、〔英〕奈杰尔·沙德博尔特《咖啡机中的间谍：个人隐私的终结》，毕小青译，生活·读书·新知三联书店，2011，第 84 页。

② 研究表明，可以通过收集社交网络上用户的公开信息推测出非公开的隐私信息，并且推测准确率高达九成。参见吕少卿、张玉清、倪平《基于公开信息的社交网络隐私泄露》，《通信学报》2013 年第 Z1 期。

③ See Mireille Hildebrandt, "Location Data, Purpose Binding and Contextual Integrity: What's the Message?" in Luciano Floridi ed., *Protection of Information and the Right to Privacy—A New Equilibrium?* Springer, 2014, p. 32.

④ 〔英〕弗里德利希·冯·哈耶克：《自由秩序原理（上）》，邓正来译，生活·读书·新知三联书店，1997，第 44 页。

和算法之科技理性来发现相关关系甚至"预测未来"并非不可能。大数据的核心价值就在于"预测未来","大数据记载了我们过去发生的一切,现在发生的一切,并能准确地预测我们的未来"。[①] IBM 公司将大数据的特点概括为"5V",即 Volume（大量）、Velocity（高速）、Variety（多样）、Value（价值）和 Veracity（真实性）。但大数据也包括第六"V",即 Valence（连接）,指的是大数据之间如何产生联系。所以大数据亦可指一种方法论意义上的观念,即大数据可以客观又精确地发掘本不具备逻辑联系的真相与事物之间的相关性。[②]

推测信息以大数据、算法和人工智能（机器学习）为机制。信息化时代的人类活动,不管是工作还是生活,都会产生海量的数据信息。这些数据信息的来源主要包括：机器产生的结构数据（structure data,如收银票据）；人类产生的非结构数据（unstructured data,如社交网站、购物网站的各种评论文字、图片等）；机构产生的混合数据（简单来说包括前两者在内的各种数据）。大数据能够观察人类组织微秒的变化以及数百万人之间所有的互动情况,而在观察一个组织内部细粒化互动模式的时候,人们可以依靠定制组织或个人的表现并预测他们将如何应对新情况。[③] 大数据的工作原理则是建立在以应用数学、统计技术和计算机科学为代表的预测科学和循证（evidence-based）方法基础之上,把分析的主要目标放在对可用的变量进行优化或选择最优结果上。[④] 也就是说,数据蕴含着一个"规则"或关系,大数据可以收集、分析数据,挖掘数据间的相关关系,为已发现的、有用的关系的集合建立预测模型。这些模型可以分类行为,并在给定的条件下评估（如利用贝叶斯定理等数学工具）特定个人或群体

---

① 王利明：《人工智能时代提出的法学新课题》,《中国法律评论》2018 年第 2 期。
② 参见徐明《大数据时代的隐私危机及其侵权法应对》,《中国法学》2017 年第 1 期。
③ 参见〔美〕阿莱克斯·彭特兰《智慧社会：大数据与社会物理学》,汪小帆、汪容译,浙江人民出版社,2015,第 117 页。
④ See Caryn Devins, Teppo Felin, Stuart Kauffman and Roger Koppl, "The Law and Big Data", *Cornell J. L. & Pub. Pol'y*, Vol. 27. 2, 2017, p. 364. 人工智能也会通过账户对使用者进行认证,对账户中积累下来的用户行为数据进行分析识别,生成动态身份,并对其行为进行评分指引,预测其偏好和未来行为。参见胡凌《超越代码：从赛博空间到物理世界的控制/生产机制》,《华东政法大学学报》2018 年第 1 期。

的特定行为或特性发生的概率。而有监督的机器学习可以不断将推测出来的信息和模型添加到数据库中，作为一种收集信息来继续学习、完善模型。这就形成了一个近乎完美的"收集－建模－推测－学习－建模"递归或闭环，以期实现对现有系统运行的改变，促使既有系统在希望的目标下运行。

（三）推测信息的现实展现

推测信息并非科幻故事。经济学家们很早便指出，统计数据中的隐私和歧视等可观测的特性与不可观察的特性（如工人生产力、留在劳动市场的意愿等）相关，雇主会利用后者作为前者的"代理"来采取不正当的行为。也就是说，他们试图构建并验证一些人类行为的模型，目的在于预测和控制这种行为。[1] 心理学家也会通过心理画像来推测心理活动和心理特征，并在这些推测上进一步推测可能要发生的行为和动作。医疗领域也是如此，研究人员能从有限的数据中获得更多的信息。[2] 以基因检测和识别为例：基因作为遗传因子，其根本属性是信息性，可以有效推测出个人甚至是整个家族的信息（甚至是私密信息）。"精准医疗"（precision medicine）则把每个人都当作一个巨大的数据库，把人们方方面面的信息都当作可疑信息记录下来，其目标是通过分析整合这些数据库中的数据，确定对于特定疾病或者特定健康状况最关键的因素，并找到针对每一个个体特异的疾病预防与治疗方案，[3] 收集的个人信息经过大数据分析和挖掘，可以轻而易举地"还原"出一个人的真实面貌和生活环境。

法学领域中也广泛涉及信息推测。在司法领域，波斯纳提出了有关司

---

① 参见〔美〕理查德·A.波斯纳《超越法律》，苏力译，中国政法大学出版社，2001，第19页。

② See "Robotics and Artificial Intelligence: Ethical and Legal Issues", https://publications. parliament. uk/pa/cm201617/cmselect/cmsctech/145/14506. htm，最后访问日期：2019 年 4 月 19 日。

③ 参见《精准医疗：把隐私都交出来了，我会被定向诈骗吗?》，果壳网，https://mp. weixin. qq. com/s/LUl2VA3HdnjwRCzJldzngw，最后访问日期：2018 年 5 月 16 日。See also Sarah Y. Kwon, "Regulating Personalized Medicine", *Berkeley Tech. L. J.*, Vol. 31, Annual Review 2016, 2016, pp. 931 –960.

法行为的实证理论，其中就包括"态度理论"。这种理论主张，用法官带进案件的政治偏好解说法官的决定。于是推测法官（特别是最高法院大法官）的政治偏好便成为一种趋势，因为推定的政治倾向可以很好地解说法官对案件的反应并且精准地预测案件结果。① 法国的《司法改革法》第33条规定："不得为了评价、分析、比较或预测法官和司法行政人员的职业行为而重复使用其身份数据。"这实际即表明了在司法实践中利用推测信息的现实性。

而随着语义网（the semantic web）这种智能网络的发展，web 3.0网络时代更加依赖信息推测。② 随着"泛在计算"（ubiquitous computing）的发展，信息科技越来越强调信息的收集，并且这种收集越来越不受时空和方式的限制。泛在计算装置通过信息推测来侵犯隐私也是十分常见的，它们可以很轻松地从收集的不同信息中推断出一个人的行为模式和其他情况。③ 例如，荷兰隐私保护机构调查指出，耐克的一款智能跑鞋将有关用户身体活动的数据连接到用户的智能手机或手表设备上，最终被制造商收集。这种对用户健康数据的处理存在风险，可能因个人假定或实际的健康状况而产生歧视。④

算法则可以依据数据中的已知特性对未知的特性进行更多有根据的预测。搜索引擎具有一种"自动补全功能"（autocomplete function），可以预测搜索内容。⑤ 大数据和算法可以通过分析个人搜索的关键词和访问页面

---

① 参见〔美〕理查德·波斯纳《法官如何思考》，苏力译，北京大学出版社，2010，第18~23页。

② 语义网专注处理、分享数据，所以它依赖大数据的数据库。其会标记某些信息，赋予意义，并对这种标记作出某种解释。这样看来，标记即构成了信息的"元数据"，人和计算机都能够借由语义网及其标记读懂各种信息。也就是说，隐藏在文件中的有关个人的信息就会以原始的形式被别人所浏览和利用，进行更为深入（迅速且自动）的分析，人们也能够轻易地对这些数据进行查询并从中作出各种推断。参见〔英〕吉隆·奥哈拉、〔英〕奈杰尔·沙德博尔特《咖啡机中的间谍：个人隐私的终结》，毕小青译，生活·读书·新知三联书店，2011，第119~121页。

③ 参见〔英〕吉隆·奥哈拉、〔英〕奈杰尔·沙德博尔特《咖啡机中的间谍：个人隐私的终结》，毕小青译，生活·读书·新知三联书店，2011，第176~183页。

④ Robert van den Hoven van Genderen, "Privacy and Data Protection in the Age of Pervasive Technologies in AI and Robotics", *Eur. Data Prot. L. Rev.*, Vol. 3. 3, 2017, p. 347.

⑤ See Anupam Chander, "The Racist Algorithm", *Mich. L. Rev.*, Vol. 115. 6, 2017, p. 1034.

推测其教育水平、智力和认知能力等，[1]通过求职者的姓名甚至可以推断其种族。大数据可以用来做心理特征画像（psychographic profiling），帮助竞选人获得更多选票。其机制就在于，通过数据处理可以推测个人的政治观点、种族倾向等信息，然后网站会推送符合公民期望的相关信息。

总而言之，大数据和人工智能时代的诸多新型科技问题都可以被归结为信息推测和推测信息的问题。采取这种思路，有助于我们在法学领域重新认识上述科学问题，也有助于我们以一种"机器学习"的科学态度，在个人信息和信息隐私领域内重新反思何为数据/信息，何谓个人数据/信息，如何规制数据行为等基础法律问题。

（四）推测信息的特性

大数据和算法完全是基于相关关系来作出决定，即"数据分析、挖掘是一种在大数据库中发现或推断未知事实的模式，它不依赖于因果关系而依赖相关性进行预测和推断，新发现的信息是非直观的，不具可预知性，整个过程相当不透明"。[2] 在大数据和算法的这种黑箱运作中，其具有内在的一致性（inherently acontextual）、句法性（syntactic）、经验性、算法性和确定性，但就连它们自己都无法解释自己。[3] 而当数据分析达到一定程度时，就会出现质变甚至异化——个人行为模式将会变得透明乃至可计算和预测。

由此可见，推测信息具有一个重要的特性，即它是一种有关数据主体某种事实状态的可能性推测，这就意味着，它并不像其他信息那样具有确定性：它预设了某种状态或事实的存在，尽管这种存在具有很大可能性，但它仍没有直接的证明，必须等到信息使用后、信息主体得到确证（或其他证明）之后，方可纳入个人信息中讨论。这尤其体现在对个人兴趣、习

---

① See Dan Murray & Kevan Durrell, "Inferring Demographic Attributes of Anonymous Internet Users", in Brij Masand, Myra Spiliopoulou ed., *Web Usage Analysis And User Profiling*, Berlin: Springer, 2000, pp. 14 – 18.

② 徐明：《大数据时代的隐私危机及其侵权法应对》，《中国法学》2017 年第 1 期。

③ See Caryn Devins, Teppo Felin, Stuart Kauffman and Roger Koppl, "The Law and Big Data", *Cornell J. L. & Pub. Pol'y*, Vol. 27. 2, 2017, p. 360.

惯和性格的某种推测上。推测信息的确定结果（真值）并不重要，重要的是它的无数可能性（基于假定的个人特征、行为和偏好等一系列要素），构成了"福柯式圆形监狱"——"一种虚构的关系自动产生一种征服"。[①]人是时间性和空间性的存在。时间性表明人可以选择面向未来，遗忘过去；立足现在，回避未来。空间性表明人有不被打扰的隐私和自己决定的自治。人的时间性和空间性相互影响。然而，"大数据空间"（big data space）是一个"时间域"（timespace），其能够同步数据交换和平行处理，再加上机器学习递归能够不断重新配置这个时间域，挑战了传统时间观念（过去和未来）。[②]同时，更为重要的是，在这一意义上，不论其在信息内容上的真实性程度，推测信息正潜在冲击并威胁到传统个人隐私和自治的观念。

二　推测信息的权利属性：争鸣与辨析

推测信息中所包含的人格利益、财产利益以及社会利益，为其作为数据时代下法律关系的客体提供了正当性依据。然而，关于推测信息所对应的权利性质众说纷纭。不同的理论基点产生了不同的认识，也导致了不同的规制策略。

（一）个人信息权说

个人信息权说以推测信息的数据源头和内容指向对象为关注点，将推测信息看成个人信息的分类，强调推测信息的个人归属权、积极的自决权。

所谓个人信息，是指与特定个人相关联的、反映个体特征的、具有可识别性的符号系统，包括个人身份、工作、家庭、财产、健康等各方面的

---

① 〔法〕米歇尔·福柯：《规训与惩罚：监狱的诞生》，刘北成、杨远婴译，生活·读书·新知三联书店，1995，第 227 页。

② See Mireille Hildebrandt, "Location Data, Purpose Binding and Contextual Integrity: What's the Message?" in Luciano Floridi ed., *Protection of Information and the Right to Privacy—A New Equilibrium*? Springer, 2014, p. 36.

信息。所谓"识别"，即通过个人信息可以将个人"识别出来"，并且是一种广义理解上的身份识别性，即只要此种信息与个人人格或个人身份有一定的联系，都可以认为其具有身份识别性。其又包括"直接可识别"和"间接可识别"两种。后者意味着有些个人信息"虽然不能直接体现具体的信息主体是谁，但可以反映出该信息主体何时何地以何种方式从事了何种行为，还可以由此分析其兴趣爱好、活动范围、消费能力、消费需求、行为方式等，并通过数据分析为个人提供个性化的服务"。[①] 从实际规范上来看，2017 年的《最高人民法院　最高人民检察院关于办理侵犯公民个人信息刑事案件适用法律若干问题的解释》（以下简称《解释》）也定义了"个人信息"："是指以电子或者其他方式记录的能够单独或者与其他信息结合识别特定自然人身份或者反映特定自然人活动情况的各种信息，包括姓名、身份证件号码、通信通讯联系方式、住址、账号密码、财产状况、行踪轨迹等。"我国 2018 年 5 月 1 日实施的《信息安全技术　个人信息安全规范》也采用了《解释》中的定义。同样，欧盟于 2018 年 5 月 25 日生效的《一般数据保护条例》（General Data Protection Regulation，以下简称 GDPR）中也强调了个人信息的身份识别性，将个人数据分为已识别（直接识别）和可识别（间接识别）两种，可识别的自然人是指通过姓名、身份证号、定位数据、网络标识符等，或通过特定的身体、心理、基因、精神状态、经济、文化、社会身份等方面个人属性能够被直接或间接识别的自然人。美国的各类隐私立法亦强调个人信息概念的身份性识别特征，相关数据企业（如谷歌公司）于 2018 年 5 月 25 日生效的最新隐私政策亦如是。[②]

因此，基于对个人信息的认识，这种观点认为，推测信息不仅以所收集到的个人信息为素材或原料，并且经过加工分析推测出来的信息往往也直接指向个人信息的内容，尽管这种推测出来的信息与个人信息的真实情

[①] 陶莹：《我国网络信息化进程中新型个人信息的合理利用与法律规制》，《山东大学学报》（哲学社会科学版）2016 年第 2 期。

[②] 参见"谷歌隐私政策"，https://ssl.gstatic.com/policies/privacy/pdf/20180525/853e41a3/google_privacy_policy_zh-CN.pdf，最后访问日期：2018 年 5 月 17 日。

况之间并不具备完全的吻合度，但是考虑到信息的来源与指向，推测信息应当属于个人信息权的应有内容。故而，在这一观点的主导下，推测信息被认为是个人信息的一种，其本身并不可单独作为一种新的数据分类，因此也不具备独立讨论其权利属性的条件，当归属于个人信息甚至个人私有财产的范围，并应以个人信息权①的范式加以讨论，甚至无须讨论。

毫无疑问，推测信息经由上述各种个人信息分析得出，也同样具备可识别性内容。因而，在理论与实践中往往将推测信息归于个人信息，并由此认定推测信息的权利是一种个人信息权，赋予个人相应的自决权。国内外很多学者在讨论个人信息问题时，都有意或无意地提到了推测信息，并肯定了其现实性，但往往并没有单独、深入探讨推测信息，而是将其包含在个人信息范畴之中，以个人信息权利为范式。例如，王利明教授在主张个人信息自决权的积极人格权能时，就体现出对推测信息的个人信息权属思路。② 有学者在讨论基因信息的法律规制时，主张遵循知情同意这一个人信息自决框架。③ 在实践中，例如德国宪法法院在 1983 年人口普查案的判决表确证了推测信息，并在此开始逐步确立和发展个人信息自决权。在欧盟 GDPR 的语境下，企业依靠推测信息获利被看作只是对个人所拥有信息的商业和隐私价值的移转。在个人信息权的观念框架下，推测信息本质上仍是个人信息/财产，可以由个人信息自决权管辖。

然而，在理论与实践上将推测信息模糊地归入个人信息，并将有关推测信息的权利归于个人信息权的范畴，存在理论上的跳跃与现实中的困难。首先，依照严格的个人信息权保护思路，如果承认推测信息是个人信息，必然会导致个人信息的内容范围无限制地扩大，甚至导致"一切信息

---

① 个人信息自决权鼓励数据利用，此种个人信息自决权也可以包括财产权。参见贺栩栩《比较法上的个人数据信息自决权》，《比较法研究》2013 年第 2 期。

② "在大数据的开发中，单个数据的价值可能是很有限的，但是当相当数量的数据积累起来，通过特定的算法和整理，就会从量变到质变，变成和个人的私人生活和人格尊严密切联系的信息。平台如果对众多的个人信息进行收集、分析和利用，就可能对个人的私人生活造成重大妨害。"王利明：《人格权的属性：从消极防御到积极利用》，《中外法学》2018 年第 4 期。

③ 参见田野《大数据时代知情同意原则的困境与出路——以生物资料库的个人信息保护为例》，《法制与社会发展》2018 年第 6 期。

皆是个人信息"而规制乏力的悖论。个人信息定义中强调数据的"可识别性"且与个人"相/有关"（about），所以，收集的个人数据必须是有内容、有意义的数据。住址、姓名和证件号码等这类数据自然具有可识别相关个人的意义。倘若收集的数据与个人人格和身份无明显相关关系，但依靠大数据、算法和机器深度学习推测得出具有个人人格和身份意味的信息（如孕妇身份、家庭住址等），① 初始收集的无关信息是否仍属于受保护的个人信息范畴则存在疑问。实际上，即便是匿名数据，也可以通过"主动攻击"与"被动攻击"而与其他数据集相结合再识别（甚至无须再识别），来确定匿名背后的真实个人。② 这是因为，在技术上，算法在处理表面上"价值无涉"的数据时会因为"冗余编码"（redundant encodings），亦即其他特定数据的影响，而从没有反映隐私和歧视的收集信息中推测出隐私和歧视等和个人相关的信息。③ 例如，在"算法借贷"领域就有"所有数据都是信用数据"这一说法，因为预测分析几乎可以获取关于一个人的任何零碎信息，进而分析他是否符合信誉良好之人的特征。④ 个人信息的采集、分析和应用是多样化、全息化的，非直接源自个人的信息收集和再利用已然成为个人信息使用的主流。⑤ 信息来源的多样性意味着可供处理和收集的信息范围更大，且都潜在地具有各种价值，⑥ 无关个人身份等敏感信息的信息收集工作在技术上也具有特别的"敏感性"。⑦ 即便推测

---

① 例如，对网络社交中语言和"点赞"的分析，可以推测出性别、年龄和地址等个人信息。See Louise Amoore, Volha Piotukh, *Algorithmic Life: Calculative Devices in the Age of Big Data* (equb), London and New York: Routledge, 2016, p. 38.

② See Paul Ohm, "Broken Promises of Privacy: Responding to the Surprising Failure of Anonymization", *UCLA L. REV.*, Vol. 57. 6, 2010, p. 1701, 1743. 参见张宇轩、魏江宏、李霁、刘文芬、胡学先《点差分隐私下图数据的度直方图发布方法》，《计算机研究与发展》2019 年第 3 期。

③ See Anupam Chander, "The Racist Algorithm", *Mich. L. Rev.*, Vol. 115. 6, 2017, p. 1037.

④ See Matthew Adam Bruckner, "The Promise and Perils of Algorithmic Lenders' Use of Big Data", *Chi. - Kent L. Rev.*, Vol. 93. 1, 2018, p. 15.

⑤ 参见高富平《个人信息保护：从个人控制到社会控制》，《法学研究》2018 年第 3 期。

⑥ 参见满红杰《被遗忘权的解析与构建：作为网络时代信息价值纠偏机制的研究》，《法制与社会发展》2018 年第 2 期。

⑦ See Paula Kift, Helen Nissenbaum, "Metadata in Context—An Ontological and Normative Analysis of the NSA's Bulk Telephony Metadata Collection Program", *A Journal of Law and Policy for the Information Society*, Vol. 13. 2, 2017, p. 351.

出的信息是不敏感的信息，但是这些信息是推测出而非经过同意而收集的，也仍然是敏感信息。在现有个人信息权的理论阐释中，个人信息并不包含这些无意义的数据，但是如果将推测信息笼统地归于个人信息，那么在逻辑上也必然要承认这些无意义的数据甚至任何数据都是个人数据，因为它们都可以形成指向个人的推测信息。所以，以"可识别性"作为划分个人信息的要素显得过于单一，[①] 个人信息权理论和相应的规制模式也会陷入困境。

其次，个人信息（自决）权的基本内涵是主体对信息的完全（严格）自决。但是实际上，数据主体难以实现对个人信息的自主控制，更不必说控制推测信息。大数据不论线上线下都无时无刻不在收集数据，并且收集的数据大多以跨国云存储的方式被整合；再加上数据挖掘的本质是预测性的，预测过程又难以破译，预测内容又是未知未发生的，个人容易受到预测影响；[②] 且企业和政府会根据这些推测出的、可能是不完全的信息对个体进行评价和提供服务，甚至个体自己都无法知道哪些信息被谁知道、形成哪些判断。[③] 因而，我们可以在理论上将推测信息的权利归为个人信息权的范畴，但在现实中个人常常无法实现对推测信息的自决权。除此之外，换个角度来说，个人信息自决权也意味着个人对个人数据的所有权（财产权），这样就会排除他人对该数据的权利。然而，在真实的世界中，个人数据无法被排他占有，其生而被分享、被使用。这也使得将有关推测信息的权利归于个人信息权的努力在现实生活中时刻面临失败的危险。

（二）隐私权说

与个人信息权说相近似的观点是将推测信息的权利属性归为隐私权。

---

① 有学者提出通过四个要素来分类分级个人信息：是否能依据信息直接识别出特定个人；信息与个人生活的紧密程度；是否能通过某些信息获得其他关联信息；泄露了某些信息对个人产生多大的风险。参见刘雅辉、张铁赢、靳小龙、程学旗《大数据时代的个人隐私保护》，《计算机研究与发展》2015 年第 1 期。

② See Daniel J. Solove, "'I've Got Nothing to Hide' and Other Misunderstandings of Privacy", *San Diego L. Rev.*, Vol. 44.4, 2007, p. 756.

③ 参见胡凌《网络隐私保护：信息生产与架构的视角》，苏力主编《法律和社会科学》2009年第 5 卷，法律出版社，2009。

该观点突出了推测信息中的敏感成分，聚焦于推测信息在人格（隐私和自治）方面的切实利益，并且将隐私置于中心位置，而不是像个人信息权说那样只是将其视为推测信息所涉及的诸多利益之一。隐私权说的观点，体现在针对诸多主题的学者论述中。例如，有学者在讨论搜索引擎自动补全功能可能带来的风险时，主张以隐私权模式为主的法律规制方向。① 也有学者在讨论个人信用利益问题时采用了隐私权思路。② 其实，不论是搜索引擎自动补全还是个人信用信息采集与预判，都涉及了推测信息的内容。再如，在美国诉伍瑞一案（United States v. Wurie）中，法官也将收集的手机信息可能产生的推测信息放在隐私权框架中。③ 不少计算机科学家的技术思路亦是关注如何尽可能降低隐私风险，而非确保信息自决。④ 在一种信息控制论的隐私观（cybernetic articulation of informational privacy）看来，信息隐私意味着数据主体的推测信息有未经同意不被分享的自由。⑤

在现实生活中，我们可以发现许多支撑隐私权说的实际事例。例如，购物网站和社交网络平台常常根据用户点击和浏览的内容，记录并跟踪检索关键词，进而推送相关服务信息，投放广告。这些推送常常能够准确地"预知"用户近期的关注点，提供"个性化服务"，只是在提供便利之余常常以窥探甚至侵犯个人隐私与偏好为代价。又如，特斯拉公司会使用cookies、像素标签、分析工具及其他类似的技术收集联系方式、浏览记录、导航历史和收听广播历史等各类数据和元数据，这些数据可以用来推

① 参见张玉洁《搜索引擎自动补全功能的法律审视》，《法学杂志》2019 年第 5 期。
② 参见王锐、熊健、黄桂琴《完善我国个人信用征信体系的法学思考》，《中国法学》2002 年第 4 期。
③ 此案中法官指出，手机中的网络搜索历史和网站访问频率可以了解到使用者的私人爱好和关心的问题，能够透露使用者访问过哪里；如果将手机中的软件所存储的信息整合，完全可以像放电影一样重构使用者的生活。并且，手机数据能找到住宅内永远不可能找到的信息。熊静文：《智能手机时代对搜查的宪法控制》，齐延平主编《人权研究》第14 卷，山东人民出版社，2015。转引自孙平《"信息人"时代：网络安全下的个人信息权宪法保护》，北京大学出版社，2018，第 72～73 页。
④ 参见刘雅辉、张铁赢、靳小龙、程学旗《大数据时代的个人隐私保护》，《计算机研究与发展》2015 年第 1 期。
⑤ See Mireille Hildebrandt, "Location Data, Purpose Binding and Contextual Integrity: What's the Message?" in Luciano Floridi ed. , *Protection of Information and the Right to Privacy—A New E-quilibrium?* Springer, 2014, p. 36.

测并提供便利的个性化服务。① 一些"掠夺式广告"会利用推测信息定位那些"脆弱"的、有"痛点"的人群，如缺乏自尊、从事低薪工作或者怀孕的女士等，向他们兜售"焦虑"、推销产品。② 同样，所谓"大数据杀熟"（定价歧视），即是通过大数据和算法分析推测用户特性（区分"高端"用户或"低端"用户），这不仅会侵犯隐私，也会侵犯那些"易受社会分类"（subject to social sorting）的人的权利。③ 面对这些社会现象，隐私权说提供了一套较个人信息权更为严格的规制态度与规范策略。

然而，与个人信息权的学术瑕疵一样，隐私权说也存在两方面的问题。第一，尽管隐私脱胎于个人信息，但是隐私权说并没有完全超越个人信息权说并克服其弊端。隐私具有很多方面的内涵，涉及自由思想，个人独处，不被监控、搜查和审问，个人名誉，也包含了对个人信息的控制。④ 但是，信息隐私在规范意义上是一种非绝对的道德权利，即人们有权直接或间接获得：关于自己的信息；他人可以获得关于自己信息的情况；可使用的技术产生、处理或传播关于自己的信息。⑤ 所以，隐私与个人信息的界限常常并不清晰，隐私自治和个人信息自决内容往往相重叠。在关注个人自决权的层面，隐私权说在理论本质上仍是一种个人信息权说。只是在实践中，欧洲主张的个人信息权规制模式更加严格且积极保护个人信息，而美国主张的信息隐私权更强调个人信息中消极权利的属性，将数据主体视为隐私的主宰者与消费者。

第二，以隐私权界定推测信息的权利属性具有一定的局限性。在以隐私权保护为理论的立法框架下，对于那些不具有明显隐私利益的数据，法律是不加保护的。而推测信息常常经由这些没有隐私特质的信息解析而

---

① 参见"特斯拉客户隐私政策"，https://www.tesla.cn/about/legal，最后访问日期：2019年4月16日。

② 参见〔美〕凯西·欧尼尔《大数据的傲慢与偏见》，许瑞宋译，台北：大写出版社，2017，第88~92页。

③ See Omer Tene, Jules Polonetsky, "Judged by the Tin Man: Individual Rights in the Age of Big Data", *J. Telecomm. & High Tech. L.*, Vol. 11. 2, 2013, p.353.

④ See Daniel J. Solove, *Understanding Privacy*, Harvard University Press, 2010, p.1, 7.

⑤ See "Privacy and Information Technology, Stanford Encyclopedia of Philosophy", https://plato.stanford.edu/entries/it-privacy/，最后访问日期：2018年8月27日。

得，这使得隐私权说无法周延地包括推测信息的全部利益内容。

以元数据为例。在美国《法律执行通信协助法》（The Communications Assistance for Law Enforcement ACT）的修正案中，联邦调查局的规定要求电话公司报告电话信号传送所经过的信号塔这一信息（元数据）。美国国家安全局开展了一个由总统布什授权的项目：专门收集电话和互联网通信中某些国际通信内容的元数据，如拨打的电话号码、通信持续时间、拨号日期和设备识别信息等。美国《外国情报监视法案》（Foreign Intelligence Surveillance Act）指出，为确保恐怖分子通信的元数据不被遗漏，必须收集所有的元数据；且由于元数据只有在建立连接之后才会有价值，为确保不会丢失历史信息，必须不断收集。美国国家安全局就此对跨越了不同提供商和电信网络的电话通信进行了全面分析，而且收集到的通信信息元数据大部分来自美国境内。[①] 在传统观点看来，这些元数据是不具有隐私属性的。例如，早在 Smith v. Maryland 一案中，最高法院判决警方在没有搜查令的前提下将笔式录音器安装在嫌疑人的手机中是合法的，因为该录音器只会记录手机拨出的电话号码而非通话内容，没有合理的隐私期待。[②]之后，马萨诸塞州最高上诉法院曾就 Commonwealth v. Phifer 一案中手机所含的最近拨出的号码清单能否作为合法收集信息而产生争论，该法院最终判决指出由于搜查内容仅限于号码清单，不具有合理隐私期待，整个搜查行动亦合宪。[③] 又如，在 2001 年的加拿大，有很多医生起诉 IMS Health 收集详细的医生开方习惯信息（包括交易日期、药品名称、数量、价格以及开发人员姓名、电话等信息），与医生名字相匹配，并未经他们同意将这些信息出卖给制药企业，从而违反了《个人信息保护及电子文档法案》（PIPEDA）。但是，加拿大的隐私委员最终认为收集的医生开方习惯信息也并不是"关于"（about）个人的信息而是与之"相联系"（associated）

---

① Alan Rubel, "Legal Archetypes and Metadata Collection", *Wis. Int'l L. J.*, Vol. 34. 4, 2017, pp. 830 – 831.

② Smith v. Maryland 442 U. S. 735, 737&742 – 746 (1979).

③ Commonwealth v. Phifer 463 Mass at 793 – 797 (2012). 转引自〔美〕约翰·弗兰克·韦弗《机器人是人吗?》，刘海安、徐铁英、向秦译，上海人民出版社，2018，第142页。

的信息。① 可见，在隐私权说看来，元数据等于无意义的非敏感性数据，收集元数据并未侵犯个人隐私，因为隐私的合理预期在于收集具有内容的数据而非元数据。②

然而在推测信息的现实情境中，元数据发挥至关重要的信息组织功能，易被机器读取和处理，有助于发现高质量、个性化的搜索结果。③ 所以很多学者对元数据保护的态度已经转变。④ 也就是说，大数据时代的算法突进以及推测信息的现实情势使得元数据具有意义，如果仍然坚持隐私权说已经不能很好地适应推测信息权利保护的现实需求。

由此看来，个人信息不同于隐私信息，而推测信息兼具个人信息属性和隐私信息属性。但是，鉴于信息推测使得收集数据是否有意义已经不再重要，不论是积极式的个人信息权说还是消极式的隐私权说，都不足以为推测信息提供周延的权利保护方案。前者会使得个人信息范围过度扩张，后者会使得个人信息范围狭隘。

（三）知识产权说

如果说个人信息权说和隐私权说是从推测信息的产生源头出发而形成的权利与利益配置观点的话，那么，从推测信息的实际制作过程出发，就产生了显著区别于前两者的另一种学说，即知识产权说。在知识产权说看来，一方面，创建、存储和挖掘数据的软件或算法本身就是一种知识财

---

① Office of the Privacy Commission of Canada, PIPED Act Case Summary #15: Privacy Commissioner Releases His Finding on the Prescribing Patterns of Doctor, shttps://www. canada. ca/en/sr/srb. html? cdn = canada&st = s&num = 10&langs = en&st1rt = 1&s5bm3ts21rch = x&q = + Privacy + Commissioner + Releases + His + Finding + on + the + Prescribing + Patterns + of + Doctors&_ charset_ = UTF-8&wb-srch-sub = ，最后访问日期：2019 年 5 月 22 日。

② See Paula Kift, Helen Nissenbaum, "Metadata in Context-An Ontological and Normative Analysis of the NSA's Bulk Telephony Metadata Collection Program", *A Journal of Law and Policy for the Information Society*, Vol. 13. 2, 2017, pp. 334 – 335.

③ See Paula Kift, Helen Nissenbaum, "Metadata in Context-An Ontological and Normative Analysis of the NSA's Bulk Telephony Metadata Collection Program", *A Journal of Law and Policy for the Information Society*, Vol. 13. 2, 2017, pp. 334 – 335.

④ Alan Rubel, "Legal Archetypes and Metadata Collection", *Wis. Int'l L. J.*, Vol. 34. 4, 2017, p. 825.

产，而推测信息就是这些知识财产的衍生产品，其不同于原始收集的信息，是脱离于信息源而由大数据和算法通过深度学习生成的"新信息"，推测信息的准确性源于算法的合理性与科学性，因此，算法编写者的劳动决定了推测信息的内容可靠性，并因此构成了推测信息知识产权属性的正当性基础；另一方面，推测信息虽然由算法自动生成，但是其内容解析仍然需要算法编写人员的解释，同时，推测信息的存储也有赖于技术人员与科技企业的成本投入，不仅数据分析需要劳动付出，建立相应的数据库也同样凝聚了智力劳动和经济投入。[①] 因此，基于知识产权正当性理据，并保护科技人员与企业的正当利益，推测信息应被纳入数据解析者的"知识产权"范畴。

知识产权说在实践中也获得了一定程度的认同。例如，在"搜索王诉谷歌"[②] 一案中，法官认为企业的算法（及其结果，也就是推测信息）是一种主观意见，是一种受保护的自由言论。此后的"兰登诉谷歌案"[③] 和"张诉百度案"[④] 都遵循先例，无一例外地承认算法是一种自由的言论。尽管也有不少学者批判这种说法，[⑤] 但是按照此种逻辑，算法作为企业财产，依靠算法推测出来的信息被看作企业算法的一种言论或主观意见，理论上也应被视为企业的知识产权加以保护。在推测信息的权利配置问题上，人们开始逐渐采用更为实际或功利的标准作为确立权利属性的理据，即使是那些明显具有个人信息色彩的推测信息，也不免因分析者的智力劳动而获得知识产权说的主张。例如，在对信用评分的性质讨论中，有学者指出，经由数理方法使用相关个人数据计算得出的"信用评分"，虽然无疑是一种个人信息，但其完全是由征信机构计算和创造出来的，将其视为

---

① 参见任丹丽《从"丰巢之争"看个人信息上的权利构造》，《政治与法律》2018 年第6 期。

② Search King, Inc. v. Google Tech., Inc., 2003 U. S. Dist. LEXIS 27193.

③ Langdon v. Google, Inc., 474 F. Supp. 2d 622, 2007 U. S. Dist. LEXIS 11902, 35 Media L. Rep. 1567.

④ Zhang v. Baidu. Com, Inc., 10 F. Supp. 3d 433, 2014 U. S. Dist. LEXIS 41439.

⑤ 参见左亦鲁《算法与言论——美国的理论与实践》，《环球法律评论》2018 年第5 期；郑智航、徐昭曦《大数据时代算法歧视的法律规制与司法审查——以美国法律实践为例》，《比较法研究》2019 年第4 期。

个人（所有或控制）的、与人格权有关的观点不免有些狭隘。[①] 可以说，与知识产权对科技发展的激励作用一致，相比个人信息权说与隐私权说，知识产权说的主张为数据分析活动提供了更为宽阔的法律空间，在激发网络科技与信息市场活力方面将发挥出强效的助推力。

然而，知识产权说的分析框架依然面临理论与实践的众多挑战。首先，尽管推测信息的生成过程中凝聚了数据分析者的智力劳动，我们可以借用物权法中有关添付与加工的规则，将价值明显超越原材料的新产品的产权赋予加工者，但是与普通的物不同的是，推测信息在内容上具有鲜明的个人财产和人格利益指向，我们无法无视推测信息在内容上对个人利益的首位性。并且，就宏观层面而言，无数有关个体的推测信息所反映出的社会属性，也使得国家与社会对其具有特殊的利益诉求。如果仅仅将其视为数据分析者的知识产权甚至财产权，那么显然是一种"不见树木亦不见森林"的狭隘观点。其次，即便承认创建、存储和挖掘数据的算法和软件是知识财产，也并不意味着要将数据（推测信息）本身视为知识财产加以保护，将其作为企业的商业机密也可达到激励科技产业发展的效果。[②] 知识产权说并非激励创新的不二选择。最后，将推测信息视为数据分析者的知识产权，将可能导致科技企业也会无休止地进行数据收集和信息推测，信息技术与算法的滥用将导致恶意利用推测信息获利，甚至威胁到人作为主体的价值，走向将人视为工具而非目的的边缘。因此，尽管知识产权说可以有效地促进信息领域的扩大生产，但是始终无法面对有关人的主体价值的追问。

（四）复合型权利说

以上三种学说既是对学界观点的描述，也是对实践做法的分析。可以说，对个人、数据以及个人和数据的关系的不同想象产生了看似不同的话

---

① 参见刘金瑞《个人信息与权利配置——个人信息自决权的反思和出路》，法律出版社，2017，第123页。

② See Mireille Hildebrandt, "Location Data, Purpose Binding and Contextual Integrity: What's the Message?" in Luciano Floridi ed., *Protection of Information and the Right to Privacy—A New Equilibrium*? Springer, 2014, note 20, p. 38.

语体系，然而只要经过仔细推敲，便可以发现这些话语之间常常是互相交错重叠的。个人信息自决权也同时意味着将个人视为隐私消费者，可以自由交易自己的数据。数据分析主体将数据视为个人资产，也体现了个人自决。此外，积极的个人信息权和消极的隐私权都可能属于一种基本权利，这二者互相重叠，难以拆开来讨论推测信息。正是由于推测信息涉及多种利益形态，我们很难将其完全归属于某种单一权利类型之中。因此，产生了复合权利说的观点，意图将推测信息分解并放在不同的权利类型之中。尼森鲍姆（Nissenbaum）教授的情境隐私理论便是一种典型的有关推测信息的复合型权利说。她在讨论 KDD（knowledge discovery in data）、深度数据（indepth data）和数据挖掘问题时，首先承认了信息推测的现实可能和隐私威胁，并将隐私视为情境问题（privacy as context），根据不同情境来确定推测信息的权利边界。① 澳大利亚数据法律实践也同样体现了复合型权利说。在该国的法律实践中，消费者权利是所有数据权利的基础，个人被视为隐私消费者，有关隐私的法律要以市场为导向；同时，数据也被视为资产，② 个人有交易自己数据的权利；③ 并且，数据也被视为数据持有实体的资产，是共有资产。这其中既体现了隐私权说的观点，也反映了个人信息权说的主张，还表达了知识产权说的意见。可以说，复合权利说并没有真正解决推测信息的权利属性问题，而只是提供了一种权变的态度，这种观点的提出其实也侧面反映了现实的复杂性以及人们对于如何规制推测信息的困惑。

三　推测信息的法律规制

不同的权利属性学说，从不同侧面反映了推测信息的本质，以不同学

① See Helen Nissenbaum, *Privacy in Context: Technology, Policy, and the Integrity of Social Life*, California: Stanford University Press, 2010, pp. 42 – 49, 56.

② Productivity Commission Inquiry Report (2017), Data Availability and Use, https://www.pc. gov. au/inquiries/completed/data-access/report/data-access. pdf, 最后访问日期：2019 年 7 月 1 日。

③ Peter Harris, "Data, the European Union General Data Protection Regulation (GDPR) and Australia's New Consumer Right", https://www. pc. gov. au/news-media/speeches/data-protection, 最后访问日期：2019 年 7 月 1 日。

说为主导观点，产生了不同的法律规制模式。就相关立法实践的整体情况而言，欧盟的 GDPR 采用基本权利模式来保护个人信息权，所以此种模式更加严格地保护个人信息和积极自由；美国虽然也承认隐私权是一项基本权利，但和个人信息相关的问题则被纳入更为具体的隐私权框架中，来保护个人信息隐私和消极自由。这两种模式本质上并没有什么不同，都是以个人信息自决为出发点，不过因为社会想象的不同，而采取了不同的立法规制思路。

(一) 美国行业自律模式

美国以隐私权说为基础，各项法律基本围绕保护信息隐私而展开。但美国并没有一部有代表性的信息隐私保护成文法律，而是以行业自律的信息隐私保护模式为规制代表。这种模式由市场驱动，将个人视为隐私消费者，是市场关系的参与者、商品（个人信息）的交易者。[①]

1. 信息隐私相关立法规制

1980 年的 OCED（经济合作与发展组织）创建了隐私保护的一套基本准则，以达成隐私共识来保护各成员国的信息流通。1995 年的《隐私与 NII：个人信息提供及利用的原则》中规定了"收集原则"，即个人信息利用者在收集、披露和利用个人信息时，需要评价给隐私带来的影响，并且只能收集和保有对现在和预想进行的行为有合理使用要求的信息。美国联邦贸易委员会（FTC，Federal Trade Commission）在 2012 年的《保护飞速变化时代的消费者隐私》报告中，把数据安全（data security）、合理收集限制（reasonable collection limits）、合理有效保留过程（sound retention practices）和数据精确（accuracy）作为保护隐私的四个关键原则。但 FTC 认为，信息是静态的，控制原始收集的信息足以保护隐私利益，所以并未关注收集的信息可以推测出个人额外的信息这一情况，也未关注企业该如何对待这些推测信息。不过最近 FTC 也开始意识到这些问题，FTC 指出，"数据

[①] See Paul M. Schwartz, Karl-Nikolaus Peifer, "Transatlantic Data Privacy Law", *Geo. L. J.*, Vol. 106. 1, 2017, p. 121.

经纪人"（data broker）不光收集、使用原始数据，也包括原始数据额外派生的数据，进而通过行为预测和特性识别对数据主体（消费者）"分类"。①

奥巴马政府于 2012 年颁布的《消费者隐私权法案》中，确定了信息隐私保护诸原则，如个人控制、透明性、安全性、获取与准确性等。其中最值得注意的是"尊重情境"（respect for context）原则，该原则表示，企业只能以符合消费者期待的最初场景来收集、使用或披露个人数据，而不能与最初场景不一致，不能将个人数据用于其他目的。② 这是在目的层面限制信息推测，防止推测信息的过度使用。同时，"尊重情境"原则也并未一味强调数据主体对个人数据的自决权，只要这些个人数据的新用途符合用户在社交网络环境下的期望，公司在每次使用现有数据改进服务、创建新服务时，就无须寻求数据主体同意。

2019 年制定的《算法问责法》将个人信息规定为：任何可合理链接到特定消费者或消费设备的信息，无论这些信息是如何收集、推断或获得的。③ 该法同时要求 FTC 对算法（尤其是高风险算法）进行影响性评估（impact assessment），并赋予了数据主体对推测信息的"获取权"和"修改权"。即将于 2020 年生效的《加利福尼亚消费者隐私法案》也宽泛地定义了个人信息，即"识别、涉及、描述特定消费者或家庭，能够与其关联或合理地直接或间接有关的信息"，这包括但不限于姓名、IP 地址、电子邮件地址、在线标识符、购买历史、生物特征信息、网络活动、地理位置数据、就业信息和其他类型的数据。④ 可见，这些法律开始认识到"一切

---

① See Sofia Grafanaki，"Autonomy Challenges in the Age of Big Data"，*Fordham Intell. Prop. Media & Ent. L. J.*，Vol. 27. 4，2017，p. 807. Data Brokers：A Call For Transparency and Accountability：A Report of the Federal Trade Commission（May 2014），https：//www. ftc. gov/system/files/documents/reports/data-brokers-call-transparency-accountability-report-federal-trade-commission-may-2014/140527databrokerreport. pdf，最后访问日期：2019 年 4 月 30 日。

② See Consumer Data Privacy in a Networked World：A Framework for Protecting Privacy and Promoting Innovation in the Global Digital Economy，https：//obamawhitehouse. archives. gov/sites/default/files/privacy-final. pdf，最后访问日期：2019 年 4 月 30 日。

③ Algorithmic Accountability Act of 2019，116 H. R. 2231，2019 H. R. 2231，116 H. R. 2231.

④ See The California Consumer Privacy Act of 2018，https：//oag. ca. gov/system/files/initiatives/pdfs/17 – 0039% 20% 28Consumer% 20Privacy% 20V2% 29. pdf，最后访问日期：2019 年 4 月 30 日。

信息都是个人信息"的威胁，注重对推测信息的规制，并且在内容上更加向 GDPR 靠近，规定了数据主体的相关权利。

2. 其他产业立法规制

除了专门的隐私立法之外，其他和算法及人工智能相关的产业立法也注重对推测信息的规制和隐私的保护。美国的数据产业及其从业者则通过诉诸技术手段，即个人信息去身份（de-identification），来实现二者的平衡。标准与技术协会将个人信息去身份定义为，由数据控制者通过改变或删除数据集中的个人可识别信息方式，使数据使用人难以识别数据主体身份的过程。[①] 可见，个人信息去身份化是从数据源头上斩断推测可能，实现数据的匿名化状态，确保数据不再具有可识别性，不能识别到或联系到个人。[②]

1999 年的《格拉姆·利赫·布莱利法》（Gramm-Leach-Bliley Act，以下简称"GLB 法"）将"非公开个人信息"（nonpublic personal information）定义为："消费者向（受监管的金融机构）提供的获得金融产品或服务的任何信息……"为此，IRSG 公司起诉 FTC，认为此种过于宽泛的个人信息定义违反了其他法律规定（《美国联邦宪法》和《公平信用报告法》），只有金融信息才应受到约束。法院则认为，此种定义为消费者提供了更广泛的隐私保护。即使信息以其他方式公开也仍然受到保护，只要它是使用非公开的个人信息派生的。特定类型信息的情形可能因其使用的环境而异，决定某信息是否受 GLB 法约束的是信息披露的环境，而不是信息本身的内在本质。[③] 实际上，法院也认识到了信息强大的聚合、分析和推测能力，其足以使任何个人信息都成为金融信息。

在就业反歧视领域，企业会使用大数据对员工数据进行"交叉参照"（cross-reference）分析，进而推测出员工的私密信息，包括疾病风险、生

---

① See Simson L. Garfinkel, De-Identification of Personal Information, NIST. IR. 8053, October 2015, p. 1. 转引自金曜《个人信息去身份的法理基础与规范重塑》，《法学评论》2017 年第 3 期。

② 参见金曜《个人信息去身份的法理基础与规范重塑》，《法学评论》2017 年第 3 期。

③ Individual Reference Servs. Group, Inc. v. FTC, 145 F. Supp. 2d 6, 2001 U. S. Dist. LEXIS 5732, 2001 – 1 Trade Cas. (CCH) P73, 262, p. 27.

育选择和有关个人关系的信息。[①] 为此，2008 年的《基因信息反歧视法》[②] 严格限制企业收集员工的相关敏感数据，但是该法定义个人信息的范围仍然是狭窄的，未能很好地保护员工隐私。

在自动驾驶领域，加利福尼亚州立法规定，自动驾驶汽车或自动化技术的制造商要向所有购买自动驾驶汽车的消费者书面披露人工智能所收集的信息。原因在于，消费者的驾驶习惯和目的地等相关个人信息会作为消费者信息的来源被自动化技术的制造商收集，这些信息使得其他互联网公司（如谷歌）更容易知道消费者方方面面的信息，人工智能会使用这些信息进行推测，替消费者做决定。[③] 一些州的法律也限制政府和私人企业对信息的收集。例如 16 个州规定限制利用"车牌阅读器"（license plate readers）收集车辆信息，并确保该信息不被存储、分析，以免执法者或企业使用这些特定时间的特定位置数据侵犯隐私。

除此之外，一些州的《医疗保险可携带性和问责法》（第 35 ~ 36 条）、《公平信用报告法案》、《金融服务现代化法案》以及联邦的《计算机欺诈和滥用行为法案》、《家庭教育权利和隐私法案》和《儿童在线隐私保护法案》分别就保护电子通信、学生教育记录、13 岁以下儿童的个人信息隐私作出了法律规定。

（二）欧盟集中立法模式

欧盟采取集中立法的规制模式，在这里我们主要关注并分析的是 GDPR（其中的重要条款）。GDPR 旨在更新欧盟之前所有的数据保护法律以应对以算法和人工智能为代表的现代科技发展，理论上以严格的个人信息自决权为基础，并赋予其基本权利的法律地位，以保护相关个人利益（包含隐私利益）。GDPR 实际上也确定了数据的人格权保护模式，并且此种

---

① See Bradley A. Areheart, Jessica L. Roberts, "GINA, Big Data, and the Future of Employee Privacy", *Yale Law Journal*, Vol. 128. 3, 2019, pp. 713 – 714.

② Genetic Information Nondiscrimination Act of 2008, 110 P. L. 233, 122 Stat. 881, 110 P. L. 233, 2008 Enacted H. R. 493, 110 Enacted H. R. 493.

③ 参见〔美〕约翰·弗兰克·韦弗《机器人是人吗?》，刘海安、徐铁英、向秦译，上海人民出版社，2018，第 71 页。

人格权具有鲜明的财产利益。虽然没有明确提出数据的财产权保护，但是其中涵盖了"默认权利原则"，如不能随意处分数据的义务和基于财产规则的救济原则。① GDPR 依据数据的敏感性详细划分了个人数据类型，并且明确了数据主体的权利和数据控制者的义务。

GDPR 在推测信息问题的规制上也十分严格。GDPR 将"数据处理"（processing）规定为：对个人信息进行任何操作或者一系列操作，无论其是否通过自动化手段进行；规定"识别分析"（profiling）为：对个人信息采取的任何自动化处理的方式，包括评估某个自然人特定方面的情况，尤其是为了分析和预测该自然人的工作表现、经济状况、健康、个人喜好、兴趣、可信度、行为举止、所在位置或行迹。GDPR 也规定了如何处理、储存及传送数据，并赋予数据主体要求提供数据的权利，包括收集什么数据、如何使用该数据以及更正数据，甚至要求删除数据的权利。所谓"删除权"，即数据主体可在以下但不限于此的情况下要求数据控制者删除其个人数据：（1）个人数据对最初收集该个人数据的目的而言不再是必需的；（2）数据主体反对处理，且数据处理无令人信服的正当处理理由等。可见，该规定体现了推测信息的相关关系和敏感度的不确定，旨在防止个人信息被不当二次使用，② 即被推测。

在针对大数据的心理特征画像（psychographic profiling）功能上，GDPR 第 9 条规定，如果数据处理（即信息推测）能够揭露公民的政治观点、种族倾向等信息的话，那么这在原则上是被禁止的，即便是出于政治目的处理个人数据，也只应严格符合少数几个例外情境。③ GDPR 第 22 条第 1 款规定，数据主体有权反对此类决策：完全依靠自动化数据处理——包括用户画像——对数据主体作出具有法律影响或类似严重影响的决策。这就

---

① 丁晓东：《什么是数据权利——从欧洲〈一般数据保护条例〉看数据隐私的保护》，《华东政法大学学报》2018 年第 5 期。

② 有学者称之为"目的用尽原则"。参见万方《终将被遗忘的权利——我国引入被遗忘权的思考》，《法学评论》2016 年第 6 期。

③ 具体参见欧盟"General Data Protection Regulation（GDPR）"，Article 9，Chapter Ⅱ，http://eur-lex. europa. eu/legal-content/EN/TXT/PDF/？uri = CELEX：32016R0679&from = EN，最后访问日期：2018 年 4 月 23 日。

意味着上述识别分析用户画像，以及无人为干预下的拒绝在线信贷申请、网络招聘或在线效绩评估等都可能是以算法推测出的信息来侵犯信息自决，因而需要此条法律保护。对此，GDPR 也规定了公民享有解释权，即数据主体有权要求企业解释算法是怎么工作的，作出自动决定的逻辑是什么。这就是要求对推测信息被大数据和算法推测得出的机制作出解释。

（三）其他有关推测信息的法律规制

欧共体规章曾规定，在确定某种信息是否具有可识别性时，应当考虑一切可能被信息控制人或其他人合理利用以识别该人的方法。德国于 1983 年人口普查案的判决表示，不存在不重要的个人数据，自动化数据处理可以产生部分甚至相当完整的人格图像，[①] 由此确证了推测信息和个人信息自决权。德国于 1990 年全面修改了 1977 年制定的《联邦数据保护法》，并规制了数据的自动化和人工化处理，限定数据收集，原则上禁止个人数据处理和利用。该法第 28b 条首次规定了"信用评分"的计算和使用限制："评级程序不能主要地或是仅仅依靠地址数据进行计算，在使用地址数据计算评级的情形，应在可能性值计算之前告知数据主体，此种告知应该存档。"[②] 挪威数据保护当局早在 2013 年的《压力下的大数据隐私原则》报告中就规定了类似的个人信息处理原则，如目的限制原则和数据最小化原则。

澳大利亚 1988 年《隐私法》将个人信息定义为一种"有关一个人的明显身份（或可以合理推出）的信息或意见（包括信息或意见形成一个数据库的一部分），无论其是否真实，是否记录在一个物质形态中"。在 2008 年的《澳大利亚隐私法律和实践》这一报告中，澳大利亚法律改革委员会建议《隐私法》将个人信息重新界定为"关于已识别或合理识别

---

① 参见刘金瑞《个人信息与权利配置——个人信息自决权的反思和出路》，法律出版社，2017，第 112 页。
② 刘金瑞：《个人信息与权利配置——个人信息自决权的反思和出路》，法律出版社，2017，第 123 页。

个人的信息或意见，而不论其是否真实，是否以实物形式记录"。① 同时其也指出，个人信息会因其所处的情境而变得或多或少具有敏感性，并且这几乎适用于任何个人信息。但是为了综合平衡考虑，该法认为敏感信息的定义不包括那些因情境而敏感的信息。由于信息的性质、处理信息的环境或与信息有关的人的观点，很难确定普遍被认为是"敏感"的信息类别。②

同样，加拿大 2002 年《个人信息保护和电子文件法》中也并未定义敏感信息，而是赋予了机构对何为敏感信息的自由裁量权。虽然有些信息（如医疗记录和收入记录）几乎总是被认为是敏感的，但是根据上下文，任何信息都可能是敏感的。例如，新闻杂志订阅者的姓名和地址通常不会被视为敏感信息，然而，某些特殊兴趣杂志的订户的姓名和地址可能被认为是敏感的。③

印度 2018 年《个人数据保护法案》将数据视为"信托"问题，将每一个决定处理个人数据目的和方法的实体定义为"数据受托人"，并要求其承担主要责任。同时该法也确定了目的限制原则；单独界定了"敏感数据"，并且处理数据需要明确经过个人同意；也规定了类似于 GDPR 的个人数据权利。

另外，欧美其他各国以及我国台湾地区和香港地区的"反歧视法"都禁止基于个人特征（如年龄、种族、性别和肤色等）的不公平对待。在网络空间，这些个人特征也主要是通过大数据和算法推测得出。所以，"反歧视法"实际上通过限制数据使用目的来规制推测信息，例如禁止商家利用推测信息来实施"价格歧视"。

---

① Australian Law Reform Commission, For Your Information: Australian Privacy Law and Practice, ALRC 108 (2008), Rec 6 - 1, p. 306, https://www. alrc. gov. au/sites/default/files/pdfs/108 _vol1. pdf, 最后访问日期：2019 年 5 月 21 日。隐私专员办公室（Office of the Privacy Commissioner）指出，个人信息的定义取决于其应用的情境，以应对技术变化。

② Australian Law Reform Commission, For Your Information: Australian Privacy Law and Practice, ALRC 108 (2008), Rec 6 - 1, p. 319, https://www. alrc. gov. au/sites/default/files/pdfs/108 _vol1. pdf, 最后访问日期：2019 年 5 月 21 日。

③ Personal Information Protection and Electronic Documents Act 2000 SC 2000, c 5 (Canada) sch 1, cl 4. 3.

（四）小结与启示

综上可见，上述诸多规制法律实际上体现了两种规制思路，即直接规制和间接规制。前者指通过规制推测来保护隐私信息，如数据处理的目的限制原则、对算法的规制等，此亦是一种事前规制；[①] 后者指通过规制信息来防止推测，如严格定义个人信息、区分并禁止收集敏感数据、遵循知情同意框架、确立各种数据权利等。直接规制以保护信息隐私为目的，体现了推测信息的隐私权说，间接规制以个人信息自决为出发点，体现了推测信息的个人信息权说。至于我国应当如何抉择相应的规制模式，则不得不慎重权衡其中利弊，但必须注意的是，涉及推测信息的法律规制策略必须以尊重隐私、保障数权为旨向。"当今世界正在进入数字时代，以互联网、大数据、云计算、人工智能等为代表的数字科技成为这个时代的标识……数字科技与社会生产和人民生活深度融合，数字科技的广泛使用已经成为人民生活、生存和发展须臾不可或缺的一部分……数字科技必须以人为本，必须把人的权利及尊严作为其最高目的，并以人权作为其根本的划界尺度和评价标准。""提出数字人权，就是要在制度上强调科技企业尊重和保障人权的责任，以及政府尊重、保障和实现数字人权的义务……对公民（用户）数字化生活中隐私权、数据权、表达权、人格尊严权等权利和自由的尊重与保护。"[②] 将推测信息置于"数字人权"的范畴与分析框架内，才能实现对推测信息的有效规制与充分利用。

[①] 有学者主张，对搜索引擎自动补全功能的规制需"要求搜索建议不能再自动生成，而必须通过服务者的审查之后才可以成立"。参见张玉洁《搜索引擎自动补全功能的法律审视》，《法学杂志》2019 年第 5 期。

[②] 张文显：《无数字 不人权》，"法学学术前沿"微信公众号，https://mp. weixin. qq. com/s/nmY7OGiYEBvWXaRcIJjHVA，最后访问日期：2019 年 6 月 18 日。

英国学术批评特权抗辩
与中国人格权法的完善[*]

王伟亮[**]

摘　要： 学术批评权与名誉权存在固有冲突，各国均以平衡保护二者为己任。英国《2013 年诽谤法》第 6 条创设了一种新的学术批评特权抗辩，旨在修复因对学术批评权保护不足而形成的失衡状态。在适用条件上，该特权抗辩强调"陈述与科学或学术问题相关""专业报刊发表""同行评议""无恶意"等条件。第 6 条创设的学术批评特权抗辩至今未有机会在司法实践中运用，其行为预测、指引作用明显。对于面临类似问题的中国来说，借由民法典分则人格权编制定的时机，适当借鉴英国经验构建相关法律规则，有助于丰富完善民法典人格权编的内容，对提升中国人权保护水准亦具有重要意义。

关键词： 特权抗辩；学术批评权；名誉权；人格权法

一　引言

学术批评权源于宪法基本权利中的学术自由权，是学术研究不可或缺的组成部分。然而，从全世界范围来看，学术批评权始终面临与被批评者名誉权的潜在冲突，且常常演变为诉讼纠纷。例如，近年来美国的科恩（Cohen）案（2016），在英国广受关注的辛格（Singh）案（2010）和威

---

　* 本文受教育部人文社会科学研究规划基金项目"媒体融合背景下新闻侵犯名誉权的特权抗辩研究"（项目编号：17YJA860016）资助。

** 王伟亮，山东政法学院传媒学院副教授，传媒法博士，山东师范大学新闻与传媒学院硕士生导师。

尔姆斯赫斯特（Wilmshurst）案（2007），而法国的约瑟夫·威勒（Joseph Weiler）案（2010）甚至升级为刑事诽谤。中国近年来也屡屡发生此类案件。例如天津市高级人民法院终审的李连达案（2014），该案与英国的威尔姆斯赫斯特案非常相似，结果却大不相同；涉及学术讨论的余一中案（2002）被最高人民法院作为典型案例公布，却依然面临一些法律适用争议；以"狼牙山五壮士"案（2016）为代表的"英雄烈士"名誉纠纷案件，虽有力促成了《民法总则》第185条的诞生，但仍存在一些需要深入研究的问题。2013年4月25日，英国完成了步入21世纪后的第一次诽谤法修订。英国《2013年诽谤法》第6条创设了一种新的特权抗辩，对"发表在科学或学术专业报刊上经同行评议的陈述"给予受约制特权（qualified privilege）保护，其司法经验与立法成果值得中国关注。本文拟对英国《2013年诽谤法》第6条的背景、规则及适用进行初步观察，然后分析其对中国制定中的民法典分则人格权编的参考借鉴意义，以期对中国处理学术批评侵犯名誉权问题产生积极的建设性作用。

二 《2013年诽谤法》第6条的内容及简要说明

（一）第6条全文

发表在科学或学术专业报刊（journal）上经同行评议的陈述

1. 如果下列条件得以满足，发表在科学或学术专业报刊上的陈述即受特权保护，无论专业报刊是以电子形式还是其他形式存在。

2. 第一个条件是陈述事关科学或学术事务。

3. 第二个条件是陈述在专业报刊发表之前，关于陈述的科学或学术价值（merit）已经由下述主体作出了独立的评议（review）：

（a）专业报刊编辑；以及

（b）一个或多个相关科学或学术领域的专家。

4. 在根据第1款规定对发表在科学或学术专业报刊上的陈述给予特权保护的情形下，如果满足下述条件，则对于发表在同一专业报刊上关于陈述的科学或学术价值的评定（assessment），同样给予特权保护：

（a）评定系由进行独立评议的一人或多人撰写的；以及

（b）评定是在前述评议过程中写成的。

5. 在根据本条对发表的陈述或评定给予特权保护的情形下，对于将该陈述或评定的复制件（copy）、节选（extract）或概要（summary）做准确且公正的发表行为，也同样给予特权保护。

6. 如果发表时存在恶意（malice），则无法依据本条享受特权保护。

7. 本条中的任何内容都不得做如下解读：

（a）保护法律所禁止的内容发表行为；

（b）限制本条之外的其他任何特权。

8. 本条第3款（a）项中规定的"专业报刊编辑"，在存在多个编辑的情形下，应理解为负责决定发表相关陈述的那个或那些编辑。

（二）司法部的简要说明

2013 年 4 月 25 日，《2013 年诽谤法解释性注释》（Defamation Act 2013 Explanatory Notes，以下简称"注解"）与《2013 年诽谤法》一并获得女王批准。注解对第 6 条做了说明。

1. 关于第 6 条的整体说明

注解指出，针对发表在科学或学术专业报刊上（无论以电子形式还是其他形式存在）经同行评议的素材（material），本条创设了一种新的受约制特权抗辩。"科学专业报刊"术语包含医学以及工程学专业报刊。

2. 关于第 6 条具体条款的说明

第 1 款至第 3 款规定了此种抗辩成立的两个条件。第 2 个条件旨在反映一个负责任同行评议过程的核心要求。

第 4 款将此种抗辩的保护扩展到发表在同一专业报刊上关于被评议内容科学或学术价值的任何评定，只要这种评定是由一人或多人经独立评议作出，且评定是在此评议过程中写成。这种规定，旨在确保此种特权不仅适用于被同行评议的陈述的作者，也适用于执行独立评议的人。

第 5 款规定本条给予经同行评议陈述以及相关评定的特权，也扩展到对相关陈述或评定的复制件、节选或摘要的准确且公正发表行为方面。

根据第 6 款的规定，如果发表行为被证明存在恶意，则此种特权将不复存在。这反映了附着于其他受约制特权上的要求。

第 7 款（b）项用以确保本条不被解读为妨碍人们依赖其他形式的特权在科学或学术专业报刊上发表陈述，例如《2013 年诽谤法》第 7 条第 9 款所规定的对科学或学术会议程序进行准确且公正报道的特权。①

三 与《2013 年诽谤法》之前立法和判例的关联及理念启蒙

正如司法部注解所言，《2013 年诽谤法》第 6 条创设了一种之前不存在的新的受约制特权抗辩。因此，制度的创新性毋庸置疑。

实际上，在 1975 年著名的福克斯委员会报告中，已首次提出类似立法倡议，建议对经登记的科学和技术专业报刊给予受约制特权保护。不过该建议未被后续立法采纳。② 英国学者詹姆斯·普莱斯（James Price）和费利西蒂·麦克马洪（Felicity McMahon）也认为：

> 英国之前的法律中虽没有发现与第 6 条相类似的规定，但是其所蕴含的理念由来已久。自福克斯委员会报告开始，对科学或学术讨论给予更多保护的呼声从未停止，成为《2013 年诽谤法》改革的一个重要动力。《2013 年诽谤法》修订之前的几年间，英国刚好发生了几起与科学讨论有关的案例，其中 British Chiropractic Association（BCA）v Singh 案（即"辛格案"）最为知名，也是导致对诽谤法进行改革的一个重要案例。该案中，针对发表在《卫报》上的一篇批评性文章（文章中提到了脊椎指压疗法对一些小病的效果），英国脊椎疗法协会（BCA）提起了诉讼。在上诉阶段，上诉法院认为，有证据支持文章

---

① Ministry of Justice, *Explanatory Notes: Defamation Act 2013*（*Chapter 26*），TSO 2013, point 44 - 48.

② G. J. Pitt, "Report of the Committee on Defamation", *Mod. L. Rev.*, Vol. 39, 1976, pp. 187 - 195.

中的这些说辞是一种"意见"而非"事实"。科学争论产生了不同的观点，这些观点应作为"意见"主张抗辩。在《2013 年诽谤法》中，这是第 3 条"诚实意见"规范的内容。因为发表在一般报纸而非专业报刊上，辛格案未受第 6 条的影响，不属于其规范的范畴，但该案关于"意见"与"事实"区分的裁决仍具有重要意义。①

上诉法院作出裁决后，原告被迫撤回了诉讼。

《英国医学杂志》（*British Medical Journal*，*BMJ*）前编辑理查德·史密斯（Richard Smith）指出：

不熟悉英国诽谤法的人可能认为辛格案等案件是一个新的现象，而事实上，诽谤干扰科学讨论是一个长期存在的问题，《英国医学杂志》就曾卷入法律史上一起漫长的诽谤诉讼案件中。1969 年 5 月，《英国医学杂志》刊发了一篇研究论文，指出静脉注射美索比妥药物的病人出现了许多不正常的生理反应，这些反应或许可以解释为何一些病人在牙科手术前的麻醉中死亡。《英国医学杂志》对论文进行了同行评议并决定同时发表期刊的社论（在当时，这些是匿名的），强调该项技术是危险的，不应使用。一个叫斯坦利·德拉蒙德·杰克逊（Stanley Drummond-Jackson）的牙医经常使用这项技术，他成功说服法院，称这些文章对其构成了诽谤。《英国医学杂志》与之沟通，提出解决复杂科学问题不应通过法院而应通过在专业报刊上的讨论，但原告并不同意。值得注意的是，在 1970 年 2 月针对有无诉因的上诉中，虽然上诉法院驳回了《英国医学杂志》的上诉请求，但参与审理的著名法官丹宁勋爵（Lord Denning）发表了对诽谤法改革非常有意义的见解。在诽谤与合法批评之间，他做了一个划分："合法的批评是不带个人色彩的和客观的，它是对货物、设计、系统或技术的批

① James Price QC，Felicity McMahon，*Blackstone's Guide to the Defamation Act* 2013，Oxford：Oxford University Press，2013，pp. 101 – 102.

评。在不对个人人身进行攻击的情况下，它指出了缺陷和不足。如果科学家们因为担心诽谤诉讼而撤回发表其研究发现，那将是一个令人担忧的日子。只要他们没有进行个人攻击，他们将自由地对他人的系统和技术进行批评。这符合事实本身的利益。否则，任何科学专业报刊都不会安全。"①

在笔者看来，早于福克斯报告的丹宁勋爵的见解，可以作为近代英国重塑学术批评权与名誉权平衡关系的重要理念启蒙。随着时代的发展，对学术批评权保护不足而导致的失衡状态越来越令人难以容忍。

四 《2013 年诽谤法》第 6 条的制定背景

（一）对普通法的批评与改革建议

2008 年至 2010 年发生的包括辛格案在内一系列被广泛传播的诽谤案件，导致公众对诽谤法扼杀科学和学术讨论的问题高度关注，这也是一些诽谤法改革团体对诽谤法提出的主要批评之一。除此之外，诸如西蒙·辛格（Simon Singh）、彼得·威尔姆斯赫斯特（Peter Wilmshurst）等涉案学者或科学家也呼吁进行改革。②

在不断增大的舆论压力之下，英国政府同意采取措施提升对科学和学术讨论的保护。在 2011 年的咨询报告中，政府声称："我们尤为关注并确保诽谤程序的威胁不被用来压制蓬勃发展的科学和学术讨论。"报告摘要中提到了当前诽谤法对于表达自由产生的不利影响，尤其是对学术和科学的不利影响。但尽管如此，2011 年司法部诽谤法法案草案中并没有出现关于科学或学术期刊的明确条款。政府最初的想法是通过强化既有抗辩（尤其是诚实意见抗辩）来消除或减少此种威胁。在咨询文件中有如下值

---

① Richard Smith, "An Old Battle: England's Libel Laws Versus Scientific Debate", *British Medical Journal*, Vol. 340, No. 7746 (13 March 2010), pp. 565 – 567.

② James Price QC, Felicity McMahon, *Blackstone's Guide to the Defamation Act 2013*, Oxford: Oxford University Press, 2013, pp. 102 – 103.

得注意的观点："……主张改革者的观点，是立法将有助于进一步澄清并尽量解决争议的问题，即关于事实和意见二者间的含义和区分。与此观点相左，一些人认为，成文法条款可能会增加不确定性并导致争议，解决成本更为高昂。"①

（二）议会上下两院联合委员会诽谤法法案草案报告的核心观点

《2013 年诽谤法》第 6 条的创生可追溯到议会上下两院联合委员会关于诽谤法法案草案的报告。委员会认为政府的改革建议比较温和，建议法案应为进一步保护科学讨论提供更多措施。委员会所提出的倾向性建议包括：第一，扩展受约制特权，为关于学术和科学会议的准确且公正报道提供保护；第二，对发表在专业报刊中经同行评议的文章给予保护。在报告中，联合委员会还提出了一些对理解后续立法非常重要的核心观点：

（1）如果科学和学术组织的成员能够负责任且诚实行事的话，让其致力于有活力且不受压抑的讨论，就是一件非常重要的事。因为他们的工作有助于形塑我们所处世界的每一个方面。这其中包括公众极为关注的医学研究，在文化和社会层面上，这同样重要。让大多数学者和科学家面临诽谤程序是不可想象的，这将导致许多重要问题要么不会被公开讨论，要么根本就不会被讨论。

（2）对于科学和学术讨论来说，经过同行评议的文章是进行争辩的主要平台，比那些会议上发表的文章在质量上更为可靠。原则上，这些文章可能会受到其他类型特权的保护，包括一般受约制特权以及雷诺兹抗辩。然而，主张这些抗辩（尤其是雷诺兹抗辩），经常会存在时间长、花费高的问题。我们认为，一个恰当的同行评议过程将使发表可以被视为负责任的，将会基于公共利益而享有特殊保护，而无须在每一个个案中承担证明"负责任"的义务。科学家和学者不应仅

① James Price QC，Felicity McMahon，*Blackstone's Guide to the Defamation Act* 2013，Oxford：Oxford University Press，2013，pp. 103 – 104.

因他们的研究工作而被置于担心惹上官司的境地。我们建议在法案草案中增加一个条款，将受约制特权扩展到对科学或学术专业报刊上发表的经同行评议的文章上来。

（3）对"科学的或学术的会议"以及"同行评议的文章"应作出限定，以便为这种新的受约制特权提供清晰且恰当的边界。我们同意将其交由法院来具体解释，为未来提供更多的灵活适用性。然而，这也可能造成不确定性，为滥用诉讼权利提供更多机会。遵循我们一贯的可适用与清晰性的核心原则，我们建议政府在咨询司法机构和其他利益团体后，提供这种新的受约制特权范围的指引。我们的目的是借由对出版者和作者作出确定性表述，提升对言论自由的保护，同时不必废止现存法律中的任何部分。①

（三）政府对委员会报告的回应以及有关人士对诽谤法法案草案咨询文件的不同声音

政府对委员会的建议表示欢迎，承诺将进一步考虑通过特权等方式给予明确的保护，同时在其中确保相关关键因素得以清晰确定。政府强调："出于平衡考虑，仍认为最好把问题交由法院在个案中来决定是否扩展受约制特权以及保护何种会议和何种专业报刊。"②

在对诽谤法法案草案咨询文件的各界回应中，我们也注意到了一些反对者的声音。他们认为："并非所有拥有学术职位的人或者通过实验寻求知识的人都值得尊重或是真正的实践者，也并非所有的科学或学术追求都致力于发现真理。"不过，由于这些批评者并没有被问及同行评议的过程是否可以克服上述这些滥用的风险，还不好确定这些声音能否自动地反映到起草的诽谤法条款中。③

---

① James Price QC, Felicity McMahon, *Blackstone's Guide to the Defamation Act* 2013, Oxford: Oxford University Press, 2013, pp. 104 – 106.

② James Price QC, Felicity McMahon, *Blackstone's Guide to the Defamation Act* 2013, Oxford: Oxford University Press, 2013, p. 106.

③ James Price QC, Felicity McMahon, *Blackstone's Guide to the Defamation Act* 2013, Oxford: Oxford University Press, 2013, pp. 106 – 107.

五 《2013 年诽谤法》第 6 条的各方评价

在英国诽谤法领域具有重要地位的经典著作 *Gatley on Libel and Slander* 似乎对《2013 年诽谤法》第 6 条持谨慎态度。关于立法理由，该书指出：

> 诸如辛格案、威尔姆斯赫斯特案等案件在推动《2013 年诽谤法》第 6 条获得通过方面起到了很大作用，但这些案件中原告的索赔请求最终都未成功，虽然导致一些科学家面临大量无法挽回的费用损失，但没有任何令人信服的证据证明科学言论比其他涉及公共利益的言论更应受到优待。关于适用对象，该书认为，第 6 条毫无疑问为科学和学术言论提供了更多保护，至少当言论的形式是传统意义上的学术讨论时如此。然而，此种特权的范围相对狭窄，仅适用于第 6 条第 2、3 款所严格规定的经同行评议后的出版物，在近年来涉及科学问题的案件中对被告并无帮助。对于学术言论来说，这当然不是一项普遍性的保护。因此，当通过媒体发表或其他非经同行评议专业报刊方式传播研究成果时，只能去寻求可适用的其他一般抗辩。①

关于立法理由，其他学者则多做客观表述，讨论主要集中在适用对象方面。例如，葆拉·季立科（Paula Giliker）提出："此种抗辩无法为西蒙·辛格提供保护，因为该案中他在全国性报纸上撰写了文章，而这一般被推测为不会履行同行评议程序。"② 马特蒂·科林斯（Matthew Collins）还特别指出了该条款的适用时间以及地域：第 6 条抗辩适用于 2014 年 1 月 1 日之后发生的诉因（诉讼请求），在地域上可适用于英格兰、威尔士以及苏格兰。③ 根据《2013 年诽谤法》第 17 条第 3 款关于适用范围的规

---

① Alastair Mullis, Richard Parkes, *Gatley on Libel and Slander*, London: Thomson Reuters, 2013, pp. 725 – 726.

② Paula Giliker, *Tort*, London: Sweet & Maxwell, 2014, p. 523.

③ Matthew Collins, *Collins on Defamation*, Oxford: Oxford University Press, 2014, p. 302.

定，第6条是仅有的可适用于苏格兰的两条实体条款之一，而另一条（第7条第9款）是关于客观准确报道科学或学术会议程序的特权，也与科学或学术言论保护直接相关。由此可见，对科学或学术讨论给予特权保护的确在英国议会中达成了广泛共识。

第6条为三类不同主体提供了相应的特权保护，据此也可以划分为三个具体特权：第1、2、3款规定的"作者特权"；第4款规定的"作为评议者的编辑和专家的特权"；第5款规定的"报道者特权"。根据第6条第4款的规定，"作为评议者的编辑和专家的特权"须以"作者特权"的存在为前提；按照第5款的规定，"报道者特权"须以"作者特权"或"作为评议者的编辑或专家的特权"为前提。此种"前提"是否妥当？这是一个值得关注的问题，在作为前提的特权系由于恶意而被否定时更是如此。马特蒂·科林斯认为：

> 当作为报道者的被告没有意识到且不应知道基础性陈述或评定的发表系恶意所为时，剥夺其作为被告的"报道者特权"是值得讨论的，这可能会违反《欧洲人权公约》第10条对表达自由的保护；与之类似的争论是，当作为评议者的被告寻求"作为评议者的编辑或专家的特权"保护时，如果其不知也不应知与评议相关的陈述系恶意发表，剥夺特权保护是否合适？[①]

六 《2013年诽谤法》第6条的内容分析

（一）关于Journal的理解

注解以及英国学者均未明确对Journal的含义作出解释，或许对英国人来说，这个词语不会有任何歧义。不过，对于需要做翻译理解的国家来说，依然有考究的必要。按照《牛津高阶英汉双解词典》的解释，Journal

---

① Matthew Collins, *Collins on Defamation*, Oxford：Oxford University Press, 2014, p.313.

有三种意思。第一种是"（某学科或专业的）报纸，刊物，杂志"；第二种是"（用于报纸名）……报"；第三种是"日志；日记"。① 显然，第一种意思符合《2013 年诽谤法》第 6 条的本意。因此，本文将其翻译为"专业报刊"，既包括期刊，也包括报纸，只要它们是专业性的即可，而不宜简化为实践中数量更多的"专业期刊"。另外，即使刊载的内容经过了同行评议，一般性报刊、图书、社交媒体等均无法纳入其中，相应也就无法受到本条特权的保护。

（二）关于"科学的或学术的"的理解

《2013 年诽谤法》第 6 条没有对"科学的或学术的"表述作出界定，司法部注解也仅是强调"'科学专业报刊'术语包含医学以及工程学专业报刊"，除此之外并未做任何其他说明。阿拉斯泰尔·穆利斯（Alastair Mullis）等学者认为："'学术性'术语的使用足够宽广，包括涉及艺术、人文和社会科学主题的专业报刊。然而，第 6 条第 2 款规定的此种抗辩第一个条件'陈述系与科学的或学术的事务相关'，不可能被视为包含那种对原告诚信或能力责难的陈述。"② 这实际上可以作为"科学的或学术的"这一限定的消极条件。

马特蒂·科林斯的解释更为详尽，他认为：

> 按照一般词典的解释，"科学的"和"学术的"这两个形容词的范围非常广泛。"科学的"意味着"以科学原则和方式为基础或特征"，"科学"意味着智力和实践活动，包括通过观察和实验对物理和自然世界的结构与行为所进行的系统研究。"学术的"意味着"与教育和学问有关"。基于这些定义，一份科学的或学术的专业报刊将呈现为具有此本质特征的报纸或期刊，或者相等同的在线方式，并且

---

① 〔英〕霍恩比：《牛津高阶英汉双解词典》（第 6 版），石孝殊等译，商务印书馆，2005，第 950 页。

② Alastair Mullis, Richard Parkes, *Gatley on Libel and Slander*, London: Thomson Reuters, 2013, p. 726.

专注于发布传播任何既存或新生的学科信息内容。因此，即便内容与科学或学术问题相关，在一份综合性报纸或期刊上发表的陈述也不属于第 6 条抗辩的范畴，因为一般的报纸和期刊不能被描述为"科学的或学术的专业报刊"。①

口头陈述并非一概不予保护。按照马特蒂·科林斯的观点：

> 第 6 条第 1 款的抗辩不能适用于关于科学或学术问题的口头陈述，因为此类陈述并非发表在某种专业报刊上的陈述；第 6 条第 4 款关于编辑或专家的评定也不能以口头方式获得抗辩保护，此种抗辩仅适用于以"书面"形式发表在同一专业报刊上的评定内容；然而，第 6 条第 5 款的抗辩（报道者特权）则可以适用于对相关内容的口头概要陈述。②

（三）关于第 6 条第 4 款中"发表在同一专业报刊"的理解

为符合第 6 条第 4 款的规定，对陈述的科学或学术价值的评定应与陈述内容发表在"同一报刊"上。不过，该款并未要求评定与作为评定对象的陈述发表在专业报刊的同一期上。马特蒂·科林斯认为："发表在同一专业报刊随后的刊期上，看起来没有理由不给予特权保护。例如，当因专业报刊发表陈述而产生不同的科学或学术价值观点时，稍后发表评定内容或许更为合适。"③

（四）关于第 6 条第 5 款中"公正且准确"的理解

关于"报道者特权"所要求的"公正且准确"发表问题，马特蒂·科林斯认为：

---

① Matthew Collins, *Collins on Defamation*, Oxford：Oxford University Press, 2014, p. 305.
② Matthew Collins, *Collins on Defamation*, Oxford：Oxford University Press, 2014, p. 306.
③ Matthew Collins, *Collins on Defamation*, Oxford：Oxford University Press, 2014, p. 310.

判断关于陈述或评定的复制件、节选或概要等的发表是否公正且准确，与普通法适用标准相同。在普通法中，如果报道是对一个程序中所发生的事情或一个文件中所包含内容的实质准确的概述，即使非常简要，也可视为是公正且准确的，不必要求逐字逐句地报道。通过将报道与其所要描述的事件或者与其所要概述的文件做比较，公正性就可以得到客观的评价。如果报道中出现一些错误但并未实质改变受众的印象，即假如受众在事件现场或阅读过原始材料也会产生同样的印象，那么特权依然存在。为使抗辩成立，所发布的素材必须构成一个报道，不过并没有时间或编辑目的的限制，一篇政治性评论可能与新闻一样成为一个报道。[1]

（五）关于第 6 条第 6 款中"恶意"的理解

《2013 年诽谤法》第 6 条第 6 款明确将"恶意"作为否定此种特权的一个消极条件。阿拉斯泰尔·穆利斯等学者提到了麦克纳利勋爵（Lord McNally）在上议院辩论时的表态："如果有证据显示发表存在敌意或不当动机，则被告将丧失特权。"他同时指出："恶意在此是指普通法所设立的消灭受约制特权的那种形式。"[2]

马特蒂·科林斯则对恶意进行了更多解读。他指出："恶意在如下情形中显明，即原告证明被告发表陈述的主要动机并非法律要授予特权的目的。"对于第 6 条规定的三类主体享有的特权，马特蒂·科林斯还进行了分别解读：

> 关于"作者特权"，如果被告的主要动机不是促进陈述中科学或学术主题的讨论，那么这种陈述的发表就存在恶意。例如，如果原告证明陈述的作者知道陈述中所包含的一些诽谤性断言（allegation）是

---

① Matthew Collins, *Collins on Defamation*, Oxford：Oxford University Press, 2014, pp. 280 – 281.

② Alastair Mullis, Richard Parkes, *Gatley on Libel and Slander*, London：Thomson Reuters, 2013, p. 727.

不真实的，或者作者对于断言的真实与否毫不关注，或者作者发表陈述的主要目的是报复原告，那么就会认定被告存在恶意。在某些特殊情况下，还可以从第6条第3款所规定的"独立评议程序"中推断出恶意来。例如，在独立评议中，如果专家对编辑或作者指出了陈述的某些部分不真实且对第三方有诽谤性而应在发表前删除，但这种建议被作者或编辑拒绝了，就可能由此推断出陈述的发表存在恶意，不能受特权保护。第6条第4款规定的"作为评议者的编辑和专家的特权"也可能因恶意而丧失。例如，撰写评定的人放纵对作者或第三方的攻击并且其知道这种攻击是不真实的，或者以某种与促进陈述的科学或学术价值讨论不相关目的进行评议的。第6条第5款规定的"报道者特权"也同样受恶意的限制，如果报道公正且准确的受特权保护的陈述或评定的复制件、摘要、概述，其主要目的并非传播与科学或学术问题相关陈述中的信息，或者并非传播针对陈述科学或学术价值的信息，就可被认为存在恶意。①

不过，笔者并不赞同这种判断。一个能被认定为"公正且准确"的报道，如何存在"主要目的"不当的问题？即便存在，如何能证明？一般来说，报道者特权作为一种基于外在形式（公正且准确）而授予的受约制特权，只要满足外在"公正且准确"的标准，几乎不太可能被证明存在恶意。当然，后文要提及的《1996年诽谤法》第15条所规定的"拒绝或忽视发表原告解释或反驳"情形除外。

（六）关于第6条第7款（a）项中"法律禁止发表"的理解

《2013年诽谤法》第6条第7款（a）项的规定并非首创，《1952年诽谤法》第7条第3项针对报纸受约制特权的限制性表述就与此非常相似。马特蒂·科林斯认为："根据这一规定，第6条中的任何条款都不能被理解为保护法律所禁止的内容发行行为。例如，被告发表在科学或学术

_____

① Matthew Collins, *Collins on Defamation*, Oxford: Oxford University Press, 2014, p. 312.

专业报刊上的秘密信息，将无法依据第 6 条所授予的特权主张免于承担泄密的法律责任。"① 但是，笔者认为，第 6 条虽然无法为被告摆脱其他法律责任，但并不当然丧失针对诽谤的特权抗辩，除非能从被告违反其他法律的行为中确定其存在诽谤法上的恶意。

七 《2013 年诽谤法》第 6 条特权抗辩与其他既存抗辩的关系

除强调第 6 条特权抗辩的独立性之外，《2013 年诽谤法》第 6 条第 7 款（b）项还涉及与其他特权的关系这一重大问题，需要单独讨论。这也是一个开放的问题，因为立法没有明确的界定，可能会存在不同的观点。值得注意的是，条文使用的是"特权"而非更具一般意义的"抗辩"用语，这与《1952 年诽谤法》第 7 条第 4 款针对报纸的受约制特权的限制性表述非常类似。实际上，第 6 条显然不能对包括特权在内的其他抗辩事由构成限制或妨碍，这应当是一种当然解释。因此，我们在此的讨论范围要超出一般意义上的特权抗辩。

（一）与《2013 年诽谤法》第 7 条第 9 款"报道科学或学术会议程序的特权"的关系

前文已经提及，作为与第 6 条关涉领域相同的特权，第 7 条第 9 款特权也适用于苏格兰地区。作为一项新增特权（报道者特权），条文规定："在《1996 年诽谤法》第 14 段后面插入 14A：一项公正且准确的：（a）对于在世界任何一个地方举办的科学或学术会议程序的报道；或者（b）由此会议发布的有关问题的复制件（copy）、节选（extract）或概要（summary）。"议会上下两院联合委员会认为："经同行评议的文章，正如提出论辩加以证明的那样，是科学和学术讨论的主要平台，在性质上比会

---

① Matthew Collins, *Collins on Defamation*, Oxford：Oxford University Press, 2014, p. 313.

议更加可靠。"① 由此,我们似乎可以推断,联合委员会认为第 6 条第 5 款特权比第 7 条第 9 款特权适用范围更广,也更有价值。不过,马特蒂·科林斯认为:"第 7 条第 9 款的特权要比第 6 条第 5 款特权范围广,因为前者不需要考虑科学或学术会议所发布的有关内容是否经过了同行评议。"②但是,依据《1996 年诽谤法》第 15 条的规定,如果这种发表被证明存在恶意,则不能成立有效的抗辩。具体判断标准为:原告可以证明被告(a)曾被其请求以适当方式发表合理的信件(reasonable letter)或者解释或反驳的陈述;以及(b)拒绝或忽视进行发表。《2013 年诽谤法》第 6 条第 5 款的报道者特权没有这种要求(至少条文表述如此),因此,不能单纯以是否需要同行评议来判断特权的宽窄问题。总体上,笔者认为,二者并不冲突,完全可以并存,适用于各自的情境中。

(二) 与《2013 年诽谤法》第 4 条公共利益抗辩的关系

《2013 年诽谤法》第 4 条来源于普通法的雷诺兹特权,该条第 1 款规定:"诽谤诉讼中的被告如能证明如下内容,就可作为其能主张的一种抗辩:(a) 受控告的陈述本身事关公共利益,或者该陈述构成一个事关公共利益的陈述的一部分;并且 (b) 被告合理地相信(reasonably believed)发表受控告的陈述是为了公共利益。"马特蒂·科林斯认为:

> 第 6 条特权与第 4 条抗辩的关联性最为显著。在科学或学术专业报刊上发表的经同行评议的陈述,几乎不可避免地涉及公共利益。在没有恶意的情况下,经过同行评议这一事实,意味着发表在科学或学术专业报刊上的任何诽谤性陈述极有可能属于公共利益范畴。除非存在恶意,发表在同一专业报刊上的编辑或评议者诽谤言论,也很有可能属于公共利益范畴。这些评定通常非常有助于讨论,告知读者关于陈述的优点和不足。当作者和评议者言论涉及公共利益时,报道者的

---

① Joint Committee on the Draft Defamation Bill, *Draft Defamation Bill* (2011), para 48.

② Matthew Collins, *Collins on Defamation*, Oxford: Oxford University Press, 2014, p. 303.

报道通常也涉及公共利益。①

从某种意义上说，第4条抗辩和第6条抗辩均因关涉公共利益而可被归为广义的"公共利益"抗辩范畴，第6条可被视为对"科学或学术言论"的特定保护，第4条则属于对涉及公共利益言论的一般保护。从这个角度出发，或许我们就可以理解葆拉·季立科所说的"第6条可能不如第4条重要"的观点了。② 不过，第6条抗辩可因原告证明被告存在恶意而失效，而第4条抗辩则不存在这个问题，因为来源于雷诺兹特权的公共利益抗辩不可能存在恶意。③ 这似乎又产生了一个矛盾：一般性公共利益抗辩不可能存在恶意，而作为特例的学术批评特权抗辩却可能因存在恶意而无法成立。另外，二者的差别还在于，第4条抗辩中被告的证明责任较重，须由其证明抗辩成立；而第6条抗辩中被告只有形式上的证明义务，原告如想推翻这种抗辩，必须举证证明被告存在恶意。这种不同的证明责任或可解释前述矛盾，即第4条公共利益抗辩须由被告证明"合理地相信发表受控告的陈述是为了公共利益"等条件，而一旦证明义务完成（抗辩随即成立），恶意是无处可存的；第6条学术批评特权抗辩则无须被告证明"合理相信"或"负责任"，因此，无法完全排除恶意的存在。

（三） 与《2013 年诽谤法》第 3 条诚实意见抗辩的关系

《2013 年诽谤法》第 3 条废止了普通法以及《1952 年诽谤法》中的公正评论抗辩，根据近年来普通法的发展，设立了诚实意见（honest opinion）抗辩。成立此种抗辩的三个积极条件是："（A）受控告的陈述是一种意见（opinion）。（B）受控告的陈述表明了意见的基础，无论用一般性还是特定性词语。（C）一个诚实的人基于以下基础可以持有该种意见：（a）在受控告的陈述发表时存在的任何事实；（b）在受控告的陈述发表

---

① Matthew Collins, *Collins on Defamation*, Oxford: Oxford University Press, 2014, pp. 302 – 303.

② Paula Giliker, *Tort*, London: Sweet & Maxwell, 2014, p. 522.

③ Parick Milmo QC, W. V. H. Rogers, *Gatley on Libel and Slander* (Tenth Edition), London: Sweet & Maxwell, 2004, p. 514.

前，任何可以声称为一个受特权保护的陈述中的事实。"第 3 条同时规定了否定此种抗辩的一个消极条件，即如果原告证明被告并不持有此种意见，则抗辩不成立；当被告并非陈述的作者，而原告能证明被告知道或应当知道该作者并不持有此种意见时，抗辩同样不成立。

当科学或学术言论属于意见范畴时，第 3 条诚实意见抗辩有可能派上用场。马特蒂·科林斯指出：

> 如果一个诽谤性意见出现在同行评议的文章中，就其本质来说，科学或学术文章一般或常以特定术语显示出所表达意见的基础，一篇文章能通过同行评议程序这一事实，足以证明一个诚实的人可以持有文章中所表达的意见。科学或学术专业报刊编辑或独立专家就科学或学术文章价值所做评定中包含的诽谤性意见，在大多数情况下都会满足第 3 条的要求。意见的基础有可能在评议中得到建立，也有可能在被评议的文章中得到建立。除非编辑或专家存在恶意，从其独立性和专业性角度出发，可以很安全地认定一个诚实的人可以持有在评定中包含的诽谤性意见。[1]

实际上，如前文所述，《2013 年诽谤法》生效之前，在辛格案中，上诉法院最终支持了辛格的上诉请求，即关于缺乏科学证据支持一种特别治疗的批评，应当作为一种意见而非事实陈述，[2] 原告也因此被迫终止对辛格的诉讼行为。事实与意见之间的区分往往比较困难，不过《2013 年诽谤法》采纳了一种由普通人所理解的判断界定方法。司法部注解指出，第 3 条规定的第一个条件暗示，关于二者区分的评定要以普通人所理解的方式为基础进行，作为事实的一种推论（inference）属于一种意见，此种抗辩可以将其纳入其中。[3] 葆拉·季立科也认为："《2013 年诽谤法》的规定

---

[1] Matthew Collins, *Collins on Defamation*, Oxford: Oxford University Press, 2014, pp. 303 – 304.

[2] [2010] EWCA Civ 350.

[3] Ministry of Justice, *Explanatory Notes*, *Defamation Act 2013 (Chapter 26)*, London: TSO, 2013, point 21.

支持了前述上诉法院的观点，即从事实进行的推论是一种意见。"① 有学者更是指出："在关于如何构成评论和意见而非事实陈述方面，上诉法院在辛格案中采取了一种更为自由开放的路径。"②

《2013年诽谤法》第6条没有明确表明所保护的陈述是意见还是事实。葆拉·季立科认为："第6条特别用于保护发表在科学或学术专业报刊上经同行评议的关于事实的陈述。"③ 如果从一般受约制特权的特性出发，这种判断是恰当的，尤其是第6条还规定了"恶意"这一受约制特权通常的否定性条件。但是，考虑到第6条旨在对科学或学术言论给予特别保护的立法目的，做这种限制性解读是否有利于立法目的的实现？这一问题值得思考。如果第6条能像第4条一样明确规定既适用于事实也适用于意见，那就最好不过了。在目前的情况下，笔者同意葆拉·季立科的观点。由此，在司法实践中，第6条特权抗辩与第3条诚实意见抗辩经常有机会被一并运用。

八　中国科学或学术批评侵犯名誉权的现状、问题与英国规则的借鉴探讨

（一）现状与问题

1. 欠缺明确的法律规则

中国关于名誉权民事保护、侵权认定及损害赔偿等的相关规定散见于《民法通则》《侵权责任法》《民法总则》等法律以及最高人民法院有关司法解释之中。其中，《最高人民法院关于审理名誉权案件若干问题的解答》（法发〔1993〕15号）（以下简称《解答》）、《最高人民法院关于审理名誉权案件若干问题的解释》（法释〔1998〕26号）（以下简称《解释》）以及《关于审理利用信息网络侵害人身权益民事纠纷案件适用法律若干问

---

① Paula Giliker, *Tort*, London：Sweet & Maxwell，2014，p. 505.

② Media Law Resource Center, Inc., *Media Libel Law 2012－2013*，New York：Oxford University Press，2012，p. 1364.

③ Paula Giliker, *Tort*，London：Sweet & Maxwell，2014，p. 505.

题的规定》（法释〔2014〕11 号）（以下简称《利用网络侵权规定》）三个司法解释与名誉侵权关系最为紧密，而《民法总则》第 185 条关于英雄烈士名誉侵权的规定也涉及学术言论问题，值得关注。

总体来看，我国虽然针对名誉侵权问题制定了若干民事法律规则，但尚缺乏专门解决科学或学术言论侵犯名誉权的规定，现行条款难以提供明确的依据。

2. 司法裁判标准不统一

法律规则的缺位，必定会产生司法裁判标准难以统一的问题。本文以北大法宝数据库为依据，以"名誉＋学术"为关键词进行搜索，获取人格权纠纷案件 241 件，从中选取如下 14 件代表性案例（见表 1）进行分析。

表 1　科学或学术言论侵犯名誉权代表性案例

序号	判决年度	案件名称	案件来源	法院观点	诉讼结果（言论发表者）	言论性质
1	1997	李林诉《新生界》杂志社、何建明侵害名誉权纠纷案	北京市高级人民法院①	1. 上诉人何建明在报告文学中叙述我国当代科学史上的重大事件时，理应尊重事实；对著名历史人物的经历和人品作出评价时，应当持客观、慎重的态度。但其撰写的《科学大师的名利场》却从政治、学术、人品等方面对李四光进行了不恰当描写，许多情节缺乏客观事实根据，客观上影响了公众对李四光的公正评价，损害了李四光的名誉，同时也给李四光之女、被上诉人李林造成了一定精神痛苦，应当依法承担侵权民事责任。 2.《新生界》杂志社未尽审查职责，发表明显带有侵权内容的作品，应依法承担相应民事责任。	《新生界》杂志社、何建明败诉	人文社科言论

续表

序号	判决年度	案件名称	案件来源	法院观点	诉讼结果（言论发表者）	言论性质
2	2000	唐映红诉司马南、李力研、中国社会出版社名誉权纠纷案	北京市海淀区人民法院（2000）海民初字第4807号	1. 李力研在其创作的《太乙宫黑幕》下卷部分内容中，虽然个别措辞尖锐，但没有捏造虚假事实，未贬低、丑化唐映红的人格。其对"情商"问题的不同看法和评论，系个人之见，属于学术争论之列，并没有构成对唐映红名誉权的侵害。 2. 中国社会出版社在出版《太乙宫黑幕》一书过程中，尽到了审查、注意义务，系正常出版图书行为。因此，唐映红认为中国社会出版社将侵权内容扩散，应承担侵权责任的诉称亦不能成立。	李力研、中国社会出版社胜诉	人文社科言论
3	2002	余一中诉《新闻出版报》社侵害名誉权纠纷案	南京市中级人民法院（2002）宁民一终字第446号	1. 报纸作为新闻媒介，就他人的文章或观点展开讨论，是办报的一种形式。 2.《钢铁是怎样炼成的》是一部文学著作，对该书的评论带有各方的学术、政治观点属于正常的文学评论范畴。 3. 争论双方在表达自己的观点时，只要不构成侮辱、诽谤，就不能认定侵害他人的名誉权。	《新闻出版报》社胜诉	人文社科言论
4	2005	宣科诉吴学源、《艺术评论》杂志社名誉权案	云南省高级人民法院（2005）云高民一终字第88号	1. 涉案文章《"纳西古乐"是什么东西?》是作者对"纳西古乐"进行评论的学术文章，作者反对将"纳西古乐"申报"人类口头和非物质遗产代表作"，并对宣科关于"纳西古乐"的部分言辞提出质疑。文章属学术评论性质，对正常的学术争论，法律不作干预。 2. 涉案文章中部分言辞明显超出学术评论的范畴并对上诉人宣科的人格提出质疑，违背了学术争论应遵循的公平评价原则，丧失了学术评论应有的正当性，已构成对宣科的名誉侵权，	吴学源、《艺术评论》杂志社败诉	人文社科言论

序号	判决年度	案件名称	案件来源	法院观点	诉讼结果（言论发表者）	言论性质
				应承担侵权赔偿的民事责任。 3.《艺术评论》杂志社将"纳西古乐"称为"假文化"于法无据，且不符合社会公众的评判标准。故《艺术评论》杂志社不仅对文章有审查疏忽的过失，更负有在栏目编排上侵权的主观过失，亦应承担相应的民事责任。		
5	2007	肖传国诉中国协和医科大学出版社、方是民言论失实侵犯其名誉权案	湖北省武汉市中级人民法院（2006）武民终字第817号	1. 学术批评、争论应建立在事实真实和评论中肯的基础上。被告方是民的言论失实，其言论已超过了法律允许的范围，构成对原告名誉权的侵害。所以，被告方是民称其言论系正常学术批评的说法不能成立。 2. 被告中国协和医科大学出版社作为网络访谈活动举办方之一，对访谈主讲人的失实言论未尽到谨慎的注意义务并为主讲人失实言论提供了传播平台，应对被告方是民侵害他人名誉权的行为承担相应的法律责任。	方是民、中国协和医科大学出版社败诉	自然科学言论
6	2007	贾英华诉王庆祥名誉权案	北京市第一中级人民法院（2007）一中民终字第4112号	1. 贾英华、王庆祥基于各自掌握的历史资料和对该部分资料的理解，从不同角度撰写同一历史人物在某一时期的客观事实，反映在其各自作品中允许存在一定差异。贾英华《解密》一书出版后，他人发表不同观点，应属正常的学术争鸣与舆论监督，但应当善意地表达自己的观点，而不能故意贬损他人人格。 2. 王庆祥在其《再解密》一书中对贾英华多次使用"欺世盗名""编史造假""信口雌黄""随意编造""无耻之徒"等刻薄词句，已超出正当的学术争鸣与批评的范畴，构成了对贾英华人格的贬损，应承担相应的民事责任。	王庆祥败诉	人文社科言论

序号	判决年度	案件名称	案件来源	法院观点	诉讼结果（言论发表者）	言论性质
7	2013	沈木珠与杨玉圣名誉权纠纷上诉案	天津市第一中级人民法院（2013）一中民终字第370号	1. 司法不干预学术批评的主旨在于对"意见表达"的不干预，也即司法不对学术观点进行评判。是否存在抄袭、剽窃、重复发表等行为的判断，不属于法律调整范畴，判决书不应表达立场。 2. 基于保障学术自由和学术批评的目的，在各类学术批评、学术打假所引发的名誉侵权纠纷中，作为被批评者面对批评的容忍度应高于一般的名誉侵权行为。	杨玉圣胜诉	人文社科言论
8	2014	天士力制药集团股份有限公司诉李连达名誉权纠纷案	天津市高级人民法院（2014）津高民一终字第28号民事判决书	1. 李连达作为中医药学界的专家学者，虽然享有学术研究、学术探讨以及学术批评的权利，但如果专家学者从专业角度就特定对象公开发表不实言论侵犯他人名誉权，就应当承担侵权责任。 2. 专家学者较一般民众掌握更多的专业知识，其应对言论内容的精确度、发表言论场合的适合性以及言论的影响度有更为清醒的认识和把握，应更为审慎、严谨。	李连达败诉	自然科学言论
9	2014	黄钟、洪振快诉梅新育名誉权侵权纠纷案	北京市丰台区人民法院（2014）丰民初字第05325号	1. 梅新育所发表的涉诉微博，对《"狼牙山五壮士"的细节分歧》一文作出的带有感情色彩的评价和评论，是社会公众普遍民族感情的直观反映，系出于维护"狼牙山五壮士"英雄形象目的，主旨和主观动机符合社会主义核心价值观，应当予以肯定。 2. 梅新育在微博中负有使用文明语言，维护网络环境清朗洁净的义务，其在微博中使用不文明语言显属不当。鉴于梅新育微博言论具有维护英雄形象的正当性，且不能认定造成了原告社会评价降低的后果，故不构成侵权。	梅新育胜诉	人文社科言论

序号	判决年度	案件名称	案件来源	法院观点	诉讼结果（言论发表者）	言论性质
10	2015	方是民与崔永元名誉权纠纷案	北京市第一中级人民法院（2015）一中民终字第07485号	1. 对科学、学术问题的自由讨论是言论自由以及科学研究自由的重要内容，法律和法院不可能判断科学观点、学术争议的是非，只能对具体的行为是否违法进行判断。 2. 为避免窒息对有关公共议题的讨论，在争论中求得真理、达成共识，双方均应对与学术争议分歧直接相关的个别令人不快的用语保持宽容，法院不宜介入过多来判断学术意见是否科学正确，应秉承宽容的司法态度。 3. 由公共议题引发的恶意人身攻击不能受到言论自由的保护，参与讨论的人不能以讨论公共议题为由对讨论中的侮辱、诽谤、人身攻击免除责任，公共议题并非人身攻击侵权的"挡箭牌"。	双方均有部分言论存在侮辱、诽谤、恶意贬低对方人格之处，均构成侵犯名誉权	自然科学言论
11	2015	宋福保诉洪振快名誉权纠纷案	北京市西城区人民法院（2015）西民初字第27842号	1. 英雄人物及其精神，已经获得全民族的广泛认同，是中华民族共同记忆的一部分，是中华民族精神的内核之一，也是社会主义核心价值观的重要内容。民族的共同记忆、民族精神乃至社会主义核心价值观，无论是从我国的历史看，还是从现行法上看，都已经是社会公共利益的一部分。在此意义上，案涉文章侵害的不仅仅是宋学义个人的名誉和荣誉，还有由英雄人物的名誉、荣誉融入的社会公共利益。 2. 案涉文章在形式上表现为学术文章，判断其是否构成侵权涉及被告的言论自由。言论自由并非没有边界，学术自由、言论自由以不侵害他人合法权益、社会公共利益和国家利益为	洪振快败诉	人文社科言论

续表

序号	判决年度	案件名称	案件来源	法院观点	诉讼结果（言论发表者）	言论性质
				前提。案涉文章所谓的"学术研究""言论自由"不可避免地会侵害"五壮士"的名誉、荣誉以及融入了这种名誉、荣誉的社会公共利益。因此，被告以侵害他人合法权益和社会公共利益的言论自由作为其侵权责任的抗辩理由，本院不予支持。		
12	2016	葛长生诉洪振快名誉权侵权纠纷案	北京市第二中级人民法院（2016）京02民终6272号	1. 关于洪振快上诉提出的言论自由、学术自由及与人格权利冲突的平衡问题，本院认为，我国现行法律保护公民的言论自由和进行科学研究的自由，同样也保护公民的人格尊严不受侵犯，保护公民享有的名誉、荣誉等权益。公民享有法律规定的权利，同时也必须履行法律规定的义务。公民在行使自由和权利的时候，不得损害国家的、社会的、集体的利益和其他公民的合法自由和权利。因此，自由和权利的行使并非没有边界，这个边界就是法律。2. 洪振快上诉所称的其行使言论自由和学术自由的权利，需要在法律范围内进行。洪振快应当采取适当的方式从事研究及发表言论，同时应当充分考虑可能造成的社会影响。洪振快撰写的案涉文章侵害了葛振林的名誉和荣誉，侵害了社会公共利益，超出了法律允许的范围，不受法律保护。因此，洪振快以言论自由、学术自由作为其不承担侵权责任的抗辩理由不能成立。	洪振快败诉	人文社科言论

续表

序号	判决年度	案件名称	案件来源	法院观点	诉讼结果（言论发表者）	言论性质
13	2017	刘伯奎与中国人民大学出版社有限公司等名誉权纠纷上诉案	上海市第二中级人民法院（2017）沪02民终1247号	1. 本案主要争议焦点在于田淑芳、田芳出具的审稿意见及由此导致中国人民大学出版社最终未能出版系争刊物的行为是否侵害刘伯奎的名誉权。本院认为，审编人员出具的审稿意见系基于自身的学识、阅历等对拟出版刊物内容作出的理解和评价，这种理解和评价只要不违反法律的禁止性规定，就不应当承担法律责任。故刘伯奎认为审稿意见侵害其名誉权，缺乏法律和事实依据。 2. 本案中，中国人民大学出版社的退稿行为系其基于审编人员对拟出版刊物的审稿意见而作出的决定，主观上不具有损害刘伯奎名誉权的故意或过失，故中国人民大学出版社的行为不属于名誉权侵权行为。	中国人民大学出版社、田淑芳、田芳胜诉	人文社科言论
14	2017	李猛与珠海格力电器股份有限公司名誉权纠纷上诉案	广东省珠海市中级人民法院（2017）粤04民终463号	1. 对科学技术的争议和讨论不仅是公民的权利，也是学术进步的动力和源泉。 2. 本案焦点在于李猛的批评是否明显超过学术探讨的范围。本案中，李猛在提出格力电器公司造假的观点后并没有提供权威学术机构的认定或者中立第三方的鉴定意见，而仅仅是依据自己个人对变频空调技术的一些看法。在没有足够依据并进行充分论证的前提下，直接以个人名义批评与其所任职公司存在直接竞争关系的格力电器公司的获奖项目存在造假，并且在网络上传播明显贬损格力电器公司的言论，显然已经超出学术探讨权利的边界，李猛的行为已经构成侵权。	李猛败诉	自然科学言论

资料来源：该案主体内容刊登于《最高人民法院公报》1998年第1期。

参照英国《2013 年诽谤法》第 6 条的表述，我们可按照"科学言论"和"一般学术言论"的标准将上述案例分为两类，即主要涉及自然科学的学术批评以及主要涉及人文社会科学的学术批评两类。

（1）自然科学学术批评案件

4 起自然科学学术批评案件中，言论发表者均败诉。值得注意的是，法院虽普遍肯定科学研究以及科学批评的价值，但有的法院仍强调此种批评"应建立在事实真实和中肯评论的基础上"（方是民案），甚至强调"专家学者较一般民众负有更高的注意义务"（李连达案），而有的法院则质疑批评者的专业资格和表达方式（李猛案），只有一起案件（崔永元案）法院注意到了"法律和法院不可能判断科学观点、学术争议的是非，而只能对具体的行为是否违法进行判断。科学观点、学术意见不应受到司法的强制干预，认为司法可以强制推行和认定科学论战的真理是非，是对司法权力的错误定位和职能僭越"。法院在崔永元案中非常有创见地指出："法院在对待学术争论中意见分歧的基本定位应该是：将科学、学术争论的是非判断问题留给科学、学术去解决，法院只就行为的合法性进行判断。"崔永元案双方均构成侵犯名誉权的原因在于言论中包含许多侮辱性内容，而非其他法院看重的"事实依据""专业资格""表达方式"等问题。因此，笔者认为，4 起自然科学批评案件中，只有崔永元案的判案思路值得肯定，其他 3 起案件的结果暂且不论，在更为关键的法理分析上，均有一定偏差。

（2）人文社科学术批评案件

10 起人文社科学术批评案件中，言论发表者胜败各半。

败诉案件中，有的案件（何建明案）法院认为"许多情节缺乏客观事实根据"；有的案件（吴学源案）法院认为"不能借学术评论对他人的人格进行攻击和贬损"；有的案件（王庆祥案）法院认为"应当善意地表达自己的观点，而不能故意贬损他人人格"；有的案件（洪振快案）法院认为"学术自由、言论自由以不侵害他人合法权益、社会公共利益和国家利益为前提""案涉文章侵害的不仅仅是宋学义（葛振林）个人的名誉和荣誉，并且侵害的是由英雄人物的名誉、荣誉融入的社会公共利益""言论自由和学术自由的权利，需要在法律范围内进行，洪振快应当采取适当的方式从事研究及发表言论，同时应当充分考虑可能造成的社会影响"。

　　胜诉案件中，有的案件（李力研案）法院认为"虽然个别措辞尖锐，但没有捏造虚假事实，贬低、丑化唐映红的人格。其对'情商'问题的不同看法和评论，系个人之见，属于学术争论之列，并没有构成对唐映红名誉权的侵害"；有的案件（《新闻出版报》社案）法院认为"评论带有各方的学术、政治观点属于正常的文学评论范畴。在有关争论中，争论双方在表达自己的观点时，只要不构成侮辱、诽谤，就不能认定侵害他人的名誉权"；有的案件（杨玉圣案）法院认为"司法不干预学术批评的主旨在于对'意见表达'的不干预""在各类学术批评、学术打假所引发的名誉侵权纠纷中，作为被批评者面对批评的容忍度应高于一般的名誉侵权行为"；有的案件（梅新育案）法院认为"言论出于维护'狼牙山五壮士'英雄形象的目的，主旨和主观动机符合社会主义核心价值观，应当予以肯定，不能认定被告（梅新育）的行为造成了原告（洪振快、黄钟）社会评价降低的后果"；有的案件（中国人民大学出版社案）法院认为"审编人员田淑芳、田芳所作出的审稿意见属于学术理解和评价，且并未对社会公众予以公示，故上诉人刘伯奎认为审稿意见侵害其名誉权，缺乏法律上和事实上的依据"。

　　综合上述 10 件人文社科学术批评案件，可以发现，涉及公权力机关已经定性的人物或事件，学者进行批评时的侵权法律风险较大，而人物或事件的维护者对学者的反批评则一般较难认定为侵权。前者案例如 1997 年涉及著名科学家李四光的何建明案中，法院特别指出"叙述我国当代科学史上的重大事件时，理应尊重事实；在对著名历史人物的经历和人品作出评价时，应当持客观、慎重的态度"；2016 年涉及抗日英雄群体"狼牙山五壮士"的洪振快案中，法院将"英雄人物的名誉、荣誉"提升为"社会公共利益"加以特殊保护。后者案例如 2002 年《新闻出版报》社案涉及小说《钢铁是怎样炼成的》的评价问题，法院认为"评论带有各方的学术、政治观点属于正常的文学评论范畴，只要不构成侮辱、诽谤，就不能认定侵害他人的名誉权"；2014 年梅新育案中法院认为"鉴于梅新育微博言论具有维护英雄形象的正当性，且不能认定造成了原告社会评价降低的后果，故不构成侵权"。

（二）英国规则的借鉴探讨

如前文所述，英国《2013 年诽谤法》第 6 条授予科学或学术言论表达者的特权实际上包括三类具体特权，即第 1、2、3 款规定的"作者特权"，第 4 款规定的"作为评议者的编辑和专家的特权"，第 5 款规定的"报道者特权"。从上述中国的司法案例来看，这三类主体侵犯名誉权的问题都有所涉及，但尚未形成特权抗辩的清晰理念和具体制度，特别是具有基础意义的"作者特权"，只有少数法官表现出了初步的司法认知。

1. 参考借鉴英国规则须分析的若干问题

（1）中国的学术专业报刊同行评议是否值得信赖？

目前，中国绝大多数学术专业报刊都建立了同行评议制度。一般先由编辑进行初步形式审查；通过后交由专家进行匿名评审；多数专家同意发表后，编辑再进行编稿；有的还要提交编委会讨论，通过后才安排发表。自然科学专业报刊一般不会涉及意识形态领域的敏感问题，而人文社科专业报刊则存在些许疑问：把权利交由编辑和评审专家，是否足够放心，是否可行？反对者肯定会提到上述《炎黄春秋》发表洪振快文章的案例。笔者认为，类似《炎黄春秋》办刊风格的报刊在中国是极少数，且已做整改，不能拿一起个案来否定整个学术专业报刊的同行评议制度。

中国所有的学术专业报刊都需要在新闻出版管理部门获批刊号并在后续运营中接受监管，所有编辑人员都纳入行业资格管理，在入口和出口两方面都有较为严格的管控，同时实行编辑责任制度，以保障出版物刊载的内容符合法律规定。另外，可以作为评审专家的学者基本都在我国高校科研院所就职，属于"体制内"人员，所在单位可以有效管理，而且文章最后发表均非一两个编辑或专家就可以决定，在遵循多数意见和合议制度之下，几乎不可能出现同行评议可发表而实际存在严重侵犯名誉权问题的学术文章。即使出现，在数量和比例上也是极少，不能由此否定赋予同行评议视同"负责任表达"的意义和价值。

（2）是用"科学或学术"做定语还是直接用"学术"？

英国《2013 年诽谤法》采用"科学或学术"的并列表述方式，主要是注意到自然科学和人文社会科学二者在研究对象、研究方法等方面的差异，也与立法前自然科学，尤其是医学方面的相关案例较多有关。中国侵权法则不必采用二者并列的方式，因为"学术"的中文含义相对宽广，不须单独强调"科学"学术问题。

（3）"恶意"如何转换为中国侵权法的相应表述？

中国《侵权责任法》中没有"恶意"的表述，而使用"过错""故意""过失""重大过失"等术语。如前文所述，英国《2013 年诽谤法》第 6 条中的"恶意"是指行为人发表陈述的主要动机并非法律要授予特权的目的，一般表现为行为人知道陈述中所包含的一些诽谤性断言是不真实的，或者对于断言的真实与否毫不关注，或者发表陈述的主要目的是报复他人。如果转换为中国侵权法的术语，大致相当于"故意"（包括直接故意和间接故意）。"过失"以及"重大过失"，均不属于英国法中的"恶意"。因此，在中国侵权法语境中，应明确强调原告必须证明被告存在"故意"的过错形态才能使这种特权抗辩失效，而不能不加区分地采用"过错"术语。

（4）法律禁止发表的内容如何界定？

除了"恶意"外，英国《2013 年诽谤法》第 6 条还规定该特权不对法律所禁止的内容发表行为提供保护。中国关于法律所禁止的出版物内容规定于《出版管理条例》，该条例第 25 条规定了出版物"不得含有的内容"，即"十不准"："（一）反对宪法确定的基本原则的；（二）危害国家统一、主权和领土完整的；（三）泄露国家秘密、危害国家安全或者损害国家荣誉和利益的；（四）煽动民族仇恨、民族歧视，破坏民族团结，或者侵害民族风俗、习惯的；（五）宣扬邪教、迷信的；（六）扰乱社会秩序，破坏社会稳定的；（七）宣扬淫秽、赌博、暴力或者教唆犯罪的；（八）侮辱或者诽谤他人，侵害他人合法权益的；（九）危害社会公德或者民族优秀文化传统的；（十）有法律、行政法规和国家规定禁止的其他内容的。"特权抗辩无法免除因发表这些"禁载内容"而应承担的法律责任，这一点与英国法相同。同时，为避免"十不准"言论获得侵权法的特权保护，且使行政法律责任与民事法律责任相统一，中国可以明确规定此时学术言论发表者也无法获得侵犯名誉权的免责保护。《英雄烈士保护法》等单行法所规定的英雄烈士名誉等人格利益，可借由"十不准"第（九）项规定加以特别保护，或者直接作为特别法予以保护，学术批评特权抗辩于此无法成立。

2. 具体条文设计

基于前文的分析，笔者建议在民法典分则人格权编第五章"名誉权和荣誉权"中做如下表述：

作者发表在学术专业报刊上的论文虽存在失实之处，但如果同时符合下述条件，则不应当认定为侵害他人名誉权：

（1）论文主要涉及学术问题，包括但不限于自然科学、人文社会科学等领域的学术问题；

（2）论文发表前，专业报刊编辑以及相关领域专家已就其学术价值按照通行的规程进行了独立严谨的评审；

（3）作者不存在打击、报复他人等不当目的，且不知道论文中包含失实的内容，也没有对此毫无顾忌；

（4）论文中不存在出版管理法律法规所禁止发表的内容。

按照前款规定进行评审的编辑和专家，就其评审意见享有与作者同样的保护。

对于准确且公正报道第一款论文或评审意见的第三方，无论是报道全部内容还是报道节选或摘要，均就其报道享有与作者或编辑和专家同样的保护。

本条所称"学术专业报刊"，是指报刊社出版的拥有国家正式批准刊号的学术专业性报刊，无论出版方式是纸质形态还是电子介质或网络等。

九 结语

自《2013 年诽谤法》于 2014 年 1 月 1 日生效至今，尚未发现英国直接适用第 6 条的判例，说明该条款在遏制针对科学或学术言论的诽谤诉讼（尤其是恶意诉讼）方面发挥了积极作用，行为预测、指引作用明显，所谓"不战而屈人之兵"。为应对"百年未有之大变局"的巨大挑战，大力提升科学研究实力和国际竞争力，夯实民族复兴的基础，中国理应主动把握发展趋势，借由民法典分则创设人格权编的编纂时机，尽快建立符合本国国情的学术批评特权抗辩制度，充实丰富民法典人格权编，充分保障正当的学术自由权，为推动自然科学和人文社会科学的蓬勃发展创造良好的法治环境。

作为宪法权利的拒绝治疗权及其保护[*]

——美国法的经验及其借鉴

陈绍辉[**]

摘　要： 拒绝治疗权作为一项宪法权利，是患者为对抗和否定强制治疗而主张的一项权利。在美国，尽管联邦最高法院并未正面肯定拒绝治疗的宪法属性，但联邦地方法院和各州都普遍承认拒绝治疗权系患者享有的一项宪法权利，并给予该权利严格的实体和程序保护。具体而言，则是对拒绝治疗权的限制规定了较为严格的实体条件，并应遵循正当法律程序。我国《精神卫生法》所规定的强制医疗制度实际上对强制住院患者的拒绝治疗权持否定态度。基于对精神障碍患者自主权和健康权的尊重，应确认患者的拒绝治疗权，并为这一权利提供相应的法律保护。

关键词： 拒绝治疗权；强制医疗；正当法律程序；宪法权利

在美国，住院精神病人的拒绝治疗权曾被学者视为精神卫生法领域最为重要的问题。[①] 然而，这一权利也引起医疗和法律专业之间巨大的争议和分歧。[②] 传统上，无论是立法还是法院判决，都认为强制入院患者是在具有绝对裁量权的机构的监护、照护和治疗之下，医疗专业对此享有广泛的支配权力。对住院病人的强制治疗被认为是精神科医师和精神卫生机构

---

　* 本文是国家社科基金 2016 年度一般项目"强制医疗的程序规制研究"（项目编号：16BFX076）的阶段性成果。

　** 陈绍辉，江西师范大学政法学院副教授，法学博士。

① Michael L. Perlin, "Reading the Supreme Court's Tea Leaves: Predicting the Judicial Behavior in Civil and Criminal Right to Refuse Treatment Cases", *AM. J. FORENSIC PSYCHIATRY*, Vol. 12, 1991, p. 40.

② Dennis E. Cichon, "The Right to 'Just Say No': A History and Analysis of the Right to Refuse Antipsychotic Drugs", *LA. L. REV.*, Vol. 53, 1992, p. 286.

的职责，强制治疗被视为强制入院的自然延伸，患者无权拒绝治疗，精神病人也被认为无拒绝治疗的决定能力。然而，随着抗精神病药物的广泛使用，其副作用也开始普遍出现；同时，药物滥用问题也开始浮现并不容忽视。很多公立机构为应付人满为患和人手不足局面而出于非治疗目的使用药物，其目的包括对患者的约束、惩罚和管理上的便利等。[①] 在此背景下，患者开始抗拒治疗，并试图通过诉讼主张其宪法和法律上的拒绝治疗权。然而，精神医疗行业并不承认拒绝治疗权这一法律概念，认为这一概念与其治疗住院患者的职责相冲突，削弱医生对患者的管理，破坏医疗环境，不利于拒绝者疾病的治疗，等等。[②] 尽管如此，20世纪70年代以来，拒绝治疗权逐渐被判例所确认，各州立法也普遍承认这一权利，并给予严格的实体和程序保护。

拒绝治疗权在我国仍是十分陌生的概念，不仅学界鲜有关注，实践中对这一权利似乎也持否定态度，患者一旦被强制入院，医疗机构即可对其采取强制治疗措施，并无拒绝治疗之可能。然而，尽管强制治疗可能给患者带来利益，但包括药物、电抽搐疗法在内的治疗都可能给患者带来巨大的身心痛苦和严重的副作用，并留下诸多后遗症和难以抚平的心理阴影。对很多患者而言，强制治疗所带来的严重后果不仅仅是人身自由的剥夺和限制，还有药物治疗所带来的身心痛苦及治疗副作用烙下的精神病"标签"。因而，很多患者对精神病治疗心有余悸，甚至饱受折磨、痛不欲生。[③] 一些患者为此而偷偷丢弃药物，或拒绝配合治疗，甚至有的患者难以忍受电击治疗，从医院出逃而致溺水身亡。[④] 在此背景下，有必要重新审视强制住院患者的拒绝治疗权，考量这一权利在我国现行法律制度下的存在空间，并建立相应的保障制度。

---

① Dennis E. Cichon, "The Right to 'Just Say No': A History and Analysis of the Right to Refuse Antipsychotic Drugs", *LA. L. REV.*, Vol. 53, 1992, p. 285.

② William M. Brooks, "Reevaluating Substantive Due Process as a Source of Protection for Psychiatric Patients to Refuse Drugs", *Ind. L. Rev.*, Vol. 31, 1998, p. 938.

③ 许某某与中南大学某某医院医疗损害责任纠纷一审民事判决书，湖南省长沙市芙蓉区人民法院，（2014）芙民初字第2938号。

④ 《男子患精神病不堪忍受治疗外出数日后溺死池塘》，搜狐网，http://health.sohu.com/20130826/n385069714.shtml，最后访问日期：2019年10月31日。

一 拒绝治疗权的产生背景

在 20 世纪中期以前，精神疾病的治疗几乎乏善可陈。20 世纪 50 年代以来以氯丙嗪为代表的抗精神病药物的问世，使得精神分裂症和其他严重精神疾病能够获得有效治疗。抗精神病药对于治疗精神病症状具有很好的效果，尽管它们不能治愈精神疾病，却能消除或抑制精神病症状。相对于其他治疗方法，抗精神病药物是更为人道的治疗方法，能够减少约束和机构化，使患者回归社区成为可能。[①] 研究表明，精神病药物的使用能够有效缓解精神病症状，缩短发病时间和住院期限，减少住院人数。例如，1955年抗精神病药刚刚开始投入市场时，美国州立精神病院收治的住院病人为558000 人。然而，到 1970 年，尽管入院病人急剧增加，但住院病人的人数下降到 340000 人，而到 1980 年州立精神病院的住院人数只有 137000人。[②] 住院病人的急剧减少被认为主要归功于抗精神病药物的广泛使用，[③]因为药物治疗有效缩短了精神病人住院的期限和治疗时间。

然而，抗精神病药自产生以来就引发了巨大的争议。例如，药物治疗只能消除或抑制精神病症状，并不能治愈精神疾病，属于典型的"治标不治本"。尽管很多药物的治疗效果立竿见影，但一旦停止治疗容易复发，且对急性精神病症状更加对症，而对于慢性精神疾病却收效甚微。同时，也有研究表明，部分患者并不能从抗精神病药治疗中获益，有的甚至出现恶化。[④] 所有争议当中，最为突出的问题当属药物的副作用。

---

① Donald J. Kemna, "Current Status of Institutionalized Mental Health Patients' Right to Refuse Psychotropic Drugs", *J. LEGAL MED.*, Vol. 6, 1985, p. 110.

② Dennis E. Cichon, "The Right to 'Just Say No': A History and Analysis of the Right to Refuse Antipsychotic Drugs", *LA. L. REV.*, Vol. 53, 1992, pp. 283 – 293.

③ 也有研究表明，住院病人的减少并不能完全归功于药物治疗，其他因素也起到重要的促进作用，如法律制度的改革、去机构化政策等。参见 Alexander D. Brooks, "The Constitutional Right to Refuse Antipsychotic Medications", *Bull. Am. Acad. Psychiatry & L*, Vol. 8, 1981, p. 182.

④ Dennis E. Cichon, "The Right to 'Just Say No': A History and Analysis of the Right to Refuse Antipsychotic Drugs", *LA. L. REV.*, Vol. 53, 1992, p. 283, 295.

（一）抗精神病药的副作用

所有的抗精神病药都具有广泛的副作用，常见副作用包括口干、恶心、呕吐、食欲不振、心跳过速、体重增加、意识障碍、椎体外系反应等，也有的药物导致患者乏力、嗜睡、迟钝、注意力不易唤醒、思维和行动迟缓。有的药物会严重损伤患者的神经系统，如造成四肢颤抖、肌肉僵硬、痉挛、流口水、背部弯曲等，以及运动失能、静坐不能和药源性帕金森等，最严重的如迟发性运动障碍，其症状为面部、舌头、嘴、躯干、四肢、脖颈、双肩和骨盆等部位无法控制的持续运动，严重的甚至影响吞咽、说话和呼吸，且伴随患者终身，无法根治。[1] 又如静坐不能，主要表现为主观体验想静坐，客观上却处于无法控制的不停运动状态。外在表现为坐立不安、心神不宁、两腿不停移动、抓耳挠腮等客观运动异常，症状明显时出现坐起躺下、来回走动、焦虑、易激惹、烦躁不安、恐惧。静坐不能的主观体验十分不适，正如患者的描述："骨头里和心底里感到发痒，令人无法忍受。"[2] 药源性帕金森抗精神病药物的常见反应，其症状包括运动不能[3]、震颤[4]、肌张力增高[5]等。总之，相对于其他药物，抗精神病药物往往具有更为严重的副作用，其副作用往往给患者的身心健康带来严重伤害，且部分不良反应可能持续终身，没有有效的处理方法，从而使患者饱受痛苦、备受折磨。

（二）对药物滥用的反思与警惕

实践中，精神疾病的种类众多，但不是每种精神疾病都有对症的药

---

[1] Michael L. Perlin, *Mental Disability Law: Civil and Criminal* (volume 2), Virginia: Lexis Law Publishing, 1998, p. 161; Dennis E. Cichon, "The Right to 'Just Say No': A History and Analysis of the Right to Refuse Antipsychotic Drugs", *Louisiana Law Review*, Vol. 53, November 1992, p. 309.

[2] 徐韬园：《现代精神医学》，上海医科大学出版社，2000，第 140 页。

[3] 表现为患者服药后虽想做动作但又感困难，因而动作明显减少，往往坐在那里一整天不移动位置。徐韬园：《现代精神医学》，上海医科大学出版社，2000，第 138 页。

[4] 表现为双手有规则、有节奏地来回抖动，有时也表现为嘴唇或下颚或下肢的抖动。

[5] 表现为肌肉僵直，呈面具脸，拖行步态。严重者可出现吞咽困难、构音困难、全身肌强直。参见沈渔邨《精神病学》，人民卫生出版社，2009，第 837 页。

物，临床中可供医生选择的药物并不多。因此，医生很难针对各种疾病开出对症的药物，针对精神分裂症的药物也可能不适当地用于具有类似症状的疾病的治疗。[①]患者所服用的药物可能完全没有疗效，副作用却十分巨大，从而给患者身心健康带来更大的风险。

从早期看，精神药物的使用缺乏严格的规范，医生经常开立不适当和不必要的药物，且同时开出多种药物几乎成为医疗惯例，过度用药问题极为突出，而患者拒绝服用药物却经常遭到医生的报复和惩罚。[②] 同时，法院在判决中认定，抗精神病药的使用仅仅是出于管理需要和惩罚目的，"药物的开立十分随意，执业医师和非执业医师都可以开立，不管是自己主管的病人，还是根本未曾谋面的病人，都可以为其开立处方"。[③]

（三）对精神病人行为能力的重新认识

传统的观点认为，患有精神疾病即意味着该人不具有意思决定能力或行为能力，但这一观点逐渐被摒弃。研究表明，精神疾病的病情轻重与民事行为能力的强弱不一定成对应关系，患者在某方面民事行为能力受损并不必然代表他在其他方面也缺乏民事行为能力。民事行为能力全面受损的精神病人确实有，如智力极度低下者，然而大多数精神病人都有残留能力。[④] 不少精神病人在某个或某些方面的病理症状上无行为能力，但在其他方面却有完全的行为能力，这用民法上的类型化标准是无法涵盖的。[⑤]因此，患有精神疾病并不等同于无行为能力，即便是严重精神病人在多数情形下也具有一定的理性能力。越来越多的研究表明，精神病人对治疗的

[①] Mary C. McCarron, "The Right to Refuse Antipsychotic Drugs: Safeguarding the Mentally Incompetent Patient's Right to Procedural Due Process", *Marquette Law Review*, Vol. 73, 1990, p. 484.

[②] Dennis E. Cichon, "The Right to 'Just Say No': A History and Analysis of the Right to Refuse Antipsychotic Drugs", *LA. L. REV.*, Vol. 53, 1992, pp. 283 – 314.

[③] Davis v. Hubbard, 506 F. Supp. 915, 926 (N. D. Ohio 1980).

[④] 何恬：《重构司法精神医学——法律能力与精神损伤的鉴定》，法律出版社，2008，第303页。

[⑤] 王丽莎：《成年精神障碍者的行为能力》，《国家检察官学院学报》2018年第3期。

拒绝是理性和深思熟虑的结果，而非所谓精神疾病症状的表现。①

同时，多数国家的强制入院标准都不以精神病人无行为能力为要件，这意味着强制入院并不表明该精神病人无行为能力。换言之，强制入院和无行为能力的认定是独立的，且依据不同的标准，认定一个人患有精神疾病和危险性并不意味着该人没有作出治疗决定的能力。

在此背景下，患者开始反思药物治疗的必要性，并在法律上挑战精神卫生机构强制治疗的权威，其武器则是患者所主张的拒绝治疗权。然而，强制入院的精神病人在治疗过程中是否享有拒绝治疗的权利呢？如果享有，其法律依据又是什么？同时，这一权利的界限是什么？这是拒绝治疗诉讼中持续争议的问题。

二 拒绝治疗权的宪法地位

（一）拒绝治疗权的宪法依据

理论上，拒绝治疗的权利可通过知情同意原则获得保护，即通过侵权法以治疗没有取得患者同意为由获得法律救济。然而，传统上普遍的观点认为，住院精神病人因精神耗弱并无理性作出治疗决定的能力，因而不受知情同意原则的保护。如此，通过侵权法救济很难行得通，患者及其代理律师不得不诉诸联邦宪法和州宪法寻求救济。具体而言，则是通过寻求宪法或州法上的依据，使拒绝治疗权获得宪法或州法上的保护。

1. 第八修正案：禁止残忍和非常的处罚

在特定情形下，第八修正案禁止残忍和非常的处罚可成为拒绝治疗的宪法依据。尽管州享有治疗非自愿入院患者的合法利益，但不能因其有精神疾病而实施惩罚。因此，问题的关键是何种"治疗"构成惩罚。从现有案例看，适用第八修正案的前提是需认定所谓的"治疗"系实验性质或疗

① Dennis E. Cichon, "The Right to 'Just Say No': A History and Analysis of the Right to Refuse Antipsychotic Drugs", *Louisiana Law Review*, Vol. 53, November 1992, p. 345.

效未经证实，或者是过度治疗或治疗不适当，从而造成不必要的严重负面后果，或者纯粹是出于惩罚和控制目的。① 例如，在 Knecht v. Gillman 案②中，阿扑吗啡被认定没有治疗作用，且被认为不符合临床实践，从而构成残忍和非常的处罚。在 Mackey v. Procunier③ 和 Pena v. New York State Division for Youth④ 等案中，法院认定药物的使用不适当，且以惩罚为目的，不属于精神病治疗计划的组成部分，因而构成残忍和非常的处罚。如果不符合这些条件，将第八修正案作为拒绝治疗的依据就很难成立。对此，在 Rennie v. Klein 案中，初审法院认为，本案精神药物的使用被证明是有效的，且被告"将之作为全部治疗计划的组成部分"。尽管存在严重的副作用，基于该药物所具有的疗效，本案所采取的药物治疗并不构成不必要的残忍。⑤ 因此，从现有判例看，一旦药物治疗是整个治疗计划的组成部分，就不应适用第八修正案，事实上这一依据当前已不再适用。⑥

2. 第一修正案：言论自由

第一修正案"言论自由"条款是患者拒绝某些精神病治疗的另一依据。尽管第一修正案仅指"言论自由"，但最高法院将该条款予以扩大解释，包括构成言论自由本质的其他权利，如思想自由和精神自由。由于精神病治疗可能影响患者的思维过程、情感、态度和专注，从而可能涉及第一修正案所保护的价值。

在 Kaimowitz 案中，原告质疑一项由州政府资助的实验性精神外科手术计划的合宪性，该计划用于验证针对州政府拘禁的慢性精神病人治疗的有效性，目的是减轻病人的暴力倾向。法院通过引用一系列判例，论证第一修正案应保护个人"思想自由"和"传播观点与表达思想"，如不保护

---

① Dennis E. Cichon, "*The Right to ' Just Say No': A History and Analysis of the Right to Refuse Antipsychotic Drugs*", *LA. L. REV.*, Vol. 53, 1992, p. 317.

② 488 F. 2d 1136, 1138 (8th Cir. 1973).

③ 477 F. 2d 877 (9th Cir. 1973).

④ 419 F. Supp. 203, 207 (S. D. N. Y. 1976).

⑤ 462 F. Supp. 1131 (D. N. J. 1978).

⑥ Mary C. McCarron, "The Right to Refuse Antipsychotic Drugs: Safeguarding the Mentally Incompetent Patient's Right to Procedural Due Process", *Marquette Law Review*, Vol. 73, 1990, p. 496.

思想活动的自由，表达自由的保护就"毫无意义"。然而，"侵袭性和不可逆的"实验性精神外科手术经常导致"情感迟钝、记忆衰退，从而抑制个人产生新观念的能力，并损害个人的创造力"，因而侵害个人"免于干涉思维活动的自由权"。

Rogers 案也将第一修正案作为非自愿拘禁患者拒绝治疗权的依据。[1]法院认为："第一修正案保护观念的传播。传播权以产生观念的能力为前提。作为实践性问题，产生观念的能力是传播权的前提。在非特殊情形下，任何宪法权力都未曾授予非自愿的心智控制。心智控制在精神病院中以治疗精神疾病的形式存在，但这并不属于未经许可即可侵入人格尊严的特殊情形。"[2]

3. 隐私权

20 世纪 70 年代以来，法院和学者都认为隐私权所保护的自我决定和身体自主原则是拒绝治疗权这一宪法权利的依据。[3] Rennie v. Klein 和 Rogers v. Okin 是最早承认拒绝权的案件，这两起案件都将隐私权作为拒绝治疗权的宪法依据。在 Rennie 案中，初审法院认为，在非紧急情况下，拒绝治疗权最可能存在于隐私权中，隐私权的外延足以包括保护个人的思维过程不受政府的干预。[4] 在 Rogers 案中，初审法院和上诉法院都认为，拒绝治疗作为宪法所保护的利益，其"最有可能是来自隐私权、身体完整和人身安全权的半影（Penumbra）"。[5]

4. 第十四修正案：正当法律程序

第十四修正案规定，州未经正当程序不得剥夺"任何人的生命、自由或财产"。这一条款保护那些"根植我们人民传统和道德，能够被归类的基本"自由，它不仅保护宪法列举的自由，还包括那些"隐含于秩序自由

---

[1] 在美国，对精神病人的强制医疗称为民事拘禁（civil commitment）或非自愿拘禁（involuntarily commitment），是指国家（州）对那些可能自伤或危险性而需要治疗、照护或因此失能的精神病人予以强制性的住院治疗。

[2] Rogers v. Okin, 478 F. Supp. 1342 (D. Mass. 1979).

[3] See Chris R. Hogle, "Woodland v. Angus: The Right to Refuse Antipsychotic Drugs and Safeguards Appropriate for Its Protection", *Utah L. Rev.*, 1994, p. 1176.

[4] 462 F. Supp. 1131 (D. N. J. 1978).

[5] 634 F. 2d 650 (1st Cir. 1980).

（ordered liberty）概念"的所有自由。在判定权利是否被充分保护之前，法院应首先认定该权利是否属于正当程序条款的保护范围。要认定某一实体权利是否被侵犯，正当程序要求法院平衡个人自由与"有组织社会的需求"。①

联邦最高法院在 Riggins v. Nevada②、Sell v. United States③ 和 Washington v. Harper④ 等涉及患有精神疾病的刑事被告人和囚犯的拒绝治疗权的案件中，均认为根据正当程序条款，这些精神病人均享有不受强制治疗的自由利益，从而将拒绝治疗权视为宪法上的权利。同样，在 Cruzan v. Director, Missouri Dep't of Health 案中，联邦最高法院表示"尽管很多州法院认定拒绝治疗权隐含于宪法隐私权，但我们从未如此认定。我们认为这一权利更适合以第十四修正案的自由利益作为分析范式"。⑤

5. 州法

除联邦宪法外，州法为拒绝治疗权诉讼提供了更为有力的保障。除犹他州以外，其他州都承认拒绝治疗权，并将精神病人的强制治疗与强制入院决定相分离。⑥ 同时，这些州都为拒绝治疗权提供某些司法程序的保护，且很多州所提供的实体和程序保护比联邦宪法和法律更为严格。因此，也有不少案件依据州法认定患者的拒绝治疗权。例如，在 Mills v. Rogers 案中，联邦最高法院认为"州法所创设的自由利益和程序保护可能比联邦宪法更为广泛"，因而命令第一巡回法庭根据州法和马萨诸塞州最高法院的

---

① William p. Ziegelmueller, "Sixth Amendment—Due Process on Drugs: The Implications of Forcibly Medicating Pretrial Detainees with Antipsychotic Drugs", *Journal of Criminal Law and Criminology*, Vol. 83, 1993, p. 841.

② 504 U. S. 127 (1992).

③ 539 U. S. 166 (2003).

④ 494 U. S. 210 (1990).

⑤ 497 U. S. 261 (1990).

⑥ 目前，只有犹他州没有将强制入院和强制治疗相互分离。然而，犹他州法律规定，精神病人的强制入院以法院认定该精神病人欠缺作出治疗决定的行为能力为前提条件，因而在治疗时无须另行对患者的行为能力作出认定。因此，强制入院就意味着患者系无行为能力人，因而也就不享有拒绝治疗权。Fischer, Jennifer, "Comparative Look at the Right to Refuse Treatment for Involuntarily Hospitalized Persons With a Mental Illness", *Hastings International and Comparative Law Review*, Vol. 29, 2006, pp. 153 – 167.

判例重新审理本案。① 联邦第一巡回法庭在根据州法确认患者享有拒绝治疗权的同时，也认定州制定的有关对非自愿拘禁精神病人强制用药的程序符合正当程序的要求。②

（二）拒绝治疗权的宪法属性

如上所述，在拒绝治疗诉讼中，精神病人对精神卫生机构强制治疗的挑战主要诉诸联邦宪法，并试图将拒绝治疗权定性为宪法上的权利。对于这一问题，尽管多数法院都作出了肯定回答，但联邦最高法院对于民事拘禁患者的拒绝治疗权是否属于宪法上的权利没有作出正面回应。

在美国，引发有关拒绝治疗权问题广泛讨论的案件应追溯到 Rennie v. Klein③ 和 Rogers v. Okin④，也正是这两起案件奠定了拒绝治疗权理论的基本框架基础。⑤ 作为有关拒绝治疗权的首起有影响力的诉讼，这两起案件从初审法院到上诉法院和最高法院，再回到上诉法院或初审法院，其来回周折如同坐上令人眩晕的过山车，从中折射出精神卫生领域法律发展的迅速和流动性。

在 Rennie v. Klein 案中，初审法院和上诉法院认定精神病人的拒绝治疗权是宪法权利，即根据第十四修正案正当程序条款，患者享有不受强制用药的自由利益，从而享有拒绝抗精神病药物的权利。⑥ 然而，联邦最高法院签发调卷令后，直接将本案发回重审，未就实体问题发表意见，也就

---

① 457 U. S. 291 (1982).

② Rogers v. Okin 738 F. 2d 1 (1984).

③ 462 F. Supp. 1131 (D. N. J. 1978). (Rennie I), 476 F. Supp. 1294 (D. N. J. 1979) [Rennie Ⅱ], *stay granted by* 481 F. Supp. 552 (D. N. J. 1979), *vacated en banc*, 653 F. 2d 836 (3d Cir. 1981) [Rennie Ⅲ], *vacated and remanded*, 458 U. S. 1119 (1982) [Rennie Ⅳ], *opinion on remand*, 720 F. 2d 266 (3d Cir. 1983) (en banc) [Rennie Ⅴ].

④ 478 F. Supp. 1342 (D. Mass. 1979) [Rogers Ⅰ], *aff'd in part*, *rev'd in part*, 634 F. 2d 650 (1st Cir. 1980) [Rogers Ⅱ], *vacated sub nom.*, Mills v. Rogers, 457 U. S. 291 (1982) [Rogers Ⅲ], *opinion on remand sub nom.*, Rogers v. Okin 738 F. 2d 1 (1st Cir. 1984) [Ⅳ].

⑤ Michael L. Perlin, *Mental Disability Law: Civil and Criminal (Volume 2)*, Virginia: Lexis Law Publishing, 1998, p. 189.

⑥ 653 F. 2d 836 (3d Cir. 1981).

回避了拒绝治疗权的宪法属性。在 Rogers v. Okin 案中，初审法院和上诉法院均认为民事拘禁患者享有拒绝治疗的宪法权利，但是对于拒绝治疗权的宪法依据，初审法院认为是第一修正案蕴含的隐私权和言论自由，[①] 上诉法院则认为源于第十四修正案规定的正当程序条款，"最有可能是来自隐私权、身体完整和人身安全权的半影"。[②] 联邦最高法院审理本案后，认为"为避免对宪法问题作出不必要的决定"，考虑到"上诉法院更加熟悉案卷和马萨诸塞州法"，且州法和相关判例为精神病人提供更加有力的保护，遂发回上诉法院重审，同样没有对拒绝治疗权的宪法属性作出回应。[③]

然而，在 Harper 案[④]中，联邦最高法院明确承认囚犯享有拒绝治疗这一宪法所保护的利益，Riggins 案[⑤]和 Sell 案[⑥]也肯定了候审羁押者享有宪法上的拒绝治疗权，但上述判决并未表明这一权利或利益是否适用于民事拘禁患者。针对这一问题，不少学者认为应承认拒绝治疗权的基本权利地位。正如联邦最高法院在 Harper 案中指出的，"很少情况下，州在处置具有危险性精神病人的利益会大于其在监狱中处置犯人的利益，毕竟监狱中的犯人更具有反社会犯罪和实施暴力行为的倾向。"[⑦] 这表明民事拘禁患者的利益，如果不大于，至少也应等同于犯人的利益，其拒绝治疗更应获得承认，且对这一权利的限制应受到更为严格的审查。同时，联邦最高法院对拒绝治疗权宪法地位的回避，符合其不愿扩大正当程序的保护范围之一贯稳健风格，但这并不影响这一权利的存在，毕竟拒绝治疗权已经在州法和司法判例中获得普遍认可。

三　拒绝治疗权的实体与程序保护

拒绝治疗权作为精神病人的基本权利，其侵害主要来自精神卫生机构

---

① 478 F. Supp. 1342 (D. Mass. 1979).

② 634 F. 2d 650 (1st Cir. 1980).

③ Mills v. Rogers, 457 U. S. 291 (1982).

④ Washington v. Harper, 494 U. S. 210 (1990).

⑤ Riggins v. Nevada, 504 U. S. 127 (1992).

⑥ Sell v. United States, 539 U. S. 166 (2003).

⑦ Washington v. Harper, 494 U. S. 210 (1990).

所实施的强制治疗。强制治疗作为严重限制或干预个人自由的措施，其本身是对患者拒绝治疗权的否定和排斥。因此，对拒绝治疗权保护的根本途径是如何通过法律实现对强制治疗的有效规制。

涉及宪法权利限制的合宪性审查主要从实体和程序两个层面展开。实体问题涉及如何界定受保护的宪法利益，以及界定何种条件下州的利益更值得保护。程序问题则涉及在特定情形下个人自由利益被限制所应遵循的宪法所要求的最低限度程序。[①] 具体到强制治疗，实体问题是强制治疗是否涉及宪法所保护的权利或自由利益？如果存在不受强制治疗的宪法权利或自由利益，那么在何种事实条件下州可以违背精神病人的意愿采取强制治疗？程序问题是违背精神病人意愿的强制治疗应遵循什么样的法律程序？换言之，政府或精神卫生机构提供何种程序保护才符合正当法律程序的要求？

（一）拒绝治疗权限制的实体保护

一般认为政府对精神病人采取强制治疗的正当性依据是警察权和国家监护权，前者旨在防止患者实施伤害本人或他人的行为，后者旨在对那些不能照顾自己的精神病人给予照护。然而，在何种条件下政府具有充分的利益从而依据其警察权或国家监护权限制或排除患者的拒绝治疗权呢？这一问题并无统一规定，且各州的规定各不相同。

1. 依据警察权限制拒绝治疗权的条件

在美国，精神病人的强制医疗普遍采取入院和治疗相分离的制度。具体而言，为防止精神病人对本人或他人造成人身伤害，各州有权依据警察权拘禁该精神病人，但这一授权并不自动延伸到被拘禁后的强制治疗。即便先前的拘禁是在紧急情况下实施的，也不表明患者入院后仍然具有人身危险性。换言之，在患者非自愿入院后，州能否依据警察权对其实施强制治疗应通过独立的程序作出决定。因此，州实施强制治疗的警察权应依据患者在医院内的状况而非在院外的情况。[②]

---

① Mills v. Rogers, 457 U. S. 291, 299 (1982).

② Dennis E. Cichon, "The Right to 'Just Say No': A History and Analysis of the Right to Refuse Antipsychotic Drugs", *LA. L. REV.*, Vol. 53, 1992, p. 337.

依据警察权实施强制治疗的条件一般界定为"危险性"（dangerous）或"紧急情况"（emergency），两者在很多场合下交替使用，但其内涵可能存在一定的区别。危险性一般是指对本人或他人造成的人身危险。根据这一标准，强制治疗应建立在对患者将来暴力危险的预测基础之上。例如，在 Rennie v. Klein 案中，初审法院将危险性宽泛地界定为"患者在医院内对其他患者和员工造成人身危险"。然而，上诉法院认为危险性只是决定强制治疗的因素之一，还应考虑药物的副作用，以及更小限制治疗措施的可及性等。[①] 也有法院对危险性作出更为宽泛的界定，认为危险性是指"患者对本人或他人造成危险，或者在医院内实施危险或潜在破坏性行为"。[②] 然而，也有法院采取更为严格的危险性认定标准，即如果没有该治疗，患者将可能对本人或医院内的其他人造成持续和明显的严重损害危险。仅仅强调过去发生的暴力行为或仅仅是未来的暴力风险并不符合该标准，它必须是患者造成"持续和明显的严重损害危险"。[③] 有的法院为了防止精神卫生机构出于惩罚、管理和控制等非治疗目的的强制用药，要求危险性必须具有"充分的严重性和紧迫性"，"患者当前具有暴力行为或自伤行为，在此情形下对本人或其他患者或医院员工造成现实的危险"，[④] 如此方能排除患者的拒绝治疗权。

鉴于危险性标准在解释上过于宽泛，可能过度限制患者的权利，不少法院倾向于采取紧急情况标准。例如，在 Rogers v. Commissioner of Department of Mental Health 案中，马萨诸塞州最高法院认定"在非紧急情况下，没有取得患者同意，州没有使用抗精神病药的正当利益"，根据州法，强制用药只有在出现或严重威胁实施极端暴力、人身伤害或试图自杀等紧急情况下才被允许。同时，法院强调"对危险的预测并不在紧急情况的范畴内"，即便是在紧急情况下，也应采取比抗精神病药侵害性更小的治疗手段——如果存在的话。同样，在 Rogers v. Okin 案中，法院将"紧急情况"

---

① 462 F. Supp. 1131 (D. N. J. 1978).

② Rivers v. Katz, 495 N. E. 2d 337, 343 (N. Y. 1986).

③ People v. Medina, 705 P. 2d 961, 972 – 73 (Colo. 1985).

④ 506 F. Supp. 915 (N. D. Ohio 1980).

界定为"不予以强制用药治疗将导致患者本人、其他患者或医务人员人身损害的重大可能性"。①

因此，精神病人强制治疗的条件是"精神疾病"加"危险性"或"紧急情况"，两个条件缺一不可。仅仅认定精神疾病并不能使强制治疗获得正当性。换言之，如果一个人对本人或他人没有造成危险，不得仅仅以其患有精神疾病而予以强制治疗。只是各州对"危险性"或"紧急情况"的界定宽严不一，法院对其解释亦有所出入，但其基本精神是一致的。

2. 依据国家监护权限制拒绝治疗权的条件

国家监护权源自英国普通法上的概念，是指国王充当所有婴儿、智障者、疯人的监护人之权利。在美国，国家监护权被认为是各州固有的权利，② 且这一权利已获得极大扩张，成为州对未成年人监护、照护和教育、童工规制和少年犯追诉的依据。③

在特定情形下，国家监护权被视为对精神病人强制治疗的正当性依据。尽管这一权利乃出于利他和仁慈目的，但以此限制个人权利仍应遵循正当程序。依据国家监护权而对精神病人实施强制治疗必须是精神疾病导致患者本人不能照顾自己，且无法对其治疗作出理性决定。因此，认定精神病人无行为能力是依据国家监护权而实施强制治疗的前提，而对于无行为能力的认定，各州法律都规定必须经过法院的司法认定方可作出。相反，如果患者具有作出治疗决定的能力，州不可以依据国家监护权采取强制治疗，无论患者的行为是如何愚昧和不可理喻。④

值得注意的是，精神病人的非自愿入院并不表明患者本人欠缺行为能力。各州法律都没有将无行为能力作为非自愿入院的条件，因而非自愿入

---

① 478 F. Supp. 1342（D. Mass. 1979）.

② Note，"Developments in the Law: Civil Commitment of the Mentally Ⅲ"，*Harv. L. Rev.*，Vol. 87，1974，pp. 1190－1209.

③ Mary C. McCarron，"The Right to Refuse Antipsychotic Drugs: Safeguarding the Mentally Incompetent Patient's Right to Procedural Due Process"，*Marquette Law Review*，Vol. 73，1990，pp. 477－490.

④ Mary C. McCarron，"The Right to Refuse Antipsychotic Drugs: Safeguarding the Mentally Incompetent Patient's Right to Procedural Due Process"，*Marquette Law Review*，Vol. 73，1990，p. 491.

院的决定并不涉及行为能力之认定，患者入院后并不能推定其欠缺作出拒绝治疗的能力。以国家监护权的非自愿入院为例，认定精神病人不能照顾自己和需要治疗，并不表明患者在入院后无能力就治疗方案作出决定。换言之，非自愿入院并未解决个人是否具有作出治疗决定的能力这一问题。实践中，各州法律和判决都推定非自愿入院患者具有行为能力，直到依据独立的决定程序得出不同的结论。①

（二）拒绝治疗权限制的程序保护

从实践看，尽管法院强调强制治疗的决定应遵循正当程序，但并没有就正当程序的具体构成及其基本要求形成统一的标准。在很多州，强制治疗的程序由州法具体规定，且各州的规定不一。有的州规定强制治疗决定应由法官作出，有的州则无此要求。法院对这些程序的审查也是依个案进行，在每起案件中考虑不同因素。尽管衡量个人权利与州利益所应考虑的因素已经有明确规定，但适用这些标准的程序模糊不清、缺乏统一。② 结合州法和判例，大致存在以下三种模式。

1. 专业判断模式

专业判断模式要求对强制治疗的决定应遵从医生的专业判断，这一判断标准由联邦最高法院在 Youngberg v. Romeo 案中确立。该案涉及被非自愿拘禁于州立机构的智障者的治疗权问题，但法院最终回避了智障者的治疗权或康复权问题，只是肯定其享有"与人身安全和人身不受不合理限制相关的训练权"。同时，对于应采取何种标准判断州是否充分保护了非自愿拘禁智障者的权利，法院认为应以专业人员的判断为标准。"如果决定是专业人员作出，就应推定有效，只有当专业人员的决定严重偏离公认的专业判断、实践或标准以致该人实际上没有根据该标准作出决定时，才应承担责任。"③ 因此，在民事拘禁环境下，智障者权利是否得到充分保

---

① Alan A. Stone, "The Right to Refuse Treatment: Why Psychiatrists Should and Can Make It Work", *Archives Gen. Psychiatry*, Vol. 38, 1981, p. 359.

② Jennifer Colangelo, "The Right to Refuse Treatment for Mental Illness", *Rutgers J. L. & Pub. Pol'y*, Vol. 5, 2008, p. 492.

③ Youngberg v. Romeo, 457 U. S. 307. (1982).

障，应以专业人员的专业判断为标准，只有在有证据证明该决定严重偏离公认的专业判断、实践或标准时，方可认定该决定或判断不足以保障相关权利。

尽管 Youngberg v. Romeo 案所确立的专业判断标准似乎仅适用于"非自愿拘禁的智障者"，但对于能否适用于其他精神病人，则不无争议。然而，在 Rennie v. Klein 案①中，联邦最高法院对该案签发调卷令后，指示第三巡回法庭根据 Youngberg v. Romeo 案的判决重新作出考虑。第三巡回法庭审理后认为，精神病人享有拒绝治疗的宪法权利，但是当患者对本人或他人具有危险性时，州可对其采取强制治疗从而限制其拒绝治疗。对于强制治疗的判断，法院在引用 Youngberg v. Romeo 案所确立的专业判断标准后，认为"由于这一评估应以医疗专家的专业判断为准，因而相关用药决定和判断应推定有效，除非有证据表明其'严重偏离现有的专业判断、实践或标准'"。换言之，当医师基于其专业判断，认为患者对本人或他人造成危险时，可不顾患者拒绝而强制用药。如此，医生可根据"公认的专业标准"作出治疗决定。

专业判断标准的优势是高效便捷，允许一名医生根据其专业能力作出最终的医疗决定而无须费时费力地举行听证，② 但将这一标准运用到拒绝治疗权案件也引发了较大的争议，很多学者认为这一标准不能适用于非自愿拘禁的精神病人，其适用对象为智障者。③ 实践中，部分法院遵从了专业判定标准，如在 Johnson v. Silvers 案中，第四巡回法庭认为，尽管"强制使用抗精神病药将严重侵害人身安全这一受保护的利益"，但法院仍然依据 Youngberg 案的专业判断标准允许医生自由决定患者的强制用药。④ 在 U. S v. Charters 案中，法院认为由医院的医生（而非法官）作出候审羁

---

① 458 U. S. 1119 (1982)，720 F. 2d 266 (3d Cir. 1983) (en banc) [Rennie V] .

② Chris R. Hogle，"Woodland v. Angus: The Right to Refuse Antipsychotic Drugs and Safeguards Appropriate for Its Protection"，*Utah L. Rev.*，Vol. 3，1994，p. 1198.

③ Mary C. McCarron，"The Right to Refuse Antipsychotic Drugs: Safeguarding the Mentally Incompetent Patient's Right to Procedural Due Process"，*Marquette Law Review*，Vol. 73，1990，p. 509.

④ 742 F. 2d 823 (4th Cir. 1984).

押者的强制治疗决定符合正当程序的要求。① 但也有不少法院拒绝适用专业判断标准。

2. 行政听证模式

对拒绝治疗权的限制无疑应符合正当法律程序的要求。然而，什么样的程序才是正当的呢？这是理论和司法实践中争议不断的问题。在1976年的 Matthews v. Eldridge 案中，美国联邦最高法院确立了认定正当法律程序应考虑的3个因素：（1）私人利益；（2）通过程序作出错误决定的风险和任何额外或替代的程序保护的价值；（3）政府利益，包括其他程序要求所产生的财政和行政负担。这一指引允许依据不同情形而具有灵活性，如适用专业判断，以及不要求适用传统的、僵硬的对抗式程序。

在拒绝治疗诉讼中，法院也经常运用 Matthews 案所确立的标准判断州所采取的程序是否符合正当程序的要求。例如，在 Rennie v. Klein 案②中，针对联邦第三巡回法庭新泽西州 78-3 号行政公告是否符合正当程序的要求，③ 法院依据 Matthews 案所确立的标准专门进行了分析。首先，关于私人利益，法院认为私人利益肯定包含患者的拒绝治疗权。其次，关于错误决定的风险，法院认为如果州程序得到认真遵守，只会造成极小的错误风险。同时，即便采取地区法院所要求的程序，也不会显著减少错误决定的风险。最后，关于政府利益，法院认为地区法院的命令无疑将对州施加严重的额外财政负担，甚至比医院的人员支出还大。同时，对抗式听证对患者并无帮助，反而可能产生负面效果，如增加患者的压力和紧张感，对患者的治疗并无促进作用。因此，新泽西州制定的非正式的行政程序符合宪

---

① 863 F. 2d 302 (4th Cir. 1988).

② 653 F. 2d 836 (3d Cir. 1981) [Rennie Ⅲ].

③ 新泽西州所制定的《关于自愿和非自愿患者精神药物治疗管理规定》(The Administration of Psychotropic Medication to Voluntary and Involuntary Patients) 的 78-3 号行政公告规定了有关患者拒绝治疗的三步骤内部审查程序：首先，医生应向患者告知相关信息，包括患者的状况、药物治疗的原因、治疗的受益与风险、替代治疗措施的利弊等；其次，如果患者仍然拒绝，治疗团队应开会讨论治疗方案；最后，如果仍未解决，医院的医疗主管或其指定的人在亲自检查患者和阅读相关病历后，认为有必要采取该治疗的，有权决定采取强制治疗。参见 Rennie v. Klein, 462 *F. Supp*, Vol. 462, D. N. J. 1978, p. 1131 判决书的附件。

法标准，并充分地保护了非自愿拘禁患者拒绝治疗的自由利益。

在 Washington v. Harper 案①中，所涉及的争议焦点之一就是州制定的有关强制用药治疗的行政程序是否符合正当程序的要求。本案涉及患有精神疾病因犯的拒绝治疗权问题，根据州的相关政策，对囚犯的非自愿用药采取内部听证程序。对此，联邦最高法院认为，正当程序条款并不要求对患有精神疾病犯人违背其意愿的抗精神病药物治疗必须采取司法听证。考虑到 Harper 所享有自由利益的非重大性，政府所涉及的利益，以及特定程序的效率，由医疗专业人员而非法官作出用药的决定或许更加有利。同时，抗精神病药物所伴随的风险最好由医疗专业人员进行评估，特别是，决定作出者具有充分的独立性，他们作为听证成员并未参与犯人的治疗或诊断。此外，州政策的程序符合正当程序的其他方面。例如，规定通知和听证程序符合获取听取意见机会的要求，有关独立顾问的规定能够充分保护犯人的权利，等等。总之，州所规定的行政听证程序充分保护了犯人的合法权利，从而符合正当程序的要求。

因此，如果政府当局所提供的行政听证程序符合正当程序要求，该程序也会被法院认定具有合宪性。换言之，强制治疗的程序并不必然要求采取司法听证模式。

3. 司法听证模式

鉴于抗精神病药物的严重副作用风险，为充分保护精神病人免受不必要治疗的自由利益，不少学者认为应通过对抗性程序保护患者的拒绝治疗权，由法院作为拒绝治疗的最终决定者。② 这一理念在各州立法中得到普遍体现，例如，根据马萨诸塞州的法律规定，精神病人被非自愿拘禁于州立机构，并不能推定其欠缺作出治疗决定的行为能力。相反，无行为能力的认定必须由法院通过司法程序作出。患者在被宣告无行为能力后，应由法官而非医生或监护人通过司法程序就患者的治疗决定作出替代判断。有关治疗决定的"替代判断"的作出，并非有关患者最佳利益的客观判断，

---

① 494 U. S. 210 (1990).

② Douglas S. Stransky, "Civil Commitment and the Right to Refuse Treatment: Resolving Disputes from a Due Process Perspective", *U. Miami L. Rev.*, Vol. 50, 1996, pp. 413 – 439.

而是寻求尽可能符合患者主观需求，即探究患者本人真实的意思表示。[1]
可见，强制治疗的决定必须由法院通过司法程序作出，且采取对抗式听证
程序，从而充分保障患者的合法权利。在 Rogers v. Okin 案中，尽管联邦
最高法院并没有就强制治疗决定所应遵循的程序作出明确界定，但是法院
认为，马萨诸塞州法律对相关自由利益的保护比正当程序条款的最低要求
更为严格，很明显，州法给予的程序保护高于任何正当程序标准的最低要
求。[2] 如此，Rogers 案实际上肯定了对抗式的司法听证模式。

从实践看，司法听证模式不仅在州法中获得普遍肯定，很多判例也摒
弃了专业审查模式而认可司法审查模式。这类判决一般依据州法或宪法作
出，且州法通常为患者提供了充分的程序性权利保护，包括通知、代理、
对证人的交叉询问权、提交证据权、上诉权等。[3] 因此，司法听证模式实
际上给予精神病人在入院和治疗方面相同的程序保护，即无论是强制入院
还是强制治疗，都应受到法院的审查决定，并给予相同的程序保护。这种
模式固然充分保障了患者的实体和程序权利，但弊病也不容忽视，其突出
问题是程序重叠、成本高昂、效率低下，冗余繁杂的程序可能延误患者的
治疗，从而牺牲其健康利益。

（三）小结

"非自愿住院必然意味着强制治疗的传统的主张已不再为人们所接受，
而且针对监禁期间的治疗采取专门保障措施是必要的。"[4]在美国，这一专
门保障措施主要体现在两方面：一是承认强制住院患者仍然享有拒绝治疗
权，且这一权利为宪法上的基本权利；二是对精神病人的强制治疗应受独
立程序的审查，即排除患者拒绝治疗权的强制治疗应符合法定的条件并依

---

[1] 根据州法的规定，替代判断至少应考虑以下6方面的因素：（1）患者曾表示的治疗意愿；
（2）患者的宗教信仰；（3）决定对患者家庭的影响；（4）治疗的潜在副作用；（5）不予
治疗的后果；（6）采取治疗的后果。

[2] 738 F. 2d 1 (1984).

[3] Michael L. Perlin, *Mental Disability Law*: *Civil and Criminal* (*Volume 2*), Virginia: Lexis
Law Publishing, 1998, p. 261.

[4] 〔英〕奈杰尔·S. 罗德雷：《非自由人的人身权利——国家法中的囚犯待遇》，毕小青、
赵宝庆等译，生活·读书·新知三联书店，2006，第325页。

正当法律程序予以实施。对拒绝治疗的承认与保护体现了法律对精神病人的个人自由和人格尊严的优先保护，在个人自由、健康利益和公共利益之间，法律更倾向于优先保护个人自由。然而，对很多严重精神病人而言，其最需要的也许是健康和治疗，过度的权利保护可能使他们"伴随着权利而死亡"。① 因此，拒绝治疗权自提出以来也面临诸多批评，尤其是来自医学界的批评，认为这一权利将不利于患者的治疗和康复。因而，对拒绝治疗权的保护应合理界定其界限和范围，并实现患者的个人自由与健康利益、公共安全之间的合理平衡。

四 我国法律语境下的拒绝治疗权及其保护

拒绝治疗是知情同意权和医疗自主权的应有之义，在知情同意权能够得到充分尊重和保护的情境下，无须过度强调这一权利。然而，在强制医疗的场合下，患者的医疗自主权被排斥，知情同意的伦理和法律规则不再适用——治疗无须取得患者本人的同意，患者的意志自由、选择权利显得无足轻重。正是在这一背景下，拒绝治疗权被重新拾起，其依据不是知情同意原则，而是宪法上的基本权利，如隐私权、正当法律程序等，因而这一权利的重点不在于治疗是否需要取得本人的同意，而是事后的抵抗、拒绝，系作为一种对抗性的权利形态存在。

（一）拒绝治疗权在我国立法和医疗实践中的存在空间

作为精神病人的一项基本权利，拒绝治疗权在多数国家和地区立法中获得承认。联合国《保护精神病患者和改善精神保健的原则》（以下简称MI 原则）明确规定"患者有权拒绝或停止接受治疗"。② 尽管 MI 原则不具有公约的法律效力，但作为"国际上保护精神残疾者权利最完全的标准"，③ 其对各国立法和精神医疗实践具有较强的指导作用。然而，拒绝

---

① D. A. Treffert, "Dying with Their Rights On", *Am. J. Psychiary*, Vol. 130, 1973, p. 1041.

② 参见原则 11 第 4 款。

③ 世界卫生组织精神卫生和物质依赖司：《国际人权在国家精神卫生立法方面的作用》，2004，第 16 页。

治疗权在我国的理论和实践中仍是十分陌生的概念，相关法律是否肯定了精神病人的这一权利仍不无疑问，实践中对住院精神病人的拒绝治疗权实际上也持否定态度。

《精神卫生法》第30条第1款规定："精神障碍的住院治疗实行自愿原则。"自愿原则表明是否住院以及是否接受某项诊疗措施，患者享有自主决定权，当然也包括拒绝治疗权。但这一原则仅适用于自愿治疗患者，并不适用于非自愿治疗患者。根据《精神卫生法》第30条第2款的规定，严重精神障碍患者有伤害自身或危害他人安全的危险的，医疗机构或监护人可决定对其采取非自愿住院治疗。那么，非自愿住院患者是否享有拒绝治疗权呢？从现行立法和精神医疗实践看，似乎并无拒绝治疗权的存在空间。（1）我国《精神卫生法》对强制医疗采取强制入院与强制治疗合一的模式，强制入院即意味着强制治疗，患者并无就治疗措施作出决定和同意的权利，自然也就否定了患者的拒绝治疗权。（2）我国《精神卫生法》规定非自愿治疗的对象仅限于"严重精神障碍患者"，而"严重精神障碍"是指疾病症状严重，导致患者社会适应等功能严重损害、对自身健康状况或者客观现实不能完整认识，或者不能处理自身事务的精神障碍。这似乎表明非自愿入院的精神障碍患者本身系无行为能力人，从而欠缺行使拒绝治疗的行为能力。（3）实践中患有精神疾病就被推定无行为能力，这一推定方法完全否认了精神障碍患者的自主权和知情同意权，认为精神障碍患者无拒绝治疗的行为能力。相反，患者的拒绝治疗往往会被认为是患者缺乏疾病认知、理性和行为能力的表现。如此，不论患者是否具有相应的行为能力或意思决定能力，都必须无条件地接受治疗而不得抗拒。（4）精神医疗行业对拒绝治疗权也持否定态度，一方面拒绝治疗权是对医疗权威的挑战，从而削弱医师对疾病治疗的主导和控制，且不利于治疗秩序的维护；另一方面，就医学角度而言，拒绝治疗将不利于巩固治疗效果，确保治疗的连续性和稳定性，可能造成治疗的短期化和疾病的反复，从而难以达成强制治疗维护公共安全和患者本人健康的双重目的。

（二）作为患者基本权利的拒绝治疗权

1. 拒绝治疗权的宪法属性及其依据

拒绝治疗权是源自宪法上的人格尊严和自我决定权的一项权利。德国学者杜里希（Dürig）根据基本权抽象程度的不同将基本权分为三层：第一层是最高或最抽象的基本权，即人性尊严；第二层是由人性尊严衍生出来的一般自由权（包括人格权）和平等权；第三层是具体的基本权利。人性尊严首先强调每个人在道德上都具有同等重要的价值，应受到同等的尊重，人本身即目的，而不能作为达成其他目的的手段或被贬斥为客体。其次，人性尊严表现在个人基于自己的意志享有高度的自治自决和行动自由，从而在内在意志和外在行动上保持独立和自主。人性尊严强调每个人有"人格自我形塑"之自治自决权，从而每个人有其独立性，以及个人之见存其差异性。① 因此，基于人性尊严，个人具有自我决定和自由意志不受干预的权利。人格权作为一般自由权的一个侧面，② 其功能为：一是保障个人对自己的事物衡酌之权，即包括一个人生活领域在内的个人、私人的领域可由个人自我决定、自我拥有及自我表述；二是保障一般行为自由，其核心在于人格自由发展。③ 因此，一般人格权包括一个人的人格或行为之自我形成权和自我决定权，这意味着个人可自由决定其意志和行为，并对抗国家的不法干预。一般人格权是人性尊严的首要价值，两者联系最为紧密的部分是自我决定权。④

我国《宪法》第 38 条中的"人格尊严"，似乎难以谓之为一个体现了宪法的本质性价值或整个人权保障体系之价值基础的概念，甚至也未像德国的"人的尊严"那样，可被视为处于宪法价值秩序或人权保障的核心

① 李震山：《多元、宽容与人权保障——以宪法未列举权之保障为中心》，台北：元照出版有限公司，2005，第 133 页。
② 林来梵、骆正言：《宪法上的人格权》，《法学家》2008 年第 5 期。
③ 李震山：《多元、宽容与人权保障——以宪法未列举权之保障为中心》，台北：元照出版有限公司，2005，第 147 页。
④ 李震山：《从生命权与自决权之关系论生前预嘱与安宁照护之法律问题》，《台湾中正大学法学集刊》1999 年第 2 卷。

地位之上。① 无论是基于历史与目的解释，② 还是基于该条款的语义结构及其在基本权利条款中所处的序列，"人格尊严"应解释为一项具体的宪法权利，即宪法上的人格权。"将人格与尊严放在一起只是为了提高一般人格权的保护力度，也就是说涉及'人的尊严'的人格领域要受到更强的保护。"③ 事实上，国内学者多认为人格尊严"是指公民作为社会的一员所应该具有的品德和资格的权利"，④ 包括姓名权、肖像权、名誉权、荣誉权等人格权利，⑤ 实际上将人格尊严视为人格权，即宪法上的一般人格权。承认宪法上的一般人格权不仅在于公民人格权保护之极端重要性，更在于一般人格权克服了具体人格权无法穷尽所有人格权的缺陷，从而能够保护未列举的人格权，以及实现人格权保护的开放性。宪法上一般人格权的内涵通常包括自我决定权、自我保护权和自我表现的权利，⑥ 其中自我决定权在宪法实践中获得广泛认可。

自我决定作为宪法上的概念，即一个人在自己的生活范围内具有的自我决定的自由，该种自由尊重的是人的自主性。⑦ 自我决定权首先源自个人尊严和个人所享有的意志自由，是个人对自身范围内的事务，不受他人干涉、自行决定的权利。基于自我决定权，必然衍生出生活方式形成之主动权，以及消极对抗国家不法干预之权。最后的结果，即个人的意见及行为，皆允许由自己决定，并由自己负责。⑧ 因此，自我决定权必然包括排

---

① 林来梵：《人的尊严与人格尊严——兼论中国宪法第 38 条的解释方案》，《浙江社会科学》2008 年第 3 期。
② 我国《宪法》第 38 条有关人格尊严的规定，被认为是对"文化大革命"中侵犯和蹂躏人格尊严的惨痛教训的总结，目的在于保障人格尊严不被侮辱和侵犯。参见许崇德《中国宪法》，中国人民大学出版社，1996，第 418 页；许崇德《中华人民共和国宪法史》，福建人民出版社，2003，第 794～796 页；许崇德《中国宪法》，中国人民大学出版社，1996，第 418 页；蔡定剑《宪法精解》，法律出版社，2004，第 230 页。
③ 王锴：《论宪法上的一般人格权及其对民法的影响》，《中国法学》2017 年第 3 期。
④ 肖蔚云等：《宪法学概论》，北京大学出版社，2005，第 204～205 页。
⑤ 许崇德：《中国宪法》，中国人民大学出版社，1996，第 418 页；董和平、韩大元、李树忠：《宪法学》，法律出版社，2000，第 393 页；肖蔚云等：《宪法学概论》，北京大学出版社，2005，第 204～205 页；张千帆：《宪法学》，法律出版社，2008，第 182 页。
⑥ 王锴：《论宪法上的一般人格权及其对民法的影响》，《中国法学》2017 年第 3 期。
⑦ 杨立新、刘召成：《论作为抽象人格权的自我决定权》，《学海》2010 年第 5 期。
⑧ 李震山：《多元、宽容与人权保障——以宪法未列举权之保障为中心》，台北：元照出版有限公司，2005，第 147～148 页。

除公权力对个人自主的不当干预，包括强制治疗。

2. 精神病人拒绝治疗权之确立

如上所述，拒绝治疗权系源自宪法上人格尊严和人格自主的一项权利，是个人自主权和知情同意权的基本表现。患者享有的拒绝治疗权不能仅仅因其患有精神障碍而予以否认，即便是强制住院患者，也应在一定条件下承认其拒绝治疗的权利。

（1）精神疾病和强制入院并不表明患者欠缺拒绝治疗的行为能力

我国强制治疗并不以患者无行为能力为条件，且强制入院治疗也不涉及行为能力的认定。因此，强制入院并不表明患者不具有行为能力，包括拒绝治疗的能力。根据《民法总则》第 24 条的规定，无民事行为能力或限制行为能力人应由法院作出认定。在法院宣告某个人系无行为能力或限制行为能力人之前，不宜推定其欠缺行为能力。依精神医学理论，几乎不存在完全丧失判断力的患者。精神疾病的病情轻重与民事行为能力的强弱不一定成对应关系。患者在某方面民事行为能力受损并不必然代表他在其他方面也缺乏民事行为能力。民事行为能力全面受损的精神病人确实有，如智力极度低下者，然而大多数精神病人都有残留能力。[①] 因此，将精神疾病与欠缺行为能力画上等号的做法并不具备合理性，也不可取。

不同种类的精神疾病及其严重程度对患者行为能力的影响并不相同，特别是患者作为精神治疗的承受者，其对治疗的体验和感受最为真切，是否继续接受治疗，患者应有最终的决定权。因此，患者的拒绝治疗不能一概认为是欠缺疾病认知、理性和行为能力的表现，应有独立的程序对行为能力作出认定，否则应推定其具有相应的行为能力。

（2）精神药物治疗具有风险性和副作用，应将治疗的选择权交给患者本人

与生理疾病的治疗不同，精神疾病的治疗，无论是药物治疗，还是物理治疗，都具有较高的风险性和副作用，从而使患者在治疗过程中遭受严

---

① 何恬：《重构司法精神医学——法律能力与精神损伤的鉴定》，法律出版社，2008，第 303 页。

重的身体和精神上的痛苦，有的伤害甚至持续终生而无有效的治疗和缓解方法。有的患者表示在强制服用某些精神药物后，思维迟缓、表情呆滞，无形中被贴上精神病人的外在标签。有的患者服用药物后，由于药物副作用，"出现了身体发胖、头昏、浑身无力、坐立不安等严重症状，因此饱受折磨，痛不欲生"。[①] 患者作为治疗的承受者，其对治疗的感受和体验不会因精神疾病而异于常人，应最大限度地尊重其选择权。

拒绝治疗权的本质是对患者本人意志和选择权的尊重。因此，自愿住院患者自应享有充分的知情同意权和自主权，患者有权决定接受或拒绝特定的治疗措施。对于非自愿住院患者，其拒绝治疗权也不应一概否定，应在一定限度条件下承认这一权利。

（三）拒绝治疗权的保护

对拒绝治疗权保护的关键不仅仅在于明确该权利的内容，更重要的是明确限制该权利时应遵循的条件和程序，从而防止对权利构成过度的限制。从美国经验看，拒绝治疗权的保护主要是从实体和程序两方面着手，前者是明确限制拒绝治疗权的条件和情形，后者则是规定限制该权利应遵循的最低限度的正当程序。

具体而言，拒绝治疗权的限制应限于患者因精神疾病而对本人或他人具有人身危险时。在此情形下，为保护本人或他人人身安全，可对其采取强制治疗，从而排除患者本人的拒绝治疗权。对此，MI 原则规定："非自愿入院患者符合以下条件的，可不经患者知情同意即可对其实行所建议的治疗方案：（1）独立主管机构掌握所有有关情况（包括本条原则第 2 款所列情况），并确信患者当时缺乏对所建议治疗方案给予或不给予知情同意的能力，或国内法律规定，根据患者本人的安全或他人的安全，患者不予同意是不合理的；（2）独立主管当局确信，所建议的治疗方案最适合病人的病情需要。"很明显，MI 原则并不认为患者非自愿入院即可对其采取

---

① 许某某与中南大学某某医院医疗损害责任纠纷一审民事判决书，湖南省长沙市芙蓉区人民法院判决书，（2014）芙民初字第 2938 号。

强制治疗，相反，还应符合一定的条件方可排除患者的知情同意权或拒绝治疗权。我国《精神卫生法》也是以人身危险性作为强制治疗的条件，但是如果患者经治疗病情得以缓解或有效控制，不再具有危险性，继续采取强制治疗，进而否定患者的拒绝治疗权也就缺乏正当性依据。因此，即便是对于强制入院患者，如果不符合继续强制治疗条件，就不应否定患者的拒绝治疗权。

同时，法律应为患者拒绝治疗权提供最低限度的程序保护。从美国经验看，尽管各州往往为拒绝治疗权的限制提供了严格的司法程序保护，但不少判例还是承认内部行政听证乃至基于医生的专业判断而对拒绝治疗的限制符合正当程序的要求。就我国而言，精神病人的强制住院并不需要经法院或其他中立机构的审查决定，监护人或医疗机构即享有强制住院的决定权，患者入院后，是否采取治疗以及采取何种治疗措施，医疗机构和医生享有完全的决定权。换言之，患者入院后的强制治疗实际上采取专业判断模式，对于在治疗过程中患者的拒绝治疗行为，医生可基于其专业判断予以肯定或否定。

考虑到强制治疗对患者可能带来的严重副作用，以及对患者权利的保护，应为患者的拒绝治疗提供更为充分的程序保障。就我国立法而言，精神障碍患者的强制入院和治疗并不需要中立机构（如法院、独立的行政机构）的审查，监护人或医疗机构即享有强制治疗的决定权。因此，拒绝治疗权的保护事实上无法引入司法审查模式，可行办法是采取内部审查模式，从而为患者提供最低限度的程序保护。具体而言，医疗机构应成立相对独立的部门，如精神医疗审查委员会，其成员可以是来自医疗、法律、伦理、社会工作等各领域的专家，对患者拒绝治疗的申请或主张进行审查，以决定是否继续对患者采取强制治疗。委员会的审查采取会议方式，在审查过程中应重点考虑以下问题：（1）患者病情是否缓解；（2）患者是否具有危险性；（3）继续治疗的必要性和效果；（4）治疗的副作用及其严重程度；（5）患者是否具有拒绝治疗的行为能力；等等。除书面审查外，委员会还可听取主治医师和患者或其近亲属的意见，在充分考虑案件具体情况的基础上，以过半数表决方式作出是否同意患者拒绝治疗的决定。同时，对于医疗机构否定患者拒绝治疗的行为，患者有权向法院提起诉讼，从而为拒绝治疗权提供司法救济。

五　结语

对精神病人的强制治疗具有生理疾病治疗所不具有的特殊性，一是治疗具有强制性，无须取得患者本人的同意，从而侵害患者的自主选择和知情同意权，且治疗过程中患者人身自由受到不同程度的限制，欠缺自由选择的空间和条件；二是无论是药物治疗、物理治疗（如电抽搐治疗），还是内外科治疗，精神疾病的治疗方法都具有较为严重的副作用和风险，在强制治疗的背景下，患者无从对治疗作出选择，只能承受治疗所带来的痛苦和风险。正因如此，法律才需要对强制治疗行为予以特殊的规制，而不应由医疗机构任意为之。

从域外经验看，对强制治疗行为进行法律规制的路径有三方面。（1）强制入院和强制治疗采取分离模式，对入院患者的强制治疗须经独立的审查，英美国家多采取这种模式。（2）承认强制入院患者享有拒绝治疗权，排除患者的拒绝治疗权而采取强制治疗的，应符合法定的实体和程序标准。例如，除美国外，加拿大的多数省，① 以及不少欧洲国家都在实践中不同程度地承认了拒绝治疗权，尤其是那些将强制入院和强制治疗分立的国家。② （3）对精神科药物治疗及其他特殊治疗予以特别规制。例如英国《精神卫生法》第 57 条对精神外科手术治疗、第 58 条对药物治疗，以及第 58A 条对电抽搐治疗的特别规定。从实践看，正是因为抗精神病药物的

---

① 目前，加拿大只有萨斯喀彻温、不列颠哥伦比亚和纽芬兰 3 个省否定精神病人非自愿入院后享有拒绝治疗权。然而，萨斯喀彻温省与美国的犹他州类似，非自愿入院必须先认定一个人无拒绝治疗决定的能力，而不列颠哥伦比亚省和纽芬兰省则承认拒绝治疗权，只是医生出于治疗目的可否定患者的拒绝治疗权从而采取强制治疗。See Jennifer Fischer, "A Comparative Look at the Right to Refuse Treatment for Involuntarily Hospitalized Persons with a Mental Illness", *Hastings Int'l & Comp. L. Rev.*, Vol. 29, 2006, p. 169.

② Jennifer Fischer, "A Comparative Look at the Right to Refuse Treatment for Involuntarily Hospitalized Persons with a Mental Illness", *Hastings Int'l & Comp. L. Rev.*, Vol. 29, 2006, pp. 154 – 179.

滥用及其副作用致使患者遭受严重的健康、心理和人格尊严伤害，很多患者开始寻求法律上的救济以终止或拒绝不想接受的药物治疗，拒绝治疗权作为对抗强制治疗的武器开始获得重视，并逐渐在立法和司法实践中获得普遍确认。

就我国而言，精神病人强制入院与强制治疗采取组合模式，强制入院即意味着强制治疗，患者的强制治疗不受独立程序的评估或审查决定。这一模式具有程序简便、成本低廉、便于治疗的优势，其弊端亦不容忽视，如忽视了入院和治疗的相对独立性，尤其是忽视强制入院患者仍可能拥有决定治疗的能力。但不可否认的是，组合模式更加契合我国当前精神卫生服务的现状，亦能避免分离模式所存在的叠床架屋、成本高昂、程序烦冗之弊。同时，我国《精神卫生法》对药物治疗、电抽搐治疗没有作出任何规制，实际上授予医疗机构及精神科医生在治疗方面享有广泛而不受约束的裁量权力。可见，在我国，对精神病人的强制治疗几乎不受法律的规制。在此背景下，承认患者拒绝治疗权并加强对该权利的保护显得尤为重要，一方面通过拒绝治疗权实现对强制治疗的对抗与反向制约，另一方面通过对拒绝治疗权的承认及其程序保护，间接实现对强制治疗的程序性约束。

作为一项宪法权利，拒绝治疗权的宪法依据是《宪法》第38条规定的"人格尊严"条款。基于人格尊严和自我决定权，即便是强制住院患者也应享有拒绝治疗的权利。作为对抗强制治疗的一项权利，法律应为拒绝治疗权的行使提供相应的程序保障。鉴于我国当前强制入院与治疗均未建立中立的审查决定机制，在入院与治疗合一的模式下，对拒绝治疗权的保护事实上亦无法引入美国式的司法审查模式，更为可行的方式是建立内部审查机制，即在医疗机构内部建立相对独立的精神医疗审查委员会，负责有关患者拒绝治疗的申请或主张的审查，并以此为中心建立相应的审查决定程序。

人权实证研究

可以降低未成年人刑事责任年龄吗?[*]

——基于 1010 份调查问卷的实证考察

自正法　付丽萍[**]

摘　要：随着未成年人犯罪案件的频繁曝光，越来越多的人开始质疑我国最低刑事责任年龄设置的合理性，要求降低或是设置弹性的年龄标准。然而，未成年人犯罪成因复杂多样，涉及家庭、学校、社会等多种因素，若想仅靠刑罚来规制，不但有转嫁责任于未成年人之嫌，还可能"治标不治本"。针对未成年人犯罪屡禁不止的问题，我们不应仅期望于通过降低最低刑事责任年龄、扩大犯罪圈来解决，而是应全面分析其犯罪成因，同时树立国家亲权和未成年人福利的司法理念，区分未成年人"罪错行为"，创设非羁押性措施的适用体系，并适当扩大附条件不起诉的适用范围等，以期在刑罚之外寻找出一条解决问题的路径。

关键词：未成年人；刑事责任年龄；国家亲权；非羁押性措施；未成年人福利

一　问题意识

在人权全球化的今天，随着未成年人犯罪率的逐年攀升，未成年犯罪

---

[*] 本文系国家社科基金青年项目"未成年人刑事特别程序的理论、模式与完善路径研究"（项目编号：18CFX039）的阶段性成果。

[**] 自正法，重庆大学法学院副教授，硕士生导师，法学博士；付丽萍，重庆大学法学院硕士研究生。本文写作分工：自正法负责拟定文章框架、初稿写作、修改、定稿，以及调查问卷的设计、实地调研、数据分析等；付丽萍负责论文写作素材搜集、整理，参与实地调研、数据录入、文稿校对等。感谢硕士研究生吴万强、潘悦、黄娟、邓蓝、王梦露、黄林雯，以及本科生李明泽、段清等参与问卷填写、实证调研与数据录入。

人的人权受到越来越广泛的关注，刑事责任年龄作为未成年人人权的重要组成部分，其设置是否合理、合法，事关未成年人的人权保障。近年来，各媒体频繁报道的"未成年人"① 实施各种暴行的新闻受到社会的广泛关注，如初中生为报复网管人员而蓄意放火烧毁网吧，中小学生组成犯罪集团实施入室盗窃，校园低龄未成年人强奸女学生，等等，这些触目惊心的案件，使人们开始担忧如何才能解决未成年人犯罪问题，同时也对我国刑法有关最低刑事责任年龄的规定产生了质疑。如有人认为，"对于低龄未成年人犯罪予以一定限度的严厉惩罚，从某种程度上讲胜过和颜悦色的说服教育，因此，降低刑事责任年龄有利于教育改造和挽救有罪错行为的未成年人"；② 有学者认为，"由于社会环境的变化，一些低龄未成年人具备了实施犯罪的行为能力和心智水平，然而我国刑事立法的滞后性却使得这些犯罪得不到相应的惩罚，因此有必要对刑事责任年龄的划分标准做出适当的调整"。③ 但与此同时，仍有相当一部分学者主张应保持现行刑法规定的标准不变，认为降低刑事责任年龄并非解决未成年人犯罪的万全之策，有学者认为，"惩罚不是目的，教育才是根本，降低刑事责任年龄并无助于减少未成年人刑事犯罪的发生，而应当改变思路，从刑事后果的角度、教育的角度去进行思考"；④ 也有学者认为当今生活水平提高，将未成年人发育提前作为要求降低刑事责任年龄的理由是行不通的，在当代社会，因为受教育年限的延长、结婚年龄的推迟、经济独立的推迟，未成年人进入成人社会的年龄即社会意义上的成年年龄实际是在推后而非提前。⑤

---

① 本文使用"未成年人"一词，而未使用"儿童、少年、青少年"的表述。联合国《儿童权利公约》第 1 条规定，"为本公约之目的，儿童系指 18 岁以下的任何人，除非对其适用之法律规定成年年龄低于 18 岁"。可见，公约中儿童的范围大于未成年人；同样，少年范围亦是如此，本文的"未成年人"是与成年人相对的概念，系指已满 14 周岁不满 18 周岁的人。为统一用语，本文中将"儿童、少年、青少年"均统一表述为"未成年人"。

② 参见钟俊、钟小梅《论犯罪低龄化与刑事责任年龄制度改革》，《山西青年管理干部学院学报》2009 年第 2 期。

③ 参见薛晖、李冰心《关于我国刑事责任年龄标准的立法反思》，《黑河学刊》2013 年第 9 期。

④ 参见蔡奇轩《我国未成年人刑事责任年龄最低线之设置》，《法学杂志》2018 年第 11 期。

⑤ 参见姚建龙《防治学生欺凌的中国路径：对近期治理校园欺凌政策之评析》，《中国青年社会科学》2017 年第 1 期。

回顾以往实务部门法官、检察官以及学者的研究可发现,各界对于未成年人刑事责任年龄的观点不一、争执不断。

那么,是否需要降低我国最低刑事责任年龄标准?如何避免未成年人走向犯罪的深渊?如何践行保障未成年人人权的职责?这些问题始终萦绕在人们心间。笔者针对是否降低未成年人最低刑事责任年龄的问题展开了实证研究,在调查问卷设计前期,笔者通过文献回顾、专家咨询、学者论证及访谈座谈等方式,对设计的问卷效度和信度进行了检验,并验证问卷的可信度和有效度均可靠。问卷发放分别针对公检法机关办案人员、监察委与司法局工作人员、律师群体和社会大众。共发放问卷 1550 份,回收问卷 1250 份,问卷回收率为 80.65%,无效问卷 140 份,最终录入有效问卷 1010 份,有效问卷占全部发放问卷量的 65.16%。表 1 对样本的性别、职业、年龄、文化程度及收入等基本情况进行了描述性统计,数据显示:1010 个有效样本中,男性样本占比 45.35%,女性样本占比 54.65%;从样本职业分布看,从事法律相关职业的样本数为 584 份(57.82%),其中公检法机关办案人员样本数 423 份(其中警察 59 名、检察人员 94 名、法官 270 名)、监察委与司法局工作人员样本数 77 份(其中监察委工作人员 49 名、司法局工作人员 28 名)、律师群体样本数 84 份,社会大众(包括在校学生、公务员、公证员和普通民众)的样本数为 426 份(42.18%);从样本年龄来看,有效样本的年龄段集中在 20~40 岁,占比达到 83.47%;有效样本的文化程度集中在本科(55.64%)与研究生(37.23%)学历,专科及以下学历样本数仅 72 份;年收入为 5 万~10 万元的样本占比最高(55.64%),其次为 2 万~5 万元的群体(37.23%)。调查问卷在 15 个省(自治区、直辖市)发放,样本来源也包括偏远的少数民族聚集区,例如西藏山南市乃东区、四川凉山彝族自治州、云南红河哈尼族彝族自治州等,这样的样本采集,旨在使样本具有真实性和可靠性,能直观地向我们展示社会各界对未成年人刑事责任年龄标准的肯定或质疑。本文在《中华人民共和国未成年人保护法》(以下简称《未成年人保护法》)、《中华人民共和国预防未成年人犯罪法》(以下简称《预防未成年人犯罪法》)修改背景下,首先梳理域外国家和地区以及我国未成年人刑事责任年龄的演进逻辑，其次探讨未成年人刑事责任年龄的争论，再次提出反对降低未成年人刑事责任年龄的理由，并试图找寻有效降低未成年人犯罪率的路径，从实体和程序双维度保障未成年人的司法人权。

表1 调查问卷受访者基本情况的描述性统计

单位：份，%

		样本群体				总计
		公检法办案人员	监察委与司法局工作人员	律师群体	社会大众	
性别	男	206 (20.40)	59 (5.84)	51 (5.05)	142 (14.06)	458 (45.35)
	女	217 (21.49)	18 (1.78)	33 (3.27)	284 (28.12)	552 (54.65)
年龄	20 岁以下	0 (0.00)	0 (0.00)	1 (0.10)	45 (4.46)	46 (4.55)
	20~30 岁	188 (18.61)	23 (2.28)	45 (4.46)	334 (33.07)	590 (58.42)
	30~40 岁	145 (14.36)	46 (4.55)	28 (2.77)	34 (3.37)	253 (25.05)
	40~50 岁	60 (5.94)	6 (0.59)	9 (0.89)	7 (0.69)	82 (8.12)
	50 岁及以上	30 (2.97)	2 (0.20)	1 (0.10)	6 (0.59)	39 (3.86)
文化程度	研究生	78 (7.72)	16 (1.58)	43 (4.26)	239 (23.66)	376 (37.23)
	本科	303 (30.00)	58 (5.74)	40 (3.96)	161 (15.94)	562 (55.64)
	大专及以下	42 (4.16)	3 (0.30)	1 (0.10)	26 (2.57)	72 (7.13)
收入	2 万~5 万元	78 (7.72)	16 (1.58)	43 (4.26)	239 (23.66)	376 (37.23)
	5 万~10 万元	303 (30.00)	58 (5.74)	40 (3.96)	161 (15.94)	562 (55.64)
	10 万~15 万元	40 (3.96)	2 (0.20)	1 (0.10)	17 (1.68)	60 (5.94)
	15 万元及以上	2 (0.20)	1 (0.10)	0 (0.00)	8 (0.79)	11 (1.09)
	无	0 (0.00)	0 (0.00)	0 (0.00)	1 (0.10)	1 (0.10)

	样本群体				总计
	公检法办案人员	监察委与司法局工作人员	律师群体	社会大众	
总计	423 (41.88)	77 (7.62)	84 (8.32)	426 (42.18)	1010 (100)

二　有关未成年人刑事责任年龄的演进逻辑

刑事责任年龄是指行为人对其所实施的危害社会的行为承担刑事责任所必须达到的年龄。[①] 从横向看,也许不同地区、不同国家经济政治发展有所差异,但是"恤幼"的思想一直未变,在刑事司法制度中则主要体现为对未成年人刑事责任年龄的相关规定。从纵向看,域外国家和地区的社会经济在不断发展,但是最低未成年人刑事责任年龄的标准并没有因此下降,目前大多数国家仍将 14 岁作为未成年人承担刑事责任的年龄下限标准,践行着保障未成年人人权的历史使命。

(一) 我国古代未成年人刑事责任年龄的演进

我国关于刑事责任年龄的规定古已有之,早在《周礼·秋官·司刺》中就规定了"三赦"制度:"壹赦曰幼弱,再赦曰老旄,三赦曰蠢愚。"此为我国古代刑法中最早出现的有关未成年人刑事责任年龄的规定。根据资料记载,年龄未满十五岁的为"幼",身高不满六尺的为"弱",对于二者,并未有不同阶段程度的区分,皆赦罪。这种不加区分一概而论的做法,虽然有其局限性,但反映了我国古代刑法"恤幼"的传统。

在战国时期,《法经》规定:"罪人年十五以下,罪高三减,罪卑一减,年六十以上,小罪情减,大罪理减。"[②] 即 15 岁以下的人,犯重罪减三等,犯轻罪减一等;60 岁以上的人,犯大罪小罪都应酌情减免。可见,

---

① 刘艳红:《转化型抢劫罪主体条件的实质解释——以相对刑事责任年龄人的刑事责任为视角》,《法商研究》2008 年第 1 期。

② 参见周密《中国刑法史纲》,北京大学出版社,2000,第 173 页。

《法经》将 15 岁作为最低刑事责任年龄标准，对未满 15 岁的结合犯罪情节进行减免。

秦朝以身高来确定刑事责任年龄，秦简《法律答问》载："甲小未盈六尺，有马一匹自牧之，今马为人败，食人稼一石，问当论不当？不当论其偿稼。"又："甲盗牛，盗牛时高六尺，系一岁复丈，高六尺七寸，问甲何论？当完城旦。"又《仓律》规定："隶臣、城旦高不盈六尺五寸，隶妾、舂高不盈六尺二寸，皆为小。"可见，男六尺五寸、女六尺二寸为成年人，达到此身高者开始负刑事责任，否则不负刑事责任。汉袭秦制，但是存在些许不同。《汉书·惠帝纪》中规定："诏民年七十以上，若不满十岁，有罪当刑者，皆完之。"[1] 可看出，汉代是直接规定了刑事责任年龄的上限和下限，相比秦朝以身高来划分的标准，显得更为科学和合理。

唐朝是我国封建法律制度发展的全盛时期，对于未成年人保护的规定也更为周全细致。《唐律·明律例》（以下简称《唐律》）规定："诸年七十以上、十五以下及废疾，犯流罪以下，收赎（犯加役流、反逆缘坐流、会赦犹流者，不用此律；至配所，免居作）。八十以上、十岁以下及笃疾，犯反、逆、杀人应死者，上请；盗及伤人者，亦收赎（有官爵者，各从官当、除、免法），余皆勿论。九十以上、七岁以下，虽有死罪，不加刑（缘坐应配没者不用此律）；即有人教令，坐其教令者；若有赃应备，受赃者备之。"[2] 可见，《唐律》不仅明确规定了刑事责任年龄，还对不同年龄阶段可减免的刑事责任进行了划分。《唐律》作为封建法律制度顶峰的代表，其有关未成年人刑事责任年龄的规定合乎法理与情理，随后的宋、元、明、清多为沿用。

（二）新中国成立后未成年人刑事责任年龄的演变

新中国成立后，颁布了一系列文件来规定刑事责任年龄，最低刑事责任年龄随着当时不稳定的社会环境而往复变化。1950 年《中华人民共和

---

① 参见车佐贤《从出土简牍看秦汉法律制度的继承和发展》，《甘肃社会科学》2002 年第 3 期。

② 参见（唐）长孙无忌《唐律疏议》（重印），中国政法大学出版社，2013，第 81 ~ 85 页。

国刑法大纲草案》第 11 条规定："不满十四周岁者，不处罚。"以此明确了以 14 岁为最低刑事责任年龄。但是，1951 年 12 月 5 日，中央法制委员会在对中南军政委员会对未成年人被匪特利用放火投毒是否处罚的批复中指出："……对已满十二岁者，如犯杀人罪、重伤罪、惯窃罪以及其他公共危险性的犯罪，则可由法院认定，如法院认为有处罚之必要者，得酌情予以处罚，并得对其家长或监护人予以警告。"① 随后 1954 年颁布的《中华人民共和国刑法草案（初稿）》也再次确认了以 12 周岁为最低刑事责任年龄。② 1957 年《刑法草案（第 22 稿）》将最低刑事责任年龄改为 13 岁，1963 年《刑法草案（第 33 稿）》将不负刑事责任的年龄提升为 14 岁。1979 年颁布的《中华人民共和国刑法》（以下简称《刑法》）正式将最低刑事责任年龄确定为 14 岁，并且同时规定了"已满十六岁的人犯罪，应当负刑事责任；已满十四岁不满十六岁的人，犯杀人、重伤、抢劫、放火、惯窃或者其他严重破坏社会秩序罪，应当负刑事责任……"③ 在这个时期，我国未成年人刑事责任年龄从 14 周岁降到 12 周岁，又重新回到 14 周岁。

在 1979 年《刑法》之后，我国的最低刑事责任年龄就稳定在了 14 周岁，2017 年修正的《刑法》规定："已满十六周岁的人犯罪，应当负刑事责任。已满十四周岁不满十六周岁的人，犯故意杀人、故意伤害致人重伤或者死亡、强奸、抢劫、贩卖毒品、放火、爆炸、投放危险物质罪的，应当负刑事责任。……因不满十六周岁不予刑事处罚的，责令他的家长或者监护人加以管教；在必要的时候，也可以由政府收容教养。"④ 可见，我国对于刑事责任年龄的划分采取"三分制"，通过区分完全不负刑事责任年龄、相对负刑事责任年龄和完全负刑事责任年龄来确定行为人是否承担刑事责任，该划分方法在侧重于教育保护未成年人的同时，也有利于预防因过度保护而纵容未成年人犯罪的问题发生，符合"教育为主，惩罚为辅"的司法原则。

---

① 参见高铭暄、赵秉志《新中国刑法立法文献资料总览》（第二版），中国人民公安大学出版社，2015，第 120 页。
② 李育兵《浅议最低刑事责任年龄是否应该降低》，《预防青少年犯罪研究》2016 年第 4 期。
③ 参见《中华人民共和国刑法》（1979 年）第 14 条。
④ 参见《中华人民共和国刑法》（2017 年修正）第 17 条。

（三） 国际社会与各国未成年人刑事责任年龄的划分

1985 年通过的《联合国少年司法最低限度标准规则》规定：在承认未成年人负刑事责任的年龄这一概念的法律制度中，该年龄的起点不应规定得太低；2004 年通过的《国内法和国际法下的未成年人刑事责任决议》则建议将成年人刑事司法制度应适用的最低年龄规定为 14 周岁。

综观世界各国的规定，大多数国家也将最低未成年人刑事责任年龄确定为 14 岁，如德国、日本、意大利、英国等国家均规定为 14 岁；甚至有些国家将最低未成年人刑事责任年龄设置得更高，如丹麦、芬兰、冰岛、挪威、瑞典刑法将其规定为 15 岁，西班牙、葡萄牙刑法规定为 16 岁，比利时、卢森堡刑法规定为 18 岁，等等。[①] 由此可见，我国未成年人刑事责任年龄的标准，是符合国际公约和域外国家、地区规定的。

三　未成年人刑事责任年龄的争论

随着校园暴力及各种未成年人犯罪的事件被频频报道，人们对我国最低刑事责任年龄的规定产生越来越多的争议，目前主要存在降低论、不变论和弹性论三种观点。

（一） 基于调查问卷反馈的未成年人刑事责任年龄的认知

在调查问卷中，曾向受访者提问是否知道当前我国《刑法》规定的未成年人承担刑事责任的年龄，因受访者绝大多数为受过法学教育或从事法律相关职业或关心未成年人成长的爱心人士，因此受访者均知晓这一年龄划分。根据此次调查问卷的统计数据分析，有大于三分之二（67.06%）的受访者表示赞同降低未成年人刑事责任的年龄，而仅 28.37% 的受访者表示不赞同（见图 1）。通过对不同职业和不同年龄的交叉分析可以发现，

[①]　林维：《未成年人刑事责任年龄及其制裁的新理念——〈国内法和国际法下的未成年人刑事责任决议〉解读》，《中国青年政治学院学报》2005 年第 2 期。

不同职业和收入的受访者在是否同意降低未成年人刑事责任年龄的问题上存在较大的波动，因此笔者希望通过拟合多变量逻辑回归模型对该问题回应的分布规律进行进一步探索。

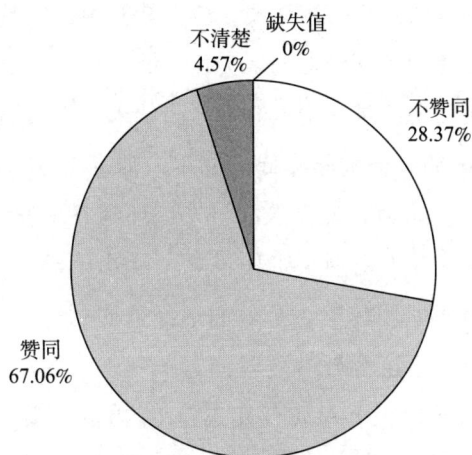

图1 是否同意降低未成年人刑事责任年龄

LR 检验及 V 系数显示，职业（LR = 35. 21 ***）、年龄（LR = 25. 39 *）、教育程度（LR = 14. 53 *）和收入水平（LR = 2. 70 ***）是影响受访者态度的主要因素。[①] 通过对这四个变量进行多变量逻辑回归分析可以发现，经过 12 次迭代，模型统计显著（0. 00）。在模型中可以看到，律师群体、教育程度为本科以及收入水平为 10 万 ~ 15 万元这几个特征将会影响受访者的选择。具体来说，律师群体选择"不赞同"的概率是选择"赞同"的概率的 42. 80%（*），教育程度为本科的受访者选择"不赞同"的概率是选择"赞同"的概率的 49. 40%（*），而收入水平为 10 万 ~ 15 万元的受访者选择"不赞同"的概率是选择"赞同"的概率的 267. 92%（**）。也就是说，律师和教育程度为本科的人更有可能同意降低未成年

---

① LR（likelihood ratio）是似然比检验，是反映真实性的一种指标，属于同时反映灵敏度和特异度的复合指标。其中 * 表示统计显著性检验中显著水平 α = 0. 05，** 表示显著性水平 α = 0. 01，*** 表示显著性水平 α = 0. 001，从 * 到 *** 依次代表数据显著性水平的提高。具体来说，* 表示数据观察到差异的概率为 5%，** 表示观察到差异的概率为 1%，*** 表示观察到差异的概率仅为 0. 1%。一般来说，*、** 和 *** 都表示数据有较高的可信度。

人刑事责任年龄，而收入在 10 万～15 万元的人更有可能不赞成降低未成年人的刑事责任年龄。

由此可见，在当下认为应当降低最低刑事责任年龄的民众占较大比重，但是刑法作为社会最后一道防线，应保持其谦抑的特点，仅仅因为对未成年人犯罪的聚焦而呼吁降低刑事责任年龄，未免太过粗暴草率，也不利于从根本上解决问题。进一步探究赞同降低未成年人刑事责任年龄的原因，总的来看，86.84% 的赞同降低未成年人刑事责任年龄的受访者（以下简称赞同受访者）认为，现在未成年人生理和心理发育、成熟得较早，因此有必要降低未成年人的刑事责任年龄。另外有 63.45% 的赞同受访者认为未成年人暴力犯罪屡禁不止是他们选择赞同的理由。46.64% 的赞同受访者认为加大惩罚力度能够有效降低未成年人犯罪率，40.06% 的赞同受访者表示我国未成年人刑事责任年龄（14 周岁）普遍低于其他国家，因此需要降低。

从表 2 可知，不同职业受访者赞同降低未成年人刑事责任年龄的理由分布与数据的总体分布差异不大，按照相应人数比例从高到低看，"未成年人生理和心理发育、成熟较早""未成年人暴力犯罪屡禁不止""加大惩罚力度能够有效降低未成年人犯罪率""我国刑事责任年龄普遍比其他国家低"依次成为受访者赞同降低未成年人刑事责任年龄的理由。与其他职业受访者相比，公检法机关办案人员中有 26.05% 的人认为未成年人暴力犯罪屡禁不止，因此需要降低未成年人刑事责任的年龄，该比例较监察委与司法局工作人员群体及律师群体更高；监察委与司法局工作人员认为"加大惩罚力度能够有效降低未成年人犯罪率"的比例较高，达 24.24%；律师群体认为"未成年人生理和心理发育、成熟较早"的比例较高，达 37.20%；而社会大众认为"未成年人生理和心理发育、成熟较早"以及"未成年人暴力犯罪屡禁不止"的比例都较高，分别为 37.79% 和 27.67%。这也再次印证了不同职业与赞同受访者的关系不大，而赞同的原因主要集中于"未成年人生理和心理发育、成熟较早""未成年人暴力犯罪屡禁不止""加大惩罚力度能够有效降低未成年人犯罪率""我国刑事责任年龄普遍比其他国家低"等。

表 2　赞同降低未成年人刑事责任年龄的关联性因素交叉分析

单位：%

关联性因素		未成年人生理和心理发育、成熟较早	我国刑事责任年龄普遍比其他国家低	未成年人暴力犯罪屡禁不止	加大惩罚力度能够有效降低未成年人犯罪率	其他
地区	东部	39.27	14.85	25.58	18.32	1.98
	中部	35.00	20.00	25.00	20.00	0.00
	西部	33.79	17.42	26.52	19.75	2.52
样本群体	公检法办案人员	34.24	18.17	26.05	20.42	1.13
	监察委与司法局工作人员	30.30	17.42	24.24	24.24	3.79
	律师群体	37.20	18.90	21.34	18.29	4.27
	社会大众	37.79	14.44	27.67	17.54	2.56
收入	2万~5万元	40.72	12.95	28.96	16.18	1.19
	5万~10万元	33.33	13.61	25.85	25.17	2.04
	10万~15万元	32.67	18.00	24.89	21.78	2.67
	15万元及以上	33.08	20.15	23.95	20.91	1.90
	无	33.96	20.75	24.06	16.06	5.19

（二）降低论的主要论据

目前持降低论者多为司法实务人员，由于实际接触案件的时间较长，这类司法人员有较直观的感受。经总结，他们的观点主要集中为以下几点。

其一，降低刑事责任年龄符合当下未成年人发展现状。1979 年《刑法》制定时，是物质匮乏、经济动荡的年代，未成年人身心成熟得较晚，14 岁的入罪年龄符合当时未成年人的成长特点。但如今，随着我国经济的发展、人民生活水平的显著提高、九年义务教育的普及以及网络资源的共享，未成年人出现普遍早熟的现象。据专家初步测算，当代人的发育比20 年前至少提前了一年，[①] 这样的观点也与问卷所呈现的"未成年人生理和心理发育、成熟较早"相吻合。因此，若当下还要继续沿用 1979 年《刑法》规定的最低刑事责任年龄，则并不适应我国当代的国情，也不适

———————————

① 刘强、郭卿、孙宝林：《关于降低刑事责任年龄的探析》，《科技信息》2008 年第 1 期。

应未成年人早熟的发展趋势。同时，还有学者提出，我国《治安管理处罚法（修订公开征求意见稿）》已经将行政拘留的执行年龄最低线从 16 周岁降低至 14 周岁。而《民法总则》更是将《民法通则》中的无民事行为能力人的年龄从 10 周岁降至 8 周岁，为了保持司法的整体性和统一性，刑法也应适当降低刑事责任年龄。

其二，未成年人犯罪现象屡禁不止。近年来，被报道的未成年人犯罪事件屡见不鲜，一些调查数据显示，未成年人犯罪率正在呈上升趋势。从实地访谈、座谈可知，这些人认为，若一味地要求加强对未成年人的保护，继续沿用 14 周岁的年龄规定，将存在纵容未成年人犯罪的倾向，使未成年人认识到低龄是其犯罪的保护伞，而为所欲为地实施犯罪活动，并不能解决未成年人犯罪的问题。同时，过度地强调对犯罪未成年人利益的关注，也不利于保障被害人权益。部分未成年人使用与成年人犯罪暴力程度相当的手段来实施犯罪，造成了严重侵害被害人人身、财产的后果，但由于犯罪主体年龄尚小，只能对其从轻减轻甚至免除其刑事责任，被害人受到的损失得不到相对等的弥补，长此以往，将使人们对法律失去信心，不利于社会的稳定与和谐。因此，降低刑事责任年龄刻不容缓，用刑罚来规制未成年人的犯罪违法行为，更有利于解决犯罪低龄化的问题，实现惩罚犯罪和保障人权的最大平衡。

其三，相关未成年人非刑罚处罚措施的适用并无实效。我国《刑法》第 17 条规定："因不满十六周岁不予刑事处罚的，责令他的家长或者监护人加以管教；在必要的时候，也可以由政府收容教养。"许多时候，未成年人犯罪原本就和家长的教育疏忽、错误引导有关系，在处罚时还要求家长或监护人来加以管教，无非缘木求鱼；并且，收容教养的执行场所在劳教制度被废除后，基本已经不复存在了。现状是大部分省份基本不再适用收容教养措施，少数仍在适用收容教养措施的省份，也在适用程序及执行场所等方面遭到了"合法性"的严重质疑。[1]

---

[1]　张寒玉、王英：《应对未成年人犯罪低龄化问题之制度建构与完善》，《青少年犯罪问题》2016 年第 1 期。

此外，根据《预防未成年人犯罪法》第 35 条的规定，[①] 其并未明确应当送工读学校的强制性具体条件，而是采用"可以"一词，并且只能由父母或者监护人提出申请，经批准后才能适用。由于大多数父母碍于工读学校的标签负面影响及其特殊的有关人身自由的限制措施，在实践中，能够送去工读学校接受矫治的未成年人少之又少。可见，相关法律规定的非刑罚处罚措施并不能有效解决未成年人犯罪的问题，只有通过实施真正的刑罚干预措施，才能起到威慑未成年人犯罪的作用，遏制低龄犯罪现象的发生。

（三）不变论的主要论据

持不应降低最低刑事责任年龄观点的大部分是学者，他们认为应当继续保持 14 周岁不变，主要观点如下。

其一，降低最低刑事责任年龄不能从根本上解决问题。由于未成年人心智脆弱，极易受到各种不良因素的影响而产生犯罪冲动，未成年人独有的成长特点决定了其与成年人犯罪存在根本区别，低龄未成年人犯罪多半是基于认识和控制能力的缺失，以及冲动和猎奇的心理。而导致这一切的更深层次的原因，往往是家庭、学校、社会环境所带来的日积月累的影响，更多属于一种社会性的问题，想要单纯依靠刑罚来解决，并不可行。由于未成年人心智稚嫩，一方面易受到各类因素的干扰，但另一方面又极具可塑性，因此对待未成年人，引导、感化和教育才是最佳选择，单纯地用刑罚打压并不能起到遏制的作用，刑罚措施带来的"标签效应"反而会导致未成年人"人格异化"，从而提高再犯率。

其二，我国现行《刑法》规定的刑事责任年龄是以辨认和控制能力为主、以刑事政策为辅而设定的。[②] 不可否认，世界上的部分未成年人心智比同龄人成熟得更早，不同的地区、不同的家庭以及从小到大不同的生长

---

① 《预防未成年人犯罪法》第 35 条规定："对有本法规定严重不良行为的未成年人，其父母或者其他监护人和学校应当相互配合，采取措施严加管教，也可以送工读学校进行矫治和接受教育。对未成年人送工读学校进行矫治和接受教育，应当由其父母或者其他监护人，或者原所在学校提出申请，经教育行政部门批准。"

② 蔡奇轩：《我国未成年人刑事责任年龄最低线之设置》，《法学杂志》2018 年第 11 期。

环境，都会导致未成年人的控制能力和辨认能力彼此之间存在差异，这就不可避免地出现部分不满 14 周岁的低龄儿童具有较高的辨认和控制能力，却由于年龄未达到硬性要求而不承担刑事责任的情况。刑法无法去考量个体之间存在的细微差别，而为每个未成年人制定适用于自己的刑事责任年龄标准，只能根据社会发展的实际情况、未成年人的平均身心水平并结合"保护未成年人"的形势政策来确定一个最低的刑事责任年龄。因此，在这种情况下，就会出现某犯罪未成年人即使具有一定的辨认控制能力，但国家为保护未成年人的成长，也会以年龄小为根据而不处罚的情形。[1] 若仅仅以此为理由要求降低最低刑事责任年龄，则有以个案来混淆刑法制定依据的嫌疑。

其三，有关未成年人犯罪率的统计数据不具有支撑性。有学者认为，由于未成年人触法案例被频繁报道而引起的公众呼吁降低最低刑事责任年龄的现象，实则是属于一种"孕妇效应"，即因关注度的集中而会夸大某种现象的心理反应。[2] 然而，未成年人犯罪率是否升高仍缺乏相关的实证考察，偶尔得出的一些数据分析，也缺乏长期的追踪调研。最高检未成年人检察工作办公室副主任史卫忠认为，针对一系列校园暴力事件的防治，我国是否需要调整刑事责任年龄下限，必须经过大量的实务论证推导和理论研究的双向互动。[3] 因此，缺乏实证考察的数据不应成为要求降低最低刑事责任年龄的理由，立法的制定与修改都应立足于实际情况，否则只能是闭门造车，更不利于问题的解决。

（四）弹性论的主要论据

有部分学者既不赞同降低最低刑事责任年龄，又不赞同保持现有刑法规定不变，而是认为刚性地规定最低刑事责任年龄本身与刑事责任能力的客观变化规律相违背，具有先天的制度缺陷；且刚性最低刑事责任年龄可

---

[1] 张明楷：《刑法格言的展开》，北京大学出版社，2013，第 343 页。

[2] 姚建龙：《防治学生欺凌的中国路径：对近期治理校园欺凌政策之评析》，《中国青年社会科学》2017 年第 1 期。

[3] 杨凤临、张淑玲：《最高检：降低刑责年龄尚需论证》，《京华时报》2016 年 5 月 28 日，第 3 版。

能无法有效应对拟制年龄与事实年龄之间的偏差，因此具有潜在的制度风险。[①] 这部分学者提出我国应逐步构建弹性最低刑事责任年龄制度，先降低最低未成年人刑事责任年龄，引入具体的情节标准，调整司法人员固有的按照法律规定的年龄来定罪量刑的思维，将法律规定与法官自身通过情节考察而拥有的自由裁量权相结合，逐步锻炼法官依据案件情节和自由裁量来确定行为人是否具有辨认和控制自己行为的能力，最终达到完全取消最低刑事责任年龄的效果。也有学者提出，我们可以借鉴英美国家的有益经验，制定属于我国的"恶意补足年龄"规则：降低《刑法》第 17 条第 2 款规定的八类重罪的年龄下限，在降低的年龄区间内，未成年人仍应被推定为无刑事责任能力人，但检察机关若是能通过全面综合的收集相关证据来证明该未成年人具有"恶意"，即其已充分认识到自己行为的错误性与可谴责性并具有相应的希望或放任的意志因素，则该未成年人应承担相应的刑事责任。[②]

四 反对降低未成年人刑事责任年龄的缘由

有关最低刑事责任年龄的争论愈演愈烈，在吸纳各方观点的同时我们自身也应保持理性思考，不要盲目从流。对于是否降低未成年人刑事责任年龄的问题，笔者认为，在当下不宜降低未成年人刑事责任年龄，这既符合中国特色社会主义人权理论体系的要求，又符合善治未成年人犯罪的现实需求。

（一）基于问卷调查反对降低刑事责任年龄的关联性因素

在不赞同降低未成年人刑事责任年龄的受访者（以下简称不赞同受访者）中，从总体上看，80.84% 的不赞同受访者认为，降低未成年人刑事责任年龄将不利于未成年人矫正与教育，66.55% 的不赞同受访者认为降低

---

① 张拓：《最低刑事责任年龄弹性化之提倡》，《青少年犯罪问题》2017 年第 2 期。

② 郭大磊：《未成年人犯罪低龄化问题之应对——以"恶意补足年龄"规则为借鉴》，《青年研究》2016 年第 6 期。

未成年人刑事责任年龄违背了保护为主、惩罚为辅的司法理念，53.66%的不赞同受访者认为这容易引起标签和染缸效应。另外，有 32.75% 和 32.06% 的不赞同受访者认为降低未成年人刑事责任年龄违反国家亲权理念，且违背国际社会潮流与本土国情。

进一步解构不同职业之间的交叉分析表，由表 3 可知，选择不赞同降低未成年人刑事责任年龄的理由在各职业间存在较大的差异。公检法机关办案人员和监察委与司法局工作人员认为降低未成年人刑事责任年龄违反国家亲权理念的比例分别为 12.85% 和 11.70%，律师群体中仅有 3.19% 的受访者以该理由反对降低未成年人刑事责任年龄，而该比例在社会大众受访者中高达 30.85%。各职业受访者认为降低未成年人刑事责任年龄违背保护为主、惩罚为辅司法理念的比例在 23.68% 和 28.57% 之间，各职业间的想法差异不大。监察委与司法局工作人员以及律师群体中有近 24% 的受访者认为降低未成年人刑事责任年龄容易引起标签效应和染缸效应，而该比例在公检法机关办案人员及社会大众群体中小于 20%。监察委与司法局工作人员认为降低未成年人刑事责任年龄不利于未成年人矫正与教育以及违背国际社会潮流与本土国情的比例低于其他三个职业群体，分别为 23.81% 和 4.76%。分别有 29.22%、32.61% 和 31.50% 的公检法机关办案人员、律师群体以及社会大众认为降低未成年人刑事责任年龄不利于达到矫正、教育未成年人的目的；13.35% 的公检法机关办案人员、10.87% 的律师群体以及 11.36% 的社会大众认为降低未成年人刑事责任年龄违背国际潮流与本土国情。

这也与实地访谈警察、检察官、法官、执业律师和社会大众观点形成了相互"印证"，[①] 虽然不同职业之间对于降低未成年人刑事责任年龄的理由有所差异，但基本赞同降低未成年人刑事责任年龄违反国家亲权理念，违背保护为主、惩罚为辅的司法理念，违背国际社会潮流与本土国

---

① 该材料为 2019 年 3 月 27 日笔者对多位法官、检察官、执业律师所做的实地访谈，编号为 IN1901X，在文本中以夹注的形式标注："IN"代表访谈，"19"指访谈年份为 2019年，"01"是受访谈的警察、检察官、法官、执业律师或社会大众编号，"X"为访谈地为多个地方。

情，而且容易引起标签和染缸效应，不利于对涉罪未成年人进行矫正与教育等，具体原因阐释由下文详细解析。

表 3　不同职业受访者不赞同降低未成年人刑事责任年龄的交叉分析

单位：%

选项	样本群体			
	公检法办案人员	监察委与司法局工作人员	律师群体	社会大众
违反国家亲权理念	12.85	11.70	3.19	30.85
违背保护为主、惩罚为辅的司法理念	23.68	28.57	26.09	24.54
容易引起标签和染缸效应	18.64	23.81	23.91	19.78
不利于未成年人矫正与教育	29.22	23.81	32.61	31.50
违背国际社会潮流与本土国情	13.35	4.76	10.87	11.36
其他	2.27	1.59	0.00	0.77

（二）降低刑事责任年龄并非解决问题的根本路径

降低最低刑事责任年龄意味着扩大犯罪圈，将更多的低龄未成年人容纳进承担刑罚的主体范围中。然而，单纯地对涉罪未成年人进行刑事处罚并不能从根本上解决低龄犯罪问题。贝卡里亚认为："刑罚的目的既不是要摧残折磨一个感知者，也不是要消除业已犯下的罪行，刑罚的目的仅仅在于，阻止罪犯再重新侵害公民，并规诫其他人不要重蹈覆辙。"[①] 一般来说，由于成年人具备了比较成熟的认知能力，能够认识到自己将要受到的刑事处罚的严厉程度与自己已犯下罪行的严重程度是成一定比例的。因此，对于成年人犯罪，可以对行为人实施相应的刑事处罚，使其惧怕刑罚，慑于刑法权威而放弃再犯，从而实现刑罚之真正目的。但是 14 周岁以下的未成年人，其认知能力和辨认能力并不成熟，根本无法理解刑罚的目的和意义，对其实施刑事处罚，很难从根本上消除再犯的可能性，甚至还有可能激起未成年人的逆反心理，加深其对社会和法律的不满，导致犯

---

① 参见〔意〕贝卡里亚《论犯罪与刑罚》（增编本），黄风译，北京大学出版社，2014，第 36 页。

罪率的升高。

并且，刑罚给未成年犯罪人带来标签效应和染缸效应的负面影响同样不容忽视，这也与问卷显示的统计数据形成了相互印证。美国马汶·沃尔夫岗教授在 20 世纪 70 年代做过一次经典的实证调查：对 9945 名费城籍未成年人进行长达 10 年的跟踪调查，占调查对象 6% 的未成年人被捕次数为 5 次以上，而该 6% 的未成年人所犯的杀人、强奸、伤害、抢劫等重罪在所有犯罪中占比高达 51.9%。[①] 在刑罚执行完毕后，未成年犯罪人本该是一个"自由人"，一个回归社会的"正常人"。但是在现实中，"犯罪标签"使未成年人一直背负着沉重的犯罪负担，得不到社会各阶层的认可，无法以正常的"社会人"身份和公民的法律地位重新生活，在这种情况下，有些犯罪人甚至还会选择重新犯罪来改变这种消极状态。因此，过早的刑罚干预和刑事打压，容易引起标签和染缸效应，一方面不利于从根本上解决未成年人犯罪的问题；另一方面可能使轻微犯罪的未成年人慢慢演变为职业犯罪人，从而严重影响其矫正罪错与回归社会。

（三）降低刑事责任年龄背离未成年人利益最大化理念

1989 年联合国大会通过的《儿童权利公约》第 3 条正式确定了未成年人最佳利益原则；1992 年，我国正式加入了国际《儿童权利公约》，这成为我国未成年人人权保护发展中的一个里程碑。未成年人利益最大化理念正是脱胎于儿童最佳利益原则，比起国际规则中"儿童"范围认定的广泛性，该理念更强调对未成年人的保护，且二者内涵也多有重合。由于未成年人心智不成熟，缺乏辨认能力，其三观还未完全成形，在此情况下未成年人极易受到来自社会各方的诱惑，若不在此阶段加强预防，及时地对未成年人进行心理疏通，为其指明道路，等到危害结果发生时再期以刑法打压，则为时晚矣。单纯的刑事打压并不能从根本上解决未成年人犯罪的问题，被判处刑责的未成年人难以彻底实现去标签化和再社会化，长此以

---

① 张寒玉、王英：《应对未成年人犯罪低龄化问题之制度建构与完善》，《青少年犯罪问题》2016 年第 1 期。

往并不符合保障未成年人利益的理念。

未成年人利益最大化理念倡导对待未成年人,教育和保护必须优先于刑罚;而且当家庭教育和保护缺位时,国家或政府应当以第一监护人的角色承担教育和保护的责任。要从根本上解决未成年人犯罪的问题,应将关注点置于犯罪前的预防及犯罪后的社会教化这两个环节,诚如贝卡里亚所言:"预防犯罪比惩罚犯罪更高明,这乃是一切优秀立法的主要目的。"① 一般来说,犯罪都是有征兆的,如果在这个阶段及时地对未成年人进行行为的矫治和心理的疏通,将会大大降低犯罪概率。中国司法实践中的相关数据表明,未成年人犯罪的主要群体为辍学、无业的未成年人,这些人文化素质偏低,法制观念淡薄,且大部分未成年人在实施犯罪前有不良行为或不良嗜好,如吸烟、逃学旷课、打架斗殴、和社会不良未成年人频繁接触等。因此,未成年人预防工作应着重在家庭、学校展开,父母应加强对孩子的教育,多沟通多交流;学校应加强对学生的管理,平等对待"差生"和"优等生",在学生出现不良行为时要及时进行管教和心理疏通。同时,未成年人犯罪后的社会教化及帮助也必不可少,相关部门在做好帮助教育工作的同时,更要注重建立鼓励机制。

对于未成年人犯罪,不能只狭隘地考虑社会利益,也应最大限度地兼顾未成年人利益。未成年人的犯罪动机往往比较简单,其目的单一,随意性强,较少有预谋,没有经过事前的周密考虑和精心策划,常常是受到某种因素诱发和刺激或一时的感情冲动而突然犯罪,② 其主观恶性不大,相比于刑罚,教育和改造对其往往会有更好的效果,若是一味强调扩大犯罪圈,只会适得其反,这样既违背保护为主、惩罚为辅的司法理念,又违反了国家亲权理念。

(四) 降低未成年人刑事责任年龄有推卸责任之嫌

在未成年人犯罪的案件中,未成年人不仅是危害者,往往同时也是受

---

① 参见〔意〕贝卡里亚《论犯罪与刑罚》(增编本),黄风译,北京大学出版社,2014,第 115 页。
② 石艳芳:《青少年犯罪何以频发:我国青少年犯罪原因新探》,《青少年犯罪问题》2014年第 1 期。

侵害者。由于未成年人免疫力差，极容易受到社会不良风气的影响导致人格异化，从而实施违法犯罪行为。[①] 特拉维斯·赫希（Travis Hirschi）提出了著名的社会控制理论，认为社会上任何人都是潜在的犯罪人，但是个人与社会的联系可以阻止个人进行违反社会准则的越轨与犯罪行为，社会与个人的联系越紧密，个人越不容易犯罪，反之，则易犯罪。[②] 在未成年人的成长过程中，其与家庭、学校、社会的联系格外紧密，排除未成年人自身的好奇心理和冲动情绪，犯罪的原因归根结底都和这三者的联系遭到削弱有关。

首先，未成年人犯罪与家庭监护之间的关系。赫希认为，未成年人如果与父母的感情联系受到削弱，犯罪的可能性就会提高，若与父母的联系加强，犯罪的可能性就会降低。[③] 父母是孩子的第一任老师、第一监护人，与孩子的联系最为直接密切，在引导未成年人建立正确认知的过程中，父母扮演着极其重要的角色。父母与孩子的情感联系如果被削弱，则会使孩子减少对家庭的依赖感，其在生活中遭遇了困难无法得到及时的倾诉，感情得不到宣泄，久而久之，将产生严重的心理问题，甚至走上犯罪的道路。

其次，未成年人犯罪与学校教育之间的关系。赫希也认为，学校与未成年人犯罪的联系不取决于"社会阶级"，主要取决于未成年人对学校的依赖程度和学习程度，即缺乏学习能力的学生和学习成绩差的学生更可能实施犯罪。[④] 学校不仅仅能让未成年人获取知识，也能在一定程度上弥补未成年人在家庭成长中所缺失的教育和关爱。但是实践中教育资源的匮乏，以及部分老师职业操守的缺失，经常忽视对一些学习能力较差的学生的培养教导，对于青春期中的叛逆未成年人，也并未给予及时的心理疏

---

① 张寒玉、王英：《应对未成年人犯罪低龄化问题之制度建构与完善》，《青少年犯罪问题》2016 年第 1 期。

② 〔美〕特拉维斯·赫希：《少年犯罪原因探讨》，吴宗宪译，中国国际广播出版社，1997，第 2 页。

③ 〔美〕特拉维斯·赫希：《少年犯罪原因探讨》，吴宗宪译，中国国际广播出版社，1997，第 3 页。

④ 〔美〕特拉维斯·赫希：《少年犯罪原因探讨》，吴宗宪译，中国国际广播出版社，1997，第 7 页。

通，或是放任自流，或是简单粗暴地采取打骂的方式，这些都易导致未成年人对学校产生恐惧厌恶心理，不愿上学，若是此时被校外不良风气所感染，则更易走上犯罪的道路。

最后，未成年人犯罪与社会环境之间的关系。未成年人与社会的联系，则主要体现为过早结束学校生活和较迟获得职业的未成年人，即准就业人员和过早辍学的未成年人。这类人脱离校园生活迈入了社会，从身份上看已经是"社会人"，和成年人无异，但是其心理上仍属于未成年人，这种矛盾的心理落差更容易导致未成年人犯罪。"读完中学后不能立即就业的未成年人，最有可能涉足犯罪，因为其同时失去了学校和社会的依赖，甚至有些未成年人也同时失去了对家庭的依赖。"[①]

未成年人还处于人生起步阶段，对周围的一切具有强烈的好奇心，但由于自身免疫力差，心智发育未完全，若不加以正确引导，极易走上犯罪的道路。对于未成年人犯罪，其原因更多地在于家庭监护的缺失、校园教育的不合理，以及社会各种不良因素的影响等。单纯地通过降低刑事责任年龄使未成年人承担刑责，只是将社会、家庭、学校所应承担的责任转移到了未成年人身上，既不符合罪责刑相适应的原则，也不利于从根本上解决未成年人犯罪问题。

五 有效降低未成年人犯罪率的路径选择

通过上述阐释，我们了解到降低最低刑事责任年龄并非万全之策，要想从根本上解决未成年人犯罪问题，更好地保障未成年人人权，要以中国特色社会主义人权理论体系为指引，既承认人权是人类的共同理想和价值准则，是人之为人不可剥夺的权利，又需要通过国内的立法、行政和司法机制予以落实，[②] 坚持国家亲权和未成年人福利理念，采取多种处遇措施，

---

① 〔美〕特拉维斯·赫希：《少年犯罪原因探讨》，吴宗宪译，中国国际广播出版社，1997，第 7 页。

② 广州大学人权理论研究课题组：《中国特色社会主义人权理论体系论纲》，《法学研究》2015 年第 2 期。

健全非羁押性措施体系等，以实现有效降低未成年人犯罪率之目的。

（一）秉持国家亲权和未成年人福利的司法理念

国家亲权和未成年人福利是未成年人刑事司法制度中两个重要的理念，是各国未成年人刑事司法制度建立与发展的奠基石。[①] "国家亲权"（parens patriae）一词源于拉丁文，是指国家对未成年人和其他法律上无行为能力人享有一般的监护权。[②] 在中世纪时期，英国大法官法庭首先开始运用国家亲权理论作为干预未成年人的合理化根据，但是运用的最初目的并非维护未成年人的利益，而是巩固君主的统治；随后在1839年的克劳斯案中，美国宾夕法尼亚州高级法院首次将国家亲权理论作为未成年人庇护所等矫正机构干预未成年人的合法化依据，至此，以未成年人为本位，强调保障未成年人利益的国家亲权理念内涵才真正凸显出来。[③]

在我国现行法律规定中，囿于传统"亲权"观念属民法范畴，故国家亲权的内涵更多体现在民法的内容上，如《民法通则》所规定的监护制度。然而比较英美法系未成年人司法制度发达的国家，其未成年人保护立法并不仅限于民事方面，而是通过民事、刑事、行政等领域的结合共同构成了独立的未成年人司法体系。我国目前在立法和实践上存在的欠缺，将成为推进未成年人司法改革进程中的最大障碍。因此，在未成年人保护的各领域中都应当落实国家亲权理念，使国家发挥其作用和功能。具体来说：首先，国家应加强立法工作，完善未成年人保护法，将散落于各大法律法规以及司法解释中有关未成年人的法律集中整合出来，同时囊括进现时未成年人急需的新兴保护领域，制定全面综合的未成年人刑事司法制度；其次，将这些理念落实到未成年人刑事诉讼程序的每一个环节，从公安机关的立案到最后的执行阶段，都应设有专门负责未成年人案件的部

[①] 自正法：《互联网时代未成年人刑事特别程序的模式及其改革面向》，《法制与社会发展》2018年第3期。

[②] H. R. Black, *Black's Law Dictionary*, 6th edition, Saint Paul：West Publishing Company, 1990, p.1114.

[③] 姚建龙：《国家亲权理论与少年司法——以美国少年司法为中心的研究》，《法学杂志》2008年第3期。

门，同时加强各程序之间的衔接；最后，当未成年人的监护缺位时，国家或政府作为未成年人的"第一监护人"，保护其所有的"财产"，这也是国家亲权的核心内涵。

未成年人福利理念强调对关涉未成年人生命、自由、身心发展和权利保护等一系列内容的总结概括，是对国家和社会提出的一项要求，旨在实现未成年人利益最大化目标。① 在我国有关未成年人保护的立法中，对于该理念也有颇多体现，例如新《刑事诉讼法》第277条规定"教育为主、惩罚为辅"的理念，《未成年人保护法》第5条规定了"保护未成年人的工作，应当遵守下列原则：尊重未成年人的人格尊严；适应未成年人身心发展的规律和特点；教育和保护相结合"等。可惜的是，该理念仍多见于纲领性规定，对于具体实施环节的落实仍存在欠缺，因此，要真正实现未成年人利益最大化目标，还应做到在刑事诉讼整个流程中都切实保障未成年人的各项基本诉讼权利，同时完善侦查阶段的程序性制裁，遏制侦查机关的程序性违法行为，② 以避免由于福利权利缺失而对未成年人造成的侵害。

除此之外，未成年人福利理念还应该应用于对于违法涉罪未成年人的司法处遇上，提供多样化的司法处遇是保护未成年人的重要途径；建立未成年人司法服务供求信息共享平台，保持司法服务供求信息的畅通；建立跨机构、跨区域协作及资源连接机制，以便提高服务的有效性；提高未成年人司法社会支持的专业化程度，将未成年人司法保护与司法社工工作密切结合起来，③ 以真正保障未成年人福利性权利。

（二）对未成年人不良行为和触法行为采取区分处遇

未成年人不良行为和触法行为由于产生的原因、造成的社会影响不同，应当区别对待。但是我国目前只区分了未成年人犯罪行为和不良行

---

① 王贞会：《儿童福利理念与我国未成年人司法制度》，《人民法治》2016年第2期。
② 自正法：《未成年人刑事案件侦查中的程序性制裁及其路径选择》，《理论探索》2018年第1期。
③ 宋志军：《论未成年人刑事司法的社会支持体系》，《法律科学》2016年第5期。

为，对触法行为并未进行界定和规制。《刑法》第 17 条和第 49 条规定了未成年人犯罪问题，该行为面临的司法处遇是刑罚的适用。其余未成年人的行为可统统归为不良行为，主要由《预防未成年人犯罪法》第 14 条和第 34 条规定，包括严重违背社会公德的一般不良行为和具有严重社会危害性但尚不够刑事处罚的严重不良行为两类，现有的干预措施主要为收容教养、工读教育等，但由于措施单一且可操作性低，在实践中往往效果甚微。并且，由于一般不良行为和严重不良行为概念区分模糊，在现实中常常出现重复处遇或是遗漏处遇的情形。

对待未成年人，应当强调教育优先于刑罚，保护未成年人成长，但同时又要做到"宽容而不纵容"，建立一套非刑罚的干预措施来对未成年人进行管教。综观世界，多数国家或地区对于未成年人的"罪错行为"都建立了不同层级的司法处遇制度。例如，日本对犯罪未成年人、触法未成年人、虞犯未成年人皆规定了不同的保护处分，以此达到非刑罚干预目的。笔者认为，我国可借鉴域外相关未成年人处遇制度，将需要由司法干预的未成年人行为规定为犯罪行为、触法行为和不良行为三种类型。首先，对于具有犯罪行为的未成年人，应当依据刑法的相关规定处遇，直接对未成年人处于刑罚。当未成年人行为触犯刑法相关规范时，说明未成年人自身具有较严重的人身危险性和社会危害性，理应以相应的刑罚进行惩罚，尤其是严重的暴力犯罪行为。其次，对未成年人触法行为的处遇，针对群体实施的因未达刑事责任年龄或者治安处罚年龄而不予处罚的触法行为，可以建立一套以不同的犯罪年龄、犯罪动机、人身危险性和社会危害性以及所产生的社会影响为根据的等级评价体系，将不同等级评价的未成年人置于不同的干预机制中进行矫正教育，同时建立标准化干预程序和实施配套监督措施，以期实现司法干预的目标。最后，对于未成年人的不良行为，绝大多数学者均倡导遵循"自愈"原则，但笔者认为还是应进行适当干预，只是干预主体并非国家权力机关，而是家庭、学校、民政部门等福利性机构，由它们对虞犯未成年人进行心理测试及保护观察，及时遏制犯意的萌芽。当然，对多次实施虞犯行为或者实施危险性较高虞犯行为的未成年人，非正式干预措施经常会出现失灵现象。在此情况下，也需要司法机关建立正式干预机制对其进行补位和保障。①

（三）创设非羁押性措施的适用体系

未成年人与成年人犯罪有显著区别，其主观恶性、严重程度都远低于成年人，因此对待未成年人应更侧重于"教育、感化、挽救"，在刑事诉讼中非羁押性强制措施的适用，则是该方针的体现。国际社会一直强调涉罪未成年人享有不在羁押状态中等待审判的权利，主张尽量适用非监禁化的措施替代审前羁押，我国在 2010 年《关于进一步建立和完善办理未成年人刑事案件配套工作体系的若干意见》中也明确规定："对未成年人应优先考虑适用非羁押性强制措施，加强有效监管；羁押性强制措施应依法慎用，比照成年人严格适用条件。"② 可见，无论国内外，皆认为相对于用监禁的方式处遇未成年人来说，使未成年人在一个相对宽松的环境下接受来自司法机关和社会组织的帮助和教育，更有利于重塑其人格，帮助其顺利回归社会。然而，纵然"对未成年人应尽量适用非羁押措施"是世界共识，但是在我国司法具体实践中，由于各方面因素的影响，未成年人非羁押强制措施的适用率依旧不高。为此，要真正实现对涉罪未成年人的人格重塑以及再社会化，必须扩大非羁押性强制措施的适用。

首先，明确"非羁押为常态，羁押为例外"的司法理念，区分未成年人与成年人适用羁押性强制措施的标准，为未成年人设立更为严格的适用条件。如法国《少年犯罪法令》对不同年龄阶段未成年犯罪嫌疑人规定不同的先行拘押条件，并且只有在其他非羁押措施无法保障诉讼程序顺利进行时才能先行拘押。③ 我国也可参考借鉴其他国家有关规定，对涉罪未成年人制定相对更为严格的审前羁押条件，这不仅符合国际公约对未成年人严格限制适用羁押性措施的理念，也符合我国"教育为主、惩罚为辅"的

---

① 姚建龙、孙鉴：《触法行为干预与二元结构少年司法制度之设计》，《浙江社会科学》2017 年第 4 期。

② 参见张桂霞《涉罪未成年人非羁押性强制措施风险评估与控制》，《铁道警察学院学报》2015 年第 5 期。

③ 参见《法兰西共和国少年犯罪法令》，宋洨沙译，《国家检察官学院学报》2011 年第 6 期。

司法理念。

其次，完善我国涉罪未成年人社会观护体系，从而提高非羁押性强制措施的适用率。所谓社会观护体系是指对符合条件的涉罪未成年人采取非羁押措施，由政府机构、司法机关、社会力量等共同组成专门组织，对涉罪未成年人开展教育、考察、监督、矫正、保护、管理工作而形成的专门工作体系。[①] 观护组织具有为涉罪未成年人提供保证人或保证金，对其进行帮教、技能培训、心理矫治，并协助开展社区矫正的功能。[②] 平时，观护组织可以进行法制教育、心理辅导等日常帮教活动，也可对涉罪未成年人进行个别化的矫正教育，以助其顺利回归社会。然而，由于社会观护的适用要求涉罪未成年人满足适用非羁押强制措施的条件，对于部分外地户籍的未成年人而言，由于无法提供保证人或是保证金，而不能适用取保候审或监视居住，无法成为社会观护的合格对象。此时，观护组织可为外来涉罪未成年人提供无利害关系的保证人或交纳保证金，以此解决外地户籍涉罪未成年人难以适用非羁押措施的问题。

最后，建立一套未成年人适用非羁押措施的风险评估体系。[③] 在实践中，由于部分办案人员缺乏科学的风险评估手段以及有效的风险控制方法，在此种情况下会趋于"求稳"的心态，而对涉罪未成年人采取羁押性强制措施。由此可见，建立一套科学全面的风险评估体系必不可少：为了充分保护未成年人权益，可在侦查阶段就启动风险评估，通过社会调查等基本手段，对涉罪未成年人的犯罪行为、个人经历、家庭情况、犯罪成因等进行综合考量，在此基础上，由司法人员通过自由裁量判断是否适宜适用非羁押性措施。在获得了非羁押状态下进行诉讼的处遇后，对涉罪未成年人状况进行动态追踪也是不可或缺的，一旦出现诉讼风险，则办案人员可根据实际情况变更羁押性强制措施。有了对风险的评估后，司法人员将会更加侧重于以未成年人行为危险性和社会危害性等作为考量依据，以更

---

① 吴燕：《涉罪未成年人社会观护体系的构建与完善》，《预防青少年犯罪研究》2015年第5期。

② 宋英辉等：《未成年人刑事司法改革研究》，北京大学出版社，2013，第137页。

③ 自正法：《涉罪未成年人羁押率的实证考察与程序性控制路径》，《政法论坛》2019年第4期。

加科学、合理的方式评估未成年人适用非羁押性措施的适宜性。

(四) 适当调整附条件不起诉的适用范围与考察义务

在审查起诉环节,如何有效降低涉罪未成年人的起诉率?显然,《刑事诉讼法》第282~284条规定的附条件不起诉制度在降低未成年人入罪率方面发挥着重要作用。然而,当前附条件不起诉存在适用范围过窄的问题,不仅需要满足刑期的条件,还必须符合相关的案件类型的要求。另外,附条件不起诉中考察帮教也存在不明确性,从《刑事诉讼法》第283条规定的附条件不起诉的考察内容来看,虽然被附条件不起诉的涉罪未成年人应当按照考察机关的要求接受矫治和教育,但总体上看附条件不起诉的考察内容与缓刑、缓刑的约束性规定并无明显差异,过分偏重于行为约束,而对未成年犯罪嫌疑人的矫治、帮教方面并未体现,或过于笼统。①因此,需要对附条件不起诉适用范围与考察内容进行适当调整。

一方面,适当调整附条件不起诉的适用范围,以使附条件不起诉的适用标准更加趋向于精细化和合理化。例如,需要合理界定"可能判处1年有期徒刑以下刑罚"的实质内涵,此处应将其认定为宣告刑,而非法定刑,如果解释为法定刑,则仅有侵犯公民通信自由罪和危险驾驶罪共两项罪名能适用于附条件不起诉,这显然不符合立法原意和帮助未成年人回归社会之目的。其实,应将适用附条件不起诉的刑期扩大为"可能判处三年有期徒刑以下刑罚",以便充分发挥附条件不起诉的教育、感化和挽救涉罪未成年人的功能。

另一方面,细化附条件不起诉的考察义务。按照《刑事诉讼法》第283条第3款的规定,在遵守这些"必要条件"和"选择条件"的基础上,应当根据具体的案情、犯罪侵犯的法益、涉罪未成年人的身心特点等问题,结合涉罪未成年人的年龄、性格、家庭成长、心理境遇和犯罪性质等有针对性地设定考察义务,做到因人而异、因案而异。例如,为了消除

---

① 马春芳:《标签理论视角下的中国少年司法制度展望》,《黑龙江省政法管理干部学院学报》2017年第1期。

涉罪未成年人的人身危险性，可以设定要求其接受心理辅导、观看指定影片、阅读指定书籍和书写矫治报告等义务，对于有毒瘾或者网瘾的被附条件不起诉人，应当设定要求其到一定机构接受毒瘾或网瘾戒除的义务，有的未成年人的不良行为主要是家庭关系不融洽导致，可以开展家庭课堂帮助家长正确与未成年人沟通交流，营造和谐家庭氛围；为了修复未成年人与社区之间的关系，应当要求涉罪未成年人对被害人进行赔礼道歉、赔偿损失，要求涉罪未成年人向社区提供公益劳动等义务，增强其社区认同感，接触社区正能量。[①]

六　结语

我们强调对未成年人的保护并不意味着对其纵容，而是希望尽量通过教育和帮助的方式来阻止未成年人继续危害社会，若是一味地要求用刑罚手段进行"打压"，只会变相加深未成年人对社会的不满情绪，不利于其身心的重塑，同时刑罚所带来的标签效应，也会成为未成年人重返社会道路上一个极大的阻碍，更会成为未成年人人权保障之路上的"荆棘"。未成年人犯罪往往有多种原因，家庭教育的缺失、社会不良风气的影响都容易导致未成年人走向犯罪的深渊，想要解决问题就应当找出"病症"，对症下药，主张降低最低刑事责任年龄只不过是饮鸩止渴、扬汤止沸。在《未成年人保护法》和《预防未成年人犯罪法》即将修改背景下，我们不能一味地希冀于通过降低未成年人刑事责任年龄加大惩罚圈来控制未成年人犯罪，而是应当从保障未成年人人权视角，秉持正当程序与福利理念来治理未成年人犯罪，对不同"罪错行为"的未成年人采取不同的处遇措施。具体而言：首先，应当树立国家亲权和未成年人福利的理念，使之能够贯穿于整个未成年人保护程序中，指导未成年人具体制度的设计和实施；其次，区分未成年人"罪错行为"，针对不良行为和触法行为制定不

---

① 郭建龙、刘奎芬：《试论附条件不起诉之适用问题》，《中国刑事法杂志》2013年第11期。

同的司法处遇制度,尽可能地使用非刑罚化措施来对未成年人进行矫治;
最后,创设非羁押性强制措施的适用体系,设置区别于成年人的羁押性强
制措施适用标准和风险评估体系,同时适当扩大附条件不起诉的适用范
围,降低起诉率,从而实现对涉罪未成年人的人格重塑和再社会化,以期
有效降低未成年人犯罪率,践行国际社会赋予的未成年人人权职责。

论残疾人就业中雇主提供合理便利的义务

——美国经验及其借鉴

韩　旭[*]

摘　要：禁止残疾人就业歧视法律要求雇主履行双重义务，不仅履行不歧视的消极义务，还需要积极地与残疾求职者或残疾雇员进行互动沟通，提供合理、有效、可行的便利措施。合理便利义务规则是美国禁止残疾人就业歧视法律中最具特色的内容。细致研究美国法上雇主提供合理便利的三种常见类型、履行程序以及雇主积极义务的评价标准和履行限度等内容，将为改善我国合理便利义务规则在实施中的诸多问题提供可资借鉴的经验。

关键词：合理便利；无障碍；残疾歧视；过度负担

一　问题的提出

残疾人是人类社会的平等成员，保障其平等参与社会生活是现代社会的基本标志之一，而残疾人就业是这个基本标志的核心内容。就业对于残疾人而言，不仅意味着个人收入的增加，更重要的是，这是残疾人实现自我价值和获得社会认同的重要途径。

为了促进残疾人就业，首先需要消除在就业各个环节中的残疾歧视行为。禁止雇主作出雇用决定时，将与工作表现无关的残疾状况考虑在内。然而，雇主仅仅做到消极地不歧视残疾人还不够，残疾人仍然无法获得平

---

* 韩旭，山东政法学院法学院讲师，法学博士。

等就业的机会。这是因为残疾人的工作能力还受制于现有的社会环境。各种有形的或无形的（态度上或行为上的）障碍阻碍了残疾人的潜能转化为现实的劳动能力。因此，雇主还应当积极地提供合理便利，以尽快消除环境障碍，辅助残疾人完成基本工作职责，确保其获得平等的就业机会。

美国社会恰恰引入了外在环境和社会要素重构对残疾的理解。残疾被认为是个体与社会中的环境障碍相互作用的结果。个体损伤只是残疾的表面诱因，残疾人异于非残疾人的真正缘由，则是以后者为设计原型的社会环境。残疾人就业难不只是因为个体损伤影响劳动能力，更多是因为工作环境缺乏对残疾人差异化需求的足够尊重。这一理解范式的转变直接影响美国国会制定的《美国残疾人法》（The Americans with Disabilities Act，ADA）及其修正案（The ADA Amendments Act of 2008，ADAAA）。法案明确要求雇主负有提供合理便利的积极义务。拒绝为残疾雇员提供合理便利的行为将构成残疾就业歧视。[①]

与美国现状不同，我国雇主缺乏为残疾人提供合理便利的责任意识。这是因为社会对残疾的理解尚停留在医学损伤的个体层面。身体或精神方面的个体损伤是妨碍残疾人就业的重要原因。进入劳动力市场的残疾人只能通过先进的医疗康复手段或者超强的自我适应能力来克服工作场所中的各种障碍。据调查，有不少用人单位竟以没有合理便利为由，拒绝雇用残疾人。[②] 可想而知，即使国家强制划定雇用残疾人的法定比例，鼓励并支持多种形式的残疾人就业，但在雇主未提供合理便利的情形下，工作场所中的硬件设施和管理制度将成为阻挡残疾人就业的最大障碍。

本文通过深入考察集中就业形式的福利企业和分散就业形式中按比例就业方式的普通企业这两类企业为残疾雇员提供合理便利的现状，归纳出我国雇主在履行合理便利义务时表现出的四个突出问题。为了完善立法和实践中的诸多问题，有必要细致研究美国法上有关雇主积极义务的规范内容与适用判例，尝试借鉴美国先进经验以提出若干问题解决之策。

---

① See 42 U. S. C. § 12112（b）（5）.

② 参见蔡定剑主编《中国就业歧视现状及反歧视对策》，中国社会科学出版社，2007，第161页。

二 美国残疾人就业中雇主提供合理便利的义务

20 世纪六七十年代，随着美国残疾人权利意识的觉醒，越来越多的残疾人提出了合理便利的需求。为了促进残疾人就业，美国国会立法既规定了雇主不歧视的消极义务，又规定了雇主提供合理便利的积极义务，这为"合理便利义务"在世界各国的发展和推广提供了参考模本。

（一）雇主提供合理便利的常见类型

《美国残疾人法》及其修正案中未给合理便利下定义，而只是列举出一些常见的表现形式，其中包括："使残疾人较为容易地接触到和使用工作场所中的现有设施；调整工作安排；调整工作时间或安排非全日制工作；重新分配一个空缺岗位；获得或改造工作设备和工具；适当调整或修正测试（内容和方式）、培训材料以及相关政策；提供合格的阅读器或手语翻译；以及可供残疾人使用的其他的便利措施。"[①]

实践中，不同的残疾求职者或残疾雇员在工作环境中遭遇到的不便之处形式各异。因而，他们会向雇主提出对于便利措施的不同需求。笔者经过对美国平等就业机会委员会（Equal Employment Opportunity Commission, EEOC）出台的行政解释以及法院判例的进一步梳理，将雇主提供的合理便利措施大致归纳为三种常见类型。它们分别为全面的硬件设施（设备）、灵活的工作制度以及人工辅助服务。这三种类型涵盖了残疾人从硬件到制度再到服务的、由外向内的三个层次需求。

1. 全面的硬件设施（设备）

全面的硬件设施（设备）包括工作场所内部的配套设施（设备）以及通往工作场所的周边设施，常见形式有扶手坡道、电梯、调整过的工作台、无障碍盥洗间、停车位以及盲文阅读器、特殊照明、听障者特殊电话，等等。例如，Vande Zande 一案就反映了残疾员工对工作场所内部硬

---

① 42 U.S.C. §12111 (9).

件设施的需求。该案原告患有腰部以下瘫痪而只能坐在轮椅上工作。她投诉餐厅里水槽和橱柜的高度设计，对于坐在轮椅上的员工来说使用不便。因此，请求雇主将两者的高度降至 34 英寸（约 0.86 米）。雇主同意在餐厅安装 34 英寸的橱架代替橱柜，但雇主拒绝降低水槽的高度，因为改造餐厅水槽高度费用昂贵，同时盥洗间已有 34 英寸的水槽，原告可以直接到盥洗间使用。最终，判决意见认为雇主若为保障残疾雇员的工作便利提供了必要的措施，就可以被认定为履行了法律要求的积极义务。本案中雇主同意安装橱架，并且已经为其提供了一个使用方便的水槽，所以不需要再改造水槽和橱柜的高度。[1]

另外，同年 Lycons 一案体现了残疾员工对通往工作场所的周边设施的需求。原告由于之前被车撞到腿部，无法长距离地行走，所以只能选择开车上下班，因而请求雇主为其提供临近单位的停车位（同时支付停车位的费用）。雇主辩称停车位的使用只是为了个人生活便利，与工作无关。而且单位从未给非残疾职工提供停车位或其他通勤便利，若为原告提供停车位，必会引发雇员内部的非议。美国第二巡回上诉法院则判定，如果不把车停在办公地点附近，原告将无法上班并完成工作任务。雇主应当为其提供停车位，消除原告上班通勤过程中的障碍。[2]

2. 灵活的工作制度

灵活的工作制度是指雇主根据残疾求职者或残疾雇员的特殊需求，灵活地调整工作安排和对工作时间的要求，比如进行工作重组、调岗（重新分配至空缺岗位）、在家工作、安排非全日制工作、批准病假等。

其中工作重组是将两个岗位上的非基本工作职责重新分配，把残疾求职者或残疾雇员能够完成的非基本工作职责加入他们申请的或所在的岗位职责中，而将残疾求职者或残疾雇员不能够完成的非基本工作职责分配给能够完成该工作任务的其他员工；或者将基本工作职责要求完成的时间和方式作出适当调整。但是，工作重组只能为残疾求职者或残疾雇员完成其

---

① See Vande Zande v. State of Wisconsin Department of Administration, 44 F. 3d 538 (7th Cir. 1995).

② See Lyons v. Legal Aid Society, 68 F. 3d 1512 (2nd Cir. 1995).

岗位的基本工作职责提供辅助作用，而不能直接改变和调整岗位的基本工作职责，因为一旦改变和调整岗位的基本工作职责，就会彻底改变残疾人申请的或所在的岗位性质，那么这种做法已经不属于合理便利的工作重组。①

调岗（重新分配至空缺岗位）只针对在职残疾雇员，而不适用于残疾求职者。当残疾雇员的某项合理便利需求并未造成过度负担，但是雇主无法为其提供时，可将残疾雇员重新分配到他/她能够胜任的且空缺的同等岗位上工作。该岗位只要是在合理的时间范围内无人负责工作，就可以被认定为空缺。因此，即使是在雇员请求雇主将其调至某个岗位，而该岗位尚未出现空缺时，雇主若确定该岗位在一周之后将被闲置，也应该在一周后为残疾雇员安排调岗。同时，还要防止雇主利用重新分配职位的机会排斥、隔离残疾雇员。② 实践中，由调岗请求引发的争议十分多见，笔者将在下文中便利措施的"合理性"判定部分进行详细分析。

除了对工作安排的调整，灵活的工作制度还包括对工作时间的调整，例如为行动不便的员工放宽上班时间的严格规定③或者延长残疾雇员的请假期限④等。

3. 人工辅助服务

人工辅助服务是相对于硬件设施和工作制度，更具人性化和个性化的合理便利。它主要包含手语翻译、个人助理以及职业辅导等。手语翻译是由专人负责将工作中的信息与听力障碍者进行沟通，辅助听障者积极参与公司事务以及完成工作任务。⑤ 关于个人助理，比如双手残疾的雇员在处理文件材料时，需要一名翻页的助手，视障患者在出差途中需要随行助理的协助。但是，个人助理只针对残疾求职者或残疾雇员的特殊需求，辅助

---

① See 29 C. F. R. Part 1630, Appendix, § 1630. 2 (o).
② See 29 C. F. R. Part 1630, Appendix, § 1630. 2 (o).
③ See Holly v. Clairson Industry, 492 F. 3d 1247 (11th Cir. 2007).
④ See Switala v. Schwan's Sales Enterprise, 231 F. Supp. 2d 672 (N. D. Ohio 2002).
⑤ See EEOC v. UPS Supply Chain Solutions, 620 F. 3d 1103 (9th Cir. 2010).

其完成基本工作职责，绝非代替求职者或雇员完成工作任务。[①] 另外，职业辅导则是为了让残疾雇员尽快熟悉工作环境，以便于开展工作。例如雇主对有学习障碍的员工进行特殊培训，帮助其适应新的电脑操作系统等。[②]

（二）雇主提供合理便利义务的履行程序

雇主在提供合理便利以前，应与残疾求职者或残疾雇员进行充分的互动沟通（Interactive Process），了解他们的工作不便之处，考察是否存在一项合理便利可以消除环境和制度上的限制，助其完成工作任务。残疾求职者或残疾雇员为了获得合理便利，首先需要"触发"互动沟通的对话机制，让雇主知晓自身带有某种残疾及工作不便，并且请求雇主提供合理便利。当雇员告知雇主时，可以隐晦地表达出残疾的性质和期望的便利措施，而并不需要清楚地讲出自身残疾的准确信息和"合理便利"一词。[③] 这一点对于残疾状况不明显（比如神经系统损伤）的个人尤为重要。由于残疾状况及工作不便，只有求职者或雇员自身最清楚，同时法案禁止雇主基于对残疾人的刻板印象来推断残疾状况带来的工作不便，所以雇主在求职者或雇员提出合理便利的请求以前，不得考虑残疾对工作的影响，否则将构成典型的残疾就业歧视行为。如果残疾求职者或雇员没有"触发"互动沟通程序，雇主就不会或不应当知晓该人带有某种残疾，因而并未为其提供合理便利，那么雇主没有违反法律规定的积极义务，无须承担残疾就业歧视的法律责任。[④]

[①] See 29 C. F. R. Part 1630, Appendix, §1630.2 (o). Coleman v. Darden, 595 F.2d 533 (10th Cir. 1979). 在公共部门的雇用领域产生的残疾歧视纠纷，有很多涉及雇主未向盲人提供阅读助手。See Carter v. Bennett, 840 F.2d 63 (D. C. Cir. 1988). 另外，残疾人在公共场所使用公共设施、享受公共服务时，对人工辅助服务的要求更高。

[②] Vollmert v. Wisconsin Department of Transportation, 197 F.3d 293 (7th Cir. 1999).

[③] See Conneen v. MBNA America Bank, N. A., 334 F.3d 318, 332 (3rd Cir. 2003).

[④] See Allen v. Pacific Bell, 348 F.3d 1113 (9th Cir. 2003). 当然，如果残疾求职者或残疾雇员无法提出合理便利的请求，进而"触发"互动沟通程序，必须同时满足"（1）雇主知晓或有理由知晓该人带有残疾；（2）残疾给该人带来工作上的不便；（3）由于残疾该人无法提出合理便利的请求"这三个条件，才能直接由雇主启动互动沟通程序。See Barnett v. U. S. Air, Inc., 228 F.3d 1105, 1114 (9th Cir. 2000).

接下来，雇主将启动互动沟通程序。EEOC 发布的法律解释指南列出了雇主通常采取的四个具体步骤："第一，分析残疾求职者申请职位或残疾雇员所在岗位的工作目的和基本工作职责。第二，询问该人所遇到的与工作有关的各种不便，以及每种不便可以如何消除。第三，列出所有可能提供的便利措施，分析每一项措施对于该人完成基本工作职责的作用。第四，综合考量自身生产经营的状况以及该人对便利措施的选择，确定一项最为合适的便利措施。"① 如果残疾求职者所需要的便利措施非常明确，或者雇主曾经为类似的残疾雇员提供了同样的便利措施，那么整个互动沟通过程就可以简化。而如果经过上述四步仍无法确定一项合理便利，雇主可向 EEOC、所在地区的康复机构或残疾人组织寻求帮助。② 互动沟通程序所要达到的最终目的，就是经过雇主与雇员之间的有效沟通，最终由雇主来确定一项成本适中、效果显著的合理便利。

假如雇主没有积极地启动互动沟通程序或者在进行到几个步骤之后中止了互动沟通程序，是否会同拒绝提供合理便利义务一样，需要承担残疾就业歧视的法律责任呢？法案和 EEOC 的行政解释均未指明。从以往的司法判例来看，有些法官认为雇主与雇员之间的互动沟通不是法律强制的义务，未能进行互动沟通不会单独成立残疾就业歧视的法律责任。若要雇主在此情形下承担法律责任，雇员不但要提供雇主中止互动沟通程序的证据，而且必须证明雇主拒绝提供合理便利。③

尽管互动沟通程序需要依附于合理便利义务才能施加法律责任，但未与雇员互动沟通能为雇主带来不利的法律后果。当求职者无法证明存在一项合理便利能够辅助其完成基本工作职责时，雇主就会主张求职者不属于法律保护的适格残疾人。法官通常也会直接作出有利于雇主方的简易判决。但若原告提供了雇主未能积极与其互动沟通的证据，说明雇主并没有与原告有效互动，尝试过搜寻可利用的便利措施，法院据此会拒绝作出有

---

① 29 C. F. R. Part 1630, Appendix, §1630. 9 (2011).

② See 29 C. F. R. Part 1630, Appendix, §1630. 9 (2011).

③ See Lucas v. W. W. Grainger, Inc., 257 F. 3d 1249, 1256 n. 2 (11th Cir. 2001); Smith v. Midland Brake, Inc., 180 F. 3d 1154, 1175 (10th Cir. 1999).

利于雇主的简易判决。[1] 与此同时，雇主未与雇员真诚地互动沟通可作为判定雇主主观恶意的初步证据。根据法律规定，在雇主恶意歧视的案件中，原告可以请求获得补偿性和惩罚性的损害赔偿。[2]

（三）雇主履行合理便利义务的评价标准

1. 便利措施的可行性和有效性

经过与残疾求职者或者残疾雇员的互动沟通，雇主确定一项可行且有效的合理便利措施予以提供，而不是提供雇员中意的合理便利。只有在多个便利措施均可行且有效的情况下，雇主才会遵循雇员意愿作出选择。有时，求职者请求获得的便利措施不具有可行性，那么雇主也没有必要履行积极义务。另外，残疾雇员请求雇主提供的便利措施，可能无法帮助其完成工作任务。雇主如果不加考察而单纯遵循雇员意愿，提供了雇员请求的便利措施，将会被认为没有完全履行积极义务。[3] 上述情形说明了雇主未必一定提供残疾求职者或残疾雇员请求的便利措施。作为合理便利的外部属性，便利措施的可行性和有效性是相对客观的评价标准，通常用来初步评价雇主履行积极义务的质量。

（1）便利措施的可行性

便利措施的可行性旨在分析雇主提供便利措施的客观可能性。如果求职者请求获得一项雇主根本无法提供的便利措施，那么，雇主积极义务的履行就属于客观不能，从而不必承担相应的法律责任。因此，只有便利措施存在可行性，雇主却不提供或未提供有效的合理便利，才会产生法律

---

[1] John R. Autry, "Reasonable Accommodation under the ADA: Are Employers Required to Participate in the Interactive Process?" *Chi. - Kent L. Rev.*, Vol. 79, 2004, pp. 692 - 694.

[2] See 42 U. S. C. § 1981a (a) (3) (2006). 与其他残疾就业歧视行为不同，雇主违反了提供合理便利的义务，不论雇主主观意图如何，都必须承担相应的法律责任。但在责任承担的救济形式方面，如果先前雇主与残疾求职者已经经过真诚的互动沟通，即使最后雇主拒绝提供合理便利，那么仍然可以限制残疾求职者获得某些法律救济，即雇主无须支付补偿性和惩罚性的损害赔偿。See John R. Autry, "Reasonable Accommodation under the ADA: Are Employers Required to Participate in the Interactive Process?" *Chi. - Kent L. Rev.*, Vol. 79, 2004, pp. 694 - 695.

[3] See Feliberty v. Kemper Corp., 98 F. 3d 274 (7th Cir. 1996).

责任。

便利措施的可行性，应当具体到每个公司的实际情况来判断。比如在 Terrell v. USAIR 一案中，原告是被告航空公司内部负责机票预售的员工。在工作中频繁使用鼠标，导致其患有腕管综合征。在手术治疗后的康复过程中，原告希望雇主把自己调到非全日制的工作岗位上。雇主拒绝为原告安排非全日制的工作。法院认为，被告无须承担违反积极义务的责任。这是因为原告提出合理便利请求以前，雇主就已经解雇了所有非全日制工作的员工。所以，航空公司内部的所有岗位均为全职。雇主为原告安排非全日制的工作不具有可行性。[1]

（2）便利措施的有效性

便利措施的有效性，用于评价便利措施所发挥的实际功效。假若雇主提供的便利措施并没有发挥有效作用，那么雇主积极义务的履行只会流于形式。因此，当便利措施不具有有效性时，雇主就负有持续性义务，以保证提供的合理便利能够发挥有效作用。[2]

判断便利措施的有效性，需要具体工作具体分析。比如某些工作（电话推销员、文字编辑等）对上班地点没有严格限制。当雇员因为身体损伤在一段时间内无法正常上下班时，雇主可以允许其在家工作。然而，某些特定岗位（服务生、导购等）则需要团队协作或者与顾客进行面对面沟通，在家工作无助于完成工作任务。所以，在家工作就不属于有效的合理便利。

判断便利措施的有效性，还需要具体情形具体分析。在 EEOC v. UPS Supply Chain Solutions 一案中，EEOC 代表残疾雇员提起诉讼，认为雇主只在每周例会上为听障雇员提供手语翻译，其实并未完全履行合理便利的义务。因为在涉及听障雇员利益的日常会议之中，他只得通过便条和会议议

---

[1]　See 132 F. 3d 621（11th Cir. 1998）.

[2]　See Humphrey v. Memorial Hospitals Association, 239 F. 3d 1128（9th Cir. 2001）. 本案中雇主进行了工作时间的调整，但实施效果不佳，患有强迫症的原告仍会缺勤，不能完成工作。后来原告又请求在家工作，雇主却未批准。法院认为，雇主没有完全履行积极义务。雇主在初次提供了一项便利措施，但被证明并不有效时，应当负有持续性义务，提供其他有效的合理便利。

程等书面材料大概了解会议讨论的信息，而无法参与其中。第九巡回上诉法院经考察确定，在日常会议之中，听障雇员并未与其他员工一样，获取同样的信息，有机会参与会议讨论。最终，法院判定雇主提供的便利措施不具有有效性。①

由此可知，法律法规中列举的以及实践中常见的三种便利措施，在具体岗位下、不同情形中被提供的客观可能性和所发挥的功效不尽相同。这样的判断结果影响到合理便利的认定，进而影响到雇主责任的承担。接下来，笔者将深入雇主积极义务的内核，通过分析便利措施的成本与预算（cost-budget analysis）来判断便利措施的合理性。

2. 便利措施的合理性

（1）规范性法律文件中的判断依据

法律为雇主履行积极义务设置了一个边界，即便利措施的合理性。超出合理性的界限，提供便利措施就会给雇主带来过度负担。给雇主造成过度负担的便利措施，当然不具有合理性。雇主可以使用过度负担作为抗辩理由，从而免于承担残疾歧视的法律责任。可见，便利措施的合理性与过度负担的抗辩理由，事实上是一个问题的两面。② 判断便利措施的合理性，即根据特定雇主所具备的整体经济实力和所掌握的现有资源，考察便利措施的成本是否给雇主造成过度负担。

便利措施合理性的认定，并不是进行经济学上的成本/收益分析（cost-benefit analysis），而是比较便利措施的成本与雇主的实际预算。因为前者分析的重点是便利措施的收益，即便利措施辅助残疾求职者或残疾雇员所取得的实际工作效果。这显然属于合理便利的有效性。笔者已在上一部分中做了详细论述。成本与预算分析则更多地考察提供便利措施给雇主带来的影响。即使便利措施的成本超出了雇员获得的收益，只要其成本未高于雇主的实际预算，雇主也应当将此措施作为残疾求职者或残疾雇员合

---

① See 620 F. 3d 1103 (9ᵗʰ Cir. 2010).

② See Mark C. Weber, "Unreasonable Accommodation and Due Hardship", *Fla. L. Rev.*, Vol. 62, 2010, p. 1119.

理便利措施的选择之一。①

法案列举了诸多影响因素，用以判断便利措施是否构成过度负担。经过对这些因素的综合考量，若得出雇主提供便利措施会带来巨大的经济压力和经营困难，就可以认定便利措施构成过度负担，从而不具有合理性。这些因素包含了"便利措施的性质和成本；雇主所掌握的现有资源，该业务部门的受雇员工人数，便利措施给雇主支出、生产经营造成的影响；雇主的整体经济实力、雇员总数、雇主下属业务部门的数量、经营类型和所在位置；该业务部门的具体运作方式，包括员工组成、人员结构和职能以及与其他相关业务部门在地理位置、管理级别或者内部财务上的关系"。②

考察上述诸多因素时，应当根据每个雇主的实际情况作出具体分析。因此，不同类型、不同规模的雇主所履行积极义务的限度是不同的。一项便利措施（如个人助理）对于某些小规模企业来讲，费用昂贵，构成过度负担。同样的便利措施却不会给大型公司造成过度负担，因而大型公司应为残疾雇员提供这项合理便利。

具体到计算便利措施的成本时，应当扣除掉政府减免的税收数额和其他的补助金，用便利措施的净成本与雇主的预算做比较。如果雇员自身支付了便利措施的一部分费用，那么在计算时也应当将这部分费用予以扣除，只统计雇主支出的数额。另外，有些非个性化的便利措施（比如坡道等硬件设施）可能惠及不止一个残疾雇员。虽然一次性投入坡道建设的费用较大，但在计算坡道的成本时，应将行动不便的多个残疾雇员共同使用坡道的情形考虑在内。

同时，雇主预算的计算，需要将雇主具备的经济实力和掌握的现有资源看作一个相互关联的紧密整体，而不能单独拿出某个区域、某个业务部门的情况来比较。但是，这也存在一种例外情形。比如连锁百货公司在农村地区开设了一家新的商店。这家商店的经营状况等可以单独用来考察雇主预算。假如提供便利措施将导致商店为了维持经营而削减劳动力，那么

---

① See Cass R. Sunstein, "Cost-Benefit Analysis Without Analyzing Costs or Benefits: Reasonable Accommodation, Balancing, and Stigmatic Harms", *U. Chi. L. Rev.*, Vol. 74, 2007, p. 1907.

② 42 U. S. C. § 12111 (10) (B).

提供这项便利措施就会给这家商店造成过度负担。

EEOC 在其颁布的行政解释中，就便利措施的合理性与过度负担的认定作出了更为细致的规定。EEOC 认为考察便利措施的过度负担，不仅需要分析便利措施给雇主造成的直接的经济压力和经营困难，还应当关注便利措施给残疾雇员的同事完成工作任务所带来的间接影响。[①] 这是因为有些便利措施涉及工作安排和工作时间的调整，而这些调整将会影响单位同事的工作进度，所以当便利措施严重影响到工作团队的效率、降低整体绩效时，该项措施就会给其他员工造成过度负担。

此外，EEOC 的法律解释指南明确反对个别法院将便利措施成本与残疾雇员薪水相比较的做法，认为用这种方式来判断便利措施的合理性是不充分的。[②] 实践中，雇主常以便利措施的成本与雇员薪水的比例已经超出了某个数值（假设在 10% 以上）为理由，试图证明提供便利措施耗费较大。然而，如前所述，判断便利措施的合理性是成本/预算分析。即使便利措施成本超出了获得该措施的雇员薪水的一定比例，只要在雇主整体经济实力的背景下，便利措施的成本仅占据雇主预算的小部分，就不足以构成过度负担。

（2）司法判例中的具体适用

上诉法院涉及便利措施合理性和过度负担的案例十分多见，但是判定标准格外异常又严格，不仅使用规范性法律文件中不提倡的成本/收益分析，还将合理性和过度负担分解成两个问题，由雇员和雇主分别承担相应的举证责任。

在上诉法院的众多判例中，常被提及的代表性先例是 Vande Zande 案和 Borkowski 案。其中 Vande Zande 案在上文中已提到。原告因为腰部以下瘫痪而只能坐在轮椅上工作。她请求雇主提供一台电脑，以便于她在伤口

---

① See 29 C. F. R. § 1630. 2（p）（2）（v）（2009）. 有学者认为，EEOC 强调关注便利措施给同事带来的不利影响。与此同时，不应忽略雇主提供的某些便利措施也会提高工作效率，有利于员工之间的协作。比如设立远程办公网络或依照人体工程学，改善工作环境或完善办公设施。Elizabeth F. Emens, "Integrating Accommodation", *U. Pa. L. Rev.*, Vol. 156, 2008, p. 841.

② See 29 C. F. R. Part 1630, Appendix, § 1630. 15（d）（2011）.

恢复前能够在家工作。她还希望雇主能够降低餐厅里水槽和橱柜的高度，这样就不需要自己独自到盥洗间使用水槽。法院在判断这些便利措施的合理性时，采用成本/收益分析，要求原告承担便利措施合理性的举证责任，必须证明成本与其收益呈正相关。相较于原告负有过重的证明责任，被告只需提出相反的证据，说明便利措施的成本超出它的收益或者超出被告的财务预算，就能够轻松地反驳原告主张。本案中，雇主指出，大部分岗位的工作均不能在没有监督的情形下单独进行，这会令雇员的劳动生产率大幅下降。因此，允许原告在家工作并不能获得可观的收益。针对原告的第二个请求，法官经测算，降低餐厅一层水槽的施工费用为 150 美元，降低整栋楼水槽的施工费用也不会超过 2000 美元。即便改造的成本不大，法官认为，原告完全可以使用盥洗间的水槽，雇主没有必要再耗费资金降低餐厅的水槽高度。综合以上分析，法院判定原告请求获得的便利措施不具有合理性。[1]

在 Borkowski 一案中，原告因几年前的交通事故而神经损伤，一直遭受着健忘、精力难集中以及平衡协调能力减退等问题。她请求学校安排一个助手辅助其完成工作任务。但是学校不仅不理会她的请求，还因为她没有把教学秩序管理好而要求其立即辞职。Borkowski 将学校诉至法院，认为被告的行为构成基于残疾的歧视行为。地方法院作出了有利于被告的简易判决，案件上诉到第二巡回上诉法院。在考察教学助手是否为一项合理便利时，法官将便利措施的合理性和过度负担分解成两个问题。首先由原告向法官说明，存在一项可供利用的便利措施（本案中是教学助手），且通过表面证据可以推断出便利措施的成本并未超出它的收益。随后，被告应提出反面证据来证明便利措施会造成过度负担。而在本案中，原告完成了提出证据的初步证明责任，被告却没有提供雇用教学助手的花费以及学

---

① See Vande Zande v. State of Wisconsin Department of Administration, 44 F. 3d 538 (7th Cir. 1995). 本案当事人是行政职员与州政府，法官适用《康复法案》第 504 节的相关规定作出裁判。尽管本案不是涉及私营雇主的 ADA 案件，但是适用的《康复法案》第 504 节的内容与 ADA 的规定一致，并且在事实和合理性法律问题的分析上独具特色，因此成为裁判 ADA 类似案件的参考先例。

校预算的证据。法官经过考察认为，原告请求学校安排的教学助手将会代替原告完成基本工作职责，这会从根本上改变教师岗位的工作内容。然而，由于缺乏学校提供的便利措施构成过度负担的证据，因此，并不能判定教学助手不是一项合理的便利措施。上诉法院最终推翻了地方法院的判决。①

以上两个代表性先例都没有使用规范性法律文件中提倡的成本/预算分析，却更多地关注便利措施的实际收益，有违立法意图。与此同时，将便利措施的合理性与过度负担分解为需要原被告分别承担举证责任的两个问题。如前所述，便利措施的合理性与过度负担毕竟是一个问题的正反两面。法案设置过度负担作为被告的积极抗辩理由，其隐含要求就是由被告来承担主要举证责任。从 Borkowski 案的裁判文书中可以看出，法院尽管安排原被告承担不同的证明责任，但两者的证明标准是有差别的。这反映出法官的意图还是将两者合并，作出综合考量的裁判结果。只不过原告承担较轻的举证责任（提出表面证据，用以初步证明存在一项合理便利），而被告需要提供清楚明确的反面证据，并负有最终的说服义务。如果被告举证不力，法院可能会作出不利于被告的判决。相比之下，第七巡回上诉法院在 Vande Zande 一案中，安排原告承担的举证责任明显过重。正是因为 Borkowski 案的法官在举证责任分配问题上处理得当，其成为后续 ADA 案件裁判所援引和参考的典型判例。这其中就包括了 2002 年最高法院裁判的 Barnett 案。

US Airways, Inc. v. Barnett 一案，是最高法院近年来唯一的判断便利措施合理性的 ADA 判例。Robert Barnett 受雇于美国联合航空公司，是一名货物装卸工人。因为在工作中背部受伤，他请求雇主将自己调至对体力要求较低的收发信件的岗位。而根据公司制定的并且长期实施的资历制

---

① See Borkowski v. Valley Central School District, 63 F. 3d 131 (2nd Cir. 1995). 本案当事人是图书馆培训教师与学校，法官同样适用《康复法案》第 504 节的相关规定作出裁判。尽管本案不是涉及私营雇主的 ADA 案件，但是适用的《康复法案》第 504 节的内容与 ADA 的规定一致，并且在举证责任分配问题上处理得当，成为指导 ADA 类似案件裁判的典型先例。

度，收发信件的岗位需要定期空出，以分配给资历较深的员工。在信件收发室工作了一段时间后，Barnett听说已有两位老员工申请调到该岗位。于是，他请求公司能够允许他继续在该岗位工作。公司决定Barnett可以继续在该岗位工作五个月，但在此之后他必须将岗位空出。据此，Barnett提起了残疾就业歧视诉讼。他指称，航空公司将他调至信件收发岗位是雇主提供的合理便利。同时，他也能够完成该岗位的基本工作职责，属于适格的残疾人。而公司现在不再将他安排在信件收发室工作，就是拒绝再为其提供合理便利，构成残疾就业歧视行为。公司辩称，为Barnett调岗违反了公司的资历制度，因而调岗不具有合理性，公司行为不构成残疾就业歧视行为。地方法院经审理认为，航空公司的资历制度施行了几十年，管理着上万名员工，若因为给残疾雇员调岗，而不遵守常年实施的公司制度，将给航空公司和非残疾雇员造成过度负担。案件上诉至第九巡回上诉法院。上诉法院把资历制度作为考察便利措施是否构成过度负担的因素之一，并结合具体案情作出详细判断，最终推翻了地方法院的判决。

经过对上述案情的分析，案件的主要争议点就在于违反了资历制度的调岗是不是一项合理的便利措施。究竟是Barnett依据ADA请求获得合理便利的权利优先，还是非残疾的同事们依据公司资历制度获得工作岗位的权利优先？本案中，最高法院在作出判决之前，采用Borkowski案的举证责任分配方法，要求雇主承担便利措施构成过度负担的最终说服责任。首先由Barnett初步提出，存在一项表面上合理的便利措施（本案中是雇主之前的调岗决定）。接下来航空公司提供清楚明确的证据证明调岗不具有合理性。公司主张，资历制度长期有效地运行，使得公司内部的工作调整形成了相对稳定的规则。在此之下，员工们会有一定的期待利益。若为Barnett调岗，不仅违反了公司的资历制度，而且损害了员工的期待利益。所以调岗不具有合理性，也给航空公司和员工造成了过度负担。Breyer大法官代表其他四位大法官撰写多数判决，认可了航空公司的意见，确立了资历制度的优先性。但是同时也指出，资历制度的优先性并非绝对。在特殊情形下，资历制度的优先性存在例外，可以使得违反资历制度的便利措施具有合理性。这种特殊情形如"雇主保留了单方面修改资历制度的权利，并且经常行使这项权利，导致员工的期待降低"。① 既然雇主并未坚持一贯地实施资历制度，那么残疾雇员请求雇主调岗也不会给公司和同事带来过度负担。至于法官将如何认定雇主未一贯实施资历制度，是频繁地更改内容还是偶尔不按照制度行事，都属于自由裁量的范畴。

本案中法官在判断便利措施合理性时，并没有进行成本/预算分析。这是因为，Barnett 请求获得的便利措施是需要将其分配至信件收发岗位，属于灵活的工作制度。对公司制度的软性调整这一种便利措施类型与Vande Zande 案中的硬件设施（提供电脑、降低水槽高度）和 Borkowski 案中的人工辅助服务（教学助手）不同。它很难通过精确计算来确定所要耗费的资金和雇主的预算。因此，法官只能从公司制度制定与运行的角度，来分析违反现有制度的便利措施给雇主和员工带来的影响。最高法院认定调岗措施合理性的分析方法和判决意见将为以后法官裁判类似案件起到指导和示范作用，这也是 Barnett 案的重要意义。②

（四）美国立法与实践的经验总结

合理便利义务规则是美国禁止残疾人就业歧视法律中最具特色的核心内容。这一规则体系在实践中通过雇主积极义务的履行，有效地改善了美国残疾人的工作环境，使得残疾人就业不仅更趋平等，而且更具包容性。一项调查结果显示，超过81%的受访公司为残疾求职者或残疾雇员提供合理便利措施，这一比例比《美国残疾人法》颁布以前高出了30%。③ 雇主会更加积极主动地根据残疾雇员的个人需求，对硬件设施或者管理制度作出适当调整，有效地保证了残疾雇员能够顺利完成工作任务。如此良好的法律实施效果得益于美国法上立法思想、立法内容、行政解释、司法实践

---

① 535 U. S. 391, 405 (2002).

② 因为在 Barnett 案之前，由于缺乏判断调岗措施合理性的方法，绝大多数涉及调岗的案件被法院认定为不具有合理性。所以，通常雇主不会将残疾适格雇员分配至空缺岗位。See Huber v. Wal-Mart Stores, Inc., 486 F. 3d 480 (8th Cir. 2007); EEOC v. Humiston-Keeling, Inc., 227 F. 3d 1024 (7th Cir. 2000).

③ Peter David Blanck, Communicating the Americans with Disabilities Act. *Transcending Compliance: A Case Report on Sears*, *Roebuck and Co.*, Iowa City: The Annenberg Washington Program, 1996, p. 24.

等四个方面的先进经验。

美国法上合理便利义务规则的立法思想有两个，其一是残疾的社会/权利模式。美国社会对残疾的理解经历了医疗/个体模式到社会/权利模式的转变。残疾的社会/权利模式突破了医疗/个体模式将残疾与个体损伤挂钩的局限，将残疾置于宏大的社会情境之下加以审视，引入外部环境和社会要素重构对残疾的理解。其二是残疾人的融合就业理念。融合就业理念替代了传统的保护性、隔离性就业方式，倡导残疾人尽可能在竞争开放的劳动力市场中就业。竞争性就业不仅要求禁止残疾就业歧视，而且"对工作场所无障碍环境的要求被纳入竞争性就业的核心价值观之一"。① 以上两个立法思想相辅相成，都是指引美国确立合理便利义务规则的核心理念。

美国法上合理便利义务规则的立法内容全面又翔实。立法者充分考虑到雇主提供合理便利措施的现实情境，在制定《美国残疾人法》及其修正案时，根据残疾雇员的特殊需求，尽可能详尽地列举合理便利的常见类型，由表及里，从硬件、制度、服务三个层面概括不同种类的便利措施。同时，为雇主提供合理便利义务规定了需要互动沟通的程序性要求，还设定出明确的评价标准，包括判断便利措施的可行性和有效性以及便利措施的合理性问题。

美国法上合理便利义务规则的实践应用不仅体现在司法适用环节，还有平等就业机会委员会的执法环节。《美国残疾人法》及其修正案等一系列禁止就业歧视的联邦法律均由1965年成立的EEOC专门负责执行。EEOC针对残疾就业歧视申诉开展受理、调查、调解或者和解、代为提起就业歧视诉讼等工作。为了便于执法，EEOC依据《美国残疾人法》及其修正案发布了具体的实施细则和解释指南，既填补了法律实施的空白，又消除了某些易产生歧义或不具有可操作性之处。雇主提供合理便利措施的互动沟通程序以及判断便利措施的合理性问题等，均反映出EEOC行政解释

---

① 廖慧卿、岳经纶：《工作场所无障碍环境、融合就业与残障者就业政策——三类用人单位的比较研究》，《公共行政评论》2015年第4期。

在联邦法律之外所发挥的重要作用。

美国法上合理便利义务规则的司法实践确立了指导残疾就业歧视案件裁判的典型判例，形成了丰富而细致的普通法规则。尤其是判断雇主提供便利措施的合理性问题，法官具体的适用做法并非依照法律与行政解释进行成本/预算分析，而是采取了更趋经济理性的分析方法。举证责任的分配以及证明标准的要求经 Borkowski 一案确认，将成为类似案件的判决先例。美国司法实践的反复推敲与验证使得合理便利义务规则始终充满着生命活力。

三 我国残疾人就业中雇主提供合理便利的义务

（一）我国残疾人就业中雇主提供合理便利义务的现状

长期以来，我国残疾人政策以"特殊保护"为主，而非强调"平等参与"。[①] 残疾人因其个体损伤而被认为缺乏必要的劳动能力，只得被动地接受社会福利和救济。少数能够进入劳动力市场的残疾人大多在政府和私人设立的福利企业中从事相对简单的工作。除了保护性的集中就业形式以外，国家还推行残疾人分散就业形式，实施按比例就业和个体就业。尽管政府主导促进残疾人就业，但是残疾人的就业率仍然低于非残疾人的就业率，而残疾人的失业率却远远高于非残疾人的失业率。导致残疾人就业率低、失业率高的一个重要原因是工作场所中现有的硬件设施与管理制度并未充分考虑残疾雇员的差异化需求，使得残疾人难以适应和融入工作环境，完成基本的工作职责。

2008 年我国修改制定的《残疾人保障法》吸纳了国际上关于"合理便利"[②] 的先进理念，明确要求"残疾职工所在单位应当根据其实际需

[①] 参见杨立雄《从"居养"到"参与"：中国残疾人社会保护政策的演变》，《社会保障研究》2009 年第 4 期。

[②] 在我国，"合理便利"看似是个陌生词语。其实，我国规范性法律文件和学术研究领域习惯使用"无障碍"来描述和表达"合理便利"所包含的内容。本文除国家颁布的规范性法律文件使用"无障碍"以外，鉴于文章表达的一致性，将统一使用"合理便利"一词。

要，对劳动场所、劳动设备和生活设施进行改造"。① 2012 年国务院颁布的《无障碍环境建设条例》规定了用人单位（无障碍设施的所有人或管理人）应当对建筑设施进行无障碍改造，并且负有持续性保护和维修的义务。② 同年，住建部发布了《无障碍设计规范》，为公共建筑中的无障碍设施提供了量化的评价标准。然而，先进的立法设计却没有在实践中落地生根。如前所述，由于社会对残疾的理解尚停留在个体损伤层面，所以不论是福利企业等集中就业形式还是按比例就业方式③，大多数用人单位表现出缺乏提供合理便利的责任意识。在工作场所中，硬件设施的不足以及管理制度的僵化，直接剥夺了个别残疾求职者的工作机会，或者造成残疾雇员的工作不便，进而影响残疾雇员的绩效和薪酬。

下面将分别从残疾人集中就业和按比例就业的两类企业，来详细探讨雇主提供合理便利义务的现状。

1. 集中就业形式下雇主提供合理便利义务的现状

我国残疾人集中就业形式主要表现为政府和私人设立的福利企业大规模地安置和吸纳残疾人就业。福利企业残疾雇员的比例能达到全部员工的 25%，有的甚至达到 75%。既然是集中安排残疾人就业的用人单位，那么福利企业提供的合理便利总体上比其他类型的企业更加完备。福利企业基本会采用方便残疾人就业的硬件设施，比如办公楼内部设有经过特殊改造的坡道、电梯、工作台，还有专门车辆用来接送残疾雇员等。

但是福利企业内部之间提供合理便利的情况存在差异。一项调研结果显示，政府设立的和私人设立的福利企业在合理便利提供的方式和程度上均有明显差异。政府设立的福利企业往往与民政部门联系紧密，这就使得了解残疾人需求和服务专业的残联不便干涉其中。国有福利企业提供的便利设施不够完善，在数量和质量上也有欠缺。在管理制度方面，也没有针

---

① 《残疾人保障法》第三十八条。
② 参见《无障碍环境建设条例》第十一条、第三十三条。
③ 本文主要分析以福利企业为代表的集中就业形式和以普通企业为代表的分散就业形式中的按比例就业方式这两类企业为残疾雇员提供合理便利的现状及问题。分散就业形式中的个体就业方式，是指残疾人自主择业、自主创业，即残疾人自我雇用的情形。碍于篇幅，本文将不涉及个体就业中合理便利措施的现状及问题。

对残疾雇员设置灵活的工时安排、调整薪酬制度以及进行工作重组。患有残疾的老员工已经自我适应了工作环境，与非残疾的同事一起无差别地完成工作，也没有提出合理便利的特别需求。[①]

与政府设立的福利企业不同，有些私人设立的福利企业自创办之初，就受到残联的大力资助和支持，因而从建筑设计、硬件设施到工作制度安排均充分考虑到残疾雇员的差异化需求。例如，在单位建筑及周边，设计有残疾人通道、专用停车位，还专门配备了无障碍洗手间和电梯。除了硬件方面，企业针对残疾雇员设置了灵活的工作制度。弹性的工作时间允许残疾雇员比非残疾雇员晚一个小时上班，这样可以方便接送、错峰就餐以及其他工作生活安排；同时，残疾人工作的休息时间也比其他同事要长。人性化的薪酬制度不仅包含福利性质的残疾员工津贴，而且设置了计时工资和计件工资两种可供选择的方式。残疾员工每月可以根据自己的身心状况及时调整工资计算方式。另外，企业还会将生产工序进行重组，挑选出适合残疾人从事又相对安全的工序安排给残疾员工，充分调动残疾人的劳动创造力和工作积极性。[②]

总体来讲，福利企业提供的合理便利措施较大程度地满足了残疾人的差异化需求，尤其是由私人设立的福利企业在残联的专业指导下，能够为残疾雇员提供全面完备的便利设施和弹性灵活的制度调整。

2. 按比例就业形式下雇主提供合理便利义务的现状

按比例雇用残疾人的普通企业，不同于福利企业有民政部门或者残联的支持，因而缺乏服务残疾人的政策指导和提供合理便利的责任意识。大多数企业认为雇用残疾人会提高用工成本、降低生产效率。残疾人在自由开放的劳动力市场中，无法享有平等的就业机会，更不必说被雇用以后能够获得雇主提供的合理便利。

实践调研发现，企业所在的某些新建建筑在规划和建设之初，通常会

[①] 参见廖慧卿、岳经纶《工作场所无障碍环境、融合就业与残障者就业政策——三类用人单位的比较研究》，《公共行政评论》2015 年第 4 期。

[②] 参见廖慧卿、岳经纶《工作场所无障碍环境、融合就业与残障者就业政策——三类用人单位的比较研究》，《公共行政评论》2015 年第 4 期。

考虑配置便利设施。而在已经建成使用的建筑内部，用人单位对既有设施的改造情形并不多见。只有在规模较大、资金雄厚的企业内部，才会安装电梯、自动门和无障碍洗手间等。绝大部分企业均未配备适合残疾人的特殊工作设备，更不会因为残疾雇员调整工作时间和安排。[①] 残疾员工在以非残疾人为设计原型的就业环境中，没有获得辅助便利措施和特别照顾，只能通过自我适应能力去克服各种环境障碍，完成基本的工作职责。如果没能完成工作任务，那么会直接影响个人绩效，进而影响薪酬水平，甚至会被雇主认为无法胜任工作。

（二）我国残疾人就业中雇主提供合理便利义务的问题

通过对福利企业和普通企业提供合理便利的现状考察，笔者大致总结出了以下四个突出的问题。

首先，雇主提供合理便利义务的观念滞后、责任意识淡薄。雇主对合理便利的内容和作用普遍认识不足，认为只要消极地不歧视残疾人就能够保证残疾人在劳动力市场中与非残疾人公平竞争。工作环境中的各种障碍在所难免，这是需要残疾人个人克服的问题，不能指望企业给予特殊照顾。出于追求利润和效率的考虑，雇主一般不会积极主动地提供、改造和维护便利措施。

其次，雇主提供合理便利义务缺乏专门性指导和监督规范。尽管我国《残疾人保障法》、《无障碍环境建设条例》以及《无障碍设计规范》明确地规定了雇主为残疾雇员提供合理便利的义务和一般性规范标准，但关于工作场所中的办公设施（例如工作台、电脑）的具体要求、设施的管理与维护、行政机关的监督职责以及雇主违反义务的法律后果等未做详细规定。

再次，雇主履行合理便利义务种类单一、欠缺互动。实践中，为残疾雇员提供合理便利的雇主较多地关注到硬件设施带给残疾人的工作不便，

---

① 参见廖慧卿、岳经纶《工作场所无障碍环境、融合就业与残障者就业政策——三类用人单位的比较研究》，《公共行政评论》2015 年第 4 期。

而忽视了企业管理方式和工作制度给残疾人造成的障碍，也没有为个别残疾雇员的特殊需要提供个性化的辅助服务。同时，雇主在决定和提供合理便利的过程中，缺乏与残疾雇员的互动沟通。安装合理便利设施以后，就没有再持续考察其实际运行的效果。雇主只是被动地、机械地履行义务，而没有实现法律设置这项义务的真正目的。这也将导致雇主已经为提供合理便利耗费大量资金，但是现有的设施因利用率低，没有起到辅助残疾人工作的良好作用。

最后，政府支持雇主履行合理便利义务的力度不同。如上文的调研结果显示，受到残联支持的私营福利企业提供的合理便利最为全面，而没有获得民政部门或残联支持的普通企业并未充分考虑残疾雇员的差异化需求，合理便利提供的程度和内容均不及受政府支持的私营福利企业。其实，工作场所不是私人环境，合理便利措施具有公共属性。合理便利在供给上的非竞争性和非排他性，加上初始投资一般耗费较大，使得私人雇主不愿意提供或者提供之后回报率低。因此，由雇主来单独承担提供合理便利的义务显然是不合理的。目前，在雇主提供合理便利义务观念滞后、责任意识淡薄的整体背景下，政府应当承担起必要的责任。[1]

以上是我国雇主提供合理便利义务过程中表现出的四个问题，在雇主观念上、法律规范上、履行程序上和政府支持上不同程度地限制了残疾人在工作场所中应当获得的合理便利，剥夺了残疾人的平等就业机会，阻碍了残疾人自给自足、融入社会的目标实现。

四 结语

合理便利起源于美国残疾人权利运动。经过近30年的运行实践，形成了较为完备的立法规范和实施经验。为了帮助残疾求职者或残疾雇员完成基本工作职责，雇主同他们进行深入的互动沟通，综合考虑残疾人的实

---

[1] 参见李炜冰《无障碍环境建设中的政府责任》，《苏州大学学报》（哲学社会科学版）2010年第2期。

际工作障碍和自身经营管理的现状，提供可行有效的合理便利。同时，合理便利的种类不应仅仅局限于硬件设施，还应涉及软性制度和个性化辅助服务，从而满足残疾人工作中由外及内的差异化需求。美国法上关于便利措施的合理性判断标准，还为雇主提供合理便利设置了义务的履行限度。如果能够提供的唯一的便利措施可能会造成雇主经营或财务上的过度负担，那么雇主的积极义务随即免除。这个限度规定充分考虑到雇主提供合理便利的现实条件，将一项强制性的义务转变为柔性和弹性的义务，一定程度上提高了雇主履行义务的积极性，还会更好地实现合理便利的立法意图。

美国法上的先进经验为解决我国雇主提供合理便利义务的突出问题提供了宝贵的经验。首先，我国残疾人法律法规的立法思想亟须转变，社会对残疾的理解范式不应只停留在传统的医疗/个体模式，而需要聚焦和关注对待残疾人的歧视偏见态度和环境障碍，为残疾人争取平等权利提供理念支撑。其次，我国立法部门须尽快制定并且进一步完善工作场所中雇主提供合理便利义务的专门规范，从合理便利的种类、义务履行程序、评价标准和履行限度等方面加以明确和细化，以便在司法裁判时有据可依。最后，政府应当发挥必要作用，不区分企业类型统一提供专业化的指导与服务，与用人单位共同探讨和制定合理便利的可操作性标准，并且适当使用财政补贴、税收减免等经济性激励方式，引导雇主积极履行义务，促进残疾人平等就业。

权利发展研究

人权的视角下我国新时代的跨境
水资源利用与水外交的推进[*]

周晓明　李　洁[**]

摘　要： 我国国际河流众多，所涉主体多元，争议复杂，深化我国的跨境水外交对于实现中国梦、推进"一带一路"倡议和构建人类命运共同体具有重要意义，是新时代中国特色大国外交的重要方面。人权视角下的国际河流资源开发利用包括同代和代际的人权，即国际河流沿岸公民在水质、水量和公平合理地用水三个方面的实体性权利以及水资源开发利用方面的知情权、参与决策权、平等的诉讼权等程序性权利。我国的跨境水外交受国际河流流域国社会经济发展水平、河流水量与水质、水生态和河流治理程度等一般因素影响，也受我国自身水外交能力建设、流域国利益诉求、域外行为体的介入等特殊因素制约。对此，我国应以构建水利益共同体为基本目标、以综合水资源管理为基本原则，通过明确我国水外交的主体和权责、在流域国做好公共水外交等方式来深化我国的跨境水外交。

关键词： 国际河流；水外交；"一带一路"；人类命运共同体；综合水资源管理

淡水资源被誉为 21 世纪最紧俏的资源。水对于人类的生命、健康与福利至关重要，是实现可持续发展、保护自然环境、减轻贫困与饥饿的关

---

* 本文系教育部青年项目"我国国际河流争端解决及对外政策研究"（项目号：13YJCZH 280）、武汉大学人文社会科学青年学者学术发展计划"'一带一路'与经济外交研究"的阶段性成果。

** 周晓明，武汉大学政治与公共管理学院副教授，法学博士；李洁，山东大学法学院讲师，法学博士。

键。国际河流是世界上淡水资源的重要载体，有些国际河流更是人类文明的发祥地，在几千年人类文明史中发挥了重要的作用。然而近年来，随着人口增长、环境污染、资源紧缺等全球性问题不断加剧，淡水资源，特别是跨境水资源的开发利用日益引起世界各国的关注。国际河流流域国保护本国公民与水有关的基本人权，成为各国在跨境水外交与水治理活动中的重要关切。

从国际河流开发利用的视角看，跨境水资源利用不好，可能成为不同国家、不同地区、不同利益团体间竞争利用并引发矛盾冲突的导火索；相反，跨境水资源利用得好，也可以促进流域国间的深层次合作。在区域一体化及可持续发展的背景下，如何开发利用跨境淡水资源，协调各个国家的用水目标，维护国际河流生态系统，不仅成为区域国际合作的主题之一，也成为各国际组织、智库和许多非政府组织关注的焦点所在。我国是一个拥有众多国际河流、周边流域国多、国际河流开发利用程度不高、与各流域国水资源合作程度不一、人均淡水资源紧缺的国家。在实现"中国梦"、推进"一带一路"建设、构建人类命运共同体以及践行新时代中国特色大国外交的时代背景下，开展跨境水外交对我国尤其具有重要意义。但实践中，由于涉及主体多元、问题复杂多变，加之部分国家及非国家行为体鼓吹中国"水威胁论"等因素的影响，我国的跨境水外交如处理不当，将有可能成为影响中国周边外交的新热点和难点。本文从人权视角下国际河流的开发利用入手，分析影响我国跨境水外交的一般因素和特殊因素，进而提出新时代构建中国跨境水外交的基本目标、基本原则和具体措施。

一 人权视角下淡水资源的权利解读

近年来，由于淡水资源分布不均，以及水资源污染严重，世界各国公民与水有关的基本人权在实践层面极不均衡。缺水或水质不好的国家主要是发展中国家，特别是南亚和撒哈拉地区国家。世界卫生组织的报告指出，6% 的全球性疾病根源于饮用水在量和质上的缺乏。① 基于此，自2000 年以来，国际社会为确认、促进和发展公众对水资源的享有以及获得权利作出了持续的努力。2000 年千年首脑会议的《千年发展目标》中确定了一项具体目标，即在 2015 年前减轻贫困、饥饿、疾病、文盲、环境恶化以及赋予妇女权利；使无法获得安全饮用水和卫生服务的人口比例在 2015 年之前减少一半。根据千年发展目标，联合国通过一系列决议确认和保障水人权，包括确认 2003 年为国际淡水年、宣布 2005～2015 年为"生命之水"国际行动十年、明确享有干净饮用水和卫生设施为必不可少的人权、宣布 2013 年为国际水合作年、宣布 2018～2028 年为"水促进可持续发展"国际行动十年，② 等等。

从人权角度理解淡水资源的权利属性有以下四个维度：水质、水量和公平合理地用水三个实体性权利以及水资源开发利用知情权、参与决策权、平等的诉讼权等程序性权利。③ 每一个维度又可以具体分为同代水权（intra-generational right to water）和代际水权（inter-generational right to water）。国际河流是淡水资源的重要载体与主要组成部分，因而国际河流承载的基本人权亦是跨境水外交顺利推进的理论基础。

从水质角度而言，同代水权强调用水安全，如水质应具有可接受的颜色和味道，且没有对个人健康构成威胁的微生物、化学物质和放射性危

---

① 缺水导致痢疾、血吸虫病、沙眼等疾病在上述发展中国家普遍暴发并大范围蔓延，联合国 2006 年人权发展报告指出，这些疾病导致每年约 180 万名儿童丧生，这个数量是 20世纪 90 年代在军事冲突中丧生的儿童数量的 6 倍。National Human Development Report 2019, http://hdr. undp. org/en/reports/global/hdr2006，最后访问日期：2019 年 10 月 10 日。

② 联合国大会 2000 年 12 月 20 日第 55/196 号决议确认 2003 年为国际淡水年，参见 https://undocs. org/ch/A/RES/55/196；2003 年 12 月 23 日第 58/217 号决议宣布 2005～2015 年为"生命之水"国际行动十年，参见 https://undocs. org/ch/A/RES/58/217；2010 年 7 月 28日第 64/292 号决议明确享有干净饮用水和卫生设施为必不可少的人权，参见 https://www. un. org/zh/documents/view_ doc. asp? symbol = A/RES/64/292；2010 年 12 月 20 日第65/154 号决议宣布 2013 年为国际水合作年，参见 https://undocs. org/ch/A/RES/65/154；2016 年 12 月 21 日第 71/222 号决议宣布 2018～2028 年为"水促进可持续发展"国际行动十年，参见 https://www. un. org/zh/documents/view_ doc. asp? symbol = A/RES/71/222。

③ Brown Weiss ed. , *International Law for a Water-Scarce World*, Leiden：Martinus Nijhoff Publisheres，2013，pp. 196 – 205.

险；每个人都有享用江河湖水体的自然权利，包括享受水自然景观、清洁水体以及亲水等权利；每个人有利用水环境资源或水环境功能以维护其自身基本生活、生存发展需要的资格和自由，包括利用水体的自净功能而排放适量污染物的资格和自由（如向水体排放生活、生产废物）。水质角度的代际水权认为水污染不仅会对当代人的生命和健康产生威胁，还会对后代人的用水安全和生命健康产生威胁，因此在开发利用国际河流时，要兼顾当代人和后代人的用水安全，维护个体的生存权与健康生活权。

水量角度的同代水权强调水的供应要保证水量的充足性和连续性，包括饮用、个人卫生设施、洗衣、烹调食物、个人和家庭卫生等方面；公民有要求维持河流流量和湖泊正常水位的权利。水量角度的代际水权强调大规模的引水、截（蓄）水、排水工程，以及气候变暖、海平面上升等因素导致的可用水量减少会对后代人的可用水量产生重要影响。

公平合理用水包括水的可获取性和经济可行性。可获取性是指水、供水设施和供水设备应不加歧视地对所有人开放，水、适当的水设施和水设备应在所有阶层人口可及的安全距离之内；每一家庭、教育机构和工作场所都应在住所内或就近获取到足够、安全和可接受的水；所有供水设施和供水设备应具有良好的质量，在文化上适宜，注意男女平等、生命周期和隐私要求；公民有通过环境权的行使而获得水环境效益、经济效益和社会效益的权利，如获得江河湖海的恩惠，获得安全、无污染、无害、清洁的水环境条件等效益；在利用水设施和水设备时，人身安全不应受到威胁。经济可行性是指水、水设施和水设备的费用应为所有人承受得起。代际的公平合理用水指承认、尊重、保护后代的用水权利，避免歧视和主动破坏、不得非法限制或克减后代的用水量，加强科学研究以改善水的重复利用，减少水污染的恶化，确保后代用水的价格不会出现实质性上涨，减少当代和后代在水资源使用上的差别待遇等。

程序上的同代水权指非歧视性、知情权、参与决策权、平等的诉讼权。如水、供水设施和供水设备应在法律上和实际上为所有人（包括人口中的最弱势或最边缘化群体）所利用，不因任何违禁理由而有所歧视，有权寻求、接收和发送关于水的信息的权利并参与决策等。程序上的代际水权要求每一个人、国家和社会实体在有权利获取足够水资源的同时，也有保护和节约水资源的潜在义务。每一个人、国家和社会实体生存在同一个地球空间，有义务保护我们共同生存的以水为重要组成部分的生态系统，平等地保障后代人用水的知情权、决策权和诉讼权不受减损。

二　人权视角下影响国际河流水外交的一般因素

古今中外，兴水利、除水害都是各国治国安邦的基础。水资源的开发利用是实实在在的民生问题。国际河流是国家领土的重要组成部分，国际河流的开发利用和生态保护为国家创造了巨大的经济权益，是一国的重要战略资源。同时，流域国之间的水资源合作与外交最能够体现民心相通，也必须体现民心相通。当今的国际社会，国与国之间的相互依存度加深，任何国家在开发利用国际河流水资源时都不能为了促进本国利益而不顾国际社会乃至全人类的整体利益，也不能为了实现眼前利益而忽视长远的后代的用水权利。

从人权视角看国际河流的水外交，可以发现影响国际河流流域国之间水外交的一般因素主要包括四个方面，即河流水量和水质对流域国的影响程度、流域国社会经济发展对河流的依赖程度、河流水生态的状况和河流治理机制的完善程度。

（一）国际河流水量和水质对流域国的影响程度

一国的环境、生产生活和农业用水压力对流域国的水外交会产生重要影响。上游国因气候变化和社会经济发展需要，国内工业部门用水量增加，导致下游用户的水量相应减少，下游国家的生产模式（农业、能源和工业）更容易受上游活动的影响。

我国是一个国际河流众多且具有先天优势的上游国。但同时，我国也属于开发利用率低且人均水资源短缺的国家。我国的国际河流主要分布在西南、东北和西北三个区域，但大多流经地势险峻、人迹罕至、交通不便且经济欠发达的边远少数民族地区。以我国西南地区为例，西南地区的国际河流主要有雅鲁藏布江（布拉马普特拉河）、巴吉拉提河（恒河）、森格藏布河（印度河）、元江（红河）、怒江（萨尔温江）、澜沧江（湄公河）等。这些河流大多发源于被誉为"亚洲水塔"的青藏高原，流经印度、尼泊尔、孟加拉国、巴基斯坦等南亚国家和老挝、缅甸、泰国、柬埔寨、越南等东南亚国家。这些河流源远流长、坡陡谷深、水力资源丰富，是我国与相关流域国开展航运、灌溉、防洪等双边或多边合作的基础。但同时，这些河流的其他流域国也属于经济欠发达、人口众多且人均水资源紧缺的国家。由于所涉国家众多，各流域国利益诉求及其与我国的互动程度不同，以及流域外国家或非国家行为体的介入等，我国与相关流域国在上述领域极易产生潜在的冲突。例如湄公河下游流域国认为中国修建小湾和糯扎渡水电站，配套较大水库，将会导致下游用水量减少，[①] 甚至导致下游地区海水倒灌，不仅影响下游国的农业发展，还会产生战略威胁。

（二）流域国社会经济发展对国际河流的依赖程度

一国经济发展对水资源的依赖度、社会福祉以及人口受极端气候或旱涝灾害的影响程度对流域国的水外交产生重要影响。以水能资源为例，我国经济发展对水资源的依赖度很高。在我国西北地区，农业用水需求很高，随着西部大开发战略的推进，水资源对当地乃至我国经济发展的重要性日益凸显。[②] 而我国西北地区国际河流其他流域国，大多是水资源紧缺的中亚内陆国，国内社会经济发展对跨境水资源开发利用的依赖度很高。我国西南地区经济发展相对滞后但国际河流水能理论蕴藏高，开发西南地区国际河流水资源具有重要的经济意义。这些国际河流的其他流域国也都属于经济不发达、人口众多、水资源紧缺或开发能力差的国家，对水资源的依赖度也很高，开发欲望同样强烈。这就导致了这些国家与我国在水能资源开发利用上的竞争与冲突。例如印度，喜马拉雅水系是印度开发水能

---

① 雷建锋：《大湄公河合作开发与综合治理——兼论国际水法理论的发展》，《太平洋学报》2014 年第 8 期。

② 郑晨骏：《"一带一路"倡议下中哈跨界水资源合作问题》，《太平洋学报》2018 年第5 期。

资源的重点所在，其中雅鲁藏布江—布拉马普特拉河更是重中之重。印度近年大力实施"喜马拉雅引水工程"，将布拉马普特拉河干流及支流水资源调往中部地区以缓解水资源短缺的压力。可见，雅鲁藏布江—布拉马普特拉河对中印两国的经济发展都极为重要。澜沧江—湄公河区域地处中南半岛核心地带，蕴含丰富的水利水产资源和生物物种。但由于湄公河流域国家长期国内战乱、地区冲突，经济发展严重滞后，其中缅甸、老挝和柬埔寨是最不发达的国家，国内基础设施建设十分落后，社会治理水平普遍欠缺，湄公河国家普遍面临城市化、产业升级、减贫等多重发展任务，相关流域国之间在湄公河的开发利用上存在结构性的用水差异和潜在的冲突。

除水能资源外，国际河流也是流域国加强联系的黄金水道，是各国经济往来的天然交通网。我国的西南地区地形险峻，陆路交通不便，国际河流具有极大的航运价值，是西南地区对外交通的重要水道，对当地经济发展具有重大意义。例如被誉为"东方多瑙河"的澜沧江—湄公河，自古以来就是流域国间的天然纽带、民族走廊和经济通道，把我国西南地区和东南亚五个流域国的社会经济文化紧密联系在一起，对于促进我国西南少数民族地区经济发展和对外交流发挥了巨大的作用。然而，湄公河的航运安全存在很多问题，从自然因素看，由于水土流失和河道泥沙淤积等，湄公河河道的航运条件较差，严重影响航行安全；从人为因素看，历来被称为"金三角地区"的湄公河流域是洗钱、走私、毒品、贩运人口等跨国犯罪的频发地区，而流域国之间的联合执法在范围、程度和程序上都不够完善，2011 年湄公河惨案的发生就是重要的例子。[1]此外，湄公河国家经济发展落后、资金不足、港口作业设备落后、技术条件差且技术规范不统一、各流域国港口收费不规范、航运管理缺乏协调等人为因素，[2] 也严重影响了湄公河航运安全。在东北地区，作为通航河流，鸭绿江水上运输是中朝边境贸易的主力军。自 2011 年至 2019 年 8 月，中朝海事部门在鸭绿

---

[1] 郑晨骏：《"一带一路"倡议下中哈跨界水资源合作问题》，《太平洋学报》2018 年第 5 期。

[2] 赵旭、王桃：《我国国际河流水路运输资源开发权益保障机制构建——基于澜沧江—湄公河的分析》，《中国软科学》2014 年第 8 期。

江水域共开展七次联合巡航检查，对重点水域通航状况进行了现场巡视，为两国船舶和人民的生命财产安全提供了保障。然而在海事合作方面，中朝仍有深化合作的必要性和紧迫性，有必要进一步促进沟通渠道通畅，在互相尊重国家主权和国家利益的基础上，建立常态化海事会晤机制，通过培训、交流、演习等方式全面提升水上安全监管协作水平和联合行动能力。

（三）国际河流水生态的状况

国际河流水生态系统所受的威胁包括取水、水污染、栖息地的破坏或退化、流量改变和过度开发等。[①] 上游国家造成的水质污染、河流上游生态系统枯竭或洪涝灾害等，会使河流下游国遭受诸多损失。为保护整个流域的水生态，国际上通常的做法是上下游国之间在受益补偿原则的基础上开展水生态保护合作。同时，为平衡上下游之间的不对称性，下游国因补偿措施而获得效益，可以为上游国提供生态补偿。

中国是众多国际河流的源头和上游，对下游国的水生态产生重要影响。以鸭绿江为例，鸭绿江是公认的"东北亚生态环境平衡者"，但随着近年来流域内人类活动的不断增加，生产活动中使用的农药、化肥对水体造成了污染；不合理的电鱼、毒鱼、过度捕捞等活动，以及水坝电站的修建，阻断了一些鱼类的索饵或生殖洄游的路线，不仅影响到鱼类的生存，也影响到鱼类饵料的生长繁育。因此，保护鸭绿江野生鱼类资源已势在必行。类似地，湄公河流域属于气候变化影响的"敏感地带"。近年来，极端天气频繁发生，洪涝灾害不时侵袭柬埔寨、泰国、老挝、越南等国，对农业、渔业发展产生重要影响。为保护整条流域的水生态，我国也采取了补偿性措施。但我国并未与下游国签署相关的生态补偿协议，也未就西南地区采取的补偿性措施而得到下游国充分合理的补偿，[②] 一些下游国对我国在航道维护、水生态保护等方面付出的代价采取"搭便车"的心态，这种

---

① United Nations Environment Programme, "Transboundary River Basins Status and Trends", Nairobi, 2016, http://www.geftwap.org/publications/river-basins-spm, last visited at 18 October, 2019.

② 王明远、郝少英：《中国国际河流法律政策探析》，《中国地质大学学报》（社会科学版）2018 年第 1 期。

利益失衡的现状既不利于全流域的开发利用，也不利于水外交的顺利开展。

（四）河流治理机制的完善程度

河流治理机制的完善程度对国际河流水外交产生重要影响。河流治理机制主要是指河流治理主体为开发、利用和保护河流水资源所采取的政策、法律框架、治理活动和管理手段等行为和规范的总称。参与国际河流治理的行为体主要有主权国家（流域国或第三国）、国际组织、次国家行为体和非政府组织等。不同的行为体在跨境水治理上发挥不同的职能。由于水资源开发利用涉及流域国利益和国家主权，其决策过程主要以国家为主体来完成。因此，主权国家（流域国）是国际河流治理的主要行为体，其他行为体虽然或多或少地影响水资源的开发利用活动，但只扮演参与性角色。[①]国际河流水治理程度的高低主要取决于各流域国相关国内立法的完善度、相关主管部门之间纵向和横向的协调程度、河流治理的技术能力和经济实力、各流域国间河流治理的职能、权责的分配协调程度等因素。[②]多瑙河和莱茵河是国际河流治理的典范。其主要实践是相关流域国结合本国的经济、政治、社会和生态发展目标通过协商达成共识，同时订立开发、管理和保护等方面的公约或协调制定工作章程和规则，或通过设立不同层次的会议制度等方式构建全流域的法律框架，以增进互信，拓展合作。[③]

我国西南地区国际河流总体上治理机制不够完善，每条河流由于其自身特点不同，治理程度也不同。以澜沧江—湄公河和雅鲁藏布江—布拉马普特拉河为例，两者均是我国西南地区重要的国际河流，但在两条河流上我国与有关流域国的水治理机制完全不同。关于澜沧江—湄公河，无论是

---

① 朴建一、李志斐：《水合作管理：澜沧江—湄公河区域关系构建新议题》，《东南亚研究》2013 年第 5 期。

② Christian Knieper & Claudia Pahl-Wostl, "A Comparative Analysis of Water Governance, Water Management, and Environmental Performance in River Basins", *Water Resources Management*, Vol. 30, Issue 7, 2016, p. 2165.

③ 郑晨骏：《"一带一路"倡议下中哈跨界水资源合作问题》，《太平洋学报》2018 年第 5 期。

在双边层面还是在多边层面，中国与东南亚五国都进行了卓有成效的合作。在多边层面，中国积极与东南亚五国签订《澜沧江—湄公河商船通航协定》，投身于大湄公河次区域合作机制、积极参与湄公河委员会相关会议和倡导澜湄合作机制；在双边层面，中国与东南亚五国积极展开各种双边合作。2016 年，澜沧江—湄公河流域国领导人在三亚首次举行领导人会议，正式启动由中国倡议的澜沧江—湄公河合作机制（以下简称"澜湄合作"）。澜湄合作把水资源合作作为五大优先领域之一，通过水资源可持续利用、管理和保护，促进各成员国经济社会可持续发展并造福人民。[①]

反观雅鲁藏布江—布拉马普特拉河流域，虽然两国于 2007 年建立了中印跨境河流专家级机制，截至目前已举办过 11 次会议，[②] 但机制主要集中在河流汛期水文信息与开发利用施工信息的分享等方面，缺少实质性水合作。我国东北地区界河的治理也主要依靠国家和地方政府的力量来实现，例如水情报汛方面，2012 年之前，中朝国际间水情报文的报送采用电报房形式，方式为辽宁省水文部门每日数次将水情信息发至省联通公司电报房，报务员通过电报终端发至北京报房，最终发至朝鲜；同时按上述水情信息的逆流程，即北京报房接收朝鲜发来水情电报后向省、市级报房转发，最后报房将传真或报文投递给水文部门。这种传统的水情报汛方式，具有时效性差、费用高、信息转换复杂、维护难度大以及安全隐患多等弊端。近年来，随着水文测报及传输技术的飞速发展，中朝两国就汛期水情信息交换通过世界气象组织（WMO）全球信息系统（GTS）传输达成共识。通过开发中朝报汛系统，实现中方水情信息的自动编译、发送，并通过 GTS 传输至朝鲜，GTS 传输至中国的朝方水情报文也会自动接收、解码和入库。这种模式较 2012 年之前的模式已有很大的完善，从而有效解决了时效性、经济性和安全性等问题，但由于国际以及两国国内拍报标

---

① 本次会议各方共同确认了"3 + 5"合作框架，即坚持政治安全、经济和可持续发展、社会人文三大支柱协调发展，优先在互联互通、产能、跨境经济、水资源、农业和减贫领域开展合作。

② 水利部国际合作司：《中印跨境河流专家级机制第十一次会议在杭州召开》，水利部官网，http://gjkj. mwr. gov. cn/jdxw/201804/t20180404_1034578. htm，最后访问日期：2019年 10 月 9 日。

准、拍报要求和技术水平不同以及执行的拍报方法不同，在水情报汛的具体操作中，仍然存在信息转换的准确性和效率问题。在水利开发方面，鸭绿江蕴藏着比较丰富的水力资源，中朝两国在鸭绿江流域的水电开发方面有着悠久的历史和显著的成果，中朝两国早在20世纪50年代就已成立中朝水力发电公司来推动中朝界河的水电开发。但是中朝水力发电公司是两国政府出资合营的跨国公司，公司无实体机构，所属电厂分别委托单方负责管理。公司由两国政府派员组成的理事会领导和监督，理事会以会议方式进行工作。理事会所讨论决定的问题和有关决议的有效贯彻执行，直接影响公司利益、双方利益分配和合作对等原则。然而，双方对水电在电网中的作用、负荷位置和功能的要求不同，在装机容量、运行方式、管理方法、建设方案等方面有不同的看法，导致两国在水资源开放利用上的共识与合作不深，合作推动缓慢。在防洪方面，鸭绿江现有的防洪工程多采用混凝土、砌石等硬性防护，对生态需求的考虑较少，护岸工程"裁弯取直"过多，遵循自然河道流态防护较少。混凝土隔绝了生物与土壤的接触，严重影响了水生生物的生长。丹东市主城区距入海口仅30km，鸭绿江丹东城区段属于感潮河段，随着潮涨潮落，大量海口的粉质淤泥被潮水带到了上游，覆盖在整个河底及浅滩上，河床被逐步抬高，影响行洪、通航安全和沿岸居民的亲水权。鸭绿江丹东地区的防洪很大程度上依赖于上游的水丰水库，而水丰水库由朝鲜负责运行调度，使得丹东地区的防汛工作存在一定的不确定性。

三 影响我国跨境水外交的特殊因素

除受上述一般因素的影响外，我国国际河流的跨境水外交还受一些特殊的内外因素的制约，主要有四个方面。

首先，我国水外交的主体较多，权责不明确，甚至个别情况下出现交叉和冲突（包括积极冲突和消极冲突）。积极冲突指各个职能部门因分工不明和权责分歧而竞相就某一事项行使管辖而产生的冲突。消极冲突指各个职能部门因分工不明和权责分歧导致互相推卸致使流域内某一事项无机构管辖的现象。无论是积极冲突还是消极冲突，都导致我国跨界水外交处于被动局面。① 例如中国参与大湄公河次区域合作机制（GMS）和湄公河委员会（MRC）在很大程度上是由云南省的需求驱动的。② 云南经常派代表访问湄公河各流域国，并代表中央政府参加大湄公河次区域合作机制会议。云南省政府负责促进与湄公河沿岸国家的边界贸易，建设连接湄公河的铁路和航运的基础设施，并采取步骤吸引外资投资水电项目。为了方便边境贸易，云南有专门的边界经贸管理局。③ 然而在雅鲁藏布江，情况则复杂很多，以印度最为担忧的中国南水北调工程（即长江上游水资源调入黄河）为例，这一涉及我国长远发展的项目由中央直接主导，同时还涉及不同行为体的利益，包括甘肃、青海、宁夏、陕西、山西和内蒙古六个西部省、自治区以及水利部、外交部、环保部等多个部门，参与主体多，利益分歧较大，相关政策的制定也更为复杂。

其次，不同流域国的利益诉求不同。不同的流域国，针对不同的国际河流，有不同的利益诉求。即使是同一国际河流，不同的流域国也有不同的利益诉求。例如，在澜沧江—湄公河流域，我国作为上游国，注重水利开发和航道开拓；缅甸侧重航路的疏通与建设；越南重视农业水利灌溉；柬埔寨重视渔业发展；老挝则重视水力发电。由于利益诉求不同，不同国家对于在湄公河干流修建水电站有不同的立场，老挝担心水电站的修建影响水流的波动和鱼类洄游，从而对其渔业发展形成威胁；越南担心水电建设会影响粮食产量。除国家主体的利益诉求外，作为可通航的黄金水道，澜沧江—湄公河的开发利用还会影响其他非国家行为体的利益。仅以水路运输为例，港口管理者关注吞吐量的增加、港口的基建、航道的疏浚以及成本的降低；船舶所有者和货物运输者关注航行的安全、运输手续的便利

① 杨泽川、匡洋、于兴军：《大数据时代下的中国水外交》，《水利发展研究》2017 年第 8 期。

② Selina Ho, "River Politics: China's Policies in the Mekong and the Brahmaputrain Comparative Perspective", *Journal of Contemporary China*, Vol. 23, Issue 85, 2014, p. 8.

③ Peter Cheung and James Tang, "The External Relations of China's Provinces", in David Lampton, ed., *The Making of Chinese Foreign and Security Policy in the Era of Reform, 1978 – 2000*, California: Stanford University Press, 2001, p. 101.

和成本的降低;地方政府关注税收的增加和当地的经济发展;沿岸居民关注增加就业机会、提高农业产量、减少噪声和水污染以及防止生态环境恶化。① 类似地,雅鲁藏布江—布拉马普特拉河不同流域国的利益诉求也不同。维护领土主权、实现跨流域调水和保护河流生态是中国的关切;水电开发、流域内饮水安全和防洪安全、保证流域内工农业生产用水、跨流域调水和生态保护是印度的诉求;下游的孟加拉国关注河流生态环境、保证工农业生产用水和减少洪涝灾害。这些诉求有些是可以通过合作实现共赢的,如水能利用、水生态保护和航运开发;而有些则存在冲突,如中印之间在领土划界、水量分配、跨流域调水等领域的冲突。② 近年来,印度政府担忧我国以西藏水资源为"战略武器"对其施压,不断敦促我国提高水利建设信息的透明度。③ 可见,同一国际河流不同流域国的利益诉求不同,流域国内不同利益主体的利益诉求也不同,这种复杂的相互依赖关系对整个流域的水外交产生了独特的影响。

再次,我国与不同流域国的互动程度不同。一方面,我国目前并没有一个统一、稳定、综合且长期的国际河流水外交政策,水外交只是我国对外政策的一部分。针对不同的国际河流,由于流域国以及相应的对外政策和双边关系不同,水外交程度也不同。在东南亚地区,我国通过双边和多边对话以及越来越多的区域机构,与湄公河流域国家展开广泛的合作。如航运方面,2000 年中国、缅甸、老挝、泰国四国签署了《澜沧江—湄公河商船通航协定》,澜沧江—湄公河国际航道于 2001 年正式通航。此外,湄公河惨案发生后,中国、老挝、缅甸、泰国四国共同签署了《关于湄公河流域执法安全合作的联合声明》和《湄公河流域执法安全合作会议纪要》,联合巡逻执法。在水电开发方面,我国主要通过双边合作框架与老挝、柬埔寨和缅甸进行双边水坝和水电项目合作。在与湄公河委员会合作

---

① 赵旭、王桃:《我国国际河流水路运输资源开发权益保障机制构建——基于澜沧江—湄公河的分析》,《中国软科学》2014 年第 8 期。

② 刘鹏:《中印在跨界河流上的利益诉求与相互依赖——以雅鲁藏布江—布拉马普特拉河为例》,《南亚研究》2013 年第 4 期。

③ 周晓明、黄雅屏、赵发顺:《"一带一路"视角下我国国际河流水资源争端及解决机制》,《边界与海洋研究》2017 年第 6 期。

方面，中国于 1996 年成为湄公河委员会对话伙伴国，此后，我国与湄公河委员会签署多项协议，开展水电开发、防灾减灾、应对气候变化和能力建设等领域的合作，合作机制框架稳步升级，领域不断拓宽。在南亚地区，随着"一带一路"的推进，我国对尼泊尔、巴基斯坦、孟加拉国等南亚国家所采取的"亲、诚、惠、容"的政策逐步落实，相关的双边水合作也有进一步开展。但中国与印度的关系则非常复杂。印度是目前唯一与中国存在领陆争端的邻国。雅鲁藏布江—布拉马普特拉河所在的藏南地区是中印领土争端的核心部分，领土争端以及与其交织而成的"河流开发困境"，对中印水外交产生了一定影响。近年来，印度积极开发该河水资源，实行"内河联网计划"，企图通过对水资源的开发造成印度对藏南地区"实际占领"的事实，以增加其与我国进行领土谈判的筹码。[①]另一方面，不同流域国对我国的接纳程度也不同。东南亚各国积极将中国纳入本地区的各类多边论坛和多边合作框架中，以建立互信。以澜沧江—湄公河为例，东南亚国家积极通过东盟"10＋3""10＋1"合作机制、亚洲区域论坛和香格里拉对话，以及湄公河委员会、大湄公河次区域合作机制、"澜湄合作"等多边机制展开合作。然而，南亚国家没有以类似的方式积极接纳中国。我国与南亚国家的多边接触缺少有效的途径。南亚区域合作联盟是促进成员国间交流合作的重要平台，我国在人力资源培训、扶贫救灾、经贸、人文交流等领域与南盟开展了多项合作，但跨界水资源合作并不在合作议程内。就双边关系而言，南亚尼泊尔、不丹、孟加拉国等国传统上被认为是印度的"势力范围"。这些国家处在我国与印度两个大国之间，一方面希望通过与中国的合作，搭上"一带一路"的便车以获得更大的经济利益，另一方面又不希望得罪印度，从而表现得摇摆不定、左右逢源。这在一定程度上为我国与南亚流域国开展水外交制造了很大的不确定性。

最后，域外国家或非国家行为体的介入，对我国国际河流的跨界水外

---

① Obja Borah Hazarika, "Riparian Relations between India and China: Exploring Interactions on Trans-boundary Rivers", *International Journal of China Studies*, Vol. 6, No. 1, 2015, p. 80.

交也产生了特殊的影响。就域外国家而言，美、日、澳、韩等流域外国家以多种方式积极介入西南地区国际河流的水治理。如美国发起的"湄公河下游倡议"（Lower Mekong Initiative，LMI）计划，自 2009 年起，就以"公平、可持续和包容发展"为宗旨，在环境和水治理、医疗健康、农业发展、教育、能源安全等方面对湄公河下游国家柬埔寨、老挝、缅甸、泰国、越南提供技术支持、教育交流和能力建设培训。这些活动以促进湄公河下游国家的合作、区域经济发展和共同应对区域挑战为目标，极大地调动了湄公河下游国家的积极性，也提高了美国在这些国家的影响力。此外，美国还发起"湄公河下游之友"（Friends of the Lower Mekong，FLM）计划，邀请其他域外国家（澳大利亚、新西兰、日本和韩国）以及非国家行为体（世界银行、亚洲开发银行）共同参与促进地区经济发展和区域合作。日本也通过每年举办"湄公河—日本峰会""湄公河—日本外长会议""湄公河—日本交流年""中日湄公河区域政策对话""湄公河地区公私部门合作""绿色湄公论坛"等活动，在基础设施建设、环境保护、会议交流、促进湄公河流域的可持续发展等方面增强其在湄公河下游地区的影响力。此外，澳大利亚和韩国政府也通过湄公河委员会或其他机制与湄公河国家开展多种合作。这些域外国家的活动，对提高我国的河流治理能力和增进与湄公河下游国家的合作具有一定的借鉴意义，但同时个别域外国家鼓吹中国"水威胁论"，也增加了问题的复杂性和解决的难度，对我国在周边国家实施水外交产生了负面影响。

国际河流治理的行为体，除国家层面的河流治理机构外，还涉及非国家行为体，如全球性或区域性国际组织、非政府组织、跨界河流治理委员会等。非国家行为体参与河流治理，有利于提高河流治理能力，也有利于全面了解和协调流域国不同利益主体的利益诉求，对整条流域的治理有促进和监督的作用。在我国西南地区国际河流流域很活跃的非国家行为体主要有全球性国际组织如世界银行（World Bank）、联合国教科文组织（UNESCO）、世界粮农组织（FAO），新兴的区域性组织如丝路基金、亚投行、金砖国家新开发银行等。这些非国家行为体主要侧重于流域内河流水生态、文化遗产保护、民生等方面的建设。以澜沧江—湄公河流域为例，近年来有十余个非国家行为体在活动，其中大部分是国际非政府组织，这些组织主要从事湄公河环境保护、流域治理能力的建设和交流等活动。其中最活跃且影响较广的非国家行为体有政府间性质的组织，如亚洲发展银行（Asian Development Bank，ADB）、东南亚国家联盟（Association of Southeast Asian Nations，ASEAN）、世界银行（World Bank）、联合国亚洲及太平洋经济社会委员会（Conservation International，Economic and Social Commission for Asia and Pacific，ESCAP）和联合国环境规划署（United Nations Environment Programme，UNEP），也有国际非政府组织或智库，如世界自然保护联盟（International Union for Conservation of Nature，IUCN）、国际水资源管理研究所（International Water Management Institute，IWMI）、斯德哥尔摩环境研究所（Stockholm Environment Institute，SEI）、联合国大学（United Nations University，UNU）和世界自然基金会（World Wildlife Fund，WWF）等。这些行为体对于完善澜沧江—湄公河的治理发挥了重要的推动作用。但是也有非政府组织鼓吹中国"水威胁论"，对深化水外交产生一定的负面影响。①

结合上述几点因素，表1以我国西南地区国际河流水资源合作现状与存在的问题为例，做了总结与概括。

表1 我国西南地区主要国际河流水资源合作的现状与问题

河流	流域国	我国与相关流域国水治理情况	现阶段存在的问题
怒江—萨尔温江	中国、缅甸	中缅双边条约	整个流域水质污染问题严重，水治理机制不健全、水能问题存在潜在风险
澜沧江—湄公河	中国、老挝、缅甸、泰国、柬埔寨、越南	5个条约，3个委员会中国与湄公河下游国家的合作主要涉及航运开发、水电项目等	全流域所有流域国水质污染严重，水生态遭到严重破坏；除中国和缅甸外，其他流域国水治理机制较健全；除中国外，其他流域国在社会经济方面对河流依赖大

---

① 如泰国的"拯救湄公联盟环境小组""暹罗的生命之河"等环保组织，组织各种跨区域论坛，在媒体上发表文章批评中国以及本国修建大坝将严重影响河流生态。

河流	流域国	我国与相关流域国水治理情况	现阶段存在的问题
雅鲁藏布江—布拉马普特拉河	中国、印度、孟加拉国	仅限于双边合作机制：2002年，中印《关于中方向印方提供雅鲁藏布江—布拉马普特拉河汛期水文资源的实施方案》；2007年中印设立中印跨境河流专家级机制；2008年，中国与孟加拉国签署《布拉马普拉河水文资料备忘录》	水质、水治理和社会经济因素有较大风险。此外，印度境内河段水环境压力较大；中国境内水力发电存在问题
巴吉拉提河—恒河	中国、印度、孟加拉国、缅甸、尼泊尔、不丹	主要限于双边协定，如尼泊尔和印度签署的《关于德讷格布尔水坝项目的谅解备忘录》、《科西河项目协议》及修订协议、《根德格河灌溉和水电项目协议》等；孟加拉国与印度签订的《关于分享恒河水资源的谅解备忘录》等	水质污染问题严重（印度尤为突出）；水力发电易引发与周边流域国的矛盾冲突；流域国缺乏多边水合作与水治理
森格藏布河/狮泉河—印度河	中国、印度、巴基斯坦、尼泊尔、阿富汗	四个关于印度河的双边条约，一个关于该河流的双边管理委员会	除中国外，水质污染、水生态、水力发电、人口增长引发的生活用水问题在其他流域国十分严重；相关流域国水合作缺乏，甚至个别流域国之间存在水冲突
元江—红河	中国、越南、老挝	中越双边条约	全部流域国存在水质污染问题，水生态和水治理存在较大压力

资料来源：胡德胜：《国际开发境内恒河流域的国际水法问题》，《青海社会科学》2016年第2期。

四 人权视角下推进我国跨境水外交的对策建议

（一）以构建水利益共同体为基本目标

首先，我们应以构建水利益共同体为基本目标，变"单边"水外交为"双边与多边"水外交。我国应充分利用与周边国家在水资源开发、水生态保护、水资源管理和区域发展等方面的利益交汇点，秉持共商共建共享原则，充分尊重各流域国的传统、风俗习惯、国家与民众的利益诉求，同心合作，提升整个流域的水资源管理能力和水资源合作，构建水利益共同体。

从 2013 年习近平主席在莫斯科国际关系学院首次提出"命运共同体"的理念，[①] 到 2018 年 3 月 11 日，"推动构建人类命运共同体"正式被写入宪法，五年来，这一抽象的理念通过具体的东盟命运共同体、中非命运共同体、亚洲命运共同体、网络命运共同体、核安全共同体等方式被具体践行。水利益共同体、责任共同体和命运共同体的理念主张是人类命运共同体理念的题中应有之义。该主张将国际河流整个流域看作一个整体，[②] 流域国面临共同的挑战，寻求共同利益，达成共识，着眼于整条流域的整体和长远利益共同制定开发规划，采取共同行动，合作开发河流。具体途径又分为多边和双边两个层次。在多边层次上，我国要在跨界水利益共同体、责任共同体和命运共同体建设中发挥积极的建设性作用，寻求各流域国的利益交汇点，利用各种多边合作机制和多边论坛，定期交流、共同协商，最终实现多方利益的互补和捆绑，提升相互依存度，最终促成项目的执行和冲突的解决。在双边层次上，我国应充分关注每一个流域国各自在资源、技术、利益诉求等方面的特殊性，落实"亲、诚、惠、容"的双边合作，以最终形成"合作共赢"的利益共同体。

（二）以综合水资源管理为基本原则

我们应以综合水资源管理为基本原则，变"被动"的水外交为"积极"的水外交。与以往的应对临时性跨界水争端不同，我们要充分认识到水外交对促进流域经济发展、保障沿岸居民的生存权利、维护周边地区稳定的积极作用，实施积极有为的"水外交"策略，为实现中国梦、推进"一带一路"建设和构建周边命运共同体创造良好的周边环境。

综合水资源管理（Integrated Water Resources Management，IWRM）是

---

① 习近平：《习近平谈治国理政》，外文出版社，2014，第 168 页。
② 雷建锋：《大湄公河合作开发与综合治理——兼论国际水法理论的发展》，《太平洋学报》2014 年第 8 期。

基于共同利益原则，注重沿岸国之间的利益公平分配，以水资源可持续发展为目标，兼顾水资源效益与生态环境保护。目前，我国西南地区国际河流的治理模式相对欠缺且呈碎片化治理，这种现状不利于维护整个流域的效益最大化，也不符合流域国之间相互依赖关系的基本需求。科学的治理模式应该是将整个流域看作一个整体，用可持续发展的眼光，流域国之间做到紧密合作、相互协调。寻求建立长期的对话、合作及河流管理机制（包括补偿、信息共享、合作开发、利益分配、对外协调、贸易互补、技术标准等方面），在合作中增进互信以减少甚至消除流域国政府、精英、民众对我国的质疑和误解，加强水外交的实施效果。本着综合水资源管理的理念，我国可以着眼于将流域国之间的利益冲突转换成整个流域的利益互补，以湄公河为例，中国和老挝的水电开发可惠及湄公河下游沿岸居民的生产生活；下游国农业渔业的产品也可以向上游国输送，从而形成贸易互补。① 综合水资源管理还应关注代际问题，既关切当代的利益需求，也要为子孙后代创造条件和提供便利。

（三）明确界定水外交主体的地位和权责

我们应明确界定水外交的主体及其地位和权责，变"单一"水外交为"多元"水外交。如前所述，我国的水外交缺乏统一长远的政策和规划，又涉及外交部、水利部、生态环境部、财政部、交通运输部、公安部、海关总署等中央政府部门以及各个省级政府部门等诸多主体，较易导致权责不清、效率低下等问题。对此，我国应成立专门负责水外交的团队和部门，做好水外交的顶层设计，制定明确的水外交战略，定期召开联席会议，加强水资源政策对话，统筹全国跨境水外交活动；在技术层面，应促进水资源和气候变化影响等方面的联合研究，提升水质监测水平，加强数据和信息共享，加强洪旱灾害应急管理和防洪抗旱联合评估；在人力资源上，加强水资源管理能力建设，重视交流培训和考察学习。各职能部门做

---

① 雷建锋：《大湄公河合作开发与综合治理——兼论国际水法理论的发展》，《太平洋学报》2014年第8期。

到分工明确、由点及面、权责明确。

（四）做好国际河流的公共外交

我们要开展精准有效的公共外交，讲好中国水故事，变"刚性"水外交为"柔性"水外交。以往，我国水外交的方式"阳刚有余，柔性不足"。我国水外交大多由政府部门主导，通过官方渠道开展，非政府组织较少参与。我国跨界水合作的相关信息大多通过官方途径公布，由于部分西方政府、非政府组织和媒体的片面宣传，我国在推行水利建设及其他相关项目时，下游国政府多表示疑虑，下游民众也对合作抱有抵触的心态。对此，我国应采取"柔性"水外交，通过人才培养促进民心相通，通过对外交流增进相互了解。我国应以开放的姿态与中立的各种非国家行为体，如水利、环保等领域的非政府组织和国际组织展开合作，通过召开水资源合作论坛等方式，邀请流域国政府、智库、企业分享治水经验，为寻求合作机遇提供平台。借助这些行为体的活动来完善我国相关水利设施、加强水利合作并对外公布。① 我们在开展水外交时，还应注重流域国公众的知情权和参与权，加强舆论宣传与引导，提高公众和利益相关方对水外交的认同感，推动公众和利益相关方的参与。

中国自大禹治水至今，拥有几千年的治水历史。中国当代的水利建设成就也举世瞩目。党的十九大以来，本着建设生态文明和美丽中国的目标，我国不断更新内河治理的理念、技术和管理经验，注重人水和谐，减少对自然的伤害。在保障公民水权利如防洪安全、饮水安全、粮食安全的同时，推行河长制、湖长制，发动全社会力量维护整个流域的生命健康。我们应把治理内河的经验推向国际河流，与相关流域国建立合作机制，将水资源合作放在优先发展的位置，共享治水经验和智慧，推动建设互相尊重、公平正义、合作共赢的全流域国家间关系，构建国际河流水利益共同体和命运共同体。

---

① 张励、卢光盛：《"水外交"视角下的中国和下湄公河国家跨界水外交》，《东南亚研究》2015年第1期。

现代中国权利文化的孕育及其基调[*]

——"权利"概念的历史生成及其主要特质

张梦婉　瞿郑龙[**]

摘　要："权利"概念在现代中国早期经历了语词的翻译引介、选择酝酿、使用传播、观念沉淀的历史过程，这构成了现代中国权利文化的最初孕育，对于"权利"概念在现代中国语境中生成过程、演变路径及其初步定型的梳理和辩证是探究现代中国权利文化的基本起点。现代中国的"权利"概念自其创生伊始，既受到现代西方权利文化的重要影响，又带有深刻的中国传统印迹和突出的时代转型色彩，因此荷载了诸多语境化属性和特有倾向性内涵，形成了权利概念的混杂化、实证化和公共化、权力化等中国化特质，这也在相当程度上预示和影响了现代中国权利文化的演进轨迹和发展基调。

关键词："权利"概念；权利文化；现代中国

本文主要试图梳理"权利"这一语词在现代中国创造性生成的大体过程，辩证"权利"语词在从域外文化主要是现代西方文化译介、传播到现代中国早期的大体过程，以及现代中国早期在引进、接受、使用这个语词的过程中，对源始文化语境中的"权利"内涵进行的改造、转换（包括无意曲解、刻意变造等）以及由此形成的"权利"概念的中国样态及其主要特质，并且试图解释形成这种改造、转换的主要机制和原因，以此描

---

* 本文系江苏高校哲学社会科学研究基金资助项目"新时代社会主义核心价值观融入法律体系研究——以'友善'为中心的分析"（项目编号：2018SJA2243）和国家社会科学基金项目"中国法治体系中的守法义务研究"（项目编号：19CFX001）的阶段性成果。

** 张梦婉，苏州大学文正学院讲师，法学博士；瞿郑龙，苏州大学王健法学院副教授，法学博士。

绘现代中国"权利"概念创生的历史实践，借此透视现代中国权利文化的最初孕育过程及其初始特质。

值得指出的是，本文并不打算对其他与"权利"概念相近、相似因而相关的诸如"（参政）权""利权""（自治、参政等）之权""自由"等词语或用法进行梳理、分析，① 这主要是因为其中部分词语用法在当时虽然偶有使用，但是相对较少；或是因为有些术语与"权利"的相关性有限，并不能将其与"权利"概念直接类同；或是因为虽然所指称的内容属于权利，但是局限于某个特定权利类型，并非在一般性、抽象性意义上指称权利；或是因为虽然其时予以使用，但是后世罕有继续延用的；这使得这些词语、术语的代表性和解释力相对有限，因而本文在此都不予讨论。

一 作为现代中国权利文化源始基点的"权利"概念

现代中国权利文化的源头模糊多疑，难以准确界定；权利文化的内容结构纷繁复杂，显得千头万绪；而且权利文化机体本身处于不断衍生发展之中，无法固化限定。因此，如何既合理又有效地把握这一复杂的权利文化机体，成为我们首先需要思考的问题。

（一）经由"权利"概念切入现代中国权利文化的理据

"权利"概念在现代中国的创生，可以作为我们探究现代中国权利文

---

① 其实，在现代中国权利文化的孕育过程中，"民权""人权"这两个概念同样发挥了重要作用，尤其是前者，但是本文为了集中论述，把讨论对象限定为"权利"概念，部分地方附带涉及"民权""人权"两个概念。有关"民权""人权"等概念在近世中国的发生过程，主要参见熊月之《中国近代民主思想史》，上海人民出版社，1986，第10~15页；夏勇《中国民权哲学》，生活·读书·新知三联书店，2004；王人博等《中国近代宪政史上的关键词》，法律出版社，2009；〔日〕须藤瑞代《中国"女权"概念的变迁：清末民初的人权和社会性别》，〔日〕须藤瑞代、姚毅译，社会科学文献出版社，2010；谢放《戊戌前后国人对"民权"、"民主"的认知》，《二十一世纪》2001年6月号；俞江《"民权"小考》，《法制史研究》2003年第4期；杨添翼《近代中国制宪中的"民权"与"人权"之争》，《现代法学》2010年第2期；等等。

化最初孕育及其精神特质的可靠起点。这主要是因为，"权利"及相关概念在现代中国历史语境中的创造性生成是现代中国权利文化最初孕育的象征性、突出性标志。现代中国权利文化的最初孕育过程就是"权利"及相关概念在中国翻译引介、不断选择、左右含混、反复酝酿、逐渐传播、来回曲折、最终沉淀的观念认识与话语实践过程；其初步孕育形态就是"权利"及相关概念在现代中国新生内涵相对定型、价值初获肯认、使用日益频繁，进而荷载了更为复杂、更为丰富的权利文化内容；"权利"概念的创生可谓现代中国权利文化的源头。因而梳理和辩证"权利"及相关概念在现代中国早期历史语境中的创造性生成过程、演变路径及初步定型，也就成为现代中国权利文化探究的原点。

一方面，从普适性的基本学理来看，语言（包括口头语言和书面文字）是人类文明诞生的主要标志之一，语言既是人类社会文化演进到一定程度、特定阶段的重要文化结晶，也是文化继续不断衍生、向前发展的重要文化母体。通过语言来认识人类社会的文化，从古至今都是人类自觉运用的重要认知途径。不管是古文字学对于文字的考古辩释，[①] 还是语言社会学对于语言与社会生活关联的社会学建构解析，[②] 语言与人类社会文化的关联都已成为众所周知且公认的基本原理。对于这种基本原理，20世纪的语言哲学做了更为深刻的理论总结和哲学升华，[③] 从此以后，我们更加坚定和清醒地认识到，语言与文化之间存在必然、内在的本质关联。在语言的诸种表现形式中，从日常生活中提炼、概括出来的具有学理性的专门术语、词语、概念更是成为表征人类特定文化机体的智识"结晶"，也是我们理解人类社会文化的认识之网上的"纽结"。对此，概念史的研究方法做了具体精致、全面深入的理论诠释和例证分析。概念史的研究方法

---

① 参见李学勤《古文字学初阶》，中华书局，1985；林沄《古文字学简论》，中华书局，2012；裘锡圭《文字学概要》，商务印书馆，2013。

② 参见陈原《社会语言学》，学林出版社，1983；陈原《语言与社会生活》，生活·读书·新知三联书店，1999；郑也夫《语镜子》，中信出版社，2014。

③ 参见徐友渔《"哥白尼式"的革命》，上海三联书店，1994；徐友渔等《语言与哲学》，生活·读书·新知三联书店，1996；陈嘉映《语言哲学》，北京大学出版社，2003；〔英〕A. J. 艾耶尔《二十世纪哲学》，李步楼等译，上海译文出版社，2005，第九章；〔德〕恩斯特·卡西尔《人论》，甘阳译，上海译文出版社，2004，第八章。

论提示我们，一个新的词语、术语、概念的诞生往往意味着一种新的社会现象的生成，新词语、新概念往往是其背后复杂生活现象的集中反映和抽象表征。人类社会的历史文化沉淀于丰富系统的概念之中，社会文化的变迁必然在概念（尤其是重大概念、基本概念）之中留下烙印，概念因而不可避免地具有浓厚的历史性、社会性和文化性。因此，从词语、术语、概念来透视人类社会的思想、观念、意识进而整个文化，具有相当的解释力。①

另一方面，从特殊性的中国历史来看，中国从步入现代化历史进程伊始，就已面对固有文化传统遭遇外来文化冲击的时局形势，固有传统文化与他者文明相互之间交流、碰撞、融合的最初方式就是语言之间的学习、翻译和解释。中国固有传统文化的改造、异域文化的传播以及现代中国文化的变迁、重生和转型，无不是通过词语、概念这样一个重要的渠道予以展开、获得实现。现代汉语中的诸多概念都是源自其时外来的语言文化机体，② 这些新生词语、概念犹如根根芒刺，扎进僵化的中国传统文化机体之中，使其得以从沉睡中苏醒过来，并且以此作为最初的裂缝打开了认识欧风美雨的窗户与引进外来文化的大门，迎来了现代中国文化重生的历史契机。③ 近世中国法制现代化进程的开启及其演进同样经历了以语言作为

---

① 相关例证分析以及方法论的思考，参见陈建华《"革命"的现代性：中国革命话语考论》，上海古籍出版社，2000；〔日〕狭间直树、〔日〕石川祯浩编《近代东亚翻译概念的发生与传播》，袁广泉等译，社会科学文献出版社，2015；〔英〕尼古拉斯·菲利普森、昆廷·斯金纳《近代英国政治话语》，潘兴明、周保巍等译，华东师范大学出版社，2005；〔美〕特伦斯·鲍尔、〔美〕詹姆·法尔、〔美〕拉塞尔·L.汉森编《政治创新与概念变革》，朱进东译，译林出版社，2013；方维规主编《思想与方法：近代中国的文化政治与知识建构》，北京大学出版社，2015；冯天瑜等主编《语义的文化变迁》，武汉大学出版社，2007；方维规《概念史研究方法要旨》，黄兴涛编《新史学：文化史研究的再出发》（第三卷），中华书局，2009，第3～20页；张汝伦《现代中国思想研究》，上海人民出版社，2014。

② 参见〔意〕马西尼《现代汉语词汇的形成——十九世纪汉语外来词研究》，黄河清译，汉语大词典出版社，1997；〔德〕郎宓榭、阿梅龙、顾有信《新词语新概念：西学译介与晚清汉语词汇之变迁》，赵兴胜等译，山东画报出版社，2012；〔日〕狭间直树、〔日〕石川祯浩编《近代东亚翻译概念的发生与传播》，袁广泉等译，社会科学文献出版社，2015。

③ 参见〔美〕刘禾《跨语际实践》，宋伟杰译，生活·读书·新知三联书店，2008；〔美〕刘禾《帝国的话语政治》，杨立华等译，生活·读书·新知三联书店，2009；金观涛、刘青峰《观念史研究：中国现代重要政治术语的形成》，法律出版社，2009。

重要媒介予以展开继而推进的方式和过程，① 其中，作为中国法制现代化重要组成部分的权利文化，毫无例外也是通过"权利"及相关概念的翻译、传播、使用，触动了中国政法文化传统的古老神经，引发了现代中国权利文化的源始性孕育和创造性生成。

（二）"权利"概念历史考察的前提说明

在展开对"权利"概念的具体梳理、分析之前，有一个前提性的问题需要予以说明。有关"权利"词语、概念、观念出现的历史时间、空间地域、情势语境等问题，一直是伦理学、政治学、法理学争论不断、纠缠不清的问题。西方学界较为典型的有梅因、哈特、麦金泰尔、布莱恩·蒂尔尼等人的论断，但是这一问题至今尚无定论。② 中国法律学者对于这个问题也是争论不断。有学者认为，中国古代即已存在"权利"一词，甚至早已产生权利观念；也有学者认为，虽然古代中国的"权利"一词没有现代"权利"一语的含义，但还是大体模糊地表达了与现代"权利"相关观念相通的意涵；③ 还有学者认为，中国古代虽然已经存在"权利"一词，但是其所表达的意涵与现代意义上的"权利"明显有别。④ 实际上，为了避

---

① 参见王健《沟通两个世界的法律意义》，中国政法大学出版社，2001；俞江《近代中国的法律与学术》，北京大学出版社，2008；何勤华、李秀清《外国法与中国法》，中国政法大学出版社，2003；何勤华等《法律名词的起源》（上、下），北京大学出版社，2009；王人博等《中国近代宪政史上的关键词》，法律出版社，2009。

② 参见方新军《权利概念的历史》，《法学研究》2007年第4期；李中原《Ius 和 right 的词义变迁——谈两大法系权利概念的历史演进》，《中外法学》2008年第4期；〔美〕理查德·达格尔《权利》，〔美〕特伦斯·鲍尔、詹姆斯·法尔、拉塞尔·L. 汉森编《政治创新与概念变革》，朱进东译，译林出版社，2013，第313~331页；〔英〕Leif Wenar《权利》，瞿郑龙、张梦婉译，张文显、杜宴林主编《法理学论丛》（第七卷），法律出版社，2013，第63~91页；Brian Tierney, *The Idea of Natural Rights*: *Studies on Natural Rights, Natural Law, and Church Law 1150 – 1625*, Wm. B. Eerdmans Publishing Company, 1997; Annabel S. Brett, *Liberty, Right and Nature*: *Individual Rights in Later Scholastic Thought*, Cambridge University Press, 2003.

③ 参见李贵连《话说"权利"》，北大法律评论编委会编《北大法律评论》第1卷第1辑，北京大学出版社，1998。

④ 例如，美国学者金勇义认为："我们不能说中国古籍中的'权'字指的就是现代的'权利'概念。用'权利'一词来指称现代的'权利'概念是相对晚出的事。"参见〔美〕金勇义《中国与西方的法律观念》，辽宁人民出版社，1989，第四章，尤其参见第109页。

免产生无谓争论、陷入各说各话的尴尬境地，我们需要明确讨论的对象，为此，需要区分三个不同意义上的"权利"。

其一，是作为词语（word）的"权利"。对于作为名词的"权利"，我们只是需要确认在中国历史典籍中是否存在使用"权利"一词的情况即可，如果存在"权"与"利"二字联合使用并且作为一个词语的情况，那么就是存在"权利"这一词语。从这个意义上来说，通过梳理考证中国古代主要典籍可知，中国传统文化中确实存在"权利"这个名词。

其二，是作为观念（conception）的"权利"。中国古代"权利"一词，虽然与现代意义上"权利"一词具有明显差别，也就是说，在概念核心内涵及其主要外延上，中国古代典籍中的"权利"语词并不等同于现代意义上的"权利"概念。但是，这并不意味着中国古代就不存在与现代意义上"权利"概念表达的内涵相似或相近的观念，以及表达这种观念的其他相应名词或概念。

实际上，虽然古代社会与现代社会的重大差异之一就是古代社会并未产生现代意义上的"权利"概念，但是由于人类社会生活从古至今需要面对诸多根本性的共通问题，因而即便使用的语词不同，不同语词表达、蕴含的观念也存在诸多相似甚至一致之处。正如有学者指出："一般来说，人们往往会认为，人类从产生之初就有着'我的''你的'或'我们的''你们的'的观念，这不就是'权利'的观念吗？但是，这些直觉的观念只能算是'权利'概念的个别反映，因为，'权利'概念还涵盖了诸如'支配''用益''处分''请求''抗辩'以及'选择'等等观念。以上所有的'权利'观念都只是人们对'权利'概念的各种具体形式的直觉反映，而'权利'概念则是对所有这些直觉观念的抽象概括。显然，这种抽象的'权利'概念并非从来就有。"① 因此，笼统、模糊、粗浅但又共通的权利观念可以说自人类政治社会诞生之日起大概就已形成，但是不同地域社会、不同时代历史的人们表达这种权利观念的

---

① 参见李中原《Ius 和 right 的词义变迁——谈两大法系权利概念的历史演进》，《中外法学》2008 年第 4 期。

词语并不相同。比如，中国古代的"分""义""直"等词语，就已具有与现代"权利"概念相类似之内涵意蕴，表达着与现代"权利"概念相通的权利观念。中国古语所谓"定分止争"，其中"分"一词就已间接表达了部分现代权利观念。① 还有学者认为："道德义务和法律义务是以对权利的承认为前提的，而任何一种权利，如果其他人不能够为承认此种权利而履行一定之义务，那么这种权利也无法得到保障。……如此，则我们必须认定，即使最暴虐的政府与法律，也必须具有某些承认权利的条款。中国传统的法律制度，除去命令和禁律之外，也包含有许多明确的和不那么明确的旨在确定诸如财产权和人身权的法律条文。"② 如果这种前提成立，那么"可以与现代法律权利的概念相匹配的观念，可以从中国古籍中'义'的观念中找到"。③ 正是基于这种认识，有学者认为，"思想史学者就权利的起源发生过争论。这些争论有时以'权利的概念'何时出现这一角度展开。然而，只要权利概念的出现真的成为问题之所在，那么答案就超出了思想史学者的能力范围而进入到了人类学家的领域。即使是最原始的社会秩序也必定包含了具体规定特定个人或团体拥有特定许可为特定行为的规则。而且，即使是最原始的人类共同体也必定拥有具体规定某些人被授权命令其他人必须做什么的规则。这样的规则赋予了权利"。④

其三，是作为概念（concept）的"权利"。如上所述，如果仅仅从语词的角度来看，中国古代典籍中确实存在"权利"一词。但是中国古代典籍中使用的"权利"一词表达的主要内涵与现代"权利"概念的核心内涵存在本质差异，因而，从"权利"作为现代政法概念这层意义上来说，

---

① 参见李贵连《话说"权利"》，北大法律评论编委会编《北大法律评论》第 1 卷第 1 辑，北京大学出版社，1998。

② 参见〔美〕金勇义《中国与西方的法律观念》，辽宁人民出版社，1989，第四章"中国传统中一般意义的法权概念"，第 108 页。

③ 参见〔美〕金勇义《中国与西方的法律观念》，辽宁人民出版社，1989，第四章"中国传统中一般意义的法权概念"，第 110 页。

④ 〔英〕Leif Wenar：《权利》，瞿郑龙、张梦婉译，张文显、杜宴林主编《法理学论丛》（第七卷），法律出版社，2013，第 63 ~ 91 页。

中国古代确实并未产生现代意义上的"权利"概念。① 正是因为中国古代
文化中缺乏现代"权利"概念，所以其表达"权利"观念的方式相应有
别于现代社会以专有"权利"概念来指称相关现象的方式，而是以其他
方式间接隐晦、模糊不定地表达了我们现在所熟知的权利观念。正如有
的学者所言，"在中国古代，尽管有关权利及其社会价值的观念、思想、
理论相当丰富，也不乏关于权利种种精彩而深刻的论述，但是这些论述
距离'权利'概念的科学抽象差得很远。权利概念在中国的出现是19世
纪西学东渐之后的事情，经历了漫长的从感性到知性再到理性的认知
过程"。②

总而言之，我们需要区分三种不同意义上的"权利"，并且大体可以
作出以下归结："权利"名词在中国历史上早已有之；而与现代意义上的
"权利"概念内涵相近似的观念也早已出现，只不过中国古代社会的"权
利"观念具有明显的被动化（往往由他方义务发动）、权力化（强调单方
对于另一方的权利）、群体化（例如群体财产权、共有财产权）、模糊化、
相对化（并不是绝对的对人对事权）等特质，不同于现代意义上的个人
化、主动化、对等化的权利形态；③ 完全现代意义上的"权利"概念确实
是现代社会的产物。本文旨在梳理现代意义上的"权利"概念在现代中国
的生成过程，在此之前本文将先回溯中国古代"权利"一词的使用语境及
其古代含义，也会涉及现代意义的"权利"概念所表达的相应权利观念，
但是主要对象则是集中于现代意义的"权利"概念之上。

---

① 有学者认为，现代"权利"概念的出现需要"具备三个特征：其一为统一的'名称'或
'语词'，比如，在汉语中为'权利'；在英语中为'right'；在德语中是'recht'；在法
语中是'droit'；而其更久远的名称则是拉丁语中的'ius'。其二，该'名称'或'语
词'必须将上述具体的观念都统摄其下。其三，该概念须区别于其他概念，尤其是在一
词多义的情况下，多种意义之间须能够区分"。参见李中原《Ius和right的词义变迁——
谈两大法系权利概念的历史演进》，《中外法学》2008年第4期。

② 参见张文显、姚建宗《权利时代的理论景象》，《法制与社会发展》2005年第5期。

③ 有关中国传统社会中的权利观念，参见邓建鹏《财产权利的贫困——中国传统民事法研
究》，法律出版社，2006；〔美〕白凯《中国的妇女与财产：960—1949》，上海书店出版
社，2007；〔美〕曾小萍、欧中坦、加德拉《早期近代中国的契约与产权》，李超等译，
浙江大学出版社，2011；〔日〕寺田浩明《权利与冤抑》，王亚新等译，清华大学出版
社，2012。

二 中国古代文化语境中的"权利"

作为词语的"权利",在中国古代历史语汇中早已存在。无论是在思想经典诸如《荀子》和《商君书》中,还是在历史典籍诸如《史记》和《资治通鉴》中,都有使用"权利"的情况。对于我国古代语汇中"权利"一词的含义,学界已经有所论述。① 通过"国家图书馆二十五史研习系统"检索"权利"一词,我们发现,"权利"一词在中国古代典籍中出现的次数十分有限,大致情况如下。

(1)在我国古史传类经典中,"权利"一词,在《资治通鉴》中出现12次。例如,《资治通鉴》卷十八:"连党类,立虚誉以为权利者,谓之游行。此三者,乱之所由生也;伤道害德,败法惑世。先王之所慎也";卷二百九十:"枢密使王峻,性轻躁,多计数,好权利,喜人附己"。在《续资治通鉴》中出现5次。在《史记》中出现5次,例如,《史记》卷四十二郑世家第十二:"太史公曰:语有之,'以权利合者,权利尽而交疏',甫瑕是也";卷一百七魏其武安侯列传第四十七:"家累数千万,食客日数十百人。陂池田园,宗族宾客为权利,横于颍川"。在《汉书》中出现6次;在《后汉书》中出现2次;在《三国志》中出现2次;在《宋书》中出现2次;在《南齐书》中出现2次;在《魏书》中出现1次;在《南史》中出现3次;在《北史》中出现1次;在《旧唐书》中出现3次;在《新唐书》中出现3次;在《旧五代史》中出现3次;在《宋史》中出现4次;在《辽史》中出现1次;在《金史》中出现1次;在《明史》中出现2次,例如,《明史》卷三百八列传第一百九十六"严嵩":"世蕃,短项肥体,眇一目,由父任入仕。以筑京师外城劳,由太常卿进工部左侍郎,仍掌尚宝司事。剽悍阴贼,席父宠,招权利无厌"。

---

① 参见李贵连《话说"权利"》,北大法律评论编委会编《北大法律评论》第1卷第1辑,北京大学出版社,1998;张文显《法哲学范畴研究》,法律出版社,2001,第292~294页;赵明《近代中国对"权利"概念的接纳》,《现代法学》2002年第1期;何勤华等《法律名词的起源》(上),北京大学出版社,2009,第215~218页。

需要关注和指出的是，在《清史稿》中，"权利"一词共出现 28 次，这是我国古代正史类中出现次数最多的一部史传；不仅出现次数最多，而且含义与其他中国古代典籍中"权利"一词的含义以及词语的感情色彩也明显有所不同。这反映了清朝时期我国传统语境中"权利"一词的变迁、转换与再生，因而对于《清史稿》中"权利"一词使用情况的分析将留待本文第二部分予以考察。

（2）在诸子类经典中，《盐铁论》出现次数最多，共 7 次，例如，《盐铁论·卷一·禁耕第五》："夫权利之处，必在深山穷泽之中，非豪民不能通其利。……今放民于权利，罢盐铁以资暴强，遂其贪心，众邪群聚，私门成党，则强御日以不制，而并兼之徒奸形成也"；《卷三·轻重第十四》："文学曰：'礼义者，国之基也，而权利者，政之残也'"；《卷四·贫富第十七》："故古者大夫思其仁义以充其位，不为权利以充其私也"；《卷六·散不足第二十九》："间者，士大夫务于权利，怠于礼义；故百姓仿效，颇逾制度"。

（3）在全文类中，《全唐文》出现次数最多，共 17 次，例如，《全唐文·卷六百三十》："若有览古成败，与时行藏，道惟忠贞，权利变化，兵机生于尽性"；《全唐文·卷八百八十六》："游说之词不能入，权利之势不能动"。

（4）在诗词曲类中，《全宋诗》出现次数最多，共 13 次，例如，《全宋诗·卷一一五八》："浅浅权利客，趑趄轻薄夫。高门甚烈火，相劝以奔趋"。此外，在诗文评类、佛家经典类、类书政书类、明清小说类等典籍中都有使用，但是并不多见。

（5）除了这些历史典籍，在中国古代的若干思想经典之中，也有"权利"一词的用例。例如，《荀子》"劝学"篇说道："是故权利不能倾也，群众不能移也，天下不能荡也。生乎由是，死乎由是，夫是之谓德操"；"君道"篇则有言："接之以声色、权利、忿怒、患险而观其能无离守也"；[①]《商君书·算地》说道："夫民之情，朴则生劳而易力，穷则生

[①]（清）王先谦撰，沈啸寰、王星贤点校《荀子集解》，中华书局，1988，第 19、241 页。

知而权利。易力则轻死而乐用，权利则畏罚而易苦"。①

　　除了上述古籍文本之外，有关古语辞典也解释了我国古代"权利"一词的主要含义。例如，主要收录我国古代词语的《辞源》对于"权利"一词的解释是"权势及货财"，并援引《荀子·君道》以及《史记·卷一百七·魏其武安侯列传第四十七》中的相关语句作为例证；2015年新版《辞源》对于"权利"一词的释义仍然延续了1979年版本的解释含义。②《汉语大词典》解释"权利"一词时列举了四种含义：一是权势和货财；二是指有钱有势的人；三是谓权衡利害；四是法律用语，指公民依法应享有的权力和利益。前三种属于中国古代使用较多的意涵。③《辞海》释义"权利"一词有两种含义：一是权势和货利；二是"义务"的对称，其中一个含义指法律上的权利，即自然人或法人依法行使的权能与享受的利益。其中第二种含义是后来现代西方权利文化传到中国以后衍生出来的新内涵。④

　　从上述对我国古代历史典籍中"权利"一词的使用情况，以及《辞源》《汉语大词典》《辞海》等权威辞书中"权利"一词的释义情况来看，显而易见，迄至中国古代明朝时期，"权利"一词在中国传统语境中要么作为名词，指称权势、利益、权力、权重以及有权有势之人；要么作为动词，意为权衡利弊、平衡考量；而且前者大都带有较为明显的贬义，往往在与"仁义"等褒义词相对立的语境中被使用。经由上述大致梳理，我们可以清晰辨认，中国传统语境中的"权利"意涵与后文即将讨论的现代意义上的"权利"概念存在本质区别。

三　古今中西之间的"权利"语词

　　"如果对任何事物，对政治或其他各问题，追溯其原始而明白其发生

---

① 蒋礼鸿撰《商君书锥指》，中华书局，1986，第44页。
② 参见广东、广西、湖南、河南辞源修订组、商务印书馆编辑部编《辞源》（修订本），商务印书馆，1980，第1649页；何九盈、王宁、董琨、商务印书馆编辑部编《辞源》（第三版），商务印书馆，2015。
③ 参见《汉语大词典》编辑部《汉语大词典》（CD-ROM繁体单机2.0版），商务印书馆（香港）有限公司，2003。
④ 参见夏征农、陈至立主编《辞海》（第六版），上海辞书出版社，2009，第1857页。

的端绪，我们就可获得最明朗的认识。"① 因此，追溯"权利"一词在近世中国的创生源头，成为我们考察现代中国权利文化的基本起点。

（一）"权利"语义变迁的历史背景

中国传统文化语境中"权利"一词含义的变迁源自现代中西方的遭遇、交流和碰撞。古代中西方文明社会之间并不缺乏相互交流的活动与彼此认识的契机，实际上东西方之间的文明交往，早在新石器时代就已存在，后世汉代以来的丝绸之路、郑和下西洋等交往活动都是历史性的创举；《大唐西域记》和《马可·波罗游记》则是两部并举的见证中西方之间文化交流的历史巨著。但是，古代东西方文化之间的交流活动因地理远隔、交通不便、文化差异、语言不通等客观因素的限制以及交往欲望淡漠等主观因素的作用，局限于一种低水平、偶发性的层次之上；东西方文明相互之间的认识虽然带有诸多真知灼见，但是更多包含的则是彼此的臆想猜测，停留在一种隔雾看花、井中观月的层面。② 直到 15 世纪以后，由于地理大发现，整个世界格局发生了彻底的变革，原来松散的世界各地文明体从此开始进入一个共同的世界格局，西方在这个世界格局中开始扮演殖民主义者的角色，原先作为先进文明体的东方则转身变作被殖民的对象。③ 在这种新的世界格局中，西方逐渐接近古老的中华帝国，先后占据了中华帝国周边国家地区，进而开始频繁通过官方与非官方的渠道尝试与中国直接接触。面对众多陌生的域外人、不请自来的扣关者，明清政府虽然大都采取了保守防范的抵拒政策，却仍然无法改变中西方之间逐渐进入一种结构性关联之中的历史大格局，二者从此纠缠不清、不可分离、互为他者，中华帝国的对外关系史从此成为与中华帝国内部治理关系同样重要的历史

---

① 〔古希腊〕亚里士多德：《政治学》，吴寿彭译，商务印书馆，1965，第 4 页。

② 例如，有关历史上西方对于中国的认识与误识，参见周宁《天朝遥远：西方的中国形象研究》，北京大学出版社，2006；〔美〕史景迁《文化类同与文化利用：世界文化总体对话中的中国形象》，廖世奇、彭小樵译，北京大学出版社，1990。

③ 相关论述，参见陈旭麓《近代中国社会的新陈代谢》，中国人民大学出版社，2012，第二章。

构成。①

清末作为中国古代帝国王朝的最后阶段，面临这种千年未有之大变局，国内社会形势和域外政治压力、思想观念和行为方式、社会组织形态和机制规范制度，经历了松弛动摇、犹疑踟蹰，进而反复争论、复辟维新，最后走向急剧变革、革故鼎新的变动不居状态之中。现代中国权利文化正是源生于这"古今中西之间"巨大变革动荡的历史时期，萌生于古老中华帝国陈腐的机体裂痕之中。在中西方之间这种新的结构性关联中，古老的中华帝国越发切身感受到来自西方现代文明社会诸多方面的压力。鸦片战争等武力斗争是晚清政府回应诸多外来压力的最初方式，但是面对战场上失利的赤裸裸事实，清朝政府俨然已经认识到，通过武力对抗根本无法化解这种外来危机。在经历了诸多挫败之后，清朝政府将关注的目光从战场之上转移到了战场之外，其对外的态度也不得不转变为寻求正面积极学习西方，实行新的策略来应变处理中西方之间的关系问题。从此以后，以"尽用泰西之法而驾乎其上""师夷长技以制夷"等口号为代表的学习西方态度成为朝野上下、官方民间面对西方时抱有的基本立场，明清时期原有的西方人单方面向中国发动的文化传播活动，变为中西双方之间的文化互动行为。②

在这种大的历史背景下，中西方之间的文化交往、知识学习、观念传播等活动日益兴盛，有关政治法律的词语、概念、思想等丰富的知识也正是在这种中西文明频繁交流、激烈碰撞、深入融合的时代大背景之下，逐渐从西方传入中国，并且随即以"欧风美雨"的迅猛之势席卷了古老的中华大地。有学者就从法律词语的生成发展角度，将现代中国法律词语的形成发展大体分为三个阶段：第一阶段为感知阶段，时间为1800年至1860年，其代表性事件以及标志性成果是林则徐组织翻译的《各国律例》，这

---

① 参见〔美〕费正清编《中国的世界秩序：传统中国的对外关系》，杜继东译，中国社会科学出版社，2010；〔美〕马士《中华帝国对外关系史》，张汇文译，上海书店出版社，2006。

② 参见〔美〕费正清、赖肖尔主编《中国：传统与变革》，陈仲丹等译，江苏人民出版社，2012，第十章；陈旭麓《近代中国社会的新陈代谢》，中国人民大学出版社，2012，第四、六、七章。

是现代西方法学传入中国的起点；第二阶段为整合阶段，时间为 1860 年至 1900 年，其中丁韪良等着手翻译的《万国公法》是其突出性成果；第三阶段为改造平衡阶段，时间为 1900 年至 1911 年，代表文本是中国第一批法学辞典的诞生。如果说早在 1800 年以前，近代中西方之间的文化交流就已经由不少具有政治背景的官员或军人、追逐商业利益的商人或冒险家以及虔诚的传教士等群体予以展开，那么大规模并且带有中国官方主动色彩的向西方引进政治法律知识的活动，直到鸦片战争期间方才兴盛起来。随后，随着位于北京的同文馆等专门介绍西学的官方机构的创立、运行，民间与官方文化交流人才的培养、增长以及晚清政府对外政策的松动改变，来自西方的诸多政法概念逐渐与原有的中华文化语言迅速融合，引发强烈反应。作为现代中国"权利"概念生成重要政治法律文本的《万国公法》，正是现代早期中西方政法文化交流迅速发展的成果结晶之一。①

（二）《万国公法》的译介："right"与"权利"的对译

目前学界大都把近世中国具有现代意涵的"权利"概念的最初产生追溯到 1864 年丁韪良翻译的《万国公法》这个文本。实际上，在西方语词尤其是英语"right"对译为中文"权利"一词之前，"right"已经被翻译为中文。例如，鸦片战争时期林则徐等人组织翻译的《各国律例》中，其英文原文中本包含有"right""power""authority"等词，但是这些英文词译为中文时，并未翻译为中文"权利"，而是被翻译为"例""（道）理""应当""不错"等中文语词。那时，在中国了解西方政法概念的主要书籍《海国图志》中，也并不存在现代西方意义上的"权利"一词，但是其时已经出现了以中文"权"翻译英文"right"的情况。有学者认为，《海国图志》1847 年收录的题为《各国律例》的短文中，收录的有关国际

---

① 参见俞江《近代中国的法律与学术》，北京大学出版社，2008，第一章。有关近代中国早期中西法律交往的情况，参见王健《沟通两个世界的法律意义》，中国政法大学出版社，2001，第二章；何勤华、李秀清《外国法与中国法》，中国政法大学出版社，2003。有关其时法律词语的交流影响，参见〔意〕马西尼《现代汉语词汇的形成》，汉语大词典出版社，1997；〔德〕郎宓榭、阿梅龙、顾有信《新词语新概念：西学译介与晚清汉语词汇之变迁》，赵兴胜等译，山东画报出版社，2012。

法问题的两个段落，提供了目前所见现代中国第一次将英语"right"译为中文"权"的证据。① 但大体看来，那个时期的人们尚未建立起英文"right"与中文"权利"一词之间明确而稳定的对译关系。②

现代西学包括西方权利观念传播、译介到中国的历史时机之所以往后推迟，与当时的国情、时势与人心有关。鸦片战争并未从根本上触动古老中华帝国的迟钝神经，之后 20 年间陆续与西方列强签订的各种条约仍未使清王朝看清时局、醒悟惊觉。从 19 世纪 60 年代开始，反思与英法两国签订的条约，清王朝才逐渐意识到问题似乎并不像中国古代历朝历代所遭遇的那般平常，这个僵化沉睡的机体方才慢慢被刺痛进而激起了若干反应。"林则徐及魏源的海防主张，除了对当时人们的思想和认识，激起一阵新奇的涟漪之外，并没有受到清廷的重视，一直到英法联军之后，他们的师夷之长技以制夷的主张，才被引伸推广而为普遍的洋务运动。"③ 19世纪 60 年代之初，作为培养人才、翻译西学的官办学校同文馆成立，借此现代西学中的政法知识得以经由官方途径传播到中国，丁韪良翻译《万国公法》正是得益于此。

近世中国具有现代含义的"权利"概念的明确诞生，根据目前可考，确是源自 1864 年丁韪良翻译的《万国公法》。作为清政府官方引进的第一部系统的西方国际法著作，《万国公法》有诸多特殊的意义；与本文最为相关者，当然是《万国公法》的英文原文《国际法原理》（*Elements of International Law*）中的"right"被首次明确翻译为中文"权利"一词。④《万国公法》中出现了大量使用"权""（人、人民、自然、自主、司法等）之权""私权""主权""权利"等中文语词来翻译英文原著相关词语的情况，

① 参见〔挪威〕鲁纳《中国政治话语中的"权力"与"权利"》，〔德〕郎宓榭、阿梅龙、顾有信《新词语新概念：西学译介与晚清汉语词汇之变迁》，赵兴胜等译，山东画报出版社，2012，第 131~135 页。

② 参见（清）魏源撰《海国图志》，岳麓书社，1998；王健《沟通两个世界的法律意义》，中国政法大学出版社，2001，第 104~113 页；〔意〕马西尼《现代汉语词汇的形成——十九世纪汉语外来词研究》，汉语大词典出版社，1997，第 34、53 页。

③ 参见荆知仁《中国立宪史》，台北：联经出版事业公司，1984，第 42 页。

④ 参见王健《沟通两个世界的法律意义》，中国政法大学出版社，2001，第四章；杨焯《丁译〈万国公法〉研究》，法律出版社，2015。

几乎散见于整部译著中的各处。虽然这些中文译词实际上涵括、对译的是"authority""power""sovereignty""privileges"等英文词，并非全都对应的是英文"right"一词，但是毫无疑问，丁韪良《万国公法》中译本中的"权利"语词已经出现了不同于中国传统文化中"权利"一词的全新内涵。①

另据学者对《万国公法》中文译文本及其原文《国际法原理》英文本的详尽对比考察，通过抽取《万国公法》英文原本《国际法原理》每卷的第一章内容，在英文原文中检索英文单词"right"一词，随后在中文译文本《万国公法》中确定与之相对应的名词化译文，在排除了中文译文缺省翻译亦即"right"并未被译出，以情态动词例如"可""应""得"等译文表达方式以及"right"作为形容词出现修饰"reason"仅只表示"正确"语义等情况以后，"right"对译的名词化译法共有89处，其中74处被译为"权/权利"，9处被译为意义相对模糊、大而化之的"例"，4处被译为"条规"以及"法"，1处被译为与"duty"意义相近的"分"，还有1处则被译为"术"。从词频选择上来看，译者已经非常有意识地将中文"权/权利"作为与英文"right"相对应的术语来处理，这种翻译策略以及选择已经趋向稳定，中文"权利"一词与英文"right"之间的对应关系已经形成。②

例如，《万国公法》译文中出现了以下说法："盖诸国与庶人迥异，故其名分、权利亦有不同"；"论世人自然之权，并各国所认，他国人民通行之权利者"。这些论述中的"权利"用法已经在词语内涵、词性色彩等方面具有了不同于中国传统"权利"一词的含义、属性。③ 1877年，在吴尔玺撰写的《公法便览》翻译、刊印出版时，作为译者的丁韪良在该书"凡例"中对在翻译"right"一词时，不得不通过创造汉文新词"权利"一语来进行对译给予了如下说明："公法既别为一科，则应由专用之字样。

---

① 参见〔美〕惠顿《万国公法》，〔美〕丁韪良译，何勤华点校，中国政法大学出版社，2003，第11、12、14、16、17、25、26、27、50、78、88、111页；王健《沟通两个世界的法律意义》，中国政法大学出版社，2001，第四章；杨焯《丁译〈万国公法〉研究》，法律出版社，2015。

② 参见杨焯《丁译〈万国公法〉研究》，法律出版社，2015，第77～79页。

③ 参见〔美〕惠顿《万国公法》，〔美〕丁韪良译，何勤华点校，中国政法大学出版社，2003，第14、16页。

故原文内偶有汉文所难达之意，因之用字往往似觉勉强。即如一'权'字，书内不独指有司所操之权，亦指凡人理所应得之分；有时增一'利'字，如谓庶人本有之'权利'云云。此等字句，初见多不入目，屡见方知不得已而用之也"。① 由此可见，"权"这一字在其时已经被赋予了"凡人理所应得之分"的内涵，而且"权利"已经被作为"庶人"享有之物，不再是一种为"有司"所独享特有的事物，成为一个不同于中国古代基本具有贬义色彩的积极正面词语。

（三）《万国公法》译介之后的"权利"语词

《万国公法》首次以中文"权利"对译西文"right"，并且赋予"权利"不同于其古代意义的内涵，这确实是具有历史性意义的创举。但是，"权利"词语、话语的生成虽然凭借个人即可创造，但是其生存、传播、延伸则需要客观的话语环境与历史境遇。"自《万国公法》之后，凡丁韪良主持的同文馆翻译的公法类译书，逢对应'Right'者，无不使用'权利'一词。"例如，《公法便览》记载："所谓平行相等者，乃指各国权利而言，凡自主之国，无论新旧、大小；民政、君政，其权利相等，如横之平焉。"② 但是，直到1877年吴尔玺撰写的《公法便览》翻译、刊印出版时，丁韪良仍然需要对中文"权利"一词的含义予以说明，可见其时，人们并未对被赋予了新含义的"权利"一词予以普遍理解和接受。③ 根据学者的研究，"自《公法便览》刊行，直至19世纪结束的近30年间，国人对'权利'的认识殆无新说。历史翻过19世纪的最后一页后，情况大变"。④

直到19世纪末期，除了丁韪良主持的同文馆外，其他翻译机构并未统一使用"权利"一词，部分知识分子也尚未明确接受这个新词。例如，

① 参见〔美〕吴尔玺《公法便览》，丁韪良等译，同文馆，1877，译者序；转引自〔美〕刘禾《帝国的话语政治》，杨立华等译，生活·读书·新知三联书店，2009，第171页。
② 参见俞江《近代中国民法学中的私权理论》，北京大学出版社，2003，第87页。
③ 参见王健《沟通两个世界的法律意义》，中国政法大学出版社，2001，第167~168页；俞江《近代中国民法学中的私权理论》，北京大学出版社，2003，第87页。
④ 参见李贵连《话说"权利"》，北大法律评论编委会编《北大法律评论》第1卷第1辑，北京大学出版社，1998；有关"权利"一词在近代中国不同历史阶段大体的使用情况及其主要含义，参见金观涛、刘青峰《观念史研究》，法律出版社，2009，第520~524页。

现在一般可以翻译为中文"权利"一词的法语"droit"，在 1880 年出版的《法国律例》中并未译为"权利"，而是译为"例应""正直""法"等中文词语；其他汉译国际法著作中的"right"有的译为"分所应得""利权""权"等词语，或是省去"right"一词并未翻译出来。直到 1897 年，《新增华英字典》在"Right"词条下，开始加入"权利"一项；1899 年，梁启超在《各国宪法异同论》中使用"权利"一词，之前的 1896 年，梁启超在《论中国积弱由于防弊》一文中还是使用"权"一字。① 1897 年严复翻译《天演论》，1898 年首刊正式出版，其中有关"权利""民权"词语的使用，部分还是中国古代意义上的含义。例如，"使所享之权与利，优于常伦焉，则天下皆奋其才力心思，以求合于其格，此必然之数也"；但是较大部分则已经具有了现代"权利"概念的意味，比如，"幸今者民权日伸，公治日出，此欧洲政治所以非余洲之所及也"。② 1899 年，何启、胡礼垣在为辩驳张之洞《劝学篇》中批判民权而作的《劝学篇书后》中，明确认为，"'民权'的中文词汇是中国知识分子对日文'自由'（liberty）的转译：'里勃而特'译为自由者，自日本始。虽未能尽西语之意，然以二字包括之，亦可谓能举其大由。自由二字而译为民权者，此必中国学士大夫读日本所译书者为之，其以民权二字译'里勃而特'一语，吾无间然，独惜译之者于中外之理未能参究其同，阅之者或至误猜其意"，并且正面伸张了民权的积极意涵。③ 1901 年，《国民报》在其创刊号中刊登《原国》一文，文章对"国"字进行论证，第一次把权利与义务联系起来，认为国为人人所有，人人于国有应得之权利，同时又有应尽之义务；第 2 期刊文《说国民》指出："何谓权利？曰：天之生人也，既与以身体自由之权利，即与以参预国政之权利。"④ 1902 年《新民丛报》刊载梁启

---

① 参见俞江《近代中国民法学中的私权理论》，北京大学出版社，2003，第 87~91 页。
② 相关论述，参见〔英〕托马斯·赫胥黎《天演论》，严复译，译林出版社，2014，第 49、35、73、116 页。
③ 参见何启、胡礼垣《新政真诠——何启、胡礼垣集》，郑大华点校，辽宁人民出版社，1994，第 21~22 页。
④ 张枏、王忍之编《辛亥革命前十年间时论选集》（第一卷上册），生活·读书·新知三联书店，1960，第 64、72 页。

超的《新民说》《论权利思想》等文章，① 1903 年刊于《直说》第 2 期的《权利篇》则开始较为集中地探讨了权利问题，在此之后，有关权利的探讨和论述不断涌现。② 1903 年颁布的《钦定大清商律》中的《公司律》第三节有关"股东权利各事宜"使用 17 个条款规定股东权利，明确把"权利"写进法律条文。③ 1902 年，梁启超指出："一二年前，闻民权而骇者比比然也，及言革命者起，则不骇民权而骇革命矣。近日我国学界之思潮，大抵不骇革命者，千而得一焉；骇革命而不骇民权，百而得一焉。"④可见，民权作为一种权利话语形态，是在 20 世纪初的数年里逐渐形成。根据学者的数据分析，19 世纪末期到 20 世纪初期，现代意义的"权利"概念是那个时期中国最常用的政治文化词语，并在此后数年里形成了"权利"话语的若干高峰。⑤

"权利"语词演变的这种大体情况与清末王朝在世纪之交出于内政困局、外境压力被迫推行法律改革以图对内重整皇权、对外收回国权的历史时势紧密关联。⑥ 只是到了 19 世纪末期，清朝政府遭遇更为严重的内忧外患，尤其是经历了戊戌变法之后，具有现代意义的"权利"概念的使用随着清朝政府学习现代西方的态度更加坚决，方才在官方和民间的论述中逐渐增多。如果说 1864 年丁韪良将"right"译为中文"权利"是现代中国"权利"概念创生的"星星之火"，虽然这股"星星之火"一经产生就注定埋下了一颗重新燃烧的"火种"，但是由于这一时期世界、国家、民族、社会情势尚未为其提供"燎原之势"的生长空间，因此其主要局限于个别

① 参见张枬、王忍之编《辛亥革命前十年间时论选集》（第一卷上册），生活·读书·新知三联书店，1960，第 133~134 页。

② 参见张枬、王忍之编《辛亥革命前十年间时论选集》（第一卷上册），生活·读书·新知三联书店，1960，第 479~484 页。

③ 参见李贵连《话说"权利"》，北大法律评论编委会编《北大法律评论》第 1 卷第 1 辑，北京大学出版社，1998；俞江《近代中国民法学中的私权理论》，北京大学出版社，2003，第 91 页。

④ 参见梁启超《敬告我同业诸君》，《新民丛报》1902 年 10 月，第 17 号，转引自陈建华《"革命"的现代性：中国革命话语考论》，上海古籍出版社，2000，第 2 页。

⑤ 参见金观涛、刘青峰《观念史研究》，法律出版社，2009，第 124、133、148 页。

⑥ 参见李贵连、王志强《1902 年（光绪二十八年）：中国法百年祭》，《法制史研究》（台湾）2002 年第 3 期，中研院历史语言研究所中国法制史学会，第 139~156 页。

碎片、断续零星的使用、传播；直到 19 世纪末 20 世纪初，经过 30 多年的风雨飘摇，这个"星星之火"终于借助中国社会运动的巨大"风势"迅猛壮大，成为那个时期冉冉升起、风靡一时的政治法律话语。

（四）古今中西交融语境中的"权利"：代表性文本的例证分析

上述对于现代中国"权利"概念的产生过程做了大致的描述，下面试以《万国公法》《清史稿》《辛亥革命前十年间时论选集》等学术著作、官方正史、报纸杂志等作为主要例证实证材料，分析那个古今中西剧烈变革、复杂交融历史时期中的"权利"话语，以助于我们更为具体直观地认识其时"权利"概念在中国的创生机制及其主要特质。

选取这些历史实证材料进行例证分析，主要理由如下。首先，《万国公法》作为近世中国最早将英文"right"译为中文"权利"一词的译著，其中使用"权"或"权利"的情形随处可见，其使用"权利"一词的具体语境、含义代表了现代中国"权利"词语内涵发生转变的最初见证，极具参考价值。其次，清朝末期，中国"权利"一词的混杂使用情况，还可以在中华民国北洋政府时期组织编修的《清史稿》中管窥一斑。作为后世修订的中国传统社会最后王朝清朝的正史，《清史稿》记载了清朝开创直至 1912 年灭亡这段时期的历史，《清史稿》中"权利"一词的使用次数较之之前的朝代明显增加，"权利"一词在《清史稿》中共出现 28 次；而且"权利"一词的使用色彩发生了变化，对于分析处于古今中西变动格局中的"权利"话语同样具有相当的代表性。最后，《辛亥革命前十年间时论选集》作为辛亥革命前十年间各种报纸、刊物、论著的权威选集，同样能够体现那个时期"权利"概念在中国的大体使用及传播情况。因而总体而言，上述三种历史文献具有相当的代表性和典型性，能够较具说服力地折射和反映其时"权利"概念的大致使用情况。

通过分析上述三种极具代表性的历史文本中"权利"一词的使用情况，"权利"一词的含义具有与之前中国传统语境中"权利"一词相同的含义，但是更多的则是被赋予了不同于之前的全新内涵。我们可以将其类型化为以下不同语境中的不同用法。

（1）在传统意义上使用"权利"一词，仍然与清朝之前中国传统语境中的"权利"内涵相同。例如，《万国公法》中的"国权""国使之权""全权"等词语，仍然带有中国传统"权利"一词的"权势""威权"色彩；① 比如，《清史稿·卷二十五·本纪二十五·宣统皇帝本纪·宣统三年》："凡尔京、外臣民，务当善体此意，为全局熟权利害，勿得挟虚矫之意气，逞偏激之空言，致国与民两受其害"；再如，《清史稿·卷一百二十六·志一百一·河渠一·黄河》："上言：治河之策，原不外恭亲王等'审地势，识水性，酌工程，权利害'四语，而尤以水势顺逆为要"。《辛亥革命前十年间时论选集》中同样存在如下用法："彼提倡政治革命者，本止以权利为诱导，感情之激起，即激起于权利。权利者，又适为公德之反对"。② 这些"权利"的使用情形很大程度上仍然延续了中国传统语境中"权利"一词权势、利益的含义，并且大都具有偏向贬义的消极色彩。

（2）在较为中性、描述的意义上使用"权利"概念。例如，在讨论清朝相关主权、利益时使用，大体与"利权"一词相当。例如，《清史稿·卷一百七·志八十二·选举二·学校二》："自甲午一役，丧师辱国，列强群起，攘夺权利，国势益岌岌。朝野志士，恍然于向者变法之不得其本"。又如，《清史稿·卷一百五十四·志一百二十九·邦交二·英吉利》："外务部电知粤督岑春煊，以此项草约虽云仿照沪宁办法，而沪宁路长费巨，九广路短费少，情形不同，应查酌第二款，熟权利弊，派员与中英公司研商，以符原议"。再如，《清史稿·卷四百四十六·列传二百三十三·曾纪泽》："先是俄乘我内乱，据伊犁，及回部平，乃举以还我，议定界、通商。崇厚不请旨，遽署押，所定约多失权利，因诏纪泽兼使俄，议改前约"；以及《辛亥革命前十年间时论选集》中出现的与"权利"大致相通的"利权"用法，例如"国民当自保利权之说""固足以坐失利权""而

---

① 参见〔美〕惠顿《万国公法》，〔美〕丁韪良译，何勤华点校，中国政法大学出版社，2003，第11、26、50页；王健《沟通两个世界的法律意义》，中国政法大学出版社，2001，第166页。

② 参见张枬、王忍之编《辛亥革命前十年间时论选集》（第三卷），生活·读书·新知三联书店，1977，第218页。

因以扩大其利权"等具体表述。① 这一意义上使用的"权利"一词大都较为模糊，已经摆脱了中国传统语境下"权利"一词的意涵，但又尚未被明确赋予现代西方意义上的"权利"内容，其词性色彩较为温和。这个意义上的"权利"一词并不具有明确的批判传统社会的价值取向和规范内涵，往往只是用于客观描述某种现象。

（3）在较为积极、现代的意义上使用"权利"概念。例如，《万国公法》中的"盖诸国与庶人迥异，故其名分、权利亦有不同""或以己民本有权利，外人不得同享者有之"等用法，② 已经超越了中国传统语境中"权"只能为高官权贵所享有的限制，成为庶民同样可以享有之物。再如，在介绍现代欧美政治法律状况时，使用"权利"一词，其主要就是在现代欧美政治法律意义上使用"权利"这一概念。《清史稿·卷四百三十九·列传二百二十六·戴鸿慈》："俄灭波兰而用严法以禁其语言，今揭竿而起要求权利者，即波兰人也。""美以共和政体，重视人民权利，虽人种复杂，而同化力甚强，故能上下相安于无事。"《清史稿·卷四百八十六·列传二百七十三·林纾严复辜汤生》："是时人士渐倾向西人学说，复以为自由、平等、权利诸说，由之未尝无利，脱靡所折衷，则流荡放佚，害且不可胜言，常于广众中陈之。"《辛亥革命前十年间时论选集》中所选录的报刊文献中，在这种现代西方意义上谈论"权利"的论述，更是随处可见。③ 例如，介绍德意志学者莱布尼茨的学说，说道："法律学者，权利学也"，"权利之表为法律，法律之里即权利，不可分而二之者也"。④

当然，上述三种划分，无法完全表现处于古今中西剧烈变革历史时期"权利"概念丰富多元、混杂模糊的语境、用法及其内涵；三者之间除了

---

① 参见张枬、王忍之编《辛亥革命前十年间时论选集》（第二卷上册），生活·读书·新知三联书店，1963，第8页。

② 参见〔美〕惠顿《万国公法》，〔美〕丁韪良译，何勤华点校，中国政法大学出版社，2003，第14、80页。

③ 参见张枬、王忍之编《辛亥革命前十年间时论选集》（第一卷），生活·读书·新知三联书店，1960；《辛亥革命前十年间时论选集》（第二卷），生活·读书·新知三联书店，1963；《辛亥革命前十年间时论选集》（第三卷），生活·读书·新知三联书店，1977。

④ 参见张枬、王忍之编《辛亥革命前十年间时论选集》（第一卷上卷），生活·读书·新知三联书店，1960，第480~481页。

第一种与第三种能够较为清晰地辨别之外，第二种语境中的"权利"一词与另外两种语境中的"权利"一词并不能作出绝对明晰的区分，往往相互混同、交叉；即使是同一个人在前后不同的历史时期往往也会有不同用法，同一篇文章、同一部论著之中，也会存在区别；甚至使用者自身都未曾明确给定其具体内涵，也可能未曾有意识地进行内涵界定，遑论自觉反思这个概念的使用问题。因而，上述简化的分类，只是为了说明那个特定的变革时期"权利"一词游移不定、混乱不清、多元复杂的使用语境，真实再现其时中国传统语境下的"权利"一词面对欧风美雨的冲击涤荡、社会时势的酝酿培育、转化演变的历史过程。

四 现代中国"权利"概念创生的主要特质

从 1864 年丁韪良首次明确将西文"right"对译为中文"权利"一词，使得"权利"一词被逐渐赋予不同于中国传统语境的新生意义，并且荷载了具有现代西方积极色彩的内涵伊始，现代中国"权利"的创造、新生并且由此转化、生成为一个新概念的衍化过程，主要受到欧风美雨的深刻影响，在很大程度上移植了现代西方社会的权利概念，因而具有明显的西方化色彩。但是由于现代中国"权利"概念的译介、使用、传播、改造，面对的是悠久的中国传统政治文化的深厚土壤，加之"在建立中西（英）之间法律概念的对等关系时，编纂者所努力从事的就是从传统固有的汉语字库里尽量搜寻与英文词语对等的汉语词语"，① 人们不可能立刻、彻底抛弃深嵌于传统语言文化机体中的原有词义以及词义背后的思维方式、政治文化，因而难免存在依然沿袭旧有用法的情形。正如有的学者指出，"共和思想、民权思想等都是十九世纪时从欧洲传输到亚洲的外来思想。中国自然亦非例外。然而，就其内容而言，决非是原封不动地从欧洲输入，而是在输入摄取时发生了相当的变化"，这种变化正是植根于前现代

---

① 参见王健《沟通两个世界的法律意义》，中国政法大学出版社，2001，第 55 页。《万国公报》的主编林乐知曾经在《新名词之辨惑》一文中指出了类似道理。参见李天纲编校《万国公报文选》，中西书局，2012，第 605 ~ 606 页。

时期的思想基体进行。①

现代中国"权利"概念的创生始终处于中国历史变革的宏大背景之中，处于古今更迭、中西交融的十字路口，因而自然存在亦古亦今、亦东亦西的交叉地带、模糊情形；"权利"概念及其内含的文化意蕴需要解决的仍然是其时特有的中国问题，承载的是因应中国历史困局的现实任务，因而其概念及内涵的重新荷载不是单纯的语词翻译问题，而是被复杂的实践考量所形塑。作为这一概念的引介者、使用者、传播者，或是对其予以有意识的重新塑造、各取所需，或是实行无意识的歪曲误读、不求甚解甚至自相矛盾。面对这些独特的时空因素、文化背景、实势境况，即使是带有浓重现代西方化色彩的"权利"概念，仍然孕育于近世中国特殊的文化母体之中，诞生于其时特定的独特场域之中，因而具有鲜明的中国化特质。

（一）"权利"概念的混杂化

相较于同一时期现代西方"权利"概念早已基本生成并且具有相对固定统一、成熟稳定的内涵而言，现代中国古今中西变革时期的"权利"概念具有明显的混杂化特征。"权利"概念的混杂化主要是指，在近世中国"权利"概念创生之际尤其是在其创生早期（大概为辛亥革命之前），②"权利"这一词语仍然在多重意义上被使用，它既保留有中国传统语境中的旧有内涵，也往往包含现代西方语境中的积极意涵；不同的个人群体、不同的论著叙述、不同的语境场合，对于这一概念的具体内涵指称、感情色彩定位并不明确清晰、稳定不变，并未权威统一、前后一致。

例如，上述对于《万国公法》《清史稿》《辛亥革命前十年间时论选集》中相关话语表述的考察，就已明确体现了对于"权利"这一语词的不同用法，在同一个文本当中，"权利"往往具有多重不同的内涵。再如，

---

① 参见〔日〕沟口雄三《中国民权思想的特色》，孙歌译校，夏勇编《公法》（第一卷），法律出版社，1999，第1页。

② 有关"权利"一词在近代中国不同历史阶段大体的使用情况及其主要含义，参见金观涛、刘青峰《观念史研究》，法律出版社，2009，第520～524页。

晚清洋务派重要代表人物张之洞对于"民权"一词持有强烈的批判态度，认为"民权之说，无一益而有百害"，认为"考外洋民权之说所由来，其意不过曰国有议院，民间可以发公论、达众情而已，但欲民申其情，非欲民揽其权。译者变其文曰'民权'，误矣"。① 与之相反，作为改良变法人士的何启、胡礼垣则对张之洞的反民权之说提出了严厉批判，并对"民权"予以高度评价，提出了"兴民权"的主张，认为"民权在则其国在，民权亡则其国亡"的说法。② 这两方之间，不仅对于民权的内涵理解不同，而且对于民权抱持着完全相反的政治立场。这个极具代表性的典型论争，集中表达了清末时期，由于人们不同的政治立场、学识背景与旨趣取向，人们对于"权利"的理解可能陷入彼此完全对立的境地，无法取得单一绝对权威的共识。

造成"权利"概念混杂化的首要原因在于，"权利"概念引进中国时现代中国处于社会及观念剧烈变革的初期，不同的观念文化相互碰撞、交织。"权利"概念虽然源自西方，但是需要面对的则是一个其内部观念多元、立场有别、形势多变的复杂中国社会。因此，必然导致不同人群、特定时段"权利"概念的差异化、混杂化理解。正如有学者指出："语言和语言在最初接触时产生的一系列的可译性和互解性问题，其意义不一定在那时的历史语境中能够得以呈现，很可能要经过相当长一段时间，在后人的语言中才能获得一定的清晰度。"③ "译文与原文的关系并不是一次性的，它们之间的交往互动，是沿着许多方向展开的，而且译文的存在，还往往会导致作者一再改写原文。"④ 现代中国"权利"概念的创生过程同样经历了不断被改写、反复被酝酿的曲折过程，因而在其创生的早期无法形成确定统一的内涵。

---

① 参见吴剑杰编《张之洞卷》，中国人民大学出版社，2014，第294～296页。
② 参见何启、胡礼垣《新政真诠》，郑大华点校，辽宁人民出版社，1994；有关清末时期，张之洞与何启、胡礼垣等人围绕民权问题展开的争论，具体参见许政雄《清末民权思想的发展与歧异》，文史哲出版社，1992。
③ 〔美〕刘禾：《帝国的话语政治》，杨立华等译，生活·读书·新知三联书店，2009，第169页。
④ 〔美〕刘禾：《帝国的话语政治》，杨立华等译，生活·读书·新知三联书店，2009，第154页。

其次，虽然"权利"一词被赋予了不同于其在中国传统语境中的意涵，但是，对于作为一个全新概念的"权利"，当时人们仍然缺乏准确、系统的认识，尚未能对其进行深入、全面研究，未能获得权威、统一的"权利"理解。人们既未能将其与其他相近概念明确区分，对其自身具体内涵也尚不清晰，"权利"概念的相关主体、对象、内容、性质、功能、来源等问题尚未得到系统介绍和阐释。例如，直到1934年时，学贯中西的著名法学家吴经熊仍然认为："自从前清末年，欧化东渐以来，权利两个字，差不多成了一个口头禅，简直是没有一天不听见的。但是，到底权利是什么东西呢？它的来源，它的作用，到底在什么地方呢？这些问题非但一般人没有仔细想过，就是法学家在平常的时候也很少注意到。"[1] 这从侧面间接反映出20世纪30年代之前更为早期的近代中国，大多数国人对于权利的认识，仍然主要停留于词语的简单引入、话语的应景照搬以及口号式传播的境地，因而对于权利尚未形成系统、权威、统一理解的情况。

再次，"权利"作为一种外来新概念、新思想，其属性不仅是一个客观描述性的词语，在那个特定的历史时期，更是作为一种变革中国传统社会的具有价值取向性的规范概念，因而不可避免地被赋予了相应的政治色彩和功能，因而基于不同政治立场的人们会对其作出不同的政治化、意识形态式解读，以此有意识地塑造于己有利、为己所用的"权利"内涵，这就人为地导致了"权利"概念的混杂化。例如，以其时不同政治派别对于"民权"的不同理解来看，张之洞认为，提倡民权是对君权的篡夺，而他却赞同"民主"的概念；[2] 何启、胡礼垣同样区分了"民权"与"民主"，认为"民权之国与民主之国略异，民权者，其国之君仍世袭其位，民主者其国之君由民选立"，基于其维新变革立场却对"民权"具有强烈支持态度；[3] 康有为认为，"民权"思想无须破除君权，"夫民权自由之与革命，分而为二者也"，"是故真有救国之心，爱民之诚，但言民权自由可

---

[1] 吴经熊：《法律哲学研究》，清华大学出版社，2005，第106页。

[2] 参见吴剑杰编《张之洞卷》，中国人民大学出版社，2014，第294～296页；谢放《"张之洞反对民权"说剖析》，《社会科学研究》1998年第2期。

[3] 参见何启、胡礼垣《新政真诠》，郑大华点校，辽宁人民出版社，1994；许政雄《清末民权思想的发展与歧异》，文史哲出版社，1992。

矣，不必谈革命也"；① 但是作为革命派的孙中山对于民权的理解与何启、胡礼垣、康有为等人不同，在他看来，民权意味着推翻君权，② 民权与民主极为相近甚至等同。③ 这些不同政治群体对于"权利"的不同理解，就不仅是因为客观的历史环境的塑造，更是基于其各自不同的政治立场而作出的主观选择，因而是人为刻意塑造的结果。

由此可见，处于近世中国古今中西变革历史时期的"权利"概念，当其不再完全局限于中国传统文化的语境之后，在现代西方外来权利文化的洗礼之下，开始进入在现代中国重新孕育的创生阶段，在其创生形成的早期阶段，"权利"概念尚未成为具有确定稳固内涵的新生概念，而是呈现出复杂多样、游移不定的混杂化状态，这实际上是一个旧词焕发新意的创生时期必然经历的过程。

（二）"权利"概念的实证化

"权利"概念的实证化主要是指，现代中国早期自从以中文"权利"一词对译西语"right"一语，以至于中国传统"权利"语词被赋予新的时代内涵进而逐渐成为一个新的政法概念以来，虽然超越性的自然权利观念、天赋人权观念较早就已经被引入中国，但是实证化的权利观念仍然长期占据主导地位。早在 19 世纪末期，何启、胡礼垣等人就受到其时西方正在盛行的自然权利思想的影响，将相关超越性的权利观念传入中国，其二人在《新政真诠》中阐述的"民权"论的重要特色，就是明显受到洛克影响的自然权利论，④ 因而他们也被视为近世中国"天赋人权"观念的

---

① 参见汤志钧编《康有为政论集》（上），中华书局，1981，第482页。

② 参见曹锦清编选《民权与国族——孙中山文选》，上海远东出版社，1994，第67~84页。

③ 在《三民主义》的权威中英文对照本中，"民权主义"的英文翻译就是"the principle of democracy"。参见 Sun Yet-Sen, *The Principle of Democracy*, Translated into English by Frank W. Price, Greenwood Press, 1970. 有关近代中国的民权思想，参见袁兵喜《民权思想研究》，法律出版社，2011。

④ 参见许政雄《清末民权思想的发展与歧异》，文史哲出版社，1922，第121页；例如，二人有过如下论述："权者乃天之所为，非人之所立也。天既赋人以性命，则必异以顾性命之权；天既备人以百物，则必与以保其身家之权。"其他类似论述，参见何启、胡礼垣《新政真诠》，郑大华点校，辽宁人民出版社，1994。

首倡者。① 在其之后，类似权利观念在近代中国时有论述，甚至特定时期颇为流行、不绝于耳，例如 20 世纪初叶，被誉为"中国的卢梭"的梁启超向国人介绍了现代西方启蒙运动的巨擘卢梭及其权利观念，在此之后，那时在西方正盛行的天赋人权思想，尤其是卢梭等人的天赋人权理论同样在中国逐渐散播开来甚至一度风行，发挥了重要的历史影响。② 但是自始及其后，这种源自现代西方的超越性、神圣性的自然权利观念在近代中国始终未占据主流地位。

现代中国的社会民间与政界官方并未真正深入理解、完全接受天赋人权的思想学说，倒是与现代国家时刻勾连的民权意识观念日益兴起、不断盛行，成为中国权利文化的重要精神特质，以至于可以将中西之间权利文化的这种区别概括为"天赋人权"与"国赋民权"的差异。现代中国的"权利"概念主要被赋予了来源于国家、源自法律的国家化、法律化的实证化色彩，现代中国这种权利实证化的特质相对于已经在政法规范文本中明确体现、规定了天赋人权观念的美国、法国等现代国家的权利文化而言，显得更为明显突出。

根据已有学者的研究，近世中国权利研究的重点只是"民权"，"人权""女权"等则被认为是附随于"民权"的概念，对其缺乏足够的研究。"之所以这么说，是因为这三个概念在近代被讨论的情况大相径庭。比如，在《民报》上，'民权'一词出现过 120 次，而'人权'仅出现过 19 次，'天赋人权'之类只有 6 次，'女权'仅出现 3 次。"③ 这些有关权利的不同词语在被使用次数上的巨大差异，反映的是其时国人对于权利的不同认识及其抱持的不同权利观念。相对于抽象、超验的"天赋人权"观念，近代中国的"民权"概念主要是针对历史上的"君权"、其时盛行的"国权"等概念而言，"民权"被赋予了通过其自身实现中国独立富强的重要政治任务，因而"民权"具有明显的政治指向性和历史针对性。由

---

① 有关近代中国的自然权利观念，参见赵明《近代中国的自然权利观》，山东人民出版社，2003。

② 有关梁启超对于卢梭民约论以及权利观的引介，参见颜德如《梁启超对卢梭思想的理解》，《政治思想史》2011 年第 3 期。

③ 〔日〕须藤瑞代：《中国"女权"概念的变迁》，〔日〕须藤瑞代、姚毅译，社会科学文献出版社，2010，绪论，第 9 页。

此，"民权"被具体化为国人可以感知、接受的政法观念。相对于过于抽象、具有普适性的"天赋人权"概念，其与经验化的主权国家、历史性的政法实践相对远离，因而并未被作为重要的权利概念予以对待。

现代中国早期权利概念的实证化不仅体现在上述语词的总体使用频次上，而且在重要权利思想人物的学理论述中同样得到了体现。例如，"严复在翻译卢梭的《社会契约论》时指出，'人'表达的是作为个体的人与整个社会、国家的对立，旨在强调国家权力对个体自由的威胁，并暗含着约束国家权力这一价值准则。'民'表达的是作为'群'与君的对立，旨在颠倒权力关系，国家权力由君向民倾斜。其目的是使国家权力聚集起来，以发挥它的最大功效。两者相比，民权更容易为中国文化所容纳，因此也更容易为中国人所接受。事实上，近代以来的中国在接受西方宪政文化时首先认同的是民权，而不是人权"。再如，"孙中山也认为这种观念缺乏事实与科学的根据，民权与所谓天赋人权不同，从真实的历史发展过程而言，也没有卢梭所说的那种天生的人权，所以他提倡革命民权而非人权"。① 同样涉及权利的来源问题，即便是近世中国研究自然法哲学的大家吴经熊，对于卢梭等人的天赋人权学说，也将认为其"显属空中楼阁"，并且极力认同孙中山的民权思想，吴经熊指出，"中山先生在他的《民权主权》第一讲里已经说的很通透的：'就历史的进化的道理说，'他说，'民权不是天生出来的，是时势和潮流所造出来的。'总之，依中山先生的说法，权利是历史的产品，所以具有社会性和时代性的兄弟觉得这是对于权利来源问题最圆满的答案"。②

国民党统治时期的某个学者在总结当时被国人接受的法律与权利观念时指出，人们从一开始就需要认识到，宪法权利不应基于天赋人权理论，任何可以实施的权利都是由法律创设，这一点不容置疑，只有在法律承认某一权利时，该权利才受到法律的保护。因此，法律既可以创设权利，也可以改变权利。③ 即使是近世中国最早系统地探讨人权问题的巨擘张佛泉，

① 杨添翼：《近代中国制宪中的"民权"与"人权"之争》，《现代法学》2010年第2期。
② 吴经熊：《法律哲学研究》，清华大学出版社，2005，第107页。
③ 参见〔美〕安德鲁·内森《中国权利思想的渊源》，黄列译，夏勇编《公法》（第一卷），法律出版社，1999，第59页。

也不得不承认，在中国的本土法律传统中，其同胞对于天赋人权观念知之甚微，其实践天赋人权观念于宪法之中的想法始终也未能得到实现。① 直到 1946 年，某部专门探讨人民权利、义务问题的著作《人民之权利义务》仍然这样写道："仅就宪法之实质而言，现代宪政，实已有重大之变革；此为讨论人民权利义务问题首先应有之认识。举要言之，约有五点：一曰权利观念之革新，十九世纪以来，历史、实利、社会诸派之法家，一致否认天赋人权之说，即首倡天赋人权之法国，亦已不用此种玄学之名称。国父深认此种观念之缺乏事实与科学的根据，故认民权与所谓天赋人权者殊科，复曰：'就历史的进化的道理说，民权不是天生出来的，故推到进化的历史上，并没有卢骚那种民权事实'，因而提倡革命民权之新说。近代各国，因受主观玄学天赋人权说之支配，个人主义，猖獗不堪，即在妨碍公众利益之时，仍不失其主观权利之根据，此实近代一切社会病象之所由生！吾人欲求新的革命社会之建设，对于传统的主观的玄学的权利观念，首应加以革新。所谓'天赋人权'之观念，当不能再留于吾国宪法之中。"②

这些现代中国历史上代表性人物的典型性权利论述表明，现代中国早期的权利概念虽然一度受到现代西方诸如洛克、卢梭等自然权利、天赋人权观念的影响，但是由于缺乏现代西方的自然法与自然权利传统，初始时期偶尔零星的自然权利观、天赋人权学说并未能在近代中国落地生根，中国浓重的世俗主义理性文化使得人们更容易接受世俗化的权利概念。加之早在起草近世中国历史上第一部宪法性文件《钦定宪法大纲》若干年以前，梁启超为宣传现代宪法立宪思想而撰写之际，天赋人权说、自然权利观等权利思想已经在其时的西方主流权利文化中走势渐微，其时西方有关自然权利的论说和天赋人权的理论受到了逐渐兴起的法律实证主义的冲击和影响，这也间接影响了 19 世纪末 20 世纪初，引进西方权利文化的中国

---

① 张佛泉：《自由与权利：宪政的中国言说》，清华大学出版社，2010，编者说明第 1 页，第 512~574 页；〔美〕安德鲁·内森：《中国权利思想的渊源》，黄列译，夏勇编《公法》（第一卷），法律出版社，1999，第 59 页。

② 章渊若编著《人民之权利义务》，正中书局，1946，第 1~2 页。

对于权利概念的认识和接受。[1] 造成近世中国权利概念实证化色彩浓重更为根本的原因在于，现代西方自然权利说、天赋人权观所预设的那种个人优先于国家的根本理论前提，与近世中国面临的现代国家救亡图存任务存在明显的扞格之处，相对于将个人权利在价值规范上置于优先于国家之地位的自然权利说、天赋人权观，近世中国的大多数国人更容易接受权利来自国家、来自法律的实证化观念，而不是权利优先于国家的天赋人权观、自然权利说。这种权利来源于国家、源出于法律的实证化观念，成为近世中国主流权利文化中的普遍性认识和基本性立场，这种权利概念的实证化特质为现代中国早期国家削减民权、法律限制权利的政法实践提供了观念基础。

（三）"权利"概念的公共化、权力化

现代中国早期"权利"概念在其孕育、生成过程中，还呈现出明显的公共化、权力化倾向。这主要表现为以下方面。

第一，"权利"概念并非被视为主要指向个人，而被认为是关涉集体、群体、国家的公共化事务。一般认为，近世中国的权利概念源于清末民国时期传入中国的现代西方权利体系，现代西方权利观念的萌芽往往被认为起源于不同于古代社会整体主义的个人主义的诞生，以及对于个人自由、个体尊严的强调，因而权利概念从根本上是与个人、个体紧密相连的，因此，探讨现代权利概念的起源，往往就是寻觅个人主义萌发的过程，二者近乎相伴相生。[2] 反观近世中国权利概念的本土创生历程，我们可以看出，

---

[1] 参见〔美〕安德鲁·内森《中国权利思想的渊源》，黄列译，夏勇编《公法》（第一卷），法律出版社，1999，第58页。

[2] 有关西方权利概念的历史演进及其与个人或是个人主义之间的内在关联，参见方新军《权利概念的历史》，《法学研究》2007年第4期；李中原《Ius 和 right 的词义变迁——谈两大法系权利概念的历史演进》，《中外法学》2008年第4期；〔美〕理查德·达格尔《权利》，〔美〕特伦斯·鲍尔、詹姆斯·法尔、拉塞尔·L. 汉森《政治创新与概念变革》，朱进东译，译林出版社，2013，第313~331页；〔英〕Leif Wenar《权利》，瞿郑龙、张梦婉译，张文显、杜宴林主编《法理学论丛》（第七卷），法律出版社，2013，第63~91页；Brian Tierney, *The Idea of Natural Rights*: *Studies on Natural Rights*, *Natural Law*, *and Church Law*, *1150 – 1625*, Wm. B. Eerdmans Publishing Company, 1997；Annabel S. Brett, *Liberty*, *Right and Nature*: *Individual Rights in Later Scholastic Thought*, Cambridge University Press, 2003。

权利概念自移植进入近世中国伊始，就已发生了本土化的变异，权利不再是完全与个人内在关联的概念，而是可以与群体性、集合性的主体相连的概念，并且因此与公共的政治性事务相互关联。权利概念在近世中国的这种公共化变异有其历史、文化和政治原因。

学者指出，传统中国法制是以家族、伦理为本位的实质法律精神，在家族主义的观念下，个人并无独立主张权利的空间，"就伦理义务本位看，'基本权利与人权'是个人主义、自由主义思潮下的产物，而传统旧律的思想系以礼教为本，以人伦纲常为中心，所以，历代立法基本是以义务为本位。也因此，自唐以降，以权利关系为中心的独立的《民法典》迟迟未能出现"。① 这种对于中国古代历史上法典之内在精神的判断大体成立，但是，认为"晚清中国社会在西潮的冲击下，法律的实质内容也逐渐地由家族、伦理本位走向个人、权利本位"，② 这一判断却稍显轻率、失之简单。实际上，当历史时空转到近代中国深受西方影响的 19 世纪末期时，其时现代西方的法律观念也早已从其现代早期高扬个人主义的时代精神发生了明显的转向。王伯琦指出："西洋法律，由义务本位进至权利本位，再由权利本位进至社会本位，这已是极显著的事实"，"从十九世纪末开始，法律的重心，渐渐移向社会去了，这是事实"。③ 吴经熊同样注意到这点并且分析道："泰西各国在十八九世纪的时候，盛行个人主义，主张个人的权利是天赋的，所以也是绝对的。其结果弄到各人只知行使他自己的权利，不管他人的痛痒，更不管社会的利益，于是酝酿出一个互相竞争的局面。在国内则讼案纷纭，在国际则战事时有，末了演欧战的大惨剧！中山先生的民权主义和个人主义化的权利观念是迥然不同的。民权主义的出发点是社会，不是个人。照中山先生的意思，权利是社会寄托在个人身上的，社会是产生权利的源泉，个人离开社会即无权利可言。社会既能授予权利，在必要时也能剥夺权利，至少也能限制权利的范围。所以民主主

---

① 参见黄源盛《法律继受与近代中国法》，台北：元照出版有限公司，2007，第 13～14 页。
② 参见黄源盛《法律继受与近代中国法》，台北：元照出版有限公司，2007，第 28 页。
③ 王伯琦：《王伯琦法学论著集》，台北：三民书局，1999，第 115～117 页。

义是主张一切权利是相对的，并非绝对的。"① 这些不同的说法对于其时西方社会的判断却是大体相似，都认为西方 19 世纪已经不再是其早期那种权利本位的社会环境和时代氛围，而是强调从权利本位走向社会本位。这与当时国人对于西方社会的了解，以及国人经由欧战，对西方文明的反思和批评有关。② 因而，当现代西方的权利概念在 19 世纪末 20 世纪初大量迅速传入近代中国时，近世国人所认识和理解、引进和接受的权利概念已经不再是现代西方早期完全个人主义的权利概念，而是带有较为浓重的公共化、社会化倾向的权利概念。

第二，虽然近世中国也曾有过相关"私权""个人自主之权"等类似学说、论述和理论，③ 但是正如有的学者指出："由于中国近代进步知识分子强烈的'强国'愿望，他们更多地关注国家政治制度的架构。在中国近代'民权'话语体系中，以财产权为核心的私权并没有得到全面的诠释和使用。'私权'概念仅存在于法学家的眼中，其真正的内涵及其与近代西方政治发展的关系没有得到很好地研究。从魏源到康有为、孙中山，以财产权为核心的私权虽然也有所提及，但却不在近代'权利'话语体系中占主导地位。"④

孙中山在解释三民主义时，首先第一句话就提到三民主义是救国主义，可见当时，作为三民主义构成部分的民权主义也服务于救国图强这一根本的政治任务。为了实现这一政治任务，人们对源自现代西方的权利概念予以了中国化转换。吴经熊指出："从前欧美的宪政运动，是人民各个人争自由的运动。我们现在的宪政运动，乃是集中国力去救国的运动。从前欧美的人，他们争自由，是以个人为出发点。我们现在的争自由，是以团体为出发点。我们所争的自由，是国家的、民族的自由。……欧美人民的大问题，是怎样救自己。我们今天的大问题，是怎样救国家、救民族。……我们要救国家，救民族，则不得不要求个人极力牺牲他所有的自由，以求团

---

① 吴经熊：《法律哲学研究》，清华大学出版社，2005，第 98~99 页。
② 参见郑师渠《欧战前后：国人的现代性反省》，北京师范大学出版社，2013。
③ 参见俞江《近代中国民法学中的私权理论》，北京大学出版社，2003。
④ 参见董长春《近代西方"权利"概念的中国化》，《学习与探索》2008 年第 6 期。

体的自由。因为这个缘故，我们的《宪法草案》不得不采取法律限制主义，于规定权利各条，加上'非依法律不得限制'的条件。"① 因而，近代中国所面临的独特、首要的救国政治任务，同样使得当外来的现代西方个人主义式的权利概念传入中国时，不可避免地被形塑、限制成为具有明显公共化、政治化属性的概念。

第三，与之相应，由于权利作为服务于公共政治目标的属性定位，其具有明显的公共政治意涵，具有强烈的权力化倾向。正如有学者指出的，在 20 世纪初期近世中国的权利语境中，"权利"概念无论在语源上还是政治上都与"权力"概念紧密联系在一起，这种现象在现代中国的政治社会中依然大行其道。② 严复对于"民权"的理解，主要是与君权相同意义上的公共"权力"，是政治意义上的参政权。③ 孙中山则同样延续了类似的理解方式，孙中山在三民主义中指出："什么叫做民权主义呢？现在要把民权来定一个解释，便先要知道什么是民。大凡有团体有组织的众人，就叫做民。什么是权呢？权就是力量，就是威势，那些力量大到同国家一样，就叫做权。力量最大的那些国家，中国话说列强，外国话，便说列权。又如机器的力量，中国话，说是马力，外国话，说是马权，所以权和力实在是相同。有行使命令的力量，有制服群伦的力量，就叫做权。把民同权合拢起来说，民权就是人民的政治力量。"④ 在孙中山的观念中，权利被理解为与权威、权力具有相同含义的词语，被视为一种强力，这就可能剥离了权利之上原本应该具有的正当性、道德性蕴涵，而具有了明显的权力化色彩。

现代中国早期"权利"概念的公共化色彩、权力化倾向还有其翻译过程中的原因。学者指出，权利概念传入中国之时，颇具权威性的词汇表曾将"权利"一词与英语的"right and privilege"相对应，由此我们也可以

---

① 吴经熊：《法律哲学研究》，清华大学出版社，2005，第 122 页。
② 参见〔德〕鲁纳《中国政治话语里"权力"和"权利"的概念》，复旦大学历史学系、复旦大学中外现代化进程研究中心编《中国现代学科的形成》，上海古籍出版社，2007，第 403 页。
③ 参见俞江《近代中国的法律与学术》，北京大学出版社，2008，第 53～66 页。
④ 参见曹锦清编选《民权与国族——孙中山文选》，上海远东出版社，1994，第 67 页。

把"right and privilege"看作对汉语的"权利"一词的反向翻译。"这种反向翻译的效果，是参照汉字'权'所具有的'权力''特权''权势'的意思来解释英语词 right 的意义。"① 因而，这也体现了我们仍然在某种程度上是以中国传统语境中的"权利"内涵来理解现代西方传入的"权利"概念，这也是不同文化交流、融合早期不可避免的文化规律。但是更为重要的原因在于，近世中国的权利概念更多面对的是中国救亡图存、救国图强的历史语境，权利概念首先面对的是中国传统社会的君权至上，因而权利概念从一开始就具有明确的政治指向性、针对性和批判性，权利的主体虽然需要实现转换，亦即需要实现从"君"权到"民"权的变革，但是主体的转换并未改变对于"权利"本身给予"权力化"的理解。② 这不得不说是中国传统文化中"权利"内涵的深刻遗留。

五　结语

现代中国权利文化的中国化过程，首先就是"权利"这个新词语、新概念的翻译及其本土化创生过程，在这个概念翻译、传播的过程中，附着在这个概念之上、隐含在这个概念之后的观念、思想、文化、意识形态等无不形塑着这个概念的重新阐释及其本土化理解，因而，现代中国权利文化的中国性特质必然也会体现在这个概念之上。现代中国权利文化的最初孕育、萌芽、生发，就是从"权利"及相关词语、概念的翻译、引进、传播、使用、争论、固着等历史语言实践开始。从"权利"概念在近世中国的创生过程来看，作为现代中国权利文化最初体现的现代"权利"概念，虽然主要源自现代西方权利文化的传播、输入，因而受到其深刻形塑，但是自其孕育、创生伊始，"权利"概念就已被赋予了诸多独特的内涵倾向，烙上了近世中国特殊历史情境的重要印迹，这也预示了此后现代中国权利

---

① 参见〔美〕刘禾《帝国的话语政治》，杨立华等译，生活·读书·新知三联书店，2009，第 172 页。

② 参见〔日〕沟口雄三《中国民权思想的特色》，孙歌译校，夏勇编《公法》（第一卷），法律出版社，1999，第 9～22 页。

文化演进和发展的诸多基本格调和重要特质。

　　词语及概念的历史性、社会性和文化性使其能够反映诸多历史社会问题，但是仅仅从权利词语、概念本身，仍然无法全面探究具有丰富内涵的现代中国权利文化。为了更为完整细致、深入具体地探究现代中国权利文化，我们还需要进一步从词语迈入文本、社会、人群等复杂的现实生活实践之中，从多角度、多维度、多层面、多方法、多阶段、多群体中分析和归纳现代中国权利文化的特质，剖析和阐释"中国性"权利文化的"中国化"历史转换过程及其生成机制，评价和反思中国性权利文化的价值取向及其规范意义，从而构造具有现代性和中国性的权利文化范式。

我国农地使用权演进规律探析

张琳琳[*]

摘 要： 在既有法律体系之中适度创新，需要总结我国农地使用权演进规律。通过描述中国集体土地所有权制度，并从集体理论出发，找寻集体土地所有权制度的固有弊端，以及在集体中农民个体农地使用权缺失的原因，从而界定中国农村土地经营制度——家庭联产承包责任制的基本概念和法律定位。分析在城镇化进程中其所面临的外部环境影响和内部制度完善的双重考验，这对制度本身提出了更高的要求。总结我国农地制度的发展规律：强制性变迁和诱致性变迁的结合等，在城镇化背景下平衡多重因素，以符合中国土地制度变迁的总趋势。

关键词： 农地使用权；三权分置；强制性变迁；诱致性变迁

一 中国集体土地所有权的描述和困境分析

"三农"问题一直是实务界和理论界研究的热点问题，而其基础是农地使用权保障制度。不断完善农地使用权保障制度，从而增加农地的实际效益，提高农民利用土地的积极性，是解决"三农"问题的核心，也是促进城乡一体化进程的关键。为了落实农村土地集体所有制、稳定农民土地家庭承包权、发展放活土地经营权，我国提出"三权分置"政策，即农村土地所有权、承包权、经营权"三权分置"，从而促进农村经济社会不断

---

* 张琳琳，河北大学法学院副教授、硕士生导师，法学博士。

发展。因此，在农地使用权保障制度中，深入了解我国集体土地所有权这一根本性的制度是必要的。

（一）中国集体土地所有权的描述和困境分析

新中国成立以来，我国农村土地所有权制度的发展进程主要经历了三个阶段：农民私人土地所有权时期（1949~1956年）、高级社集体土地所有权时期（1956~1982年）和现行集体土地所有权时期（1982年至今）。我国现行的集体土地所有权制度是由1982年《宪法》确立的。对于集体土地所有权这一农村基本经济制度，我国相关的法律中都没有对其定义作出明确规定，而是在宪法中以排除性的方式，明确了农村集体土地所有权的范围，即除了法律规定为国家所有以外，都归集体所有。作为农村的一项基本经济制度，集体土地所有权应有其明确的概念描述，这其中包括集体土地所有权主体的内涵界定、相关主体权利义务的界定、权利的登记和公示方法等，否则，这一制度在实践中也很难发挥其预期功效。这一弊端一直都是"三农"问题的研究学者普遍批评的对象。我国农村集体土地所有权究竟面临怎样的困境，这里，将从集体理论的视角展开分析。

对于农村土地制度的弊端分析，众多学者都将批评的重点放在"集体"土地制度的模糊性上，例如，认为集体制度是合作制的异化："集体制是合作制的异化，是畸形的、病态的合作制，……而农民个体的权利也被削弱，由行政集权体制的政权所掌握的集体权利，不仅包括管理权，还包括所有权和经营权。集体制权利体系虽然在短期可以动员人力物力以进行协作生产，但由于限制了个人的权利，也就限制了个人的主动性和积极性，限制了农民素质技能的提高与发展，阻抑了生产力发展，并影响生活水平的提升。"[1] 再如，有的学者认为集体土地所有权是一种空权利，"考察集体土地所有权的形成史，我们就会发现，其根本不是'弱权利'，而是'反权利'，是以'空权利'的方式来否定原有土地的私人所有权"。[2]

---

[1] 刘永佶：《农民权利论》，中国经济出版社，2007，第223页。

[2] 李凤章：《通过"空权利"来"反权利"：集体土地所有权的本质及其变革》，《法制与社会发展》2010年第5期。

而在具体的立法中，集体定义的模糊性也是争论的核心。例如，"《土地管理法》在修订过程中，围绕集体所有权而非国家所有权这个问题，全国人大常委会内部的争论最为热烈"。① 再如，有的学者认为集体土地所有权已经失去了存在的意义，"中国的集体土地所有权是僵化的，在一定程度上讲，集体土地所有权由于受到公权的限制，而日益使集体组织转变为对国家的义务。这种享有名义的权利，却实实在在地承担义务的现实，更进一步说明了集体土地所有权制度已失去了存在的必要性"。② 所以，我们在肯定农村集体土地所有权在城镇化进程中存在的必要性的同时，也应该清楚地认识农村集体土地所有权运作现状和其内部存在的问题。因此，有必要深入"集体"概念的内部，分析中国土地"集体"与通常的集体概念有何种的联系和区别，找出集体的困境所在和摆脱集体困境的出路。

第一，关于"集体"的认识，以及集体的困境问题分析。所谓"集体"，是指拥有一定的活动范围，为了某种共同目的而组织起来的组织形式团体。既有的有关集体的理论，主要包括：集体行动理论、集体安全理论、集体选择理论。对这些理论进行综述可以得出通常情况下"集体"容易出现的问题和困境。例如，集体制度容易出现"囚徒困境""公用地悲剧"等困境，如社会学家、公共选择和理性选择的理论家认为，"基于'自利的经济人'假设，认为'囚徒困境'和'公用地悲剧'是人们集体行动面临的最大困境"。③ 再如，集体制度还容易产生机会主义观念和搭便车的心理。"具有自利倾向的理性个人都希望别人付出而自己免费享有集体提供的公共物品。"④ 这样的心理使得机会主义观念和搭便车的心理不断滋生，而对承担集体义务不感兴趣。这些理论道出了集体制度下通常容易产生的问题。

那么，现有的我国土地制度在多大程度上受制于集体呢？其实，我国的集体土地所有权与完全的集体所有权是存在很大差别的。也就是说，现

---

① 〔荷〕何·皮特：《谁是中国土地的拥有者？——制度变迁、产权和社会冲突》，林韵然译，社会科学文献出版社，2008，第41~45页。

② 刘俊：《中国土地法理论研究》，法律出版社，2006，第146页。

③ 陈毅：《走出集体行动困境的四种途径》，《长白学刊》2007年第1期。

④ 陈毅：《走出集体行动困境的四种途径》，《长白学刊》2007年第1期。

在的集体土地所有权与过去集体化时期的集体土地所有权有着非常大的不同，即每个农民都享有了对土地的耕作权、流转权、收益权。而这些权利是不受集体固有弊端制约的。现有农村土地产权的成功之处就在于集体统一经营与家庭分散经营相结合，集体仅掌握土地上的所有权和处置权，农户的经营权属于农民个体所有，这也就极大地克服了集体制度的固有弊端，使得集体之上容易出现的"公用地悲剧"等弊端大大减少，农村集体内部的农民通过占有集体所有的农地，以获得劳动收益，调动了集体中个体的积极性。

那么，究竟现有的土地制度在哪些方面还存在集体制度的固有缺陷呢？如果仔细分析一下农地产权制度中的权利束，我们会发现，实际上农地的占有权、使用权、收益权已经归农民所有，而处分权还是集体性质的。目前对于集体争议的焦点也是在处分权上，大量的农民土地权利被公权力侵犯也是发生在处分权上。处分权涉及的主体主要包括三大类：国家、地方政府和农民。非法干预农民的土地使用权，经常使用的途径是通过对"公共利益"的模糊界定，将农业用地转化为建设用地，而又无法提供充分的征地补偿，从而侵犯了农民的个体土地权利。因此，农村集体土地所有权制度出现的问题，经常发生在处分权上，表现为集体土地权利项下农民个体土地权利的缺失。

第二，在集体理论中分析个体农地使用权缺失的原因。

首先，较大的集体难以形成合力。通过农地集体所有权经济制度的控制，农民形成了一个庞大的集体。庞大的集体是否能形成较大的力量，根据集体行动理论的说法，答案是否定的。"较大的有共同利益的集体在形成共同利益的代表方面受到了更多的限制，一是集体越大，个人在团体取得的成果中所得份额越小，也越是难于对个人的努力进行适当的奖励；二是因为集体越大，结成集体的组织成本也就越高。因此，在较大的集体中，由于缺乏决策的内聚力，很难指望有真正的一致行动。"[①] 中国农民集体规模巨大，很难形成有效的合力，因此在维护农民集体利益、对政策

---

① 刘福海、朱启臻主编《中国农村土地制度研究》，中国农业大学出版社，2006，第143页。

制定的影响程度上都处于弱势，对于土地政策只能够单一地接受，很难形成有效的合力，当面对侵犯农民个体土地使用权的情形时，难以通过集体寻求救济，以维护自身合法权益。

其次，农民集体的代表机构存在问题。面对规模庞大的中国农民群体，村民委员会能否有效地代表他们，这涉及村民委员会的角色定位问题。根据《村民委员会组织法》的规定，村民委员会是村民自我管理、自我教育、自我服务的基层群众性自治组织。村民委员会实行民主选举、民主决策、民主管理、民主监督。根据法律规定，村民委员会属于群众性自治组织，其不属于经济组织，也非政治组织。但实际上，村民委员会掌握了农地所有权和一定程度的农户承包土地的管理权。但是，村民委员会能否为农民所参与，能否实现"村民自治"和实行"民主制度"是问题的关键。目前我国农地制度属于集体土地所有权制度，如果承担代表职能的组织不能有效地代表农民个体的权利，那么集体农地权利项下的个体权利必然受到损害。目前在我国并没有明确规定集体土地所有权具体由谁来代表。笔者认为，可以从农地制度的历史流变中寻找答案，我国现行的农地制度是从人民公社发展而来，"农村土地所有权在实践上是由人民公社时期相当于生产队（或大队）的村级组织来代表，而村级组织的大权掌握在村党支部和村委会……"① 实际上，我国已经赋予了村民自治组织很大的集体财产的管理权。在村民自治组织无法有效地代表农民集体的情况下，这种土地制度的运行就会产生许多问题。然而，村民自治组织也有其存在的价值：在城镇化的背景之下，它能够协助政府进行土地的监管和征收，实现对集体土地的监管和社会控制。但是，其弊端也显而易见：监管和社会控制必然使村委会承担许多行政职能和管理职能，因此也为具体操作这一制度的领导者提供了权力寻租的机会。在这样一种集体制度下，受损害的真正主体肯定是集体制度下的农民个体，集体制度容易虚置，影响许多农民参与村务管理的民主权利，基层民主也会受到很大的影响。在集体土地所有权制度下，如何摆脱这一制度运行的弊端，如何定位村民自治组织

---

① 王振中主编《中国农业、农村与农民》，社会科学文献出版社，2006，第17页。

的角色，是农村集体制度的困境。2014 年中央农村工作会议明确提出的农村土地的"三权分置"制度更凸显了农村集体代表机构的新问题。

集体产权制度变革需要明确能够代表集体经济组织利益的主体。2016 年《中共中央、国务院关于稳步推进农村集体产权制度改革的意见》提出开展集体资产清算核资管理，对集体所有的各类资产进行全面清产核资，摸清集体家底，健全管理制度，防止资产流失，明确集体资产所有权。对集体资产分门类清产核算、台账记载，清产核资结果向全体集体经济成员公示并经成员大会确认。集体产权制度改革呼吁农村集体经济组织作为集体产权代表主体存在，同时，应当明确集体经济组织的代表机构。

最后，公权力因素对集体土地所有权的影响。从目前我国农村土地制度的存在目的来看，公权力因素的存在，在于对农村土地的监督与控制，以实现对农村中耕地面积的保护、农村社会的整合和整个国家发展的战略。根据集体行动的理论，国家公权力作为"第三方"，提供的任何服务本身都是具有外部性的公共产品，无论是从鉴别公共服务的收益和成本的技术角度，还是从各方利益考虑，寻租或参与租金分配等"搭便车"现象都在所难免。而对于中国目前的农村集体土地所有权来说，其面临的最大问题就是公权力对农地处分权的控制，实际生活中发生的农民的个体土地权利受到侵犯，其原因也在于此。

为了更清楚地论述公权力因素对农村土地集体所有权的影响，本文将我国公权力的主体分为国家和地方政府两类。一是国家对农地使用权的影响。尽管农村土地属于集体所有，但是无论在历史上还是在当今，国家对于农村土地的控制要远胜于其他，因为所有权项下最关键的处分权仍然为国家享有。国家对农村土地的控制，从实际效果来看，有利于中国从传统产业中快速提取经济剩余，集中进行工业化，而国家对农村的控制，使我们能够在很短的时间里建立起相对独立的工业发展体系。但是随着中国工业化的不断发展，国家对农村的超常控制的局限性和负面影响逐渐显现出来。土地问题成为国家与农民之间问题的症结所在，具体体现在对农地的非农化问题的处理上。表面上，农地的非农化问题损害的是农民集体的利益，但是在实际运行中损害的是集体中社会成员的个体利益，同时，国家对于农地的控制也为具体执行土地政策的地方政府提供了机会主义的空间。

二是地方政府对农地使用权的影响。在国家和农民的关系中，地方政府在其中起到关键的中间纽带作用，其具体的角色定位表现为，地方政权上接中央，属于行政管理机制；下联百姓，与百姓的生活有着最密切的联系，是国家农地政策的具体执行者。地方政府在国家发展战略和政绩工程体系之下，会将工作的着力点放在追求地方经济的发展速度上，但是经济增长的逻辑不能代替农民的权利意识，特别是土地之上的种种权利意识。在土地权属不甚清楚的情况下，土地的开发往往由地方政府和农村集体来进行。由于我国农民集体规模较大，很难形成合力，加之农民利益的代表机构村委会无法实际代表集体中社会成员的权利等，地方政府关于农地非农化的权力经常处于不受约束的状况。当地方政府侵犯农民集体利益的时候，就其本质而言，国家和农民的利益均会受到损害。可以说，有关农地制度的相关主体中，权力受到制约最差的就是地方政府。根据目前的法律法规，农地非农化的具体实施主体为地方各级政府，而农地非农化的这种土地开发是"资本密集"和"权力密集"的交汇处，如果此时土地制度出现模糊性等问题，那么必然为地方政府执行中的机会主义提供条件，非法侵害农民的土地使用权现象将不可避免。正如有的学者所述的，"从对各种土地腐败的分析来看，在此过程中，腐败官员往往利用权力先以'公共利益'为名化民众之'私地'为'公地'，再以'城市化''工业化'为名化'公'为权贵之私。不受制约的权力成为腐败官员们的'原始积累之泵'，一头把老百姓的土地泵进国库，一头又把国库的东西泵进自己的私囊。而且这种权力在土地上获取的特殊利润，比起其他方面的'收益'具有来得易、富得快的特点"。①

从以上对国家—地方政府—集体—农民这几方现有身份的观察分析，我们看出，在集体权利弱小的情况下，公权力的不当运行使得农民的农地使用权被社会边缘化。农民在无法形成集体合力的情况下，必然成为环境

---

① 鸿德：《产权的秘密》，成都时代出版社，2009，第84页。

政策的被动接受者，而非行动者。实际上，地方政府是国家土地政策的实际执行者，在集体本身无法形成合力的情况下，农民个体农地使用权无法根本有效地得到保障，集体项下的个人权利很容易受损。

对于何为农村集体经济组织，法律对其采取广义概念，内涵和外延难以明确。理论界的认识更是多元化，认为可以是公社型集体经济组织、社区合作型集体经济组织、社区股份合作型集体经济组织，也可以包括农村社区集体经济组织、供销合作社、信用合作社，甚至是乡镇集体企业。[①]虽然这些经济组织都会承担一定集体经济组织的职能，但准确的范围界定有待法律上的商榷和探究，以确保其私法属性的有效发挥。

（二）当前的家庭联产承包责任制

家庭联产承包责任制是在集体土地所有权制度下的一项农村基本土地经营制度。具体是指，农户以家庭为基本的生产单位，向集体经济组织承包土地等生产资料以获取收益的农业生产形式，集体在保留必要的统一经营的同时，由集体作为发包方，与农户签订农地承包合同，农户作为承包方在承包合同规定的期限内独立进行经营。当前的家庭联产承包责任制是20世纪80年代初期在我国农村推行的一项重要的经济制度。这样一种以家庭承包为主、统分结合的双层经营体制的优势在于，既有利于发挥集体经济制度统一经营的优势，又能够调动广大农民的生产积极性。2018年12月29日修正的《中华人民共和国农村土地承包法》（以下简称"新《农村土地承包法》"）第9条规定，承包方承包土地后，享有土地承包经营权，可以自己经营，也可以保留土地承包权，流转其承包地的土地经营权，由他人经营。这条提出了土地经营权的概念，表达了整个制度设计的理论基础，即承包方既可以自己经营，也可以流转其承包地的土地经营权，由他人经营。

在我国的相关法律中，并没有农地使用权这一概念，农地使用权在实

---

① 许中缘、崔雪炜：《"三权分置"视域下的农村集体经济组织法人》，《当代法学》2018年第1期。

践中表现为家庭联产承包责任制下的土地承包经营权。土地承包经营权具备农地使用权的基本法律特征。就土地承包经营权的法律定位来看，农民的土地承包经营权属于物权性权利，即农民对集体所有和国家所有的土地依法进行使用的权利。尽管发包方和承包方是农地承包合同的双方当事人，农地承包合同从表面上看具有债权的特征，但是，土地承包经营权仍然是属于物权性质的，原因如下。

第一，土地承包经营权符合直接支配性的物权特点。物权的直接支配性，是指可以根据自己的意志直接依法占有、使用其物，任何人非经权利人的同意，不得加以干涉和侵害。新《农村土地承包法》中就赋予了土地承包经营权直接支配的属性，如第 27 条规定："承包期内，发包方不得收回承包地。国家保护进城农户的土地承包经营权。不得以退出土地承包经营权作为农户进城落户的条件。承包期内，承包农户进城落户的，引导支持其按照自愿有偿原则依法在本集体经济组织内转让土地承包经营权或者将承包地交回发包方，也可以鼓励其流转土地经营权。承包期内，承包方交回承包地或者发包方依法收回承包地时，承包方对其在承包地上投入而提高土地生产能力的，有权获得相应的补偿。"第 36 条规定："承包方可以自主决定依法采取出租（转包）、入股或者其他方式向他人流转土地经营权，并向发包方备案。"这些是符合物权法定基本原则的，因此，在这个意义上说，土地承包经营权具有一定的物权属性。

第二，土地承包经营权符合物权法定的物权特点。新《农村土地承包法》中第 14 条和第 15 条规定了发包方的权利和义务，而第 17 条和第 18 条规定了承包方的权利和义务。这与债权中合同的特征是明显不同的，合同双方可以自由约定双方的权利和义务。而农民的土地承包经营权的相关权利和义务是由法律明确作出规定的。同时，从义务主体的角度来看，土地承包经营权的义务主体是特定的，是农村土地集体所有权的代表——农民集体经济组织、村民委员会或者是村民小组。这一特定的义务主体是法律明确规定的。

第三，土地承包经营权是具有物权保护性质的法定权利。新《农村土地承包法》中第 57 条列举了 8 项内容，发包方如果有其中的行为之一，应当承担停止侵害、排除妨碍、消除危险、返还财产、恢复原状、赔偿损失等民事责任。这些民事责任形式是物权保护中的责任形式。从权利损害的责任形式来看，土地承包经营权的法律定位应当属于物权范畴。

综上所述，土地承包经营权是属于物权性质的，是农民的一项重要的财产权利。为了合理有效地保障农民的农地使用权，就需要不断强化土地承包经营权的物权属性，赋予农民长期而有保障的农地使用权。

许多学者的观点认为制约当前中国农村经济发展的原因在于分散的小生产不能适应社会化大生产，分散的农户个体不能与大市场接轨，从而导致了交易成本太高，无法进一步激发整个农业的活力和农民生产的积极性。那么，我国目前的家庭联产承包责任制是农村经济进一步发展的制度性障碍吗？笔者认为，家庭联产承包责任制在城镇化发展进程中，面临外部环境影响和内部制度完善的双重考验。

第一，外部环境对家庭联产承包责任制的影响。这表现为，家庭联产承包责任制面临社会需求的转变，即农民生理需求向社会需求的转变。需求理论恰恰能够解释我国家庭联产承包责任制为何会给农村经济带来巨大的影响，以及家庭联产承包责任制为什么会在目前陷入制度性障碍之中，"根据需要理论，人的生理需要不能得到满足时就会产生满足生理需要的动机，这种动机比其他任何动机都要强烈。在极度贫困的条件下，任何微小的努力，都可以使系统的效益迅速放大，而产生巨大的经济效益"。①从家庭联产承包责任制实施之初的国情来看，当时我国广大农村的温饱问题尚未解决。让每一个农民获得一份生存资源即土地的使用权和部分收益权，这样的制度无疑会调动个体的生产积极性和创造力。但是随着农村和城市经济的发展，以及不断推进的城镇化进程，我国农村经济获得了长足的进步，绝大多数农民的温饱问题已经得到解决，温饱动机不再成为农民生产的动力，而此时农民的需求理念向着更高层次转化，尤其是向社会需求转化，而不是单纯追求简单的农业生产，从农民就业领域就可见一斑，我国农村劳动力中，已经有大量的富裕劳动力实现了非农就业，更有大量

---

① 刘福海、朱启臻主编《中国农村土地制度研究》，中国农业大学出版社，2006，第107页。

的农业人口流入城市、城镇之中从事非农产业。家庭联产承包责任制所面对的社会需求的转变，给制度本身带来新的需求，农民不单单局限于单纯生产的需求，农业也不单单满足于简单的小农经济生产的需求，这些需求内容的变化作为外部环境，对当前的家庭联产承包责任制提出了更高的制度要求。所以，面对城镇化进程的急速变化和现代农业的迅猛发展，我国在33个试点地区开始进行"三权分置"改革试验，以清除农地流转中的障碍、激活农地权利的财产价值。这些都是基于外部环境对家庭联产承包责任制影响的实践反馈。

第二，内部制度完善对家庭联产承包责任制的影响。从制度运行的实践效果来看，家庭联产承包责任制在初期取得了巨大成就，但1985年后中国农业发展出现了徘徊的局面。众多学者对其中的原因进行了分析，有的认为这项制度并不能一劳永逸地解决集体土地所有权制度的缺陷所带来的问题。家庭联产承包责任制作为一项产权制度形式，对其评价需要运用制度经济学的分析评价标准，放在制度经济学的框架之内。而制度经济学中，制度最核心的功能是能否为被规定的主体提供激励作用。因此，能否为农民提供足够的激励因素是评价农地使用权保障制度是否具有绩效的关键性因素之一。笔者认为，家庭联产承包责任制的激励作用在目前的农业生产中仍是不容忽视的，但也不可否认家庭联产承包责任制中存在制约激励作用发挥的因素。那么，在现有的家庭联产承包责任制下，是什么制约着激励因素作用的进一步发挥？笔者认为，在家庭联产承包责任制中，制度中的不确定性影响激励因素作用的发挥，而这种不确定性在很大程度上是由集体土地所有权制度产生的，如集体土地所有权主体内涵的模糊性、长久以来集体土地所有权制度公法化的影响、集体经济组织主体范围等因素从源头上制约了家庭联产承包责任制功效的发挥。家庭联产承包责任制功效的判断标准，应是现有的农村产权制度能否给土地承包者以足够的激励。支持土地私有化的学者认为土地承包制度缺乏经济效率，以小范围的公平牺牲国家经济的发展，从而抑制了农村经济的发展，强调土地唯有私有化，才能够将外部性问题转化为内部性问题，从而提高制度的激励程度。例如，有人认为"产权结构经济效率的高低，主要取决于它将外部性问题内部化的激励程度。实行彻底的土地私有产权，赋予农民土地终极所有权，所有者可以把共有产权形式下的许多外部问题内在化，内生出更高程度的激励，可以给农民稳定的产权预期，促使农民增加对土地的投入"。① 因此，内部制度完善对家庭联产承包责任制提出了更高的要求。如何调整产权结构，最大限度地提高农村土地使用效率，始终是我国农村土地问题的一个产权困境。

二　中国农地使用权制度的演进规律

新制度经济学理论提出一条重要的原则，即"路径依赖"（path de-pendence）。它的基本内容是："制度变迁一旦走上了某一条基本路径，它的既定方向会在以后的发展中得到自我强化，很难甚至根本无法扭转。因此，在设计改革方案时，必须考虑到制度的路径问题，如果不顾原有制度的特征及其对社会发展在方向上的规定性作用，就有可能使改革得不到社会的广泛认同，或者虽说能在开始阶段得到对旧制度不能完善自己利益提高需求而因此心怀不满的社会公众的口头上的支持，但毕竟新制度的运作不可避免地对旧制度造成冲击，这就不可避免会伤害社会公众从旧制度中已经得到的利益。"② 在历史发展中，关于中国农地使用权制度的改革更是如此，农地之上社会利益集团之间的权利结构的差别、社会偏好结构分布的不同等因素规范着既有制度的社会运行范式，以及制度变迁的方向和速度。社会学家孙立平认为："过去在三农问题讨论中，有一个思维误区，就是总想找出一个根本性的解决方法，而实际上我觉得三农是一个没解的问题，采取分解的方式来逐步缓解。"③ 中国农村土地问题的每一次制度革新，都是在考虑我国历史情况、遵循制度变迁的基础上展开的，都是既否定又继承，体现出较强的路径依赖性。认真厘清历史上和既有的农地使

---

① 赵阳：《共有与私有：中国农地产权制度的经济学分析》，生活·读书·新知三联书店，2007，第39页。
② 汪洪涛：《制度经济学：制度及制度变迁性质解释》，复旦大学出版社，2009，第63页。
③ 孙立平：《重建社会：转型社会的秩序再造》，社会科学文献出版社，2009，第260页。

用权制度的发展规律对于构建未来的农地使用权保障制度具有十分重要的意义。

（一）国家理性在农地使用权相关因素间的平衡

正式土地制度的出台，往往需要国家理性对当时时代背景下的多重因素进行综合性的考虑，从而适时地采取一些制度变迁形式和实践路径。尤其是在社会转型的时代背景下，更加需要考虑超越制度本身的一些因素，找寻社会制度变革的合理路径。我国农地使用权制度的变迁经历着诱致性变迁与强制性变迁、主动式变迁与被动式变迁、局部变迁与整体变迁等。可以说由于农地使用权制度的复杂性，制度理性更加容易受到多种因素的干扰。我们假设实际上存在制度供给和制度需求的交互作用的模型，同时国家理性的制度设计正是在不同的制度供给者和制度需求者之间综合考虑多重因素，通过一定程序，讨价还价、达成共识。需要考虑的主要因素如下。

第一，农地制度的激励因素和环境因素。在农村城镇化的经济变迁中，土地产权制度是农地制度改革的核心内容，产权是一个分散化的激励形式，能够提高人们的生产积极性，并通过市场调节作用，推动经济的整体性发展。国家理性的局限性之一就是不能很好地解决经济计划中的激励和信息问题，在农地利用方面，导致土地行政管理的缓慢。与城市中市场经济下的经济秩序相比，增加了制订和执行计划所需要的信息。与此同时，农民之间的经济行为常常不能反映事物内在的规律，缺乏连续性的激励制度，导致了农村经济在微观方面的低效率。因而，有关农村土地改革方面的建议，通常是主张重视农地产权制度的建设，重视产权制度中的激励因素。

然而，在农村的经济变迁中，产权制度的激励并不是唯一的因素。秩序等社会整体制度环境因素都是在农地使用权制度改革中需要考虑的，这些因素共同确立了整个社会生产、交换和分配的基础。在农地使用权制度的构建过程中，国家理性需要考虑制度安排与制度环境之间的相互关系，两者之间是互为前提和条件、互相促进的。

第二，农地制度设计中的均衡因素。在社会转型时期，尤其是在中国城镇化过程中，国家的角色十分重要。经济战略的实施、经济秩序的正常运行都离不开国家的推动，这都需要国家理性的发挥。国家理性之所以能够在其中发挥作用，原因在于其自身所具有的优势，例如，国家具有暴力上的比较优势，能够规定和实施财产权，从而形成制度上的权威性和公信力。同时，有效的执行力能够降低制度运行的成本，预防机会主义的发生。另外，也能够确保制度演变和制度更替的连续性，防止出现制度的模糊地带。① 但同时，国家理性也不是无限度的，需要受到多重因素的制约、在多种不同因素之间平衡，只有这样才能使得国家制度设计均衡化、中性化，确保制度的公正性。需要考虑三个"不变"：现存生产资料的社会主义公有制（全民所有制和劳动群众集体所有制）的制度不变、社会稳定前提不变、基层民生（农民利益）要求不变；也要考虑到我国现实国情的三个"较大"：不同行政区域的自然环境差异较大、人地矛盾较大、城乡差异较大。② 这需要国家理性在立法技术上均衡把握。

在我国城镇化的经济转型期，经济秩序时而呈现不稳定的态势，多元主体对制度规则的认同时常出现偏差，国家理性需要在相关主体之间作出平衡。我国的农地产权制度所涉及的主体大致可分为三类：国家、集体和农民个人。如果具体一些，还可以将国家分为国家机关、地方政府，集体可以分为代表机构（即村民委员会）、农村集体经济组织。同时，城镇化加速了城与乡、地区与地区之间的比较。当代的社会处在一个开放的系统之中，资本、技术和人才的流动性加大，城与乡之间、地区与地区之间的制度绩效比较逐渐增加，农民的比较意识也会随之加强，自然会对制度绩效产生一定的评价，或者提出一定的质疑。

国家理性在对农村土地产权制度构建进行整体把握时，常常会面临一些问题。首先，由于我国农民人数众多，又无法形成合力，因此，大多数农民的利益诉求比较分散，很难与政策法律等国家法律制度形成制衡。这

---

① 杨晓猛：《经济秩序的制度理性：以转型国家为例》，经济科学出版社，2007，第49页。
② 陈小君：《"三权分置"与中国农地法制变革》，《甘肃政法学院学报》2018年第1期。

对于身为弱势群体的广大农民来说不利。其次，国家理性容易受制于地方利益和局部利益，而无法代表整体利益。在农村土地制度中，谁代表国家利益，谁代表集体利益，在实际制度运行中是很难确定的，时常会出现部门利益代表国家利益、局部利益代表整体利益的现象，此时国家理性的局限性和弊端便会出现，国家制度的非均衡化问题会很突出。国家理性在各个主体之间的平衡问题需要农地制度改革理论着力解决。

第三，农地制度设计中的认同因素。中国的城镇化正处于整个社会的转型时期，对于农地的产权制度，如何使制度设计形成一种普遍性的"认同""共识""共享""共遵"的制度体系，也是国家理性要面对的一个重要挑战，这也是转型国家在制度调整过程中遇到的最大的困难，这既关系到人们对于国家土地制度的普遍认同，也关系到城镇化进程中经济秩序的稳定。这样一种普遍的共识，正是我们追求的最为合理的状态，也即最优的"纳什均衡"。① 然而，这样一种纳什均衡状态是需要不断进行调整才能够实现的，在中国社会转型的这样一种大背景下，旧有因素不断改变，新的因素又不断增加，制度环境无时无刻不在发生变化，改变着达致纳什均衡的制度环境。如何达致最优的纳什均衡，需要了解最劣的纳什均衡，所谓"最劣的纳什均衡"，是指只有少数经济相关主体对制度环境感到满意，绝大多数不满意，并有改变现状的强烈动机，只是，不足以达到改变制度理性的程度。"在最劣的制度均衡中，为什么会存在无效率的制度？至少可归结为两点：一是政策层次存在严重的权威主义者，公众与权威主义者缺乏有效的利益表达的沟通方式；二是政策决策层的价值观（信念）

---

① 纳什均衡，Nash equilibrium，又称为非合作博弈均衡，是博弈论的一个重要术语，以约翰·纳什命名。其含义是指，假设有 n 个局中人参与博弈，给定其他人策略的条件下，每个局中人选择自己的纳什均衡最优策略（个人最优策略可能依赖于也可能不依赖于他人的战略），从而使自己利益最大化。所有局中人策略构成一个策略组合（strategy profile）。纳什均衡指的是这样一种策略组合，这种策略组合由所有参与人最优策略组成。即在给定别人策略的情况下，没有人有足够理由打破这种均衡。纳什均衡，从实质上说，是一种非合作博弈状态。纳什均衡，在本文是指人们对于国家土地制度形成普遍认同的理想化状态。参见"纳什均衡"，百度百科，http://baike.baidu.com/view/28460.htm，最后访问日期：2019 年 12 月 12 日。

不轻易受社会公众的影响。"① 因此，在农地使用权保障制度建设过程中，要避免出现最劣的制度均衡状态，必须针对以上两点采取相应的措施：其一，在农民个人、集体与国家之间建立有效的利益表达沟通渠道，农民不应该只是单纯的政策法规的被动接受者，应尽量给予农民更多的农地使用权保障方面的权利；其二，建立具有约束性质的土地用途评价机制，让农民参与土地用途的评价，避免公权力机关在土地利用中，模糊化处理"公共利益"的定义，避免权力寻租的出现，以及防止损害农民群体利益的现象出现。

（二）农地使用权保障制度的强制性变迁和诱致性变迁

中国农地使用权保障制度的发展规律，总体上表现为两种：强制性变迁和诱致性变迁。尽管两者均有各自的优缺点，但是它们共同构成了中国农地使用权保障制度的总体走势。

1. 农地使用权保障制度的强制性变迁

强制性制度变迁，主要是由国家理性主导的，以国家的强制力制定出政策法律规范的过程。由于国家理性在强制性变迁过程中具有重要作用，因此，从理论上讲，强制性制度变迁通常面临的问题表现为体现统治者偏好和有限理性、意识形态的刚性以及社会知识的局限性。国家强制性变迁在具体的操作过程中，需要注意以下问题。

首先，立法在我国"三农"问题中的作用。从家庭联产承包责任制的出台过程可以看出，我国农村土地产权制度在很大程度上体现的是诱致性的社会变迁。然而，政策制定的走向越来越趋向于强制性的制度变迁，正如一些学者指出的，"自1982年后中国农村土地制度改革就进入了政府主导的以引入法令和法规为特征的'规范、稳定、完善'阶段，这个阶段在很大程度上是强制性变迁。当代中国农村土地制度变迁从总体上看是强制性的，今后农村土地制度改革越是向前发展，越要依靠法律予以规范"。②

---

① 杨晓猛：《经济秩序的制度理性：以转型国家为例》，经济科学出版社，2007，第204页。
② 靳相木：《中国乡村地权变迁的法经济学研究》，中国社会科学出版社，2005，第141～142页。

随着城镇化进程的加速、社会转型的不断深化，制度变迁会越来越体现国家的强制性变迁，中国农村的土地制度尤为如此。农村土地制度的主要问题表现为其制度上的模糊性，因此通过国家强制性的制度变迁，逐步使农地产权制度更加详细、完善，是解决农村土地问题的关键。我国深处社会转型时期，"三农"问题同样具有社会转型时期所具有的种种困惑。因此，在农村产权制度建设中，需要充分发挥立法在国家制度建设中的作用。国家立法既是社会转型的实际推动者，也是转型中被改造的对象。我国农村社会的建设，正是需要国家立法对农村社会有目的、有意识地改造，将相关政策上升为法律，不照抄照搬政策性文件，对政策进行合乎逻辑的转换。目前，我国"三权分置"的制度设计，虽然已经在政策层面予以确定，但在法律层面还缺乏相应的法律规范，需要从政策性制度到法律性规范，界定相关的权利内容以及权能边界。如果缺乏法律上的依据，必然导致权利实现上的困难。

其次，国家权力的运行应是有限度的。国家权力不遵守限度，就容易陷入尴尬的境地，既削弱了国家制度能力，也加大了社会风险。这就涉及如何限制国家理性权力以防止其对农民个体权利的侵害。在我国，对国家理性的应用表现在政策法规的出台、国家战略的实施上。面对激烈的国际竞争，我国长期把战略发展的重点放在如何实现工业化和现代化上，在"三农"问题上也将重点放在农业产业化的发展路径上。然而，农村有限的耕地和大量农村人口的存在是我国的现实国情，这决定了我国农业的小规模经营模式根本无法实现农业的产业化，农业、农村和农民与日益工业化和现代化的经济难以融为一体。产业化下的国家政策无法适用于中国农村的实际情况，农民被抛在工业化和现代化发展过程之外，这导致了城乡之间非均衡的制度安排，农民个体权利失去了得以不断发展的环境，在城市的工业化影响之下，农民的农地使用权也存在被剥夺的可能。国家理性的强制性制度改革，容易忽略对农民个体权利的保护，使得农民在很多情况下处于弱势群体的地位。因此，国家理性必须是有限度的，而不是盲目的和随意的，需要关注到农民个体的现实权利的实现。

2. 农地使用权保障制度的诱致性变迁

在我国农地产权制度改革领域，制度变迁的过程始终都是在试探中前进，摸着石头过河，在充分汲取原有制度合理性的同时，诱致自发性变迁，从提出土地承包责任制，到"两权并立"，再到"三权分置"。从理论上讲，诱致性变迁有一定的优势。国家是制度的设计者，涉及多方面主体的利益，受到诸多方面因素的制约，要处理国家与社会、国家与市场、国家内部层级之间的关系，那么国家制度能否在民众之间达成普遍的共识，成为对国家理性的重要考验。这里，诱致性的制度变迁更为有利于达成普遍性的共识。强制性的社会变迁通常根据国家整体战略性的经济需求制定一定的政策。然而，中国农地制度所体现的不仅仅是经济秩序，还需要在社会秩序、公共秩序等多方面进行平衡，而一项制度要达成普遍性的共识，是需要通过制度的诱致性、试探性的改进来不断完成的。城镇化进程中的土地制度设计，更需要体现各方面主体的利益，国家的制度设计更要中性化、均衡化，既需要有利于农业发展、农民生活水平提高，又需要有利于整个国家的整体战略发展。因此，在强制性的法律政策出台的同时，也要承认制度的诱致性变迁的重要作用。诱致性变迁在某种程度上，也符合进化理性主义的某些观点，在进化理性主义者眼中，绝大多数的社会构建是在试探中土生土长的，是人们无意识地设计出来的，总是在不断改进、调整中。因此，诱致性变迁后的制度更具有稳定性、普适性。

从农地使用权保障制度构建的角度来看，有关农地的制度，在社会转型过程中更适宜于诱致性变迁。正如土地研究学者何·皮特所说，"制度既是推动社会经济发展的动力，但反过来又会受到后者的制约。也就是说，如果制度和社会经济条件尚未成熟，那么强制推行的产权改革很可能会以失败告终"。[①] 所以，面对我国特殊的耕地和人口状况，我国农地使用权保障制度，历来更倾向于诱致性变迁。自 2016 年 9 月以来，我国不断推进农村土地制度改革，33 个试点在统筹中深化，改革试点内容不断

---

① 〔荷〕何·皮特:《谁是中国土地的拥有者？——制度变迁、产权和社会冲突》，林韵然译，社会科学文献出版社，2008，第 178 页。

深化拓展，改革创新力度也明显加大。比如，在探索缩小征地范围方面，河北定州等试点地区以《国有土地上房屋征收与补偿条例》对公共利益的界定为基础并适当扩大，将在土地利用总体规划确定的城市建设用地范围内由政府为实施城市规划而进行开发建设的需要等界定为公共利益。再比如，赋予集体经营性建设用地使用权完整权能。浙江德清、辽宁海城、广东南海、甘肃陇西等地积极开展集体经营性建设用地抵押，并分类确立入市主体等尝试。此时，诱致性制度变迁的优势便体现出来，因为强制性的制度变迁，往往受制于国家立法或是政府部门的理性认知，属于外部变量的范畴。而一些农村试验地区的成功转型势必会对其他地区起到示范的作用，当这一制度收到总体性的成绩之时，这一诱致性的决定必然是顺应绝大多数农民群体的，是符合最大限度增加福利和最小限度减少自身损失的行为选择的。我国现有的家庭联产承包责任制，就是在试错过程中渐进成长的，没有像其他转型国家那样，照搬固有的土地私有制模式，而是适应性地对产权制度中的使用权进行变革，既考虑到国家对于农村土地控制的需要，也使土地之上农民的利益得到最大程度的满足，使利益各方在改革中均受益。从这一制度的出台背景可以看出，最初是由最贫困地区的农民自行发起的，在试验取得成功后，逐步将之推向全国，本质上是同时发挥了诱致性变迁和强制性变迁的优势。这样一种演进性模式为我国农村产权制度转型提供了连续且平稳的过程，由于我国农地的特殊性，我国农地使用权保障制度的制度设计不可能是孤立的强制性变迁或者诱致性变迁，必须综合性地发挥自上而下的强制性，以及自下而上的诱致性，互相补充，使农地制度逐步走向成熟。

3. 建构理性和演进理性相结合

中国土地制度从以往的历史发展规律来看，是强制性制度变迁和诱致性制度变迁相统一的过程，即建构理性和演进理性的结合。这样的规律也势必会成为中国土地制度未来的发展方向，即遵循耕地的现实状况，尊重广大农民群体的价值观念和实际需求，同时采纳产权制度理论，对产权理论做适应中国国情的处理。实现建构理性和演进理性之间的结合，通常是转型社会在制度改革方面的首选方法，因为，通常情况下，建构理性是国家理性的一种主观判断，往往带有明显的或者不明显的价值判断的色彩，而演进理性则更为突出地体现了国家的传统、习俗和惯例，在长期的执行中，更能够为人们所适应和认同。但是我们也要注意到，建构理性和演进理性两者的侧重点是不相同的。建构理性通常着眼于全局，体现一定的创造性，能够及时地实现制度安排，对于偏离国家理性的制度及时纠偏，快速满足人们的理性预期和信任期望。而演进理性则更为灵活，逐步满足大多数人的利益诉求，长期的演进增进了人们对于制度的信任，以及制度自身的实用性。为了使中国未来土地制度更加符合纳什均衡意义上的均衡化、平衡化，农地使用权保障制度的改革更应实现稳定和创新的结合，在不确定和多样性之中寻找稳定的创新平衡点。因此，未来的农村土地制度发展既要重视建构理性中的强制性的政策出台和立法，更要给予农村经济发展以时间，促进城乡之间经济的不断交流与融合。纳什均衡理论所讲的经济关系上的均衡，"就是人们相互之间利益交换的关系，交换要达到各自的目的，并能使一定交换模式持续下去，必须使交易各方都感到利益满足，即实现交易均衡。在此，均衡本身是一种主观的心理感受，西方学者用效用一词来描述这种心理感受，为计量的便利，往往可用货币单位来表述效用单位"。① 城与乡制度上的均衡，有赖于城与乡之间经济发展上的均衡，而这是需要时日的，需要制度的演进理性作用的发挥。

（三）我国农地使用权保障制度的总体变化趋势

根据路径依赖理论，人们过去做的选择决定了他们现在可能做的选择。在我国城镇化进程中，土地制度是否存在这样一种路径依赖，或者是否有某种规律可供遵循呢？沿着这样的规律进入良性循环的轨道，使得中国的农地制度不断优化，这需要从总体上对中国土地制度变化的规律和趋势予以把握。

1. 顺应土地关系变革的现实需求

"土地关系是指在社会发展的某一阶段上人们在利用土地过程中所发

① 汪洪涛：《制度经济学：制度及制度变迁性质解释》，复旦大学出版社，2009，第87页。

生的人与人之间的关系，是土地制度、土地政策、土地改革、土地金融和土地税等问题的概述。土地关系是生产关系的重要组成部分，土地关系依赖于土地生产力的变化而变化，而土地关系也反过来对土地生产力起作用。"[1] 顺应土地关系变革就是要做到制度供给以制度需求为目标。按照制度需求与供给的关系，在中国城镇化进程中，土地制度变化的总体趋势，就是协调处理供给主导式和需求诱导式之间的关系。前者往往是整体性的、突变式的；后者是局部变迁的。政府主导式主要表现为国家制定的规范土地利用和管理的法律法规以及政府每年出台的关于"三农"问题的政策。政府主导式往往体现为整体性和突变性。而需求诱导式主要表现为一种非正式的制度变迁，可能是政府在某些地区进行的试验发起的，也可能是社会经济运行过程中内生性的一些因素引发的，例如在城镇化进程中，不断出现的农民工现象、空心村现象对于农村土地制度的影响。这些问题往往不是单一的农地产权的经济问题，而是更多地体现社会经济问题和人们的普遍利益。单纯地进行产权制度改革，或者单纯地解决在城乡出现的社会现象问题，都无法从根本上解决问题。[2]

2. 以农民个人农地使用权保障为引导

在社会主义市场经济的影响之下，中国市场经济体制的内在原则是利益主体多元化、利益主体的权利对等化。中国的制度变迁就是以放权为导向，以承认利益主体多元化为先导。这一理念应用在中国农地使用权保障制度问题上，则需要以农民个体权利保护观念为引导。根据制度经济学的理论，国家制度设计需要兼顾个体理性、集体理性和制度理性，注意三者之间的行动关联，用以制定利益均衡机制，但其中的侧重点应该放在个体理性之上。在未来农村土地制度改革中，也要将农民个体权利的保护作为各项改革的重中之重，而这体现的是农地使用权制度的公正性，对农民个体的切身利益是十分有利的。

---

① 陈金涛、刘文君：《农村土地"三权分置"的制度设计与实现路径探析》，《求实》2016年第1期。

② 郑智航：《城乡土地一体化利用过程中农民适当生活水准权的实现》，《山东大学学报》（哲学社会科学版）2012年第5期。

在我国现有的农地使用权保障制度中，利益的分配和责任的承担方式在规定上处于模糊状态，农民的许多个体权利都被掩盖在农民集体权利项下，利益分配和责任承担方式的模糊，直接影响制度的公正。"当我们质问某项制度是否公正时，我们主要关注的是这项制度分配利益与责任的方式。"① 而在我国城乡二元结构状况下，农民同城市居民相比，其对于政策的影响程度较低，利益表达的渠道较窄，利益表达的强度较低，很多情况下，农民较弱的集体合力不利于阻止有损农民个体利益的政策的出台。短期内，城乡之间失衡的利益分配格局很难被打破，反而会逐渐强化。因此，未来农地使用权保障制度的发展方向应以农民个体权利保护为引导，改变传统农户分田单干的模式，重塑集体统筹经营模式，细化集体成员权。在流转农户的承包地时，只有经农户书面同意，农村基层组织才有权决定流转农户的承包地。

3. 行政权力逐步撤出，鼓励法人化经营

中国农地使用权保障制度的另外一种表现，是行政权力逐步撤出，鼓励法人化经营。时至今日，行政权力逐步撤出农村土地这一趋势，在城镇化背景之下越发凸显。这样的一种变化发端于城市，越来越多的工业企业改造成为有限公司，逐步建立起政企分开的经营体制，适当地建立公司的激励机制，这也成为社会主义市场经济发展的重要表现。城市中，在市场经济的作用之下，人们的权利意识不断提高，权利保障制度也逐步完善。在城镇化流动性的作用之下，农村村民的权利意识逐渐提高，农村管理也在逐步摆脱公权力的不当干预，土地承包经营权的不断发展便是体现，有的学者将这样的规律总结为贯穿中国农村土地改革始终的红线。"这条'红线'由两条支线组成，一条是公权力的'抽身'，一条是土地承包经营权的成长。在这条'红线'的两条支线中，公权力的'抽身'是土地承包经营权得以成长的前提和基础，甚至可以说，公权力'抽身'的方式决定着土地承包经营权的成长路径，公权力'抽身'的程度决定着土地承

---

① 〔美〕约翰·罗尔斯：《正义论》，何怀宏等译，中国社会科学出版社，1988，第86~87页。

包经营权成长进程的快慢。"① 我国农地使用权制度演进的基本逻辑，有学者也将其总结为一种"从政治中心到效率主导"的基本逻辑规律。"我国的农地制度走过了一条从主要服务于实现政治理想到关注提高农业生产效率、从注重农地产权的社会属性到重视其经济属性的演进道路，围绕着农地所有、农业经营及其相互关系这一制度枢纽，不断丰富农地权利类型。"② 行政权力逐步撤出，鼓励法人化经营，也成为未来农村产业化经营的发展思路。

然而，公权力是否能够完全脱身，是需要结合时代背景和社会条件综合性地考虑的，就目前而言，国家对土地的控制仍然有其必要性，中国土地管理模式的发展趋势是由分散式管理模式向集中式管理模式转变。这样一种趋势势必将逐步得以强化，中国社会转型时期对土地，特别是耕地的控制，不仅是国家经济战略上的需要，也是保护土地资源、实现可持续性发展的需要。同时这也是维护我国城乡社会稳定的需要。

4. 以附带社会经济问题的综合治理为保障

中国"三农"问题之所以难以解决，是因为这不是单一的产权制度更新就能够解决的，其附随着许多相关的社会经济问题，如果这些相关的问题解决不了，土地的产业规模化经营，以及有效的土地流转制度都不能够顺利实施。在社会经济配套制度尚未成熟的情况下，单纯地研究和改革农地产权制度，实属徒劳。未来农地使用权保障制度的总体发展趋势是农地以外的社会经济问题的综合治理。

首先，农村中隐性失业的问题。无论是专家学者，还是政策的制定者，都认为中国农村土地制度发展之路的方向是产业规模化、市场化。这里面临的突出问题就是，假设实现了这样的发展模式，如何解决剩余下来的农民的社会保障问题，即农民的隐性失业问题。尽管在我国农村发展中，出现了大量的不以农村土地收入为主要收入来源的农民群体，但是仍然有大量依附于土地之上的农民，他们的收入来源于土地或者依靠土地收

---

① 靳相木：《中国乡村地权变迁的法经济学研究》，中国社会科学出版社，2005，第140页。
② 蔡立东、姜楠：《农地三权分置的法实现》，《中国社会科学》2017年第5期。

入为最终的生活保障。我国长期处于城乡二元结构之中，就社会保障问题而言，城市与农村存在很大的差距。农村的社会保障主要是依靠农地的社会属性予以实现，而在城市中，社会保障制度已经发展得比较成熟。因为从社会保障制度的历史起源来看，随着社会工业化、城市化的发展，社会保障制度起源于19世纪80年代的德国，同工业化、城市化相伴随的是人口就业方式的变化和家庭保障功能的弱化。社会保障就是随着工业化和城市化的发展而产生的，农村在社会保障这一方面一直没有发生、发展的原初动力，没有自发形成的初始原因。因此，解决农村中的隐性失业问题，需要政府部门不断加大对农民的社会保障力度，而这是解决"三农"问题外部性的重要条件。同时，城市中工业的发展水平也决定了城市吸纳农村剩余劳动力的能力。因此，中国农村土地问题是一项长期且复杂的工程。

其次，配套机制的完善问题。我国已经确定了"三权分置"为农村土地产权制度创新的发展模式，但是如何实现原有相关政策的配套问题，也是附带社会经济问题的综合治理的关键一环。比如我国粮食直补、农资补贴等各种补贴政策，究竟是补贴给农村土地承包权的主体，还是补贴给实际经营的农村土地经营主体。类似的相关问题需要明确，以激发农民从事生产经营的积极性。配套机制不健全将会制约农地使用权权能的实现，在"三权分置"的政策背景下，应着力解决的配套机制问题包括：第一，健全经营权流转机制，完善社会服务体系；第二，理顺经营权确权问题；第三，为经营权抵押提供相应的支撑体系，比如建立专门机构对经营权价值合理评估，为经营权抵押提供社会机构服务，如提供信息咨询、交易指导等服务；第四，明确分化补贴项目，确保补贴项目落实到农地承包主体手中（涉及经营权主体的，补贴也需落实到位）；第五，积极推进城乡统筹发展，实现城乡一体化建设。[①] 三农问题的有效解决离不开良好的社会条件，需要在医疗、就业、教育、社会保障等方面充分保障，以确保城与乡制度上的均衡发展。

---

① 参见陈金涛《农村土地"三权分置"的制度设计与实现路径探析》，《求实》2016年第1期。

近代中国女权立法的微观考察

——基于民国《民律草案》"妻冠夫姓"制度制定的视角

孙慧娟*

摘 要：姓名权是妇女基本权利的一部分，"妻冠夫姓"制度是妇女人权制度的一部分。本文通过分析彼时学术界、官方起草人员在民国《民律草案》妻冠夫姓问题上不同的立场和态度，探析妻冠夫姓法律制度法源基础，对民国《民律草案》妻冠夫姓法律制度的具体规定作出分析，认为其符合身份权的构成要件，属于权利义务复合性规范。妻冠夫姓从习惯到立法，引起社会上对妇女姓名权等权利的广泛关注，尽管囿于社会背景，立法社会效果有限，但考察妻冠夫姓制度民事立法过程，观察中国近代妇女基本权利从习惯进入立法的历史变迁，对现阶段妇女基本权利立法具有借鉴意义。

关键词：民国《民律草案》；女权立法；妻冠夫姓；妇女姓名权

中国古代已婚女性通常作为丈夫的附属，在人格上被丈夫吸收，在姓名权方面表现为妇女不享有姓名权，而是通过在本姓之前冠夫姓的方式标识个体身份、实现与社会的沟通。这一制度长期、广泛存在于民众日常生活中，形成了稳固、类似实践的自然法规则。① 受制于传统礼与法理念和调整范围的影响，古代的礼和法均未对已婚女性冠姓问题作出明确的法律规定，学者多将其纳入习惯的范畴，其理由主要以王用宾在《妻冠夫姓问

---

* 孙慧娟，社会科学文献出版社在站博士后。

① 谢鸿飞：《民法典与特别民法关系的建构》，《中国社会科学》2013 年第 2 期。

题》一文中的"夫妻姓氏是有事实，事实继续，养成习惯，习惯之合理者，加以开明有力学说，见于记载为成文习惯"① 为代表。

近代是中国女性被重新认知的一个重要时期。在经济、社会制度变革和西方人权运动等因素推动下，中国近代兴起妇女解放运动，男女平等原则开始进入国人视野，并逐渐走向立法层面。从 1912 年《中华民国临时约法》平等原则的确立，至 1925 年民国《民律草案》两个关于妻冠夫姓法律条文（第 1118 条和第 1157 条）的出台，姓名权作为女权的一部分从宪法上的基本权利落地成为民法上的具体权利。

一　学术界对是否进行女权立法的讨论

20 世纪初男女平等开始作为一项基本原则进入中国宪法层面，这是女权立法的基础。1912 年颁布的《中华民国临时约法》规定"中华民国人民，一律平等，无种族、阶级、宗教之区别"，② 确立了平等原则。之后该原则在国民党政策导向中得到进一步贯彻：1912 年 3 月 3 日中国同盟会总章第 3 条将男女平等原则列入政纲范围"本会政纲分列如下……第五款'主张男女平等'"③，之后男女平等的法律原则被陆续纳入湖南、广东、四川、湖北等地方法规，1922 年公布的《湖南省宪法》规定了"人民在法律上无男女、种族、宗教、阶级之别，一律平等""婚姻基于男女之同意，人身不得买卖或抵押"④ 等一系列法律条款，倡导男女平等和婚姻自主。随着女权运动的发展，国民党也极力表明自己支持男女平等原则的立场，1923 年 1 月 1 日颁布的政纲宣言规定"确认妇女与男子地位之平等，并扶助其均等之发展"。⑤ 1924 年 1 月 31 日国民党第一次全国代表大

---

① 王用宾：《妻冠夫姓问题》，《法学季刊（南京）》第 1 卷第 1 期，1930 年。
② 夏新华、胡旭晟、刘鄂、甘正气、万利荣、刘姗姗：《近代中国宪政历程：史料荟萃》，中国政法大学出版社，2004，第 156 页。
③ 中国国民党中央委员会党史委员会编《中国国民党党章政纲汇编》，中国国民党中央委员会党史委员会，1994，第 8 ~ 9 页。
④ 李达嘉：《民国初期联省自治运动》，台北：弘文馆出版社，1986，第 326 ~ 331 页。
⑤ 中国国民党中央委员会党史委员会编《中国国民党党章政纲汇编》，中国国民党中央委员会党史委员会，1994，第 486 页。

会中形成的国民党政纲再一次确认了男女平等原则，表明了其支持和推动女权立法的态度："于法律上、经济上、教育上、社会上确认男女平等之原则，助进女权之发展。"①

在此背景下，中国兴起了女权立法的浪潮。20 世纪 20 年代初，学术界和立法界就是否在民法中扩展女权持不同态度，他们对女权立法的态度在一定程度上决定了女权发展的走向，姓名权作为女权的一部分，也在这次讨论之中，并出现了不同的声音：以涂身洁为代表的女权主义者，不仅主张在民国《民律草案》中扩张女权，而且明确指出妇女婚后不应冠夫姓；与之形成鲜明对比的是以江庸为代表的温和主义者，主张应根据中国国情具体考量是否要在民国《民律草案》中扩张女权。

（一）女权主义者对妻冠夫姓民事立法的态度

20 世纪 20 年代，关注女性具体权利成为时代主题之一，受这一潮流影响，妻冠夫姓问题进入公众视野，成为法学界探讨的重要议题。妻冠夫姓制度是中国传统婚姻家庭制度的一部分，它的形成、发展变化与人格、身份、家庭、婚姻制度息息相关，因此对这一问题的探讨要建立在学界对女性人格和婚姻家庭制度的重新认识上。

五四运动之后，男女平等、女性解放、女性参政成为这一时期妇女运动的主旋律，出现了大量关于妇女解放、反对夫权专制、反对贞洁观、倡导婚姻自由的文章。推翻夫权专制是实现妇女解放的必要条件，对此以李大钊、陈独秀为代表的中国知识分子发表了一系列有关批判夫权的文章，李大钊在《由经济上解释中国近代思想变动的原因》中指出："社会上种种解放的运动，是打破大家族制度的运动，是打破父权（家长）专制的运动，是打破夫权（家长）专制的运动，是打破男子专制社会的运动，也就是推翻孔子的孝父主义顺夫主义贱女主义的运动。"② 这个时期知识分子还研究了"同姓不婚"的习俗，得出了优生优育只与血

---

① 荣孟源主编《中国国民党历次代表大会及中央全会资料》，光明日报出版社，1985，第22 页。

② 李大钊：《由经济上解释中国近代思想变动的原因》，《新青年》第 7 卷第 2 号，1920 年。

缘有关、和是否同姓并没有直接关系的结论。这些研究有利于将姓氏制度从生育制度中剥离出来，为进一步削弱国家对妻冠夫姓制度的干涉提供理论依据。

同时，该时期官方对婚姻制度也有了新的认识，为探讨妻冠夫姓制度提供了民法上的学理基础。1911 年《北洋官报》公布《折奏：修订法律大臣奏编辑民律前三编草案告成缮册呈览折（未完）》[①] 一文，这篇文章将婚姻定义为一种契约：婚姻不再仅仅是政府用来维护社会秩序的一种控制手段，而且是当事人意思自治的一种契约行为。这是探讨妻冠夫姓制度变革的理论基础。在讨论亲属关系时，吴昆吾从血缘的角度揭示出传统社会妻冠夫姓制度存在的原因。在其 1921 年发表的《民律亲属编（第一章通则）草案意见书》一文中，他对外亲范围进行了论述，"日本得以外姓为继子为入，夫中国则否，以为妻者外姓之女，偶入吾家，妻之父母叔伯兄弟与吾不过感情上之结合，并非血统上之关连也"，[②] 从血缘关系上解释中国传统社会妻冠夫姓制度存在的原因。

在女权立法道路上，涂身洁主张要在民事立法中扩张女权，并且明确表明对妻冠夫姓制度的看法：妇女不是丈夫的附庸，不应在婚后冠夫姓。1924 年涂身洁在《法律评论》上发表《对于民草关于女权部分应行修正之管见》一文，从三个方面对扩张女权的重要性做了论述。首先，从收回治外法权的角度来说明男女在公法和私法领域享有同等权利、同等能力是近代立法例所公认的原则；中国要想收回治外法权，就必须与世界接轨，确立男女平等的原则。其次，从共和政体的角度来论证扩展女权的必要性和重要性；认为男女不平等的法律是不人道不正义的法律，是专制的法律；只有男女平等的法律才与共和政体的精神相符合，才是"维持国家社会安宁秩序之道"。最后，认为扩张女权符合"近世女权运动，日益澎涨"的社会现实，法律要想不被社会淘汰，就必须满足社会不断发展的需要。

在如何处理民国《民律草案》与女权关系方面，涂身洁提出了自己的

---

① 《折奏：修订法律大臣奏编辑民律前三编草案告成缮册呈览折（未完）》，《北洋官报》第 2957 期，1911 年。

② 吴昆吾：《民律亲属编（第一章通则）草案意见书》，《法学会杂志》第 3 期，1921 年。

看法：首先对《大清民律草案》进行了批判，认为《大清民律草案》在男女平等方面做得非常不够，必须对其加以修正；具体到民国《民律草案》应如何处理与女权之间的关系，涂身洁指出要"采近世立法例"，即通过西法移植来实现，要从总则、亲属、继承三编着手。在讨论女子继承权时涂身洁谈到妻冠夫姓问题，主张亲属编部分应修正的地方有四点，在第三点中主张女性和男性应享有同等的继承权。这是因为男女都是子，在身份、血统、亲等上女性和男性没有差别，都是父母的遗体，没有亲近的差别，也没有爱憎的差别，所以女性和男性一样，没有差别。对于中国古代以"神不歆非类，民不祀非族"的理由将女性排斥在宗嗣继承之外的说法，提出批驳意见：首先从气血上来论证，女性不管是否结婚都不影响与本家父母的关系，即便女性结了婚，气血也仍然和父母相通。因此，用"神不歆非类，民不祀非族"的说法来剥夺女性继承权的理由根本不成立，鉴于此，女性应享有继承权。他认为在当下，男女平权是时代的主流，因此女性不是丈夫的附庸，自然也就不用在婚后改随夫姓。[①]

（二）温和主义者对妻冠夫姓制度的认识

与涂身洁等相比，在女权立法方面，以江庸为代表的温和主义者态度并没有那么激烈，这或许和江庸经历有关。江庸历经清、中华民国、中华人民共和国三个时期，早年留学日本，毕业于日本早稻田大学法制经济科，曾担任清政府大理院推事、北洋政府京师高等审判厅厅长和司法总长律师；此外他还长期活跃于教育界，曾担任政法大学校长、朝阳大学校长等职。可以说，江庸有着深厚的法学素养、丰富的人生和司法经历，在当时法学界有着相当的影响力，他对女权扩张的态度具有很好的代表性。

在评析《大清民律草案》时江庸认为，《大清民律草案》存在财产法与身份法之间的分裂，其原因在于没有处理好法律理论和法律应用、外国移植法和本国固有法源之间的关系，尤其是亲属、继承两编，"旧律中亲

---

① 涂身洁：《对于民草关于女权部分应行修正之管见》，《法律评论》第33、34期合刊，1924年。

属继承之规定，与社会情形悬隔天壤，适用极感困难"。① 然而在当时的社会环境下，所立之法始终难逃成为恶法或者徒增纠纷的魔咒，鉴于此，在女权立法问题上，江庸竭力否定激进主义，而是强调一定要和社会现实相符合，以避免水土不服。

从民国《民律草案》法律文本看，在妻冠夫姓立法方面，立法者中和了女权主义者和温和主义者的看法。在规范形式方面，采取激进主义者的观点，通过采用西方立法技术将妻冠夫姓制度从习惯上升到法律制度层面；在内容方面，民国《民律草案》采取温和主义者的观点，选择了尊重传统、尊重现实，沿用的是中国传统妻冠夫姓制度的基本内容。

二 起草人对是否扩展女权立法的态度

民国《民律草案》分为五编，共 1522 条，由于在修订过程中没有出现清末"礼教派与法理派"之间大的分歧，整个立法过程采取的是一体编纂的方式。其中总则编由余棨昌负责，债编由应时、梁敬錞负责，物权编由黄右昌负责，债编、物权编于 1925 年完成，亲属编和继承编由高种负责，于 1926 年完成。②

民国《民律草案》起草委员会成员结构与《大清民律草案》相比有明显不同。首先，从人员结构看，《大清民律草案》起草人以日籍法学家为主，无论是理念还是具体制度设计，都出自外籍专家。而民国《民律草案》各编起草人都是中国人，与日籍法学家相比，他们更了解中国国情。其次，从起草人的年龄、法学素养、司法经历和法典编纂经验看，民国《民律草案》起草人各方面的条件都较成熟。总则编负责人余棨昌和亲属、继承两编的负责人高种起草民国《民律草案》时年龄在 40 岁左右，这是一个相对成熟且年富力强的年纪。两人司法实务经历都颇为丰富，余棨昌在 1921 年之后一直担任大理院院长；高种有着多年地方司法

---

① 杨立新点校《大清民律草案·民国民律草案》，吉林人民出版社，2002，第 7 页。
② 潘维和：《中国近代民法史》，台北：汉林出版社，1982，第 86~87 页。

实践经历；从法学素养上看，两人早年都曾留学日本，精习法科。余棨昌在 20 世纪 20 年代担任法学教授，法学素养深厚；高种曾在《大清民律草案》编纂过程中参与了继承、亲属两编的起草，有丰富的法典编纂经历。

受资料所限，无从得知民国《民律草案》起草过程中高种和余棨昌对妻冠夫姓的具体态度，但通过考察余棨昌在 20 世纪二三十年代所著的《民法亲属编》《民法要论总则》，可以基本了解余棨昌对女权立法的态度。余棨昌在《民法要论总则》一书中表明了其致力于在总则编推进男女平等的态度。他认为应从两方面推进男女平等。第一，要在权利能力和行为能力方面全面推进男女平等。认为基于平等原则，无论是权利能力还是行为能力方面男女都应是无差等的，出生时即可享有，死亡时权利也随即消亡，而不应再做任何约束。① 同时，在行为能力认定上，余棨昌认为应以年龄与精神状态而不是性别作为行为能力认定的标准，这一观点彻底否定了《大清民律草案》将妻界定为限制行为能力人的做法。② 第二，在法律用语方面，余棨昌主张删除"妻""夫"等带有性别歧视的字眼，而统称为"人"。

另外，余棨昌对男女平等原则的推进是有限度的，集中表现为两点。第一，认为男女有别，要通过例外条款的设定来维护男女之间的差别。谈到撤销权时，余棨昌认为出于保护相对人利益的考虑，妻的行为必须经过夫允许，否则夫有权撤销"妻未得夫之允许，而提出伪造之夫之信缄，使相对人误信其已得允许是也。此等行为不准撤销，以保护相对人而谋公平"。第二，具体到夫妻关系方面，他认为妻随夫居有利于亲权的行使和维护家庭的和睦，因此应维护夫的优势地位，在夫妻住址选择方面"妻应以夫之住所为住址。盖妻负与夫同居之义务，故妻必须与夫同一住址，不能任妻自设定住址焉。但夫之住址无可考，或无住址，或与夫别居者，妻得独立自有住址，是不待言"。③

综上所述，民国《民律草案》的起草者主张有限度扩张女权主义的立

---

① 余棨昌：《民法要论总则》，朝阳学院出版部，1933，第 46 ~ 48 页。
② 余棨昌：《民法要论总则》，朝阳学院出版部，1933，第 48 ~ 49 页。
③ 李秀清、陈颐主编《朝阳法科讲义》第 4 卷，上海人民出版社，2014，第 43 页。

法理念，在扩张女权立法的同时也保留男女不平等的部分法律条款，目的是维护男性在家庭中的优势地位。这一理念直接决定了民国《民律草案》对两性关系的处理，在法律文本上体现为女权立法在总则编、亲属编、继承编各有进退：民国《民律草案》总则编全面贯彻了男女平等原则，彻底涤荡了传统社会男女在权利能力、行为能力方面的不平等，删除了《大清民律草案》总则中关于妻为限制行为能力人的规定。第 16 条和第 17 条关于"权利不得抛弃"之论，符合近代人权"人性尊严既不能剥夺亦不能抛弃"① 的理念。亲属编则倾向于维护传统的家庭秩序和关系，宗亲、外亲、妻亲的划分保留了亲属关系位阶上的不同②；夫妻基于"通过婚姻发生联系的人（姻亲）"的理由仍被纳入"亲属法"的调整范围③；家庭成员登记主义的采纳使女性在户籍制度方面仍处于被动地位；在同居、家事管理权、夫妻之间监护权等夫妻关系方面妻仍处于弱势地位。在继承制度方面，民国《民律草案》仍围绕行使"家父权"的人设计，"本律所谓继承，以男系之宗祧继承为要件"④ 制度的规定，将女性排斥在宗祧继承之外。中国古代"于继承问题，尤以宗祧为主限"，⑤ 以"上奉祖先的祭祀，下续男子的血统"⑥ 为目的的宗祧继承制度和"神不歆非类，民不祀非族"的祭祀制度仍将女性排斥在宗祧继承之外，其目的就是将女性活动范围仍限定在家族范围之内，使其从属于男性而无任何家庭之外的能力。⑦ 民法典是一个综合性的逻辑体系，它的设置在外部体系和内部价值方面具有预设的统一秩序。⑧ 在这种秩序之下，妻冠夫姓制度立法仍沿袭传统，呈现在法律条文上就是"妻于本姓之上冠称夫家之姓，离婚时，妻不得享有第一千一百一十八条之权利"（第 1157 条）。

---

① 李震山：《人性尊严与人权保障》，台北：元照出版有限公司，2001，第 13 页。

② 杨立新点校《大清民律草案·民国民律草案》，吉林人民出版社，2002，第 344 页。

③ 〔日〕我妻荣：《日本民法·亲属法》，工商出版社，1996，第 22 页。

④ 杨立新点校《大清民律草案·民国民律草案》，吉林人民出版社，2002，第 376 页。

⑤ 余棨昌：《民法要论继承》，北平朝阳学院，1933，第 2 页。

⑥ 宗惟恭：《民法继承浅释》，上海法学编译社，1932，第 9 页。

⑦ 〔英〕梅因：《古代法》，沈景一译，商务印书馆，1959，第 87～88 页。

⑧ C. W. Canaris, Rechtstheorie, Zivilrecht, *Systemdenken und Systembegriff in der Jurisprudenz*, Schriften Zur Rechtstheorie, 2005, pp. 19 - 34.

三 妻冠夫姓法律制度法源探析

民国《民律草案》亲属编共经历两次修订过程。第一次是 1915 年由法律编查会修订，篇章条目和《大清民律草案》基本相同，除了将第一章"总则"改为"通则"，增加了未成年人监护等条款以外，并没有太大改动。这次修订后，亲属编共 141 条，比《大清民律草案》亲属编少了两条。第二次是 1925 年由修订法律馆最终改订，这次改订之后，整个法典逻辑更为清晰，在具体内容上增加了一些更为细致的规定。经比较，民国《民律草案》亲属编比《大清民律草案》亲属编增加了 100 条，比《第二次民律草案》增加了 102 条，这其中就包括两条关于妻冠夫姓的法律条文。[1] 难免让人怀疑的是，这新增的两个法条从何而来？

根据记载，民国《民律草案》在立法过程中参照了《大清民律草案》、各省民商事习惯、各国最新立法，在涉及两性关系内容最多的亲属、继承两编，还以大理院判决例为参考，增加了一些当时正在实施的做法。本文从民事习惯调查、大理院判决例和域外法的角度来分析民国《民律草案》妻冠夫姓法律制度的来源。

（一）民事习惯调查与妻冠夫姓制度民事立法

民事习惯是我国法典编纂的重要法源之一。中国古代"重刑轻民"，很多民事关系的调整都依赖于民事习惯，在传统社会中民事习惯一直作为与国家法相对应的一个无形的、具有很大约束力的规范体系存在：这个规范体系形成于民间，调整的是私人领域的利益关系；其背后的约束力虽然不是国家暴力机关，但其所依赖的乡土关系网具有强有力的约束，并具有区域化的色彩。[2]

将固有民情、风俗习惯纳入法典编纂之中是近代中国在法治现代化过

---

① 杨鸿烈：《中国法律发达史》，中国政法大学出版社，2009，第 581 页。
② 梁治平：《清代习惯法：社会与国家》，中国政法大学出版社，1996，第 1 页。

程中处理传统与现代、东方与西方、现实与未来之间矛盾的必然之道。近代，民事习惯被纳入法典编纂的视野，离不开两个因素：一是当权者对风俗习惯的重视，这是习惯被赋予国家强制力的前提；二是传统中国所形成的礼俗社会秩序和以西方法律文化为背景形成的现代法律制度之间契合与张力的必然。①

1. 习惯条款适用的删除

民国《民律草案》删除了习惯条款的适用，为妻冠夫姓制度在内的民事习惯进入成文法体系提供了契机。民国《民律草案》虽以《大清民律草案》为蓝本，但在结构和内容方面都与《大清民律草案》有较大变动，其中一项重大变化在于取消了"法例"，删除了适用习惯、法理的条款，以及关于民事习惯与民事法律相互关系原则性规定的条文。这种封闭式的做法是民法典编纂的大忌，是立法技术上的倒退，意味着民国《民律草案》取消了法源规范，拆除了导入"民情风俗"的渠道，法典的开放性被大大削弱。但同时也意味着，过去很多由习惯调整的社会关系要进入法律调整的框架范围之内，为妻冠夫姓制度成文法化提供了契机。

2. 北洋政府时期民事习惯调查的背景

北洋政府时期的民事立法继承了清末民事习惯调查之风，1911 年《江苏自治公报》发表文章专门针对民事习惯调查的重要性做了论述："民事习惯问题乃编纂民法之本……盖各地方各有固有之习惯，不能强同。法律本人情之大同，苟于道德无害即制裁力所不及。惟立法之意不能徇一地方之习惯而枝枝节节，顾此失彼。中国二十二行省风俗习惯迥然不同，俨如二十二国，故尤必合炉而冶，撷其菁华，汰其糟粕，而法典乃得告成焉，办理地方自治固不能不研究。法律而于民俗之习惯尤当注意，盖立法必归于一致，而用法亦贵于从宜自治。"② 由此可见官方对民事习惯调查的重视。民初民事习惯调查持续了大约十年的时间，除了调查时间比较充分以外，各省还积极制定调查规则以保证此次调查顺利有效进行。时间上

---

① 李保平：《从习惯、习俗到习惯法——兼论习惯法与民间法、国家法的关系》，《宁夏社会科学》2009 年第 2 期。

② 《章程：续调查民事习惯问题》，《江苏自治公报》第 60 期，1911 年。

的宽裕和各省的积极配合，使这次民事习惯调查充分且完备，调查结果不仅详尽而且在事后得到了精心汇总编排，最终形成了《中国民事习惯大全》和《民事习惯调查报告录》等调查成果。

此次民事习惯调查以司法裁判为导向，由高等审判厅主导，目的是解决司法裁判中的现实问题，在此前的《司法公报》公文中，司法部曾计划在编订民商法等法律之时，充分借鉴和依据习惯调查的内容和结果，因此这次调查的内容多是日常性、生活性、场景性的问题，所获得的结果不是系统化的概念体例，而是零散性的法律事项。这一点与清末民事习惯调查在设计理念方面有着根本的不同：清末民事习惯调查以立法为导向，以西方立法体例为参照设计调查问题，因此其所获得的调查结果，多是为了解决概念化、系统化的民事立法问题，而且民事习惯调查未对《大清民律草案》编纂产生实质上的影响，其成果转化收效甚微。北洋政府舍弃晚清民事习惯调查结果（晚清与民初民事习惯调查时间所隔不远，两者仅相距七八年的时间：晚清民事习惯调查完成于宣统元年，民初民事习惯调查开启于民国七年，并且晚清的民事习惯调查资料在民国初年得到了较好的保存），采取了与清末民事习惯调查截然不同的设计理念，即从关注系统化、概念化的问题转向以解决现实中的纠纷为导向，在这样的理念引导之下，"户婚田宅"等细事被纳入民事习惯调查之中。

3. 有关妻冠夫姓问题的民事习惯调查

1909 年《北洋法政学报》刊登了《民事习惯调查书》，其中第一款第一项第二目第九、十、十一点涉及已婚妇女在与他人订立合同契约时是否必须经夫列名做主方可订立问题进行了调查；如果不是的话，在哪些情况下已婚妇女可以单独以自己的姓名做主。① 这个问题涉及的是在没有夫列名的情况下，妇女是否有权以自己名义独立订立合同契约，以及所订立的家产合同契约是否有效的问题。

1910 年第 127～128 期的《民事习惯调查书》（续）在对有关家、户、

---

① 《民事习惯调查书》，《北洋法政学报》第 118 期，1909 年。

再婚、承嗣问题进行调查时多处提到姓的问题。① 在第三款第一项第一目第一点中提出，"一户一姓同居之人是否以辈行最尊最长之男子为户主"。该问题与妻冠夫姓制度的联系在于：如果以"一户一姓"为原则，那么妇女如属于同户之中，自然也应属于同姓之人，则妇女婚后冠夫姓就是必然。第五点调查的问题是"一家之中无男子或有男子年老年幼是否即以妇人为户主"，这是上一个问题的例外，即在无男子或者男子没有能力担任户主的情况下已婚女性是否有权担任户主。上述两个问题结合起来就是：妇女在冠夫姓的情况下是否符合"一姓"的标准以及能否担任户主。第七点调查的问题是"一家无男子而招入赘婿是否改从妇家之姓即作为妇家之主"，由于赘婿法律地位与已婚妇女类似，此条和上述两条属于同一类问题。第八点调查的问题是"赘婿离婚归宗则所生之子应从何姓又或已孕未生之子将来应从何姓"，这是对夫妻姓氏问题的引申问题——子女姓氏的调查。此外，第三款第二项第六点还涉及寡妇是否享有再醮自主权的问题，之所以关注这一条是因为传统社会寡妇再醮不仅需要得到夫之父母的同意，而且必须脱离原夫之户籍，归其宗并恢复本姓。1910 年《南洋官报》上刊登的《江宁调查局调查民事习惯问题答式》涉及了离婚后归宗妇女姓氏问题，"已嫁女被出后复归是否尚得与他族人同实否"，② 即妇女在离婚后归入父母家是否享有包括随父姓在内一系列权利的问题，这是对离婚后妇女姓氏的调查。

综上所述，民初民事习惯调查的契约、家制、婚姻中直接或间接涉及了已婚妇女婚后冠夫姓的问题，这些调查结果在民国《民律草案》中都得到了不同程度的解答。民国《民律草案》第 1123 条（妻于日常事务，视为夫之代理人）和第 1124 条（不属于日常家务之行为，须经夫允许，违反前项规定之行为，夫得撤销之）回答了妻是否有权以自己名义单独订立契约的问题；第 1106 条（再醮，除依第 1076 条第一项规定外，须经夫家父母允许。夫家父母双方亡故或在事实上不能表示意思时，须经夫家祖父

---

① 《民事习惯调查书》（续），《北洋法政学报》第 127～128 期，1910 年。
② 《江宁调查局调查民事习惯问题答式》，《南洋官报》第 101 期，1910 年。

母允许）回答了寡妇是否享有自主再醮的权利；第 1070 条（家长，以一家之中最尊长者为之）回答了女性是否有权担任家长的问题；第 1157 条（离婚时，妻不得享有第 1118 条之权利。妻于离婚后，专称母家本姓。再醮之妇离婚后，如归前夫家，得于本姓之上，冠上前夫之姓，妇母家，则专称本姓）回答了妇女离婚后的姓氏问题。这些都充分体现了民国《民律草案》在法典编纂过程中对中国固有民情与风俗习惯的采纳。

（二）妻冠夫姓制度在司法实践中的依据和借鉴

为满足社会现实需要，民国《民律草案》在编纂亲属、继承两编时，加入了不少大理院判决例。[①]《大清民律草案》在编纂过程中多移植外国法，在体例和内容上多仿效德、日民法，偏重于个人利益，并未很好地将本国固有法源融入法典的编纂中，致使亲属、继承两编的规定与社会情形相去甚远，造成在社会现实中适用困难。鉴于此，民国《民律草案》在编纂亲属、继承两编时，通过加入大理院判决例的方式来实现传统与现代、理论与现实的融合。

但这一时期妇女因婚后是否冠夫姓而提起的诉讼案件难以寻觅。分析其原因，主要有两点：第一，受智识和社会现实所限，这个时期大部分妇女尚且没有意识到姓名权的重要意义；第二，迫于社会舆论、家庭、经济上的压力，即便是具有姓名权意识的妇女，也没有能力和勇气通过诉讼去争取。虽然该时期并没有出现有关已婚妇女姓名权的诉讼案件，但这并不意味着关于妻冠夫姓制度的民事立法就缺少了司法实践上的依据。通过统计经余棨昌发布的大理院布告可以大概了解彼时已婚女性称谓的基本情况（见表 1、表 2、表 3、表 4）。之所以选择余棨昌，是因为他在立法和司法界特殊的身份地位：他不仅担任过大理院院长，而且起草了民国《民律草案》总则，在民国《民律草案》的编纂过程中起到了整体协调的作用；而之所以选择大理院公布的判决例，是因为大理院在北洋政府时期是最高

---

① 司法行政部民法研究修正委员会编《民律第二次草案与第一次草案之差异》，《中华民国民法制定史料汇编》（下册），司法行政部印行，1976，第 315 页。

司法机关，全国各个省市、各种类型的民事案件都汇集于此，通过考察这个时期大理院的布告，能够大概了解到全国各个地域内已婚女性的称谓情况，最大限度减少以偏概全的谬误。

表1　1922年大理院布告第二十五号中已婚女性作为诉讼主体的案件

省份	上诉人或抗告人姓名	案由
安徽	安王氏	承继
河南	张王氏	房屋
奉天	王王氏	婚姻与养赡
江苏	徐季氏与徐李氏	遗产
四川	周谭氏	遗产
山东	孙王氏	婚姻
河南	张王氏	房屋
浙江	连楼氏	祭田
四川	黄廖氏与黄程氏	家产

资料来源：余棨昌：《大理院布告第二十五号（中华民国十一年十二月二日）》，《政府公报》第2442期，1922年。

表2　1923年大理院布告第十九号中已婚女性作为诉讼主体的案件

省份	上诉人或抗告人姓名	案由
河南	张万氏与张吴氏	身份
浙江	孟朱氏	承继
浙江	官吴氏	承继
江西	张陈氏	承继及财产
山东	韩荣氏	婚姻
山东	苏李氏	继承
四川	赵王氏	公产及垫款
京师	刘王氏	契据
山东	官郑氏	承继
江苏	徐周氏	继承
江苏	邹刘氏	承继
福建	江郑氏	承继
吉林	朱傅氏	地照

续表

省份	上诉人或抗告人姓名	案由
河南	王杨氏	承继及遗产
甘肃	刘傅氏	身份
江苏	盛许氏	债务
奉天	罗玉氏	字迹模糊（因为年代久远）
奉天	王屈氏	债务

资料来源：余榮昌：《大理院布告第十九号（中华民国十二年五月十九日）》，《政府公报》第 2609 期，1923 年。

表3　1924 年大理院布告第四十二号中已婚女性作为诉讼主体的案件

省份	上诉人或抗告人姓名	案由
吉林	高李氏	身份
吉林	陈闫氏	婚姻
安徽	李马氏	田产
江苏	曹冯氏	债务
四川	李罗氏	债务
河南	郭张氏	承继
湖北	万李氏	田产
江苏	陈程氏	承继
山东	李孙氏与孙刘氏	婚姻
江苏	江施氏	离婚
吉林	王陈氏	离婚
江苏	张韦氏和张刘氏	房屋
江西	王陈氏	赈款
山东	张傅氏	婚姻
河南	周杨氏	婚姻
吉林	丁李氏	地亩
福建	施李氏	股款
江苏	叶范氏	承继与遗产
陕西	燕于氏	执行异议
直隶	董鲍氏	身份
四川	陈蔡氏	赔偿
京师	李何氏	养赡
吉林	陈闫氏	房屋

资料来源：余榮昌：《大理院布告第四十二号（中华民国十三年十一月一日）》，《政府公报》第 3136 期，1924 年。

表 4　1925 年大理院清理积案中已婚女性作为诉讼主体的案件

省份	上诉人或抗告人姓名	案由
河南	刘陈氏	家产
湖北	朱郑氏	家产
江苏	秦蔡氏	债务
湖北	曾雷氏	亲子关系
湖北	徐熊氏	离婚
山东	梁沈氏	债务
山西	冯杨氏	家产
湖北	萧蔡氏	婚姻

资料来源：余棨昌：《大理院院长余棨昌呈临时执政呈明本院积案清理已竣各情祈钧鉴文》，《政府公报》第 3347 期，1925 年。

从 1922～1925 年的大理院布告中，可以发现妇女作为诉讼当事人的情况非常普遍，涉及的诉讼案件主要有婚姻、家产、亲子关系这几大类。从大理院公报的记载来看，已婚女性此时仍然沿袭"夫姓 + 父姓 + 氏"的称谓方式，妻冠夫姓仍是已婚女性主流的称谓方式。值得注意的是，通过查阅同时期的《申报》，可以看到这一时期一些诉讼法律文书已经开始使用已婚女性的本姓本名。如 1921 年 7 月 31 日刊登了一篇《李祖林与徐凤英离婚》[①] 的文章，该文章记录了 1919 年 2 月的一起诉讼离婚案件。在这场诉讼中，妻以徐凤英的姓名出现在法律文书中，表明了这一时期一些法律文书已经开始使用妇女的姓名。但是由于此类案件所占的比例非常小（本文查找了 1872～1925 年的《申报》，共发现了一篇女性不冠夫姓的离婚案件），因此并不具有代表性。

（三）域外法中有关已婚女性姓氏的法律规定

出于巩固政权、获得外国列强支持和收回治外法权的需要，民国《民律草案》在制定过程中非常注重学习西方先进的立法理念和立法技术，以德、法、日、瑞、苏俄等西方国家的民法典为参考，结合民事习惯调查和大理院判决例，制定了妻冠夫姓法律条文。

---

① 《李祖林与徐凤英离婚》，《申报》1921 年 7 月 31 日，第 15 版。

法、德、日、瑞、苏俄民法典是大陆法系的经典代表。这五部民法典对民国《民律草案》制定妻冠夫姓法律规范具有重要的参考价值（见表5）。

表5 法、德、日、瑞、苏俄五国关于已婚女性姓氏法律规范

法典	姓氏规定
《法国民法典》，实施于1804年	"修正第二百九十九条第二项，夫妻离婚时各复其原姓。修正第三百十一条第一项规定夫妻分居时，法院得禁止其妻沿用夫姓或允许其妻不用夫姓之请求，如夫于本姓外加用妻姓者，妻亦得请求法院禁止其使用。"
《德国民法典》，实施于1900年	"第一千三百五十五条规定妻用夫姓。第一千五百七十七条第一项规定，离婚之妻保有夫姓，第二项规定妻得回复本姓；第三项规定，以应妇责与妻之事由而宣告离婚者，夫得禁止妻用夫姓，妻于丧失夫姓时，回复其本姓。"
《日本民法典》，实施于1898年	"第七百三十二条第一项规定，户主同居之亲族及其配偶，均为家族。第七百四十六条规定，户主及家族称其家之氏。第七百八十八条规定妻因婚姻入于夫家。"
《瑞士民法典》，实施于1912年	"第一百六十一条规定妻得取夫姓及身份权。第百四十九条第一项规定，离婚时妇保有其身分，但回复其结婚前之姓。第二项规定，妇于结婚后为寡妇时，得依判决回复其本生家之姓。"
《苏俄民法典》，实施于1923年	"第七条规定夫妻得用公姓或用夫姓或用妻姓，或各保持其结婚前之姓，并得于婚姻登记时声明之。"

资料来源：张先圻：《夫妻子女之姓氏的法律问题》，《新陕西月刊》第4期，1931年。

以上五部民法典对于已婚女性称谓的态度大体可分为三类：第一类以苏俄为代表，在姓氏方面采用的是男女平等原则，对夫、妻的姓氏都不加限制，夫和妻都可以自由地对自己的姓氏加以选择；第二类以德国、日本、瑞士为代表，采用的是男女不平等原则，强制女性婚后改随夫姓；第三类以法国为代表，采用的是男女相对不平等原则，只有妻用夫姓，夫仅加用妻姓而不能改随妻姓。综上所述，除苏俄之外，20世纪初期，在已婚女性冠姓立法方面，仍以从夫姓为主。

通过对比可以发现，民国《民律草案》妻冠夫姓法律规范的制定，主要参考了德国、瑞士的法律规范。首先在姓氏制度设计理念方面，都采取的是男女不平等主义：只有妻单方面因婚姻而发生姓氏变更，夫的姓氏不会因婚姻发生变化；在妻冠夫姓的法律属性和篇章体例设置方面，中、

德、瑞三国都将其纳入亲属编下的"婚姻效力"一节，都将其视为因婚姻而发生的身份性法律关系，这表明了中、德、瑞三国对妇女随（或冠）夫姓法律属性的认同。在规则内容设置的弹性方面，中、德、瑞三国对妇女姓氏法律规范的设置都具有很大的弹性，对妇女随（或冠）夫姓应履行什么样的法律程序等细节性的问题都没有作出规定，体现了由习惯入法条"宜粗不宜细"的设计理念。

在呈现相似性的同时，中国、德国、瑞士也存在一些差异。首先使用的法律术语不同：瑞士采用的是"随夫姓"，德国采用的是"用夫姓"，民国《民律草案》采用的是"冠夫姓"。这三个术语的区别在于，首先，民国《民律草案》采用的是夫姓与本姓共存制，夫姓并没有完全代替本姓，夫姓和本姓同时是已婚妇女称谓的一部分；德、瑞两国的设计是用夫姓完全取代本姓，只要夫姓不要本姓。其次，在离婚时妇女能否保有夫姓问题上，立法态度也呈现明显差异：瑞士认为离婚时妻可以保有随夫姓的身份，但再婚之前必须恢复本姓；德国亦认可妻离婚后保有夫姓的权利，但在由妻导致的离婚中，妻不得保有夫姓；民国《民律草案》认为一经离婚，妻即不得保有夫姓以及与夫有关的身份待遇，而应恢复到本姓的状态。最后，在夫死亡的情况下，对于妇女能否继续保有夫姓也有不同：瑞士认为妻丧偶时，可以请求恢复本姓；德国没有表明对丧偶妇女姓氏问题的态度；民国《民律草案》也同样未对此作出明确的法律规定。中、德、瑞三国在已婚女性姓氏法律规定方面存在的差异是由姓氏的伦理性和民族性所决定的，无论是中国还是西方，妇女冠（随）夫姓的法律条款都是由习惯逐渐转化而来的，是长期以来经济、政治、文化共同作用的结果，因此存在差异是必然的。

四　民国《民律草案》妻冠夫姓法律制度分析

民国《民律草案》关于妻冠夫姓法律规范的设置参考的是《瑞士民法典》的立法体例。《瑞士民法典》共设置了两个条文规范妻冠夫姓问题，分别位于第四章"离婚"和第五章"一般婚姻效力"之中。民国

《民律草案》共设置了两个关于妻冠夫姓的法律条文（第 1118 条和第 1157 条），分别位于民国《民律草案》第四编亲属第三章"婚姻"第三节"婚姻之效力"和第四节"离婚"之中。其具体内容为：

第 1118 条：妻于本姓之上冠称夫家之姓，并取得与夫同一身份之待遇。

第 1157 条：离婚时，妻不得享有第 1118 条之权利。妻于离婚后，专称母家本姓。

除了顺序有所不同外，可以说在篇章体例上民国《民律草案》完全效仿的是《瑞士民法典》，将妻冠夫姓视为因婚姻而发生的身份关系。

（一）妻冠夫姓法律规范的属性

妻冠夫姓制度从习惯进入民法典首先要解决的问题是：界定妻冠夫姓法律规范的基本属性，这直接决定着妻冠夫姓法律规范在民法典中所处的篇章体例和规范内容的具体设定。

1. 妻冠夫姓法律规范调整的对象

从妻冠夫姓法律规范所处的篇章体例来看，其调整的是夫与妻之间的身份关系。民国《民律草案》采用潘德克顿体系，按照社会关系法律属性的不同完成了主体和身份的分离，在体系上限缩了身份法：人格和能力规定于总则编，亲属身份独立成编，位于债权、物权之后，夫妻关系由于其浓厚的身份色彩，被纳入亲属编。妻冠夫姓法律条文位于"婚姻"一章，婚姻属于亲属法的一部分，从编排体例上来讲，在民国《民律草案》的语境之下，妻冠夫姓法律规范调整的是身份性法律关系，应属于亲属编调整的范围。

2. 符合身份权的构成要件

民法理论认为，身份关系的本质诉求在于非物质利益，感情、血统、习俗等是身份关系产生、发展、变动的原因。[①] 20 世纪初，学界关于身份权已经形成比较深刻的认识。当时国际上对身份权的定义主要有两类，分

---

① 谢怀栻：《外国民商法精要》，法律出版社，2002，第 134～140 页。

别为"对主体行为进行某种限制的条件"（对权利能力和行为能力进行各方面的限制，代表人物有梅因①、奥斯丁、萨蒙德）、多种含义下的身份（某一类成员资格认定的标准；身份将影响一个人的权利、自由、权力和特权，代表人物是庞德②）。受国际民法学说的影响，20世纪初中国国内的民法学家对身份权的认识主要有以下几种：黄右昌认为，身份权应为规定私人的身份关系及共同生活的团体法和经济法③；李谟认为，亲属法的性质应是身份法、私法、普通法④；郁嶷在《亲属法要论》中就亲属法的特性做了详细阐述，认为与其他私权相比，亲属法上之权利，具有专属性、相互性、权利义务的双重性、道德性、不许代理性、国家强制干涉性等特征。⑤ 总之，在20世纪初的法学界，身份权应是个人在亲属关系中所处的一种地位，这种地位在限制个人权利的同时也会给个人带来利益。

民国《民律草案》对妻冠夫姓法律规范的设置符合身份权的本质构成要件。首先，冠夫姓是因婚姻而取得的一种新的身份，是"对先前地位的改变"，⑥ 是从女儿的身份向妻子身份的转变；其次，妇女抛弃本姓冠夫姓这一行为将影响和限制个人权利，从而导致妇女人格的减等。妻冠夫姓法律规范在限制妇女权利的同时也给妇女带来两方面的利益。第一，实现了人性的完整。在亲属关系中，单个人是不完整的，这是男女两性差异和生命短暂的必然。男女两性拥有不同的人性，只有通过婚姻的结合，人格完整才能得到充分实现。"婚姻的客观出发点是当事人双方自愿同意组成一个人，同意为那个统一体而抛弃自己自然的和单个的人格。"⑦ 基于男女两性的这种特性，法律通过培育婚姻、亲属、父权这些"自然的亲属法"来使个人获得意志上支配的力量。⑧ 第二，取得了配偶身份，获得了夫家族成员的资格。通过冠夫姓这种形式实现个人与夫家族其他成员的关

---

① 〔英〕梅因：《古代法》，沈景一译，商务印书馆，1959，第96~97页。
② 〔美〕庞德：《法理学》（第4卷），王宝民、王玉译，法律出版社，2007，第209~210页。
③ 黄右昌：《民法亲属释义》，上海法学编译社，1933，第1页。
④ 李谟：《民法亲属新论》，上海大东书局，1932，第3~5页。
⑤ 郁嶷：《亲属法要论》，朝阳大学，1932，第5~8页。
⑥ 〔古罗马〕盖尤斯：《盖尤斯法学阶梯》，黄风译，中国政法大学出版社，2008，第44页。
⑦ 〔德〕黑格尔：《法哲学原理》，范扬、张企泰译，商务印书馆，1961，第177页。
⑧ 〔德〕萨维尼：《当代罗马法体系I》，朱虎译，中国法制出版社，2010，第262~265页。

联，缔结个人与夫家族的关系网络，[①] 获得夫家的承认，取得与夫同一身份待遇。[②] 实现个人在社会伦理秩序中的自我定位，并且通过婚姻这种伦理中介，向社会与国家扩展延伸，从而实现社会的自组织。[③]

在界定以妻冠夫姓为身份权的基本法律属性之后，妻冠夫姓法律规范的逻辑结构和基本内容也变得清晰起来：民国《民律草案》将妻冠夫姓法条纳入亲属编下的"婚姻"一章符合篇章体例的理性逻辑安排；内容设置符合身份权的基本理路，冠夫姓发生在特定亲属关系即夫与妻之间的身份关系中，具备身份权主体特定性和法定性的特征；这种关系随婚姻缔结而生成，随婚姻解除而终止，具备身份权中配偶权期间性的特征；冠夫姓发生的法律效果是取得与夫同一身份待遇，符合身份法的效果要件。

（二）妻冠夫姓法律规范分析

妻冠夫姓制度从习惯进入民法典要解决的第二个问题是逻辑结构和内容的具体设置，这涉及两个基本问题：第一个是权利义务界定及与传统和习惯之关系的问题；第二个是内容规范设置的"弹性"问题。

1. 妻冠夫姓法律规范属于权利义务复合性规范

民国《民律草案》有关妻冠夫姓的法律条文共有两条：第 1118 条和第 1157 条。按照休谟的理论，法律规范是事实与价值互动的产物，其中价值判断是法律规范的核心要素。[④] "须""必须""应该""不应该""有义务""可以""有权"等表明法律价值判断的词语，是区分权利、义务、责任的关键。按照这一标准，民国《民律草案》关于妻冠夫姓的这两个条文只有结合起来才是一个完整的法律规范。

第 1118 条属于规则（rules），它具有规范的某些构成要件，但是由于缺乏关键的价值判断而不能形成有效的逻辑链条。[⑤] 它具备假定条件——适用这一条款以合法婚姻为前提，主体是"妻"，行为是"于本姓之前冠

---

① 徐国栋：《家庭哲学两题》，《法制与社会发展》2010 年第 3 期。
② 杨立新点校《大清民律草案·民国民律草案》，吉林人民出版社，2002，第 8 页。
③ 樊浩：《人伦坐标与伦理秩序》，《学术研究》1998 年第 1 期。
④ 〔英〕休谟：《人性论》下册，关文运译，商务印书馆，1980，第 509 页。
⑤ 周静：《法律规范的结构》，知识产权出版社，2010，第 160 页。

夫姓",效果是"取得与夫同一身份之待遇",但这些要素的组合缺乏法律规范的核心要件——价值判断。对此第 1157 条进行了补充:首先将妻冠夫姓定义为权利,与第 1118 条结合起来,组成一个完整的法律规范,即在合法的婚姻关系下,妻有权冠夫姓,从而取得与夫同一地位的法律效果。按照这一逻辑推理,妻婚后有权自主选择是否冠夫姓,以及在离婚后有权自主决定是否保留冠夫姓的权利。但第 1157 条同时又规定,在离婚时妻不得享有冠夫姓的权利,要恢复到母家本姓的状态,也就是说欠缺权利构成的核心要件,即自由行为。按照法理学的基本原理,授予当事人某种权利,同时又不允许当事人自由加以选择的法律规范属于权利义务复合型规范。①

2. 妻冠夫姓法律规范是对传统的确认

民国《民律草案》规定的妻冠夫姓属于绝对权,体现了夫对妻利益的支配,具有不平等性,是夫权至上的表现。首先,民国《民律草案》将其定义为权利,本身就是一种立法上的不公平,也就是说立法者认为冠夫姓带给妻的是利益和荣耀,而没有认识到冠夫姓是对女性独立人格和身份的践踏;其次,从内容上来讲,只有夫姓才可以作为婚姻姓氏使用,妇女对夫姓没有自主选择的权利,妇女一旦结婚,就在公共领域内丧失了自己的身份地位,她们的身份地位只能通过丈夫来体现,冠夫姓是妇女从属于丈夫的外在表现。

总体而言,民国《民律草案》中的妻冠夫姓法律规范是对传统和习惯的确认,这是由其习俗性和伦理性的根本属性所决定的。"亲属的身份是共同生活关系秩序,是法律以前之人伦秩序的存在,至于法律乃不过是以这些实在的人伦秩序为所与的东西,而加以法律上规定而已。"②

3. 妻冠夫姓规范设置的弹性很大

由于民国《民律草案》在冠夫姓问题上采取的是将习惯实证化的方法,因此其在具体内容设置方面采取的是"宜粗不宜细"的立法思路,用

---

① 苏晓宏:《法理学基本问题》,法律出版社,2006,第 138 页。
② 陈琪炎:《亲属·继承法基本问题》,台北:三民书局,1980,第 134 页。

生活术语对妻冠夫姓做了法律上的定义——本姓之上冠夫姓。只规定了原则性的行动指南，对冠夫姓应如何取得、取消，不冠夫姓应承担什么样的法律责任，在婚姻被撤销、无效的情形下妻冠夫姓法律规范的效力又该如何等涉及具体性、可操作性、过程性、细节性的内容，民国《民律草案》都未涉及。在条款设置方面，具有很大的弹性。

这种将习惯实证化的做法有利于维护法的稳定性，减少现实生活中因已婚妇女称谓而产生的法律问题，也就是所谓的"若法官不是诉诸法律规范而是诉诸自身的哲学观点……裁决的矛盾将会与日俱增"。[①] 但其弊端在于受制于风俗习惯和社会现实的影响，"亲属制度很容易僵化"[②]，在理念和条款设置方面都容易落后于民法。

结　语

民国《民律草案》完成之际，正处于"北京政变"的社会大环境中，政治上的混乱直接导致这部民法草案最终未能颁行。鉴于此，民国《民律草案》在社会现实生活中得以适用的空间有限，但是妻冠夫姓制度成文法化有着非常重要的历史意义：它的制定打破了几千年来妻冠夫姓制度不受社会重视的状态，自此之后，妻冠夫姓制度引起了社会大众的广泛关注。同时，民国《民律草案》对妻冠夫姓制度的民事立法存在一定的局限性，表现为与社会现实相脱节，缺乏长久的生命力。

（一）民国《民律草案》引起了社会对妻冠夫姓制度的普遍关注

民国《民律草案》颁布之前，妻冠夫姓问题并没有引起社会的普遍关注。民初女性权利法律改革的重点在于人格权、财产权，并没有认识到妻冠夫姓是影响妇女人格、身份独立的重要方面。整个社会对妇女姓名权尚

---

① P. Grossi, *A History of the Philosophy of Law in the Civil Law World: 1600 - 1900*, Springer, 2009, p. 138.

② 〔德〕恩格斯：《家庭、私有制和国家的起源》，中共中央马克思恩格斯列宁斯大林著作编译局译，人民出版社，1999，第 29 页。

处于无知无觉的状态，不仅普通民众浑然不觉，即使是当时的专家、学者也没有认识到对妻冠夫姓制度进行研究的价值和意义，尚未开展关于妻冠夫姓制度的专题研究。民国《民律草案》颁布之后，妻冠夫姓制度不受重视的状况颇有改观，这个时期涌现出大量以妻冠夫姓制度为研究对象的文章，如《妇女结婚后的姓氏问题》①、《姓的问题：婚后的女子要姓什么呢？》② 等，开始从理性、专业化的角度分析妻冠夫姓，这是妻冠夫姓制度得以重塑的开端。在学者引领之下，普通民众也逐渐关注这一问题，纷纷对妻冠夫姓制度存在的合理性提出质疑。在这样的社会氛围下，妻冠夫姓制度得以在南京国民政府时期再次进入成文法典，并且在内容上得到了改造。在篇章体例、条款内容设置方面，民国《民律草案》对南京国民政府时期的妻冠夫姓立法产生了深刻的影响：在篇章体例方面，《中华民国民法》沿袭民国《民律草案》的做法，将妻冠夫姓法律规范列于亲属编之下的"婚姻效力"一章，在性质上将其界定为因婚姻而发生的身份关系；在规范内容的具体设置方面，《中华民国民法》继承了民国《民律草案》妻冠夫姓法律制度的基本精神，以妻冠夫姓为基本准则，在理念上遵循的是传统习惯。正是在继承民国《民律草案》基础之上，《中华民国民法》实现了对传统妻冠夫姓制度的改造，开创了妇女能够自主决定是否冠夫姓的新时代。

（二）妻冠夫姓制度民事立法的社会效果有限

民国《民律草案》虽然最终未能颁行实施，但其在司法实践中得到了肯定和实施，司法部通令要求各级法院将其作为条理应用，因而民国《民律草案》在一定程度上发挥了统一民事司法的作用，在司法实践中有着深远的影响。

郭卫的《大理院判决例》和黄源盛的《大理院民事判例全文汇编》并没有关于民国《民律草案》颁布之后有关姓名权或姓氏权诉讼案件的记

---

① 赵德仁：《妇女结婚后的姓氏问题》，《法律评论（北京）》第 30 期，1929 年。
② 适生：《姓的问题：婚后的女子要姓什么呢？》，《新评论》第 13 期，1928 年。

载，但是通过考察 1925 年之后的离婚案件可以大概了解民国《民律草案》颁布后司法实践中已婚女性的称谓情况（见表 6）。

表 6　1925～1930 年《申报》报道的已婚女性作为诉讼主体的案件

时间	上诉人或抗告人姓名	标题
1927 年 8 月 7 日	叶秀英	《妇人控请与夫离婚案候宣判》①
1927 年 8 月 30 日	沈掌珠，即卫沈氏	《妇人控夫虐待请求离异》②
1927 年 9 月 1 日	吴桂花（唐吴氏）	《地审厅讯理离婚案三起》③
1927 年 9 月 1 日	沈吴氏	《地审厅讯理离婚案三起》④
1927 年 9 月 13 日	朱利华之女朱氏	《又一妇人控请离婚案》⑤
1927 年 10 月 9 日	陈云清之女月英	《妇人控与赘婿离婚案辩论终结》⑥
1928 年 6 月 30 日	李阿五	《二十年夫妻诉请离异：妻控夫做贼迭加虐待》⑦
1929 年 4 月 15 日	徐王氏	《二度控请与妻离婚彼此皆有理由》⑧
1929 年 6 月 13 日	李楠琴	《夫妇均愿离婚：当庭宣告离异》⑨
1929 年 9 月 29 日	钱秀之	《钱秀之与沈发郎之婚诉》⑩
1929 年 12 月 6 日	梁佩芬	《郭梁离婚之讼》⑪
1930 年 4 月 21 日	钱阿金	《钱锡章准与钱阿金离婚》⑫
1930 年 11 月 23 日	谭梅影	《谭梅影离婚案》⑬
1930 年 12 月 16 日	蒋瑞英	《苏州》⑭

注：①《妇人控请与夫离婚案候宣判》，《申报》1927 年 8 月 7 日，第 15 版。
②《妇人控夫虐待请求离异》，《申报》1927 年 8 月 30 日，第 15 版。
③《地审厅讯理离婚案三起》，《申报》1927 年 9 月 1 日，第 15 版。
④《地审厅讯理离婚案三起》，《申报》1927 年 9 月 1 日，第 15 版。
⑤《又一妇人控请离婚案》，《申报》1927 年 9 月 13 日，第 15 版。
⑥《妇人控与赘婿离婚案辩论终结》，《申报》1927 年 10 月 9 日，第 15 版。
⑦《二十年夫妻诉请离异：妻控夫做贼迭加虐待》，《申报》1928 年 6 月 30 日，第 15 版。
⑧《二度控请与妻离婚彼此皆有理由》，《申报》1929 年 4 月 15 日，第 15 版。
⑨《夫妇均愿离婚：当庭宣告离异》，《申报》1929 年 6 月 13 日，第 15 版。
⑩《钱秀之与沈发郎之婚诉》，《申报》1929 年 9 月 29 日，第 16 版。
⑪《郭梁离婚之讼》，《申报》1929 年 12 月 6 日，第 15 版。
⑫《钱锡章准与钱阿金离婚》，《申报》1930 年 4 月 21 日，第 16 版。
⑬《谭梅影离婚案》，《申报》1930 年 11 月 23 日，第 15 版。
⑭《苏州》，《申报》1930 年 12 月 16 日，第 15 版。
资料来源：笔者依据 1925～1930 年《申报》报道编制而成。

从这一时期《申报》的记载情况来看，女性主动提起的离婚案件增多。这反映了随着越来越多职业女性的出现，女性在经济上逐渐独立，对家庭的依赖逐渐变小，这是推动婚姻家庭制度变革的根本原因，也是推动南京国民政府时期妻冠夫姓法律变革的根本动力。从上述离婚案件可以看出，这一时期现实生活中已婚女性的称谓方式主要有三种：以本姓本名的方式出现；以"夫姓＋父姓＋某氏"的称谓出现；以"父亲姓名＋之女"的方式出现。这一点与以往有明显不同：女性的本名本姓不再局限于在闺阁家庭中使用，越来越多的女性以独立的姓名出现在对外法律关系中。反映了该时期女性称谓方式的变化，这也是推动妻冠夫姓制度在南京国民政府时期发生法律变革的内在力量。

同时，民国《民律草案》所规定的妻冠夫姓法律制度也存在以下几个问题：第一，不能反映整个女性群体对姓名称谓的需求，虽然妻冠夫姓法律规范符合大部分妇女在家庭和社会中定位的需要，但是不能满足职业女性对称谓的需求；第二，在社会现实生活中缺乏法律效力，尽管妻冠夫姓法律规范属于权利义务复合型规范，但是司法界并不认为妇女在诉讼中使用本名本姓违反了法律规定，更没有刻意将其作为一个法律问题进行处理。之所以出现这一问题，主要是因为民国《民律草案》在制定妻冠夫姓法律规范时缺乏适度超前立法意识，没有预测到社会发展的需要，从而造成了妻冠夫姓法律规范与社会现实部分相脱节，妻冠夫姓法律规范在社会上缺乏长久的生命力。

（三）对现代女权立法的启示

北洋政府时期的妻冠夫姓民事立法经验在于充分尊重了传统，对妻冠夫姓制度进行了民事立法；不足之处在于止步于传统，没有注意到法律与社会之间相互影响的关系：法律不仅仅是社会现实的机械反映，还是塑造社会现实强有力的工具，这一时期的民事立法没有顺应经济、社会发展需求，没有通过预测未来工业社会需求对现有制度进行修改。因此该法律制度的制定不仅对男女平等新秩序的构建无益，而且被1930年《中华民国民法》中妻冠夫姓制度的新规定所代替。

女性权利的实现是一个缓慢的发展过程，从宪法上的基本权利到落地为民法上的具体权利，其背后隐藏着深刻的立法哲学：具体法律规范的设定，表达了法律制度对人的定位和期许，妻冠夫姓制度作为女权制度的一部分，是借助夫与妻之间的姓名称谓将人与人、人与社会、人与国家的关系展现出来。因此对它的法律构建必须平衡社会现实与未来生活、立法者预期与民众需求、东方习惯与西方法律之间的关系，是一项复杂精巧的制度设计，是立法者智慧的结晶。性别平等涉及社会各个领域，只有充分保障男女平等参与社会发展的权利和机会，在立法过程中正视男女两性对社会发展作出的贡献，通过保障女性权利和提高女性地位来实现，同时加快男性角色的转换，男女两性共同努力，才能真正推进性别平等，女性具体权利才能真正实现。

刑事诉讼中的人权保护

刑事审判的道德慰藉功能：
起源、演进及式微[*]

——评《合理怀疑的起源——刑事
审判的神学根基》

阳 平[**]

摘 要：惠特曼教授所著《合理怀疑的起源——刑事审判的神学根基》根据丰富的古典文献尤其是中世纪的神学文献，阐明前现代社会的刑事审判具有很强的道德慰藉功能。合理怀疑就是其中之一，它旨在消解裁判者在作出有罪判决时的道德焦虑。惠特曼教授指出，如今"排除合理怀疑"被用于现代社会刑事审判的证明标准必然带来尴尬和令人困惑不解，美国应向欧陆国家学习，建立更适合发现真相的机制，同时主张事实裁判者重温被遗忘的古老信条，将审判视为一份"道德决定"，谨慎适用怀疑程序，不仅要保护无辜者不被错误定罪，还要保护有罪之人的合法权益。

关键词：合理怀疑；道德慰藉；发现真相；证明标准；道德决定

---

[*] 本文是对 James Q. Whitman（詹姆士·Q. 惠特曼）的英文著作 *The Origins of Reasonable Doubt：Theological Roots of the Criminal Trial* 的中文译著《合理怀疑的起源——刑事审判的神学根基》（侣化强、李伟译，吴宏耀校，中国政法大学出版社，2016）的书评，在此感谢译者的辛勤劳作。
本文系国家社科基金重点项目《健全党和国家监督制度研究》（批准号 19AZD025）、北京市社科基金项目《北京市监察体制改革视野下职务犯罪侦查权的法律控制》（批准号 17FXB008）的阶段性成果。

[**] 阳平，中央纪委国家监委纪检监察学院，法学助理研究员，法学博士。

一 引言

在美国，一个人要被判决有罪，其罪行必须被证明到了"排除合理怀疑"的程度。事实上，不仅在美国，在很多英美法系国家或地区以及一些其他法系国家，排除合理怀疑已被作为刑事审判的证明标准用于发现真相，频现于刑事立法或裁判文书中。关于它的学术文献也非常多。但是，什么是合理的怀疑？对此，我们很少作这样的反问，似乎已承认它是一个只可意会不可言传的普适格言。即使是博学的法学专家也难以解释这一规则。美国最高法院曾经直白地说道："试图解释'合理怀疑'这一术语，通常从来都不会使陪审团的头脑更加清醒。"①

对于合理怀疑规则在当今令人困惑不解的现象，惠特曼教授的著作《合理怀疑的起源——刑事审判的神学根基》提供了一个崭新的解释，认为个中原因在于我们对其最初的功效毫无所知。惠特曼通过查阅大量的中世纪文献揭示，在前现代的基督教神学世界中，事实证明不是一个大的问题，但时人因"不要论断人，免得自己被论断"的基督信条，普遍抵制做证或不愿作出有罪判决，彼时的刑事审判因而更多的是一种道德慰藉程序，合理怀疑就是慰藉事实裁判者道德焦虑的规则之一。它设计的初衷和发挥的功效，并非如我们当今所意欲的是为了保护被告人，而是通过向陪审员保证，只要他们对有罪的怀疑是"合理"的，那么，判决被告有罪就不会冒着灵魂被救赎的风险。惠特曼在书中进一步指出，如今合理怀疑的功效已今非昔比，它被作为一种事实证明的规则，提供一种在其设计之初并未提供的功能，必然会造成难以理解、效果糟糕问题，而且会给美国的司法制度带来严重的道德挑战，也妨碍人们洞悉美国司法现状窘境的背后原因。基于上述发现，惠特曼最后就美国刑事审判如何适应现代社会发现真相的重任，如何对待合理怀疑，提出了应对策略。

除了观点的新意，该书的另一个突出特点就是方法论的创新。它从合

---

① Miles v. United States, 103 U. S. 304, 312, 26 L. Ed. 481 (1881).

理怀疑规则这一点切入，但突破了普通法这一观念上的限制，也突破了 18 世纪英国和美国这一地理区域的限制，从西方基督教世界的法律和传统这一更广阔的背景，以及神学、历史、人类学的更大语境中去理解英国、美国的法律制度，使得其观点有较强的说服力。

在内容布局上，该书共分七章，第一章展示前现代的人对审判和惩罚的焦虑非常普遍，并提出了刑事审判具有事实证明和道德慰藉这两个功能，认为前现代的法律比今天更加关注道德慰藉，对事实证明的关注则更少，指出道德慰藉的式微、事实证明功能的强化是现代法律形成过程中最重要的主题之一。此后的章节则是对这一章的观点进行论证。其中，第二章论述了为什么前现代的基督教徒对审判和惩罚存在道德焦虑，第三、四、五、六章则叙述了从中世纪到现代早期，不同阶段人们对审判的道德焦虑之表现形式以及消解这种焦虑的各种举措，并论述了合理怀疑浮现的神学背景。第七章探讨了现在美国的刑事司法制度将合理怀疑引入事实证明所带来的种种弊端，并在此基础上提出了解决之道。

笔者认为，该书要论证的核心命题是刑事审判的道德慰藉功能，包括其起源、式微的发展历程，合理怀疑只是晚近出现的服务于道德慰藉的规则之一。鉴此，本文以刑事审判的道德慰藉功能为中心评析该书的主要内容和观点。

二　刑事审判道德慰藉功能的内涵

在基督教的历史上，刑事诉讼处于危机中的，除了被告人的命运之外，那些坐堂审判之人的命运同样也面临危机。"决定罪犯有罪或无辜的责任：这对多数人来讲，是难以承载之重和不堪忍受之苦。"[1] 此外，前现代法官还面临因错误判决而承担的民事或刑事责任，以及与当今法官偶尔所受的威胁一样，面临家族复仇所带来的人身危险。不过，惠特曼在书

---

[1]　〔美〕詹姆士·Q. 惠特曼：《合理怀疑的起源——刑事审判的神学根基》，侣化强、李伟译，吴宏耀校，中国政法大学出版社，2016，第 14 页。

中指出，生命和生计并非前现代审判危机的全部，他们所恐惧的是道德与精神层面的裁判责任。①

那么，前现代社会法官如何裁判死刑案件同时又使自己不至于沦为"谋杀犯"呢？惠特曼发现，西方基督教传统采取了一种较为宽恕的路径，即创设一种机制，让法官在判决罪犯死刑时免受毛骨悚然的焦虑之忧，缓释或消除道德责任的重负。他将这种机制称为道德慰藉程序，其旨在确保审判死刑案件的法官以及类似的群体，纵然涉入杀戮，但仍可从中获取必要的道德慰藉。他认为，庭审程序具有一种常被人忽视的道德慰藉职能，理由如下。

实际上，如果事先一丝不苟、不折不扣地履行全部程序而径行将一个明显有罪的被告科以重刑，我们将深感不安。在这种情况下，程序的作用并不在于证明，也不在于驱散我们对事实的无知。相反，它旨在消除我们担心裁判之责的恐惧。当我们实施惩罚时，程序给我们忐忑不安的心灵提供了一个道德安全避风港：我们可以据以宣称，被告被判决有罪，根据的是与个人情感无关的客观程序，而非我们自己的个人意愿。在这种情况下，程序缓释了我们在惩罚他人时的忧惧。②

前现代的道德慰藉程序，不仅被用于审判领域，还应用于一切涉及集体杀戮的情形。例如，行刑队程序、遇难船只船员通过抓阄同类相残的传统程序，通过不同方式抚慰杀戮参与者的道德焦虑。惠特曼归纳了以下四种道德慰藉方式。（1）集体承担。比如，陪审团审判要求全体陪审员一致同意。（2）随机选择。比如，遇难船只船员通过抓阄同类相残的传统规则。（3）责任转移，即通过强迫其他人承担全部或部分作出最终判决的责任来慰藉法官。例如，中世纪举行的将审判责任转移给上帝的神明裁判，就是通过将审判责任转移给上帝，来免除人类从事审判的焦虑。（4）职能否认（agency denial）。例如，陪审员们渴望通过宣称"是法律而不是我们

---

① 参见〔美〕詹姆士·Q. 惠特曼《合理怀疑的起源——刑事审判的神学根基》，侣化强、李伟译，吴宏耀校，中国政法大学出版社，2016，第15页。

② 〔美〕詹姆士·Q. 惠特曼：《合理怀疑的起源——刑事审判的神学根基》，侣化强、李伟译，吴宏耀校，中国政法大学出版社，2016，第18页。

在裁判"来避免行使裁判之职的道德责任。[①]

惠特曼指出，前现代程序的道德慰藉功能与现在相比显得更加突出，但在过去的两个世纪中，道德慰藉在司法程序中的分量日渐式微，而事实证明的作用则稳步增强。审判程序的事实证明和道德慰藉两种功能在不同时期比重的变化，映射着历史环境的变迁：在现代社会，人们的宗教焦虑感消退，古老复仇文化作古，城市社区日益壮大也日趋复杂，有时法官对所审理案件的案情全然不知，审判程序对事实证明的需求也日益增长，而辩诉交易的出现，也使得越来越多进入审判的案件存在有罪或无辜的不确定问题。[②]

惠特曼批评美国的司法制度仍存留了一系列被扭曲和被强行服务于现代事实证明目的的道德慰藉机制，认为这一做法反映了普通法系抵制废除古老规则的保守主义，尽管保守主义有其优点，但古为今用的问题在于，古老的机制常常难以承担它被赋予的新使命，有时还会使这一规则陷入进退两难的境地。[③]

三 刑事审判道德慰藉功能产生的根源

我们的定式思维认为，前现代社会远比我们现在更为凶恶暴虐，是一个充斥着野蛮无情、恶名昭著的血腥司法的世界。[④] 然而，正如前面所述，前现代社会的基督教徒因被判处血腥惩罚而惶恐不安，需要救赎。惠特曼结合相关文献发现，在西罗马，至少在4世纪晚期的意大利或许还有高卢，基督教一个普遍的信条认为，审判是被血玷污的活动，需要费尽心力进行净化。[⑤] 可以说，基督教审判的道德神学是以流血问题为中心。惠特曼将基

---

① 参见〔美〕詹姆士·Q. 惠特曼《合理怀疑的起源——刑事审判的神学根基》，侣化强、李伟译，吴宏耀校，中国政法大学出版社，2016，第22~24页。

② 参见〔美〕詹姆士·Q. 惠特曼《合理怀疑的起源——刑事审判的神学根基》，侣化强、李伟译，吴宏耀校，中国政法大学出版社，2016，第18~25页。

③ 参见〔美〕詹姆士·Q. 惠特曼《合理怀疑的起源——刑事审判的神学根基》，侣化强、李伟译，吴宏耀校，中国政法大学出版社，2016，第32页。

④ 参见〔美〕詹姆士·Q. 惠特曼《合理怀疑的起源——刑事审判的神学根基》，侣化强、李伟译，吴宏耀校，中国政法大学出版社，2016，第43页。

⑤ 参见〔美〕詹姆士·Q. 惠特曼《合理怀疑的起源——刑事审判的神学根基》，侣化强、李伟译，吴宏耀校，中国政法大学出版社，2016，第54页。

督教的这一关注归因于犹太教的传统。在犹太教仪式中，血和流血有着核心的地位。"接触血液之类的物而被污染的人，必须被洁净，必须被净化。"① 基督徒在某些方面仍然如犹太人一样对血充满恐惧感。在基督教早期，流人的血，即使出于正义的缘由，作为一项污染也备受谴责。流他人血的肇事者不得参加圣餐。②

在基督教早期的数世纪，由于基督教不是罗马帝国的国教，"流血致污染"的教义未曾真正地设想能够行使无上政府权力的可能性。但是这一切在 4 世纪发生了变化：西方基督教的法律传统在此中古时代开始成形，与此同时罗马帝国的西半部分正稳步游离出东部希腊语的罗马权力中心。在 4 世纪，基督徒，尤其是基督教主教，开始取得审判和管理的权力。③ 因而，早期基督教神学把流血视为污染的教义也开始适用于法官。

鉴于对流血污染的极端恐惧可能导致刑事司法瘫痪，与其母教犹太教不同的是，基督教传统在后来的发展中，从"以污染为取向的禁止沾染血的禁令，缓慢地，非常缓慢地，转换成了以有罪为取向的禁止意图上为恶的行为的禁令"。④ 在这方面，以安布罗斯（Ambrose）的继任者圣奥古斯丁（Saint Augustine）和圣哲罗姆（Saint Jerome）为代表的道德神学家发展了一套改变基督教争论的神学，他们认为："杀人，尽管在道德方面一直令人寝食不安，但有时是正当的。适用于正义战争的同样适用于正义审判：重要的是法官行事是否正义；并且，正义行事意味着遵循'法律'行事。"⑤

到 1200 年前后，教会法学家对于奥古斯丁主义（Augustinism）得出

---

① 〔美〕詹姆士・Q. 惠特曼：《合理怀疑的起源——刑事审判的神学根基》，侣化强、李伟译，吴宏耀校，中国政法大学出版社，2016，第 47 页。转引自 Mary Douglas, *Purity and Danger: An Analysis of Concepts of Pollution and Taboo*, London: Routledge and Kegan Paul, 1976.

② 参见〔美〕詹姆士・Q. 惠特曼《合理怀疑的起源——刑事审判的神学根基》，侣化强、李伟译，吴宏耀校，中国政法大学出版社，2016，第 49 页。

③ 〔美〕詹姆士・Q. 惠特曼：《合理怀疑的起源——刑事审判的神学根基》，侣化强、李伟译，吴宏耀校，中国政法大学出版社，2016，第 51 页。

④ 〔美〕詹姆士・Q. 惠特曼：《合理怀疑的起源——刑事审判的神学根基》，侣化强、李伟译，吴宏耀校，中国政法大学出版社，2016，第 48 页。

⑤ 〔美〕詹姆士・Q. 惠特曼：《合理怀疑的起源——刑事审判的神学根基》，侣化强、李伟译，吴宏耀校，中国政法大学出版社，2016，第 55 页。

的最终结论是，法官杀人时必须"遵循法律程序"。① "程序正义"无论给英国法官还是欧陆法官，都指明了一条必须遵循的安全路径：法官的救赎建立在法律程序之中。不过，惠特曼强调，这一教义尽管可能在教会法学家中确立起来，但并没有完全取代古老的污染逻辑。从污染到有罪的逻辑转化进程，是缓慢推进的而非一蹴而就。② 他以当时教会的官方公告为例阐明，教会确凿无误地接受了污染的教义，禁止教士从事这种正义的杀人或致他人流血的行为。甚至到了 13 世纪，强调流血导致污染的观念依然强烈。欧洲各地普遍适用的神明裁判的主要动机无疑是基于流血污染的危险。③

四　神明裁判：一种道德慰藉程序

公元 1000 年前后的欧洲像前现代其他地区相对简单的社会一样，都在使用某种形式的神明裁判。这些令人胆战心惊的程序被解读为请求上帝给出"神圣证言"（divine testimony）的"上帝裁判"。很多学者认为，神明裁判是人证缺失时，识别"未知的罪犯"或发现"未知的真相"的必要手段，是一种事实发现机制。④ 惠特曼教授对此提出了挑战，他援引历史学家彼得·布朗（Peter Brown）的观点，认为"神明裁判"是将"人类责任的责难"转移给了上帝，⑤ 是时人的一种道德慰藉程序。他引用社会历史学家的研究指出，在中世纪，很多审判发生在非常小的社区，人们通常很容易估摸被告人到底是有罪还是无辜。"在一个农村社区内……没有

---

① 参见〔美〕詹姆士·Q. 惠特曼《合理怀疑的起源——刑事审判的神学根基》，侣化强、李伟译，吴宏耀校，中国政法大学出版社，2016，第 68 页。

② 参见〔美〕詹姆士·Q. 惠特曼《合理怀疑的起源——刑事审判的神学根基》，侣化强、李伟译，吴宏耀校，中国政法大学出版社，2016，第 58～59 页。

③ 参见〔美〕詹姆士·Q. 惠特曼《合理怀疑的起源——刑事审判的神学根基》，侣化强、李伟译，吴宏耀校，中国政法大学出版社，2016，第 68～69 页。

④ 参见〔美〕詹姆士·Q. 惠特曼《合理怀疑的起源——刑事审判的神学根基》，侣化强、李伟译，吴宏耀校，中国政法大学出版社，2016，第 105～106 页。

⑤ 参见〔美〕詹姆士·Q. 惠特曼《合理怀疑的起源——刑事审判的神学根基》，侣化强、李伟译，吴宏耀校，中国政法大学出版社，2016，第 87 页。转引自 Brown, "Society and the Supernatural: 'A Medieval Change'", in Brown, *Society and the Holy in Late Antiquity*, Berkeley: University of California Press, 1982, p. 313。

什么秘密可言。"① 当然，这并不意味着大众从不犯错，无疑亦有无辜之人被判有罪，但绝大多数时间他们相当确定他们知道是谁干了什么。但是，由于复仇文化的存在，以及宣誓做证带来的精神苦旅，他们不愿意站出来宣誓做证。原告因担心提起控诉而面临决斗审，或者缴纳难以接受的罚金，也大多拒绝提起控诉。② 因此，在中世纪，人们主要需要的不是事实发现程序，而是让他们得以指控、惩罚已知的坏人却无须承担这样做的个人责任的程序。③ 在没有宣誓证言不得对任何人定罪的世界，神明裁判诞生了，它更多的时候是将一个已知的事实交由上帝来裁判，使人类幸免战战兢兢裁判同类的义务，也使不愿做证的证人和不敢站出来的原告不再有必要出庭。

尽管神明裁判被视为一种道德慰藉程序，但由于它被认为是在"试探上帝"，且会使牧师接触流血污染的差事，而遭到反对。随着公元 1000 ~ 1250 年欧洲社会所经历的深刻制度变革，神明裁判制度逐渐衰微，随之带来审判责任转移给法官和证人：法官被强迫裁判，证人被强迫做证，原告被强迫提起控诉，被告人被强迫供述。因而，全面解决神明裁判被废除的问题，面临建立让法官、证人避免流血危险的程序这一任务。④ 在这种背景下，13 世纪中叶，欧洲大陆纠问制程序、英格兰的陪审团审判应运而生。

五　人类审判时代法官和证人的道德慰藉（13 ~ 16 世纪）

如前所述，参与神明裁判的牧师被认为沾染鲜血，沦为"流血的牧

---

① 〔美〕詹姆士·Q. 惠特曼：《合理怀疑的起源——刑事审判的神学根基》，侣化强、李伟译，吴宏耀校，中国政法大学出版社，2016，第 107 页。转引自 Van Caenegem, "Public Prosecution of Crime in Twelfth-Century England", in Van Caenegem, *Legal History: A European Perspective*, London: Hambledon Press, 1991, p. 8。

② 参见〔美〕詹姆士·Q. 惠特曼《合理怀疑的起源——刑事审判的神学根基》，侣化强、李伟译，吴宏耀校，中国政法大学出版社，2016，第 109 页。

③ 参见〔美〕詹姆士·Q. 惠特曼《合理怀疑的起源——刑事审判的神学根基》，侣化强、李伟译，吴宏耀校，中国政法大学出版社，2016，第 108 页。

④ 参见〔美〕詹姆士·Q. 惠特曼《合理怀疑的起源——刑事审判的神学根基》，侣化强、李伟译，吴宏耀校，中国政法大学出版社，2016，第 118 ~ 127 页。

师"。因此，改革者废除了神明裁判。然而，以审判取代神明裁判绝不意味着血罪问题的消失。恰恰相反，由于裁判的责任从上帝转移到法官和证人身上，他们面临更大的道德危机，面临神学家所警告的沦为"谋杀犯"、需要救赎的风险。[①] 然而，残酷的刑罚必须施于罪犯，这事关公共利益。法官如何处罚罪犯但同时又不招致自身的危险呢？惠特曼认为，13世纪中叶，欧洲大陆发展了由职业法官行使审判权、刑讯被告人的"纠问式"程序，英格兰形成了由陪审员扮演审理法官和指控证人双重角色的"控告式"程序，这在一定程度上就是为了应对裁判的道德神学压力，尤其是为了有效保护法官免受精神上的威胁。简而言之，神明裁判以后的时代，欧洲大陆变成了一个强迫供述的世界，英格兰成为一个强迫指控的世界。但是，二者都转变为一个强迫证人做证的世界。[②]在神学基督教教义盛兴的时代，欧洲大陆和英格兰均面临法官、证人道德焦虑及其救赎的问题。

（一）欧洲大陆法官的道德慰藉

一是严格区分法官与证人的角色。在欧洲大陆，职业法官不得利用自己私人知悉，即他作为证人所拥有的知悉，进行裁判。[③] 法官将自己置于一个官方角色，在坐等被告有罪的适当证据的同时专注于其卷宗。若非证人或原告讲出来，法官不得行动。凭借这一核心道具，法官获得了逃避审判道德责任的良知，维持自己仅仅作为法律仆人的职业距离，远离证人角色。[④] 当然，在普通法的刑事陪审团那里，这种严格的角色区分并不现实。

二是谨慎适用怀疑程序。惠特曼认为，圣奥古斯丁所说的"正确的程序"，是以"怀疑"这一道德神学术语为框架塑造的。在普通法合理怀疑规则诞生之前的很久一段时间内，无论是在欧洲大陆还是英格兰，裁判者

---

① 参见〔美〕詹姆士·Q. 惠特曼《合理怀疑的起源——刑事审判的神学根基》，侣化强、李伟译，吴宏耀校，中国政法大学出版社，2016，第157页。

② 参见〔美〕詹姆士·Q. 惠特曼《合理怀疑的起源——刑事审判的神学根基》，侣化强、李伟译，吴宏耀校，中国政法大学出版社，2016，第147页。

③ 参见〔美〕詹姆士·Q. 惠特曼《合理怀疑的起源——刑事审判的神学根基》，侣化强、李伟译，吴宏耀校，中国政法大学出版社，2016，第158~162页。

④ 参见〔美〕詹姆士·Q. 惠特曼《合理怀疑的起源——刑事审判的神学根基》，侣化强、李伟译，吴宏耀校，中国政法大学出版社，2016，第162页。

早已使用"怀疑"这一术语来分析审判问题了。例如，中世纪早期的教皇格里高利一世就规定："事情可疑时，却给出妄称为确定的判决是一件后果严重且不妥的事情。"[1] 12 世纪后期、13 世纪早期，从事改革的教皇法学家重新捡起了该原则，并将其和"更安全之道"的教义联系在一起，即"当存有怀疑时，必须采取'更安全之道'，避免污染的任何风险"。[2] 但什么是一件"有疑问的事情"，一个人怎么样才处于"更安全之道"？为解决这一急迫的道德问题，神学家将判断的确定性划分为著名的四层程度，确定性的程度从高至低依次为：道德确定性、意见（opinion）、猜测（suspicion）以及怀疑（doubt）。[3] 根据这一划分，法官只有获得更多可靠证据，在作出有罪判决之前实现道德上的确定性，才不会跌入证人的位置，才能获得救赎。[4] 惠特曼补充指出，欧洲大陆著名的"存疑时有利于被告"原则就是脱胎于更安全之道的教义，即"当存有怀疑，并且证据不确定时，宁可让罪犯逃脱，切勿判决无辜有罪。因为，存疑案件，刑罚宁轻缓勿严酷"。[5]

惠特曼认为，总体而言，到了 16 世纪，由于欧洲大陆的法官职业化程度加深，与普通法的陪审员不同，他们可能视审判为寻常之事，很少遭受良心上的自责或任何相对轻缓的道德困窘，因而，这一时期，欧洲大陆刑事程序规则已经演变为单纯为获取事实证据的一个手段，道德慰藉功能萎缩。[6]

（二）英格兰陪审团成员的道德慰藉

与欧洲大陆不一样的是，英格兰是一个让法官免于道德危险的制度设

---

① 〔美〕詹姆士·Q. 惠特曼：《合理怀疑的起源——刑事审判的神学根基》，侣化强、李伟译，吴宏耀校，中国政法大学出版社，2016，第 173 页。
② 〔美〕詹姆士·Q. 惠特曼：《合理怀疑的起源——刑事审判的神学根基》，侣化强、李伟译，吴宏耀校，中国政法大学出版社，2016，第 173 页。
③ 参见〔美〕詹姆士·Q. 惠特曼《合理怀疑的起源——刑事审判的神学根基》，侣化强、李伟译，吴宏耀校，中国政法大学出版社，2016，第 174 页。
④ 参见〔美〕詹姆士·Q. 惠特曼《合理怀疑的起源——刑事审判的神学根基》，侣化强、李伟译，吴宏耀校，中国政法大学出版社，2016，第 176 页。
⑤ 参见〔美〕詹姆士·Q. 惠特曼《合理怀疑的起源——刑事审判的神学根基》，侣化强、李伟译，吴宏耀校，中国政法大学出版社，2016，第 181～182 页。
⑥ 参见〔美〕詹姆士·Q. 惠特曼《合理怀疑的起源——刑事审判的神学根基》，侣化强、李伟译，吴宏耀校，中国政法大学出版社，2016，第 180～181 页。

计，法律将道德重负完全置于证人与原告肩上，也可以说它将道德重负的全部置于陪审团成员身上，他们不仅被强迫充任证人，还被强迫给出一个"有罪"的笼统判决（general verdict）。因此，陪审团成员面临艰难的抉择：如果偏袒另一方而对事实保持沉默则是死罪；而提供不利的证言，则面临被报复的危险，同时被遭受自己不利证言的人的血所玷污。[①] 此外，他们还面临一种法律上的威胁：败诉的一方可能针对他们提起一种被称为"虚假判决"（attaint）的刑事指控，宣称宣誓审讯员做了伪证。如果遭到"虚假判决"的指控，那么，这12名宣誓审讯员要被第二个更大的陪审团审判，并且，一旦被判决"伪证"罪成立，他们将失去自己的动产，遭受至少为期一年的监禁。[②] 并且，与欧洲大陆法官不同，英格兰的陪审团成员仍然被要求利用他们对案件的私人知悉进行裁判。这些都加剧了普通法陪审团成员的道德焦虑。

到了中世纪末，英格兰已经发展出诸多机制有效保护刑事陪审团免于过多的道德重负，包括允许刑事陪审团作出具体判决、享有免予"虚假判决"的惩罚、裁判须经12人一致同意。

六　排除合理怀疑规则的浮现
及其影响（18世纪）

在中世纪，法官、证人从事审判活动面临严峻的道德风险，这一状况直到18世纪才逐渐缓解。惠特曼将此变化归因于18世纪刑罚实践的根本变革，在这一时期英吉利海峡两岸都已开始逐步废弃血腥惩罚，这一进程以20世纪末欧洲废除死刑而告终。[③] 伴随血腥惩罚的衰落，古老的道德神学不可避免地式微，但刑罚实践的这些变革并不足以消除陪审员们所有的

[①] 参见〔美〕詹姆士·Q. 惠特曼《合理怀疑的起源——刑事审判的神学根基》，侣化强、李伟译，吴宏耀校，中国政法大学出版社，2016，第143~145页。

[②] 〔美〕詹姆士·Q. 惠特曼：《合理怀疑的起源——刑事审判的神学根基》，侣化强、李伟译，吴宏耀校，中国政法大学出版社，2016，第224页。

[③] 参见〔美〕詹姆士·Q. 惠特曼《合理怀疑的起源——刑事审判的神学根基》，侣化强、李伟译，吴宏耀校，中国政法大学出版社，2016，第315页。

道德焦虑，并且在 18 世纪的英美，基督教从来没有衰落，对很多潜在的陪审员来说，这是基督信仰一个惊心动魄的时代——他们对道德责任的忧惧依然。①

为解决公共义务的诉求与良心安全的冲突，18 世纪的道德学家继续坚持古老的限制性条款，要求基督徒秉持更安全之道，这意味着他们要倾听对他们的怀疑。但是，这样做不能太过分。惠特曼以本杰明·柯莱梅（Benjamin Calamy）的观点为例论述道，"怀疑的良心不能与多虑的良心相混淆。怀疑属于正当的，因此必须遵从；多虑是愚蠢的，因而不应理会"。② 他发现，17 世纪 70 年代以后英国出现的论述司法问题的文献亦然，主张只有那些符合"理性"的怀疑才应遵从。到了 18 世纪 80 年代中期，合理怀疑规则开始在老贝利法庭得以确立。在那时，尤其是 1783 年和 1784 年，它们不仅提到"合理怀疑"，还提到"更安全之道"、更确定的一方，等等。

惠特曼认为，古老的道德神学确定性如果确实是在这一时期被引入英格兰的陪审团指示中，则其与刑罚历史之间可能存在关联。在 18 世纪，英格兰的罪犯被流放到美利坚，此间的血腥惩罚基本上就被规避掉了。然而，美国独立战争爆发后，流放不再可能。直到 1787 年，流放制度才得以重启，不过这次的终点站是澳大利亚。在这一时期，英国的刑罚实施极不确定，大大增加了刑罚的风险，从而，陪审员需要比数十年前进行更多的诱供方能作出有罪判决。③ 因此，他总结道，18 世纪的合理怀疑神学根本不是为解决心理上的事实不确定问题而设计的，而是为了慰藉、诱哄、鼓动焦虑不安、犹豫不前的基督徒。它的诞生与郎本（John Langbein）所说的律师化并没有关系，④ 或者至少没有任何直接关系。这一深藏于背后

---

① 参见〔美〕詹姆士·Q. 惠特曼《合理怀疑的起源——刑事审判的神学根基》，侣化强、李伟译，吴宏耀校，中国政法大学出版社，2016，第 314～316 页。

② 〔美〕詹姆士·Q. 惠特曼：《合理怀疑的起源——刑事审判的神学根基》，侣化强、李伟译，吴宏耀校，中国政法大学出版社，2016，第 319 页。

③ 参见〔美〕詹姆士·Q. 惠特曼《合理怀疑的起源——刑事审判的神学根基》，侣化强、李伟译，吴宏耀校，中国政法大学出版社，2016，第 335 页。

④ John Langbein, *Origins of Adversary Criminal Trial*, Oxford: Oxford University Press, 2015, pp. 261－266.

的焦虑根本不是保护被告的，而是在保护陪审员。

至此，惠特曼通过论述刑事审判的道德慰藉功能，深刻回答了合理怀疑规则的起源问题及最初功用。不过，他没有就此搁笔，而是在此基础上进一步论述，随着刑事审判道德慰藉功能的式微，在现代社会将合理怀疑引入事实证明程序的种种不适，并提出了走出窘境的策略。

惠特曼指出，我们现在生活在规模更大、更陌生的城市社会，加之辩诉交易的实施，导致被告明显有罪的案件很少付诸审判，因此，我们强烈要求寻求解决事实方面不确定的各种方法，但把排除合理怀疑这一古老的道德慰藉程序转换成现代的事实证明程序，这样的结果只能是混乱。[①] 美国严重依赖证据排除和证据禁止规则，导致陪审团难以知悉全部案件事实。这种审判制度的重点虽然是保护无辜者不被判有罪，但它也并非不会导致无辜之人被误判有罪，正如死刑反对者所示，陪审员的确给出了错误结果。[②] 与此形成鲜明对比的是，古老的道德神学并非仅仅给予无辜者保护，通过提出对法官自身的怀疑，它还强调为有罪之人提供保护，但这一古老的基督教戒律已被我们遗忘。

为解决上述困境，他建议，一方面美国应学习大陆法系，重塑程序和证据法，创建探知真相的简明程序，更好地适应现代社会事实证明的要求。另一方面，应重拾已被遗忘的古老信条，并极力指示陪审员，告知他们的决定乃是一份"道德决定"，应秉持谦恭、忠贞之精神，对自身的道德立场满怀敬畏之心，战战兢兢、如履薄冰，既保护无辜之人，也保护有罪之人。他认为，这是忠于合理怀疑本源精神中唯一有意义的现代方式。[③]

---

① 参见〔美〕詹姆士·Q. 惠特曼《合理怀疑的起源——刑事审判的神学根基》，侣化强、李伟译，吴宏耀校，中国政法大学出版社，2016，第 344~347 页。

② 参见〔美〕詹姆士·Q. 惠特曼《合理怀疑的起源——刑事审判的神学根基》，侣化强、李伟译，吴宏耀校，中国政法大学出版社，2016，第 349 页。转引自 James Liebman, Jeffrey Fagan, Valerie West, and Jonathan Lloyd, "Error Rates in Capital Cases, 1973-1995", *Texas Law Review*, Vol. 78, 2000, pp. 1839-1865。

③ 参见〔美〕詹姆士·Q. 惠特曼《合理怀疑的起源——刑事审判的神学根基》，侣化强、李伟译，吴宏耀校，中国政法大学出版社，2016，第 353~354 页。

七 结语:《合理怀疑的起源——刑事审判的神学根基》带给我们的思考

笔者认为,惠特曼《合理怀疑的起源——刑事审判的神学根基》一书最大的亮点在于,它引领我们穿越到遥远的中世纪,看到刑事审判的道德慰藉功能,并通过翔实的传统文献向我们揭示了"排除合理怀疑"之道德神学根基,从而解释了为何其被作为现代社会的事实证明规则会造成混乱和令人困惑不解。尽管惠特曼没有提出更好的证明事实的替代方案,但他认为合理怀疑不适于事实证明的这一观点无疑为我们研究和适用"排除合理怀疑"规则提供了反思的空间:我们是不是应该重新认识"排除合理怀疑"?将它作为事实证明规则,是不是有助于遏制无辜者被错误定罪及有罪者被错判无罪?

《合理怀疑的起源——刑事审判的神学根基》给我们的第二个思考是:我国法官尽管多数不是基督徒,但在从事事关他人命运的裁判时,是不是应将其视为一份沉甸甸的"道德决定",坚持"有怀疑,宁仁慈"的原则,既保护无辜者,也保护有罪之人的合法权益?如此,我们的刑事错案或许可少一些。

另外,惠特曼关于普通法系的程序和证据规则不利于发现真相,建议美国学习欧陆国家,建立更适合现代社会发现真相需求的程序和证据规则的看法,也为中国正在推进的以审判为中心的刑事诉讼制度改革提供了启示。事实上,除惠特曼以外,西方还有其他学者也在反思普通法系司法制度在发现真相方面的缺陷。例如,兰博约(John Langbein)在《对抗式刑事审判的起源》中指出了英美对抗式程序具有"财富效应"和"敌对效应",认为审判模式并非基于一套发现真相的系统理论,真相只是对抗程序的副产品。[①] 拉里·劳丹(Larry Laudan)也认为,美国刑事审判制度不

---

① 参见〔美〕兰博约《对抗式刑事审判的起源》,王志强译,复旦大学出版社,2010,第312页。

利于发现真相，更容易造成有罪者被错判无罪。[①] 应当说，惠特曼得出的上述结论有一定的道理，不过，其提出的关于美国"应当废弃证据排除和禁止体系……并创建探知真相的简明程序"[②] 之建议值得商榷。毕竟，美国的证据排除和禁止规则是发现真相、保障人权、维持社会关系稳定、震慑警察违法行为等多种价值妥协的结果，发现真相不是其唯一目的。并且，它也不一定就不利于发现真相。目前没有数据表明，美国刑事案件错案率高于大陆法系国家。况且，欧洲大陆同样有很多证据排除规则，例如德国有证据禁止规则，而后者却被认为形成了稳健的事实证明规则。因而，废弃证据排除和禁止规则并非改良之道，可能需要的是对其进行重塑。尽管惠特曼的这一观点存在一些争议，但惠特曼等学者对美国司法制度不利于发现真相的批判，能让我们在引入英美对抗制度方面保持清醒，辩证看待其优劣，逐渐形成有中国自身特色的司法制度和真相发现机制。

---

① 参见〔美〕拉里·劳丹《错案的哲学——刑事诉讼认识论》，李昌盛译，北京大学出版社，2015，第 144~146 页。

② 〔美〕詹姆士·Q. 惠特曼：《合理怀疑的起源——刑事审判的神学根基》，佀化强、李伟译，吴宏耀校，中国政法大学出版社，2016，第 351 页。

供述的可信性评估：基于真相探究和人权保障的双重考察[*]

张　伟^{**}

摘　要： 在刑事审判中，被告最清楚自己是否有罪。特别是在一些被害人死亡且无有效间接证据证明的刑事案件中，被告供述对于认定案件事实更是不可或缺。在"求真"理念下，刑事审判的核心任务是对包括被告供述在内的证据可信性进行有效评估。不可信供述主要有非自愿型和自愿型两种类型，其有效评估路径应为基于证据可采性审查的证据使用禁止和基于证据可信性审查的言辞变迁法之运用。我国刑事司法裁判中的印证虚无主义，使得供述可信性评估陷入了困境，须通过抑制事实认定者的证实倾向和鼓励使用反证等举措，探寻我国供述可信性评估的出路，实现刑事司法裁判真相探究和人权保障的价值统一。

关键词： 供述；可信性；真相探究；人权保障

一　引言

在被判处死刑立即执行 21 年后，聂树斌于 2016 年最终被最高人民法院认定为无罪。虽然，相对于正义缺失，迟来的正义也是正义，然而，德国刑法学教授及联邦宪法法院前副院长哈斯摩强调，"每个法秩序都必须

---

  * 本文系国家社会科学基金一般项目"新时代西藏社会纠纷解决机制创新研究"（项目编号：18BFX017）、西藏民族大学教改项目"交叉学科视野下的《证据法》教学创新研究"的阶段性成果。
  ** 张伟，西藏民族大学法学院副教授，法学博士。

穷尽所有的可能性，让错误不要发生"。① 由于该案发生时，还处于侦查技术等各项条件均比较落后的年代，存在证据严重不足和缺失的现象，当时的一审法院主要依据被告聂树斌的供述作出了有罪认定。我国有一大批类似"聂树斌"的案件，法院将被告供述作为对其定罪的主要依据，从而酿成冤假错案。

艾伦教授认为：事实先于权利和义务而存在，并且是权利和义务之决定性因素。没有准确的事实认定，权利和义务就失去了意义。② 可见，刑事司法裁判的核心价值之一应该是准确的事实认定，以最理性的姿态有效评估被告供述的可信性，让误判尽量不要发生。若要对被告供述的可信性进行有效评估，首先需要对不可信供述的基本类型进行划分，进而从理念、制度、技术等多个层面，在人权保障的基础上构建评估被告供述的有效路径，实现我国刑事司法裁判"准确认定事实与保障被告人权"的价值平衡。

二 不可信供述的基本类型

供述是被告人在刑事审判中所作的对自己不利的陈述，有"自愿供述"和"非自愿供述"两种类型。不管是自愿供述还是非自愿供述，都有可信和不可信之分。通常，供述被当作定罪最有力的证据，一项供述可能便是对被告的自我伤害。按照"人是趋利避害"的常识，供述悖论得以形成，即如果一个人没有犯罪，他为何要供述一项罪行？对于这一追问的解答，实则是在探讨自愿性问题。何福来教授认为，供述可以从三个维度加以阐释，即"作为证据的供述、作为悔恨的供述和作为屈服的供述"。③ 在这三种供述中，即便是被认为最有可能为"自愿性"提供可能

---

① 〔德〕托马斯·达恩史戴特：《失灵的司法：德国冤错案启示录》，郑惠芬译，法律出版社，2017，第285页。
② 〔美〕罗纳德·J. 艾伦：《艾伦教授论证据法（上）》，张保生等译，中国人民大学出版社，2014，第3页。
③ 何福来：《法律中供述的三个维度》，曹佳译，张保生、童世骏主编《事实与证据——首届国际研讨会论文集：哲学与法学的对话》，中国政法大学出版社，2018，第249页。

性解释的"作为悔恨的供述"，其部分原因也潜藏着"非自愿性"。比如，"一个无辜的犯罪嫌疑人，可能出于害怕表现出不知悔改并为了确保得到宽大处理而作出供述"。[①] 无辜的犯罪嫌疑人出于害怕自己遭受来自侦查人员的负面评价（不知悔改）而得不到宽大处理，进而作出忏悔式"供述"，这一"自愿性"的表象背后，实则也潜藏了非自愿。可见，不可信供述主要可以区分为自愿型和非自愿型两种基本类型。对两种不可信供述的形成原因和相关特性进行分析，可以为供述可信性评估提供更加合理的路径选择。

（一）非自愿型不可信供述

心理学研究已经阐释了形成不可信供述（虚假供述）的诸多原因，违背供述人意愿，是形成虚假供述的主要原因。"虚假供述经常是由使用强迫和心理操纵技术而造成的，其压制了犯罪嫌疑人的意愿而使他陷入一种无助的境地，彼时他相信自己别无选择只能对侦查人员惟命是从。"[②] 压制犯罪嫌疑人意愿的方式主要表现为躯体迫害和心理压制，而躯体迫害又更为常见。"公安司法机关等职能部门，利用职权通过躯体迫害等强制性方式迫使被告证人违背事实进行陈述，在大陆法系和英美法系国家均有着漫长的历史。"[③] 我国的错案研究团队针对 50 起刑事错案致错原因的实证研究表明，其中有 47 起存在"被告人虚假口供"的情形，占错案总数的94%。该调研团队还对可能导致被告人作出虚假有罪供述的原因进行了问卷调查，调查选项分别为：A 由于刑讯逼供而被迫作出有罪供述；B 被告人自愿为他人顶罪而作出有罪供述；C 被告人由于思维混乱而作出有罪供

---

① 何福来：《法律中供述的三个维度》，曹佳译，张保生、童世骏主编《事实与证据——首届国际研讨会论文集：哲学与法学的对话》，中国政法大学出版社，2018，第 259 页。

② 何福来：《法律中供述的三个维度》，曹佳译，张保生、童世骏主编《事实与证据——首届国际研讨会论文集：哲学与法学的对话》，中国政法大学出版社，2018，第 252 页。

③ 艾伦教授认为，通过躯体虐待等方式来激励被告人进行合作，在美国有漫长而肮脏的历史。现在，我们才刚刚步入一个新阶段，即要求对警察的讯问进行录像，来努力解决此类问题。通过录音录像的方式，人们至少能看到发生了什么。参见〔美〕罗纳德·J. 艾伦《第四届证据理论与科学国际研讨会闭幕词》，张伟译，张保生校，《证据科学》2014年第 2 期。

述；D 被告人为求解脱而认罪。调查结果显示，有 60% 的被调查对象选择了 A 项，35% 选择了 B 项，7% 选择了 C 项，12% 选择了 D 项。[①] "长期以来，刑讯逼供问题一直困扰着我国的刑事诉讼制度，成为一个屡禁不止的制度难题。根据调查结果表明，被告人虚假口供是导致刑事错案的首要原因，而造成被告人虚假口供的主要原因是办案人员倚重口供和刑讯逼供。几乎每一起冤假错案的发生，都不同程度地有着刑讯逼供的潜在影响。"[②] 法国著名律师勒内·弗洛里奥根据其几十年的律师从业经验，总结了"假罪犯（无辜者承认他们并未犯过的罪行）"的三种类型：第一，有"自动招供癖"的人或者智力低下的人；第二，那些胆小的人；第三，那些受害于警察粗暴言行的人。[③] 美国的"冤案工程"（Innocence Project）研究结果也表明，通过 DNA 发现的冤案中，有 25% 的案件涉及无辜者的虚假认罪。当这些冤案中的某些无辜者被问及是什么促使其作出虚假认罪时，"警察的威胁和虐待"是最主要的原因。[④] 可见，刑讯逼供和被告自愿顶罪，是导致虚假有罪供述的两项主要原因，而刑讯逼供又居于原因之首。无论古今中外，刑讯逼供都是刑事司法活动中所惯用的取证手段。任何现象的存在都有其内在的本质原因。刑讯逼供之所以屡禁不止，如果从经济学"成本－收益"视角进行解释的话，是因为刑讯逼供可以实现司法活动的收益最大化，即其可以花最少的时间获取最具说服力的事实认定之证据。[⑤]

（二）自愿型不可信供述

尽管自愿是对可靠性的一种有效替代，但它们并非完美匹配，一项自

---

① 参见何家弘《证据的语言：法学新思维录》，中国人民公安大学出版社，2009，第 193 ~ 196 页。

② 张军主编、最高人民法院刑事审判第三庭编著《刑事证据规则理解与适用》，法律出版社，2010，第 303 页。

③ 〔法〕勒内·弗洛里奥：《错案》，赵淑美等译，法律出版社，2013，第 50 ~ 51 页。

④ 参见〔美〕吉姆·佩特罗等《冤案何以发生：导致冤假错案的八大司法迷信》，苑宁宁等译，北京大学出版社，2012，第 307 ~ 312 页。

⑤ 早在 18 世纪的时候，高级律师霍金斯就已经认识到被告供述的重大证据价值，认为真正的被告是最知晓案件事实真相的案件体验之人，其供述对于案件事实认定最具说服力。

愿的供述仍可能是不可靠的。① 以威格莫尔抨击 18 世纪英格兰过度适用口供规则的理由为例：一个理性之人，通常不会为了蝇头小利或无谓的恫吓而作出一项不实供述。但是，从知识社会学的角度考察，某些处于特定社会关系中的主体，无法以正常的理性对其行为进行经验推理和评估。18 世纪英格兰的口供规则产生于当时世界上最大的都市伦敦。在农民城市化的特定历史文化背景下，伦敦出现了一群特殊的人。他们是迫于生计而背井离乡来到大都市的社会底层人群，包括女佣、学徒和雇员等。在主仆及雇主和雇员这样的不平等社会关系中，处于弱势地位的女佣、学徒和雇员，当他们所仰食的主人或雇主污蔑其有偷盗行为时，为了生计等生存大事，不得不忍气吞声而接受主人的威逼或者诱惑。② 对于这些特殊人群，当面对"如果一个人没有犯罪，他为何要供述一项罪行？"这样的追问时，就不能用一般理性人的标准对其行为加以评判，而应将其放置于特定的社会文化和知识库中进行分析。在司法裁判中，那些处于弱势地位的被告，可能迫于生计而"自愿"作出与事实不符的供述。

英国的法官往往会就被告的撒谎问题进行警告，这些警告被称作以判例名字命名的"Lucas"指示。该指示表明：必须就下列事项对陪审团予以警告，即仅仅是被告撒谎这一事实本身，并不是其有罪的证据，因为被告可能基于自身清白而撒谎。③ "Lucas"指示带给我们的启示是：谎言产生的原因形形色色，有些谎言确实能反映出陈述人真实的说谎心理和动机，即谎言与案件中的罪行有着密切的关联性。但是，对于外因作用下的谎言，事实认定者需要保持高度的警惕，以免因过度将谎言和犯罪行为相关联而酿成冤假错案。

---

① 何福来：《法律中供述的三个维度》，曹佳译，张保生、童世骏主编《事实与证据——首届国际研讨会论文集：哲学与法学的对话》，中国政法大学出版社，2018，第 253 页。
② 参见〔美〕兰博约《对抗式刑事审判的起源》，王志强译，复旦大学出版社，2010，第 218 页。
③ 参见〔美〕兰博约《对抗式刑事审判的起源》，王志强译，复旦大学出版社，2010，第 211 页。

三 供述的可信性评估路径

（一）供述可采信检验：证据使用禁止

证据的可采性，又称证据能力，是证据能否被采纳作为定案依据的属性。[①] 在英美陪审团审判中，法官主要负责审查证据的可采性，将不可采的证据排除在陪审团的视野之外。关于供述的可采性检验，大陆法系和普通法系有着基本相同的"证据使用禁止"传统。在普通法传统中，"只有当控方证明供述是自愿作出的时候，该供述才能在法律程序中作为证据提出。供述若是基于不当压力而获得且违反自愿原则，将供述作为有罪证据就被认为是不可靠的，并且正因如此，供述要被排除"。[②]不难看出，普通法传统中的基于可靠性理由禁止使用违反自愿原则而获取的供述，实则是借助证据可采性标准，对非自愿型供述的可信性进行了初步评估，这体现了刑事司法裁判的"真相发现"价值。然而，两大法系关于证据使用禁止的共同传统，是基于刑事司法裁判的"人权保障"价值。"美国的非法证据排除规则相当于德国证据禁止制度中的证据使用之禁止。两者的共同之处在于对宪法的依赖性与密切性较强，都将刑事诉讼证据禁止制度与宪法性权利的保障结合起来，成为被告人宪法权利的救济方式。"[③]

可见，将基于压制方式取得的非自愿型供述予以排除，兼顾了刑事司法"真相发现和人权保障"的双重价值。"建立非法证据排除规则不仅是保障人权、维护法治尊严的需要，而且还可以促进发现案件实体真实。"[④]在英格兰1783年的沃瑞克谢尔案中，口供规则被表述为"通过承诺或威胁获得的口供没有可信性，不可接受为证据。或者是好言相劝或者严刑威

---

① 张保生等：《证据法学》，高等教育出版社，2013，第24页。
② 何福来：《法律中供述的三个维度》，曹佳译，张保生、童世骏主编《事实与证据——首届国际研讨会论文集：哲学与法学的对话》，中国政法大学出版社，2018，第252～253页。
③ 龙敏：《德国证据禁止制度简述》，《人民法院报》2019年9月20日，第8版。
④ 陈光中、张小玲：《论非法证据排除规则在我国的适用》，《政治与法律》2005年第1期。

逼违背其本意获得的口供不可接受"。[1] 18 世纪 60 年代，在英格兰确立了非常严格的口供规则。一系列相关案件显示，即使口供内容属实，但只要是通过承诺和威胁方式取得，口供一律不被法庭采纳。"如果口供是被威胁所迫，或者是宽大所诱，没有任何一个法庭会予以接受；这有悖于英格兰法关于证据的基本精神。"[2] 不难发现，为了秉承英格兰法关于证据的基本精神，刑事司法审判中适用了非常宽泛的口供规则。那么，何谓英格兰法中证据的基本精神呢？威格莫尔关于口供规则的描述表明，证据的基本精神是指保障证据的可信性。从 60 年代一系列关于口供排除的案例来看，尽管被排除口供的内容确实属实，但口供获得的方式和手段使其具备了"不值得相信"的外部特征。英格兰创立口供规则等一系列刑事证据排除规则的初衷，就是排除伪证，以保障证据的可信性和裁判的准确性。不管是当时的法官还是学者，都认识到这样一个事实，即基于"所迫和所诱"的口供，都存在缺乏可信性的风险。严格的口供排除规则应该是基于这样的论证逻辑：将所有"所迫和所诱"的口供排除于法庭之外，或许会把某些有利于发现案件事实真相的证据一并排除了，但同时也使得那些因违背当事人意志而获取的不可信口供悉数被挡在法庭之外，有利于保障那些无辜的被告免受不白之冤。尽管，在 18 世纪的英格兰，出于对控方"伪证现象"猖獗的不良风气和行为的遏制和应对，为了排除伪证和确保证据的可信性，才创制了包含口供规则在内的一系列刑事证据排除规则，但值得注意的是，出于"证据可信性"的价值追求而创立的口供规则，却促成了对于被告人权保护的重大价值。

（二）供述可信性检验："变迁法"的应用

可采信检验是证据可信性评估的前提和基础。虽然，禁止使用通过胁迫等方式获取的非自愿型供述，在一定程度上提升了证据的可信性，但可信性检验仍应作为供述可信性评估的重要保障。首先，并不是所有非自愿

---

① 〔美〕兰博约：《对抗式刑事审判的起源》，王志强译，复旦大学出版社，2010，第 251 页。
② 〔美〕兰博约：《对抗式刑事审判的起源》，王志强译，复旦大学出版社，2010，第 212 页。

型供述都能被有效排除；其次，有些自愿型供述也可能是不可信的。因此，除了"证据使用禁止"这一供述可信性的基础性保障外，我们还应进一步利用心理学等专门知识对已被法官所采纳的供述进行可信性检验，为供述可信性的有效评估设置双重保障。

日本心理学家关于"证言可信性评估"的经验告诉我们，证人是否基于"真体验"而生成的"证言记忆"，必定是存在差异性的，只要用心去评估判断，基于"真、假体验"的差异性是可以被发现的。

在心理学家看来，规范的供述笔录包含了侦查人员与嫌疑人之间的对话过程。在这种一问一答的动态对话过程中，心理学家可以从对话过程中反映的心理变化，分析嫌疑人是不是基于作案体验而进行供述。但遗憾的是，在司法实践中，很多供述笔录的制作并不规范，即供述笔录并没有严格按照一问一答的对话形式呈现出来，而是由侦查人员对问答内容进行总结概括。在日本，供述笔录不是对询问过程逐字逐句的记录，而是以转述的形式加以表达，这使得案件感知人之言辞这一探索"案件事实"的最好证据材料，被人为地污染了，致使心理学家们失去了分析言辞可信性的最原始素材。在我国的司法实践中，也存在与日本类似的情形，很多供述笔录也没有呈现出询问过程的原貌，而是以回答人第一人称的方式概要式地记录下来。基于这样的供述笔录缺陷，心理学家只好寻求其他方法来分析言辞的可信性，即"言辞变迁法"。

所谓言辞变迁法，是指通过对同一人的多份言辞进行对比研究，以发现彼此之间的矛盾不一致之处（变迁），并探究引起言辞变迁的可能性原因。"变迁法"的机制在于，询问是一个有关询问人和答问人之间相互作用的动态过程。在这种动态过程中，答问人因自身因素可能发生证言变迁，也可能因为询问人施加于答问人的外力作用导致证言发生变迁。通常，供述发生变迁的可能原因主要有两种。第一，源于供述者的变迁。导致供述者自身发生供述变迁的情形也有两种，一是因人的记忆机制引起回忆内容的变化而发生的变迁；二是供述人因某种特殊理由故意隐瞒自己的体验而说谎。第二，源于询问者的变迁，即审讯人员所持有的案件信息和侦查假定有可能混合进供述内容中。①

以日本的"狭山案件"② 为例,呈现出心理学家是如何通过言辞变迁法来揭穿虚假供述的。该案是一起涉及女高中生被诱拐杀害的事件。心理学家通过对其中一名嫌疑人的三次不同自白的变迁进行仔细评估,发现引起供述变迁的原因,系由审讯人员的外力作用所致,从而得出了该供述嫌疑人没有实际作案体验和其供述系虚假的推论。该案嫌疑人的三次自白分别为:

[第一自白] 强奸→杀害→写、送恐吓信→遗弃尸体(三人共同作案)

[第二自白] 强奸→杀害→写、送恐吓信→遗弃尸体(一人独自作案)

[第三自白] 写恐吓信→诱拐→强奸→杀害→送恐吓信→遗弃尸体

我们试图对这三次自白的变迁原因进行分析,以评估该嫌疑人供述的可信性。首先,从第一自白到第二自白的变迁来看,基本情节是一致的,只是作案人数由三人变成了一人。那么,导致第二次自白发生变化的原因是什么呢?先考虑源自嫌疑人自身的变迁。由于第一自白到第二自白只是发生了关于作案人数的变迁,根据记忆的特点,关于作案人数这样的涉及案件基本框架的内容,人们是不可能轻易忘记的。因此,基本可以排除源于供述人记忆危险导致的变迁。再来考虑是不是供述人基于朋友义气而故意撒谎来独自顶包呢?然而,从第二次自白到第三次自白的变迁来看,供述人出于朋友义气而故意撒谎的可能性,是可以加以排除的。因为,如果第二次变迁是源于供述人为了朋友利益而故意撒谎的话,在其作出第三次自白时,就会继续沿着第二次自白的案情框架进行供述,以获取审讯人员对其供述内容的相信。但是,很显然,第三次自白的内容与第二次的相比,发生了非基于记忆偏差的本质性变迁,即对于是先写好恐吓信再实施强奸杀人行为还是先杀人后再写恐吓信这样的基本案情,人们通常是不可能会发生记忆偏差的。再结合第二次自白内容来看,供述人又不具备在第

---

① 〔日〕高木光太郎:《证言的心理学——相信记忆、怀疑记忆》,片成男译,中国政法大学出版社,2013,第87页。

② 〔日〕高木光太郎:《证言的心理学——相信记忆、怀疑记忆》,片成男译,中国政法大学出版社,2013,第88~92页。

三次自白中故意撒谎（供述内容明显有别于第二次）的动机。综合以上分析，最有可能导致嫌疑人发生供述变迁的原因在于，该嫌疑人根本就不具备作案体验，他不是真正的作案人，几次不同自白均是在审讯人员的外力作用下被迫作出的。

以上关于虚假供述的心理学分析，虽然不具备充分的确定性，但对于一个理性、称职的案件事实认定者来说，为了避免冤假错案的发生，其应该学会应用变迁法，对被告供述的可信性进行评估。如果运用变迁法对被告供述进行认真分析的话，我国司法实践中的不少冤案，或许是可以避免的。比如，在我国著名的冤案"佘祥林杀妻案"中，"亡妻归来"的事实表明，作为本案最关键定罪证据的被告口供，必定是建立在供述人没有作案体验之基础上的。对于证据评估主体的法官来说，只要认真对佘祥林的四次不同版本的口供①进行"变迁研究"，应该不难发现佘祥林没有实际作案体验的事实。同样，2005 年发生在山东的"张志超"一案②中，从被告张志超前后 9 次的有罪供述内容来看，供述者关于基本作案手段的供述，都存在前后矛盾之处。该案法官如果运用变迁法对被告供述之可信性进行评估的话，应该不难发现张志超不存在作案体验的事实。因为，从人的记忆能力来看，如果张志超确实有作案体验的话，对于作案手段这样的基本情节，是不可能发生记忆偏差的。

四　我国被告供述可信性评估的困境和出路

（一）我国被告供述可信性评估的困境：印证"虚无主义"

长期以来，我国传统印证规则的运用主要存在两个误区。首先，我国

---

① 在该案审讯过程中，佘祥林给出了四种不同的"杀妻经过"的口供。参见贾云勇《佘祥林当年辩护律师称杀妻案材料中疑点多》，新浪网，http://news.sina.com.cn/c/2005 - 04 - 06/02416298055.shtml，最后访问日期：2019 年 10 月 14 日。

② 关于该案的基本案情，参见《张志超基本案情及证据梳理》，个人图书馆网，http://www.360doc.com/content/15/1101/21/22513831_510065576.shtml，最后访问日期：2019 年 5 月 21 日。

立法和司法长期以来所运用的"印证"概念，实则是对英文"corroboration"一词的误用。"corroboration"是指，用证据去支持一项已经被初步证据所证明的主张，从而使某项主张得到进一步确证。比如，证人 W 做证说她看到 X 驾车撞上了一辆绿色小汽车。同时，证人 Y 做证说，当他那天晚些时候检修 X 的汽车时，在其车子的挡泥板上发现了绿色的漆。[①] 从这一解释不难看出，"corroboration"的本质在于使一项主张进一步被确证，确证的路径是"后来的证据也能够支持被前一项证据所初步证明的主张"，即上述证人 W 的证言初步证明了"X 撞了一辆绿色小汽车"的主张，证人 Y 的证言与 W 的证言形成了聚合（或者对 W 的证言进行了补强），使得先前的主张得到进一步确证。[②] 可见，证人 Y 的证言对 W 之证言进行补强，其终极目的是使"X 撞了一辆绿色小汽车"的主张得到进一步确证，以促进准确的事实认定，并不仅仅是两个或多个证据之间形式上的简单印证。

　　然而，我国传统的证据印证规则，似乎有些本末倒置了，即一味强调证据相互之间的简单"形式印证"，反而忽略了发现真相的实质目标。"当司法裁判人员一味强调证据印证链条形式上的完整性时，却忽略了印证证据本身的合法性审查问题。"[③] 也有学者从"原子主义和整体主义"的视角，[④] 阐述了我国非法证据排除与印证规则运用所存在的误区。本来，英美法系国家的非法证据排除是一种"原子主义"路径，即需要由司法裁判者对每一个被合理怀疑为通过非法手段获取的证据，进行程序和技术层面的审查，从而确保证据的真实可信。但是，当非法证据排除规则运用于我国刑事司法中时，却采用了一种"整体主义"路径，即对证据的合法性进行审查时，不是对单个证据采取严格的技术审查模式，而是以口供证据能否被其他相关证据印证作为最终的评判标准，即在强调整体主义思维模

[①] See Corroborating Evidence (or Corroboration), available at https://en. wikipedia. org, last visited at Oct 22，2018.

[②] 我国有学者认为，"相互印证的证据首先是要共同指向同一待证事实，这样一个属性在域外证据理论当中通常被称为补强（corroboration）"。吴洪淇：《印证的功能扩张与理论解析》，《当代法学》2018 年第 3 期。

[③] 参见陈瑞华《论证据相互印证规则》，《法商研究》2012 年第 1 期。

[④] 参见牟绿叶《论非法证据排除规则和印证证明模式的冲突及弥合路径》，《中外法学》2017 年第 4 期。

式下的证据相互印证时，却忽略了对单个证据的可信性进行实质性审查和评估。"印证模式由于缺少了处理矛盾证据的能力，而难以精准把握何多何少的证明尺度。由于缺乏权威的代替模式，法院只好沿用印证分析的安全表述以掩饰证明缺陷，这又加剧了印证模式的路径依赖。"①

其次，如果将"corroboration"理解为证据之间的"相互印证"，容易导致用另一个错误的证言去印证已有的错误，即出现"谎言被重复一千遍（经过一千个人相互印证）便成了真理"的荒谬现象。纳粹德国国民教育与宣传部部长戈培尔强调，通过宣传可以征服民众，谎言经一再传播并装扮便会令人相信。

2012年的《最高人民法院关于适用〈中华人民共和国刑事诉讼法〉的解释》（以下简称《解释》）第83条第2款规定，"被告人庭审中翻供，但不能合理说明翻供原因或者其辩解与全案证据矛盾，而且庭前供述与其他证据相互印证的，可以采信其庭前供述。被告人庭前供述和辩解存在反复，但庭审中供认，且与其他证据相互印证的，可以采信其庭审供述"。从以上相关法律规定来看，在我国刑事司法的事实认定过程中，对证人证言和被告的供述、辩解这些言辞证据的可信性进行审查及采信与否的一个关键性要素是，该证人证言或被告的供述、辩解能否被其他证据所印证。2018年修正的《刑事诉讼法》第55条规定，"对一切案件的判处都要重证据，重调查研究，不轻信口供。只有被告人供述，没有其他证据的，不能认定被告人有罪和处以刑罚；没有被告人供述，证据确实、充分的，可以认定被告人有罪和处以刑罚"。总体而言，该条规定与《解释》第83条的立法精神是一脉相承的，即强调采信被告供述的一个很重要的前提条件是，有其他相关证据对供述进行印证。然而，我国刑事诉讼相关立法针对被告供述审查和适用的谨慎态度，实质上已经异变为一种僵硬的"法定证明"模式，缺乏自由证明模式下对于证据审查的科学灵活性。这种基于言辞证据可信性评估困境而采取的极端式证据印证规定，恰巧是我国刑事司法活动中的印证规则陷入运用误区的重要原因。

---

① 李茜：《存疑无罪案件中证明模式的样态、逻辑与转型》，《法律适用》2019年第7期。

以"聂树斌案"为例，该案一审裁判就陷入了印证"虚无主义"的怪圈。"经审理查明：被告人聂树斌于一九九四年八月五日十七时许，骑自行车尾随下班的石家庄市液压件厂女工康某某，至石郊孔寨村的石粉路中段，聂故意用自行车将骑车前行的康某某别倒，拖至路东玉米地内，用拳猛击康的头、面部，致康昏迷后，将康强奸。尔后用随身携带的花上衣猛勒康的颈部，致康窒息死亡。石家庄市郊区分局在侦破此案时根据群众反映，将聂树斌抓获后聂即交代了强奸后勒死康某某的犯罪经过，并带领公安人员指认了作案现场，与埋藏被害人衣物的地点与现场勘查一致。被告人聂树斌对康某某被害现场提取物及生前照片进行确认，系被害人照片及其所穿衣物。聂树斌所供被害妇女体态、所穿衣物与被害人之夫侯某某、证人余某某所证一致。据此足以认定康某某系聂树斌强奸后杀死无疑。"① 不难看出，该案体现了我国司法实践中一种典型的针对被告有罪供述的印证"虚无主义"，即表面上看似对被告的有罪供述形成了逻辑自洽的证据印证链条，但这样的证据链条可能是建立在一个通过非法手段获取的虚假有罪供述之基础上的。正如聂树斌案一审中的证据分析及其事实认定所展现的，该案的证据印证链条的形成，是基于非法获取的被告有罪供述这个起点的。该案的侦查机关首先通过非法手段获取了被告的有罪供述，为了使事实认定者能够采信该有罪供述，即为了说服事实认定者该有罪供述是值得相信的，侦控机关提供了包括被害人丈夫在内的诸多证人证言作为印证证据，以证明这些证言与被告供述的内容是相吻合的，从而表明被告的有罪供述是可信的。需要反思的是，该案的侦控机关将与本案具有利害关系的被害人之丈夫的证言作为重要证据对被告的有罪供述的可信性进行印证，这恰好彰显了我国现有印证规则的弊端，即相关诉讼主体为了"迎合"法律的规定，不惜罔顾事实，人为编制一条虚无的证据印证链条，从而酿造冤假错案。而在陈瑞华教授看来，我国现有证据印证规则最大的弊端在于，当司法裁判人员一味强调证据印证链条形式上的完整性

---

① 参见河北省石家庄市中级人民法院刑事附带民事判决书（1995）石刑初字第 53 号。

时，却忽略了印证证据本身的合法性审查问题。[①]

基于上述"聂树斌案"的经验教训，笔者认为，我们应该抛弃旧有的"形式虚无主义"的证据印证规则，而在构建"审判中心主义"[②] 的司法体制改革背景下，回归印证规则的理性之路，即通过公开公正的审判程序，对每一个与案件相关的证据之可信性进行严格审查，使得经过科学评估的真正值得信赖的证据之间相互印证，并据此形成完整的证据链条进行事实认定。

（二）我国被告供述可信性评估的出路

1. 抑制事实认定者的证实倾向

所谓"证实倾向"，实际上就是一种片面的"假设检验"的方法。[③] 而假设检验，就是证明主体先假定一种主张是成立的，然后接下来所有的证明活动就是有偏向性地去搜集能够证实其假设的证据信息。当事实和证据非常清楚时（具有高度一致性时），证实策略则是有效的。但是，在社会这个高度复杂的动力系统中，不仅人们的社会行为本身在不同的情境下是不同的，我们所掌握的关于他人的信息也是含混不清的。根据这些复杂信息对人们的社会行为进行判断时，往往可以同时支持两个对立的假设命题。在此种情形下，如果使用证实策略的话，实际上已经对证明主体的行为造成了一种误导。

证实倾向在社会领域里的实际应用，在刑事诉讼活动中表现得尤为明显。比如，检控方受到自我达成预言的影响，将犯罪嫌疑人先入为主地假定为真凶，对嫌疑人诚实做证的能力表示怀疑，从而完全不相信嫌疑人的辩解，并沿着"证实"其预言的逻辑思维怪圈，对嫌疑人刑讯逼供，并将

---

① 参见陈瑞华《论证据相互印证规则》，《法商研究》2012 年第 1 期。

② 关于我国实现"审判中心主义"的制度保障，陈瑞华教授及张建伟教授均对此进行了较深刻的探讨。两位教授的共同认识在于，要淡化检控方的书面证据材料的证据能力及弱化侦控方的审前查证功能，而将证据的采信和认定等重要环节真正在审判阶段得以贯彻落实。参见陈瑞华《什么是真正的直接和言词原则》，《证据科学》2016 年第 4 期。

③ 参见〔加〕齐瓦·孔达《社会认知：洞悉人的科学》，周治金等译，人民邮电出版社，2013，第 86 页。

刑讯所获得的口供作为实现其自我满足感的最有力证据，最终形成了自认为"确信无疑"却错误的判断。古今中外，刑事诉讼中的刑讯逼供都有着久远的肮脏历史。刑讯逼供是检控方在评估嫌疑人供述的过程中，将自我达成预言下的"证实"心理加以演绎的真实写照。为了避免检控方受"证实"心理的影响而形成对于犯罪嫌疑人的错误认知，有必要借鉴心理学上关于自我达成预言的抑制策略，即通过证伪性提问方式来阻止判断者陷入"证实"的思维怪圈，从而更加有利于发现真相。在相关的心理学实验中，弗里德曼通过收集证伪性证据，为投资公司的财务制定提供了良好建议。比如，在收集公司的信息时，弗里德曼会提问一些事先设计好的问题来"证伪"他认为是真实的那些信息。如果弗里德曼认为免洗尿布正在价格上变得没有竞争力，他会问执行官们一个相反的问题，即"一次性尿布的价格是不是正在变得更有优势？"这类的证伪性问题，从而使他比其他价格分析师更容易了解到真实情况。① 另外，培根的"排除归纳法"理论，也强调了"证伪性思维"在证据分析过程中的重要性和必要性。早在几个世纪前，培根就认为："我们如果仅靠积累明显对假设有利的案例，来证明某些一般假设或主张，那将是浪费我们的时间。不管我们积累了多少支持这个假设的结果，一个明确不支持的结果，就可以证伪这个假设。"② 因此，正如波普尔所提出的，一种科学的证明方法，不是证明一种命题成立的可能性，而是要证明命题不成立的可能性。但遗憾的是，在我国的司法实践中，办案人员普遍缺乏对命题和主张进行证伪的逆向思维。比如，在我国以佘祥林案为代表的不少冤案中，都出现了"亡妻归来"的尴尬情景。导致这一错误的主要原因之一在于，办案人员先入为主地将在现场发现的尸体预设为"亡妻"，并想方设法对这样的预设加以"证实"，甚至不惜对"亡妻"的丈夫刑讯逼供，从而导致冤假错案。实际上，侦查人员只需要稍微转变一下办案思路，即沿着证伪的视角来证明现场所发现尸体与案件中的"亡妻"不具有同一性，应该很容易就可以分

---

① 〔美〕斯科特·普劳斯：《决策与判断》，施俊琦等译，人民邮电出版社，2004，第209页。
② 〔美〕特伦斯·安德森等：《证据分析》，张保生等译，中国人民大学出版社，2012，第340页。

辨出是非。既然哲学家莱布尼茨可以得出"世界上没有两片相同的树叶"这样的认知，那么对尸体和"亡妻"的特征进行差异性识别，应该并非难事。事实上，通过"证伪"来对证据展开分析，或许可以有意想不到的收获。众所周知，在福尔摩斯探案中有一个运用"证伪"策略而获取案件真相的例子，即在一起谋杀案中，当其他人都在沿着传统思路分析狗在什么情况下会叫时，只有福尔摩斯一个人关注到了"狗没有叫"这一细节，从而认定该案系熟人作案。因此，司法人员在分析证据可信性（特别是在询问犯罪嫌疑人）时，一定吸取自我达成预言心理下的"证实性"证据分析方法的教训，善于运用证据可信性"证伪主义"这样的逆向思维。比如，我国侦查人员针对犯罪嫌疑人的传统讯问方法通常是"请你老实交代自己的罪行，不要再抵赖了；坦白从宽，抗拒从严"等，进而演变成刑讯逼供。

不仅在我国的司法实践中存在遵循"证实性"证据审查路径导致错误指控的情形，美国的相关研究同样表明，不少冤假错案并非检控机关的故意不端行为所致，而是其无意识的"证实偏见"（confirmation bias）引起的，即证据调查人员往往从符合他们关于嫌疑人有罪假设的角度来审查评估证据的可信性。这种"管状视野"（tunnel vision）的证据审查方式，使得证据调查人员往往缺乏逆向思维和忽视对反证和矛盾证言的关注和使用，并以获取嫌疑人有罪供述为侦查的首要目标，致使不惜采用刑讯逼供而酿成冤假错案。于1979年发生在美国的著名错案"中央公园慢跑者案"，与我国的"聂树斌—王书金案"的纠错路径相似，即都是因为真凶在若干年后突然出现并主动供述自己当年的罪行。在"中央公园慢跑者案"中，冤案发生的主要原因，正是检控方沿着无意识的"证实路径"，以获取几名犯罪嫌疑人的有罪供述为目标，在没有其他有罪证据印证的情形下，对后来被证明是无辜的嫌疑人进行了有罪指控。

基于心理学研究对于决策者"证实性偏好"的否弃以及对于"证伪性"思维的肯定，为了在刑事司法活动中减少冤枉无辜被告的可能性，事实认定者在审查被告供述的可信性时，一定要全面收集和审查所有"证实性证据"（供述）和"证伪性证据"（翻供和辩解）。其基本步骤表现为：第一，先将被告本人的所有供述和辩解视为一个小型证据系统，在该系统中审查诸多供述和辩解的稳定性和一致性程度，确定哪些供述和辩解更加具有可信性；第二，将控辩双方提供的所有证据视为一个大型证据系统，在该系统中审查被告人供述和辩解与其他证据的一致性程度和印证程度，进一步确定哪些供述和辩解更加具有可信性。[①] 但遗憾的是，实践中，有些侦查人员在制作卷宗时有选择性地收集犯罪嫌疑人、被告人有罪供述的讯问笔录，不全面收集甚至不收集包含翻供和辩解情况的讯问笔录。而我国相关学者组成的错案研究团队在对 50 起刑事错案进行实证分析后发现，"几乎在每个刑事错案中都不同程度地存在着办案人员'忽视无罪证据'的问题"。[②]

2. 建立有效使用反证的制度机制

由于人的认知能力具有局限性，当刑事案件发生后，许多与案件密切相关的重要证据信息是无法被人们所获取的。因此，在刑事诉讼活动中，往往存在证据资源短缺的问题。当面对证据资源短缺与错案防控的目标冲突时，最有效的解决途径在于对有限的证据资源进行优化配置。在刑事错案防控的目标下，优化证据资源（辨识被告供述之可信性）的基本方法，就是建立起促使司法主体重视并运用被告翻供和辩解这些具有重要证明价值之反证的有效激励机制。比如，相对于侦控机关获取的犯罪嫌疑人先前有罪供述来说，辩护方提供了被告辩解或翻供，就构成了反证。强调重视和运用反证的内在机制在于，"兼听则明，偏听则暗"。对于被告供述这样的证言，若要尽可能准确地评估其可信性，必须促进事实认定者兼听控诉方指控被告有罪的供述（本证）和被告否认自己有罪的辩解和翻供（反证）。这一要求的贯彻落实，须从以下几方面建构我国刑事诉讼活动有效使用反证的制度机制。

第一，优化检察院的职能。[③]

在整个刑事诉讼活动中，作为公诉机关的检察院，对于案件证据体系

---

① 姜必新主编《最高人民法院刑事诉讼法司法解释理解与适用》，人民法院出版社，2015，第 274 页。

② 参见何家弘《证据的语言：法学新思维录》，中国人民公安大学出版社，2009，第 196 页。

③ 此处在探讨检察院的职能时，是以一种世界性的视角展开的，即不管是英美法系国家，还是大陆法系国家，检察院都主要是作为侦查机关而存在的，而警察机关是附属于检察院的辅助性侦查组织，这有别于我国公安机关独立于检察机关的特殊制度。

的构建至关重要。考察人类检察制度的起源，[①] 检察院的主要职能是代表国家进行追诉，而追诉的职能便决定了检察院与案件嫌疑人的利益对抗性，进而促成了检察机关为了证成有罪而重视嫌疑人有罪供述获取的利益动机。通常，"侦查人员在拘传犯罪嫌疑人时，很显然已经形成了内心怀疑，而且由于律师不能及时介入，这种内心怀疑很容易转化成'确证偏见'[②]。在相对封闭的羁押环境下，初始信息对讯问人员的影响是巨大的，而这些初始信息大都为不利于犯罪嫌疑人的证据"。[③] 可见，检控机关作为国家追诉机关的总体定位，决定了其热衷于有罪证据而疏于嫌疑人无罪辩解等反证的总动向。但需要强调的是，与西方检察制度不同，我国当代的检察制度在苏联检察制度的影响下，检察机关除了国家追诉职能外，还承担了法律监督功能，这在我国《宪法》中进行了明确规定。笔者认为，如果能将检察院的法律监督职能真正加以贯彻落实的话，这实质上是对检察院的职能加以优化的一种表现，可以在一定程度上对检察院具有对抗属性的国家追诉职能加以制约平衡，促使其在侦查和审查起诉活动中，能够致力于构建"有罪 + 无罪"的全面证据体系。另外，"刑事司法一体化"的构建，也有利于检察院职能的优化。所谓"刑事司法一体化"，是指"将刑事程序的整个过程视作是一个开放的系统"，[④] 在这个开放的系统中，侦查、审查起诉及审判每一个环节都服务于刑事司法系统"求真 + 求善"这个共同目标。既然刑事程序的每个环节都致力于"在保障人权的基础上查明案件事实"这个共同的目标，那么检控机关的主要职能就不能拘泥于一味"求供"，即嫌疑人有罪供述的获取；而是应该平衡其"查证"的功能，兼顾对证明嫌疑人无罪之反证的搜集。在传统闭合系统下的刑事司法活动中，侦控及审判各机关是一种各自为政的流水式作业，各机关在

---

① 关于检察制度的起源，参见刘方《人类社会检察制度起源刍议》，《中国检察官》2006年第12期；张鸿巍《美国检察制度溯源与发展》，《中国刑事法杂志》2009年第11期。

② Rossmo 教授认为，确证偏见是指"人们倾向于证明一种初始的理论或知觉，而忽略了某些相反的证据"。See D. Kim Rossmo, *Criminal Investigative Failures*, New York：CRC Press，2008，p. 34.

③ 蒋勇：《侦查讯问之殇："求真"话语下的法治困境》，《西部法学评论》2013年第2期。

④ 蒋勇：《侦查讯问之殇："求真"话语下的法治困境》，《西部法学评论》2013年第2期。

其所负责的环节追求其自身利益的最大化，从而导致我国刑事司法活动陷入一种"侦查中心主义"怪圈。而在"刑事司法一体化"视角下，才能使刑事司法程序真正回归"审判中心主义"，并最终促进检控机关围绕审判活动"求真＋求善"这个中心目标，致力于建构"有罪＋无罪"的证据体系。另外，降低我国检察院现有提起公诉的证明标准，也是有利于优化检察院职能的，从而促进其针对嫌疑人反证的重视和采用。长期以来，我国刑事司法中检察院提起公诉和法院作出有罪裁判的证明标准是一致的，这一做法实际上造成了两种主要危害：第一，架空了审判权，并助长了检察院针对辩护方的对抗性气焰；第二，过高的证明标准设置，使得检控机关为了满足提起公诉的标准，不断倒逼公安机关补充完善有罪证据，促进侦查人员搜集和采用能够证明嫌疑人无罪的证据。试想，如果检察院提起公诉只需要达到优势证据标准的话，便意味着审判机关掌握了全面审查与案件相关证据的实质性权力，而检控机关无须承担证明被告是否真的有罪的义务。当免去了这样的后顾之忧后，检控机关才可能将证明被告有罪和无罪的所有证据全面提交法庭，从而实现其"打击犯罪与保障人权"的法律监督职能。

总之，检察院职能的优化，主要是指在"审判中心主义"的视野下，构建一种更加包容的检察权，使得检察权不再是一种与辩护权完全对立的激进权力，而是在"刑事司法一体化"这个开放系统中与审判权互相配合的一股力量，从而实现刑事诉讼"打击犯罪与保障人权"这一共同社会目标。根据我国宪法和法律的相关规定，检察权的完整含义包括"侦查权、公诉权和法律监督权"。但值得一提的是，我国正在进行的司法体制改革中，正在试点将检察机关原有的侦查权分离出去，使得今后的检察权将只包括"公诉权和法律监督权"。笔者认为，"公诉＋法律监督"的检察职能模式，更有利于包容性检察权的构建，即抛却了自我侦查利益的检察机关，可以更加从容地在践行宪法赋予其法律监督权的总体目标下行使国家追诉权，使得追诉权不再是狭隘地打击有罪，而是兼具保障人权。只有在具有包容性的检察职能下，才能从根本上促进检控机关重视对嫌疑人与被告辩解和翻供等无罪证据（反证）的搜集和应用。

第二，将法官的庭审行为纳入法官追责评价体系。

德国法学家拉德布鲁赫认为，如果裁判者同时也是控告者，就必须由上帝担任辩护人。[①] 不难看出，拉德布鲁赫实则是在强调法官作为司法裁判者居中裁判的重要性和必要性。法官作为刑事司法裁判活动的事实认定主体，需要对控辩双方提交的证据进行可信性和证明力等评估。通常，证据评判主体的态度和立场直接决定了证据搜集主体的行为取向。比如，在我国长期以来的"侦查中心主义"刑事诉讼模式下，审判机关及审判人员对于检控机关提交的指控被告人有罪的证据，基本上是照单全收的。可以说，审判机关及审判人员这种先入为主的非居中裁判行为，是违背司法权的本质属性的，[②] 也是助长检控机关片面搜集被告人有罪供述的重要原因。试想，如果审判法官能够秉承居中裁判，对检控机关提交的所有证据积极组织庭审质证，并运用职权能动地对相关可能证明被告无罪的反证进行调查取证，这相当于间接遏制了检控机关一味搜集有罪证据的原动力。在新一轮司法体制改革将司法责任制进一步作为改革重点的背景下，改革的设计者们应该将法官是否在刑事裁判中积极对检控方的证据组织庭审质证和必要时运用职权调查取证等庭审行为纳入法官追责的评价体系，即当法官未尽到程序管理职责，尤其是当该失职行为与最后的错案结果有因果关系时，法官应负担所谓的程序责任或行为责任。[③] 通过将法官是否积极组织庭审质证等程序管理职责或行为纳入法官追责评价体系，可以有效抑制法官在侦查中心主义下形成的怠于管控证据之"惰性"，进而促进检控方全面调查取证。

第三，落实讯问阶段律师在场制度。

---

① 〔德〕拉德布鲁赫：《法学导论》（中译本），中国大百科全书出版社，1997，第 121 页。

② （1）只有被动地运用司法权，法院才能真正在争议各方之间保持中立和不偏不倚，而主动地发动裁判程序，或者主动将某一事项纳入司法裁判的范围，只能使法院丧失中立裁判者的立场，实际帮助案件的原告或者被告与对方进行诉讼抗争；（2）法院不主动干预控辩双方之间的讼争，可以为双方平等地参与司法裁判过程，平等地对法院的裁判结论施加积极的影响，创造基本的条件；（3）法院不主动发动新的诉讼程序，有助于裁判的冷静、克制和自律，防止裁判者在存有偏见、预断的心理预期的前提下，进行实质上的自我裁判活动。参见陈瑞华《司法权的性质》，《法学研究》2000 年第 5 期。

③ 参见樊传明《陪审案件中的审判责任制：以保障和管控人民陪审员裁判权为核心》，《法学家》2019 年第 5 期。

从保障口供可信性的角度来看，落实侦查讯问阶段的律师在场权是一项值得重视的举措。我国 2018 年修正的《刑事诉讼法》规定：犯罪嫌疑人自第一次接受讯问或被采取强制措施之日起，可以委托辩护律师为其进行辩护。这一规定扩大了犯罪嫌疑人的辩护权，体现了对嫌疑人的人权保护。而从证据法的视角考察，该条规定的落实可以促进口供证据的获取在一个更加开放的环境中开展，从而适当消减侦查人员基于"确证偏见"而产生的过激"求供"心理，并进而降低嫌疑人作虚假供述的可能性。在我国"侦查中心主义"的刑事诉讼模式下，侦查机关侦查终结移送审查起诉与审判机关作出最终裁判的证明标准是一致的，即都要求达到"犯罪事实清楚，证据确实充分"。而同时，相对于美国"逮捕前置"的侦查讯问制度，我国针对犯罪嫌疑人采取拘传这一强制措施的门槛是相当低的，即只要侦查机关怀疑犯罪事实与某个人有关，就可以将其拘传进行讯问，而且，新刑事诉讼法将拘传的最长时间延长至了 24 小时。这一侦查讯问低门槛和侦查终结高标准的刑事诉讼矛盾机制，导致侦查机关在有效证据极度匮乏的前提下，带着一种"确证偏见"将其所有"求真"的愿望寄托于嫌疑人的供述。所谓"确证偏见"，即侦查机关在有罪证据十分薄弱的情况下对嫌疑人进行拘传，表明其已经先入为主地将嫌疑人默认为有罪之人了，并将嫌疑人的有罪供述作为最后一根救命稻草，以实现其"确证有罪"的"求真"愿望。当侦查机关陷入违背审判中心主义的"求真"怪圈时，就出现了侦查讯问过程中的"求供"和"查证"的失衡状态，即一味获取有罪供述，而忽视对嫌疑人无罪证据（反证）的查证。试想，如果在缺少辩护律师在场的"闭合环境"中，任由带有"确证偏见"的侦查人员进行"求供"，难免会产生虚假供述。因此，为了保障供述的可信性，落实新刑事诉讼法规定的侦查阶段的律师辩护权，是尤为必要的。

五　结语

在刑事司法裁判中，被告是一个极为核心的角色。一方面，被告供述是刑事案件最为直接的信息源，对于查明案件事实至关重要，使得古今中外通过非法手段逼取被告供述的行为屡禁不止。另一方面，被告是刑事司法裁判不利后果的直接承受者，且所承受的不利后果往往是极为严苛的生命刑和自由刑，这使得被告人权保护成为刑事司法裁判的一个核心要素。现代刑事司法裁判的核心价值之一，是基于证据裁判的"求真"，对被告供述这一关键证据信息之可信性进行有效评估，理应成为我国"庭审实质化"的重要内容。因此，如何在保障被告人权的基础上，促进对被告供述可信性的有效评估，即实现刑事司法裁判"求真"和"求善"的价值统一，是现代司法文明的重要议题。

回顾、问题与展望：我国刑事法律
援助制度发展四十年

刘仁琦[*]

摘　要： 改革开放四十年以来，中国刑事法律援助制度取得了巨大成绩，刑事法律援助体系从无到有不断健全、受益范围不断扩大、案件援助阶段不断提前。但由于我国刑事法律援助制度创制时间较短，受宏观上法律体系不健全、中观上案件质量不高、微观上案件增长速度过快与律师人才数量短缺等因素制约，我国刑事法律援助制度的发展还面临诸多问题。应以国家责任理念为前提和基础，并发挥其指导政府责任实现之价值，通过研究制定"法律援助法"、提升法律援助相关规范的法律位阶、加快地方立法等途径，完善刑事法律援助的法律体系；对评估主体、评估对象、评估指标、评估方法、评估程序等内容进行详尽规定，以严格刑事法律援助案件质量监控体系；通过构建多元刑事辩护法律援助提供主体、加大刑事法律援助经费保障力度、整体调控刑事辩护律师资源不均问题等方式，完善相关配套制度。

关键词： 法律援助；刑事法律援助；法律援助制度

权利保障是刑事法律援助制度的逻辑起点，尊重和保障人权是我国依法治国基本方略。十八大提出"加快建设社会主义法治国家"，并将"人权得到切实尊重和保障"作为全面建成小康社会的重要目标，十八届三中全会进而提出"推进法治中国建设"并强调"完善人权司法保障制度"。

---

* 刘仁琦，西北政法大学刑事法学院副教授，西北政法大学刑事法律科学研究中心研究员，法学博士。

作为"法律面前人人平等"宪法原则的保障性制度，刑事法律援助制度有助于实现实质意义上的法律平等。为全面保障被告人辩护权，我国自 2017 年开始启动"审判阶段刑事辩护全覆盖"的试点工作。2017 年 10 月，最高人民法院、司法部联合制定了《关于开展刑事案件律师辩护全覆盖试点工作的办法》（司发通〔2017〕106 号，以下简称《办法》），《办法》将北京、上海、浙江、安徽、河南、广东、四川、陕西等地作为辩护全覆盖的试点地区。2018 年 12 月，为进一步推进和深化刑事案件律师辩护全覆盖工作，最高人民法院、司法部下发了《关于扩大刑事案件律师辩护全覆盖试点范围的通知》（司发通〔2018〕149 号，以下简称《通知》），决定将试点期限延长，并将试点工作范围扩大到全国 31 个省（自治区、直辖市）和新疆生产建设兵团，这标志我国刑事法律援助制度开始进入快速发展时期。

在世界范围内，刑事法律援助制度的完备程度是衡量该国人权保障是否完善的重要指征。辩护律师是刑事司法制度的"看门人"，[①] 刑事法律援助制度作为一国刑事辩护制度重要的组成部分，在刑事司法体系中发挥着不可替代的作用，体现着刑事诉讼制度的文明与进步。为保证刑事追诉程序的公正性与准确性，保障被追诉人辩护权的平等、有效实现，联合国《公民权利和政治权利国际公约》第 14 条规定："出庭受审并亲自替自己辩护或经由他自己所选择的法律援助进行辩护；如果他没有法律援助，要通知他享有这种权利；在司法利益有此需要的案件中，为他指定法律援助，而在他没有足够能力偿付法律援助的案件中，不要他自己付费。"该项规定确立了国际刑事法律援助的最低限度标准，已为国际社会普遍认同，刑事法律援助制度也已成为绝大多数国家保护和促进人权的一项国家机制。2012 年 12 月，联合国大会第 67/187 号决议通过了第一部以法律援助为主题的国际规范文件——《联合国关于在刑事司法系统中获得法律援助机会的原则和准则》（United Nations Principles and Guidelines on Access to

---

① See Stephanos Stavros, *The Guarantees for Accused Persons under Article* 6 *of the European Convention on Human Rights*, Martinus Nijhoff Publishers, 1993, p. 202.

Legal Aid in Criminal Justice Systems，以下简称《原则和准则》），作为联合国大会通过的第一部关于法律援助的专门性法律文件，《原则和准则》第14 条明确了"获得法律援助的权利"对于现代法治国家的重要性，并在原则中开宗明义地要求："各国应当尽最大可能在本国法律体系中保障获得法律援助的权利，包括酌情在宪法中保障这一权利。"

改革开放四十年以来，我国刑事法律援助制度从无到有，高速发展。随着经济增长速度的加快，民主、法治进程的不断深入，刑事法律援助制度科学化水平也不断推进，人权司法保障水平获得了巨大提升，刑事法律援助制度取得了举世瞩目的成就。但新时代背景下，我国刑事法律援助也面临一系列问题与挑战，本文将在肯定成绩的同时，指出我国刑事法律援助制度面临的问题，并提出完善意见，希冀对我国刑事法律援助制度的良善发展有所裨益。

一 过程回顾：改革开放四十年刑事法律援助制度的发展进路

刑事诉讼的总体目标是使国家、社会整体利益与被追诉人个人利益得到大体上的平衡，并为此确保刑事诉讼过程的公正性、人道性与合理性。为实现刑事追诉程序的法治化，1979 年 7 月 1 日，第五届全国人民代表大会第二次会议通过了新中国第一部《中华人民共和国刑事诉讼法》（以下简称《刑事诉讼法》），并于 1980 年 1 月 1 日起施行，该法自施行后于1996 年、2012 年、2018 年共经历了三次修正①。伴随着《刑事诉讼法》的修正与进步，我国刑事法律援助制度也不断完善，取得了巨大的成绩。

---

① 1996 年 3 月 17 日，第八届全国人民代表大会第四次会议通过了《关于修改〈中华人民共和国刑事诉讼法〉的决定》，对该法进行了第一次修正；2012 年 3 月 14 日，第十一届全国人民代表大会第五次会议《关于修改〈中华人民共和国刑事诉讼法〉的决定》，对该法进行了第二次修正；2018 年 10 月 26 日，第十三届全国人民代表大会常务委员会第六次会议《关于修改〈中华人民共和国刑事诉讼法〉的决定》，对该法进行了第三次修正。

（一）刑事援助法律体系从无到有，不断健全

首先，新中国成立后，基于辩护制度的需要，通过"基本法"确认了刑事法律援助，这也是我国刑事法律援助制度的萌芽。实际上，早在1954年，《中华人民共和国宪法》（以下简称《宪法》）第76条就规定："人民法院审理案件，除法律规定的特别情况外，一律公开进行。被告人有权获得辩护。"① 同年，经《人民法院组织法》第7条予以明确："人民法院审理案件，除法律规定的特别情况外，一律公开进行。被告人有权获得辩护。被告人除自己行使辩护权外，可以委托律师为他辩护，可以由人民团体介绍的或者经人民法院许可的公民为他辩护，可以由被告人的近亲属、监护人为他辩护。人民法院认为必要的时候，也可以指定辩护人为他辩护。"我国辩护制度、刑事法律援助制度的雏形基本形成，但由于历史的原因并未实际推行。

其次，1979年《刑事诉讼法》"第四章"专门规定了辩护制度，虽然只有五条，但仍标志着我国辩护制度的正式确立。该法第27条规定："公诉人出庭公诉的案件，被告人没有委托辩护人的，人民法院可以为他指定辩护人。被告人是聋、哑或者未成年人而没有委托辩护人的，人民法院应当为他指定辩护人。"这标志着我国刑事法律援助制度的正式确立，同时，为恢复重建我国律师制度，1980年8月第五届全国人大常委会第十五次会议通过《中华人民共和国律师暂行条例》，这是新中国第一部关于律师制度的法律文件，在该条例第2条关于"律师的主要业务"中明确，律师可以"接受刑事案件被告人的委托或者人民法院的指定，担任辩护人……"而指定方式上规定的"可以指定辩护"与"应当指定辩护"两种情形也被沿用至今，但此时的刑事法律援助制度并未形成法律体系。

再次，1996年《刑事诉讼法》正式启用"法律援助"之称谓，并进行了较为系统的专门规定。该法第34条规定："公诉人出庭公诉的案件，

---

① 该条被规定在《宪法》"国家机构"一章的"人民法院和人民检察院"内容中，并非在"公民的基本权利与义务"一章中。

被告人因经济困难或者其他原因没有委托辩护人的，人民法院可以指定承担法律援助义务的律师为其提供辩护。被告人是盲、聋、哑或者未成年人而没有委托辩护人的，人民法院应当指定承担法律援助义务的律师为其辩护。"与此同时，1996 年八届全国人大十九次会议审议通过了我国首部《中华人民共和国律师法》①（以下简称《律师法》），设"法律援助"专章对相关事项进行规定。2003 年 7 月，国务院发布了我国法律援助的第一部法规——《法律援助条例》，该条例从总则、法律援助的范围、法律援助的申请和审查、法律援助事实、法律责任与附则等六个方面对我国法律援助制度进行了系统规定，该条例在第 3 条明确"法律援助是政府的责任"，肯定了法律援助的主体责任。2005 年 9 月 28 日最高人民法院、最高人民检察院、公安部、司法部联合印发《关于刑事诉讼法律援助工作的规定》②，对刑事诉讼中法律援助中的相关事项进行了专门规定。借由《刑事诉讼法》《律师法》《法律援助条例》《关于刑事诉讼法律援助工作的规定》等规范，我国法律援助制度基本成形，刑事法律援助法律体系初步形成。

最后，2012 年《刑事诉讼法》对刑事法律援助的受援案件、受援人范围、受援阶段等相关内容进行了突破性规定。2004 年 3 月"国家尊重和保障人权"被写入《宪法》，刑事法律援助的人权保障价值也越发凸显，我国刑事法律援助制度进入快速发展期，刑事法律援助体系也日臻完善。2012 年《刑事诉讼法》将"尊重和保障人权"写入总则，并对刑事法律援助案件进行了突破性规定，增加了受援案件类型、扩大了受援人范围、提前了援助的诉讼阶段，实质意义自不待言。随后，2012 年 4 月司法部《办理法律援助案件程序规定》出台，2013 年《关于刑事诉讼法律援助工作的规定》接续实施，刑事法律援助更加制度化、规范化、标准化。2018 年《刑事诉讼法》进行修正，又对"值班律师"进行了明确规定，中国特色的刑事法律援助制度已经形成，刑事法律援助制度之法律体系也

---

① 该法后经 2001 年 12 月 29 日第九届全国人民代表大会常务委员会第二十五次会议第一次修正；2007 年 10 月 28 日第十届全国人民代表大会常务委员会第三十次会议修订；2012 年 10 月 26 日第十一届全国人民代表大会常务委员会第二十九次会议第二次修正；2017 年 9 月 1 日第十二届全国人民代表大会常务委员会第二十九次会议第三次修正。

② 该规定自 2013 年 3 月 1 日起，被修订施行的《关于刑事诉讼法律援助工作的规定》替代。

不断健全、完善。

（二）刑事法律援助受益范围不断扩大

刑事法律援助制度作为司法制度的重要组成部分，与我国的刑事司法改革一脉相承。随着刑事诉讼制度改革的推进，速裁程序、认罪认罚从宽制度的确立，被追诉人认罪认罚案件和不认罪认罚案件的"两种刑事诉讼程序"[①] 并行的格局已经形成。与此同时，我国刑事法律援助的受援人范围不断扩展，受援案件类型不断丰富，案件援助阶段也在不断提前。这表明我国刑事法律援助制度在被追诉人权利保障方面，理念不断更新，职能不断增强，对于提升被追诉人整体人权保障水平具有重大意义。

第一，刑事法律援助案件受援人范围不断扩展。首先，就"应当指定"援助的对象而言，1979 年《刑事诉讼法》只针对"聋、哑或者未成年人"被告人；1996 年《刑事诉讼法》在此基础上增加了"盲人""可能被判处死刑"的被告人；2012《刑事诉讼法》又增加了"尚未完全丧失辨认或者控制自己行为能力的精神病人"和"可能被判处无期徒刑的人"。其次，就特殊案件被追诉人（被申请人）而言，2012 年《刑事诉讼法》将依法不负刑事责任的精神病人的强制医疗程序中的被申请人或被告人，纳入刑事法律援助范畴；为强化权利保障，2018 年《刑事诉讼法》第 293 条又规定，"缺席审判程序"中的被告人及其近亲属没有委托辩护人的，法院也应当为其指定辩护人。最后，1979 年与 1996 年《刑事诉讼法》均将"可以指定"的情形规定为"公诉案件"的被告人，2012 年《刑事诉讼法》删除"公诉案件"表述，将"可以指定"的情形扩展至自诉案件的被告人。

第二，刑事法律援助案件受援案件类型不断丰富。为实现审判阶段辩护全覆盖，我国刑事法律援助制度以"审理程序的不同"而区别对待。首先，《办法》第 2 条第 3 款规定，对于被告人没有委托辩护人、不属于法定法律援助范围的案件，适用普通程序审理的一、二审案件及再审案件，

[①] 熊秋红：《"两种刑事诉讼程序"中的有效辩护》，《法律适用》2018 年第 3 期。

人民法院应当通知法律援助机构指派律师为其提供辩护。其次，对于适用简易程序、速裁程序的案件中未委托辩护人的，《办法》第 2 条第 4 款及 2018 年《刑事诉讼法》第 36 条第 2 款明确规定，由值班律师为其提供"法律咨询、程序选择建议、申请变更强制措施、对案件处理提出意见等法律帮助"。最后，为防止出现被追诉人权利保障出现"真空地带"，《办法》第 2 条第 5 款规定，在法律援助机构指派的律师或者被告人委托的律师为被告人提供辩护前，被告人及其近亲属可以提出法律帮助请求，人民法院应当通知法律援助机构派驻的值班律师为其提供法律帮助。

（三）刑事法律援助案件援助阶段不断提前

狭义的刑事诉讼分为侦查、审查起诉和审判三个阶段，不同诉讼主体在各诉讼阶段的诉讼职能与诉讼任务大相径庭，辩护律师介入诉讼时间越早，被追诉人的权利保障就越为周延。从 1979 年《刑事诉讼法》到 2018 年《刑事诉讼法》，我国辩护律师介入诉讼的时间发生了质的变化，依附于辩护制度的刑事法律援助制度也发生了根本改变。首先，根据 1979 年《刑事诉讼法》第 37 条之规定，辩护律师只有在审判阶段才能介入诉讼，同样，法律援助律师也只能自审判阶段开始援助。其次，虽然 1996 年《刑事诉讼法》将辩护律师介入诉讼时间提前至审查起诉阶段，并在第 36 条规定，"辩护律师自人民检察院对案件审查起诉之日起，可以查阅、摘抄、复制本案的诉讼文书、技术性鉴定材料，可以同在押的犯罪嫌疑人会见和通信……"但根据该法第 34 条之规定，法律援助律师的介入时间并未随之发生改变，亦为审判阶段①，援助律师等同于辩护律师的诉讼地位并未得到确认。再次，2012 年《刑事诉讼法》修正，将辩护律师介入诉讼的时间提前至侦查阶段，并在该法第 34 条规定："犯罪嫌疑人自被侦查机关第一次讯问或者采取强制措施之日起，有权委托辩护人……"同时，根据该法第 35 条之规定，对"可以指定""应当指定"援助律师的两种

---

① 2003 年《法律援助条例》第 11 条第 1 项规定，犯罪嫌疑人在被侦查机关第一次讯问后或者采取强制措施之日起，因经济困难没有聘请律师的，就可以申请法律援助，但实际上，并未真正在实践中得以推行。

情形，法律援助律师介入诉讼的时间均以辩护律师介入诉讼的时间为导向，提前至侦查阶段。最后，根据《刑事诉讼法》的相关规定，对于"不属于法定法律援助范围的案件"，法律援助律师介入诉讼的时间仍为审判阶段，但在审前阶段，可以由值班律师为"犯罪嫌疑人"提供"法律帮助"的援助服务。

（四）刑事法律援助案件质量监管体系不断健全

案件质量是刑事法律援助的关键。为适应不断增长的刑事法律援助数量，切实提升法律援助案件质量，我国主要通过加强规范流程监管、强化质量评估、统一服务规范等方式，加强刑事法律援助案件质量监管体系。

首先，通过规范援助流程提升案件质量。实际上，早在 2005 年《关于刑事诉讼法律援助工作的规定》就对刑事法律援助案件的规范办理进行了规定，后虽经 2013 年修改，但并未发生实质改变，主要通过援助案件办理的程序性规定推动案件质量提升，收效甚微。

其次，通过质量评估方式提升案件质量。为提升援助案件质量，自2012 年起司法部法律援助中心连续三年组织开展法律援助案件质量评估试点工作，[①] 对司法实践中刑事法律援助案件的质量标准和评估指标的科学性、有效性以及评估结论的运用等具有较大指导意义。为固化成果，中共中央办公厅、国务院办公厅于 2015 年 6 月 29 日联合发布《关于完善法律援助制度的意见》（以下简称《意见》）重点明确对法律援助案件的质量要求：综合运用质量评估、庭审旁听、案卷检查、征询司法机关意见和受援人回访等措施强化案件质量管理；加强信息技术在法律援助流程管理、质量评估、业绩考核等方面的应用；逐步推行办案质量与办案补贴挂钩的差别案件补贴制度，根据案件办理质量确定不同级别发放标准；完善法律援助投诉处理制度，提高投诉处理工作水平。《意见》还要求"建立刑事法律援助工作联席会议制度，加强刑事法律援助工作组织领导和统筹

---

① 司法部法律援助中心：《法律援助案件质量评估试点工作报告》，《中国司法》2015 年第 5 期。

协调，强化部门间协作配合"。为贯彻《意见》精神，各地纷纷制定规范性文件，一时间，以"事后质量监控"提升援助质量①成为主流，"规范化管理""指标式评估"成为热词。

最后，通过统一服务规范提升案件质量。为完善刑事法律援助制度，健全刑事司法体系和加强人权司法保障，统一刑事法律援助服务行业标准，为受援人提供符合标准的刑事法律援助服务，2019 年 2 月 25 日，司法部发布《全国刑事法律援助服务规范》（SF/T0032 - 2019，以下简称《规范》），这是我国首部刑事法律援助案件国家标准规范。《规范》规定了刑事法律援助服务原则、服务类型、法律咨询、值班律师法律帮助、刑事法律援助和服务质量控制的基本要求等，给出了各诉讼阶段承办案件应归档材料目录（《规范》附录 A）。《规范》针对未成年人的特殊性，对该类型援助案件单独进行了规范。《规范》的实行，对"标准化""规范化""量化"我国刑事法律援助案件质量监管体系具有重大意义。

二 问题梳理：我国四十年刑事法律援助的发展瓶颈

改革开放四十年以来，我国刑事法律援助制度法律体系建设不断健全，受益人范围不断扩大，援助阶段不断提前，援助案件质量不断提升。但由于我国刑事法律援助制度创制时间较短，受宏观上法律体系不健全、中观上案件质量不高、微观上案件增长速度过快与律师人才数量短缺等因素制约，我国刑事法律援助制度的发展面临诸多问题。

（一）刑事法律援助的法律体系有待完善

第一，缺少刑事法律援助的统一立法。近些年我国刑事法律援助迅猛发展，尤其《刑事诉讼法》不断修正刑事法律援助之受援对象、案件类

---

① 同时，很多地区也对刑事法律援助律师进行"入口把关"，即只有符合一定条件的律师才能办理刑事法律援助案件，如西安市规定"承办刑事案件辩护的律师必须执业满三年或者具有三年以上司法工作经历；近五年内未受过司法行政机关的行政处罚或律师协会的行业处分；具有一定的刑事办案经验；最近一年律师执业年度考核等次为'称职'"，但实践中受多重因素的影响，准入门槛的提高与案件质量的提升间并无直接关联。

型、援助阶段等，但援助的相关原则、规则、程序性规范等，分散于《法律援助条例》《律师法》《未成年人保护法》《关于刑事诉讼法律援助工作的规定》等法律规范中，缺乏系统性、整体性。制定《法律援助法》，贯彻刑事法律援助的"国家责任"，以期为受援人提供优质刑事法律援助服务，势在必行。

第二，现有法律规范法律位阶不高。已经实施 16 年的《法律援助条例》，使刑事法律援助的地位得到明确和提升，并使其在刑事诉讼程序中的职能作用更加明显，但滞后性不言而喻，且行政法规的本质属性决定了该条例只能对"政府行政职能"问题进行规定，对"法律援助制度的基础框架性问题，如中央事权与地方事权的划分、法律援助律师的制度化激励机制"① 等宏观制度安排问题无法规制。同样，对刑事法律援助制度具有重要作用的《关于刑事诉讼法律援助工作的规定》《办理法律援助案件程序规定》等规范，法律位阶也较为低下，难以起到基础性制度规范作用。

第三，地方性法律规范不健全。我国地区发展不均衡状况较为严重，各地区受经济发展、刑事案件数量等因素影响，刑事法律援助发展也呈现不平衡状态。就地方性法律规范而言，一方面，各级政府或部门虽然有针对性地出台了与刑事法律援助相关的规范性文件，但效率层级较低，有些甚至与上位法冲突；另一方面，各地区间地方性法律规范不尽相同，"同案不同助""同事不同助"现象较为突出。必须提升刑事法律援助地方性法律规范的立法层级，并提高其立法质量，以形成部门合力、地区合力。

（二）刑事法律援助案件质量有待提高

刑事法律援助是保障多数人切实享有辩护权的最基本方式，提高刑事法律援助法律服务质量，是健全被追诉人权益保障机制、促进司法公正的重要方面。但在目前司法实践中，刑事法律援助在会见、阅卷、庭审② 等

---

① 吴宏耀：《补齐"短板" 推进法律援助立法》，《检察日报》2018 年 3 月 5 日，第 3 版。
② 除了会见、阅卷与庭审外，调查取证、代理申诉、控告、检举、代为申请变更强制措施等就更为少见。相关论述参见刘方权《刑事法律援助实证研究》，《国家检察官学院学报》2016 年第 1 期。

方面的形式主义较为严重，受援人权利难以得到充分保障，援助案件质量还有较大提升空间。

第一，会见的形式主义。刑事诉讼中与受援人的会见，不但要取得信任、确立委托关系，而且要告知权利，释法说理，解答疑问，并通过交流沟通，核实案情与证据等，因此，会见前应通过阅卷对案件事实有全面的了解，对案件所涉相关法律有足够认识。在实际的会见过程中，援助律师不告知受援人相关诉讼权利、不解析诉讼流程、不解释涉案罪名及法律规定、不分析核实在案证据、对认罪认罚案件不释法说理等情况较为普遍。

第二，阅卷的形式主义。阅卷权是刑事辩护律师的基本权利之一，是律师了解案情的最主要途径，也是核实证据的前提，为此，《刑事诉讼法》第40条规定："辩护律师自人民检察院对案件审查起诉之日起，可以查阅、摘抄、复制本案的案卷材料……"但在刑事法律援助实践中，援助律师阅卷不全面或不阅卷的情形较为常见，受限于案件事实的知晓程度，援助辩护很难实现"有效果的辩护"。[①]

第三，庭审辩护的形式主义。由于对案件事实和在案证据陌生，庭上发言难以触及问题实质，"同意""没有意见""初犯""偶犯""悔罪表现明显"等成为惯常用语，经常出现受援人法庭上的自我辩护比援助律师的辩护更为有效的尴尬局面。

（三）刑事法律援助制度配套措施不健全

刑事法律援助制度是人权司法保障体系的系统工程，处于刑事司法体系的基础性地位。受惠于不断推进的国家司法体制改革，尤其是刑事司法体制改革，我国刑事法律援助制度发展四十年才经历了"从无到有，从有到优"[②]的发展历程，但同时受制于多种配套因素不健全的制约，其前进过程中的"短板效应"也日益显现。

第一，我国律师发展速度难以满足刑事法律援助需求。根据司法部官

---

① 左卫民：《有效辩护还是有效果辩护？》，《法学评论》2019年第1期。
② 樊崇义：《中国法律援助制度的建构与展望》，《中国法律评论》2017年第6期。

方数据统计，2010 年我国专职律师数量为 17.62 万人，兼职律师 0.93 万人；而截至 2018 年底，我国 42.3 万执业律师队伍中，专职律师有 36.4 万多人，兼职律师 1.2 万多人，其余为公职律师、公司律师、法律援助律师、军队律师等。[①] 虽然律师增长速度快，但与同期刑事案件增长量相比，律师数量仍然"捉襟见肘"。2010 年全国各级法院全年审结一审刑事案件 77.9 万件，判处罪犯 100.6 万人；[②] 而 2018 年全国各级法院审结一审刑事案件 119.8 万件，判处罪犯 142.9 万人，[③] 刑事案件基数大，增长速度快。若以 2018 年刑事罪犯数为假设，再以刑事辩护全覆盖之前约 22%[④]的辩护率计算，2018 年应予援助的一审被告人约为 110 万人，平均每个专职律师需要援助三个被告人，且这一假设并未将执业年限较短、不具有刑事案件办理经验的专职律师筛除，也并未考虑个别地区无执业律师、公职律师等状况。我国律师绝对数量的落后与发展速度的滞后，制约着刑事法律援助制度的深化发展。

第二，我国刑事法律援助经费保障仍显不足。刑事法律援助经费是推动和发展刑事法律援助事业的重要保障。我国法律援助经费主要依靠政府财政拨款，虽然近些年刑事法律援助办案经费不断增长，但经费短缺现象仍然较为突出。总体而言，一方面，我国法律援助财政拨款占全部财政收入的比例仅在 0.0122%[⑤]左右，比例较低，难以满足持续性发展需求；另一方面，刑事法律援助案件办案补贴水平更为低下，全国平均水平为 1000 元左右，难以保证律师办案的积极性。

第三，我国刑事法律援助资源分配不均衡。受经济发展程度和法律服

---

① 中华人民共和国司法部：《2018 年度律师、基层法律服务工作统计分析》，中国政府法制信息网，http://www.moj.gov.cn/government_public/content/2019-03/07/634_229827.html，最后访问日期：2019 年 9 月 10 日。

② 参见王胜俊《2011 年最高人民法院工作报告》，中央政府门户网站，http://www.gov.cn/，最后访问日期：2019 年 9 月 10 日。

③ 参见周强《2019 年最高人民法院工作报告》，中央政府门户网站，http://www.gov.cn/，最后访问日期：2019 年 9 月 10 日。

④ 王禄生：《论刑事诉讼的象征性立法及其后果——基于 303 万裁判文书的自然语义挖掘》，《清华法学》2018 年第 6 期。

⑤ 参见陈永生《刑事法律援助的中国问题与域外经验》，《比较法研究》2014 年第 1 期。

务市场等因素影响，律师资源分配东西差异较大、南北发展亦不平衡现象较为突出，律师资源发展不平衡导致个别地区刑事法律援助资源严重不足，直接制约我国刑事法律援助的整体布局、纵深发展，更不利于刑事辩护全覆盖的实现。

三　前景展望：我国刑事法律援助的完善路径

刑事法律援助是国家责任。"法律援助是国家责任理念的确立与发展，是现代人权保障理念深入人心的产物，是现代法治社会的必需品。"[①]《法律援助条例》限于时代背景，将法律援助视为"政府责任"，但由于国家责任与政府责任主体不同、相对人不同、指向性不同、履行方式不同，[②]"政府责任"无法解决刑事法律援助制度建设中的全局性、根本性问题。为督促国家责任的实现，《原则和准则》第15条明确规定："国家应当把提供法律援助视为其义务和责任。"我国刑事法律援助制度的完善，应以国家责任理念为前提和基础，并发挥其指导政府责任实现之价值，以完善刑事法律援助的法律体系、质量评估体系及相关配套措施。

（一）完善刑事法律援助的法律体系

第一，研究制定《法律援助法》。刑事法律援助制度较为完善、发达的国家或地区存在单行"刑事法律援助法"或统一"法律援助法"两种立法模式：前者如《爱尔兰刑事司法法案》《香港刑事案件法律援助规则》等；后者如《美国法律服务公司法》《俄罗斯联邦无偿法律援助法》《英国法律援助、判决和刑事处罚法》等。为深化法律援助制度改革，并考虑我国法律援助刚刚起步等实际情况，我们建议制定统一的《法律援助法》，以法律援助的国家责任理念为指导，从国家层面对"组织管理体制、

---

① 樊崇义：《法律援助的国家责任理念研究》，刘仁琦主编《中国刑事辩护》2019年第1期，社会科学文献出版社，2019，第3页。
② 相关论述参见吴宏耀、郭勇《完善我国刑事法律援助制度的思考》，《中国司法》2016年第2期。

适用条件、经费保障、人员建设、质量管理"① 等内容进行总体性设计。

第二，提升法律援助相关规范的法律位阶。在我国现有刑事法律援助体系中，只有《刑事诉讼法》属于基本法律，但该法仅对刑事法律援助的适用对象、案件类型等具体问题进行了规定。而具有制度设计功能的《法律援助条例》由国务院制定颁行，属行政法规，同时，《关于刑事诉讼法律援助工作的规定》属于司法指导性文件，《办理法律援助案件程序规定》为部门规章。刑事法律援助相关规范法律位阶较低，难以解决制度建设的根本性问题。我们认为，为使法律援助的国家责任理念在制度建构层面能够得到充分体现，应当在《宪法》中明确规定"获得法律援助是公民的基本权利"，并将《法律援助法》定位为基本法律，以指导行政法规、部门规章、司法指导性文件等规范。

第三，加快地方立法。由于我国法律援助资源发展的不均衡性，各地区可以以《法律援助法》及国家相关法律为指引，针对本地区内的经济状况、律师发展状况、案件数量等现实性因素，补充制定地方特色鲜明、针对性明确的地方性法规、规章，以促进各地法律援助实效性的实现。

（二）完善刑事法律援助案件质量评估体系

刑事法律援助不应停留于"有"法律援助，更应追求得到"有优质"的法律援助。"实质审判不可或缺有效辩护"，② 科学有效的刑事法律援助案件质量评估体系，有利于援助案件质量的提升与受援人权益的全面保障，是"实现律师有效辩护目标的重要方面"。③《法律援助条例》《规范》等更多从程序、流程规范等层面规制刑事法律援助案件，但对于案件质量实质层面的提高难以有促进作用。通观世界范围内，对刑事法律援助案件进行质量评估是比较通行的方式。国际方面，早在 2006 年联合国药物管制与预防犯罪办事厅（The United Nations Office on Drugs and Crime，简称 UNODC）就制定了刑事司法评估工具包（Criminal Justice Assessment

---

① 樊崇义：《我国法律援助立法重点和难点问题研究》，《中国法律评论》2019 年第 3 期。

② 张建伟：《审判的实质化：以辩方的视角观察》，《法律适用》2015 年第 6 期。

③ 熊秋红：《审判中心视野下的律师有效辩护》，《当代法学》2017 年第 6 期。

Toolkit，简称 CJAT），旨在为刑事司法人员提供一套标准化的评估工具。UNODC 之所以重视对刑事法律援助案件的评估，是因为评估反馈有助于管理人员根据需要调整战略，设计和实施方案。2019 年 5 月 23 日，为及时总结各会员国关于提升刑事法律援助案件质量的切实可行经验，联合国预防犯罪和刑事司法委员会（CCPCJ）第 28 次会议边会通过了 UNODC 制定的《刑事法律援助质量保障手册：实践指南与良好做法》（Handbook on Ensuring Quality of Legal Aid Services in Criminal Justice Processes：Practical Guidance and Promising Practices，以下简称《质量保障手册》），以便为国际法律援助发展提供重要技术支持，旨在提升刑事法律援助案件质量。《质量保障手册》在第四章与第五章，详细列举了部分国家或地区刑事法律援助案件质量评估方面的先进经验，对在刑事司法过程中衡量提供法律援助的质量和结果的评估主体、评估工具、评估方法、评估指标等进行了详尽阐释。

对于我国而言，只有加强对法律援助案件质量的控制、评估和监测，才能防止刑事法律援助的形同虚设，最大限度地维护被追诉人的权益。我们认为，我国刑事法律援助质量评估体系应遵循"人本主义"原则、系统性原则与差异性原则，对评估主体、评估对象、评估指标、评估方法、评估程序等内容进行详尽规定。

第一，关于评估主体。我们认为，我国应实行社会律师的同行评估[1]与高校及科研机构的专家评估并行机制。为保证评估的客观公正，社会律师的选择应以三年以上专业刑事辩护律师[2]为主，条件不成熟地区可辅之

---

[1]　实际上，《质量保障手册》较为推崇同行评估。"Peer review is, relatively seen, the most objective way of assessing the quality of services of legal aid providers, and it provides assurance that all lawyers' work meets a minimum standard of competence on an ongoing basis." See "Handbook on Ensuring Quality of Legal Aid Services in Criminal Justice Processes", *Practical Guidance and Promising Practices*, p. 105.

[2]　由于实践情况不同，对于同行的选择也有所区别，如在英格兰必须是相关法律领域的专家，但在苏格兰则要求是该领域有经验的从业人员即可。"All lawyers in England now tend to be specialists. Accordingly, they insist on a high level of specialist experience and current caseload as well as skills as a supervisor for their reviewers. Whereas in Scotland, with a much smaller profession, it is rather less specialized." See "Handbook on Ensuring Quality of Legal Aid Services in Criminal Justice Processes", *Practical Guidance and Promising Practices*, p. 102.

以执业经验丰富的专职律师；高校及科研机构的专家，应选择具有实务工作经历（曾经在实务机关任职，或兼职从事刑事辩护律师业务）的刑事法学者。

第二，关于评估对象。从阶段上划分，我国刑事法律援助包括侦查阶段的援助、审查起诉阶段的援助、审判阶段的援助；从审判类型上划分，包括一审法律援助、二审法律援助及再审法律援助。因刑事法律援助案件类型各异，援助律师诉讼职能、权利义务也不尽相同，因此，评估应针对不同案件类型分别进行，评估指标、评估方法等也应有所差别。

第三，关于评估指标。指标（indicator）是"对一个抽象概念在经验上的具体说明，是用一组可以观察到的经验现象来'指示和标志'一个抽象概念"，① 指标有客观指标与主观指标之分。② 基于我国刑事法律援助实践情况，我们认为，案件评估指标的设定应区分为一级指标、二级指标，并兼具客观性与主观性。其一，委托与授权为一级指标，二级指标应包括援助手续、授权委托书的完备程度等；其二，会见为一级指标，二级指标应包括会见笔录制作的规范性、释法说理的全面性、沟通的顺畅性等；其三，阅卷为一级指标，二级指标应包括阅卷笔录的规范性、卷宗摘录的内容、证据及案件事实的分析程度等；其四，庭前辩护为一级指标，二级指标应包括庭前会见③、庭前辩护意见沟通等；其五，参与庭审为一级指标，二级指标应包括法庭礼仪的规范性、法庭调查与法庭辩论的尽职性、庭审笔录的规范性等；其六，辩护词为一级指标，二级指标应包括辩护词的形式规范性、证据运用的合规性、事实分析的合理性；其七，通报与报告为一级指标，二级指标应包括向被告人及家属通报案件进展、重大事项向法律援助机构报告等；其八，职业道德为一级指标，二级评估指标应包括案

---

① 范伟达、范冰：《社会调查研究方法》，复旦大学出版社，2010，第131页。
② 客观指标主要用来测量社会生活的事实或条件，是反映客观状况的测量指标；主观指标用来测量个人对某种现象或事务的感受、评价和态度，有评价性指标、情感性指标和取向性指标。
③ 我们认为，法律援助中的会见应至少为两次：第一次会见目的为确认委托关系、情感抚慰、核实相关证据等；第二次会见目的为开庭前的庭审流程解析、辩护思路沟通等。两次会见目的与内容各不相同，但目前国内的质量评估指标均将二者合一。因本文认为庭审流程解析、辩护思路沟通已属"实质辩护"内容，故将其放置于"庭前辩护"中。

件办理过程中的职业规范、职业操守；其九，结案归档为一级指标，二级评估指标应包括卷宗档案的完整性、结案。

第四，关于评估方法。我国目前绝大多数地区基本上采用定量方式对刑事法律援助案件进行质量评估，但我们认为，定量的研究方式，仅为刑事案件质量常规评估方法，如果援助案件涉及群体利益或公共利益，或社会影响重大，或援助律师出现较为严重的违反法律准则、违反执业规范、违背职业操守等情形，评估主体可以通过访谈法官、检察官、当事人，或通过观摩庭审等方式进行定性评价。

第五，关于评估的程序。刑事法律援助案件进行质量评估的程序，即案件质量评估应包括的环节、步骤。我们认为，完整的评估程序应包括评估组织、评估方案制定、案件抽送、案件评估、评估通报、整改结果反馈等。

（三）完善刑事法律援助制度配套措施

第一，构建多元刑事辩护法律援助提供主体。2018 年，全国律师共办理各类诉讼案件 497.8 万多件，其中刑事诉讼辩护及代理 81.4 万多件，占诉讼案件的 16.36%；共办理法律援助案件 81.3 万多件。[①] 虽然刑事法律援助案件数量并未有官方统计，但从整体数据上分析，若辩护全覆盖整体推开，可以提供刑事法律援助的社会律师、法律援助律师缺口巨大。为解决刑事辩护法律援助提供主体短缺问题，我们认为：首先，应该大力加强法律援助律师队伍建设；其次，鼓励兼职律师、公职律师、公司律师、军队律师等发挥专业优势，提供刑事辩护法律援助；最后，为培养和储备刑事辩护人才，同时为解决刑事法律援助律师短缺问题，可以尝试允许部分地区已经取得法律职业资格考试的法科研究生，在高校兼职律师的指导下，参与刑事法律援助实务。

第二，加大刑事法律援助经费保障力度。刑事法律援助的持续发展必

---

① 中华人民共和国司法部：《2018 年度律师、基层法律服务工作统计分析》，中国政府法制信息网，http://www.moj.gov.cn/government_public/content/2019 - 03/07/634_229827.html，最后访问日期：2019 年 9 月 1 日。

须依靠牢靠的经费保障。为足额保证刑事法律援助经费，应以国家责任理念为指引，将法律援助资金纳入国民经济计划，中央和地方各级政府也应当将刑事法律援助经费列入各级政府财政预算，同时，应加大中央财政支付力度，并提高地方各级财政对刑事法律援助经费支出比例。也可采取吸纳社会捐助等方式，拓宽刑事法律援助资金来源渠道。除此之外，应改变"一刀切"的刑事法律援助案件办案补贴制度，实行弹性补贴，根据案件复杂程度、案件质量等因素，动态调整刑事法律援助办案补贴。

第三，从国家整体制度层面，解决刑事辩护律师资源不均问题。刑事辩护律师的数量与质量决定了刑事辩护的整体发展状况。国家层面上可以通过具体制度设计，统一调配相关资源，以保证我国刑事法律援助的大体平衡。首先，可以通过财政倾斜方式，加大对经济不发达地区、刑事辩护律师不足地区的资金投入力度；其次，可以增加上述地区刑事法律援助案件办案补贴，提升社会律师参与刑事法律援助的积极性；最后，国家可实行"政策优惠"，通过"律师支援"方式，鼓励内地或经济发达地区刑事辩护律师在一定期限内"援助"经济不发达地区、边疆少数民族地区、刑事辩护律师短缺等地区，以推动当地刑事辩护业务、刑事法律援助业务的发展。

我国社区矫正中电子监控的法律规制研究*

许庆永　单宝雄**

摘　要：随着我国社区矫正事业的大力发展和深入推进，如何预防社区矫正对象违法违规、如何控制其行动行为等已经成为困扰执法实践的现实问题。目前我国一些地方 GPS 手机定位模式的尝试，对于配合《中华人民共和国刑法修正案（八）》"禁止令"的实施具有极其重要的现实价值。但是 GPS 定位手机的方式只能"知悉"，无法操控。如何最大限度地杜绝"人机分离""失管失控"或是重新犯罪的情况出现是 GPS 手机定位模式无法解决的问题，需要不断改进和完善。借鉴域外经验，立足我国社区矫正试行实际，尝试电子监控（电子腕带、电子脚镯）试点，提升监管的实效性，同时与其他处遇措施搭配使用，这些将成为未来社区矫正监管的重点和难点，需要我们予以积极应对。电子监控作为社区矫正的重要管理方式之一，存在正当性和必要性，电子监控在社区矫正中的适用，必须建立在实证的基础上，依据电子监控在刑罚执行中实际发挥的作用，去确定电子监控的对象。根据我国当前的法律规定，社区矫正的对象从应然性上来说，都可以成为电子监控的对象，但从域外实证研究的结论来看，电子监控的适用对象应当具有"个性化"特征，对不同类型的犯罪和犯罪人不能一概而论。在电子监控的适用限度上要遵守"相当性"和"人性化"的要求，进一步在完善立法的基础上分层级地进行适用。

关键词：社区矫正；电子监控；法律规制；"人性化"

＊　本文系山东省司法厅 2019 年度山东省社区矫正工作课题研究项目"社区矫正＋大数据"（项目编号：CDBX1908－09）的阶段性成果。

＊＊　许庆永，青岛大学法学院副教授，法学博士；单宝雄，青岛市西海岸新区司法局主任科员，法学硕士。

社区矫正是随着现代社会的发展和刑罚观念的转变而产生的一种新的服刑方式，其选取一定的空间即社区来作为服刑的场所，在此场所中对符合法律规定的犯罪人员进行监管和矫正，使其能够成功接受处罚和教育，最终达到重返社会的目的。自 2003 年起，我国启动社区矫正社区服刑的试点工作，2009 年在全国全面推行，数以万计被判处缓刑、裁定假释的罪犯采用非监禁的社区矫正。尤其是《中华人民共和国刑法修正案（八）》开始实施之后直到今日，这一数量还在高速增长，因此，这类特殊人员是否得到有效管控，直接影响社会的稳定。电子监控是一种具有强烈技术特点的措施，是现代社区矫正的重要管理方式，在实现正义修复、规范矫治、风险监控方面具有重要的意义，其提供了一种兼具经济效益和阻碍犯罪企图的新方法，受到了学界和实务界越来越多的关注。我国近年来也逐步向西方学习，将电子监控系统引入社区矫正之中，其目的在于推动社区矫正工作科技化与现代化的进程，同时，电子监控措施的建立，能够有效对服刑人员进行追踪和定位，有效避免脱管、漏管，并且对再次犯罪的发生产生重要的遏制作用。电子监控在社区矫正中形成了一道强有力的防护网，成为社区矫正的有效监管措施。经过了两代电子监控设备的改进，加上相关制度的设计与完善，我国电子监控与社区矫正相结合的管控方式取得了丰硕的成绩。但是当前我国在社区矫正立法方面相对滞后，加上社区矫正价值追求多元化，导致电子监控在社区矫正中的适用范围、效果和成本等多方面遭到质疑，甚至存在巨大的争议。当前社会主流采取的多种电子监控方式在实践中存在的缺陷，阻碍了电子监控在社区矫正中的进一步发展和应用。本文从基础概念出发，在明晰社区矫正和电子监控相关概念的前提下，结合西方发达国家的理论和实践经验，对我国当前电子监控在社区矫正中的应用进行评析，分析现阶段的优势、成果以及存在的问题，最终提出建议和对策。

一　社区矫正与电子监控概述

（一）社区矫正的概念与价值意义

社区矫正，是一种新型的刑法执行方式，其与监禁矫正相对应，具体而言指的是选取一定的空间即社区来作为服刑的场所，在此场所中对符合法律规定的犯罪人员由司法行政机关及其派出机构来进行具体管理，并结合社会力量的帮助，在判决、裁定或者决定所确立的时间范畴之内通过劳动改造的方式对服刑人员的犯罪心理、行为恶习等进行思想上的改造，以此促进其积极进行自身行为的改正，在达到惩罚目的的同时也能够促进其尽快重返社会的非监禁刑罚执行活动。① 社区矫正工作的内容主要在于对社会各种资源和力量的积极利用和整合，其选取的矫正对象通常是犯罪主观恶性相对较小、罪行较轻、社会危害性较小的罪犯或者是通过一定的监管改造之后明确具有悔改的行为、不至于再次产生社会危害的犯罪群体。"社区矫正"并非本土创造的词语，而是一个舶来品，其最先产生于西方国家，也是在西方国家得到推行和发展。社区矫正的理念产生于19世纪末，这种理念的提出直接来源于近代学派的行刑社会化思维。随着工业化、现代化对意识形态的影响，近代学派的学者们在当时对监狱刑罚产生了新的认识，认识到了监狱刑罚的不足和缺陷，提出采用新的刑罚措施取代监狱刑罚，以此对犯罪人员的人格进行重新塑造，社区矫正的模式正是由此产生。② 社区矫正实施的最初原因是对犯罪心理因素的考量，认为监狱的罪犯存在过大的压力，而社区矫正能够对这种压力起到很好的缓解作用，其希望通过政府、社会以及相关爱心人士的帮助，矫正对象能够早日改过自新，重新回归社会。

2003年司法部启动社区矫正试点工作，北京、天津、上海、浙江、江苏以及山东6个司法发展较为成熟的省市开展试点工作，随着社区矫正工作经验的积累，至今已在全国得到了推广。2011年，《中华人民共和国刑法修正案（八）》通过，明确对判管制、缓刑以及假释的罪犯依法实行社区矫正，社区矫正服刑对象和方式的明确化，标志着我国社区矫正在法律上得到了认可和确立，为我国刑法执行制度的改革和完善奠定了重要基础。

社区矫正与以往的监禁刑罚模式相比是一种全新的方式，其具有两个方

---

① 参见吴真《社区矫正中使用电子监控的理论与效果分析》，《犯罪研究》2018年第2期。
② 参见郭玮、胡树琪《社区矫正监禁型中间制裁措施刍议》，《周口师范学院学报》2018年第1期。

面的价值意义。第一，能够实现刑法的惩罚性，作为一种非监禁的刑罚执行方式，其本身具有刑事制裁的作用，是一种刑罚措施，因此，社区矫正本身具有惩罚价值，其本质上的意义就是刑罚的执行方式，因此在社区矫正工作中，必须严格落实刑罚措施。社区的服刑人员虽然满足了法律上所规定的一系列要求，但是其首先是作为犯罪分子而存在的，其次是由于进行了犯罪行为所以遭受到刑罚的处罚和制裁，作为犯罪对象，当然要对其犯罪行为负责，为其造成的危害后果承担责任。此外，对犯罪分子进行惩罚是国家对社会公平正义的客观要求，而社区矫正的对象作为犯罪分子，对社会稳定、公平、正义进行了破坏，必然要接受具有惩罚性质的措施。[①] 第二，现代刑法的目的是保护社会和改造罪犯，此目的也具有双重性，对犯罪分子处以刑罚的同时，也应当要对其重返社会的方式方法进行考量。因此，在对服刑人员进行有效监管的同时，社区矫正还具有改变人们对服刑人员标签化的效果和价值，与此同时，社区矫正正在通过对社区范围封闭性的扩展、罪犯自由程度的提升以及对罪犯与社会联系的增加来促使服刑人员时刻保持与社会不脱节，让社区服刑人员能够在服刑期间学习到基本的社会生活技能和常识，最终实现其重返社会的目的。由此可见，社区矫正具有重要的社会价值意义，其不仅是对犯罪人员简单的惩处和改造，更重要的是其实现了对人的尊严的尊重，对服刑人员再次融入社会和实现自我的发展进行了考量和满足。

（二）电子监控概述

1. 相关概念的介绍

对于电子监控的定义，有学者认为应当依据美国《消费者与工作者隐私权法案》来进行明晰，即电子监控是指由监管者通过计算机、电子观测和监督、电话服务的监听等技术方式进行对标记、信号、文字等的观察和监测来达到对人类活动信息的分析目的。[②] 还有学者认为，所谓电子监控，即对电话、无线电信传输、恒星定位等科技的具体利用，选取服刑人员身

[①] 参见郭鼎威《电子监控技术在社区矫正工作中的应用》，《人民调解》2018 年第 1 期。

[②] 参见周学峰《解读美国电子监控制度的演变》，《北京理工大学学报》（社会科学版）2014 年第 6 期。

体的部位附上一个电子传导器，监控其是否从事违法违规活动，一旦服刑人员违反了相关的规定，电子传导器就会发出相应的警报。在社区矫正中，电子监控也被称作电子镣铐，是现代科技的一种应用，以此来对社区服刑人员的行踪进行追踪，对其是否遵守法律的规定进行监督。

本文论述的电子监控仅限于执法机关对于执法对象实施的，通过电子设备对其个人情况进行监视、监听以及对相关生物信息进行收集的控制手段。社区矫正的电子监控，即社区矫正执法人员通过腕带、手机、皮下植入等方式对社区服刑人员的行动、生活、情绪等信息进行监视、监听的控制手段。

2. 兴起和发展

哈佛大学教授施威茨格贝尔（R. Schwitzgebel）1964 年在《行为科学》中提出使用电子监控设施监控罪犯，他研制了一个可以供人佩戴的无线电遥测设施，这种设备发出的信号可以被 400 米外的监控屏幕收到，他的研究开始受到关注。[①] 1974 年马萨诸塞州进行了一项心理实验。[②] 该实验主要是针对攻击频率的有效减少进行的实证分析，研究人员挑选了在剑桥和波士顿地区生活的假释犯人、心理疾病患者，在自愿的前提下开展了实验。在实验中，研究人员将一个小型的信号接收装置佩戴到了实验对象身上，通过这一个装置在技术上的反馈，能够对一定区域内研究对象的活动实施有效的追踪，同时也能够对研究对象身体的功能进行实时的监测。这次的实验初衷设想较为美好，但是当时的科技水平相对较低，政府的接受程度也不高，最终导致实验结果不尽如人意，再加上缺乏资金上的投入与支持，物力资源和人力资源双重不足，最终实验无疾而终。作为一项极具前瞻性的管理、控制方式，其为后来电子监控的诞生在技术上奠定了重要基础。

20 世纪 70 年代初期，美国有两种极为猖獗的犯罪现象，即街头犯罪和贩毒，为了能够有效地降低这两种犯罪的发生率，美国提出了"严厉打击"的政策，这一政策直接导致了逮捕率和起诉率大幅度上升，进而出现

---

① 参见 M. Black & R. G. Smith, "Electronic Monitoring in the Criminal Justice System," *Trends & Issues in Crime and Criminal Justice*, Vol. 254, 2003, p. 1.

② 参见林顺昌《破除"电子监控"之迷思——论回归实益性之犯罪者处遇政策》,《亚洲家庭暴力与性侵害期刊》2009 年第 12 期。

了监狱饱和的问题。遗憾的是，这一政策带来的打击犯罪的效果却并不理想。70年代国际石油危机爆发，美国国会对各项行政预算都进行了大幅削减，监狱经费预算也在其中，媒体舆论对美国监狱的改造模式、改造效果提出了质疑，认为即便是采用这样严厉的措施，对于重新犯罪率的下降几乎看不到任何效果。于是，美国联邦矫正署于1975年宣布将采用科技的方式和手段来解决当时监狱人满为患的问题。1977年，哥伦比亚广播公司（CBS）制作了蜘蛛侠真人电视剧《神奇的蜘蛛侠》（*The Amazing Spider-Man*）。虽然此片制作水平广受诟病，却给了美国新墨西哥州地方法院的杰克·洛弗法官灵感，他敏锐地察觉到，在电影中采用的追踪装置对于罪犯的实时监控具有重要意义，尤其是对于在家中进行拘留的罪犯而言具有现实的必要性，因此他通过书面的形式将这一构想描述出来，连同这部电影一起寄给了新墨西哥的矫正局。但是，和大多数先进的发明、构思一样，行政机关对于基于影视剧构思而对司法制度进行调整无法接受，这一书面材料并没有引起当局的关注和重视。直到1980年，圣达菲监狱服刑人员大幅增多，最终导致拥挤程度过大而发生流血事件，监狱模式的弊端和缺陷再次引发人们对这种低强度、非监禁模式的高度关注和思考。杰克·洛弗再次向电子工程师迈克尔·古斯求助，希望他能设计出和电视剧《神奇的蜘蛛侠》中类似的监控设备，最终迈克尔·古斯设计了一种能够装在被监控者脚踝部位的电子镯，其内部藏有电子电路，通过这样的电子装置，能够在特定的范围内对被监控人员的行踪进行监测。1983年，杰克·洛弗将这一技术运用到自己承办的案件中，这是美国司法历史上首次对被告人使用电子监控，判令其佩戴电子脚镯，然后回社区服刑。① 之后，反馈效果不错，媒体大肆进行报道，这一技术开始被其他的州所参照、借鉴，进而其他国家也开始学习、推广。

其他国家中最先进行实践的是英国，1988年，时任英国内政部部长约翰·帕藤对美国进行访问，其间接触到电子监控在刑事判决与执行中的

---

① 参见 Robert T. Sigler and David Lamb，"Community—Based Alternatives to Prison: How the Public and Court Personnel View Them"，*Federal Probation*，Vol. 59，1995，pp. 3 - 9。

运用，在其回国之后，就针对电子监控的实施和运用提出了计划议案，该议案得到了民众和媒体的支持，[①] 但是遭到了部分英国官员的反对。例如惠特菲尔德就认为美国采用电子监控和对罪犯进行实时的监测是一项巨大的失败，他作出三点解释：首先，他认为电子监控公司针对电子监控的优势进行了大量的宣传，其主要的价值体现在了商业层面，实际意义并不大；其次，他认为监狱拥挤问题不是靠电子监控能够真正"解决"的问题；最后，他还认为电子监控作为高科技产品，其使用不一定能够有效降低执法成本。因此，他认为依靠科技作为执行刑罚的手段是不切实际的。提出反对意见的还有官员尼鲁斯，其认为对于电子监控的采用不仅无法充分发挥恢复性司法执法或者社区法律的作用，还有可能落入限制监管的框架内，从而失掉"传统的缓刑理念"。由此可以看出，在早期，英国对于电子监控的适用是阻碍重重的，直到1999年，英国开始全面实施电子监控，从那时起，英国的电子监控才真正发展起来，其历程经过了从"是否适用"的质疑到"如何适用"的方法研究的转变，发展至今，英国电子监控制度相对完善，在实践中效果明显。

3. 电子监控与其他监禁措施的结合

随着电子监控应用的发展，开始出现了与司法实务相结合的应用，尤其是在监管措施的使用中被广泛展开。在美国，将电子监控与监禁措施相结合，真正实现了家庭监禁这一模式。20世纪70年代，为了能够有效降低犯罪发生率，美国采取强硬的刑事政策导致了监狱和其他拘留场所的迅速饱和，作为针对性的补救手段，家庭监禁应运而生。所谓家庭监禁，就是指在家中进行拘留，最初主要是针对青少年这一特殊犯罪群体设定的，通过家庭监禁对其处罚和教育，使其受到的负面影响最低。但是到1971年之前家庭监禁一直没有真正实现，原因主要有四方面：第一，采用家庭监禁的方式对于监督和管理具有极高的要求，在条件没有达到时必然会受到阻碍；第二，如上文所述，家庭监禁在最初适用时对对象具有一定程度

---

① 参见 Todd R. Clear, George F. Cole and Michael D. Reisig, *Amerecan Corrections*, Thomson Wadsworth, 2009, p. 524。

我国社区矫正中电子监控的法律规制研究

的限制，这就使得其适用范围有所局限①；第三，判处家庭监禁后，法官或者监督人员增加了额外的工作，在收入没有增加的前提下工作人员的积极性并不高；第四，在最初的适用中，被判处家庭监禁的部分服刑人员不遵守规定，来去自如，使得监禁手段形同虚设，因此，家庭监禁一直没有真正实现。随着电子监控技术的发展和完善，家庭监禁的真正实践具备了相当的可行性，依赖电子监控制度能够帮助监督者对犯罪的行踪进行有效的监督。1983 年佛罗里达州开始尝试将电子监控和家庭监禁相结合，并且在法律上将其确定下来，促进了这一模式的迅速发展。1988 年，这种电子监控与家庭监禁相结合的模式扩大到了美国的 33 个州，1993 年在全美得到了推广和普及。美国关于采用电子监控方式对犯罪分子进行监督的研究报告表明，电子监控在某种程度上比监狱等限制人身自由的场所限制更加严格，对服刑人员的震慑、阻吓功能更强大，因为电子监控的模式会让罪犯觉得自己和正常人有区别，无法从事一些简单的活动，例如走出房门到附近的商店给自己的孩子买零食等。②

英国将电子监控与其宵禁模式相结合，取得了较好的效果。1995 年英格兰地区和威尔士地区启动配合宵禁实行电子监控模式，并在 1999 年向全英推广这种模式，在此模式下，罪犯的活动轨迹被固定在特定的时间和场合，一旦违反了相关的规定，服刑人员身上的电子监控设备就会发出警报，监视人员就会将其违规的情况报告警方，警方会据此作出进一步的处罚。

（三）社区矫正中的电子监控

1. 社区矫正中的电子监控概述

社区矫正中的电子监控是现代科技与传统社区矫正监管的结合和优化，是一种利用现代科技对当事人的行踪进行有效监测的一种手段。其目的在于监测接受社区矫正的人员是否遵守法律和社区监管的相关规定，如果当事人违反规定，电子监控系统就会接收到反馈信息，进而有利于监管

---

① 参见张崇脉《欧美社区矫正中的电子监控》，《中国监狱学刊》2011 年第 3 期。
② 参见刘强《美国刑事执法的理论与实践》，法律出版社，2000，第 225 页。

人员采取进一步的措施。社区矫正中的电子监控体现的是对安全价值的追求，对现代科技下效率管理的升华，其能够起到保护社会安全、促进犯罪人员重返社会的作用。[①] 当前世界上很多国家都采取该模式对受矫正人员进行管理，我国也积极开展试点工作，不断地对相关制度进行完善。当然，我国由于法律制度以及社会基础的特殊性，在对社区矫正电子监控制度进行完善时必然要立足于本土，借鉴于我国有利的经验，进而构建起最适合我国国情的本土化社区矫正电子监控制度。

2. 研究目的和意义

随着社区矫正工作在我国的不断推进和完善，如何加强对社区服刑人员违法违规行为的预防和监测已然成为现实问题。我国长期以来尝试过各种不同的监管方法，随着现代科技的发展，软硬件成本的下降，电子监控与社区矫正的结合受到我国社区矫正工作者的重视。经济发达的省份开始尝试使用 GPS 手机定位系统对受监管人员进行追踪，但是也暴露了其局限性，手机定位系统仅仅停留在知晓的层面，而无法达到控制的效果，如何防止他人替代被监管人员输入信息或者被监管人与终端脱离等成为现实需要解决的问题。[②] 本文的研究立足于本土，借鉴域外先进经验，尝试对社区矫正中电子监控的多种模式和具体实施进行分析探讨，解决当前社区矫正与电子监控结合中的各种重难点问题，使电子监控措施能够在我国社区矫正工作中大放异彩，进一步完善社区矫正制度。

二 我国社区矫正中电子监控的现状

（一）我国的相关法律规定及评述

1. 关于社区矫正的法律规定

就我国国家层面的法律规定而言，开展社区矫正主要依据以下法律。

---

① 参见翟中东《社区性刑罚的崛起与社区矫正的新模式——国际的视角》，中国政法大学出版社，2013，第 27 页。
② 参见郑添成《科技设备监控运用于社区处遇可行性评述》，《犯罪与刑事司法研究》2005 年第 4 期。

首先是 2011 年 2 月 25 日第十一届全国人民代表大会常务委员会第十九次会议通过的《中华人民共和国刑法修正案（八）》的相关规定，此规定对实施社区矫正的对象进行了确定；其次是 2012 年 3 月 1 日最高人民法院、最高人民检察院、公安部、司法部联合制定的《社区矫正实施办法》，此办法主要是对社区矫正的具体实施进行了说明；再次是 2014 年 8 月 28 日最高人民法院、最高人民检察院、公安部、司法部联合下发的《关于全面推进社区矫正工作的意见》，进一步对社区矫正工作提出指导意见；最后是 2016 年 9 月 21 日最高人民法院、最高人民检察院、公安部、司法部下发的《最高人民法院等部门关于进一步加强社区矫正工作衔接配合管理的意见》。根据这些法律文件不难看出，我国对于社区矫正的开展有了一定的基础和法律指导规范。

除了国家层面的法律规定之外，在社区矫正工作中，各地区也针对本地区的实际情况并结合四部门所下发的《社区矫正实施办法》进行具体实施方案的设计。例如，广东省制定的《广东省贯彻落实〈社区矫正实施办法〉细则》、云南省制定的《社区矫正实施细则》以及北京市制定的《北京市社区矫正实施细则》等，这些具体的地方社区矫正实施细则基本是由各地法院、检察院、公安机关、司法行政部门联合签发的，这也从一定层面反映了在社区矫正的工作中地方与国家层面法律规定的结合与灵活适用。

2. 电子监控的法律现状

2012 年年底，公安部制定并颁布了《公安机关办理刑事案件程序的规定》，此规定的第 112 条对采取电子监控措施进行了明确认可，指明公安机关在执行监视居住的工作过程中可以采用电子监控的方式。此外，最高人民法院《关于适用〈中华人民共和国刑事诉讼法〉的解释》、最高人民检察院《人民检察院刑事诉讼规则》、六部委《关于实施刑事诉讼法若干问题的规定》也针对电子监控的具体实施作出了规定。至此，电子监控引入监视居住制度得到了法律上的认可，这一明确规定不仅为监视居住制度的进一步开展提供了更加科学的手段和技术，也对司法领域的相关科学技术研究起到了鼓励作用，激励相关的技术创新与实务结合不断深入和拓宽。

目前只是在监视居住中采取了电子监控措施。于监禁刑而言，其对于自由的限制是完全的，在押人员完全处于国家执法机关的掌控之下，再使用电子监控无疑是一种资源的极度浪费，是没有必要的。

于取保候审而言，也没有进行电子监控措施的确认和设定，就性质和强制程度而言，取保候审和监视居住具有相似性，但是在立法上仍然没有进行电子监控的确认，有学者认为立法的初衷对取保候审的自由限制强度低。笔者认为此观点有待商榷，在取保候审中采用电子监控是很有必要的，在电子监控与社区矫正制度结合发展较为完善的国家中，很多是没有监视居住这一措施的，但是有保释措施，而对于保释，绝大部分国家采用了电子监控制度，就是考虑到其与监视居住的自由程度的限制以及本质上的相似性。

（二）社区矫正中电子监控应用现状

我国关于社区矫正中使用电子监控手段的法律法规并不完备，其中关于电子监控的法律主要是《中华人民共和国反恐怖主义法》第 53 条的规定：公安机关可以采取电子监控、不定期检查等方式对恐怖活动嫌疑人员遵守约束措施的情况进行监督。

1. 应用现状及特点

尽管在立法上有所滞后，但是我国实践中已然开始了电子监控在社区矫正中的试点运用。传统的应用中，我国社区矫正工作监督主要采用 GPS 手机定位的方式来实施，但是随着科技的进步和现实的需求，也逐步拥有和适用多元化的实施方案，上海最先开始进行电子脚环的试点工作，[①] 当前，世界上很多发达国家对于电子脚环的使用都很成熟，在对服刑人员的监控中也取得了较好的应用成果。我国对于电子脚环的应用还处于试点阶段，上海走在了前列，在取得一定成果的同时也存在许多的不足，从目前运行的方式来看，"上海模式" 主要有以下几个特点。

---

① 参见蔡顺国《"电子围墙"破解社区矫正难题》，《检察风云》2014 年第 15 期。

首先，所使用的电子监控是基于 GPS 的脚环设备。社区服刑人员佩戴电子脚环之后能够正常上下班，按时参加社区服务，在普通大众的眼中，他们与正常人并没有什么不同。但在他们的身旁有一堵看不见的"电子围墙"，这堵墙限定了他们活动的范围，一旦越过法律的边界，就会发出警报，意味着其有可能受到进一步的惩罚。上海的试点中，常见的方法是在安装有 GPS 系统及软件的手机上将定位与电子脚环相结合，采用收集定位方式对矫正对象的活动轨迹进行实时的有效监控，接受矫正的对象必须在 24 小时内保持手机正常开机，一旦超过 5 分钟没有信号，监控系统就会发出警报。除了对手机进行 GPS 定位之外，电子脚环的使用让"电子围墙"更加坚固和牢靠，由于手机定位具有一定的局限性，上海的部分区域就采取了加入电子脚环配合监督的试点措施。与单独的手机定位相比，电子脚环更加精准，能够定位佩戴者的具体位置，精准到其身处的楼层。此外，手机这一设备有可能出现人机分离的情形，例如丢弃或者移交他人等，而佩戴了电子脚环之后，自己是无法解除的，排除了社区矫正人员摆脱监控的可能性。佩戴电子脚环之后，社区矫正人员只能在管辖的范围内活动，一旦走出这一范围，或者长时间没有移动，设备就会发送警报。系统还能够随时调取某一具体矫正人员的 GPS 信息，精准掌握每一名社区矫正人员的活动轨迹。如果矫正人员有特殊情况需要外出，需要提前向有关部门进行申请。

其次，电子监控是矫正的辅助措施。在国外的实践中，大多是将电子监控的方式作为中间刑罚手段，但是在我国的应用中，电子监控并非监禁的一个替代手段，因此无论是法院的判决还是监狱的假释都没有因为电子监控的应用而调整司法政策，在实体和程序上都没有体现电子监控的价值。尤其在法院进行量刑时，仍然采用原有的标准，并没有对佩戴电子监控设备征求意见，不存在像国外那样由于被告人选择电子监控措施而获得缓刑的情况，监狱决定假释也是如此，总体而言，社区矫正的人群特征并没有因为电子监控而发生改变。电子监控的运用主要是从社区矫正机构开始的。从这一特征并结合实践来看，电子监控的决定和施行贯穿于整个社区矫正的环节，位阶较低的社区矫正机构拥有决定使用电子监控的权力，这种随意性导致电子监控的权威性大打折扣。此外，由于缺乏立法上的明确规定，受矫正人员在佩戴了电子监控设备之后，工作人员只是单纯地进行正常运转的维护工作，并没有提出具体的附随矫正要求，例如国外所要求的宵禁、对性犯罪者的特殊要求等。总体而言，当前我国推行电子监控措施的独立监管功能较薄弱，整体强制力也一般。

再次，电子监控适用于人身危险较高的群体。在我国的电子监控适用中，尽管对象选择具有一定的随意性，缺乏结构化量表这种精算手段，但是财政压力，特别是移动 4G 技术全面发展带来的成本整体降低成为社区矫正机构必须关注的重要因素。就上海市而言，在 2015 年开始试点时，全年电子监控的适用人数约占总人数的 15%，2017 年开始对新报到的社区服刑人员全部进行监控，当前实际的适用率约占总人数的四分之一。需要强调的是，上海市社区矫正人员的再犯罪率本身就极低，在实践中主要以危险性更高的罪犯群体和非本市户籍的人员为监控的对象。

最后，电子监控着重关注前三个月。在我国电子监控适用中，以上海市为典型，主要是针对新报到人员进行适用，并且所有被要求佩戴电子监控设备矫正人员的电子监控期限不得少于三个月，矫正期达不到三个月的，矫正期内全部进行电子监控。[①] 电子监控期满之后，如果矫正机构认为电子监管没有必要进行的，应当进行电子监控的解除。这条规定在进行设计时主要是参照西方的实践经验，认为电子监控的适用期限不宜过长，因此在实践中大部分的矫正人员都能够在三个月期满之后解除监控。

上海市电子监控在社区矫正中的适用全面展开之后，社区矫正的部分数据与之前有明显区别。其中 2015 年重新犯罪被判刑、重新违法被收监和违反矫正规定的收监人数较 2014 年明显下降。考虑到两年间社区矫正人群和其他监管政策并没有明显的变化，我们可以认为这主要归功于电子监控。但是，也存在其他区域进行全程电子监控或者阶段性电子监控的情形，主要是由我国社会治安形势、重大活动安保以及运动型社会治理模式所决定的，不在法律规制的研究范围内，本文不再展开论述。

---

① 参见《上海市社区服刑人员电子实时监督管理暂行规定》第 13 条。

2. 存在的问题

首先，无差别监管。我国对于电子监控的实践相对较晚，对其目的和性质的认识不够清晰，在基层社区矫正工作中，普遍存在的一个问题就是对于社区服刑人员不加区别地进行管控，监控的方式较为单一。[①] 有些地方，对所有的矫正对象全程适用电子监控，也不进行强弱程度上的区分，除非因为年龄较大、文盲或者身体原因（如视力、听力障碍）等问题无法使用手机的，其余的服刑人员在进行矫正登记时统一配发监控手机，直到矫正被解除的时候才将手机收回。根据我国的法律规定及其具体实施，社区中服刑的人员主要有四种，他们虽然同样在进行社区矫正，但是其对于社会和他人的危险性是存在一定差别的，如果对其监管不进行具体区分，很容易造成对一部分服刑人员的监管过度，而对另一部分人员则监管不到位，进一步就会导致依靠电子监控保护安全的价值期许不能如愿实现。

其次，过度监控和监控"不足"并存。由于我国电子监控的方式较为单一，没有进行考量和区分个体的差异，因此对于没有监控必要的服刑人员也采取了和他人同等程度的监管，对电子监控的适用贯穿始终，这就导致了过度监控现象。从整个罪犯的群体来看，社区矫正对象一般都是犯罪程度较轻、对社会和他人的危险性较小的群体，加入社区矫正过程中的主要目的是避免短期的自由刑所带来的弊端，同时也能够节省监狱资源，而对暂予监外执行的犯罪人员实行社区矫正主要是基于人道主义精神的考虑，例如对患病者的治疗考虑、对妇女在家生产或哺乳等考虑。[②] 对这些人员不加甄别地进行全面电子监控，既是对资源的浪费，也会导致社区服刑人员的心理排斥，不利于服刑人员重返社会。与过度监控相对应，随着各种经济犯罪、互联网犯罪等新型犯罪形态的出现，犯罪的发生不再局限于现实的地理空间，电子监控在预防此类再犯罪方面有明显的"短板"。

再次，电子监控排挤当面交流。电子监控带来的便利主要体现在监管效率的提升上，不需要投入过多的人力资源就能对受监管人员进行实时全

---

① 参见吴真《社区矫正中使用电子监控的理论与效果分析》，《犯罪研究》2018 年第 2 期。

② 参见蔡婧《电子监控在社区矫正中的应用分析》，《现代妇女》（下旬）2015 年第 1 期。

面的监控。但是长期以来排斥面对面交流，和社区矫正的目的就出现了背离，社区矫正的任务并不仅仅是监管，更是通过教育帮扶等途径促进矫正对象适应并融入社会。而缺乏了面对面的沟通、心理辅导、法治教育等的电子监控，会让矫正对象长期感觉自己被一双眼睛盯着，感觉自己不被信任。[①]

最后，电子监控本身的问题。电子监控本身也存在许多的弊端，例如电子监控设备的佩戴会无形中给服刑人员增添很多的心理压力，使其远离人群。其作为服刑人员，本身特殊的身份就会让其疏远社会，电子监控更加重了其心理上的负担。[②] 例如，某研究学者在对服刑人员进行相关心理研究的过程中，就发现女性服刑人员在佩戴电子脚环接受电子监控期间，想穿裙装，但是换上裙装出门之后感觉周围的人无时无刻不投以异样的眼光，又不得不换上长裤。[③] 毕竟能够像孟晚舟女士那样从容面对监控设备的监控对象不会有太多。[④] 我国当前大多采用手机定位，这种压力多少有所缓解，但是并不能彻底消除，面对不定期的人机分离抽查、电话抽查、语音回复等，服刑人员很容易焦虑，尤其是对于心理脆弱和敏感的服刑人员而言，标签化无论是对其自身还是对周围民众的心理影响都是较大的，对其重返社会形成了阻碍。

三 电子监控在社区矫正中应用的合理性证成与困境

(一) 合理性证成

在社区矫正工作开展过程中，防止脱管是社区矫正工作人员的首要职

---

① 参见陈冉《论电子监控技术引入社区矫正的正当性》，《犯罪与改造研究》2012 年第 9 期。

② 参见 Delphine Vanhaelemeesch，Tom Vander Beken，"Punishment at Home: Offender's Experience with Electronic Monitoring"，*European Journal of Criminology*，2014，pp. 273 – 287.

③ 参见黄晴惠《假释性罪犯对电子监控主观感受之研究——以受监控者观点为例》，台北大学犯罪学研究所，2010，第 68 页。

④ 参见《孟晚舟案进入实质性审理阶段》，央视网，http://tv.cctv.com/2019/09/25/VIDEAs8hdauc3wtMCWk9Tfiq190925.shtml? spm = C22284.PrbidG1htd93.EafatcA0hocH.12，最后访问日期：2019 年 9 月 27 日。

责，也是其他社区矫正工作能够正常开展的前提。在以往的矫正过程中，法院判决实施社区矫正之后，罪犯一般都会被释放回居住地，虽然在判决中命令服刑人员去司法所报到，但是这种强制力有限的决定很难落到实处，部分社区矫正人员并没有在规定的时间范围内前去报到，罪犯很容易处于脱管状态，结合当前社区矫正的实践来看，这种脱管的发生率并不低，其严重性已经达到了制约我国社区矫正工作开展的程度。① 甚至有些地方由于害怕脱管的发生而不敢采用社区矫正的方式，长此以往，不能付诸实践的制度只能被抛弃和淘汰。而电子监控技术的运用能够有效对这一现象进行遏制，电子监控在社区矫正工作的运用中具有相当的价值和意义，因此也决定了其具有极高的合理性。

1. 体现了对安全价值的追求

在社区矫正中实行电子监控措施，体现了对安全价值的追求。对社区矫正服刑人员进行监控与传统的监狱监控不同，在社区中实现的监控，体现的是在维护社会安全与惩罚犯罪分子的同时促进犯罪人员充分融入社会的刑事政策。刑法将危害社会达到一定程度的行为规定为犯罪，并且针对不同的犯罪对犯罪分子施以刑罚，主要的目的是维护社会安全，使社会和他人免于遭受犯罪的侵害与威胁。在刑法中要想达到此目的，最基本的手段就是刑罚措施，通过对犯罪行为进行具体程度的惩处和打击，最终达到对安全的保护目的。西方国家，社区矫正已然被法律所确定，作为一种明文规定的刑罚种类而存在，其是与监禁刑罚相并列的，但是在我们国家，社区矫正尽管已经在全国进行了推广，但是仍然处于自由刑的执行方式阶段。就其性质而言，无论是作为独立的刑罚种类而存在，还是作为刑罚的执行方式而存在，社区矫正都具备对自由的限制，这一特征就决定了其本身的惩罚性，是一种对自由进行限制的惩罚性措施。② 与监狱高墙电网的手段不同，社区矫正要想实现对自由进行限制

---

① 参见郑添成《科技设备监控运用于社区处遇可行性评述》，《犯罪与刑事司法研究》2005年第 4 期。

② 参见翟中东《社区性刑罚的崛起与社区矫正的新模式——国际的视角》，中国政法大学出版社，2013，第 27 页。

的目的，就必须充分依赖监督措施，各类接受社区矫正的人员需要按照相关规定向监督机关汇报自己的情况。在传统的监督方式下，社区矫正执行机关的工作人员会定期或者不定期对社区人员的服刑情况进行上门检查，或者由社区服刑人员到司法行政机关进行情况汇报，以此来实现监督。但是在电子监控与社区矫正监督相结合之后，电子监控就成为对自由进行限制的主要监控手段。无论是西方国家早期使用的固定电子监控，还是后期发展出来的移动电子监控，主要的目的都是能够随时对矫正对象的活动情况进行掌握。[1] 工作人员可以足不出户，只需要运用电子监控系统就能对矫正对象的活动轨迹和当前所处的位置进行有效的监督。在传统的监控方式下，工作人员的监督随机性较大，而电子监控是无处不在的，是不受时间和空间影响的。

此外，电子监控对于安全保护之价值目标的实现还体现在心理方面的威慑。电子监控犹如天眼一样无处不在，对社区服刑人员的活动能够进行全时段的监测，社区服刑人员对这一情况也了然于心。从犯罪学理论的角度来看，犯罪行为人实施犯罪有多个诱因，其中一个较为重要的因素就是侥幸心理的存在，其抱有犯罪后不会被发现的心理。而无时无刻不在进行监督的电子监控设备，会使得矫正对象缺乏再犯罪不会被发现的这一心理因素，因此能够实现对安全的保护价值。

2. 促进服刑人员重返社会

"重返社会"这一概念是在 20 世纪六七十年代提出并逐渐得到发展和认同的，其思想内涵在于帮助犯罪人员适应社会生活，重新融入社会开始新的生活和工作，不再重新犯罪，体现了当时的刑事思想和政策。这一思想兴起的主要原因是对监狱弊端的深刻反省，学界越来越多的人认为，监狱是一个能够使犯罪人员交叉感染的地方，在监狱中容易使犯罪人员的人格得到塑造和强化。此外，将犯罪人员长期和社会隔离开来，使其与正常的社会生活相脱节，这样犯罪人员服刑期满出狱之后如果没有一段时间的

---

[1] 参见郭健《关于构建我国社区矫正电子监控制度的设想》，《犯罪与改造研究》2017 年第 1 期。

过渡，必然会形成一种强烈的落差感。鉴于此，重返社会思想开始兴起，其主要措施包括渐进释放、劳动释放、教育释放、中途之家、归假、社区扶助等。① 显而易见，这些措施本质上是通过对刑罚执行方式或者场所的改变来帮助犯罪人员避免、摆脱监狱监禁所带来的负面影响，从而使犯罪人员能够更好地回归社会。

社区矫正是服刑人员重返社会的主要措施，而电子监控是社区矫正得以顺利实施的有效保障。因此，二者相结合对于进一步促进犯罪人员重返社会是极为有利的。正是由于电子监控的存在，对社区矫正措施进行监督的方式得到加强，各种社区性质的刑罚执行措施才能够得到很好的推行。在电子监控下，犯罪人员可以充分参与家庭生活，与当前的社会状态相契合，甚至是参与劳动。② 并且，在电子监控的威慑下，社区服刑人员容易养成遵纪守法、积极向善的心理和行为，这样的外部强制措施在一段时间的实施后，监管对象就能够潜移默化地进行内心善意的养成，这对于犯罪人员重返社会是具有重要意义的。

3. 鞭策的作用

电子监控还可以对服刑人员起到鞭策的作用，社区矫正工作引入电子监控之后，服刑人员的行动踪迹就会全面暴露在工作人员的监控之下，因此，在电子监控的威慑下，服刑人员的心理状态长期保持警惕，这种心理建设能够有效迫使其养成好的行为习惯。③ 就个体而言，如果缺乏一定的自制力，又没有外在力量给予监督，往往很容易放松自己甚至是在行为上放纵自己，而社区服刑人员更是如此。虽然社区矫正在制度上确立了"入矫宣告"等方式，以此强化"服刑意识""在刑意识"，体现刑罚执行的正义性，但是囿于现实的社区矫正机构的软硬件现状，无法实现警察机关、审判机关庄严的仪式感，反而削弱了本有的严肃性。在电子监控的监管下，服刑人员会在心理上不断加强自己仍然是一个罪犯的意识，在潜在

---

① 参见〔美〕克莱门斯·巴特勒斯《矫正导论》，孙晓雯等译，中国人民公安大学出版社，1991，第 22 页。

② 参见张亚平《法国刑事执行法》，法律出版社，2014，第 250 页。

③ 参见刘仁文、季凤建《论电子脚镣之借鉴》，《犯罪与改造研究》2007 年第 1 期。

的监视、控制下规范自己的行为，对于一部分服刑人员而言，他们甚至认为"（戴着这个）让我很痛苦，我又不是畜生""这样活着还不如死了算了"，因为他们必须学会自制，并且要努力遵守相关的规定。①

4. 提高工作效率

由于各种客观条件的限制，我国部分地区的社区矫正工作虽然已经逐步开展，但是更多还停留在名义上，在实际的工作开展过程中，人手的严重不足导致保障不力、工作不规范和不到位的情况大量存在。基于这样的前提和背景，电子监控实施和社区矫正相结合就具有重大的现实意义，其为提高社区矫正工作的效率提供了强有力的支持和保障。社区矫正工作的关键是对服刑人员的监管，此过程需要投入大量的时间和资源，而当前人力资源的匮乏，导致在传统的社区矫正监督中，只能采用电话访谈、签到学习等方式，这种简单的做法使得监督的效果难以达到预期。对于服刑人员的监督，不仅是限制其离开居住地，更重要的是监督其不再实施违法犯罪的行为，电子监控设备的引入能够使此类监督工作更加高效全面地完成。无论是固定的电子监控，还是移动的电子监控，都能够使工作人员实施远程实时的监控，这样可以大量节省人员和时间，监控中心只需要极少的工作人员就能够实现对全部辖区所有监控对象的监管，只有出现了特殊可疑的情形时，才需要由工作人员来进行当面核实，这无疑极大地提高了监控的效率。

电子监控不仅能够有效提高监控的效率，对于整个社区矫正的工作效率也能够进行有效提升，它不仅能够对矫正对象进行实时的监控，还能够通过电子监控系统来对其他的矫正工作事务进行处理。例如，某些地方的司法局开发了电子监控平台大系统，不仅能够对服刑人员进行实时的监控，还具有区域监管、信息交互、档案管理等多种功能，这对于社区工作人员工作效率的提升是全方位的。

综上所述，电子监控能够有效提升社区矫正工作人员的工作效率，节约资源。较限制自由的监禁措施，采用电子监控与社区矫正相结合的模

---

① 参见赵志强《电子监控在社区矫正中的应用》，《江西警察学院学报》2013 年第 4 期。

式，费用大幅度减少，人力的投入也相对较小。

（二） 应用的现实困境

电子监控是现代技术创新的结果，但在我国的具体适用中也会出现"水土不服"的情况，其原因既有硬件方面的，也有软件方面的。硬件方面的困境，主要是电子监控技术本身存在的问题，而软件方面的困境则是指法律和观念层面的阻碍。在肯定其成效的同时，我们也应当看到其存在的问题仍然比较突出。

1. 法律困境

无法可依是当前我国电子监控在社区矫正中应用和发展的主要制约因素。国内当前所适用的关于电子监控的法律处于严重缺乏的状态，尤其是在具体制度设计层面，只有《刑事诉讼法》中进行了规定，此规定仅仅是授予了公安机关这一主体对于电子监控进行使用的权利，但是其他的机关是否能够作为合法适格的主体却没有明确的程序规定或者操作规范，立法的相对滞后和技术的迅速发展导致了现实困境。而法律困境的解决无非需要两个方面的支撑，即理论体系的塑造以及法律制度的完善，一项缺乏理论支撑的制度，其存在的正当性和合法性就会饱受攻讦和诟病。而如果理论研究无法付诸法律制度，那么在司法实践工作中进行应用就会面临诸多的阻碍。多年前即有基层呼吁"以立法的方式对实施社区矫正信息化管理模式予以授权，避免出现与《立法法》相违背的现象"。① 在电子监控的应用上缺乏法律支持和依据，规则无力，有我国现实的原因，社区矫正作为一项新出现的刑罚措施，在我国起步较晚，其具体制度的设计尚不完善，因此相关立法滞后、法律规制缺乏，特别是社区矫正法几易其稿、多次审议没有通过。尽管在当前的实践工作中，各地方也在将电子监控与我国国情相结合进行探索和实验，但是这些经验要想形成复杂的电子监控法律还有很长的路要走。

---

① 孙振强：《社区矫正的信息化管理模式研究》，山东省社区矫正工作领导小组办公室、山东省法学会编《山东省社区矫正理论与实践研究获奖论文汇编》，2013，第226页。

2. 重刑主义思想对电子监控的冲击

在电子监控制度的理论工作研究和实践应用中，遇到的另一个重要的问题就是群众的刑法观念和社区矫正刑的冲突。社区矫正是以矫正犯罪思想、帮助其重返社会为主要目的的，但是群众的朴素刑罚价值观是建立在报复思想之上的，两者之间存在不可逾越的鸿沟。即使在学界、理论界，大多数观点也是将社区矫正的刑罚执行置于复归社会之前。我国封建社会漫长，重刑主义的思想、刑罚报应的文化深入人心，这样的状态只能随着社会主义法治建设慢慢改变。对于大多数人来说，为了保障社会的安全，最好的办法就是让罪犯进监狱，在这样的思想指导下，人们对于相较缓和的社区矫正就会存在抵触情绪，甚至认为社区矫正是对罪犯的提前释放，是一种对罪犯放任的行为。这对于电子监控和社区矫正的实施而言，是一个巨大的挑战。

3. 电子监控中存在的技术问题

在传统技术的电子监控中存在很多自身的问题，例如控制范围受限、不够灵活、精准度欠缺以及故障率高等，因此，以全球定位系统（GPS）为基础的电子监控便产生了。当前我国电子监控大多是采用手机 GPS 定位，这种方式能够让社区矫正管理人员对服刑人员的情况进行实时的监测，但是其也存在技术上的缺点，例如设备容易被抛弃、丢失，只能在事后对受控人的责任进行追究。这样的技术缺点就造了当前电子监控适用的不稳定性，这也启发了技术部门在设备设计上应当更加具有针对性。

四　社区矫正中电子监控的域外实证研究及对我国的借鉴

（一）美国的实践状况及对我国的借鉴

美国在 1984 年开始实施电子监控在社区矫正中的应用计划，当时的战略科技公司（Strategic Technologies Inc.）开发了世界上第一个一体化的犯人追踪设备。美国至今为止有包括美国卫星追踪公司（STOP – LLC）、哨兵（SENTINEL）、杰富仕（G4S）等在内的约十家公司开发不同型号、外形、功能的电子监控设备和系统。在美国当前应用的电子监控中，从信号报警方式上来看，主要有三种类型。第一是主动型，监督机构即缓刑官能够主动在任意时间对服刑人员的位置进行回放，当服刑人员进入法律禁止的区域范围时，其所佩戴的电子监控设备就会发出报警信号，一方面是对周围人群的危险警示，另一方面也是对服刑人员的警告，同时此信号也会反馈给监督机构，让其能够迅速及时地采取措施。第二种是被动型，其功能和主动型的电子监控设备并无差别，但是，设备只记录服刑人员每天的位置，只有服刑人员回到家或者进入有给定位设备接收器充电的地方才会向监控中心发送信息，因此，二者的主要差别在于监管中心接收到的信号是不是实时的。第三种是混合型，即主动型与被动型的结合，在信号发送功能上处于被动型，但是当服刑人员进入法律禁止的区域时则转换为主动型，及时向监控中心发出预警提示。

从外形上进行区分，主要有两种形式。第一是分体式，服刑人员佩戴GPS接收设备，将电子脚环佩戴在脚踝上，二者分开；第二种是一体式，在电子脚环中就包括了GPS的接收功能，只是体积比分离式的要大，需要每天两次充电，其优势在于能够有效避免分体式中GPS接收设备的遗失和分离。

就监管对象而言，在美国的社区矫正中，电子监控所针对的主要对象是性犯罪缓刑犯、假释犯、暴力犯等类型犯人。1998年，新泽西州首次对犯罪采用GPS技术追踪进行了规定，2005年佛罗里达州通过了杰西卡法案，要求离开监狱的曾经对12岁以下孩童进行过性犯罪的服刑人员必须佩戴定位追踪设备。

从费用方面来看，服刑人员在佩戴定位追踪设备期间每天大概需要花费40～130美元，其可以由犯人支付，也可以由政府财政支付，还可以由犯人和政府来共同支付。但是整体比较而言，采用电子监控与社区矫正相结合的模式所花费的费用远远比不上在监狱中服刑的费用。

综上所述，美国电子监控在社区矫正中的应用实践基础扎实，取得的理论成果也较为丰富，在设备的选取和设计、监控的对象以及费用的承担方式等方面都具有相当的实践经验，深入研究和学习美国这种社区矫正和电子监控相结合的模式，对我国进一步开展社区矫正工作具有重要意义。

（二）德国的实践状况及对我国的借鉴

一般情况下，电子监控的适用对象需要进行具体衡量，世界上多数国家一般进行衡量的标准都是社会危险性较小、犯罪较轻、刑期较短的罪犯或某些罪行较重但系初犯者等。德国在电子监控适用对象的选择方面就较为典型，德国黑森州早在 2000 年就开始使用电子脚镣对固定对象进行监管，根据其法律规定，适用的情形主要是六种：第一，按照《德国刑法典》第 56 条的规定被判处短期徒刑或者适用监外执行的；第二，按照《德国刑法典》第 57 条的规定执行假释的；第三，按照《德国刑法典》第 68 条的规定，在监狱服刑结束之后还需要额外进行一段时间监控的，这条主要是针对暴力性质的犯罪和性犯罪人员；第四，按照《德国刑事诉讼法典》第 116 条的规定进行取保候审的，但是将暴力犯罪者排除在外；第五，根据《黑森州赦免条例》第 19 条规定赦免的；第六，根据《德国刑法典》第 56 条的规定，在缓刑期间违反了规定，考验期被延长不再投入监狱进行监禁的。[①] 可见，德国对电子监控适用对象的规定是较为详细和典型的，这点值得我国参考和借鉴。

此外，德国对电子监控的适用成本进行了调查和研究，最终得出结论，使用电子监控设备的成本和人数呈负相关，也就是说，适用电子监控的服刑人员越多，其所投入的成本就会越少，呈现规模效应。由此可见，在对服刑人员进行电子监控的适用时，从经济角度考虑，应当形成一定的规模化，于我国而言，在社区矫正中适用电子监控应当大胆一些，在科学合理的前提下进行规模化的适用。

（三）韩国的实践状况及对我国的借鉴

韩国在 2008 年订立《关于特定犯罪者定位电子装置佩戴法律》，这

[①] 参见王晓霞、孙宝民《论德国电子脚镣制度及对我国刑罚的影响》，《国家检察官学院学报》2004 年第 2 期。

一规定主要以"遏制性犯罪再犯"为基础。① 韩国法务部统计资料显示，在进行电子监控适用之前的四年性暴力的犯罪复发率为 15.1%，而在正式实施电子监控之后，2009 年一年的时间就降为 1.7%。从年度的性犯罪复犯率统计来看，2011 年到 2014 年的平均犯罪率为 2% 左右。之后在 2010 年再次扩大电子监控适用的犯罪类型，同时对监控的期限进行了调整。

此外，韩国刑事政策调查研究院在 2014 年 2 月针对 410 名电子脚环监控对象做了一次调查，根据调查的分析，电子监控的实施对服刑人员的心理威慑作用极大，对其犯罪的抑制效果也是较为明显的。②

根据韩国的经验，笔者认为，我国的社区矫正工作还处于起步阶段，尤其对于电子监控在社区矫正中的应用来说，更是刚进行试点推广工作，因此其发展不应当操之过急，需要在目的、价值上进行明确，在具体的对象选取上深加考虑。

综上所述，通过对上述几个国家电子监控在社区矫正中的应用分析，笔者认为，电子监控在我国社区矫正中的具体应用需要注意以下几点。首先，电子监控的使用期限不应当太长，从上述国家的实践经验来看，电子监控使用期限超过两年或者三年的，继续使用效果会显著降低甚至不再有效果，因此，对于社区矫正人员实施电子监控的期限应当有所限制。其次，从电子监控所适用的对象来看，性犯罪等具有较高人身危险性或者再犯风险的服刑人员是主要监控对象，对于此类人员适用高强度的电子监控得到了大多数国家的认可，我国台湾地区也在 2005 年通过了"性侵害犯罪付保护管束加害人科技设备监控实施办法"，对于犯罪情节严重的性犯罪人员采用严厉的电子监控手段，因此，在对电子监控技术进行应用时，应当对具体的犯罪对象进行一定的限制。最后，可以结合我国国情和信息技术的发展进一步加大电子监控的强度，延伸监控的形式，将定位监控扩展为物理监听、实时监视、生化监测，将非监禁刑罚的强度最大化，以达到威慑和预防再犯罪的目的。

---

① 参见单士磊《韩国拟研制新型电子脚环》，《法制日报》2015 年 8 月 4 日，第 9 版。
② 参见吴真《社区矫正中使用电子监控的理论与效果分析》，《犯罪研究》2018 年第 2 期。

五 完善我国社区矫正中电子监控的法律规制路径探究

（一）社区矫正中电子监控法律原则的确立

1. 电子监控适用中的"相当性"考虑

电子监控作为一项刑罚执行措施，仍然需要坚持"罪责刑相适应"的基本原则，因此，在对电子监控的强度、对象等进行确定时需要坚持"相当性"。这也是大部分社区矫正领域学者所认可的观点。具体而言，随着社区矫正在我国的进一步发展，对于不同危险性的服刑人员适用不同的监督措施就成为必然的选择。虽然当前我国针对违反社区矫正管理规定采取收监措施的刑法规定也是一种对人身危险性较大行为的矫正方法，但是这样的方法只能算是一种"纠错"，是对之前人身危险性判断失误、调查评估不足的一种补救机制，其功能具有一定的局限性。在进行矫正的过程中，人力监督的方式是最为直接的，但是人力的成本劣势也是显而易见的。因此，电子监控的引入具有不可比拟的优越性。但是科技的应用也有弊端和不足，例如容易受突发的电力问题、不稳定的电流和信号等影响，此外，电子监控适用的正当性是其中重要的影响因素，这决定了其适用的空间是有限的。正如上文所说，虽然当前进行电子监控的应用具有一定的必要性，但是在进行适用考量时也要注重"相当性"。所谓相当性，是指在对服刑人员监控的强度上不能过度，并且在方法的选取上要合理，不能对服刑人员的合法权益过度侵害，确保监控的有效适用，如果对不可能产生矫正效果的服刑人员进行电子监控的适用，则不能达到适用的最终目的，即促进其重返社会，仅仅是为了保障社会安全，不具有相当性。当然，这些问题的解决还需要在受刑人法律地位方面进行深入的论证和研究。因此，本文所强调的相当性包括两个方面，一方面是对人身危险和社会安全的相当性考量，另一方面也包括了对重返社会的相当性考量，二者都体现了社区矫正的价值追求和基本功能。在具体的实践和应用中，需要对多方面的内容进行考量。

建立权威统一的社区矫正"人身危险评估"体系是必不可少的。尽管当前法官在定罪量刑时会对社会危害程度加以考虑，但是这和法官的个人经验、知识水平以及服刑人员当时的态度等息息相关，因此具有很大的不稳定性。从社区矫正过程看，虽然各试点也对考察的内容等进行了规定，但是具体的评价手段较为贫乏，缺乏一种有效的评价体系，因此在社区矫正中需要建立起独立于人格调查的人身危险性评估体系。在西方发达国家，风险评估是社区矫正的必要程序，其是对区别待遇的强调，通过风险评估结果采取不同的监督管理措施，以便更好地开展对服刑人员的矫正工作。举例来说，对于人身危险性较小的服刑人员可以采取相对宽松的监管方式，赋予其一定自由空间，而对于人身危险性较大的服刑人员，应当保持高度的警惕，即便到了矫正的后期，也要保证强有力的监督。

此外，在对电子监控进行适用时，很多因素都会对监控的效果产生影响，例如有学者通过调研发现，在电子监控过程中，对未成年犯罪的监管更容易失败，对男性的监管相较女性也更容易失败，对有工作的人更容易失败，等等，① 因此，在实施电子监控时，对"相当性"的考虑还必须考量性别、工作、家庭环境等多方面的因素，使电子监控的适用更具有针对性。

2. 人性教化意义上的监控限度

对于服刑人员而言，要想使其能够再社会化，其教化方式就是从违法到守法之间的不断过渡，采用电子监控相较于传统的方式而言，严密的监控方式使其更有可能发现服刑人员的违规行为，从社会安全的角度来看这是相当有利的，但是从服刑人员的角度来说，这无疑加大了对服刑人员收监的可能性。服刑人员在某些特殊情况下不得已脱离了监控区域，并不能必然认定其实施了违法行为，在传统的监控下，一般只有犯罪分子造成了社会危害或者危害意图较为明显时才会被发觉，而在电子监控模式下，只要服刑人员脱离了监控范围必然会被发觉，在这一过程中服刑人员并非绝

---

① 参见 Mary A. Finn, Muirhead-Steves, Suzanne, "The Effectiveness of Electronic Monitoring with Violent Male Parolees", *Justice Quarterly*, Vol. 19. 2, 2002, p. 299。

对在从事违法犯罪行为，因此，传统的监管手段其实是对服刑人员犯错可能的一种认可，适度合理的监控能够促进再社会化的进程，而过于严密的监控有极大的可能造成矛盾的激化，因此将犯罪人员当作完美的人进行要求是不可取的。

此外，对于电子监控所监测到的明确违规行为，在处理上也应当慎重，对其惩罚不应当过于严厉，例如，按照英国的做法，在监测到服刑人员违反了关于宵禁的相关规定之后，服刑人员需要及时进行电话汇报，对违反情况作出解释，如果服刑人员仍然不采取一定的措施对此进行解释和确认，就会被要求进行一次面谈，如果服刑人员继续违规，才会被重新带回法庭进行宣判。结合我国的具体实践来看，《社区矫正实施办法》对监管处罚、治安管理处罚、刑事处罚等适用条件和程序都进行了规定，并且明确列举了六种应当予以警告的情形、五种应当撤销缓刑和假释的情形及八种暂予监外执行罪犯收监执行的情形。此外，《社区矫正实施办法》还明确规定了一系列"多种联系"前置措施，要求矫正机构积极寻找、沟通，只有在实施了一系列措施之后，才采用极端的方式进行处理。由此可以看出，在我国社区矫正中极为尊重"人性教化"的需要。[1] 我们应当注意的是，科技的发展确实给人们带来了更多的便利，也让很多的工作具有了更为丰富的选择，但是对于科技的能力我们也不能过于迷信，仍然要强调人的主体价值，因此，在推广电子监控在社区矫正中的应用时，应当秉持适度原则，重视人的价值和尊严。

（二）立法的完善

根据上文的论述，我们可以看出电子监控在当前的社区矫正中具有重要的价值和效果，是一个可以进行有效监控和防止再犯的工具，但是，是否我国就能够立刻展开全面工作而不需要进行任何的考虑呢？答案当然是否定的，作为法治国家，法律的正当性是制度实施的基础和保障。尽管国外已经有了大量实践经验，但是在我国是否能够取得更好的效果仍然需要

---

[1] 参见陈冉《论我国电子监控适用中的限度》，《犯罪研究》2013 年第 1 期。

进一步的理论探讨和实践反馈，其主要原因在于我国对于电子监控的移植（手机等定位系统），并没有在《刑法》或者《刑事诉讼法》中有所规定，这直接导致的后果就是对社区服刑人员采用电子监控方式的合理性和合法性将遭到质疑。因此在我国电子监控和社区矫正相结合的过程中，应当注重试点的反馈和总结，在理论的指导下进行科学的立法，具体而言，在立法时应当考虑以下因素。

1. 明确电子监控的决定机关

在社区矫正中适用电子监控，明确决定权归属于哪一机关，这是极为重要的。而这与电子监控的性质有很大的关系。如果将电子监控定性为一种监管措施的话，那么适用电子监控的决定权应当归属于执行社区矫正的司法行政机关，这也是其法定的职责范围之内的事。而如果将电子监控定性为一种社区刑罚的话，则不能将其决定权赋与司法行政机关。[①] 笔者认为，由司法行政机关来决定电子监控的适用是较为合理的，这也符合当前普遍的认识，在当前的实践中也是这样来开展的，当前立法较为发达的国家都是由社区矫正机构来决定，在美国的大多数州，都是先由州提供名单，然后矫正官根据犯罪的记录、居住的环境、家庭人员的参与情况等进行评估之后决定是否采取电子监控措施。

2. 明确电子监控的适用对象

根据我国当前《刑法》、《刑事诉讼法》以及《社区矫正实施办法》的相关规定，我国进行社区矫正的主要是五类人，但是如上文所提到的那样，不加区别地对服刑人员实行电子监控措施显然是不合理的。[②] 在美国、德国等经验的指导下，不难看出对于适用对象的明确化、具体化是极为重要的，根据不同的危险性来进行适用具有重要意义，因此，在立法中进行明确是必要的，而具体如何适用，笔者将会在下文中做重点论述。

3. 明确电子监控的时间表及期限

对时间表的设置是电子监控的关键因素，设置得合理就能够与服刑人

---

① 参见赵志强《电子监控在社区矫正中的应用》，《江西警察学院学报》2013 年第 4 期。

② 参见刘仁文、季凤建《论电子脚镣之借鉴》，《犯罪与改造研究》2007 年第 1 期。

员达到共鸣，得到他们的接受和配合，让矫正工作事半功倍，而不合理的时间表会遭到服刑人员的抵触，甚至是不配合和抗拒。[①] 所谓时间表，就是规定服刑人员每个时间点应当在何处、不应当在何处的时间安排。例如时间表规定早上八点应当出现在工作地点，那么服刑人员在这一时间点就不应该待在家中。而在时间表的制度设计上，需要有一定的弹性以应对突发的事件，例如堵车等。在对电子监控时间的制度设计过程中，应当有一定的服刑人员参与，由此来进行更加精准和科学的设计，根据每个服刑人员的不同情况设计一定的弹性制度。

4. 电子监控与其他社区刑相互补充、相互配合

在我国目前的社区矫正中，与欧美社区刑比较接近的内容主要是《社区矫正实施办法》第 15 条参加学习教育和第 16 条参加社区服务的规定，以及《中华人民共和国刑法修正案（八）》新增的"判处管制，可以根据犯罪情况，同时禁止犯罪分子在执行期间从事特定活动，进入特定区域、场所，接触特定的人"的规定。从西方国家实践来看，英国的社区矫正刑、社区惩罚刑、宵禁刑、关护刑等，与我国禁止令类似的排除刑（The Exclusion Order），美国的保护观察刑、社区服务刑、家庭监禁刑及"日报告"（Day Reporting Centers），韩国的社会服务令和授课命令，日本的保护观察制度和紧急保护改造制度等，都对社区矫正对象进行了详细的区分，并辅以不同方式的电子监控，这对我国社区矫正的电子监控规制具有启发意义，特别是作为同源东亚文化的韩日模式，在性犯罪、涉毒犯罪的监控上更是取得了明显成效，监控对象、生存状态、心理应激反应等与我国相近，其制度具备一定的适应基础。我国也应该在对"禁止令"的认识基础上，形成更加统一的认识，例如上海地区判处禁止饮酒、禁止在外过夜的案例，[②] 与电子监控组合使用将会有更加积极的效果。

5. 电子监控应该作为接受认罪认罚的条件

实施电子监控不仅应当合理合法，还应当参考服刑人员的意见。在

---

① 参见王晓霞、孙宝民《论德国电子脚镣制度及对我国刑罚的影响》，《国家检察官学院学报》2004 年第 2 期。

② 参见潘自强、刘洋、林锦斌、武玉红《对〈刑法修正案（八）〉禁止令的研读》，刘强、姜爱东主编《社区矫正评论》（第三卷），中国人民公安大学出版社，2013，第 42 页。

当前各国的实践中，尊重服刑人员的意见，征求服刑人员的同意，在一定范围内是得到了肯定和认可的。无论是司法实务界还是学术界均对此持支持的态度，具体而言，其做法是由罪犯或者认罪嫌疑人主动申请或者法官、检察官、缓刑官提出建议，在进行具体的适用之前还需要征求犯人以及相关人员的意见，犯人本人的意见尤为重要，其同意与否将对是否适用电子监控产生根本性的影响。另外，在对电子监控进行适用时，还应当充分听取共同居住的成年家人的意见，并且取得家人的同意，在书面上予以确认之后再进行适用。当前这样进行的原因一方面是电子监控缺乏相关的法律操作规范，因此获取同意能够为电子监控的具体实施提供合法性的依据。[①] 另一方面，征求服刑人员的意见更多体现的是对人性的尊重，取得其同意之后，在执行过程中服刑人员也会更积极地配合，故意破坏监管设备的情况就会减少。对于明确拒绝接受监管的罪犯或者认罪嫌疑人，社区矫正决定机关可以重新评估其重新犯罪的可能性和监外执行的安全性。但是，由于对社区矫正法律地位认识的不同，部分坚持强调社区矫正属于刑罚执行的学者认为电子监控是监管和控制的延伸，是国家暴力机器强制力的体现，社区服刑人员作为受刑人没有讨价还价的余地，正如监狱围墙高度无须征求监狱犯人意见一样。这些都需要在法律规制中予以厘清。

（三）构建多维度多层次的电子监控体系

通过上文的论述，不难看出在我国当前的电子监控与社区矫正的结合实践中还存在一定的问题，电子监控还不能满足价值期许。究其原因，既有设备本身存在的弊端，也有无差别适用等制度和实践问题，为了能够解决这样的问题，使电子监控本有的价值最大化，笔者建议改变现有的无差别手机定位监控机制，构建起多维度、多层次的电子监控体系，即将需要进行电子监控的服刑人员分为不同类别，根据类别来采取不同强度的电子监控措施。

---

① 参见张崇脉《欧美社区矫正中的电子监控》，《中国监狱学刊》2011 年第 3 期。

1. 监控技术的发展提供了不同强度监控的可能

电子监控自从在社区服刑中应用以来，新的技术类型也不断涌现。[①] 总体而言，各国的实践中主要包括固定电子监控和移动电子监控两种类别，我国主要采用的是手机定位式的电子监控，可归类在移动电子监控的类别之中，但是其与传统的 GPS 移动监控又不是完全相同的，二者存在一定程度的差别。这三种类型的电子监控的技术原理、监控效果都有所差别，因此对适用的对象和条件也应当做一定的区分。

固定的电子监控系统指的是采取电子监控的形式对固定场所和范围内的服刑人员进行监测，其实现的方式主要是基于室内射频识别 RFID（Radio Frequency Identification），RFID 是一种非接触式的自动识别技术，它通过对射频信号的接收和发送对目标对象进行自动识别。在监控对象的身体某部位（一般是手腕或者脚踝）上佩戴一个电子设备，具体选取手腕或者脚踝是由服刑人员来决定的，二者各有优劣，在手腕上佩戴相对方便，但是暴露的风险更大，会对服刑人员的心理健康造成一定程度的影响，佩戴在脚踝上相对隐蔽，但是方便程度有所下降。在室内还有一个固定的射频接收器，接收器能够在一定范围内接收到信号，一旦超出该范围，固定电子接收器就会将信息反馈到系统的服务器，这种固定的电子监控设备和方式是最早使用的，也是当前不少国家主要使用的电子监控形式，[②] 其优点在于能够有效实现对服刑人员在固定范围内的监控，因此适用于被指定在某一固定区域活动的服刑对象。这种监控方式的监控强度仅次于监狱，特别是针对目前日益增多的通过艾滋病、肺结核、怀孕哺乳等方式达到暂予监外执行目的的人员，而且这类人员的主要罪名都集中于贩卖毒品、组织

---

① 有学者认为，国外电子脚镣已经出现三代技术，第一代是固定电话式的监控，第二代是 GPS 式的移动监控，第三代是皮下植入芯片的监控，并认为电子脚镣分为被动监控、主动监控、混合监控。参见刘仁文、季凤建《论电子脚镣之借鉴》，《犯罪与改造研究》2007 年第 1 期。但是，皮下植入芯片的监控技术实际上很少采用，而基于 RFID 技术的固定监控和基于 GPS 技术的移动监控并非代际更替，基于 RFID 技术的固定监控当前仍是主要监控措施。并且主动监控、被动监控、混合监控并非电子监控的分类，而是 GPS 技术下移动电子监控的分类。

② American Probation and Parole Association, *Offender Supervision with Electronic Technology*, The Final Report to the Department of Justice, 2000, p. 33.

卖淫、诈骗、盗窃等严重影响社会安全、严重妨害社会管理秩序的罪名，通过国家的人道主义关怀政策逃避法律制裁，在社会继续犯罪。

移动电子监控是 20 世纪末期随着 GPS 技术的成熟逐渐出现的监控形式。同样，要求被监控的对象佩戴一个电子手镯或脚环，通过 GPS 信号与终端控制系统实现信息联通。在移动电子监控系统中，也可以设定一定的活动范围，一旦服刑人员超出设定的范围，终端控制系统就会发出相应的警报，但是毕竟其属于"移动"式的监控，被监控的人员活动范围较为广泛，可以到附近进行工作、室外活动、一定范围内的访亲探友等，因此可以看出，采用移动电子监控的方式在对自由的限制方面更加宽松，监控人员只需要对监控对象的活动范围进行定期的了解，避免其出现在禁止的场所即可。但是，移动电子监控又像一双无形的眼睛，无时无刻不对被监控者的行踪进行监视，这对于监控者的心理、生活都会产生较大的负面影响，因此，电子监控主要适用于具有较大的危险性，但是不需要指定在相对固定住所内的服刑人员。

在我国的社区矫正电子监控适用实践中，主要采取的方式是手机定位式的电子监控，矫正对象在接受矫正的报到登记过程中会被配发一部手机，该手机则为特殊定制的电子监控设备，其在具有和普通手机相类似的接听电话、发送短信等功能的同时，也具有一般手机没有的定位和监测功能。随着信息技术的发展，目前大部分地区都通过安装安卓系统的手机来进行监控，通过安装单独的定位软件，实现拍照等被监督功能。通过手机，社区矫正机构能够随时对服刑人员的活动进行监控，该手机的移动行程也会被系统自动记录，确保工作人员能够随时查阅，当该手机越过法律禁止的边界，进入违规或者违法的范围时，监测中心就会接收到报警信号，此时工作人员就能够及时采取措施联系矫正对象，对警报的原因进行核实。此种监控方式和一般意义上的移动监控具有较为明显的区别，即移动电子监控的设备通常是佩戴在手腕或者脚踝处，服刑人员自身是无法摘除或者故意丢失的，而手机定位式的设备较为依赖服刑人员的自觉程度，具有较大的不确定性，需要设立拍照、声纹、语音等"人机分离"抽查检查、监督方式，因此监控效果无法做到无死角，服刑人员和管理人员"躲猫猫""斗智斗勇"的情况经常在日常的社区服刑管理工作中上演。也正因为如此,只用手机定位这种成本最低廉、看上去更加"人性化""去标签化"的监控方式没有在国外大规模推行。

在未来,随着移动通信技术和生物技术的不断融合发展,适用于监控人体生化指标的监控设备也将随着成本的降低,开始进入人们的视野,监控的内容也将从监督位置、监听谈话等转向血压、心率甚至是多巴胺、肾上腺素等能够反映情绪的生化指标,第一时间掌控社区服刑人员再次性犯罪、严重暴力犯罪的可能性。

2. 监控对象分类细化,提高监控精准度

我国社区服刑人员主要是四类罪犯,每一类犯罪人员的危险性程度都不同,即便是同一种犯罪类型,每个人由于其思想上、具体犯罪情节等多方面综合因素的不同,在具体的危险性上也存在差异。而监控的必要性和强度应当考虑的直接因素就是危险性,因此,在对犯罪人员进行监控管理的过程中,应当注意,既要做到监督的有效性,又要避免超出必要限度的监督强度,要想做到这一点,笔者认为最为有效的办法就是根据矫正对象的不同危险性来进行类型化区分,再进一步根据不同的类型来制定对应级别的监控强度。[①] 人身危险早已成为刑法学理论和刑事司法实践中的一个核心概念,但是如何对其进行科学的评估在我国一直没有达成共识。有学者试图去构造一种科学的评估方法,但是至今,所谓科学的方法,主要还是依靠经验判断,[②] 而按照长期以来经验判断的标准,具体负责案件的法官个人思维各有差异,因此很难做到客观上的绝对公正,这对于司法正义而言极为不利,甚至还会导致司法腐败。

当代国际社会在社区矫正领域使用的危险评估工具主要包括五类:威斯康星危险评估工具(Wisconsin Risk Assessment)、宾夕法尼亚危险评估工具(Pennsylvania's Initial Client Assessment Form)、印第安纳社区矫正服刑人员危险评估工具、水平评估量表(Level of Service Inventory-Revised,

---

① 参见陈伟《认真对待人身危险性评估》,《比较法研究》2014 年第 5 期。
② 参见郭明《学术转型与话语重构——走向监狱学研究的新视野》,中国方正出版社,2003,第 194 页。

简称 LSI-R 量表）、犯罪人危险评估系统（OASys）。① 鉴于社区矫正的历史渊源，中西方法律制度、文化基础、经济发展的差异，如何移植或者建立适用于我国本土实际的危险评估工具一直是社区矫正研究学者、司法行政管理部门探索、研究的重要内容。部分地方司法行政机构在长期的社区矫正实践中也对这一问题极为重视，并在实践的基础上总结出较为科学的人身危险评估体系，例如 2012 年山东省发布的《山东省社区矫正风险评估暂行办法》（以下简称《办法》）。《办法》以基本因素、个性及心理因素、社会因素和综合因素四个方面为评估内容，一共涵盖了 25 个子项目，较为全面地对能够影响危险性的因素进行打分和评估，进而将被矫正对象的人身危险分为三个档次，第一档次为低危险性，一般适用较为宽松的管制方法；第二档次为一般危险性，适用普通程度的管制方法；第三档次为高度危险性，适用严格的管制方法。以此来根据不同的罪犯类型进行不同程度的管制，有效地节约司法行政资源，达到监管的最优效果。

综上所述，笔者认为山东省的《办法》建立了一个较为科学合理的人身危险评估体系，值得其他地区有效吸收和借鉴。结合《办法》中的相关规定，针对电子监控手段的具体实行，在对罪犯进行分类时，笔者建议结合类似《办法》中的危险性个案评估与犯罪的类别，将进行社区服刑的人员大致分为四类。②

第一类为特定的犯罪假释犯和暂予监外执行罪犯。这一类别的划分可以借鉴限制假释的对象范围，即"累犯以及因故意杀人、强奸、抢劫、绑架、放火、爆炸、投放危险物质或者有组织的暴力性犯罪被判处 10 年以上有期徒刑、无期徒刑的犯罪分子"。在我国的刑罚中，明确规定了这一类的犯人是不得进行假释的，但是没有对减刑作出禁止，他们仍然可以通过减刑获得提前释放，然而在释放后没有受到任何的后续监督，这种类型的罪犯的提前释放因为不利于其重返社会而遭到学界的批评。③ 因此，有

① 参见翟中东《社区性刑罚的崛起与社区矫正的新模式——国际的视角》，中国政法大学出版社，2013，第 200~220 页。
② 参见刚彦《试论高危险性社区矫正人员监管措施的完善》，《法制博览》2018 年第 31 期。
③ 参见柳忠卫《假释制度比较研究》，山东大学出版社，2005，第 184 页。

的学者提出将减刑与假释进行合并，并且将其规定为所有通过减刑而缩减刑期的罪犯都应当按照假释的规定接受社区矫正，笔者对此做法表示赞同，并且，该类别的犯罪人员在实践中进行人身危险性评估时通常都是属于较高的级别。[①] 同时，对于相当部分的暂予监外执行人员，如上文所罗列的贩卖毒品、组织卖淫、诈骗、盗窃等严重影响社会安全、严重妨害社会管理秩序、多次故意犯罪的罪犯，通过艾滋病、肺结核、怀孕哺乳等方式为司法机关收监执行制造困难，普通的非监禁方式不足以预防其再次犯罪，不足以震慑其肆无忌惮的犯罪心理。

第二类为其他故意犯罪、违反社区矫正管理规定的社区矫正对象。如果在人身危险评估体系中没有其他的危险加分项，此类犯罪人员在入矫前期适用监听、监视的电子监管手段，通过对个人自由的有限限制提升服刑的威慑作用，一方面避免假释犯的监管强度断崖式下降造成的自我失控，另一方面对部分直接取保候审没有羁押体验的矫正对象形成有效的心理震慑，以"监"促"控"，增强其在刑意识。第二类可以继续细分小类，比如对经济类犯罪、职务类犯罪等结合其主观恶性确定电子监控强度。

第三类为其他普通社区服刑人员，同样结合其他的人身危险评估因素，在没有违反社区矫正管理规定情形时，可以适用一般的监控方式。

第四类为除前两类之外的特殊社区服刑人员，如能够进行有效监管的在校学生、车间流水线工作人员、在正规企业工作的职员等，这类人员的工作、生活环境相对稳定，日常受到学校、企业、领导的直接管理和监督，电子监控即使没有不利于其改造，从成本角度来讲也是无益的，其监督监管完全可以通过定期走访实现。通过对前两类服刑人员的强化监控可以对第三类、第四类服刑人员形成足够的震慑，增加其违反矫正管理规定需要承担的成本。鉴于本文的主要目的在于探究电子监控的法律规制，具体的细化分类将专门撰文论述。

构建这种多维分类形式，可以形成一个具有层次性又能反映危险程度的服刑人员体系，使监控的对象、目标以及追求的安全价值更加清晰，也

---

① 参见张亚平《法国社区矫正制度概览》，《刑法论丛》2014 年第 2 期。

有利于将有限的司法资源、财政资源更好地聚焦于社会危害性高的对象和领域。

3. 多层次电子监控体系之构建

矫正对象可以简单划分为四个类别，对应地，监控的强度也应当表现为不同的等级。因此，多层次电子监控体系具体而言就是针对不同的矫正对象而设定对应级别的电子监控强度。

对于第一类矫正对象，应当按照阶段进行三级监控，其目的在于使服刑人员能够循序渐进地适应社会，在进行惩处的同时也促进其重返社会，因此在假释之后的第一个阶段，应当选用固定电子监控的形式，并且，就监控强度而言，在此阶段应当是采用全面监控的方式进行监督，包括对其行为、位置、心理反应等多方面进行监控和监听。但是从当前研究来看，对其规定的期限不宜过长，瑞典所做的一项研究实验表明，监控时间控制在两个月能够取得最佳效果，而一旦超过三个月，监测的效果就会大大降低；英国的司法实务工作者在实践中发现，平均的监测期限应当限制在四个月左右，如果超出这个期限范围，服刑人员在监控中违反义务的可能性就会大大增加；[①] 法国在电子监控期限上的规定最高超过了六个月，这就导致服刑人员很难在长时间内做到自我监督和反省。笔者认同"固定电子监控其定位应当是服刑人员从监狱回归社会的一种过渡形式，是一种中间制裁手段"[②] 的观点，如果长期使用或使矫正对象产生焦躁情绪，对于其心理承受程度而言是一个巨大的挑战，也不利于社区矫正促进服刑人员重返社会这一初衷，因此笔者建议固定电子监控的期限不宜过长，将其控制在 1~3 个月较为合适，具体的时间规定应当通过对具体的犯罪人员进行综合评价来最终确定。固定电子监控这一阶段如果进行得顺利，服刑人员没有违反相关规定的行为，则可以在期满之后过渡到第二阶段，即强化的移动电子监控。相反，如果在这一阶段存在违反相关规定的情形，则进一

---

① 参加黄晴惠《假释性罪犯对电子监控主观感受之研究——以受监控者观点为例》，台北大学犯罪学研究所，2010，第 61 页。

② 参见郭健《关于构建我国社区矫正电子监控制度的设想》，《犯罪与改造研究》2017 年第 1 期。

步区分情节的轻重，如果情节较轻，则采用延长监控期限的措施；如果情节较重，则应当撤销全部或部分假释，重新收监执行剥夺自由刑。

强化移动电子监控适用于第二类矫正对象，以及顺利经过固定电子监控过渡到此阶段的第一类矫正对象。这一类型的监控对于服刑人员的心理震慑而言是具有较为强大的作用的，能够有效促进其规制意识的养成，但是在实践中也发现，强化移动电子监控对于服刑人员而言具有一定程度的负面影响，例如上文所提到的"标签化""心理孤立"等。因此，在具体的实践中应当采取措施尽可能避免这些问题，例如在电子设备的设计上，无论是功能还是外观都尽可能地做到对人性的尊重，此外，强化移动电子监控的期限也不应当过长，因为无论是电子脚环还是手镯的佩戴都会给服刑人员的身体和心理带来不适，长期的心理压制不利于其人格的重新塑造，在笔者的实际工作中也遇到服刑人员因为腕带充电焦虑而有心理压力。因此，这一监控期限应当控制在六个月以内，在这一期限中，如果服刑人员没有故意违反法律所规定的情形，在期满之后则进入下一个阶段的监控。反之，如果存在违反规定和法律的情形，情节较轻的做延期监控处理，情节严重的则应撤销假释，重新收监执行剥夺自由刑。并且，由于此阶段相较第一阶段而言，受矫正人员已经经过了一段时间的高强度电子监控，因此有必要在监控强度上进行一定的调节，没有必要适用全面的监控，在时间范围和监控范围上进行一定程度的缩减，如监听无必要继续适用。

普通移动电子监控适用于危险性不大的第三类矫正对象，以及前两类矫正对象顺利过渡到此阶段者。手机定位式的监控在监控强度上较弱，被监控对象的活动范围较大，同时也具有相当的灵活性，其主要目的在于使社区矫正机关可随时了解矫正对象的位置，以大致判断其工作、生活状况。在这期间，受监控对象的危险程度已经下降到了最低等级，因此也应当规定一个较短的期限，笔者建议不超过三个月，在这期间如果存在违反监管规定的行为，应当根据程度选择严厉监管措施或者直接进行收监等。

对第四类矫正对象不必进行电子监控，这既是对过度监控的矫枉，也是基于实际利益对司法成本的节约。作为一种强制手段，其公平性是执行机关必须考虑的因素，实践中可能出现的"选择性"监控、"歧视性"监控等都应该在规范的过程中提前考虑予以规避，使法律规制的正面效果最大化。

六　结语

近年来，随着我国社会治安形势的变化，刑事立法政策也出现以犯罪与刑罚在立法上的"一轻一重"为特点的新动向：在犯罪方面，犯罪门槛降低，大量轻罪入刑；在刑罚方面，废除备而不用、备而少用的死刑罪名并没有对刑罚结构产生实质影响，但随着生刑不断加重，刑罚投入量显著增加。有学者认为当前刑事政策的两极化趋势越发明显，由此引发轻罪轻刑增多，同时人权理念在刑事政策中的地位日益提高，以及"宽严相济"政策广泛实施，这些因素都是社区矫正数量面临大幅增长的"上层建筑"。

与此同时，我国立法中对于非监禁刑法制度的规定在具体适用中也面临巨大的挑战，从管制、缓刑、假释及暂予监外执行等制度的规定来看，随着近年来城市化进程的加快和人口流动速度的加快，这些制度的实施变得更加困难。2012 年修正的《刑事诉讼法》将以上非监禁刑罚的主体由公安机关改为社区矫正机构，但随之而来的问题是，我国当前的社区矫正机构"软硬件""双滞后"，执法依据不清，执法主体不明，执法场所不足。虽然从学界到实务工作者充满了热情，但是距离社会主义法治建设的追求仍有差距。社区矫正的重要地位在几次送审稿内都没有能够明确体现，作为人权内容一部分的受刑人地位、权利、待遇等问题的研究相对滞后。司法行政机关作为社区矫正这一刑事执法活动主体是否适格的研究，刑事民事"一体化大执行"格局的探索，这些都将直接或者间接对社区矫正及其电子监控的研究产生重要影响。

可以肯定的是，电子监控在社区矫正中的应用，是全球刑罚执行的大趋势，是科技发展提供的新手段，也是我国社区矫正由低起点向高水平发展的重大机遇。如何避免社区矫正成为一些犯罪分子逃避制裁的港湾，如何在刑罚报应和恢复性司法中取得最佳的平衡点，如何发挥好监管力量对监管对象的人性感育作用，这些都需要通过对社区矫正的电子监控进行多层次的法律规制，通过科学合理的实践逐步实现。电子监控的适用对象、范围及相关配套制度的完善亟须我们在借鉴域外经验、立足本土实际的基础上深入全面地研究。

会议综述

人权的中国发展：历史、社会与法律

——首届山大人权高端论坛学术研讨会综述

田　立　马康凤*

摘　要：2019 年 10 月 26 日，山东大学在青岛举办了首届山大人权高端论坛："人权的中国发展：历史、社会与法律"学术研讨会。与会者围绕人权的历史转型、社会理论中的人权功能、信息社会的人权与基本权利保护、基本权利的教义学构建、新兴（型）权利的理论与实践发展等重大问题进行了深入研讨。新中国成立以后，中国的人权事业得到了长足发展，中国特色社会主义的人权理论话语体系也已逐步形成。但是，有关"人权理论的中国化"的研究仍待进一步深入。为实现这一目标，探究现行人权保护机制背后更深层次的历史脉络和社会机制尤为重要，唯有如此，文本中的人权才能够真正鲜活起来，厚重的人权理论才能得到积淀。随着中国社会转型与社会整合的进一步加深，尤其是当下互联网和大数据的蓬勃发展，人权被赋予了新的功能。相应地，对人权的内容、性质、功能、保护机制等议题的研究也不应只囿于历史、现实、未来等传统维度，还应从社会的维度，结合中国的社会背景进行研究。

关键词：人权；信息社会；教义学构建；新兴（型）权利

新中国成立 70 年以来，中国人权事业的发展有目共睹，形成了以人民为中心的人权发展理念，构建了较为完备的人权保障体系。1978 年以来，有关人权的研究更加蓬勃发展，中国特色社会主义的人权理论话语体

---

* 田立，山东大学法学院讲师，法学博士；马康凤，山东大学法学院博士研究生。山东大学法学院硕士研究生王天、袁嘉昕、赵学军、刘茹洁整理了部分会议文献资料，并对文章进行了文字校对，谨此致谢。

系逐步形成。伴随着人权理论研究的深化，中国的人权实践也不断发展。在国内层面，较为系统的以人民为中心的人权理念已经形成，人民生活水平持续提升，人民各项权利得到切实保障，妇女、儿童、残疾人等特定群体权利得到重视，人权法治保障不断加强。在国际层面，中国全面参与全球人权治理，积极推动世界人权事业发展。①

人权理论话语体系的建设是一个动态的过程，当今，中国正面临百年未有之大变局，新形势给人权研究提出了新的要求和更高的标准。这就需要理论界在习近平新时代中国特色社会主义思想的指导下，进一步丰富和完善中国的人权研究，为中国人权理论话语体系的建设提供源源不断的智力支持。

在此背景下，山东大学法学院、山东大学人权研究中心和《人权研究》编辑部联合《山东大学学报》、《法制与社会发展》和《华东政法大学学报》，于2019年10月26日在青岛举办了以"人权的中国发展：历史、社会与法律"为主题的首届山大人权高端论坛。来自中国人权研究会、中国社会科学杂志社、《国家检察官学院学报》编辑部、中国社会科学院、中国人民大学、中国政法大学、上海交通大学、吉林大学、四川大学、中南大学、山东大学、中国海洋大学等高校和研究机构的六十余位专家学者与会，对中国人权发展的一系列问题进行了深入的探讨，提出了许多值得深入思考的观点和见解。

中国人权研究会吴雷芬副秘书长指出，此次以"人权的中国发展：历史、社会与法律"为主题开展研讨，其意义不言而喻。她提出，在以后的人权研究和人权理论的探讨中应做到以下方面。第一，坚持正确的政治方向，在马克思主义理论的指导下，以习近平新时代中国特色社会主义思想为根本中心，构建中国特色社会主义的人权理论体系。第二，密切关注实践问题、坚持问题导向，回应重大、紧迫的理论和现实问题。将经验和理论紧密结合，从中国人权事业发展的鲜活经验中提炼出相应的人权概念、

---

① 参见《为人民谋幸福：新中国人权事业发展70年》（新中国人权事业发展70年白皮书），https://baike.so.com/doc/28833857-30298940.html，最后访问日期：2019年11月25日。

范畴或表达并将其上升至具有说服力、感召力的人权理念。第三，传统上，人权研究就具有交叉学科的属性，横跨哲学、法学、政治学、国际关系、社会学等多个学科。新形势下新问题的出现和新技术的发展使得其交叉学科的属性更加凸显。因此，在之后的人权研究中要尤为注重运用跨学科研究的方法，关注新的研究领域、更新知识体系，推动中国的人权研究向更加专业化、多元化、综合化的方向发展。第四，努力改变长期以来西方话语占据中国人权研究话语体系中心的局面。坚持改革开放的态度和互鉴互学的精神，融合西方理论和本土资源，寻求中西话语的对接点，坚定理论自信，努力建设满足中国期待、具有世界意义的中国特色人权话语体系。

一　人权的历史转型

从历史上看，"人权"的含义并非一成不变，而是随着时代的发展和社会的进步不断丰富的，以不断适应现实的需求。对人权历史转型的探讨既可以专注于理论思辨和概念重构；也可以从史学的角度，对中国人权话语体系的问题进行梳理，总结中国特色人权话语的发展与逻辑；还可以从人权的道德性和政治性切入，进一步探讨人权的性质和功能。

（一）对"人权"性质和功能的反思

长期以来，人们习惯将人权视为一种道德权利，并将其作为人权的根基，认为"人权是普遍的道德权利，道德权利是人权得以成立的依据"。[①] 但国际人权法的发展使得这一认知开始动摇，人权的政治属性开始凸显。陈景辉教授从"道德理想"谈起，认为学理上通常会把人权视为一种道德理想，道德理想具备人们无法进行合理对抗的道德上的吸引力。同时，道德理想也要具备部分现实可能性，否则就容易沦为抽象的法律概念。如果将人权视为一种道德理想，则意味着它不能自满：各国无一例外都会宣称本国的人权保障获得了一定的成就，这是正常现象。但是，此类宣称并没

---

① 刘志强：《人权研究在当代中国的变迁》，社会科学文献出版社，2019，第75页。

有也不可能消除批评者的"挞伐",其原因在于这种成就没有达到道德理想所要求的标准。任何国家之政府都无法用在人权保障方面所取得的进步来对抗这种批评。同时,人权作为一种独特的道德理想的观点至少受到了来自权利理论的挑战。根据权利理论,通常将权利分为道德权利和法律权利。人权究竟是道德权利还是法律权利,构成了最近三四十年理论界关于人权概念的巨大争论。国际人权法的发展似乎给"人权是一种道德权利"的认知带来了挑战,但仍有人坚持人权是道德权利的观点。

从某种意义上讲,人权究竟是道德权利还是法律权利的争论也是传统的作为自然权利的人权和现代的作为政治概念的人权之间的争论的体现。自 2009 年开始,人权的政治概念逐步引起了学界的关注。与传统的道德概念不同,人权的政治概念可以大致理解为:人权是一种从外部限制国家主权的道德标准,是对其他国家进行干涉的正当道德根据。将人权作为政治概念改变了传统上自然权利理论的一些特点,即如果将人权理解为一个政治概念,将其视为对国家权力的一种外部限制,就与自然权利理论将人权以基本权利的形式作为对国家权力的内部限制的观点区分开来。从这一点上来说,对于作为政治概念的人权和作为基本权利的人权就能作出明确的区分。

将人权视为对国家权力的外部限制的观点主要源于以下基本观念:虽然人权和道德权利都与人的存在相关联,但这并不意味着人权和道德权利完全相同,因为存在共同体对人的影响。作为人,同时会具有文化共同体和政治共同体的身份,这些身份会对人的某些行为产生一定的限制。不同文化共同体和政治共同体的某些相对性的部分我们有时无法评价。但是这些相对性的部分有时会带来一定的影响,并在某种情况下引发权利剥夺的现象。而这种权利剥夺的现象到了一定的程度就会衍化为以国家主权为根据的对本国民众某种权利的巨大伤害,如此就构成了人权的问题,构成了以外部的方式来迫使某个国家发生变化的根据。此时,如果仍坚持将某人看作某个文化共同体或政治共同体的成员,则缺乏有效改变的方式或做法。相反,如果从人权是一个政治概念出发来看待某些行为,那么人权就不完全属于道德权利的范畴,而是一种其他国家或国际社会干预某些特定行动或在某些特定情形下对国家主权自主性进行限制的恰当的道德理由。如是，就可以发挥人权的外部限制功能。

国家的人权义务可以分为积极义务和消极义务。刘志强教授认为，人权包含权利，但并非所有的权利都是人权。我们从人权概念中，可以揭示出两个核心面相：防御权与合作权。① 根据人权的积极面相（合作权）和消极面相（防御权），一项权利要想成为人权，必须具备以下几个特点：（1）与公权力相关联；（2）是一项道德性的权利；（3）是弱者的权利；（4）涉及定性问题；（5）有规范性。长期以来，许多学者侧重于对人权消极面相即防御权的研究，而忽略了对人权积极面相即合作权的关注。但在人权的两个面相中，防御权有其局限性，仅靠防御权难以实现人权的逐步提升。相比之下合作权作为人权当中的两对核心要素之一，与防御权共同构成了人权概念的整体。具体而言，从应有权利角度来看，合作权是人权中的派生面相，是公民与国家基于人权义务共同保障的核心权利之一；从法定权利角度来看，合作权是宪法规范所规定的，是国家与公民双方通过共识达成的权利；从实有权利角度来看，合作权是公民与国家之间就人权进行交流与妥协的实际权利。要实现人权保障，需要在防御中合作，在合作中防御，进而达成共识，把人权实现的程度提升到一定高度。合作型人权具有价值功能、政治功能和指导功能，将是我国实现人权最主要的方式之一。

（二）中国特色社会主义人权理论的变迁与发展

人权是与特定历史条件所联系的、依据人的自然属性和社会本质规定的、人之为人的权利。不同的历史文化传统、不同的社会制度、不同的经济发展水平、不同的历史发展阶段，有着不同的人权理论和不同的人权发展道路。②

---

① 参见刘志强《论人权法中的国家义务》，《广州大学学报》（社会科学版）2010 年第 11 期，第 18～19 页。
② 鲜开林：《新的人权旗帜由此竖起——新时代中国特色社会主义人权理论与实践研究》，东北财经大学出版社，2017，第 2 页。

在中国，党的人权思想对于人权研究有着重要的作用，探究新中国成立以来中国共产党人权话语的变迁逻辑意义重大。毛俊响教授指出，新中国成立以来，中国成功地走出了一条具有本国特色的人权发展道路，形成了中国特色的人权话语体系：中国特色的人权发展道路的实践促进了中国特色人权话语的形成和发展。同时，中国特色的人权话语也建构和形塑了中国的人权道路和实践。中国人权话语变迁根植于人权保障的价值指向，是对马克思主义人权思想的继承和发展。

新中国成立以来，中国共产党人权话语的变迁可以分为四个阶段。新中国成立初期内忧外患，中国共产党自发形成了以生存权和自决权为核心的集体性人权话语；20 世纪 80 年代，在反思和辩驳过程中，更加关注个人权利，中国特色话语意识逐渐增强；20 世纪 90 年代以来，结合具体国情和国际环境，从人权保障体系、模式、责任和路径等方面建构了人权话语体系；党的十八大以来，中国共产党对内提出"人民幸福生活是最大的人权"，对外提出构建人类命运共同体，中国特色人权话语体系逐步完善。系统梳理中国 70 年来的话语变迁可以发现：就变迁轨迹而言，中国的人权话语变迁经历了从自发到反思、从辩驳到构建、从防御到输出的方式转变；从强调生存权到坚持生存权和发展权为首要人权，从强调集体人权到突出个人人权，再到兼顾国内人权和全人类命运的体系转变。就变迁动力而言，中国不同历史发展阶段的具体国情以及中国国家身份认知的转变，是中国人权话语变迁的自变量，中国的外部关系和国际环境是中国人权话语变迁的他变量。

中国的人权事业始终突出以民生为重的特色。民生建设与人权保障都是以人为本，一定意义上，民生在法律上的表现就是人权。承认人的主体性、承认以人为本，这是民生与人权的结合点，也是我们对话和交流的起点。[①] 进入新时代以来，中国的主要矛盾已经转化为人民日益增长的美好需求和不平衡不充分的发展之间的矛盾。党的十九大报告强调要提高人民生活水平，依法切实保护人民人身权、财产权、人格权。宋玉波教授指

---

① 罗豪才：《中国以民生为重的人权建设》，《人权》2013 年第 3 期。

出，中国"民生"话语历久弥新。他认为，在新的时代背景下，民生不仅指满足人们不断增长的需要，而且体现着公正价值理念，并成为包含生存权、发展权和追求美好生活权的完整权利话语。以民生为导向的人权保障道路，是在批判反思西方"普世"人权观及其现代性危机的基础上，运用马克思主义人权理论对中国人权发展实践所进行的伟大探索，不但为中国人权事业的发展，而且为破解世界人权保障困境积累了可资借鉴的经验。

（三）人权研究关注内容的转向

以往的人权研究对特殊群体人权问题的关注较少，但对某些特殊时期、特殊群体人权产生和发展的历史规律和脉络进行梳理和分析，可以发现人权历史转型的轨迹。

人权与社会科学领域的其他范畴一样，是一个在历史中生成的概念，理解并阐释"人权"这一概念，必须了解、把握人权在人类社会历史中的形成和演变。[①] 孙春蕾从德占时期和日占时期青岛监狱被监禁者的权利保障的视角进行了尝试。从 1897 年到 1949 年新中国成立以前，青岛经历了五次执政者更迭，其中德国占领时期对于青岛监狱被监禁者的管理并不强调增加对被监禁者肉体和精神痛苦的惩罚，而更侧重于以人道与人性为基础，以重建被监禁者道德认知与社会人格为取向的"规训"。日本占领时期，尽管监狱的管理发生了细微改变，但基本上仍然沿用德占时期监狱的原则和规范。通过对青岛监狱被监禁者的衣着、饮食、居住、医药卫生、言行自由、财务管理等方面的研究可以发现，在特定历史时期被迫接受现代化监狱的管理制度，对被监禁者而言在某些具体层面上是对人权的关注和保障，而这种被迫的人权提升是呈现这一历史转变的典型的微观注脚。

关于非公民权的法律保护问题，杨清望教授指出，经济全球化使得大量外国人和无国籍人涌入中国，产生了非法入境、非法居留和非法就业的"三非"问题。他将这些在华外国人和无国籍人定义为非公民，认为其享有权利具有深刻的理论基础。《世界人权宣言》、《公民权利和政治权利国

---

① 徐显明：《人权法原理》，中国政法大学出版社，2008，第 1 页。

际公约》和《经济、社会及文化权利国际公约》是其根本依据，而国家主权相对理论是其成立的法理根基。从国际人权法中可以导出其对非公民的权利保护，并确定国际人权法保护的非公民权利范围，即不可克减的权利和允许限制的权利。相对于公民，非公民也享有一系列不可克减的权利。诸如生命、自由、政治庇护、婚姻自由等与生命权和人格尊严权直接相关的权利都不可克减，因为这些权利是维护人的人格尊严所需要的最低权利，是人赖以生存的最低标准，是人之所以为人的界限。非公民权大致包含政治权利、经济权利和迁移权利三类。建立健全我国法律对非公民权的保障措施需要贯彻我国已经承认的国际人权法，落实我国非公民权的宪法保障、建立非公民权的权利清单，框定其权利范围及边界，为切实保障我国的非公民权提供法律依据。中国可以通过对非公民进行法律赋权、严格划定非公民权利与公民权利的内容边界、分领域确定保障非公民权利的范围等方式构建保护非公民权利的法律制度。

刑事诉讼法中的人权保障应该包含两条主线，即公正审判和文明司法。目前，我们对公正审判的关注较多，忽视了文明司法应发挥的作用。基于此种现象，陈苏豪老师认为应对在押被追诉人的权利保障问题给予高度重视。他从在押被追诉人与亲友交流权保障的角度出发，运用实证研究的方法对这一问题进行了探讨。对6个省份25家看守所的实证调研表明，中国在押被追诉人缺乏与亲属、朋友交流的有效途径，羁押期间普遍处于与家庭社会关系完全隔绝的状态。这既不能满足在押人员与外界交流的基本需求，还会因执法标准不统一而导致司法腐败。究其原因，规范缺失仅是表象，漠视在押人员精神性需求的落后执法观念才是根源。侦押合一的管理体制无疑助长了此种观念。看守所也缺乏必要的设施、人力，专业化水平不足。为改变未决羁押者长时间与外部世界相隔绝的现状，需要完善相关规范、加强设施建设、创新保障机制，逐步实现在押被追诉人与亲友的经常互动与交流。

二 社会理论中的人权功能

尽管从人权哲学的角度对人权的经典和本源性问题进行追问是人权研

究的一种重要范式，但是，人权研究更要落实到对具体权利的研究上来，注重具体部门法中的权利保障问题。中国的人权研究不应照抄或照搬西方的人权理论早已成为中国学界的共识。因此，在借鉴西方的人权理论时，可以用中国的哲学观对西方的人权理论进行修正和补充，站在中国的视角观察中国的人权问题，挖掘出适应中国语境的理论资源并对其进行现代化的转换和再创造。

（一）人权在刑事诉讼法中的功能

李树民主任认为，人权问题除了宏大的叙事和基础理论研究之外，还要落地生根，与具体的部门法尤其是诉讼法相结合。他从中国刑事特别程序诉讼人权审视的角度出发对这一问题进行了探讨。在刑事诉讼法的几次修改过程中，特别突出的是刑事特别程序。原来的刑事诉讼法没有特别程序，但在经历了 1997 年和 2012 年两次重大修改后，关于特别程序的条文大概占到刑事诉讼法条文的 10%，这个比重本身就说明了特别程序的重要性，也说明特别程序从一般程序中演绎、分化出来确有必要。刑事特别程序有其独特的历史背景，是我们国家的刑事发展和运行轨迹在刑事诉讼法上的体现。刑事特别程序在国际和中国历史上的诸多研究理论的基本优势在于其有基本的法理，即人权应怎样随着时代的发展进行保障。以往的特别程序学说，无论是国际上的还是中国国内的，都有一些共同缺陷，比如，过于关注特别程序设置的形式意义、过分聚焦于特定群体和特定罪案，缺乏对于创设特别程序一般法理的关注，尤其是缺乏从刑事诉讼最为关注的被追诉人权利角度审视、解读特别程序。未来的刑事特别程序应以被追诉人权利保护为核心，在一审普通程序基础上进行赋权型程序设置或者克减型程序设置，从而划定何种特定群体或特定罪案类型应予以保护或者不保护的标准，实现权利的流动保护。[①]

（二）人权在全球化过程中的功能

人权除了有确保人的主张受到公正合理的对待功能之外，也有很重要

---

① 李树民：《论刑事特别程序创设的一般法理》，《政法论坛》2019 年第 6 期。

的对外宣传功能。人权问题是当前国际关系中一个很现实的政治问题，同时也是中国和平崛起、树立负责任大国形象的关键因素之一。做好人权的对外宣传工作，不仅有利于争取国际社会对中国人权政策和工作的理解和尊重，对于展示民主、进步、文明、开放的世界大国形象，营造有利的国际舆论环境也具有十分重要的意义。[1] 正如李树民主任所言，人权问题是非常具有政治高度和学理深度的议题。它不仅是学理问题，还是政治问题，代表了中国在国际上的人权形象，是展现中国人权形象的重要窗口。

张祺乐老师在强调人权对外宣传作用的基础上进一步探讨了中国人权对外宣传的主体问题。她指出，长期以来，中国依靠政府的力量在国际上发声，起到了很好的作用。但随着近年来国际人权斗争的不断加强，话语权的争夺越来越激烈，民间外交在人权领域的作用越来越重要。作为一个世界大国，中国的非政府组织在民间外交上有很大的发展空间。从全球非政府组织在联合国经社理事会获得咨商地位的情况及发言规则来看，发挥非政府组织人权对外宣传的作用已非常迫切。目前，中国已存在发挥非政府组织人权对外宣传作用的现实基础。社会组织已初具规模，且已在社会服务领域、环保领域、扶贫领域、经济领域、倡导类领域等关键领域发挥了重要的作用。其中虽然没有专门性的人权组织，但很多组织在实践中开展着保障人权的实际活动。这些活动推动了公民社会保障权、受教育权、健康权、文化权和环境权等权利的实现。此外，许多非政府组织有了更多的责任感，更多地扮演政府协助者、监督者的角色。然而，目前发挥非政府组织力量作用仍面临一些问题，比如非政府组织人权素养不足、能力建设有待提高。因此要加强地方上的引导，完善培训体系，搭建平台、试点先行，以此来整合非政府组织力量，加以引导和培育，增强中国对外人权交流的力量。

目前，国际人权事业发展正面临一系列挑战，特别是受到政治、经济和科技等诸多因素的影响。世界人权事业的进步离不开包括发展中国家和

---

[1] 刘朋：《中国人权对外宣传的现状、功能与对策——以 41 部人权类中国政府白皮书为例》，《人权》2012 年第 6 期。

不发达国家在内的世界各国的经济发展和社会进步，离不开国家间积极、有效、建设性的交流与合作；对此，关于保障人权这一全人类共同的事业，中国主张在国际上，各国共同努力，构建相互尊重、公平正义、合作共赢的新型国际关系，构建人类命运共同体，坚持多边主义，加强人权领域的对话与合作，实现合作共赢。①

熊芸萱从中美两国关系入手就这一话题进行了探讨。目前，中美两国交往日益密切，人权问题成为两国关系的重要组成部分，也是最突出的一个问题。由于历史、文化和发展阶段的不同，中美之间存在分歧不可避免。在人权问题上，中美两国主要在人权的内容、标准、人权和主权的关系三个方面存在分歧。尽管如此，由于中美关系不是建立在共同的意识形态和价值观念基础上，而是基于共同的利益，这为两国的人权对话创造了可能。与其过多关注人权问题的差异，不如着眼于更重要的如地区安全和稳定、经济贸易等共同的利益。应正视分歧、尊重差异，在共同利益的基础上找到双方都能接受的支撑点，采取建设性的姿态、开展对话，并在对话时坚持尊重、理解和包容的基本原则，以期真正解决两国之间的人权问题。

（三）西方经典理论中的人权功能

西方经典理论始终闪烁着智慧的光辉，不仅对西方的法学发展产生了重大影响，也对中国法学理论和实践的发展有着重大的指导意义。新时代人权研究的深入推进仍然需要深入挖掘西方经典理论中的智慧宝藏。

张亮副教授对洛克的财产权理论进行了学理建构与逻辑证成。他指出，洛克的财产权理论在彰显自然法传统的前提下对自然权利的正当性与绝对性进行了论证。主要包括以下几个方面：基于神学理论，洛克对权利的正当价值进行了论证，奠定了正当性基础，避免陷入逻辑循环论证之中；基于学理角度，洛克确立了财产权的自然属性，并通过形式层面对财产权具有世俗正当性进行了论证，阐发了自然法所具有的强制与引导作

---

① 柳华文：《中国的人权发展道路》，中国社会科学出版社，2018，第232页。

用，使财产权作为自然权利的"普世"价值得以初步确立；基于世俗角度，洛克论证了财产权的正当性。财产权的形式平等并不一定能在结果或实质层面保证人们对该权利的平等享有。在解决这一问题的同时，洛克还寻求如何对资源进行最大化的开发和利用。

洛克是通过社会契约的学说对权利进行了批判，并引入了自然法。作为自然法传统本身的一种象征，权利高于社会契约。同样，霍布斯也把"利维坦"作为社会契约之外的统治者。两者都是在社会契约之上考虑权利本身的建构问题。从这一点来看，这和中国当下的制度建构有一些类似。有时如果一定要从实证的角度考虑权利的论证，也会存在一些技术上的难题；要对权利作出非常清晰的概念界定也是非常困难的事情。而如果从带有自然法传统和神学色彩的形而上的角度讨论，就不需要对权利的概念作非常清晰的界定，只需要明确几种规则即可。洛克即通过腐坏原则和效率原则，对社会契约出现之前为什么权利具有正当性的问题给出了清楚的解释。而我们现在更多探讨的是现实意义上的权利问题。如果从洛克的自然法中寻找启示，则可以从以下两点出发：第一，自然法传统去掉其鲜艳的外衣就是信仰的问题，我们目前也可以考虑从信仰的构建出发找到适合中国制度的权利建构模式；第二，洛克的自然法理论中权利本身高于契约的思想为我们提供了从信仰到权利技术构建的规范性纽带。

董骏老师在对罗尔斯契约主义人权观进行批判的基础上强调要关注人权的多样性。他指出，罗尔斯在其人权理论中所采用的契约式论证方式，决定了他的契约主义人权观不可避免地存在缺陷。这种缺陷主要表现在对人权的"三重遮蔽"上。在作为人权前提的"人"这一重要问题上，"原初位置"中的"无知之幕"将人同质化，遮蔽了人际间的丰富差异性；在人权的内涵上，契约主义人权观通过"自由权优先"原则的设置看到了人权的消极维度，遮蔽了对人而言更重要的人权"积极"维度；在人权的实现方式上，契约主义人权观依赖于建构先验主义"完美制度"来保障人权，遮蔽了人权实现的其他多种可能性。但人权是人作为人应当享有的权利，一种科学、合理的人权理论既要看到人权的共性，更应该看到人与人之间的显著差异。人权的内容应当同时包含"积极"和"消极"两个层面的权利。而在人权的实现方式上，除了制度的作用外，还应开放出其他更多的可能性。

三 信息社会的人权与基本权利保护

人权和基本权利的产生、发展及保护离不开特定的社会背景。纵观人类社会的历史，人类已经经历了采集社会、农业社会和工业社会三种社会形态，目前正逐步进入信息社会。信息社会也称信息化社会，是脱离工业化社会以后，信息将起主要作用的社会。所谓信息社会，是以电子信息技术为基础，以信息资源为基本发展资源，以信息服务性产业为基本社会产业，以数字化和网络化为基本社会交往方式的新型社会。① 伴随着计算机、互联网、云计算、大数据、人工智能、区块链等技术的出现和不断发展，中国也逐步由工业社会转入信息社会。与此同时，社会关系及相关的法律关系正进行着重大调整，为我们的研究带来了很多新的课题。

曹晟旻老师认为，在人工智能时代下传统人权观正在遭受严峻挑战，需要对其进行重构。首先，传统人权观正经历着价值消解与现实转向。这主要体现在三个方面：（1）目前社会治理的模式正经历着从主权国家治理到全球社会治理的转变，人权保障的模式也随之发生了演变并面临新的挑战；（2）基本权利保障发生了从垂直效力到水平效力的转向，并实现了公法和私法的融合；（3）由对人权的立法保障转向对人权的司法保障，并强调对人权的行政保障，力图实现人权保障的"三位一体"构建。其次，要建立现代的人权观，必须考虑现代人权观面临的时代背景及其挑战。区块链技术的兴起和发展代表着从去中心化到多中心化的发展趋势，可以为人权保障提供丰富的经验借鉴与规范指引；人物互联时代的全面开启要求必须打通人与物的互联，进而以此为基础思考人的权利问题；大数据与人工智能的应用也成了人权保障的"双刃剑"。最后，在重构现代人权观时要

---

① https://baike.baidu.com/item/%E4%BF%A1%E6%81%AF%E7%A4%BE%E4%BC%9A/833625？fr=aladdin，百度词条"信息社会"，最后访问日期：2019年11月8日。

考虑一些基本要素：（1）要考虑权利主体的客体化与权利客体的主体化问题；（2）在此基础上要关注侵犯人权的主体范围的扩展，对人权的侵犯正逐步从单一的国家政府的公权力的侵犯扩展到私权力主体的侵犯；（3）要注意责任主体范围的扩张趋势及"去人格化"的潜在倾向。

袁浩然对青少年在网络环境中的权利保护问题进行了关注。目前，中国青少年面临色情、诈骗、网络欺凌等多种网络风险，但青少年自制力较弱，仅靠其自身难以抵御这些风险。日本早已对这一问题作出了应对，颁布了《确保青少年能够安心、安全地利用互联网的环境整备法》。之后，日本对该法进行了两次修改，经历了以政府为主导的第一阶段和以民间为主导的第二阶段，最终形成了自下而上、民间主导、政府辅助的青少年网络环境安全保障体系。借鉴日本的实践和经验，他认为，为解决中国青少年网络环境安全问题，应从中国青少年网络保护相关立法、政府责任、互联网服务提供者义务、媒体、民间机构、学校和家庭的做法等多个方面入手展开思考。

四　基本权利的教义学建构

当下中国的法学研究越来越呈现出一种方法论上的自觉，而法教义学是其中一种方法论范式。① 虽然学界对法教义学的定义存在细微差别，但根据学界的讨论，可以将其概括为：运用法律自身的原理，遵循逻辑与体系的要求，以原则、规则、概念等要素制定、编纂与发展法律以及通过适当的解释规则运用和阐释法律的做法。法教义学可以在争议事实有多个可供选择的法律规则时，为裁判者提供可言说、可交流、可检验的规则选择与法律论证机制。② 教义学的方法是开展法学研究最基础、最常用也最有效的方法，在宪法学和部门法、诉讼法等领域都有广泛的应用，必须加以重视。

---

① 雷磊：《法教义学的基本立场》，《中外法学》2015 年第 1 期。
② 许德风：《法教义学的应用》，《中外法学》2013 年第 5 期。

（一）基本权利的教义学证成与实践

有一些权利虽然没有被规定为基本权利，但有时因理论和实践上的需要可能有必要将其上升到基本权利的高度加以保护。教义学的方法为这种需要提供了可行之路。

敖海静老师通过基本权利教义学的分析和构建的方式试图为信息自由这一基本权利确立其在宪法文本上的规范基础，并为具体的合宪性审查的展开提供初步框架。他认为，在中国《宪法》中，信息自由与以请求政府信息公开为内涵的知情权存在概念指向和规范基础上的分野。在人权条款入宪后所产生的价值和效力辐射效应的背景下，通过对《宪法》第三十五条表达自由条款进行目的论解释，可将信息自由纳入其规范领域加以保障。《宪法》第五十一条为公民行使信息自由划定了界限，同时也是对公权力限制公民信息自由的限制。德国比例原则审查基准和美国双重审查基准为中国涉及信息自由的事例的合宪性审查作业提供了理论上的操练和预备。结合中国《宪法》文本和社会语境，公权力可以保障国家荣誉和安全、其他公民的自由和权利，以及以善良风俗和公共安全为由限制公民的信息自由。

陈科先提出，就宪法层面而言，人的尊严面临无法进行法治化实践的困境。这存在宪法层面的理念认知与实践路径的双重问题。人的尊严应当以人格主义的政治哲学为价值基础，成为宪法上的基本原则并被规定为一项基本权利，其法治实践路径则可以通过权利限度理论来解决尊严权利的适用问题。在此基础上，他提出了人的尊严在宪法层面的立法建议，即以《宪法》中"公民基本权利和义务"一章为主要内容，制定宪法性法律《基本权利法》。同时，设立专门的宪法性审查机构审理基本权利案件，寻求司法与立法联动救济机制，为人的尊严的宪法性建构提供符合中国法律体制的推进路径。

（二）权利的限制与保护

我们不仅需要对权利加以保护，同时因不同权利之间的冲突及个人权利与国家、社会公共利益的冲突等的存在，还必须对其加以限制。对权利的保护和限制共同框定了最终的权利保障范围。

石文龙教授认为权利的合理限制与权利保障是一个问题的两个方面，对权利的合理限制可以更好地保障权利的实施与实现。当前，中国基本权利合理限制的制度基础与社会环境已经形成，主要表现在：（1）人权地位的凸显；（2）人格尊严的形成；（3）个人利益与国家利益的兼顾与平衡；（4）基本权利合理限制的相关制度的积极探索与建立；（5）部门法对宪法上的权利限制条款做了积极有效的回应。在目前的制度与实践中，中国公民权利限制制度还存在诸多问题，主要表现在：基本权利限制的规定不够清晰与全面；基本权利立法中存在未立法保护的基本权利；已立法的基本权利仍存在权利限制与保障的失衡；现有权利限制结构呈现"三角形"的"金字塔"模型，缺乏相应的机构以推进权利合理限制制度的有效实施；等等。为此，他认为需要引入"底线人权"、"不可克减的权利"与"宪法上的绝对权"等概念与制度，以加强权利限制的理论建设与制度建设，切实地推进公民基本权利的真正落实。

杨友孙教授从欧洲人权法院的具体案例出发介绍了欧洲人权法院在权利限制（尤其是对宗教权利限制）中的基本法理。2017年1月10日，欧洲人权法院在 Osmanoğlu and Kocabaş v. Switzerland 案例的裁决中否定了穆斯林女生享有免于参加公共学校混合游泳课的权利，引起了众多质疑和争议。该案例和近些年欧洲人权法院、欧洲国内法院一些相似案例一样，从司法的角度为终结"文化多元主义"做了注脚，体现了欧洲主流社会对他者文化，尤其是他者文化中的宗教信仰实践、文化习俗等采取了更为积极地干预和强制融入的态度，以弥补自由民主制度面对当代复杂社会和公共空间管理的"无力"的缺陷。

张帆副教授以《突发事件应对法》为背景探讨了在极端或紧急状态下权利的样态问题。他指出，目前中国的《突发事件应对法》存在许多问题，它是一部完全以行政执法为主的法律，没有充分重视公民权利；仅仅将突发事件视为某种客观事实，忽略了其可能蕴含的规范性意义。但紧急状态或突发事件并不是一种单纯的事实，而可以被视为一个解释性的概念，不同的立法方案会赋予它不同的规范样貌。基于法律体系的内部融贯性，中国《突发事件应对法》中必须认真对待普通民众的基本权利，并需要设置一种动态的限权原则，且这种动态的权利限制必须辅之以一种双重的论辩思维。这些原则具有针对性应对突发事件的自身特质，不仅可以彰显现行宪法看待权利的基本态度，同时也满足了现代法治对权利与权力之间相互平衡的期许。

（三）域外司法教义的借鉴

范继增副研究员对欧洲人权法院适用共识性司法教义的法治困境与出路进行了深入的探讨。共识性司法教义是欧洲人权法院动态性解释欧洲人权公约权利的重要工具。部分学者认为人权法院利用寻找共识的方式动态解释人权公约的做法超越了其职权范围，为主权国家设置了立法文本以外的国家义务。但是，《维也纳条约法公约》为人权法院适用共识性司法教义提供了规范性基础。人权公约具有的"促进人权保障的进一步发展"目标和人权法院将人权公约描述为"维护整个欧洲公共秩序的宪法文件"等因素都为人权法院动态性解释的制度提供了合法性的空间。从功能视角分析，人权法院适用共识性司法教义的主要目的就是通过比较法的方式确定在特定的人权保障领域和缔约国承担的积极义务是否呈现出共识性发展的结果或趋势。人权法院适用共识性司法教义呈现与法治要求相冲突的情景。这集中体现在滥用比较法、寻找共识性标准的方式缺乏连续性和稳定性方面。甚至，适用共识性教义会导致缔约国质疑其行使立法权和少数者惧怕自身权利无法得到有效保障。因此，部分学者建议人权法院放弃共识性司法教义动态解释公约，转而效仿欧盟法院的"自治性解释"的途径。但是，在欧洲多层级基本权利保障秩序下，共识性教义的适用构成了人权法院与缔约国机构的合作性对话司法程序，进而也需要用完善司法对话的方法解决共识性教义的适用与法治的冲突。他最后发表了如何通过司法对话的途径寻找共识的观点，包括：如何从宏观合作性司法对话的路径中寻找是否存在欧洲保障具体权利的确定性共识或者立法发展的趋势，以及如何从微观合作性司法对话过程中寻找公约缔约国法理共识。

五　新兴（型）权利的理论与实践发展

随着社会的不断发展，人权在演进的过程中也出现了某些新的特征和新的类型。对这些新兴（型）权利在概念和理论上如何把握，在实践中如何加以应对，不仅成为全社会广泛关注的议题，也成为当前法学研究的一个新热点。厘清与新兴（型）权利相关的诸多法律问题意义重大。

（一）新兴（型）权利的兴起

徐翔老师对体育权的衍生与发展进行了阐述。他认为人权是随着社会发展不断变化发展的，体育权随着经济、社会、文化的不断进步，逐渐受到全球人民的高度重视。在中国社会主义新时代的当下，体育权俨然逐渐兴起，成为一项新兴人权，无论其内涵是"基本人权"说、"宪法权"说、"受教育权说"还是"体育运动权说"，都是以肯定体育运动是一项人权为基础的。体育权的外延也极其广泛，女性、儿童、残疾人、难民等弱势群体的体育权尤其需要加以重视。体育权基于天赋人权、马克思主义人权观及人类命运共同体等理论形成并得到认可，势必推动人权事业的进步和人类命运共同体的实现。他认为，在未来，体育权的发展不可限量，将逐渐融入新时代人权谱系结构之中，并成为中国人权发展的重要内容，且基于其特殊性还有望引领世界人权潮流。

王娅提出英烈人格利益具有公共利益的属性。英烈人格利益的保护囿于公共利益之维，但英烈人格利益保护的核心是公益还是私益抑或兼而有之，学者们持有不同的观点。因此，有必要厘清英烈人格利益有无公共利益的属性。公共利益是"公共"和"利益"的结合，是主观公益与客观公益的融合。从"公共"的语词判断出发，加之主观公益中"社会意义"的理解以及客观公益中"国家目的"的解释，可有效阐明英烈人格利益的公共利益属性。英烈人格利益的性质判断，不仅符合数量上的"公共"特征，还契合实质上的社会接受和国家认可之态度，即英烈人格利益的公共利益属性，表现为不确定多数人享有的利益，根源于社会接受的需要和国家认可的要求。

（二）传统权利的新型样态

有一些传统权利虽然已经得到了广泛的承认和保护，但随着社会的不断发展，它们也呈现出新的样态。对其研究和保护的路径也必须发生相应的变化。信息社会背景下的隐私权就是其中典型的一例。李延舜副教授从社会的隐私观和个人隐私权的角度对当下学界对于隐私权的研究进行了反思和突破。他指出，信息隐私领域的"自决"与"控制"理论似乎主导了隐私权研究，并体现在法律文件中。然而，个人信息与主体之关联性及隐私之重要性绝不意味着隐私权的主观化。除了站在个人的角度考虑隐私，还应当在公共的角度进行探讨。通过对隐私的个人维度和社会维度的阐述，我们可以发现隐私权的研究进路是个人主义的，研究起点和终点都落脚于个人，但关于隐私标准、公民隐私期待的合理性判断以及隐私权与其他基本权利的冲突调和却都体现了社群主义的观点。说到底，隐私权是一个"程度"判断的问题，它并非"全有"或"全无"。个人隐私要上升到隐私权保护，需要与社会隐私观相契合，同时在多元价值间作出精心安排。从个人控制到社会控制，隐私权理论和实践要在个人选择与社会规范两个层面上同时展开。

六　会议总结

毛俊响教授和郑智航教授分别对本次会议做了总结。

毛俊响教授再次肯定了会议的主题，指出本次会议主题跨度大、视角多元，涉及对历史问题的总结、对当前制度的分析和对将来发展的展望，广泛吸引了不同知识背景的学者参会讨论；此外，他还提出了进行人权研究应有的诸多意识，包括人权研究的中国意识、人权研究的未来意识、人权研究的话语意识、人权研究的建构意识、人权研究的问题意识和人权研究的批判意识；最后，他提到，本次参会人员以青年为主，这说明人权研究的队伍正不断壮大。会议报告和发言充分体现了各位专家学者思考和视角的多元，给我们带来了很多启发。但由于时间限制等，争论仍不够激烈，缺少观点碰撞，很多问题可待继续深入交流。

郑智航教授指出了现有人权研究存在的四个问题：第一，过分强调技术化而忽视了人权的场景化；第二，过分关注与权利有关的现象，而缺乏将其上升为法学研究的理论自觉；第三，过分强调理论性，直接搬用哲学或政治学的概念，忽视了从法哲学的角度思考问题，没有突出法学研究的特殊性和必要性；第四，过分关注权利而忽视了人的发展和变化。

本次研讨会紧扣"人权的中国发展：历史、社会与法律"这一主题展开了深入的探讨，既对人权研究中的传统问题做了进一步的拓展，又对人权发展的中国土壤和未来趋势做了精准的把握并给予了高度的重视。这使得本次会议的研讨内容既涉及对人权性质的反思、对新的人权功能的开发等理论问题的探讨，又涉及对人权研究方法的提倡和重视。此外，本次研讨会还高度重视中国人权发展的历史和土壤及社会发展带来的新要求，关注了以往被忽视群体的权利保护问题和新兴（型）权利的发展。正如毛俊响教授所说，"视角多元、思维开阔"。本次研讨会的成功召开有利于进一步探究人权保护机制背后更为深入的历史脉络和社会机制，必将推动中国人权研究和人权事业的进一步发展。

Abstracts

Right of Eugenics in the Field of Judicial Decisions: Nature, Subject and Relief

Zhang Jianwen & Gao Wancheng

Abstract: As a basic human right, reproductive freedom not only demonstrates the constitutional value of individual autonomy, but also has the relief effect of civil law. Right of eugenics, as a new kind of claim in the field of judicial decisions, should be defined as the natural interests of individuals. Medical institutions have the obligation to diagnose and inform in prenatal examinations, and there is a basic basis for claims in China's current law. The subject of right of eugenics refers to the pregnant woman and her spouse, excluding defective infants. The percentage of responsibility of a medical institution should be measured by its fault-participation and predictability of the result of damage. The scope of liability for damages caused by the eugenics' right to be infringed includes compensation for mental damages and damages for property damages. The scope of compensation for property damages should include reasonably foreseeable expected losses with high probability of occurrence, mainly referring to follow-up medical expenses and special care for defective infants fees and special education fees.

Keywords: Reproductive Right; Right of Eugenics; the New Right; Prenatal Diagnosis Obligation

On the Theoretical Construction and Logical Justification for Property Right in Natural Law Tradition

—A Rethink about Locke's Theory of Property Right

Zhang Liang

Abstract: Natural law tradition had profound influence to Locke's theory of property right. In the process of giving justification for property right, Locke established its metaphysical foundation. Natural law was normative tie between the metaphysical foundation and secular meaning for property right. In order to forming basis of secularization of property right, labor became the standard for the justification of property right. For fully exploitation and utilization of resources, Locke believed the property right should be considered as absolute right. Admittedly, Locke's theory of property right had great significance for the development of contemporary political philosophy and social progress.

Keywords: Property Right; Natural Law; Natural Right; Labor; Currency

How to Treat the Constitutional Rights of Foreigners?

Yang Jinjing

Abstract: To discuss the constitutional rights of foreigners, it should first be clarified that the constitutional meaning of foreigners cannot be absorbed by the concepts of *Citizen* and *People*. The theoretical basis for the constitutional rights of foreigners is not only because that the international human rights protection has reached a consensus, but also for the traditional view of "internal and external differences" has been changed, while the *Human Rights Clause* cannot be the basis for the interpretation of foreigners' constitutional rights. The uncertainty of the foreigners' constitutional rights lies in the fact that the Constitution only provides for the protection of "legal rights and interests" of foreigners, but does not state what rights to protect. Although the legislative system on the foreigners' rights has begun to take shape at the practical level, there is still a risk of derogation of foreigners' rights. It is still necessary to learn from foreign experience to include foreigners in the scope of equal protection and to classify and review their rights according to the legal status of foreigners. In the future, foreigners should be given rights equally in addition to the rights closely related to national sovereignty and social system.

Keywords: Foreigners; Constitutional Rights; Equal Protection; Differential Treatment; Human Rights Protection

Social Constitution Protection of Fundamental Rights

Wang Mingmin

Abstract: The development of an emerging social system represented by artificial intelligence is in full swing. In contrast, fundamental rights face the real dilemma that the protection barrier is becoming more and more fragile. What is even more difficult is that the constitution of the political state is suffering, while the inevitable gaps in the protection of fundamental rights increase. In the perspective of social system theory, the fundamental rights field in social change has moved from political constitution to social constitution, from national state to globalization. The object of restraint on the effectiveness of fundamental rights is no longer limited to state public power. On the one hand, social power has risen around the world. At the same time, the boundary between social power and the state's public power is increasingly blurred, and the mixed power generated by the strength of each other is also beginning to emerge. Furthermore, power is no longer the only risk that the fundamental rights face, and even all institutional forces with a tendency to expand in the social system need to be covered by the indirect horizontal effectiveness of fundamental rights. Facing the double dilemma of theory and reality, social system theory provides different perspective and research approaches for political constitution, constitutional doctrine and fundamental rights doctrine. The political constitution has been replaced by the social constitution through generalization and re-concretion. In the social constitution, the protection of fundamental rights can be rebuild with indirect horizontal effectiveness in different social systems.

Keywords: Social System Theory; Social Constitution; Fundamental Rights; Indirect Horizontal Effectiveness

Legality and Limitation on the Covenant Not to Sue

Zhao Zhichao

Abstract: The covenant not to sue has a large number of judicial practice, but the current academic community does not have a unified understanding of its legitimacy. The viewpoint of affirming its legitimacy means that the right of action is equated with the substantive right in the private law. This is contrary to the academic consensus of the right of action, and lacks recognition on the path of legality. The view of denying its legitimacy starts from the human rights attribute of the right of action, on the one hand, it is considered that the right of action cannot be waived and cannot be disposed of. On the other hand, it also believes that anyone can decide whether to bring a lawsuit. Therefore, its viewpoint cannot be consistent. The right of action belongs to the procedural subjective right, and has the positive protection content of self-determination and self-control. The disposition of the right of action usually does not hinder the public interest, so the legality of the covenant not to sue should be recognized. The legality of the covenant not to sue is also in line with the comparative law experience of the countries or regions of the civil law system, and can also be consistent with the experience of judicial practice in China. The covenant not to sue has a legality boundary. Since the covenant not to sue is a litigation contract, the principle of fairness for the legality limitation of the litigation contract also applies to the covenant not to sue. At present, there is a myth in the division between revocable and invalid covenant not to sue. The covenant not to sue with the defect of the parties' intention can be revoked, while the covenant not to sue violating the principle of fairness is invalid.

Keywords: Covenant Not to Sue; Disposition of the Right of Action; Litigation Contract; Legality

The Attributes of Right and Legal Regulations of "Inferred Information"

Feng Fei & Chen Tianxiang

Abstract: In the era of big data and algorithms, the collection, analysis and use of data emphasize how to infer information. Those inferred information have clear personality interests and property interests, which are challenging existing theories of the right of personal information and privacy. It is necessary to explore the attributes of right to inferred information and provide measures for legal regulation. There are four optional theories of empowerment of inferred information: the right to personal information; the right to privacy; intellectual property rights; composite rights. EU's data laws are represented by GDPR which reflect the right to personal information of inferred information; American decentralized industry laws mainly reflect the right to privacy of inferred information. Actually, they can't effectively deal with theoretical and practical problems from inferred information, and how to protect the right to inferred information remains to explore.

Keywords: Inferred Information; the Right to Personal Information; the Right to Privacy; Intellectual Property Right; Legal Regulation

The English Academic Criticism Privilege Defence and the Perfection of the Chinese Personality Right Law

Wang Weiliang

Abstract: There is an inherent conflict between the right of academic criticism and the right of reputation, and all countries have the responsibility of balancing and protecting them. Section 6 of the Defamation Act 2013 creates a new defence of academic criticism privilege, designed to repair the imbalance created by inadequate protection of the right to academic criticism. In terms of the applicable conditions, the privileged defence emphasizes conditions such as "statements relating to scientific or academic issues", "journal publication", "peer review" and "no malice". Article 6 the academic criticism privilege defense has not been used in judicial practice so far, and its behavior prediction and guidance play an obvious role. For China, which is facing similar problems, it is of great significance to improve the content of the personality right of the Civil Code and to raise the level of protection of the right in China by drawing on the relevant legal rules from the British experience.

Keywords: Privilege Defence; Right of Academic Criticism; Right of Reputation

The Right to Refuse Treatment as a Constitutional Right and Its Protection

—The Experience of American Law and Its Enlightenment

Chen Shaohui

Abstract: As a constitutional right, the right to refuse treatment is a right claimed by mental patients to resist and deny involuntary treatment. In the United States, although the Supreme Court did not positively affirm the constitutional nature of the right to refuse treatment, both the federal district court and the states generally recognize that the right of patients to refuse treatment is a constitutional right. The mental health law of the People's Republic of China actually holds a negative attitude towards the right to refuse treatment for involuntary patients. In order to protect mental disorders' self-determination and health rights, we should recognize the right to refuse treatment and provide corresponding legal protection for this right.

Keywords: the Right to Refuse Treatment; Involuntary Admission; Due Process of Law; Constitutional Rights

Can We Reduce the Age of Criminal Responsibility of Minors?

—An Empirical Study Based on 1010 Questionnaires

Zi Zhengfa & Fu Liping

Abstract: With the frequent exposure of juvenile crimes, more and more people are beginning to question the rationality of juvenile criminal responsibility age in China, and demand to reduce or set the flexible age standard. However, the causes of juvenile delinquency are complex and diverse, involving many factors including family, school, and society. If we want to rely solely on penalties to regulate, it is not only suspected of passing the responsibility to minors, but also may not cure the symptoms. In view of the more frequent juvenile crimes, we should not only hope to solve the problem by reducing the minimum age of criminal responsibility and expanding the criminal range. Instead, we should comprehensively analyze the causes of crimes and establish the judicial concept of state parental rights and welfare of minors, distinguish minors from "criminal acts", create a system of non-custodial measures, and appropriately expand the scope of application of conditional non-prosecutions, in order to find a path to solve problems outside the penalty.

Keywords: Minors; Age of Criminal Responsibility; State Parental Rights; Non-custodial Measures; Welfare of Minors

On the Obligation of Employers to Provide Reasonable Accommodation in Employment of Disabled Persons

—American Experience and Its Reference

Han Xu

Abstract: Laws prohibiting employment discrimination against persons with disabilities require employers to fulfill double obligations, not only to fulfill the negative obligation of non-discrimination, but also to actively interact with job seekers or employees with disabilities to provide reasonable, effective and feasible accommodation. The reasonable accommodation rule is the most distinctive part of the United States law prohibiting employment discrimination against persons with disabilities. A detailed study of the three common types of reasonable accommodation, the procedure of fulfillment and the evaluation criteria and limits of employers' positive obligations in American law will provide some useful experience for improving the implementation of the rules of reasonable accommodation obligations in China.

Keywords: Reasonable Accommodation; Accessibility; Disability Discrimination; Interactive Process; Undue Hardship

China's Transboundary Water Diplomacy in the New Era

—From the Perspective of Right to Water

Zhou Xiaoming & Li Jie

Abstract: China has many international rivers, which involve diversified subjects and complicated controversies. Deepening China's transboundary water diplomacy is of great significance for realizing the Chinese Dream, promoting the "Belt and Road" Initiative and building a community of shared future for mankind. It is one of the most important aspect of China's Major Country Diplomacy with Chinese characteristics in the new era. The international rivers from the perspective of right to water include the intra-generational and inter-generational human rights, such as the substantive rights of citizens along the international rivers in terms of water quality, water quantity and fair and reasonable water use, as well as the procedural rights in terms of right to know, right to participate in decision-making procedures and right of equal litigation. China's transboundary water diplomacy is determined by the general factors such as the socio-economic development level, water quantity and water quality, water ecology and degree of water governance. It is also subject to China's own water diplomacy capacity building, the interests of the basin countries, and some extraterritorial actors. In this regard, China should take building transboundary water community as the basic goal of its transboundary water diplomacy, and take Integrated Water Resources Management as the basic principle, deepen China's transboundary water diplomacy by clarifying the main body and powers and responsibilities of China's water diplomacy, and implementing public water diplomacy in the basin countries.

Keywords: International River; Water Diplomacy; "the Belt and Road"; A Community with a Shared Future for Mankind; Integrated Water Resources Management

The Cultivation and Keynote of the Culture of Rights in Modern China
—The History and Characteristics of the Concept of "Right"

Zhang Mengwan & Qu Zhenglong

Abstract: It is a long historical process that the word of "right" has been translated and then widely spread and used in modern China. The transformation about the concept of "right" has brought out changes of the conception of "right". Also, the concept of right has significant effect for raising the culture of rights in modern China. The origin of the culture of rights in modern China is such a complicated course of ideological conceptions and discourse practice which contains the translation and selection about the word of "right" and other related concepts is full of reversals and zigzags. The concept of right in modern China is not only deeply influenced by the western culture of rights, also has profound signs of sinicization when it was born. It shows that concept of right in modern China has many unique Chineseness characteristics. There has been a lot of confusion about concept of right. And the concept of right in modern China is intended to be communal inclination and power oriented. In some way these issues also predict evolution path and set the keynote and direction for the culture of rights in modern China.

Keywords: the Concept of Right; the Culture of Rights; Modern China

An Analysis on the Evolution of Farmland Use
Right in China

Zhang Linlin

Abstract: In order to innovate properly in the existing legal system, it is necessary to summarize the evolution law of the right to use agricultural land in China. Firstly, it describes the system of collective land ownership, and from the collective theory, looks for the inherent disadvantages in collective land ownership system, and the reason why the individual farmland use are lack in the collective. Secondly, it defines the basic concepts and legal position in the household contract responsibility system. It analyses the external environmental impacts and the internal system impacts in the process of urbanization. They put forward higher request. Finally, China's agricultural development of the system meets the certain rules. It performs the combination of the mandatory changes and the induced changes. Among them, the reason of the state needs to balance the multiple factors in the context of urbanization, in order to meet the general trend of China's land system.

Keywords: Farmland Use Right; Three Rights Division; Mandatory Change;

Induced Change

A Microscopic Investigation of Women's Rights Legislation in Modern China

—Based on the Perspective of the Formulation of the
Wife's Family Name in the Draft of Civil Law

Sun Huijuan

Abstract: The right to name is part of the basic rights of women, and part of the women's human rights system. By analyzing the different positions and attitudes of the academic circles and official drafters on the issue of the "civil legislation of wife following husband's surname" in the Republic of China, through the analysis of the legal basis, the specific provisions of the legal system are analyzed, and they are considered to be in conformity with the constituent elements of the right to identity. From the habit to the legislation, the wife's surname caused a lot of attention of the society on women's right, although the social effect of the law was limited. The civil legislation of the wife's family name was investigated and the basic rights of women in modern China were observed, they both have a meaning for the current legislation on women's basic rights.

Keywords: Draft Civil Law of the Republic of China; Feminist Legislation; Wife Following Husband's Surname; Women's Right of Name

The Function of Moral Consolation of Criminal Trial: Origin, Evolution and Decline

—Review on the Origins of Reasonable Doubt:
Theological Roots of the Criminal Trial

Yang Ping

Abstract: *The Origins of Reasonable Doubt: Theological Roots of the Crim-*

inal Trial written by Prof. James Q. Whitman, based on enormous classical literature, especially theological literature in the medieval times, found that criminal trial in the pre-modern society had a strong function of moral consolation. Reasonable doubt is an example, which was created to relieve the moral pressure the adjudicator had when giving a guilty verdict. Prof. Whitman states that the fact that "beyond reasonable doubt" is used as the standard of proof in criminal trial in modern society would inevitably lead to embarrassment and confusion. He suggests that the U. S. should learn from the European countries by establishing a system more suitable for fact-finding. He also believes that the factfinder should revisit the old forgotten faith by regarding trial as a "moral decision" and carefully applying the procedure of suspicion, with the aim not only to prevent the innocent from wrongful convictions, but also to protect the legal rights and interests of the guilty.

Keywords: Reasonable Doubt; Moral Consolation; Fact Finding; the Standard of Proof; Moral Decision

Credibility Assessment of Confessions: A Dual Examination Based on Truth Seeking and Human Rights Protection

Zhang Wei

Abstract: In a criminal trial, the accused knows best whether he is guilty or not. Especially in some criminal cases where the victim dies and there is no effective indirect evidence to prove the fact, the confession of the defendant is indispensable for fact-finding. Under the idea of "truth seeking", the core task of criminal trial is to effectively evaluate the credibility of evidence. There are two types of discredited confession: involuntary confession and voluntary confession. The effective ways to evaluate discredited confession should be the prohibition of evidence use based on admissibility review and the use of word change based on credibility review . The nihilism of corroboration in the criminal adjudication of our country has made the credibility assessment of confession fall into a predicament, and it is necessary to explore the way out of the creditability evaluation of confession in China by restraining the confirmation bias of the fact-finder and encouraging the use of counterevidence .

Keywords: Confession; Credibility; Truth Seeking; the Protection of Human Rights

Retrospect, Problems and Prospects: The Development of China's Criminal Legal Aid System for 40 Years

Liu Renqi

Abstract: Since the reform and opening up 40 years ago, China's criminal legal aid system has made great achievements. The criminal legal aid system has been continuously improved from scratch, the scope of benefits has been continuously expanded, and the stage of case assistance has been continuously advanced. However, the development of China's criminal legal aid system is still facing many problems due to the short creation time of the system, the imperfect legal system on the macro level, the low quality of cases on the meso level, the rapid growth of cases on the micro level and the shortage of lawyers. The legal system of criminal legal aid should be improved on the premise and basis of the concept of state responsibility and give full play to its value in guiding the realization of government responsibility by studying and formulating the "Legal Aid Law", improving the legal hierarchy of legal aid related norms, speeding up local legislation, etc. Detailed regulations are made on the evaluation subject, evaluation object, evaluation index, evaluation method, evaluation procedure, etc. in order to strictly control the quality of criminal legal aid cases. We will improve the relevant supporting systems by constructing multiple providers of legal aid for criminal defense, increasing the guarantee of funds for criminal legal aid, and regulating the uneven resources of criminal defense lawyers as a whole.

Keywords: Legal Aid; Criminal Legal Aid; System of Legal Aid

Research on the Legal Regulation of Electronic Monitoring in Community Correction in China

Xu Qingyong & Shan Baoxiong

Abstract: With the advancement and in-depth development of community corrections, how to strengthen the prevention and control of violations and violations of community prisoners has become a big problem. At present, some places in China try to use the GPS positioning mobile phone system, especially for the implementation of the "injunction" of the Criminal Law Amendment (IX). However, the GPS positioning mobile phone system only belongs to the "knowing" level, and has nothing to do with the "control" level. How to prevent others from replacing the information input by the supervised personnel or being separated from the terminal by the supervisor or even re-offending is a problem that cannot be solved by the GPS positioning mobile phone system, and needs to be continuously improved and improved. Drawing on the experience of extraterritorial domain, based on the practice of community correction in China, try the electronic monitoring (electronic ankle bracelet) pilot to improve the effectiveness of supervision, and at the same time need to be used in conjunction with other treatment measures. These will become the focus and difficulty of future community correction supervision. We will respond positively. As one of the important management methods of community correction, electronic surveillance has legitimacy and necessity. The application of electronic monitoring in community correction must be based on empirical evidence. According to the actual effect of electronic monitoring in penalty execution, it is determined. The object of electronic monitoring. According to China's current legal regulations, the object of community correction can be the object of electronic surveillance in terms of urgency, but from the conclusion of the field empirical research, the applicable object of electronic surveillance should be more "personalized". Different types of crimes and offenders cannot be generalized. In the applicable limits of electronic monitoring, it is necessary to abide by the requirements of "equality" and "humanity", and further apply the hierarchical level on the basis of perfecting legislation.

Keywords: Community Correction; Electronic Monitoring; Legal Regulation

China's Development of Human Rights: History, Society and Law
—Summary of the First Shandong University High-end Forum on Human Rights

Tian Li & Ma Kangfeng

Abstract: On October 26, 2019, Shandong University held the first Shandong University high-end forum on human rights in Qingdao: "China's development of human rights: history, society and law". The participants discussed the historical transformation of human rights, the function of human rights in social theory, the protection of human rights and fundamental rights in an information society, the construction of dogmatics of fundamental rights, and the theoretical and practical development of emerging rights. After the founding of the People's Republic of China, China's human rights cause has been significantly developed, and the discourse system of human rights theory of socialism with Chinese characteristics has gradually formed. However, the research on "the Chineseization of human rights theory" still needs further study. In order to achieve this goal, it is especially important to explore the deeper historical context and social mechanism behind the current human rights protection mechanism. Only in this way can the human rights in the text be genuinely alive, and the profound human rights theory can be accumulated. With the deepening of China's social transformation and social integration, especially the vigorous development of the Internet and big data, human rights have been given new functions. Correspondingly, the research on the content, nature, function and protection mechanism of human rights should not only be limited to traditional dimensions such as history, reality and future. It should also be studied from the social dimension and the social background of China.

Keywords: Human Rights; Social Theory; Information Society; Doctrine Construction; Emerging (type) Rights

稿　约

　　《人权研究》创刊于 2001 年，系山东大学人权研究中心主办的学术理论性刊物。该刊物在学术界具有良好学术声誉，已被收录为 CSSCI 来源集刊。现任主编为齐延平教授。

　　本刊欢迎以人权、基本权利为主题的历史研究、比较研究、跨学科研究、案例评析、书评及译文，亦欢迎涉及刑事法、行政法、国际法、环境法等部门法的相关研究。来稿应见解独立、论证清晰、资料翔实、文风清新。

　　论文以 2 万 ~ 3 万字为宜，案例评析、书评及译文不受此限；另附中英文标题、摘要、关键词，以及作者信息和通讯方式。本刊常年征稿，来稿三个月内未接到刊用通知者，敬请自行处理。来稿请以电子版发送至编辑部收稿邮箱：rqyj2001@163.com，稿件请勿投寄个人。

　　本刊实行每页重新编号的脚注注释体例。引用性注释必须真实、必要。对观点的引用，应注重代表性；对事件、数据的引用，应注重资料来源的权威性。限制对非学术性书籍、非学术性期刊及报纸文章和网络资料的引用。说明性注释以必要为限，并应尽量简化表达。

　　欢迎学界同仁不吝赐稿！

《人权研究》编辑部

2019 年 7 月

图书在版编目（CIP）数据

人权研究. 第二十三卷 / 齐延平主编. -- 北京：
社会科学文献出版社，2020.9
ISBN 978 - 7 - 5201 - 7260 - 8

Ⅰ. ①人… Ⅱ. ①齐… Ⅲ. ①人权 - 研究 Ⅳ.
①D082

中国版本图书馆 CIP 数据核字（2020）第 168921 号

人权研究（第二十三卷）

主　　编 / 齐延平
执行主编 / 郑智航

出 版 人 / 谢寿光
组稿编辑 / 刘骁军
责任编辑 / 关晶焱
文稿编辑 / 郭锡超

出　　版 / 社会科学文献出版社·集刊分社（010）59367161
　　　　　　地址：北京市北三环中路甲 29 号院华龙大厦　邮编：100029
　　　　　　网址：www. ssap. com. cn
发　　行 / 市场营销中心（010）59367081　59367083
印　　装 / 三河市尚艺印装有限公司

规　　格 / 开　本：787mm × 1092mm　1/16
　　　　　　印　张：37.25　字　数：560 千字
版　　次 / 2020 年 9 月第 1 版　2020 年 9 月第 1 次印刷
书　　号 / ISBN 978 - 7 - 5201 - 7260 - 8
定　　价 / 168.00 元